Estándar de Milady:

TECNOLOGÍA DEL CUIDADO DE UÑAS

Cuarta edición

Estándar de Milady:

TECNOLOGÍA DEL CUIDADO DE UÑAS

Cuarta edición

Sue Ellen Schultes
Deborah Beatty
Jewell Cunningham
Lin Halpern
LaCinda Headings
Terri Lundberg
Janet McCormick
Rebecca Moran
Godfrey F. "Oscar" Mix, D.P.M.
Laura J. Mix
Vicki Peters
Douglas Schoon

THOMSON
DELMAR LEARNING™

Australia Canadá México Singapur España Reino Unido Estados Unidos

Estándar de Milady: Tecnología del cuidado de uñas, cuarta edición

Sue Ellen Schultes, Editora/Aportante

Presidente:
Susan L. Simpfenderfer

Editor de Adquisiciones:
Pamela Lappies

Editor de Desarrollo:
Judy Aubrey Roberts

Asistente de Editorial:
Courtney VanAuskas

Gerente de Producción Ejecutiva:
Wendy A. Troeger

Coordinador de Producción:
Nina Tucciarelli

Gerente de Marketing Ejecutivo:
Donna J. Lewis

Gerente de Canal:
Stephen Smith

Diseño de Tapa:
Spiral Design Studio

Composición:
TDB Publishing Services

Impreso en los Estados Unidos
3 4 5 XXX 06 05

Si desea obtener más información contáctese con Delmar,
5 Maxwell Drive,
Clifton Park, NY 12065-2919

O puede visitar nuestro sitio en Internet
en http://www.milady.com

Library of Congress Cataloging-in-Publication Data
Estándar de Milady: tecnología del cuidado de uñas/Sue Ellen Schultes... [et al.].—4ª ed.
Publicaciones anteriores: Milady's art and science of nail technology. Albany, N.Y.: Milady Pub Co., 1992.
Incluye índice.
ISBN 1-56253-911-6
1. Manicura. 2. Uñas (Anatomía)—Cuidado e higiene. 3. Uñas de los dedos de las manos. I. Schultes, Sue Ellen. II.
Milady's art and science of nail technology.
TT958.3 .M55 2002
646.7'27--dc21
2002075308

INFORMACIÓN PARA EL LECTOR

CONTENIDOS

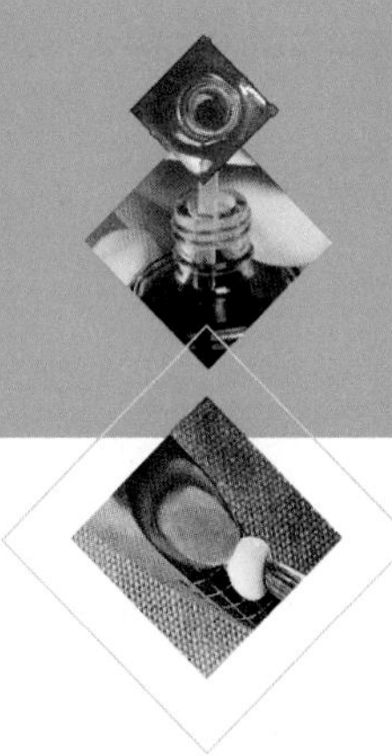

Capítulo 11 PEDICURA

Capítulo 12 LIMADO ELÉCTRICO

Capítulo 13 AROMATERAPIA

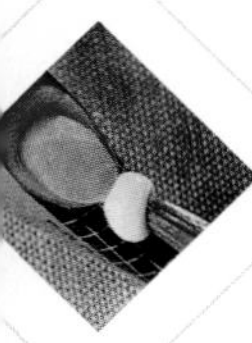

PARTE 4 EL ARTE DE LA TECNOLOGÍA DEL CUIDADO DE UÑAS

Capítulo 14 UÑAS POSTIZAS

Capítulo 15 ENVOLTURAS PARA UÑAS

Capítulo 16 UÑAS DE ACRÍLICO

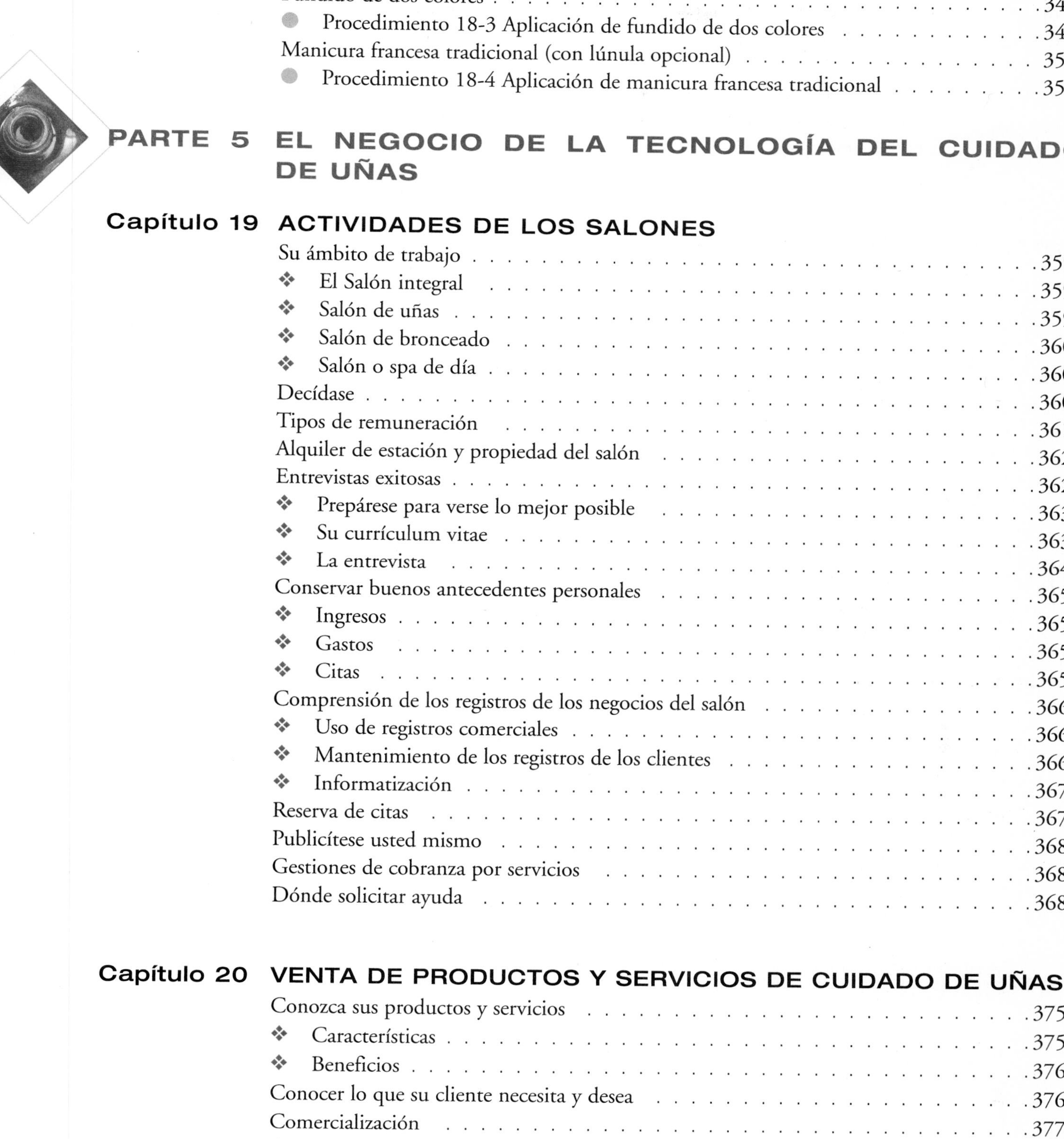

PRÓLOGO

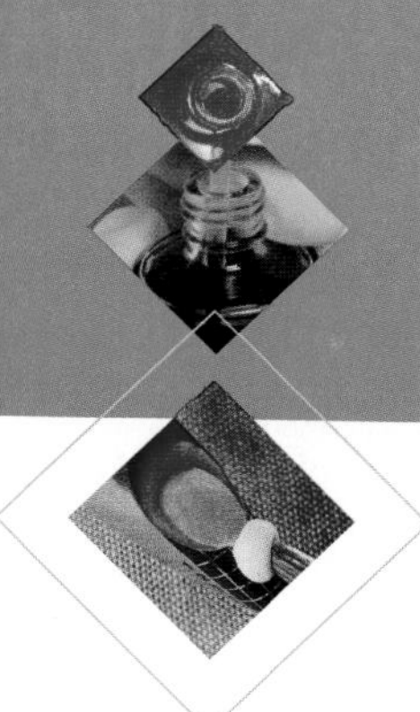

La tecnología del cuidado de uñas es una profesión emocionante y gratificante. Los técnicos en cuidado de uñas profesionales obtienen más de $6 mil millones al año por los servicios de manicura, pedicura y uñas artificiales brindados a millones de clientes seguidores de la moda. La actividad relacionada con las uñas creció enormemente durante los últimos cinco años y continuará creciendo. Asimismo, la demanda de técnicos en cuidado de uñas capacitados y competentes se está expandiendo en consecuencia.

Estándar de Milady: Tecnología del Cuidado de Uñas es la guía completa sobre tecnología básica del cuidado de uñas que todo técnico en cuidado de uñas profesional necesita. Cuando el personal de Delmar Learning comenzó el proceso de revisión, lo encuestamos a **usted**, el usuario del libro. A través de cientos de cuestionarios, grupos de focalización formal y críticas detalladas escritas, usted nos comentó lo que deseaba encontrar en el nuevo libro de tecnología del cuidado de uñas **y nosotros lo escuchamos**. Agregamos dos nuevos capítulos: uno sobre limado eléctrico y el otro sobre aromaterapia. Todos los demás capítulos fueron actualizados con información de vanguardia en nuestro esfuerzo por brindarle los últimos avances en tecnología del cuidado de uñas y la oportunidad de desarrollar todo su potencial como profesional en cuidado de uñas.

CARACTERÍSTICAS DE ESTA EDICIÓN

En respuesta a **sus necesidades**, esta emocionante nueva edición de *Estándar de Milady: Tecnología del Cuidado de Uñas* incluye las siguientes características:

- *Capítulos y secciones.* El libro se divide en veinte capítulos y cinco secciones de modo que resulta muy fácil de utilizar.
- *Arte a todo color.* Todas las ilustraciones son **a todo color**, incluyendo fotografías reales para demostrarle paso a paso los procedimientos de manicura, pedicura, uñas postizas, apliques, uñas de acrílico, geles y arte de uñas básico.
- *Objetivos de aprendizaje y preguntas de revisión.* Los objetivos de aprendizaje establecen las metas para los estudiantes en cada capítulo. Estos objetivos son reforzados por las preguntas de revisión que evalúan el nivel en que el estudiante logró las metas establecidas en los objetivos de aprendizaje. Las respuestas a las preguntas de revisión se encuentran convenientemente ubicadas al final del libro. Pueden ser utilizadas por los estudiantes para estudiar para los exámenes.
- *Fotografías reales de los trastornos de las uñas.* Se incluyen fotografías a todo color para permitir a los estudiantes identificar con mayor precisión los trastornos de las uñas.
- *Pautas para la consulta con el cliente.* Se dedica un capítulo completo a la consulta con el cliente y se brindan sugerencias para identificar y satisfacer las necesidades de cada cliente en particular.
- *Cobertura de seguridad química.* Se dedica un capítulo completo al importante tema de la seguridad química en los salones de uñas. Los estudiantes aprenderán a identificar los químicos utilizados comúnmente en los salones de uñas, cómo pueden causar daño, cómo protegerse y proteger a sus clientes y cómo leer los Folletos Informativos de Seguridad del Material (MSDS).
- *Temas de examen para la obtención de la autorización estatal.* Los temas requeridos en los exámenes para la obtención de la autorización estatal se cubren en forma integral y de fácil lectura.
- *Precauciones de seguridad.* Las precauciones de seguridad resaltadas alertan a los estudiantes sobre los servicios

que incluyen procedimientos potencialmente peligrosos. Estas precauciones explican cómo evitar situaciones peligrosas y cómo brindar servicios en un ámbito seguro e higiénico.

- *Precauciones de higiene.* Las precauciones de higiene resaltadas brindan sugerencias específicas para mantener la higiene adecuada en todo momento.
- *Consejos.* Estos consejos brindan sugerencias acerca del modo más eficaz y efectivo para completar los procedimientos paso a paso y asistir a los estudiantes a mejorar sus habilidades de tecnología del cuidado de uñas.
- *Alertas sobre reglamentaciones estatales.* Debido a que las reglamentaciones estatales varían, las alertas sobre reglamentaciones estatales recuerdan a los estudiantes verificar con sus instructores las reglamentaciones específicas correspondientes a su estado de residencia.
- *Dos nuevos capítulos.* Se incluyen el Capítulo 12 sobre Limado Eléctrico y el Capítulo 13 sobre Aromaterapia para asistir a los estudiantes a afianzar y expandir sus conocimientos de todo el espectro de la tecnología del cuidado de uñas.
- *Consejos comerciales:* Estos consejos ayudan a los técnicos en cuidado de uñas a mejorar sus relaciones comerciales para lograr la plena satisfacción del cliente.

SUPLEMENTOS PARA EL ESTUDIANTE Y EL INSTRUCTOR

Estándar de Milady: Tecnología del cuidado de uñas, cuarta edición, presenta los siguientes suplementos.

Estándar de Milady: Libro de ejercicios de tecnología del cuidado de uñas

Este libro de ejercicios representa un valioso suplemento para el estudiante ya que se coordina capítulo por capítulo con el libro de texto. Consolida la comprensión del estudiante acerca de la tecnología del cuidado de uñas reforzando el material cubierto en el libro de texto. El libro de ejercicios incluye actividades de respuestas cortas, ensayos cortos, completado de oraciones, combinación, definición, rótulos y revisión de palabras. Dicho libro de ejercicios también incluye un examen final de revisión compuesto de preguntas de respuesta múltiple y una serie de pruebas de situación que preguntan a los estudiantes qué harían en situaciones difíciles si fueran el técnico en cuidado de uñas.

Estándar de Milady: Guía de administración del curso de tecnología del cuidado de uñas

Esta guía del curso sencilla de usar paso a paso fue diseñada específicamente para asistir al instructor de tecnología del cuidado de uñas a organizar y dirigir exitosamente el programa de capacitación de tecnología del cuidado de uñas. Ésta incluye

- pautas para iniciar e implementar el programa de tecnología del cuidado de uñas.
- planes de clase detallados para cada capítulo del libro.
- material de entrega listo para su uso en clase.
- modelos de transparencias para asistentes visuales fáciles de crear.
- un Programa de Seguridad Química posible de implementar en la clase de tecnología del cuidado de uñas.
- las respuestas del *Estándar de Milady: Libro de ejercicios de tecnología del cuidado de uñas*

Revisión de exámenes estatales sobre tecnología del cuidado de uñas

Este libro de revisión para exámenes contiene preguntas similares a las que pueden hallarse en los exámenes para la obtención de las autorizaciones estatales para tecnología del cuidado de uñas. Emplea preguntas de respuesta múltiple que fueron ampliamente adoptadas y aprobadas por la mayoría de las direcciones de autorizaciones estatales. Los grupos de preguntas se encuentran organizados bajo áreas temáticas principales.

Material avanzado, de referencia y de formación continua

- *Airbrushing for Nails,* Elizabeth Anthony—Una fuente integral que brinda componentes e instrucciones para armar y mantener el sistema de aerografía. Las técnicas de aplicación desde fundido de colores y manicura francesa hasta trabajos detallados de pintura de arte de uñas, se presentan con instrucciones paso a paso mediante fotografías, ilustraciones y procedimientos escritos.

- *Guide to Owning and Operating a Nail Salon,* Joanne Wiggins—Incluye consejos bien organizados y paso a paso para iniciar un salón, características comerciales específicas de salones de uñas e información para desarrollar un plan de largo plazo. (Libro también disponible en casete de audio).
- *Nail Art & Design,* Tammy Bigan—Brinda una fuente completa y detallada para crear arte de uñas lograble, usable y comercial. Las fotografías e ilustraciones a todo color muestran las técnicas en detalle y focalización explícita. Presenta las últimas tendencias en arte de brillo en acrílico, aplicación de láminas de oro y dijes para uñas perforadas, entre otros.
- *Nail Q & A Book,* Vicki Peters—Este libro contiene más de 500 peguntas y respuestas para técnicos en cuidado de uñas abarcando desde la preparación de las uñas hasta consejos de práctica comercial.
- *Nail Structure and Product Chemistry,* Douglas D. Schoon—Los temas abordan el espectro de las uñas desde su anatomía hasta la seguridad en el salón, brindando particular atención a la química de los productos básicos y cómo ésta afecta a las uñas.
- *The Professional's Reflexology Handbook,* Shelley Hess—Este manual ofrece un espectro integral de los tratamientos que emplean los puntos de presión de los pies, manos y orejas. Esta guía brinda instrucciones e información clara y concisa acerca de cómo utilizar los tratamientos de reflexología en áreas selectivas del servicio.
- *Technails: Extensions, Wraps, and Nail Art,* Tammy Bigan— Los capítulos incluyen preparación para los servicios, uñas postizas, apliques, geles, reparaciones y rellenos. También explora el aspecto comercial de los servicios de cuidado de uñas.
- *Spa Manicuring for the Salon and Spa,* Janet McCormick—Constituye la fuente de información más completa e instructiva para los técnicos en cuidado de uñas que desean tratar el cuerpo, la mente y el espíritu. De fácil comprensión, conciso e inspirador, este libro eleva la manicura, y a nosotros como profesionales, a un nivel superior del conocimiento. Modificará su concepto acerca de los servicios de spa.
- *The Salon Professional's Guide to Foot Care,* Godfrey Mix, DPM—Un podiatra autorizado ofrece información invaluable sobre los pies humanos y su cuidado. Se analizan problemas comunes de los pies y enfermedades generales que pueden afectar los pies. Saber cómo y cuándo consultar al profesional médico o derivar a un cliente le permitirá brindar mejores servicios a su clientela e incrementar la fidelidad.

ACERCA DE LOS AUTORES

Sue Ellen Schultes, Editora/Aportante

Sue Ellen Schultes es una artista de uñas ganadora de premios y propietaria de un salón reconocido durante diez años como uno de los 100 mejores salones de uñas del país por la revista *Nails.* Sue es reconocida como una de las autoridades líderes en tecnología del cuidado de uñas de los Estados Unidos y da clases en todo el país conduciendo talleres y seminarios. Actualmente, Sue se desempeña como Jueza de Competencia en varias exhibiciones comerciales tanto a nivel nacional como internacional. Este año fue invitada como jueza de la competencia de uñas en el Brighton Beauty Show a realizarse en Brighton, Inglaterra. Además de desempeñarse como editora de serie y autora aportante de esta edición de *Estándar de Milady: Tecnología del Cuidado de Uñas* para Delmar Learning, Sue también aporta artículos de interés especial a las revistas *Nails, NailPro, The Beauty News, Nail Shows* y varios periódicos. El Museo Nacional de Historia Americana del Instituto Smithsoniano encomendó a Sue la creación de un conjunto completo de uñas para conmemorar las Asunciones Presidenciales de los Estados Unidos.

Janet McCormick, Aportante

Janet McCormick, M.C., es técnica en cuidado de uñas autorizada y esteta, ex-propietaria de un salón, instructora experimentada de habilidades de cuidado de uñas y piel, consultora y autora. Janet adquirió el rango de diplomática de CIDESCO y posee un master en Administración de Salud Unificada. Frecuentemente se desempeña como oradora en conferencias de la industria y es autora de más de 200 artículos sobre habilidades y negocios para revistas comerciales de la industria. Es autora de *Spa Manicuring for Salons and Spas* publicado por Delmar Learning, donde detalla un nuevo y rentable enfoque de la industria: la manicura basada en el cuidado de la piel. Janet es propietaria de Salon Techniques Consulting, una compañía consultora de spas ubicada en Frostproof, Florida.

Deborah Beatty, Aportante

Deborah cuenta con más de 32 años de experiencia en la industria, lo que le permitió obtener y desarrollar la riqueza de conocimientos que comparte en sus seminarios educativos así como en sus clases. Con 14 años de experiencia en el ámbito educativo, ilustra y motiva a los cosmetólogos, instructores y estudiantes con su abordaje enérgico e interactivo de la enseñanza. Actualmente es la Presidenta de la División de Servicios Personales en un colegio pos-secundario. Además de ser master en cosmetología e instructora autorizada, también posee autorización como peluquera master, es enfermera autorizada y también está habilitada por la Comisión de Estándares Profesionales de Georgia. Deborah es revisora de libros y productos para Thomson Learning y profesora del Instituto Profesional de Milady. También es editora aportante de la revisión del libro *Cosmetología Estándar de Milady* y *Estándar de Milady: Tecnología del Cuidado de Uñas*. Actualmente Deborah está intentando lograr su bachelor's degree (licenciatura) en Estudios Tecnológicos.

LaCinda Headings, Aportante

La pasión educativa de LaCinda ha influido en sus 15 años en la industria de la belleza como cosmetóloga especialista en uñas. Como Gerente de la División de Uñas de Peel's Salon Services de Kansas, LaCinda ayudó a numerosos técnicos en cuidado de uñas y salones a iniciar y consolidar sus actividades relacionadas con las uñas. Su variada experiencia en la industria le otorga una perspectiva única que le permite comunicarse con los técnicos en cuidado de uñas en todos los aspectos de la actividad. Los antecedentes de LaCinda incluyen 10 años de experiencia en salón, profesora y consultora líder de fabricantes, instructora de uñas en escuelas y actualmente especializada en distribución y educación. LaCinda inspiró a técnicos en cuidado de uñas de todo el mundo con su lema "vivir, reír, amar y aprender".

Lin Halpern, Aportante

Nacido en Nueva York, Lin Halpern ejerció como técnica en cuidado de uñas durante 39 años. Lin comenzó su negocio de uñas profesional en 1980 y en 1981 se expandió a un salón spa de servicios integrales. Entre 1981 y 1999 en forma consecutiva, Lin trabajó como consultora para cuatro fabricantes de productos de uñas distintos desarrollando acrílicos, geles curados con luz y productos para esculpir uñas. Durante años, desarrolló numerosos productos nuevos e innovadores que abarcan desde capas protectoras de secado rápido y acrílicos de fluido controlado más fáciles de usar hasta únicas uñas postizas tridimensionales sobre las cuales posee una patente estadounidense. La Sra. Halpern es aportante de las revistas *Nails* y *NailPro*, produjo conceptos de diseño de marketing para fotografías y afiches publicitarios y aplicó uñas a modelos. Lin fue jueza de numerosas competencias de uñas internacionales, brinda capacitación internacional acerca de conocimientos de productos de uñas y técnicas de aplicación de uñas y fue coautora y productora de un seminario interactivo de química de productos para uñas de acrílico y gel. Lin fue invitada a unirse a otros técnicos en cuidado de uñas notables de varias compañías para participar en foros de discusión abierta en eventos de belleza en todo el mundo. Desde el cierre de su salón spa en 1989, continúa brindando servicios a los clientes en forma diaria y desarrolla nuevas químicas para productos de uñas a los fines de mejorar nuestros objetivos de labor diarios.

Douglas Schoon, Aportante

Con más de veintidós años de experiencia como científico investigador, conferencista internacional, autor y profesor, Douglas Schoon encabeza el laboratorio de investigación y desarrollo de uñas de mayor envergadura existente en la actualidad. Como Director de Investigación y Desarrollo de *Creative Nail Design*, Doug invierte la mayor parte de su tiempo diseñando productos de mejoramiento de uñas de avanzada así como probando en forma computarizada equipos que colaboren con su investigación de productos de mejoramiento de uñas. Esto otorga a *Creative Nail Design* capacidades de investigación que superan la hallada en los laboratorios estatales y de grandes universidades.

Además de ser autor de numerosos programas de capacitación en audio y vídeo, así como de más de 30 artículos para revistas sobre químicos de salón, seguridad de químicos y desinfección, Doug también escribió *Nail Structure and Product Chemistry de Milady* existiendo una nueva edición bajo revisión; *HIV/AIDS & Hepatitis: Everything You Need to Know to Protect Yourself and Others* y es autor aportante de *Estándar de Milady: Tecnología del Cuidado de Uñas*. Frecuentemente, Doug se desempeña como perito en casos judiciales relacionados con seguridad y salud cosméticas. Asimismo, Doug ayuda a escribir libros y ensayos profesionales relacionados con las uñas de las manos y el cabello; quedando demostrado que es, sin dudas, uno de los expertos líderes mundiales en productos de salón y seguridad química. Como escritor y orador, Doug es especialmente popular entre los profesionales en cuidado de uñas y cosmetólogos debido a su capacidad única para lograr que las teorías y conceptos químicos más complejos parezcan simples y fáciles de entender. Sus lecturas sobre seguridad y desinfección brindan información invaluable para los interesados en comprender la química de los productos y la salud. Además, el Sr. Schoon es fundador y director ejecutivo de Chemical Awareness Training Services (CATS), consultor químico de American Beauty Association (ABA) y miembro del Consejo de Fabricantes del Comité de Seguridad y Estándares (Safety and Standards Committee Manufacturer's Council - SSCMC). Doug posee un master en Química de la prestigisiosa Universidad de California–Irvine. Actualmente reside en Laguna Beach, California.

Vicki Peters, Aportante

Antes de convertirse en directora educativa de *Nailpro*, Vicki Peters fue campeona de competencias y actualmente es directora líder de competencias, profesora técnica y oradora comercial capacitada. También es autora de *The Nail's Q & A Book* publicado por Delmar Learning, *Drilltalk, The Competitive Edge* y *The Nail Healthy Guide*, así como de numerosos CDs y vídeos. Su arte embelleció las tapas de las revistas de modas *TV Guide, DAYSPA* y *NailPro*. Peters es directora del programa de educación continua de *NailPro* Nail Institute y productora de Nail Those Profits Cruises. Vicki también fue la oradora principal de numerosas exhibiciones de belleza internacionales incluyendo la Exposición Internacional de Cosmetología y la Asociación Mundial e Internacional de Uñas y Belleza. También trabajó como consultora de investigación y desarrollo para numerosas compañías de productos de uñas.

Rebecca Moran, Aportante

Rebecca Moran se desempeñó como tecnóloga en cuidado de uñas y propietaria de salón durante los últimos ocho años. Rebecca obtuvo su autorización de instructora y durante los últimos tres años se desempeñó como profesora autorizada en Portland, Maine. Actualmente, Rebecca es directora de educación de la escuela en la que enseña y trabajó como experta en la materia y revisora experta para Delmar Learning, además de ser autora aportante de esta edición de *Estándar de Milady: Tecnología del Cuidado de Uñas*. Madre orgullosa de dos hijas de 6 y 4 años de edad, Rebecca aún dispone de tiempo para continuar capacitándose con clases cada vez que se le presenta la oportunidad y realiza consultorías como profesora para un distribuidor de productos local.

Terri Lundberg, Aportante

Terri Lundberg se desempeñó como profesora de tecnología del cuidado de uñas tanto en el ámbito profesional como escolar desde 1990. Comenzó su profesión como Directora de Educación Internacional para un fabricante de productos de uñas y no sólo capacitó profesores de la compañía a nivel mundial, sino que también desarrolló el método "capacitar al profesor" que todavía es utilizado en la actualidad por numerosos fabricantes de uñas. Asimismo, Terri desarrolló un programa guía creando un plan de estudios único para guiar a técnicos en cuidado de uñas hacia un nivel de habilidad superior y fue autora y dirigió un curso avanzado de habilidades. En enero de 2000, Terri inauguró una escuela de cosmetología totalmente autorizada y desarrolló un excelente programa para técnicos en cuidado de uñas permitiendo a los estudiantes graduarse con experiencia de salón.

Jewell Cunningham, Aportante

Jewell Cunningham estuvo relacionada con la industria de la belleza durante más de 20 años. Como técnica en cuidado de uñas autorizada, participó en competencias de uñas esculpidas entre 1981 y 1986 y ganó 25 Primeros Premios, un récord de la industria, incluyendo el de Campeona Nacional y Campeona Mundial e Internacional. Jewell continuó dicho éxito como jueza de competencies nacionales e internacionales, escribiendo normas y reglamentaciones, así como dirigiendo competen cias. En 1990 Jewell se unió a un fabricante y desarrolló más de 75 artículos para la línea y también diseñó envases. Jewell es consultora de spas de día, fabricantes y propietarios de salones reconocida a nivel nacional y continúa prosperando en la industria de la belleza.

Laura J. Mix, Aportante

Laura Mix comenzó su profesión como técnica de laboratorio clínico en un importante hospital metropolitano de California. Luego de varios años como técnica y después ama de casa de tiempo completo, Laura regresó a trabajar con su esposo, el Dr. Oscar Mix, en la práctica de podiatría. Los Mix decidieron ofrecer servicios de pedicura a sus pacientes y así Laura comenzó a asistir a la escuela de manicura en junio de 1993. Luego de obtener su autorización, Laura continuó trabajando con su esposo brindando servicios de pedicura y uñas. En noviembre de 1998, inauguró un spa de día para tal especialidad, Footworks, Inc., y se desempeña como profesora de productos para sistemas de mejoramiento de uñas de fibra de vidrio. También realiza consultorías como experta en la materia para el Departamento de Peluquería y Cosmetología de Sacramento. Laura continúa conservando su autorización como técnica de laboratorio y colabora con su esposo en numerosos seminarios y clases.

Godfrey F. "Oscar" Mix, D.P.M., Aportante

Godfrey "Oscar" Mix es Médico Especializado en Medicina Podiátrica; miembro de la Asociación Americana Médica Podiátrica, Asociación Médica Podiátrica de California y la Sociedad Médica Podiátrica del Valle de Sacramento. Mix es Socio del Colegio Americano de Cirujanos de Pies y posee un Certificado del Directorio emitido por la Dirección Americana de Cirugía Podiátrica para Pies, así como la Dirección Americana de Garantía de Calidad y Revisión de Pares. El Dr. Mix es autor de *The Salon Professional's Guide to Foot Care* publicado por Delmar Learning y actualmente escribe sobre temas relacionados con los pies para la revista *Nails* así como también continúa trabajando como consultor de fabricantes en la industria de la belleza profesional.

RECONOCIMIENTOS

El personal de Delmar Learning desea reconocer a las numerosas personas y compañías que colaboraron para dar forma a la cuarta edición de *Estándar de Milady: Tecnología del Cuidado de Uñas.* Sus aportes nos posibilitaron elaborar un libro que constituirá una fuente valiosa tanto para los estudiantes como para los profesionales del ámbito de la tecnología del cuidado de uñas. A todos aquellos que contribuyeron con esta edición les extendemos nuestro sincero agradecimiento y aprecio.

Revisores de la cuarta edición

Twila R. Adams
Universal College of Beauty
Charlotte, Carolina del Norte

Rae Ann Amacher
Orleans-Niagara BOCES
Sanborn, Nueva York

Dianne Atchley
Halfmoon Hair Design
Bandon, Oregon

Laurie Biagi
Skyline Community College
San Bruno, California

Virginia Burge
Beautique Day Spa and Salon
Houston, Texas

Pam Garrison
Vincennes Beauty College
Vincennes, Indiana

Joseline Glenn
Skyline College
San Leandro, California

Chrystal Gutshall
SUN Area Career and Technology Center
Watsontown, Pensilvania

Ruby Howard
Pinecrest High School
Cameron, Carolina del Norte

Donna McKinney
Hill College
Hillsboro, Texas

Martha Phillips
Ford Beauty Academy
Lowellville, Ohio

Angela Sharp S
harp's Academy of Hairstyling
Grand Blanc, Michigan

Revisores de la edición anterior

Barbara Abramovitch
New England Hair Academy
Malden, MA
Evelyn Adams
Jan-Mar Beauty Academy
Newport News, VA
Elizabeth Anthony
Progressive Nail Concepts, Inc.
Palatine, IL
Suzanne Arduini
Albany, NY
Jan Austin
Austin Beauty School
Albany, NY
Giselle Bohamde
Austin Beauty School
Albany, NY
Dale Bona
C.H. McCann Vocational
Technical High School
North Adams, MA
Jason Boulla
Albany, NY
Bich Ly
Albany, NY
Teresa K. Bryant
Carousel Beauty College
Middletown, OH
Gayle Bryner
Dirección de
Cosmetología del Estado de
Oklahoma
Ciudad de Oklahoma, Oklahoma
Burmax Co.
Hauppauge, NY
Patricia Castro
College of San Mateo
San Mateo, CA
Alice Ciurlino
P & B Beauty School
Gloucester, NJ
Deborah Clark
Albany, NY
Elizabeth Coleman
Albany, NY
Howard Conlon
Bellaire Beauty College
Bellaire, TX
Suzanne Council
Van Michael Salon
Atlanta, GA
Van Council
Van Michael Salon
Atlanta, GA
Matthew Creo
Austin Beauty School
Albany, NY
Nancy Court
Arnold Beauty College, Inc.
Fremont, CA
Wilma Curry
Bellaire Beauty College
Bellaire, TX
Brenda De Angelo
Daytona Beauty School
Daytona Beach, FL
Arnold DeMille
Consultor Editorial de Milady
Especialista en Educación
Continua
Nueva York, NY
Christine DeRusso
Albany, NY
Peggy Dietrich
Laredo Beauty College
Laredo, TX
Luciano Di Paolo
Euclidian Beauty College Inc.
Euclid, OH
Barbara Dorsey
Baltimore Stud. of Hair Design
Baltimore, MD
Cindy Drummy
Revista *Nails*
Redondo Beach, CA
Carol Duffy
Alameda Beauty College
Alameda, CA
Roslyn Duncan
Debbie's School of Beauty Culture
Houston, TX
Dana Ennello
Mechanicville, NY
Barbara Feiner
Revista *NailPro*
Van Nuys, CA
Flo Finch
Northland Pioneer College
Holbrook, AZ
Marion Ford
Albany, NY
Laverne Foster
Pat Goins Beauty Schools
Monroe, LA
Nehme Frangie
Albany, NY
Jamal Frangie
Albany, NY
Wadad Frangie
Austin Beauty School
Albany, NY
Anne Fretto
Stanton, CA
Nancy Gallitelli
Albany, NY
Ray Gambrell
Dirección de
Cosmetología del Estado de
Carolina del Sur
Greenwood, SC
Anthony Gardy
Albany, NY
Sharon Gil
Garden State Academy
South Bound Brook, NJ
Cynthia Gimenez
Arnold Beauty Colleges, Inc.
Remont, CA
Anne Golloway
Ossining, NY
Aurie Gosnell
Consejo Nacional Interestatal
de Cosmetología
Aiken, SC
Constance Gregg
Boca Raton Institute
Boca Raton, FL
Ann Harrell
St. Petersburg, FL
Linda Harris
Maxims Beauty Academy
Blaine, MN
Danielle Hasberry
Albany, NY
Helen Heine
South Eastern College of
Beauty Culture
Charlotte, NC
Michael Hill
Dirección de
Cosmetología del Estado de
Arkansas
Fayetteville, AR
Frances Hoffman
Manatee Area Vocational
Technical Center
Bradenton, FL
Barbara Hogue
Arizona Academy of Beauty
Tucson, AZ
Linda Howe
Pittsburgh, PA

Sally Hudson
Tampa Bay Career Academy
Tampa, FL
Karen Iolli
Ailano School of Cosmetology
Brockton, MA
Frank Jacobi
Citrus Community College
Glendara, CA
Janice Jaynes
Institute of Cosmetology
Houston, TX
Julia Jefferson
Vogue College of Hair Design
Highland Heights, KY
Dorothy Johnson
Yuma School of Beauty
Yuma, AZ
Spring Kelsey
Earlton, NY
Glenn Kewley
Drome Sound Music Store
Schenectady, NY
Paulette Know
Antioch Beauty
Antioch, CA
L. Jean Lake
Elaine Steven Beauty College
St. Louis, MO
Carol Laubach
San Jacinto College
Pasadena, TX
Denise Leach
Oakland Technical Center
South East Campus
Royal Oak, MI
Yvonne Lowenstein
Margate International School
of Beauty
Margate, FL
Inna Lozhkin
Albany, NY
June A. Lyle
Lyle's School of Hair Design
Nashville, TN
Charles Lynch
International Beauty School
Lancaster, PA
Deborah A. Mack
Pivot Point International, Inc.
Chicago, IL
Tina Macki
Albany, NY
Laura Manicho
Nationwide Beauty Academy
Cols, OH
Sharon Matern
Albany, NY
Patricia Mc Daniel
Bellaire Beauty College
Bellaire, TX
Robert McLaughlin
Dirección de
Cosmetología del Estado de Maine
Cape Elizabeth, ME
John Mickelbank
Albany, NY
Louise Miller
Lamson Academy of Hair Design
Phoenix, AZ
Ruth Miller
Quincy Beauty Academy
Quincy, MA
Marcia Miller
Federico Beauty College
Fresno, CA
Peggy Moon
Dirección de
Cosmetología del Estado de
Georgia
Lavonia, GA
Pauline Moram
Innerstate Beauty School
Bedford Heights, OH
Mary Ann Morris
House of Heavilin
Blue Springs, MO
Eileen Morrissey
Maison de Paris Beauty College
Haddon Field, NJ
Florence Nebblett
Washington, DC
Neka Beauty Supplies
Albany, NY
Pat Nix
Expresidente,
Consejo Nacional Interestatal
de Cosmetología
Booneville, IN
Theda O'Brien
Albany, NY
John Olsen
Phagan's Beauty School, NW
Tigard, OR
Stephanie Pedersen
Nueva York, NY
Susan Peters
Lansdale School of Cosmetology
Lansdale, PA
Dino Petrocelli
Albany, NY
Nilsene Privette
College of Beauty and Art
and Science
Sedona, AZ
Lois Purewal
Spring Branch Beauty College
Houston, TX
Irma Quezada
Pipo Academy of Hair Design
El Paso, TX
Sarah Rainey
St. Augustine Technical Center
St. Augustine, FL
Jennifer Rhatigan
Albany, NY
Cleolis Richardson
Filadelfia, PA
Jim Rogers
Milpitas Beauty College
Milpitas, CA
Betty Romesberg
The Head Hunters
Cuyahoga Falls, OH
Sue Sansom
Directora Ejecutiva,
Dirección de
Cosmetología del Estado de
Arizona
Phoenix, AZ
Richard Scher, MD
Facultad de Médicos y
Cirujanos
Universidad de Columbia
Nueva York, NY
Douglas Schoon
Chemical Awareness Training
Service
Irvine, CA
Regina Schrenko
Northhampton, PA
Joan Sesock
Austin Beauty School
Albany, NY
Tanya Severino
Albany, NY
Sandra Skoney
Toledo Academy of Beauty
Culture
Toledo, OH
Jenny Smith
Vogue Beauty College
Idaho Falls, ID
Kenneth J. Smith
Nail Tech Academy
Brown Deer, WI
Alicia Solazzo
Bronxville, NY
Bertha Stanko
Menands, NY

Linda Stark
Michigan College of Beauty
Troy, MI
Judith Stewart
PJ's College of Cosmetology
Carmel, IN
Alma Tilghman
Dirección de
Cosmetología de Carolina del
Norte
Beaufort, NC
Sandy Tirpak
Albany, NY
Mona Townsend
Backscratchers Nail Care Products
Sacramento, CA
Wendy Trainor
Schuylerville, NY
Veda Traylor
Dirección de
Cosmetología del Estado de
Arkansas
Mayflower, AR
Peggy Turbyfill
Mike's Barber and Beauty Salon
Hot Springs, AR
Barbara Turman
School of Nail Technology Inc.
Coral Gables, FL
Beverly Venable
Loudonville, NY
Judy Ventura
Greensboro, NC
Dave Welsh
J & D Supply
Albany, NY
Barbara Wetzel
Nail Splash, Inc.
LaGrange Park, IL
Renee Wilson
Argyle, NY
Lois Wiskur
Comisión de Cosmetología de
Dakota del Sur
Pierre, SD
Victoria Wurdinger
Nueva York, NY
Jack Yahm
Consultor Editorial de Milady
Emeritis
"Nombrado
Padre de la Cosmetología"
Lauderdale Lakes, FL
Linda Zizzo
Milwaukee Area Technical College
Milwaukee, WI
Elvin Zook, M.D.
Universidad de Southern Illinois
Facultad de Medicina
Springfield, IL

El personal de Milady desea agradecer a las siguientes personas y compañías por su generosa asistencia para este proyecto:

Fotografía y locación:

Locación en el salón:

Sue Ellen Schultes
Notorious Nails
Green Brook, NJ

Fotografías en todas las locaciones:
Michael Dzaman Photography
©Michael Dzaman/Dzaman Photography
www.dzamanphoto.com

Imagen de tapa; CAPÍTULO 7 Uñas mordidas, Fig. 7-17; Capítulo 10 Fotografía de masajes, Fig. 10-54; imágenes de apertura de los Capítulos 2, 9 y 20 Paul Castle, Castle Photography, Inc. Troy, NY
www.castlephotographyinc.com

Fotografías de los Capítulos 16 y 17: Fotografías cortesía de NSI - Nail Systems International. Todos los derechos reservados.

Imagen de apertura del Capítulo 8 suministrada por Nanoworld Image Gallery, Centro de Microscopía y Microanálisis, Universidad de Queensland

Fotografías de trastornos de las uñas del capítulo 7: Figs. 7-2, 7-3, 7-4, 7-9, 7-10, 7-13, 7-14, 7-15, 7-15, 7-18, 7-24, 7-26 Cortesía de Godfrey F. Mix, DPM Sacramento, CA

Capítulo 7, Onicólisis, Fig. 7-25 Cortesía de Orville J. Stone, M.D. Dermatology Medical Group Huntington Beach, CA

Imagen de apertura del Capítulo 7 e ilustraciones de la anatomía de los Capítulos 6, 7 y 8 por Joe Chovan, Health Care Visuals

Las siguientes fotografías de apertura de capítulos fueron suministradas por PhotoDisc/ GettyImages: Capítulo 1, Capítulo 6, Capítulo 11, Capítulo 13, Capítulo 19.
© PhotoDisc/GettyImages.

Por su generosa colaboración con insumos, herramientas e indumentaria.

Gavson Salon Classics Quality Salon Apparel Garland, TX
www.gavsonsalon.com

Bianco Brothers International
Instrumentos pulidos a mano para la industria médica y de belleza
Brooklyn, NY
http://members.aol.com/biancob/index.html

Essie Cosmetics, Ltd.
Astoria, NY
www.essieltd.com

Emiliani Enterprises
Union, NJ
www.beauty-net.com

AromaTouch
Encino, CA

Por su participación como modelos en las sesiones fotográficas:

Sarah Ginsberg
Guy Erceg
Raymond Schultes
Valerie Erceg Pietryak
Allison Parker
Carolyn Gillish
Alison Banks-Moore
Nicole Cedeno
Shannon Ciasulli
Robert Lartaud
Kurt Manz
Lisa Manz
Mylene Quines Lois S. Robinson
Gladys Schalet

INTRODUCCIÓN

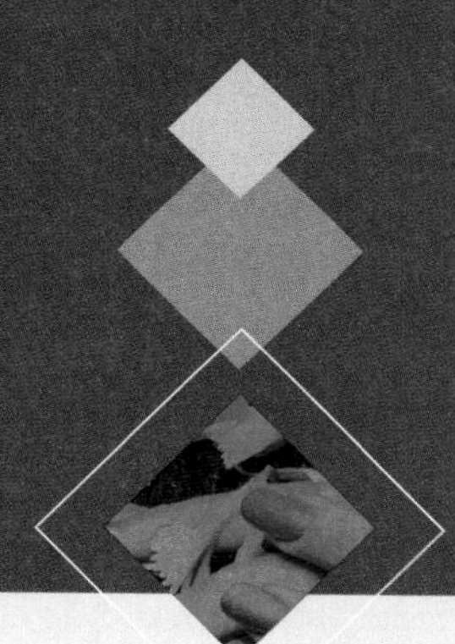

Panorama general de la tecnología del cuidado de uñas

Ha decidido convertirse en un técnico en cuidado de uñas, una de las profesiones más gratificantes, creativas, mejor pagadas y que más rápido están creciendo hoy. Como técnico en cuidado de uñas, utilizará la tecnología más avanzada en uñas artificiales lo que le permitirá desplegar sus capacidades artísticas creando diseños originales. Entrará a formar parte de una industria en auge, la de la manicura, pedicura y cuidado de uñas artificiales, cuyas ventas superan cada año los 6000 millones de dólares. Esta cifra representa un incremento de más del 25 por ciento en algunas áreas con respecto a años anteriores, un porcentaje que cada vez es mayor. La profesión de manicuro ha ganado en respeto. Se ha dejado de considerar a los técnicos en cuidados de uñas como personas que dejaron el instituto. Los hombres y mujeres que hoy en día comienzan a trabajar en este campo no son tan jóvenes, tienen más conocimientos, experiencia y una buena ética de trabajo.

PANORAMA GENERAL DE LA TECNOLOGÍA DEL CUIDADO DE UÑAS

La tecnología del cuidado de uñas es una profesión compleja y sujeta a cambios que le incitarán a seguir aprendiendo incluso después de haber obtenido una licencia. La educación es la clave para sobresalir en la industria del cuidado de uñas. Para triunfar, debe tener siempre una buena predisposición para aprender técnicas nuevas. Si se beneficia de la información en continuo cambio a su alcance, su reputación será la de un profesional informado. *Un técnico en cuidado de uñas profesional nunca deja de educarse.*

Su carrera como técnico en cuidado de uñas puede comenzar en un salón. A medida que desarrolle conocimiento y destrezas, es posible que desee trabajar en otras áreas profesionales de la industria del cuidado de uñas, incluyendo la enseñanza de la tecnología en escuelas de cosmetología o mostrando los productos para uñas de los fabricantes en ferias, convenciones o tiendas. Puede optar por ser el propietario de un salón o incluso el técnico personal en cuidado de uñas de modelos o actores en el teatro, cine o televisión. Puede escribir, editar o ser consultor de libros y revistas sobre tecnología del cuidado de uñas.

La tecnología del cuidado de uñas ha cambiado en 5.000 años, desde que se tiene conocimiento de la primera manicura. Las manicuras constituían un lujo que sólo los gobernantes y ricos podían disfrutar y eran llevadas a cabo por los criados. Hoy, millones de personas de muchos grupos sociales y económicos, conscientes de la importancia de la moda, disfrutan de servicios de cuidado de uñas. Actualmente, en la mayoría de los estados, los profesionales autorizados que han completado un total de 500 horas de instrucción en clase, realizan servicios de tecnología de cuidado de uñas. Durante el período de instrucción, aprenden a mejorar la salud de las uñas de sus clientes, a reconocer uñas y piel sanas, así como posibles trastornos de los mismos. Adquieren destrezas en el uso de la tecnología más moderna en el cuidado de uñas, respetando al mismo tiempo los procedimientos adecuados de higiene, desinfección y seguridad para protegerse a sí mismos y a sus clientes. Los técnicos en el cuidado de uñas profesionales aprenden a proporcionar servicios que mejoren el aspecto de las manos y pies de sus clientes y a aliviar su estrés. Además, aprenden a manejar los aspectos del negocio de su profesión.

Las primeras manicuras no requerían una instrucción formal. La palabra "manicura" viene del latín "manus " (mano) y "cura" (cuidado). La primera evidencia del cuidado de uñas que registra la historia fue en el año 3.000 A. C. en Egipto y China. Los hombres y mujeres de alto rango social del Antiguo Egipto se pintaban las uñas con una tintura rojo anaranjada proveniente de un arbusto denominado henna. El color de las uñas de las personas del Antiguo Egipto era una señal de su importancia. Los reyes y las reinas usaban rojo intenso, mientras que a la gente de menor rango sólo se les permitía usar colores pálidos. Alrededor del año 3.000 A. C., los chinos desarrollaron una pintura de uñas hecha con cera de abejas, clara de huevo, gelatina y goma arábiga. En el año 600 A. C., la realeza china usaba pintura de uñas de oro y plata. En el siglo quince, líderes de la dinastía china Ming se pintaban las uñas de negro y rojo. Antes de las batallas, los comandantes de Egipto, Babilonia y la antigua Roma pasaban horas haciéndose aplicar laca y ondular el cabello, y haciéndose pintar las uñas del mismo color de los labios.

Como técnico en cuidado de uñas del siglo veintiuno, puede brindar a sus clientes una selección mayor en cuidado de uñas que la gente privilegiada de antiguas civilizaciones. Puede ofrecer a sus clientes diferentes servicios de manicura y pedicura así como información acerca del cuidado de uñas. Además, pueden elegir entre una variedad de servicios de cuidados de uñas artificiales de distintas formas, colores y diseños, los que más se acomoden a sus necesidades. Se convertirá en un técnico en cuidado de uñas de éxito estudiando mucho y aprendiendo las destrezas y el manejo profesional para hacer que todos sus clientes se sientan como reyes y reinas del siglo veintiuno.

Si se encuentra en la escuela leyendo por primera vez este libro, recuerde que aprenderá lo fundamental aquí. Dependerá de usted llegar más lejos para obtener más experiencia. Lea y relea este libro. Úselo como referencia. Relaciónese con otros técnicos, encuentre un mentor y asista a las clases de todos los fabricantes que pueda. Aprenda sobre los productos disponibles y sobre cómo usarlos de forma correcta. Asista de forma regular a las ferias y manténgase en contacto con las tendencias y acontecimientos de la industria leyendo las publicaciones comerciales. Conéctese a Internet y comuníquese con otras personas como usted. Es responsabilidad suya profundizar en sus conocimientos y crecer como profesional.

Los autores de estas páginas son esos profesionales. Años de conocimiento y destrezas avalan la información técnica que leerá en este libro. Sue Ellen Schultes, durante la investigación que llevó a cabo para escribir este libro, recabó tanta información actualizada como pudo de las personalidades más importantes de la industria. *En ningún otro sitio* encontrará una recopilación de información como ésta. Tanto aquéllos que se encuentran en el inicio de sus carreras como los profesionales con mucha experiencia, no podrán encontrar mejor información que la contenida en este libro.

Comencemos a estudiar este emocionante campo.

Vicki Peters, de la revista Nailpro Magazine

Sue Ellen Schultes, editor

parte 1

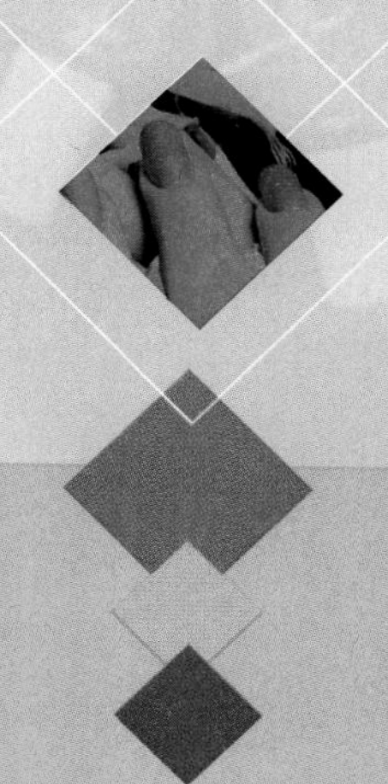

INICIACIÓN

SU IMAGEN PROFESIONAL

Autor: Sue Ellen Shultes

RESEÑA DEL CAPÍTULO

Conducta profesional acorde al salón
Ética profesional
Su aspecto profesional

Objetivos de aprendizaje

Después de finalizar este capítulo, usted podrá:

1. **Definir la conducta acorde al salón.**
2. **Dar ejemplos de conducta profesional acorde al salón respecto de clientes.**
3. **Dar ejemplos de conducta profesional acorde al salón respecto de empleadores y compañeros de trabajo.**
4. **Definir ética profesional.**
5. **Dar ejemplos de ética profesional respecto de clientes.**
6. **Dar ejemplos de ética profesional respecto de empleadores y compañeros de trabajo.**
7. **Describir el tipo de aspecto que debe tener en carácter de técnico en cuidado de uñas profesional.**

Términos clave

El número de página indica dónde se utiliza el término dentro del capítulo.

conducta acorde al salón
pág. 9

ética
pág. 12

Los técnicos en cuidado de uñas exitosos son capaces de brindar otros servicios además de realizar una manicura experta, crear uñas artificiales con aspecto natural o pintar diseños originales en las uñas de los clientes. Usted debe saber comportarse como un profesional. Respetará las normas de comportamiento profesional con los clientes, empleadores y compañeros de trabajo. Debe desarrollar buenos hábitos personales de salud e imagen. En este capítulo aprenderá las normas de profesionalidad para técnicos en cuidado de uñas. Éstas incluyen conducta acorde al salón, ética profesional y cómo debe presentarse a los clientes como un representante atractivo y bien preparado de la industria de la tecnología del cuidado de uñas. Al poner en práctica estas normas, rápidamente reunirá una clientela satisfecha y logrará un ambiente de trabajo que lo guiará al éxito. Este capítulo es uno de los más importantes del libro. No tiene relación alguna con la capacidad técnica, sino que guarda una total relación con convertirse en lo mejor que esta profesión pueda ofrecer.

CONDUCTA PROFESIONAL ACORDE AL SALÓN

Conducta acorde al salón es el modo de comportarse al trabajar con clientes, empleadores y compañeros de trabajo del salón. Como profesional, su comportamiento tendrá un impacto directo en el modo de percibir la industria en su conjunto. Promover y mantener un estándar de conducta elevado en el salón mejorará la impresión que usted causa en los demás, aumentando de este modo su autoestima. Esto es muy importante por varias razones. Cuanto mejor se sienta con usted mismo, mejor realizará su trabajo y estará más abierto al aprendizaje y colaboración con los empleados y compañeros de trabajo. Las personas que nos rodean nos evalúan constantemente. El comportamiento no profesional puede afectar las promociones, ingresos y credibilidad, tres factores esenciales para gozar de su trabajo mientras avanza hacia una profesión exitosa. Recuerde, mantenga siempre una actitud profesional.

Conducta profesional acorde al salón respecto de clientes

Establezca estándares elevados para una adecuada conducta acorde al salón. Usted puede crear un ambiente relajado y placentero para los clientes del salón que les haga desear regresar y llevar a sus amigos.

1. **Sea puntual.** Brindará una imagen relajada, competente y preocupada por las necesidades de sus clientes al ser puntual, esperando atenderlos en cuanto llegan. Llegar tarde puede hacerlo parecer desorganizado y desconsiderado. Es descortés y puede molestar e incomodar a sus clientes.
2. **Esté preparado.** Antes que sus clientes lleguen, asegúrese de que su estación esté totalmente organizada con la cantidad de materiales y equipos adecuados. Asegúrese de que sus implementos estén desinfectados y listos para usar y que su área de trabajo esté higienizada. Sonría.

Figura 1-1 Planifique su día esmeradamente.

3. **Planifique su día.** Tenga a mano una agenda de citas día por día. Dicha agenda debe contener el nombre del cliente, los servicios a ser brindados, la hora de la cita y el número telefónico del cliente. Llame a los clientes por su nombre cuando lleguen. Al saber los servicios a ser brindados, usted puede comenzar a trabajar sin dudar. Esto brinda a sus clientes una sensación de seguridad e importancia (Figura 1-1).
4. **Planifique con anticipación.** Excepto en casos de emergencia, los técnicos en cuidado de uñas no deben modificar las citas concertadas para adaptarlas a su vida privada. Debe informarse de los eventos importantes con tres o más semanas de anticipación. Asegúrese de incluirlos en su calendario y organizar su agenda en consecuencia. Esta profesión ofrece flexibilidad de programación, si usted es organizado y puede planificar con semanas de anticipación.
5. **Organice las citas esmeradamente.** Organice sus citas para contar con tiempo suficiente para cada cliente. Si cita demasiados clientes en un día, no tendrá tiempo de atenderlos y algunos deberán esperar o cambiar su cita para otro día. Si la recepcionista toma las citas para usted, asegúrese de entregarle una lista prolija de los servicios que ofrece y el tiempo necesario de realización de los mismos.
6. **Informe a los clientes los cambios de citas.** Póngase en contacto con los clientes si se está atrasando mucho con las citas o si debe cambiar las citas para otro día. Ellos apreciarán su honestidad y agradecerán que no les haga perder el tiempo. Si sólo se está atrasando un poco, asegúrese de informárselo a sus clientes y hacerles saber que los atenderá muy pronto.
7. **Sea cortés.** Muestre una actitud alegre, amigable y servicial. Esta actitud demostrará a sus clientes que usted se preocupa por ellos. Antes de brindar un servicio, haga que sus clientes se sientan cómodos y relajados. Ayúdelos a quitarse los abrigos, muéstreles dónde deben lavarse las manos y dónde deben sentarse para ser atendidos. Puede hacer que todos los nuevos clientes recorran el salón y mostrarles dónde se encuentran los sanitarios y teléfonos. También puede informarles cómo reservar futuras citas, cómo modificar una cita, las formas de pago aceptadas por el salón y las políticas del salón aplicables a los clientes.
8. **Realice todas las tareas con gusto y eficiencia**. Nunca haga sentir a sus clientes que sus citas lo incomodan.

Figura 1-2 Comuníquese con su cliente.

9. **Comuníquese con sus clientes.** Explique a sus clientes los servicios que les brindará y los productos necesarios para mantener tales servicios. Escuche sus preocupaciones con total atención y responda sus preguntas. Si no sabe las respuestas a sus preguntas, dígales que lo investigará y luego les informará. Independientemente de lo exitoso que logre ser, conserve siempre una actitud humilde en el trato con sus clientes (Figura 1-2).
10. **Nunca proteste o discuta con un cliente.** Trate de mantener las conversaciones en un nivel profesional en todo momento. Mientras brinda los servicios para el cuidado de uñas, puede utilizar esta oportunidad para explicar lo que está haciendo y por qué lo hace. Esto crea confianza entre usted y el cliente. También puede usar este tiempo único para sugerir y conversar sobre otros servicios y productos del salón que podrían ser de utilidad para el cliente. Si el cliente utiliza más de un servicio o producto de

su salón, el factor de fidelidad se duplica. Si el cliente confía y cree en usted, el factor de fidelidad aumentará aún más.

11. **Aplique un buen criterio.** No divulgue información personal sobre su vida privada. Más importante aún, no comparta con sus clientes asuntos personales de otros clientes, de sus compañeros de trabajo o de su empleador. Evite las discusiones políticas o religiosas. Si bien el técnico en cuidado de uñas y el cliente o compañero de trabajo pueden coincidir en sus puntos de vista, las demás personas que escuchen casualmente pueden no coincidir y sentirse ofendidas. Concéntrese en las necesidades de su cliente y utilice esta oportunidad para abordar sus preocupaciones sobre las uñas o explicar mejor los procedimientos realizados.
12. **Nunca masque goma de mascar, fume, coma o tome llamadas telefónicas personales a la vista de los clientes.** Estos hábitos pueden resultar extremadamente molestos para los clientes. Puede ser peligroso fumar cerca de las sustancias químicas para uñas. Estos hábitos pueden menoscabar su profesionalidad (Figura 1-3).
13. **Sonría.** Siempre reciba al cliente que ingresa a su salón con una actitud alegre. Si ve que alguien necesita algún tipo de asistencia concéntrese en cómo puede ser de utilidad.

Figura 1-3 Nunca coma, masque goma de mascar o tome llamadas telefónicas personales a la vista de los clientes.

Conducta profesional acorde al salón respecto de empleadores y compañeros de trabajo

Es importante trabajar estrechamente con su empleador y sus compañeros ya que esto creará un salón sólido y exitoso que eventualmente garantizará su futuro en esta industria. Para resultar competentes, todo el personal debe trabajar en equipo. Usted desea crear un entorno que haga que sus clientes gocen tanto al visitar su salón que no deseen ir a otro.

A continuación encontrará pautas para tratar con empleadores y compañeros de trabajo.

1. **Comuníquese.** Establezca una línea de comunicación abierta y honesta entre usted y su empleador. Sea totalmente honesto sobre sus puntos fuertes y débiles. Asegúrese de que su trabajo cumple con todas las normas que el salón establece.
2. **Esté dispuesto a aprender.** Sea abierto y esté dispuesto a aceptar sugerencias. No suponga automáticamente que su modo de realizar las tareas es la única manera correcta de llevarlas a cabo. Los productos y servicios para el cuidado de uñas mejoran frecuentemente, esté preparado para actualizar sus habilidades.
3. **Errores.** Si es nuevo en el salón, prepárese para aprender sus políticas y procedimientos (y respetarlos). Si es un técnico nuevo o está aprendiendo una nueva habilidad, prepárese para cometer errores. Decídase a ser cada vez mejor con cada cliente, en cada oportunidad, con cada uña. No se tome las correcciones a la tremenda. Son una parte necesaria del proceso de aprendizaje.

4. **Reconozca los méritos de los demás.** Nunca se apropie el mérito por las ideas de otra persona. Trate de reconocer los aportes de los demás.
5. **Respete las opiniones de los compañeros de trabajo.** Sus ideas y opiniones son importantes, pero no son las únicas. Frecuentemente las ideas de muchas personas logran la mejor solución.
6. **Tome la iniciativa.** Nunca tema ofrecer su ayuda o sugerencias para mejorar o facilitar las tareas de su empleador o compañeros de trabajo. Le estarán muy agradecidos.
7. **Aplique un buen criterio.** Si tiene algún problema o duda acerca de su trabajo, convérselo directamente con su empleador, no con sus clientes o compañeros de trabajo.
8. **Deje sus problemas personales en el hogar.** No comente sus problemas personales a su empleador, compañeros de trabajo o clientes. Los problemas personales crean distracciones que interrumpen la concentración necesaria para realizar un buen trabajo. No debe tomar llamadas telefónicas de familiares o amigos mientras esté trabajando, a menos que se trate de una emergencia.
9. **Diferencias de opinión.** Nunca divulgue las diferencias con sus compañeros de trabajo o empleados en el área del salón. Mantenga las conversaciones negativas en privado.
10. **Nunca pida dinero prestado a empleadores o compañeros de trabajo.** Esta actitud puede ocasionar una situación laboral muy incómoda. Eventualmente sus compañeros de trabajo pueden perder el respeto que sienten por usted.
11. **Promocione el salón.** Infórmese acerca de los demás servicios ofrecidos en el salón, tales como cuidado del cabello, la piel y consultas cosméticas para poder promocionar todo el salón a sus clientes.
12. **Desarrolle su capacidad de venta.** Explique a los clientes los beneficios de los productos y servicios sin presionarlos. Los productos para ser usados en el hogar beneficiarán tanto a usted como a su cliente, ya que éste regresará con sus manos y pies en mejores condiciones. Cuanto más variados sean los servicios que le brinda al cliente, mayor será la fidelidad de éste hacia usted.
13. **Respete las políticas y procedimientos del salón.** Para demostrar respeto por sus empleados y compañeros de trabajo es importante respetar *todas* las políticas y procedimientos del salón. Aprender a respaldar el equipo del salón promueve un ámbito de trabajo armónico.

ÉTICA PROFESIONAL

Ética profesional es el sentido de lo que es correcto e incorrecto cuando **usted** interactúa con sus clientes, empleadores y compañeros de trabajo. Los valores esenciales de la ética profesional son honestidad, honradez, cortesía y respeto por los sentimientos y derechos de los demás.

Ética profesional respecto de clientes

La práctica de estándares éticos elevados en el trato con los clientes le otorgará una buena reputación. Sus clientes confiarán en usted, regresarán continuamente y llevarán a sus amigos. Su mejor fuente de publicidad son las recomendaciones de los clientes que lo respetan y confían en usted.

1. **Sugiera servicios que cubran las necesidades de sus clientes.** Nunca sugiera o brinde a los clientes servicios que no necesitan o desean o que puedan ocasionarles algún daño. Explique a sus clientes las recomendaciones y sus razones para que se sientan cómodos con sus servicios.
2. **Cumpla su palabra y satisfaga todas sus obligaciones.** Siempre haga al cliente lo que prometió hacerle y lo que éste quiere que usted haga. No abrevie los servicios porque está apurado o reemplace otros servicios porque le resultan más convenientes a usted.
3. **Trate a todos los clientes por igual.** Nunca ofrezca descuentos o servicios especiales a un cliente y no a otro.
4. **Respete las reglamentaciones estatales de higiene y seguridad.** Siempre respete las disposiciones de las leyes estatales aplicables a la tecnología del cuidado de uñas. Las reglamentaciones pueden parecer incómodas en ocasiones, pero fueron creadas para protegerlo a usted y a sus clientes. A los fines de ser un técnico en cuidado de uñas ético, siempre debe conocer las leyes vigentes aplicables a su profesión (Figura 1-4).

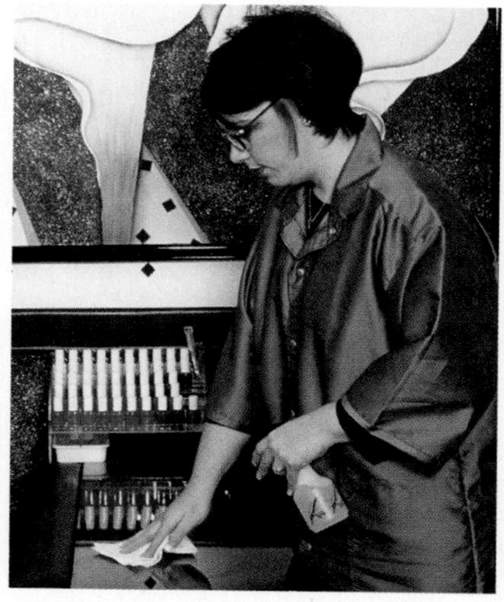

Figura 1-4 Respete las reglamentaciones estatales de higiene y seguridad.

5. **Sea fiel.** Nunca se queje, rumoree o hable con sus clientes sobre otros clientes, su empleador o compañeros de trabajo. Esto es poco amable y menoscaba los sentimientos de su cliente hacia usted y su lugar de trabajo. Sus clientes no confiarán en usted si les habla de otras personas porque pensarán que hablará de ellos del mismo modo.
6. **No critique a los demás.** Nunca critique los servicios ofrecidos por otros técnicos en cuidado de uñas u otros salones. Aunque el cliente insista en conversar sobre los servicios de otros colegas o salones, usted puede escuchar pero manténgase neutral en sus respuestas.
7. **No abandone a sus clientes.** Si abandona las actividades de manicura o se muda a otra comunidad, informe a sus clientes con suficiente anticipación para que encuentren a otro técnico en cuidado de uñas o recomiéndeles un compañero de trabajo o colega de confianza. Si cuenta con una gran clientela considere capacitar a alguien para que lo reemplace. Usted desea que sus clientes se sientan lo menos incómodos posible.

Ética profesional respecto de empleadores y compañeros de trabajo

El uso por su parte de la ética profesional para respaldar los esfuerzos y el espíritu de sus compañeros de trabajo y empleadores contribuirá al éxito de su salón. Cuanto más exitoso sea el salón, más exitoso será usted.

1. **Sea honesto.** Nunca culpe por sus errores a un compañero de trabajo. Asuma la responsabilidad de sus propios actos.
2. **Cumpla con sus obligaciones.** Cumpla las promesas realizadas a su empleador y compañeros de trabajo, tales como asistir al trabajo en su día de descanso para colaborar con un cliente especial. Si le es imposible cumplir

con su promesa, contacte a su empleador o compañero de trabajo anticipadamente y pregúnteles si puede ayudarlos a organizarse de otro modo.

3. **Respete el talento de su empleador y compañero de trabajo.** Elógielos y aliéntelos cuando hacen un buen trabajo. Trate de no criticar.
4. **No promueva la crítica contra sus compañeros de trabajo.** Cuando escuche la queja de un cliente acerca de otro técnico, no tome partido. Usted no conoce todos los hechos y este evento no es de su incumbencia. Sugiera que el cliente hable directamente con el compañero de trabajo en cuestión. Nunca critique el trabajo de otra persona. Deje que sus estándares y trabajo hablen por sí solos. Si el trabajo de otra persona es muy deficiente, ofrezca reparar las uñas de su cliente sin culpar al otro técnico en cuidado de uñas.
5. **Nunca rumoree o inicie chismes entre compañeros de trabajo.** Algunas personas piensan que estas tácticas pueden hacerlos avanzar en su actividad, pero sólo sirven para menoscabar su imagen y molestar a sus compañeros.

N|E|G|O|C|I|O|S  CONSEJOS

Conozca la competencia y perfeccione sus habilidades

Sus clientes desean lo mejor para sus uñas y confían en que usted les informe qué productos mantendrán sus manos embellecidas entre cada cita de manicura. A los fines de reforzar la creencia de que los productos profesionales son lo mejor para conservar la salud y belleza de las uñas, usted debe instruirse en profundidad acerca de las diferencias existentes entre las fórmulas de los salones y las de las farmacias. También debe estar capacitado para explicar tales diferencias a sus clientes. Por ejemplo, si usted sabe que las limas de esmeril disponibles en el mercado son muy abrasivas y pueden causar problemas porque deshacen las capas de la superficie de las uñas (lámina ungueal), aconsejará el uso de limas profesionales que poseen abrasivos más suaves y no rasgan dichas capas.

Planifique asistir a exhibiciones comerciales relacionadas con su industria al menos una vez al año. Estarán presentes muchos fabricantes y proveedores o habrá representantes bien capacitados para conversar directamente con usted. Ellos podrán responder cualquier consulta que pueda tener sobre los productos profesionales y su utilización. Podrán informarle sobre el funcionamiento de los mismos y explicarle por qué son mejores que otros productos no oficiales. Lea libros comerciales y revistas para obtener información de vanguardia sobre los nuevos productos y su utilización. Busque personas que se destaquen en algún área de su interés. Asista a clases y seminarios para perfeccionar sus habilidades y acrecentar sus conocimientos.

Los videos producidos por profesionales de la industria son una gran ayuda visual y una fantástica herramienta de aprendizaje. Familiarícese con las computadoras ya que encontrará información a su disposición en Internet y a su elección en cualquier momento. Todo lo que lea, escuche o vea que mejore sus conocimientos sobre los productos y sus habilidades técnicas o le ahorre tiempo será una inversión en su profesión.

SU ASPECTO PROFESIONAL

Sea un modelo de buena imagen para sus clientes ya que usted forma parte de la industria de la belleza. Sus clientes esperan que su aspecto sea de lo mejor. Deben sentir placer de estar cerca suyo. Esté aseado y huela bien, así los clientes no se opondrán a que los toque mientras brinda los servicios de cuidado de uñas. Deben sentir agrado de sentarse frente a usted mientras realiza los servicios de cuidado de uñas (Figura 1-5).

1. **Esté limpio y fresco.** Báñese o dúchese diariamente y use un desodorante eficaz.
2. **Tenga un aliento fresco y dientes sanos.** Asegúrese de que su aliento se mantenga fresco en todo momento. No coma ajo o comidas picantes que puedan causarle mal aliento durante su día laboral. Lleve con usted cepillo dental, pasta dentífrica y caramelos de menta para poder refrescar su aliento cuando sea necesario. Mantenga sus dientes y encías sanos cepillándolos regularmente y visitando al dentista.
3. **Use ropa limpia acorde al salón.** Usted debe verse de lo mejor, con ropa elegante y profesional que refleje su dedicación a la industria sin opacar su capacidad de trabajo (Figura 1-6).
4. **Cuide su cabello, piel y uñas.** Asegúrese que su cabello esté prolijo, contar sólo con maquillaje suficiente para realzar su belleza natural y que las uñas tengan una buena manicura.

Figura 1-5 Técnico en cuidado de uñas profesional

Figura 1-6 Técnica en cuidado de uñas profesional

glosario del capítulo

conducta acorde al salón (profesionalidad)	La manera adecuada de comportarse al trabajar con clientes, empleadores y compañeros de trabajo.
ética	El sentido de lo que es correcto e incorrecto al interactuar con clientes, empleadores y compañeros de trabajo. Honestidad, honradez, cortesía y respeto por los sentimientos y derechos de los demás son los valores esenciales de la ética profesional.

preguntas de revisión

1. ¿Qué significa conducta acorde al salón?
2. Dé diez ejemplos de conducta profesional acorde al salón respecto de clientes.
3. Explique por qué un salón podría perder clientes si los técnicos en cuidado de uñas no muestran una conducta profesional acorde al salón.
4. Dé diez ejemplos de conducta profesional acorde al salón respecto de empleadores y compañeros de trabajo.
5. Defina ética profesional.
6. Dé siete ejemplos de ética profesional respecto de clientes.
7. Dé cinco ejemplos de ética profesional respecto de empleadores y compañeros de trabajo.
8. Describa el tipo de aspecto que debe tener en carácter de técnico en cuidado de uñas profesional.
9. Explique por qué un salón podría perder clientes si emplea técnicos en cuidado de uñas que presentan un aspecto no profesional.

BACTERIAS Y OTROS AGENTES INFECCIOSOS

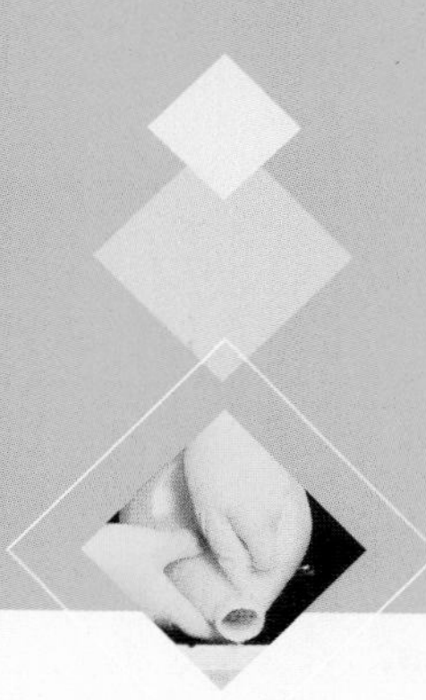

Autor: Rebecca Moran

RESEÑA DEL CAPÍTULO

Objetivos de aprendizaje

Después de finalizar este capítulo, usted podrá:

1 **Definir y comprender las bacterias.**

2 **Explicar la diferencia entre bacterias patógenas y no patógenas.**

3 **Identificar y describir los principales grupos de bacterias patógenas.**

4 **Dar ejemplos de infecciones comunes causadas por virus y bacterias.**

5 **Comprender qué tipos de infecciones pueden aparecer en las uñas.**

6 **Nombrar los distintos tipos de inmunidades.**

7 **Nombrar algunas fuentes comunes de infección en el salón.**

8 **Identificar las medidas necesarias para proteger al cliente y a usted mismo de la propagación de infecciones.**

Términos clave

El número de página indica dónde se utiliza el término dentro del capítulo.

asepsia
pág. 22

bacilos
pág. 22

bacterias
pág. 21

barrera natural
pág. 27

cilios
pág. 23

cocos
pág. 22

contagio
pág. 28

diplococos
pág. 22

estafilococos
pág. 22

estreptococos
pág. 22

flagelos
pág. 23

gérmenes
pág. 22

hongos
pág. 24

infección
pág. 25

inmunidad
pág. 26

inmunocomprometido
pág. 27

microorganismos
pág. 21

mitosis
pág. 23

no patógenas
pág. 21

parásitos
pág. 25

patógenas
pág. 22

rickettsia (riquetsias)
pág. 25

sepsis
pág. 22

Síndrome de Inmuno Deficiencia Adquirida (SIDA)
pág. 23

spirilla
pág. 22

tóxicos
pág. 22

virus
pág. 23

Prácticamente cualquier tipo de procedimiento de servicio al público puede ser brindado en forma segura si se aplican las precauciones adecuadas. Esto es totalmente cierto respecto de los servicios brindados por los técnicos en el cuidado de uñas *profesionales*. Los profesionales capacitados saben que deben operar bajo ciertos parámetros y pautas, no sólo para mantener un buen nivel de calidad, sino también para asegurar su subsistencia en la profesión que eligieron. Como técnico en el cuidado de uñas profesional, usted debe conocer y estar informado de los posibles problemas que presentan los agentes infecciosos.

No en vano, ciertos tipos de infecciones pueden transmitirse durante la realización de los servicios de cuidado de uñas. En este capítulo aprenderá qué causa la infección y cómo puede impedir su propagación. Luego, aprenderá cuán fácil es evitar dichos problemas aplicando los procedimientos de desinfección e higiene adecuados. Sin embargo, la educación continua es una herramienta necesaria para el verdadero profesional y los temas relacionados con el control de las enfermedades infecciosas deben ser una prioridad educativa. La salud pública está en evolución constante ya que regularmente se introducen e implementan nuevos hallazgos, recomendaciones y leyes. Es recomendable mantenerse bien informado sobre tales temas. La Administración de Alimentos y Drogas (FDA), los Centros para el Control y la Prevención de Enfermedades y la Administración de la Seguridad y Salud ocupacionales (OSHA) son sólo algunos de los organismos que los sectores de medicina, servicios públicos y atención sanitaria consideran fuentes de invaluable valor. Recuerde, la mejor defensa contra las enfermedades infecciosas es el conocimiento.

BACTERIAS

Las **bacterias** son **microorganismos** unicelulares tan pequeños que sólo pueden verse a través de un microscopio. Un microorganismo es un ser vivo tan pequeño que no puede detectarse a simple vista. Muchas bacterias son tan diminutas que mil quinientas apenas cubren la cabeza de un alfiler. Por ejemplo, una pizca de tierra sana y fértil puede albergar más de mil millones de bacterias. Un dedal de tierra puede contener cinco mil millones de bacterias. Las bacterias son los organismos más numerosos de la Tierra. Existen 15.000 especies conocidas de bacterias y pueden vivir casi en cualquier lugar. Se multiplican a una velocidad increíble. Una sola célula bacteriana puede producir 16.000.000 copias de sí misma en sólo medio día.

Podemos encontrar bacterias en el agua, en el aire, en el polvo, en la pelusa y en la materia en descomposición. Están en la piel del cuerpo, en las secreciones de los orificios del cuerpo, en la ropa, en su mesa de manicura, en los implementos y debajo de las uñas. La mayoría de las bacterias son inofensivas, pero algunas pueden causar problemas.

Tipos de bacterias

Las bacterias se clasifican en dos tipos, según sean beneficiosas o dañinas.

1. Las **bacterias no patógenas** (que no causan enfermedades), no pueden causarnos daño, y a menudo, son beneficiosas. Alrededor del 70 por ciento de las bacterias son no patógenas. Algunas formas de bacterias no patógenas ayudan a producir alimentos y oxígeno. Otras se utilizan en el abono para mejorar la fertilidad del suelo. En los seres humanos, las bacterias no

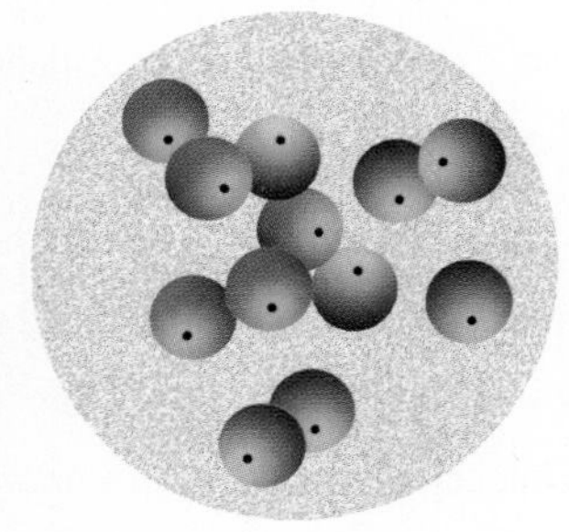

Figura 2-1 Cocos

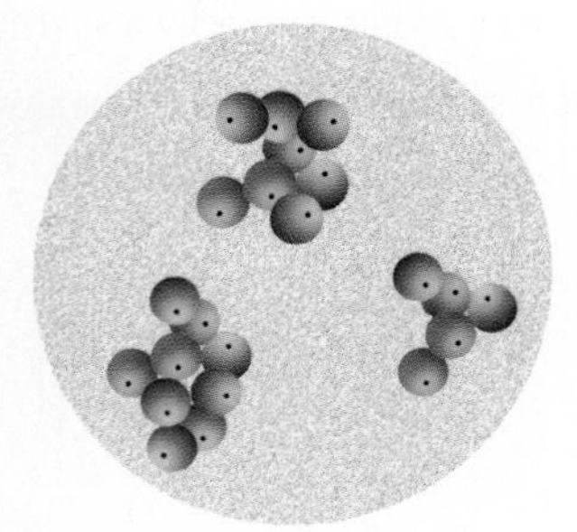

Figura 2-2 Estafilococos

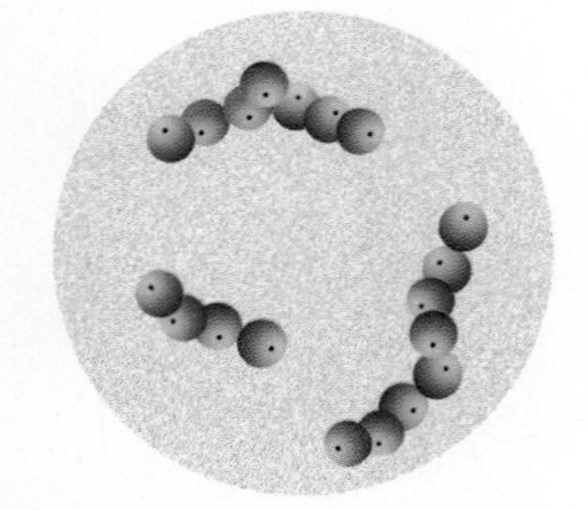

Figura 2-3 Estreptococos

patógenas son más numerosas en la boca e intestinos donde colaboran con el proceso digestivo deshaciendo los alimentos.

2. Las **bacterias patógenas** (causantes de enfermedades) son dañinas. Si bien menos del 30 por ciento de las bacterias son patógenas, éstas son la causa más común de las infecciones y enfermedades en los seres humanos. A las bacterias patógenas también se les denomina **gérmenes**. Éstos invaden los tejidos de las plantas o animales vivos y se alimentan de materia viva. Se reproducen rápidamente y propagan la enfermedad produciendo **tóxicos** o venenos en el tejido invadido. **Sepsis** es la presencia en sangre u otros tejidos de microorganismos patógenos o sus tóxicos y **asepsia** es la ausencia de bacterias productoras de enfermedades.

Clasificaciones de bacterias patógenas

Existen tres grupos principales de bacterias patógenas. Son:

1. **Cocos**. Son bacterias redondas productoras de pus. Los cocos aparecen solos o en grupos según se muestra en la (Figura 2-1).
   a. **Estafilococos:** crecen en racimos y están presentes en las infecciones locales tales como abscesos, pústulas y furúnculos (Figura 2–2).
   b. **Estreptococos:** crecen en cadena. Causan faringitis estreptocócica e infecciones o enfermedades que se propagan por todo el cuerpo tales como intoxicación de la sangre y fiebre reumática (Figura 2-3).
   c. **Diplococos:** crecen en pares y causan neumonía (Figura 2-4).
2. **Bacilos**. Son las bacterias más comunes. Tienen forma de varilla y producen enfermedades tales como tétanos, gripe, tifoide, tuberculosis y difteria (Figura 2-5).
3. **Spirilla**. Son bacterias en forma de espiral o tirabuzón. Un ejemplo de estas bacterias es la *treponema pallida*, que causa sífilis (Figura 2-6).

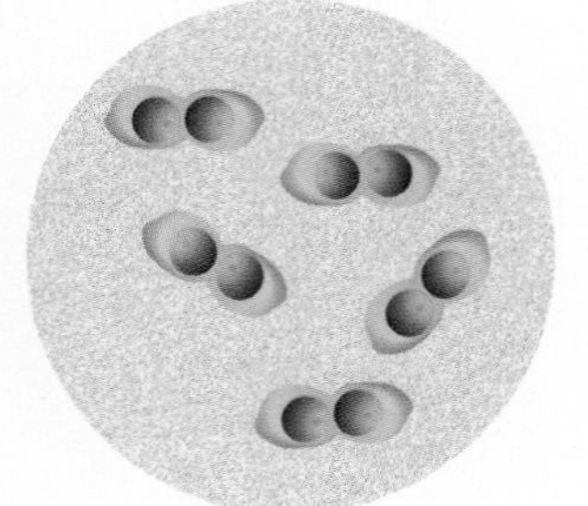

Figura 2-4 Diplococos

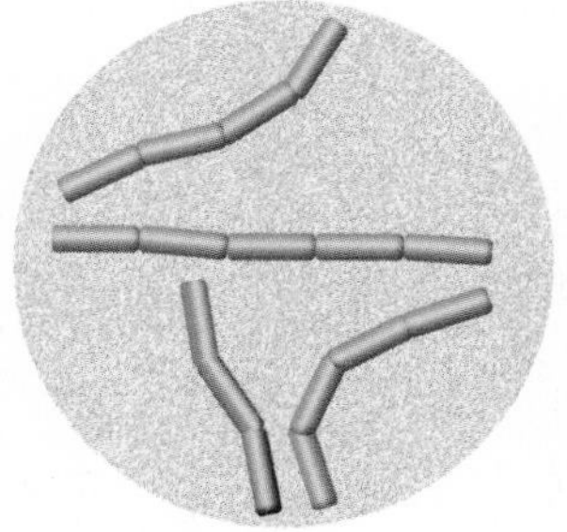

Figura 2-5 Bacilos

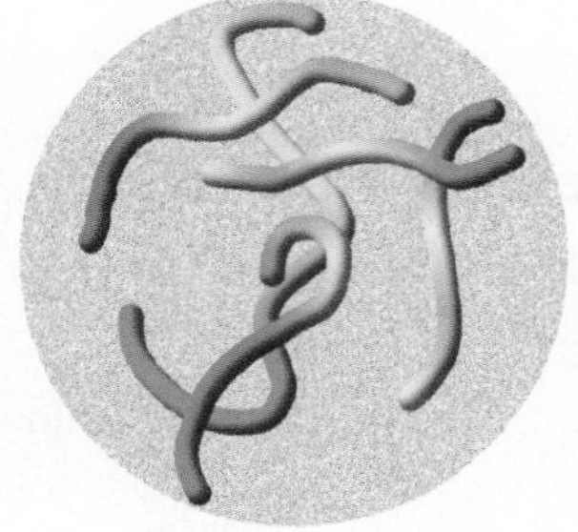

Figura 2-6 Spirilla

Crecimiento y reproducción de bacterias

Las bacterias viven, crecen y se multiplican mejor en ambientes cálidos, oscuros, húmedos e insalubres. El cajón de la mesa de manicura es el lugar perfecto para la reproducción de bacterias sobre los implementos sucios.

Cada bacteria o célula bacteriana tiene la capacidad de crecer y reproducirse. A medida que las bacterias se alimentan, su tamaño aumenta. Cuando alcanzan la madurez, se dividen por la mitad y forman dos células idénticas. Este tipo de reproducción se denomina **mitosis**. Estas dos células crecerán y se dividirán nuevamente formando cuatro células. Es fácil ver cómo una bacteria puede reproducirse en alrededor de 16 millones de bacterias en 12 horas.

Cuando las condiciones se tornan desfavorables para el crecimiento y reproducción, algunos tipos de bacterias forman una capa dura exterior denominada espora. Luego permanecen inactivas o en estado de reposo. Algunas bacterias sobreviven en condiciones muy adversas durante largo tiempo. Las esporas pueden dispersarse en el polvo y ni siquiera los desinfectantes más eficaces pueden dañarlas. Cuando las condiciones se tornan favorables comienzan a crecer y reproducirse nuevamente.

Movimientos de las bacterias

Las bacterias viajan muy fácilmente. Se propagan en el aire o agua o mediante el contacto con objetos contaminados. Los bacilos y la spirilla son las únicas bacterias que pueden trasladarse por sí solas. Tienen extensiones similares a cabellos denominadas **flagelos** o **cilios** que se mueven como varas para avanzar en el líquido.

VIRUS Y HONGOS

Virus

Los **virus** son agentes patógenos (causantes de enfermedades) que son muchas veces más pequeños que las bacterias. Los virus ingresan a una célula sana, crecen hasta su madurez y se reproducen, provocando, con frecuencia, la destrucción de dicha célula. La hepatitis, la varicela, la gripe, el sarampión, las paperas y el resfrío común son ejemplos de infecciones virales que se transmiten mediante el contacto casual con una persona infectada. La infección se propaga cuando la persona estornuda o tose.

Síndrome de Inmuno Deficiencia Adquirida (SIDA)

El **Síndrome de Inmuno Deficiencia Adquirida (SIDA)** es una enfermedad causada por el virus VIH. El VIH ataca y generalmente destruye el sistema inmune del cuerpo. Por lo general, la enfermedad permanece inactiva durante muchos años. Algunas personas estuvieron infectadas durante más de 15 años sin exteriorizar síntomas. Afortunadamente, es muy difícil transmitir el VIH. A diferencia de otros virus, el VIH no puede transmitirse mediante el contacto casual con la persona infectada, estornudos o tos, etc. El VIH se transmite de persona a persona mediante el intercambio de fluidos sanguíneos, tales como semen o sangre.

Los métodos más comunes de trasmitir el VIH son

1. el contacto sexual con la persona infectada.
2. el uso de agujas hipodérmicas sucias para inyectar drogas.

También puede transmitirse el VIH de madre a hijo durante el embarazo y nacimiento. A principios de los años 80, el VIH se transmitía mediante transfusiones de sangre infectada. Sin embargo, esto ya no sucede.

Afortunadamente, es casi imposible transmitir el VIH en el salón. El VIH no se propaga a través de los servicios brindados en el salón. Usted debe asegurarse de que sus clientes estén informados al respecto. Muchos de ellos temen innecesariamente y le consultarán para estar seguros. Esto no significa que no es importante prevenir la transmisión de la enfermedad en el salón. Simplemente significa que la prevención del VIH NO es la causa de una higiene y desinfección adecuadas del salón.

Hongos y formaciones de moho

Hongos es el término general para denominar parásitos similares a plantas; este término puede hacer referencia a cualquier tipo de hongo y formación de moho. Ambos son contagiosos, pero sólo los hongos representan un riesgo para los clientes que reciben servicios de cuidado de uñas. Los hongos pueden propagarse de uña a uña del cliente.

Infecciones fúngicas de las uñas

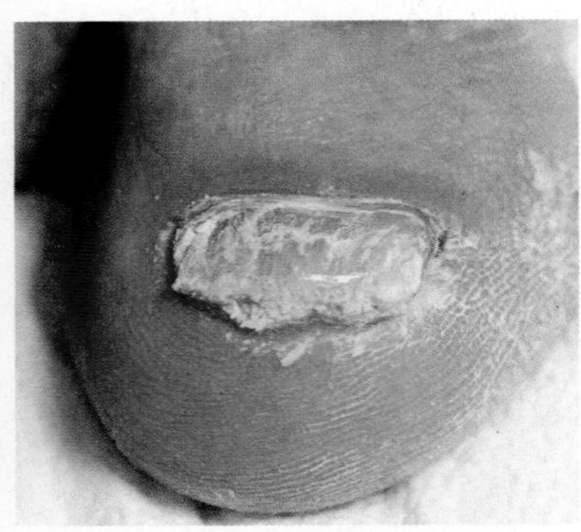

Figura 2-7 Ejemplo de hongos en las uñas

Ciertos tipos de hongos comunes pueden aparecer como zonas blancas o descoloridas debajo de la superficie de la uña (lámina ungueal). Puede parecer que se extienden hacia la cutícula. Conforme la enfermedad avanza, la decoloración se torna más oscura. Los hongos pueden afectar las manos, pies y uñas. Los clientes con hongos en las uñas deben ser derivados a un médico (Figura 2-7).

Formaciones de moho

Uno de los mayores errores de la industria dedicada al cuidado de las uñas es la creencia de que las formaciones de moho pueden infectar las uñas. Estos organismos raramente aparecen, si alguna vez lo hacen, en las uñas. En general se les confunde con las infecciones bacterianas verdosas más comunes (bacterias pseudomonas). Las superficies de las uñas tratadas inadecuadamente albergan bacterias que sobreviven en la humedad y los aceites existentes entre la uña natural no higienizada y los apliques.

Las infecciones bacterianas pueden identificarse en las primeras etapas como manchas amarillo verdosas que se oscurecen en las etapas avanzadas. El color verde es causado por los productos de los desperdicios de las bacterias. Tales desperdicios manchan la superficie de la uña provocando una decoloración verde que no desaparecerá aunque la bacteria lo haga. Si se acaba con la infección, la mancha verde permanecerá.

Si la uña estuvo infectada durante un tiempo, la decoloración se torna negra y la uña puede ablandarse o tener mal olor. El descuido es la principal razón por la cual esta enfermedad avanza hasta dicha etapa. Debe advertirse a los clientes que la infección puede resultar grave. Un médico calificado puede tratar el problema rápidamente.

Exposición de la uña natural

No debe brindar servicios de cuidado de uñas a clientes con hongos u otras infecciones en las uñas, pero es posible que el cliente le pida que le quite una cobertura de uñas artificial para dejar a la vista la uña natural. Luego de dejar la uña natural a la vista, debe derivar al cliente a un médico.

Debe usar guantes durante la remoción de las uñas artificiales y seguir las instrucciones de remoción del fabricante. Una vez removida la uña artificial, descarte los palillos de naranjo, abrasivos y cualquier otro producto poroso utilizado. Desinfecte todos los demás implementos y la superficie de la mesa antes y después de los procedimientos.

SEGURIDAD
PRECAUCIÓN

Durante el proceso de remoción de algunos productos para uñas artificiales, su cliente tendrá las manos sumergidas en un recipiente con acetona. Ponga una toalla de algodón limpia sobre sus manos y el recipiente. Esto ayuda a reducir las emanaciones de la acetona que se elevan hacia el rostro de su cliente (Figuras 2-8a y 2-8b).

Prevención

Las infecciones bacterianas y fúngicas se evitan fácilmente respetando las precauciones sanitarias. En la mayoría de los casos, es el técnico en cuidado de uñas el que causa estos problemas. No brinde servicios de cuidado de uñas a clientes con decoloración en sus uñas. No abrevie ni omita ninguna de las medidas de higiene al brindar los servicios de cuidado de uñas artificiales. Si comprueba que sus clientes sufren tales infecciones, debe reexaminar sus procedimientos y técnicas de aplicación para conocer la causa. Nadie debe sufrir infecciones en las uñas. Dichos problemas representan un perjuicio para el cliente, una mala imagen para sus servicios y una bofetada para toda la industria del cuidado de uñas.

Figura 2-8a La inmersión en acetona para remover uñas artificiales puede producir fuertes emanaciones.

PARÁSITOS

Parásitos son pequeños organismos multicelulares animales o vegetales que viven de materia viva sin brindar ningún beneficio a sus anfitriones. Un ejemplo de infección por parásito vegetal es la culebrilla. Los parásitos animales son responsables de enfermedades contagiosas tales como sarna, ácaros y pediculosis (piojos).

Rickettsia

Rickettsia son organismos mucho más pequeños que las bacterias pero más grandes que los virus. Causan el tifus y la fiebre manchada de las Montañas Rocosas. Las pulgas, garrapatas y piojos transmiten la rickettsia.

Figura 2-8b Colocar una toalla sobre las manos y el recipiente protege al cliente de las emanaciones.

COMPRENSIÓN DE LAS INFECCIONES

Existe **infección** cuando los tejidos del cuerpo son invadidos por microorganismos causantes de enfermedades tales como bacterias, virus y hongos. Los microorganismos se instalan por sí solos y se multiplican en los tejidos del cuerpo para dañarlos. Al principio, generalmente la infección es localizada. La infección que se propaga hacia el caudal sanguíneo se denomina infección general. La intoxicación de la sangre es un tipo de infección general o sistémica.

Inmunidad contra las infecciones

Todos los organismos vivos poseen defensas o inmunidad contra las infecciones. **Inmunidad** es la capacidad del cuerpo de resistir a las enfermedades y destruir los microorganismos cuando han ingresado al cuerpo. La inmunidad contra las enfermedades es síntoma de buena salud. La inmunidad puede ser natural, adquirida naturalmente o adquirida artificialmente.

1. **Inmunidad natural.** Al mantener nuestros cuerpos sanos, podemos rechazar los microorganismos antes de que puedan crecer y causar enfermedades. Nuestros cuerpos combaten las infecciones de tres maneras.
    a. Tenemos una capa protectora de piel sin fisuras.
    b. Secretamos naturalmente transpiración y jugos digestivos que impiden el crecimiento de patógenos.
    c. Nuestra sangre contiene glóbulos blancos que matan a los patógenos.
2. **Inmunidad adquirida naturalmente.** Luego de rechazar una enfermedad, los anticuerpos (un tipo de molécula de proteína) permanecen en el caudal sanguíneo para combatir otro ataque de microorganismos en caso de que éstos regresen.
3. **Inmunidad adquirida artificialmente.** Esta inmunidad es producida mediante la inyección de un suero o vacuna. La inyección introduce en el cuerpo una pequeña dosis de patógenos muertos o incapacitados. Esta pequeña dosis engaña al sistema inmune para que produzca anticuerpos que puedan combatir la enfermedad en cuestión.

Cómo se reproducen las infecciones en el salón

La mayoría de las bacterias, virus, hongos y otros patógenos ingresan al cuerpo a través de la nariz, boca y pequeñas grietas de la piel. También pueden ingresar al cuerpo a través de los ojos u oídos. Usted se expone a infectarse o a transmitir infecciones a sus clientes al estar en contacto constante con patógenos en el salón. Algunas de las fuentes de infecciones comunes son:

1. **Herramientas y equipos de manicura contaminados.** Las bacterias y otros patógenos se multiplican muy rápidamente en lugares tales como limas de uñas sucias, alicates de cutícula, mesas de manicura, cestos de basura y toallas (Figura 2-9).
2. **Las uñas, manos y pies de sus clientes.** Cada cliente que ingresa al salón trae una serie totalmente nueva de microorganismos y, posiblemente, parásitos. Al brindar servicios a sus clientes, usted se expone a infectarse. Al brindar servicios de cuidado de uñas artificiales, se arriesga a quedar patógenos atrapados entre la superficie de la uña natural y el aplique o cobertura.
3. **Su boca, nariz y ojos y los de sus clientes y compañeros de trabajo.** Todas las personas del salón que tosan, estornuden o les gotee la nariz representan fuentes de bacterias y virus.
4. **Heridas o llagas abiertas en usted o su cliente.** Los fluidos infectados pueden transferirse de una persona a otra a través de heridas abiertas.
5. **Objetos dispersos en todo el salón.** Los patógenos se ubican en las sillas, teléfonos, cajas registradoras, mesas, toallas, botellas, cepillos y todo lo expuesto a la atmósfera del salón. También se ubican en los artefactos de los sanitarios, especialmente la manija de la puerta.

2

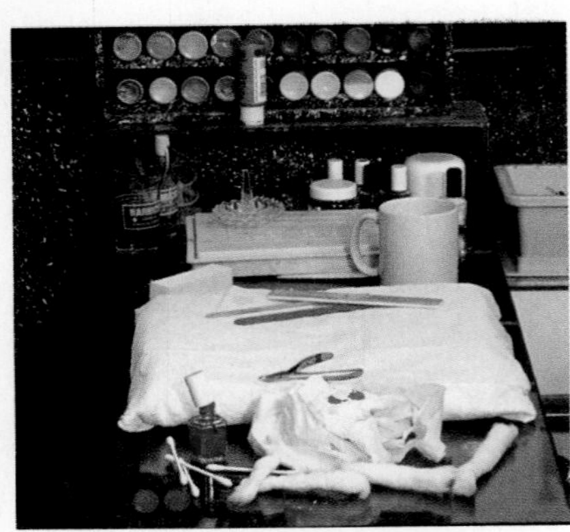

Figura 2-9 Las bacterias se multiplican rápidamente en una mesa de manicura sucia.

¿Quién se arriesga más?

Varios factores contribuyen a la contracción o propagación de las enfermedades infecciosas. Piel dañada, higiene deficiente, mala alimentación, ser demasiado joven, mayor o **estar inmunocomprometido** (poseer un sistema inmune dañado o lesionado, incapaz de rechazar enfermedades), son factores que pueden influir en la propensión de una persona. Viajar con frecuencia, especialmente los viajes internacionales y exponerse a visitantes de otros países puede influir en su propensión, así como también los factores comunitarios, tales como el acceso limitado a la atención médica y las vacunas, vivienda inadecuada y costumbres culturales.

Los factores ocupacionales pueden jugar un papel importante en la propensión a las enfermedades infecciosas. Los trabajadores sanitarios, prestadores de servicios y los que trabajan estrechamente con el público son más propensos que los que trabajan en ambientes más cerrados y no expuestos. Los técnicos en cuidado de uñas se incluyen dentro de la categoría de prestadores de servicios y los que trabajan con el público, de modo que deben trabajar a la defensiva, aplicando todas las precauciones para protegerse de contraer enfermedades y para proteger a sus clientes de la propagación de las enfermedades.

La piel dañada interfiere con dos de las muchas **barreras naturales** que tenemos contra las infecciones, la piel y su corteza. Cuando la piel está dañada, la corteza está reducida o su equilibrio acídico se ha modificado, se dice que está comprometida. Esto significa que su función de barrera no está funcionando como debiera. Al suceder esto, pueden ingresar materiales indeseables tales como bacterias o virus patógenos que pueden producir infecciones.

La higiene deficiente por parte del profesional expone al cliente en forma directa a las bacterias productoras de enfermedades. En este caso, se transfiere el crecimiento rápido de las bacterias al cliente. Los clientes inmunocomprometidos son especialmente propensos a enfermarse luego de dicha transferencia. Es obvio que la higiene deficiente por parte del cliente permite la transferencia de bacterias patógenas al profesional, si bien esto puede evitarse. Las prácticas de higiene estricta y el uso de equipos protectores tales como guantes y máscaras ayudarán a proteger al profesional prudente.

La mala alimentación impide a cualquier persona contar con un arsenal completo de protección contra los microorganismos patógenos invasores. También puede permitir que el sistema immune de la persona se torne comprometido permitiendo, de este modo, una mayor propensión a las enfermedades. Los profesionales deben alimentarse adecuadamente para protegerse de las enfermedades. La nutrición adecuada permite al cuerpo producir una cantidad suficiente de anticuerpos (combatientes de enfermedades) y mantener un nivel de energía elevado para defenderse contra las infecciones. Una persona con un sistema inmune que no funcione adecuadamente será más propensa a contraer enfermedades. Tales cuerpos no responderán correctamente ya que cuentan con menos fortaleza para rechazar las enfermedades. Las personas muy jóvenes, debido a la inmadurez de su sistema inmune y las personas muy mayores, debido al debilitamiento de su sistema inmune, son también consideradas más propensas a contraer enfermedades.

Las personas que viajan a otros países y climas, se arriesgan más porque pueden exponerse sin saberlo, a enfermedades infecciosas desconocidas para sus cuerpos. Sus cuerpos no poseen la inmunidad natural contra tales infecciones invasoras y no pueden rechazar la enfermedad. Muchas de dichas enfermedades no serán aparentes durante largo tiempo luego de su regreso, debido a los prolongados períodos de incubación. Por tal razón, los clientes que hayan viajado fuera del país recientemente cuentan con mayor riesgo de contraer y transmitir enfermedades infecciosas.

Nunca presuma que la persona que se ve y parece saludable no presenta riesgos. Un lavado de manos regular y correcto con jabón líquido y un secado profundo con toallas de papel es importante para evitar la transmisión de enfermedades.

Cómo los técnicos en cuidado de uñas pueden combatir infecciones

Como profesional, usted es responsable de mantenerse y mantener a salvo a sus clientes de las infecciones. Aquí se enumeran las medidas a adoptar.

1. **Aprenda procedimientos de higiene y desinfección adecuados y respételos.** El capítulo 3 de este libro describe los procedimientos a seguir para una higiene adecuada. Es su responsabilidad profesional aprender dichos procedimientos y respetarlos fielmente. Si decide abreviar la higiene y desinfección, se podría infectar fácilmente o transmitir la infección a sus clientes.
2. **No trabaje en situaciones de contagio.** No debe trabajar con clientes cuando están en etapa **de contagio** o padecen infecciones de fácil transmisión de una persona a otra. Las personas con resfrío intenso, gripe o varicela, por ejemplo, no deben recibir servicios de cuidado de uñas. Esto mismo es aplicable para los técnicos en cuidado de uñas. También usted debe permanecer en su hogar y descansar si está en etapa de contagio. Al trabajar con el público, puede iniciar fácilmente su propia epidemia local de gripe o resfrío.
3. **No trabaje cerca de una herida abierta.** Derive a los clientes con heridas abiertas a un médico y asegúrese de que regresen con una nota de recuperación escrita antes de brindarles servicios.
4. **No cause heridas.** Sea muy cuidadoso al brindar los servicios de cuidado de uñas. Es fácil cortar al cliente al realizar la manicura de cutículas o dañar la piel si lima en profundidad. El limado excesivo con abrasivos fuertes y limas también puede causar heridas y magulladuras en el lecho de la uña (lecho ungueal).
5. **Aliméntese adecuadamente y descanse lo que el cuerpo necesita.** Una nutrición adecuada y la cantidad de descanso suficiente son muy importantes. Esto ayudará a su cuerpo a combatir las infecciones y le brindará la energía necesaria para realizar un excelente trabajo.

Es su trabajo brindar un lugar seguro a sus clientes. Sólo podrá lograrlo si comprende cómo hacerlo. En el próximo capítulo aprenderá a asegurarse de que está protegiendo su salud y la de todos sus clientes.

NEGOCIOS Consejo

Cómo tranquilizar a sus clientes respecto de la seguridad

Sus clientes pertenecen a la "generación de protección" actual: en el consultorio médico son examinados con manos enguantadas y cuando visitan al dentista ven removedores de placa envasados individualmente. En consecuencia, los clientes tienen interés en conocer las precauciones que está aplicando para impedir la propagación de bacterias, virus y hongos dañinos que crecen en el salón y pueden afectar su salud. Tranquilícelos mostrándoles las medidas de higiene aplicadas. Al conversar con sus clientes, recuerde, está tratando de brindar sensación de seguridad. Diga algo como, "Así es como desinfecto mis herramientas y limpio mi mesa por su seguridad".

glosario del capítulo

asepsia	Sangre libre de bacterias productoras de enfermedades.
bacilos	Las bacterias en forma de varilla más comunes que producen enfermedades tales como tétanos, gripe, tifoide, tuberculosis y difteria.
bacterias	(Plural de bacteria); pequeños microorganismos unicelulares que sólo pueden verse a través de un microscopio.
barrera natural	La barrera protectora provista por el tejido eponiquio que protege contra bacterias y otros invasores.
cilios	Extensiones de los bacilos y spirilla, similares al cabello, que se mueven como varas para que las bacterias avancen en el líquido.
cocos	Bacterias redondas productoras de pus que aparecen solas o en grupos.
contagio	Padecer una enfermedad fácilmente transmisible de una persona a otra.
diplococos	diplococos
estafilococos	Cocos que crecen en racimos y están presentes en las infecciones locales tales como abscesos, pústulas y furúnculos.
estreptococos	Cocos que crecen en cadena y pueden causar enfermedades e infecciones tales como faringitis estreptocócica, intoxicación de la sangre y fiebre reumática.
flagelos	Extensiones de los bacilos y spirilla, similares al cabello, que se mueven como varas para que las bacterias avancen en el líquido.

gérmenes	Bacterias causantes de enfermedades.
hongos	El término general utilizado para describir los parásitos similares a plantas que pueden propagarse fácilmente de uña a uña.
infección	Contaminación que tiene lugar cuando los tejidos del cuerpo son invadidos por microorganismos causantes de enfermedades tales como bacterias, virus y hongos.
inmunidad	La capacidad del cuerpo de resistir a las enfermedades y destruir los microorganismos cuando han ingresado al cuerpo. La inmunidad puede ser natural, adquirida naturalmente o adquirida artificialmente.
inmunocomprometido	Poseer un sistema inmune dañado o lesionado, incapaz de rechazar enfermedades.
microorganismos	Cualquier ser vivo demasiado pequeño para detectarse a simple vista.
mitosis	Reproducción de células en la cual éstas crecen y se dividen en mitades para formar dos células idénticas. Dichas dos células crecerán y se dividirán nuevamente formando cuatro células. Este proceso continúa repitiéndose creando millones de células.
no patógenas	Que no causa enfermedades, no dañino.
parásitos	Pequeños organismos multicelulares animales o vegetales que viven de materia viva sin brindar ningún beneficio a sus anfitriones.
patógenas	Causante de enfermedades, productor de enfermedades, dañino.
rickettsia	Organismos transmitidos por pulgas, garrapatas y piojos mucho más pequeños que las bacterias pero más grandes que los virus y con capacidad para causar tifus y fiebre manchada de las Montañas Rocosas.
sepsis	La presencia en sangre u otros tejidos de microorganismos patógenos o sus tóxicos.
Síndrome de Inmuno Deficiencia Adquirida (SIDA)	Una enfermedad causada por el virus VIH que puede permanecer inactiva durante muchos años, pero luego ataca y generalmente destruye el sistema inmune del cuerpo.
spirilla	Bacterias en forma de espiral o tirabuzón que pueden causar enfermedades tales como sífilis.
tóxicos	Sustancias venenosas producidas por algunos microorganismos.
virus	Agentes patógenos (causantes de enfermedades), mucho más pequeños que las bacterias que ingresan a una célula sana, crecen hasta su madurez y se reproducen destruyendo con frecuencia dicha célula.

preguntas de revisión

1. ¿Qué son las bacterias? ¿Qué apariencia tienen las bacterias?
2. ¿Son todas las bacterias dañinas? Dé ejemplos que expliquen su respuesta.
3. ¿Cuáles son los tres grupos principales de bacterias patógenas? Descríbalos.
4. ¿Por qué las bacterias pueden reproducirse tan rápidamente?
5. Dé ejemplos de infecciones comunes causadas por virus.
6. ¿Es posible que los servicios del salón contagien el SIDA?
7. Describa el aspecto de la infección bacteriana en la superficie de la uña.
8. ¿Las formaciones de moho crecen sobre o debajo de la superficie de la uña?
9. ¿Qué es la inmunidad? Nombre tres tipos de inmunidad.
10. Nombre cinco fuentes comunes de infección en el salón.

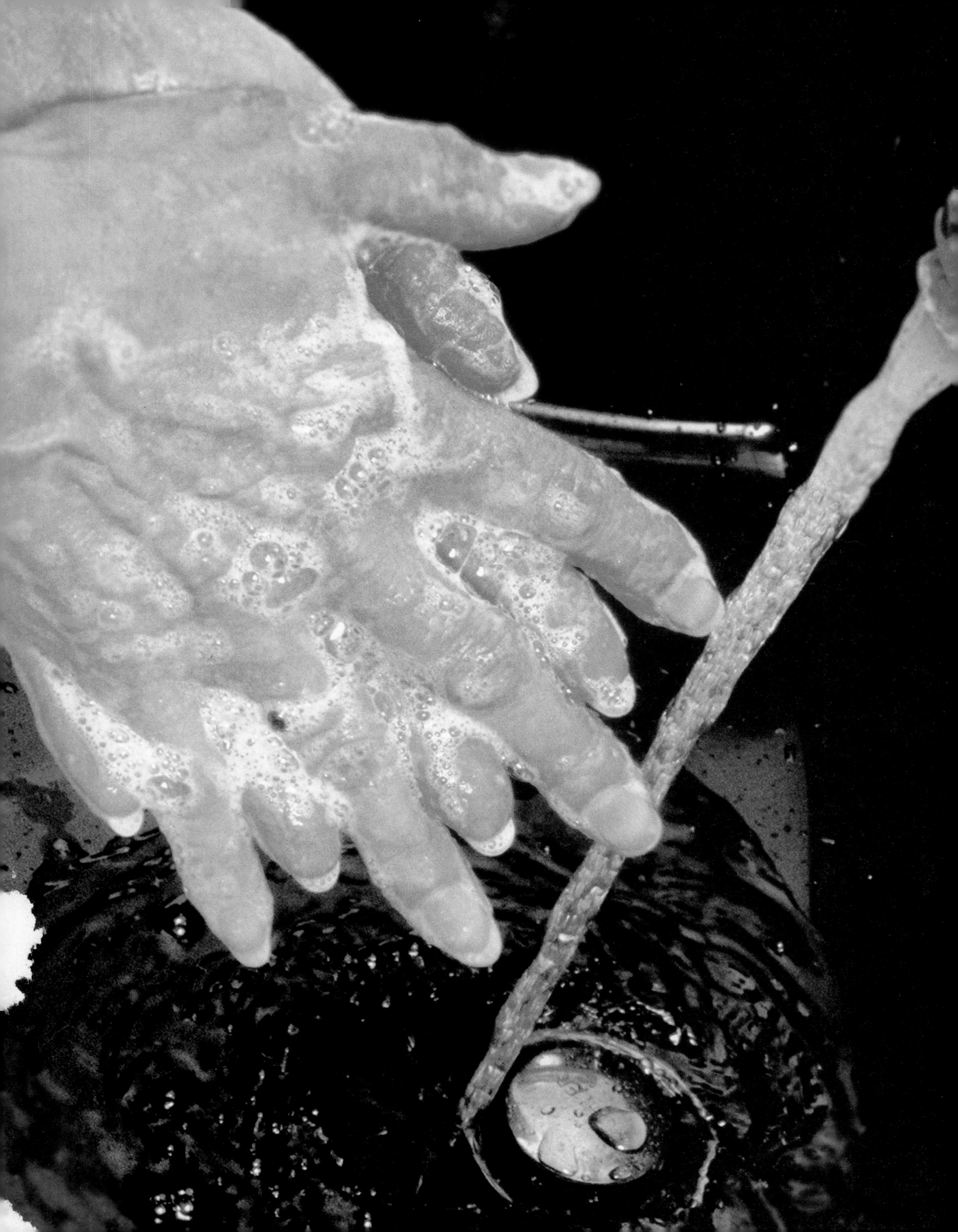

HIGIENE Y DESINFECCIÓN

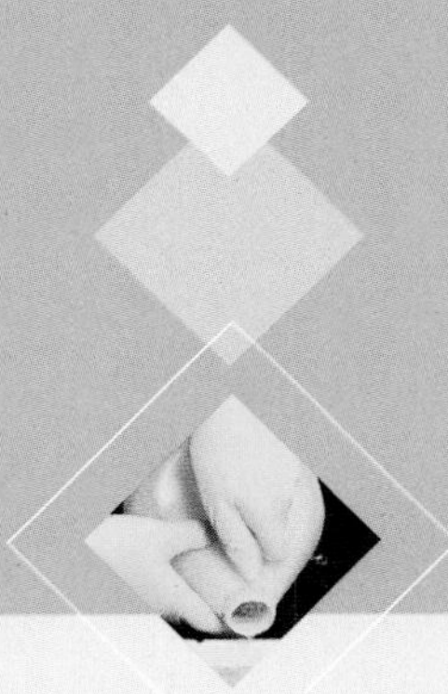

Autor: Rebecca Moran

RESEÑA DEL CAPÍTULO

PROCEDIMIENTOS

Objetivos de aprendizaje

Después de finalizar este capítulo, usted podrá:

1. **Comprender el control de la contaminación e identificar otros contaminantes de salón**

2. **Entender por qué la esterilización no es importante para el profesional de salón.**

3. **Definir esterilización y desinfección y saber cuándo es adecuada cada una.**

4. **Saber cómo utilizar desinfectantes en los implementos y otras superficies.**

5. **Llevar a cabo procedimientos de Higiene Universal en su salón.**

Términos clave

El número de página indica dónde se utiliza el término dentro del capítulo.

antisépticos
pág. 36

bactericidas
pág. 38

compuestos de amonio cuaternario
pág. 39

contaminada
pág. 35

contaminante
pág. 35

descontaminación
pág. 35

desinfección
pág. 37

desinfectante de hospital
pág. 38

desinfectante fenólico
pág. 39

desinfectantes
pág. 37

esterilización
pág. 35

Folleto Informativo de Seguridad del Material(MSDS)
pág. 38

formaldehído
pág. 43

fungicidas
pág. 38

higienización (desinfección)
pág. 36

patógenos
pág. 35

recipientes de sanitación por inmersión
pág. 38

recipientes para desinfección
pág. 38

sensibilizador de alergias
pág. 43

virucidas
pág. 38

Cuando usted se transforme en un profesional en salud de uñas, estará habilitado para aplicar productos profesionales en manos, pies y uñas del público en general. Siempre que trabaje con público, existirá la posibilidad de infectarse o herirse usted mismo o a su cliente. El riesgo será mayor si sus implementos o área de trabajo no han sido limpiados adecuadamente o si no utiliza correctamente los productos de desinfección. Los estados tienen estrictas normas de higiene y desinfección en los gabinetes de manicura. Estas reglamentaciones se implementan para proteger tanto a sus clientes como a usted mismo.

En este capítulo aprenderá los procedimientos correctos que le permitirán aprobar los exámenes de habilitación de su estado y poder así convertirse en un técnico en cuidado de uñas habilitado. Igualmente aprenderá muchas otras cosas. Aprenderá cuándo y cómo tiene que higienizar o desinfectar y cuáles son las consecuencias si no lo hace.

CONTROL DE LA CONTAMINACIÓN

¿Qué tienen en común los picaportes, la superficie de las mesas y los implementos? Cada uno de ellos tiene una superficie. El problema que existe con una superficie es que eventualmente se puede contaminar. Cualquier superficie que no esté completamente libre de sustancias extrañas estará **contaminada**. Una sustancia que causa contaminación es denominada un **contaminante**.

Los rellenos y el polvo son contaminantes. Hasta el monómero líquido en una toalla es un contaminante. Los implementos pueden parecer limpios mientras que en realidad están cubiertos con bacterias.

En el último capítulo usted aprendió que los microorganismos que causan enfermedades son llamados **patógenos**. Su deber como profesional es controlar los patógenos. **Descontaminación** es la eliminación de contaminantes, incluyendo los patógenos, de los implementos u otras superficies. Existen tres tipos de descontaminación.

1. esterilización
2. higienización
3. desinfección

Deberá obedecer la reglamentación emitida por el Departamento local de Salud y por la oficina estatal reguladora de actividades cosméticas. Esté atento a cambios en las normas y reglamentos en su área.
Por su seguridad y la de sus clientes, es extremadamente importante conocer y practicar las normas y reglamentos de higienización / desinfección.

ESTERILIZACIÓN

La **esterilización** destruye los organismos vivos presentes en un objeto o en una superficie. La esterilización es un proceso dificultoso y de múltiples pasos. Las técnicas a aplicar son demasiado peligrosas para ser utilizadas en un salón. Además, es poco práctico y virtualmente imposible esterilizar todas las herramientas y superficies en un salón. Sólo se requiere esterilizar los instrumentos para realizar un procedimiento quirúrgico.

Habitualmente se utiliza la palabra "esterilización" de forma incorrecta. Por ejemplo, es imposible esterilizar la superficie de una uña o una cutícula, ya que el proceso destruiría la superficie de la uña y mataría la piel. No es necesario esterilizar nada en el salón. No es posible matar todos los microorganismos presentes en un salón y tampoco es necesario intentarlo. Sólo es necesario controlar los patógenos para evitar que causen infecciones o enfermedades.

HIGIENIZACIÓN

El nivel más bajo de descontaminación es denominado higiene o **higienización**. La higienización reducirá significativamente el número de agentes patógenos en una superficie. Comúnmente se considera como segura la presencia de un bajo nivel de patógenos, por lo que la higienización puede ser una forma muy efectiva de descontaminación.

El lavado con agua y detergente es un ejemplo de higienización. La aplicación de antisépticos sobre la piel o superficie de la uña es otra forma de higienización. Los **antisépticos** reducen la cantidad de patógenos en una herida y el sistema inmunológico se encarga de matar el resto. Así los antisépticos ayudan a evitar las infecciones de la piel higienizando la zona.

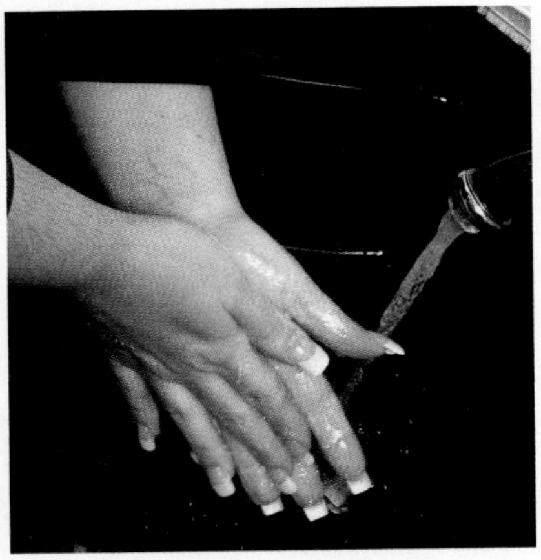

Figura 3-1 El lavado de las manos es una forma de higienización.

El lavado de las manos es una forma de **higienización** (Figura 3–1). Su práctica frecuente es una importante manera de controlar la propagación de organismos peligrosos. El lavado de las manos elimina muchos tipos de contaminantes, por ejemplo polvo, aceites, monómeros, residuos de otros productos y patógenos. Se recomienda utilizar siempre jabón líquido siguiendo las instrucciones del fabricante. Habitualmente será necesario lavarse bien las manos por lo menos durante 15 ó 20 segundos para completar la acción limpiadora.

La higiene es una rutina vital que no debe ser ignorada. Constituye una parte fundamental en el mantenimiento de un establecimiento profesional. A continuación aparece una guía con medidas sencillas que le ayudarán a mantener el salón limpio e higiénico.

- Barra los pisos cada vez que sea necesario.
- Deposite todos los materiales de deshecho en un basurero metálico con tapa a pedal.
- Los basureros deben ser vaciados regularmente a lo largo del día.
- Todos los días repase los pisos con estropajo y aspire las alfombras.
- Se deben controlar el polvo y los rellenos de uñas pues pueden albergar patógenos.
- Se deben mantener limpias las ventanas, pantallas y cortinas.
- Los salones necesitan contar con agua corriente fría y caliente.
- Los baños deben estar limpios y ordenados (Figura 3-2).
- El baño debe contar con papel higiénico, toallas de papel y jabón líquido.
- Lávese las manos luego de usar el baño y antes y después de atender clientes.
- Limpie periódicamente los picaportes, especialmente los del baño.
- Limpie regularmente las piletas y los bebederos.
- Disponga de vasos individuales o descartables.
- El salón debe estar libre de insectos y roedores.
- Nuca se deben utilizar los salones como cocina o vivienda.
- No coloque alimentos en las heladeras utilizadas para guardar productos de salón.
- Normas federales prohiben comer, beber o fumar en un salón.
- Los empleados deben vestir ropa limpia recién lavada.
- Utilice siempre con cada cliente toallas recién lavadas o descartables.

Figura 3-2 Baño limpio y ordenado

- Todos los envases tienen que estar claramente identificados, bien cerrados y adecuadamente almacenados.
- Mantenga limpia la parte exterior de todos los envases, bombas y bandejas de inmersión.
- Retire del lugar de trabajo toda la mantelería sucia y guárdela en un lugar apropiado para su posterior limpieza. Estas telas deben ser lavadas a 70ºC (160ºF) durante un mínimo de 25 minutos o higienizadas adecuadamente a temperaturas ligeramente inferiores con cantidades cuidadosamente controladas de detergentes y blanqueadores.
- No coloque ningún implemento o herramienta en su boca o bolsillos.
- Todos los implementos tienen que ser adecuadamente higienizados, desinfectados y almacenados *luego de cada uso.*
- Los profesionales deben evitar tocar su cara u ojos durante los servicios.
- Lávese las manos antes de tocarse la cara o los ojos y antes de comer o utilizar el baño.
- No se debe permitir el ingreso de animales o mascotas, excepto perros lazarillos.

Estas son las medidas mínimas que deberá tomar para proteger a sus clientes y a usted mismo. Comuníquese con el Departamento Estatal de Cosmetología o de Salud local para obtener una lista completa de reglamentaciones en vigencia.

DESINFECCIÓN

No es práctica la esterilización en salones y la higienización puede que no mate a todos los patógenos. ¿Cómo pueden evitar los técnicos en salud de uñas la diseminación de organismos peligrosos? ¡La respuesta es la desinfección! La **desinfección** controla los microorganismos sobre las superficies inertes, tales como implementos. Se la considera el segundo nivel de descontaminación. Es un nivel mucho más alto que la higienización y es casi idéntico a la esterilización, excepto que la desinfección no destruye las esporas de las bacterias. Afortunadamente las esporas de bacterias no causan daños en los salones. Por ello, la desinfección en un salón es tan efectiva como la esterilización pero sin su costo, peligro y desorden.

Los **desinfectantes** son sustancias que destruyen patógenos sobre los implementos u otras superficies inertes, pero no son seguras para ser utilizadas sobre la piel o uñas. Los desinfectantes están diseñados para matar patógenos. Las sustancias suficientemente potentes para destruir patógenos seguramente dañarán la piel. Los desinfectantes son serias herramientas de potencia profesional que pueden causar irritación y daños a la piel por contacto prolongado o repetido.

Por supuesto, los fabricantes de estos productos toman recaudos para hacerlos tan seguros como sea posible. Sin embargo, los desinfectantes son potencialmente peligrosos si se los utiliza incorrectamente, y al igual que todas las herramientas, deberá aprender a utilizarlos correctamente. Los desinfectantes sólo son seguros si se utilizan *exactamente* de acuerdo a las instrucciones del fabricante y se los mantiene celosamente lejos del alcance de los niños. Las leyes federales exigen que usted haya recibido instrucción, normas de seguridad y un listado de ingredientes activos para usarlos, además de una lista de los virus contra los cuales son efectivos. También deberá recibir un **Folleto Informativo de Seguridad del Material (MSDS)**. Encontrará más información sobre los MSDS en el Capítulo 4.

Uso efectivo de los desinfectantes

Cada desinfectante es diferente. La mejor manera de aprender sobre ellos es **leer las instrucciones del fabricante**. Deberá revisar periódicamente esas instrucciones en caso de que se haya añadido nueva información.

Los desinfectantes de alta calidad tienen que llevar a cabo varios trabajos especiales en su salón. Tienen que ser

bactericidas (matan bacterias dañinas)

virucidas (matan virus patógenos)

fungicidas (destruyen hongos)

Un **desinfectante de hospital** debe llevar a cabo todas estas funciones y aprobar pruebas especiales para su registro en EPA. Los desinfectante de hospital registrados en EPA son perfectos para usar en salones. De hecho, exceden los requisitos para la desinfección del salón. A menos que esté limpiando salpicaduras de sangre, los desinfectantes no serán necesarios.

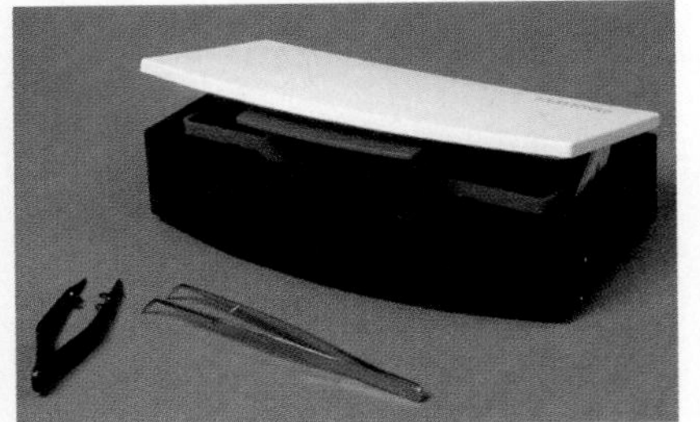

Figura 3-3 Recipientes para desinfección

Limpie siempre los implementos antes de colocarlos dentro del desinfectante. Si los implementos estuvieran sucios, contaminarían la solución desinfectante. Los rellenos de uñas, aceites y cremas disminuirán la eficiencia de la solución. Las jarras o recipientes de vidrio, metal o plástico utilizados para desinfectar implementos son denominados incorrectamente **higienizadores húmedos**. Deberían ser llamados **recipientes de desinfección** (Figura 3-3). El propósito de estos recipientes es desinfectar, no higienizar.

Las soluciones desinfectantes que se vean veladas deberán ser reemplazadas inmediatamente. Sin importar su apariencia, cambie la solución de acuerdo a las instrucciones del fabricante. Si cree que utilizar un desinfectante contaminado o que se vea velado es "mejor que nada", ¡piénselo de nuevo! Existen microorganismos que pueden vivir en soluciones desinfectantes contaminadas. Además, si un cliente ve los implementos en una bandeja de líquido nebuloso, no tendrá una buena opinión de usted. Asegúrese también de colocar correctamente los implementos en la solución desinfectante. La EPA recomienda que los implementos queden *totalmente sumergidos durante un mínimo de 10 minutos.* La efectividad para matar bacterias se basa en los siguientes factores.

1. concentración adecuada del desinfectante
2. tipo y cantidad de bacterias
3. tiempo de contacto con la solución
4. temperatura de la solución
5. pH correcto de la solución
6. presencia de sustancias extrañas tales como cabello, piel y uñas

Tipos de desinfectante

Cuaternarios

Existen diferentes tipos de desinfectantes de salón. **Los compuestos de amonio cuaternario (cuaternarios)** son los más comúnmente utilizados. Los cuaternarios tienen la ventaja de ser seguros y de rápida acción. La mayoría de los desinfectantes de este tipo son mezclas de diferentes tipos de cuaternarios, lo que aumenta su efectividad. Entre todos los desinfectantes profesionales, los cuaternarios brindan la mejor relación costo-beneficio. La mayoría de las soluciones desinfectan los implementos luego de diez minutos de inmersión total. Las soluciones 1:1000 de cuaternarios necesitan uno a cinco minutos de inmersión. Dejarlos por demasiado tiempo dañaría los implementos metálicos. De todos modos, la mayoría de las fórmulas contienen inhibidores de corrosión y de óxido. Los cuaternarios son muy efectivos para limpiar mesas y mostradores.

Fenólicos

Al igual que los cuaternarios, los desinfectantes **fenólicos** han sido utilizados durante muchos años para desinfectar implementos. También son muy seguros y efectivos cuando son usados de acuerdo a las instrucciones. Algunos materiales como la goma y algunos tipos de plásticos son incompatibles con estos desinfectantes. Los fenólicos pueden ablandar y terminar destruyendo estos materiales. Se debe evitar el contacto de la piel con los fenólicos. El líquido concentrado puede causar irritaciones en la piel y es corrosivo para los ojos. Evite rociar una gran cantidad de desinfectantes de tipo fenólico. La inhalación de este rocío puede ser extremadamente irritante para la mucosa de la nariz, garganta y pulmones. Los fenólicos son altamente efectivos, pero son los más caros entre todos los desinfectantes profesionales de salón. Algunos estados han expresado preocupación por el vertido de desinfectantes fenólicos debido a su alto pH alcalino (normalmente superior a pH 11). Consulte la reglamentación de su estado para saber si existen restricciones especiales sobre el vertido de desinfectantes fenólicos. Al igual que con todos los desinfectantes, siga exactamente las instrucciones del fabricante.

Alcohol y blanqueadores

Ocasionalmente se utiliza alcohol común o blanqueadores para desinfectar implementos. Para que los implementos sean desinfectados de forma efectiva, deben quedar completamente sumergidos entre diez y veinte minutos. Un simple repaso con alcohol es completamente inútil como desinfectante. El uso de alcoholes y blanqueadores como desinfectantes tiene muchas desventajas. El alcohol es extremadamente inflamable, se evapora rápidamente y tiene una acción lenta y menos efectiva que los sistemas de desinfección profesionales. No puede ser diluido por debajo del 70% ni concentrado por encima del 80%, en caso contrario perderá su efectividad. El alcohol necesita hidratación para ser utilizado, pero puede ser fácilmente diluido en exceso. También corroe las herramientas y puede arruinar filos. El blanqueador hogareño es efectivo como desinfectante, pero adolece de muchas de las desventajas del alcohol. Ni el alcohol ni los blanqueadores están diseñados o probados como desinfectantes de implementos de salón. Los blanqueadores pueden decolorar algunos materiales y casi no poseen capacidad de limpieza y aunque fueron ampliamente utilizados en el pasado, en la actualidad han sido reemplazados por tecnologías más avanzadas y efectivas. Algunos estados exigen cierto tiempo de inmersión para el uso de alcohol o blanqueadores, mientras que otros directamente no los autorizan. Consulte a su instructor.

IMPLEMENTOS Y OTRAS SUPERFICIES

Aquí tiene un consejo:
Asegúrese de contar con al menos dos juegos completos de implementos.
En días ocupados, uno puede estar en proceso de desinfección mientras usted continúa trabajando.

Hay muchas cosas que necesitan desinfección, por ejemplo: superficie de mesas y mostradores, espejos, teléfonos, picaportes, etc. Otros elementos como alicates, pinzas, empujadores de cutículas, tijeras, barras reutilizables y fuentes de pedicura y manicura deben ser desinfectados luego que se haya utilizado con un cliente.

Algunas limas y pulidores no pueden ser desinfectadas. Solicite al fabricante las recomendaciones de desinfección correspondientes. Los pulidores, limas, mechas porosas y palillos de madera que absorben agua no pueden ser desinfectados. Para evitar descartarlas inmediatamente, se pueden colocar dentro de un sobre identificado con el nombre del cliente. Los pinceles utilizados para aplicar acrílicos y gel no necesitan ser desinfectados.

Para descontaminar otras superficies como las mesas, lávelas cuidadosamente con detergente, luego rocíe o frote con un desinfectante recomendado para ese propósito. Enjuague el desinfectante y rocíe nuevamente. Deje que la superficie se seque. Asegúrese de utilizar guantes cuando desinfecte superficies. En caso de utilizar un rociador de mano, utilice una mascarilla para evitar la inhalación del producto.

ESTERILIZADORES DE RAYOS ULTRAVIOLETA

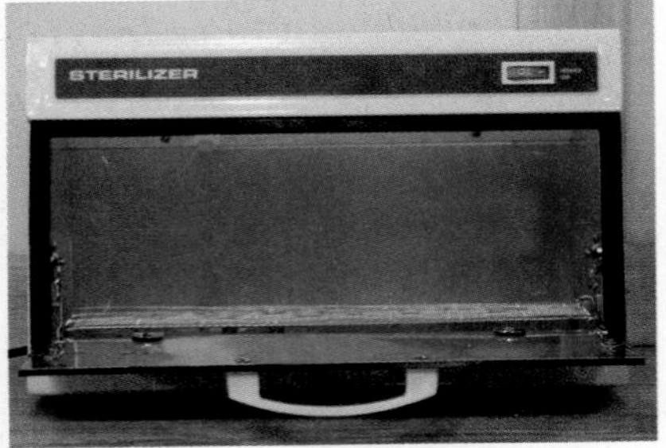

Figura 3-5 Esterilizadores Ultravioleta (UV)

Una vez que los implementos hayan sido desinfectados correctamente, guárdelos en lugares donde estén a resguardo de contaminantes. Los esterilizadores UV (ultravioleta) son adecuados como contenedores de almacenamiento, pero los tipos vendidos a los salones *no son capaces de desinfectar los implementos.* No son muy efectivos contra los virus y no pueden alcanzar las hendijas. ¡Nunca utilice estos dispositivos para desinfectar! Sin embargo, son útiles como gabinete de almacenamiento de implementos adecuadamente desinfectados (Figura 3-5). Otra alternativa es almacenar sus implementos en recipientes sellados, por ejemplo: Rubber Maid™, Tupperware™, etc.

ESTERILIZADORES DE GOTA

Estos dispositivos no esterilizan ni desinfectan implementos, sólo brindan al usuario una falsa sensación de seguridad. La esterilización de un implemento por calor seco necesitaría de 163°C (325°F) durante al menos 30 minutos. Estas unidades ni siquiera pueden acercarse a estos valores. Además, para ser efectivos, el implemento completo, incluyendo su manija, debería quedar debajo de las cuentas. Tales dispositivos son una pérdida de dinero y juegan con la salud de sus clientes. No se deje engañar por las sugerencias que son dispositivos registrados en la FDA. Tal aseveración no tiene significado para nosotros. La FDA no requiere ninguna comprobación, y por lo tanto, los registros de la FDA no tienen importancia para los profesionales de salón.

PROCEDIMIENTO

Esterilización previa

Antes de comenzar a prestar un servicio deberá seguir estos pasos:

1. **Lave los implementos.** Enjuague todos los implementos con agua corriente fría, seguidamente lávelos cuidadosamente con agua y jabón para emulsionar el polvo y romper la tensión superficial. Si fuera necesario, cepille los elementos con ranuras y abra las tapas (Figura 3-4a).
2. **Enjuague los implementos con agua corriente.** Termine de enjuagar todas las trazas de jabón con agua corriente. El jabón puede neutralizar la mayoría de los desinfectantes. El jabón se enjuaga mejor con agua tan caliente como sea posible. Seque completamente con una toalla limpia o descartable (Figura 3-4b).

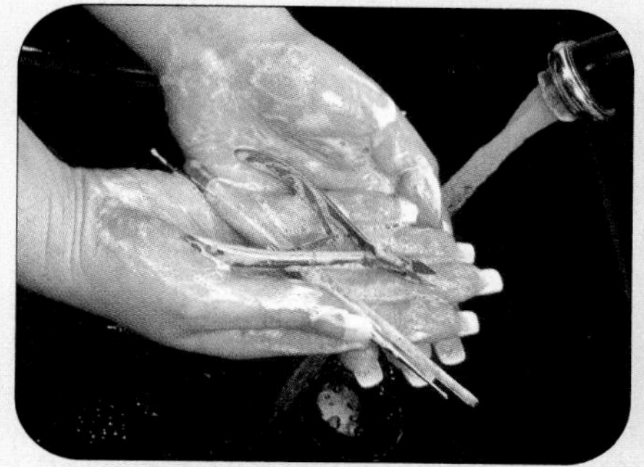

Figura 3-4a Lave los implementos.

Figura 3-4b Enjuague los implementos en agua corriente.

Figura 3-4c Sumerja los implementos en desinfectante.

3. **Sumerja completamente los implementos en solución desinfectante.** Es muy importante romper la tensión superficial antes de sumergir los implementos en la solución desinfectante, en caso contrario quedarán contaminados. Además se contaminará la solución desinfectante. Sumerja los implementos en un recipiente que tenga un desinfectante de hospital registrado ante EPA durante el tiempo requerido (habitualmente 10 minutos). Si la solución se ve lechosa, está contaminada y debe ser reemplazada. Utilice pinzas o guantes de goma para evitar el contacto de los desinfectantes con la piel (Figura 3-4c).
4. **Lávese las manos con jabón líquido.** Lávese cuidadosamente las manos con jabón líquido, enjuáguelas y séquelas con una toalla limpia o descartable. Los jabones líquidos son mucho más higiénicos que las barras de jabón y son exigidos por ley en la mayoría de los estados. Además, la jabonera también puede albergar bacterias (Figura 3-4d).

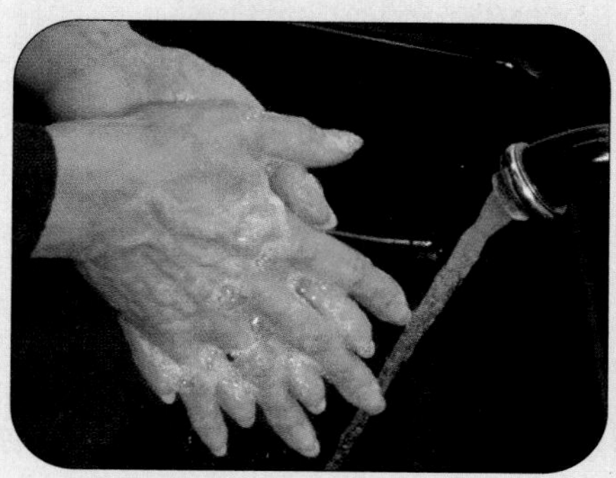

Figura 3-4d Lávese las manos con jabón líquido.

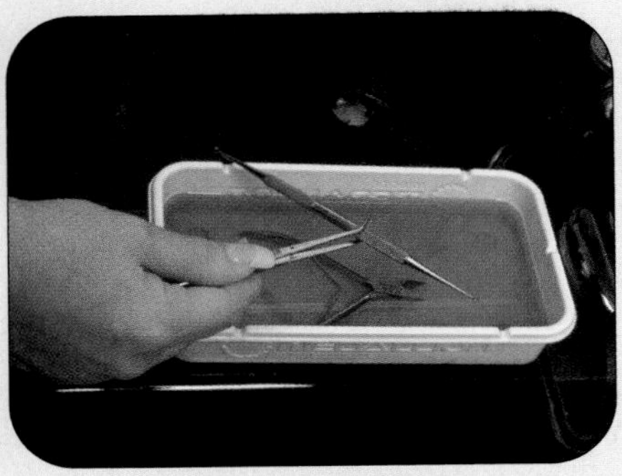

Figura 3-4e Retire los implementos con pinzas o utilizando guantes de goma y enjuague.

5. **Seque los implementos con una toalla limpia o descartable.** Retire los implementos de la solución desinfectante con pinzas o utilizando guantes de goma, enjuáguelos con agua y séquelos con una toalla limpia o descartable para evitar que se oxiden (Figura 3-4e).
6. **Siga los procedimientos aprobados de almacenamiento.** Siga los reglamentos estatales para guardar los implementos de manicura higienizados. Estas reglamentaciones le indicarán cómo almacenar los implementos higienizados en recipientes herméticos o cómo guardarlos en gabinetes higiénicos hasta su utilización (Figura 3-4f).

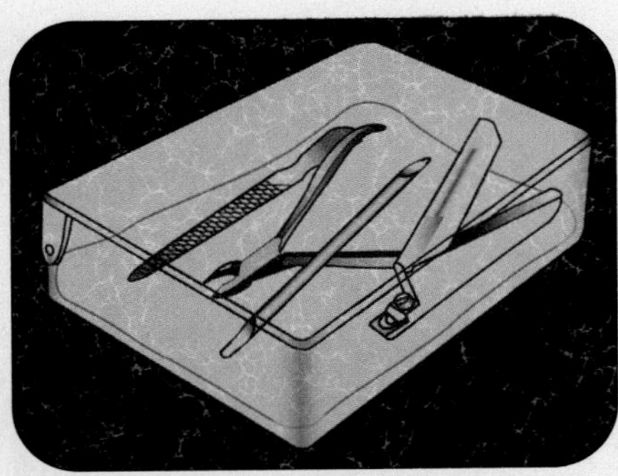

Figura 3-4f Guarde los implementos esterilizados en un recipiente cubierto.

7. **Higienice la mesa.** Para hacerlo, repase la mesa de manicura con una solución desinfectante (Figura 3-4g).
8. **Desinfecte la superficie.** Para hacerlo, rocíe la superficie con cualquier desinfectante registrado ante EPA y aprobado por las reglamentaciones de su estado. Deje actuar el desinfectante durante diez minutos y luego seque la mesa con un paño; rocíe nuevamente y deje orear (Figura 3-4h).
9. **Envuelva la almohadilla del cliente en una toalla limpia.** Coloque una toalla limpia sobre su almohadilla de manicura. Asegúrese de contar con una toalla limpia para cada cliente (Figura 3-4i).
10. **Reemplace los materiales descartables.** Coloque nuevas limas de cartón, varillas de naranjo, copos de algodón y otros materiales descartables sobre su mesa de manicura. Todos estos materiales deben ser descartados luego de ser utilizados por sólo *un* cliente (Figura 3-4j).
11. **Utilice jabón antiséptico.** A los clientes les gusta ver prácticas higiénicas. Haga de ellas una ceremonia y sus clientes confiarán en usted. Cuando su cliente se siente a su mesa, límpiese las manos con algún gel o paño antiséptico. Pídale a su cliente que haga lo mismo. Acuérdese de hidratar sus manos con regularidad, pues estas prácticas higiénicas pueden causarle sequedad en la piel (Figura 3-4k).

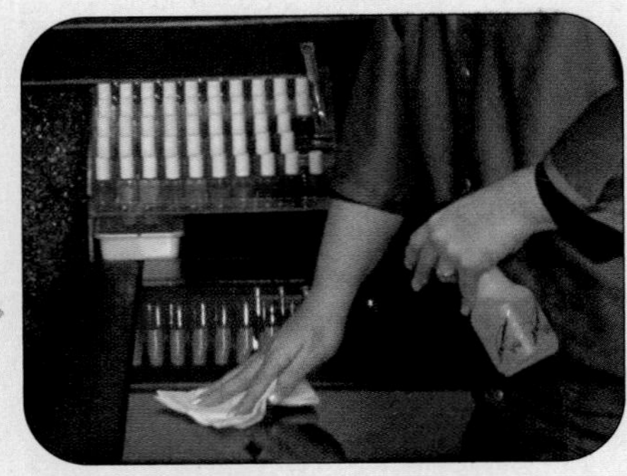

Figura 3-4g Higienice la mesa.

Ahora estará listo para comenzar con sus servicios.

Figura 3-4h Desinfecte la superficie de su mesa.

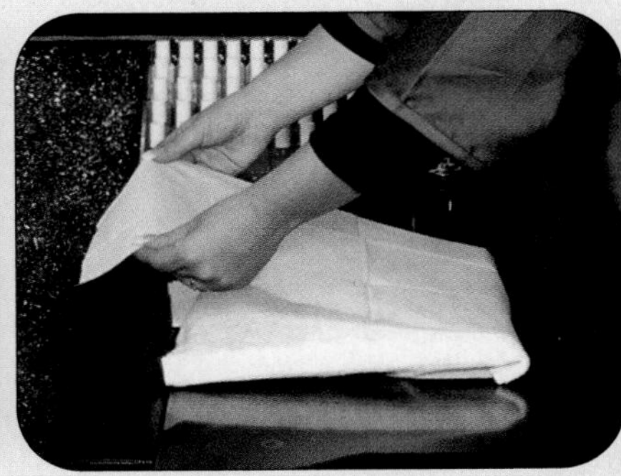

Figura 3-4i Envuelva la almohadilla con una toalla limpia.

Figura 3-4j Reponga los materiales descartables.

Figura 3-4k Utilice jabón antiséptico.

CUIDADO CON LA FORMALINA

Durante muchos años, la formalina ha sido utilizada como desinfectante y fumigador en gabinetes de higienización seca. El uso de la formalina *en salones no es seguro* y está prohibido en algunos estados. La formalina contiene grandes cantidades de **formaldehído**, sustancia sospechosa de ser un agente cancerígeno. Su inhalación y contacto es tóxico e irritante para ojos, nariz, garganta y pulmones. También puede causar irritación, sequedad y prurito. El formaldehído es un fuerte **sensibilizador de alergias**. Una exposición prolongada o repetitiva puede causar reacciones alérgicas similares a la bronquitis crónica o al asma. Estos síntomas pueden tardar meses en aparecer y luego empeoran al continuar las exposiciones.

Aquí tiene un consejo:
Al finalizar un procedimiento que incluya uñas artificiales, tire la bolsa de residuos. Así evitará que escapen vapores de los productos que se hayan utilizado.

DERRAMES DE SANGRE

Existen varios patógenos que pueden aparecer en la sangre, por ejemplo hepatitis B. Debido a que los profesionales de la salud tratan diariamente con personas que sufren serias enfermedades, deben ser muy cuidadosos al limpiar las salpicaduras de sangre. Se han escrito muchas reglamentaciones de salubridad sobre la limpieza de estas salpicaduras. Muchos Organismos Estatales de Cosmetología han tomado prestadas estas reglamentaciones y han ordenado procedimientos para manejar cortes accidentales y derrames de sangre. Además de las exigencias estatales, OSHA ha adoptado la norma por la cual los empleados deben obligatoriamente informar a sus empleadores sobre incidentes de derrames de sangre.

Si ocurre uno de estos incidentes, muchos organismos estatales exigen el uso de desinfectantes neutralizadores de tuberculosis para limpiar las salpicaduras *visibles* de sangre. Se considera que estos desinfectantes proveen un poco de protección adicional cuando se producen salpicaduras de sangre. Esto no significa que otros desinfectantes sean débiles. Cualquier desinfectante de hospital registrado ante EPA fácilmente excederá las exigencias normales de un salón.

Consulte a la agencia estatal reguladora de cosmetología o al Departamento de Salud para obtener un listado de los desinfectantes aprobados en su estado.

Los desinfectantes neutralizadores de tuberculosis no evitarán la propagación de esta enfermedad en el salón. Es imposible transmitir la tuberculosis a través de los implementos de un salón. Los desinfectantes contra la tuberculosis son seguros, pero deben ser utilizados con un poco más de precaución. La mayoría están formulados a base de compuestos fenólicos. El riesgo potencial de tales compuestos aparece descrito más arriba en este mismo capítulo.

La mayoría de los cortes son causados por limas o limas de cartón nuevas. Una manera de evitarlo es repasar el filo de las limas nuevas con otra lima. Esta acción "asentará" la lima y suavizará sus bordes filosos. Si es cuidadoso, raramente lastimará un cliente. Aún así, los accidentes pueden ocurrir. Si lastimara un cliente con una lima, ¡nunca trate de desinfectar el implemento! Pídale disculpas a su cliente y regálele la lima. Lo verán como una linda atención y usted acaba de sacarse de encima un difícil problema de desinfección. Recuerde, avise a su empleador.

SEGURIDAD DEL DESINFECTANTE

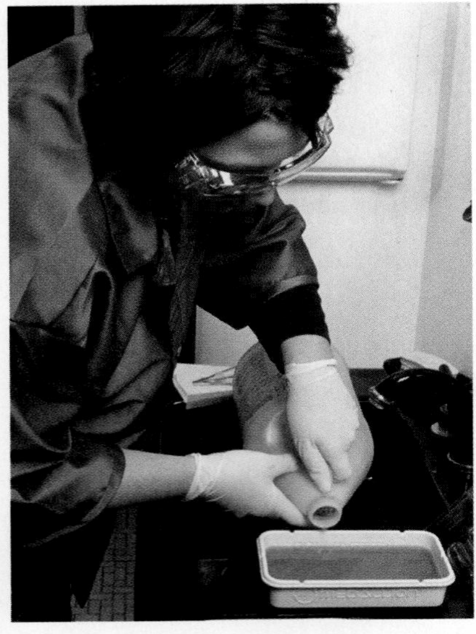

Figura 3-6 Utilice siempre guantes y anteojos de seguridad cuando mezcle productos, especialmente si son desinfectantes.

3

Asegúrese de leer y seguir exactamente las instrucciones provistas con cualquier producto de salón. Utilice *guantes* y *anteojos de seguridad* cuando mezcle y utilice cualquier sustancia, especialmente con desinfectantes (Figura 3-6). No reutilice los guantes descartables debido a que la barrera de protección que proveen se ve comprometida luego del primer uso, especialmente si hay productos químicos involucrados. Luego del primer uso, ofrecen poca o ninguna protección. Su reutilización los pone a usted y a su cliente en riesgo. *Nunca* introduzca los dedos en un desinfectante. Su piel es una barrera entre los microorganismos y su cuerpo. Mantenga esa barrera sana utilizando guantes y evitando el contacto directo. Nunca coloque alcohol, blanqueadores u otros desinfectantes sobre las manos. Esta práctica insensata puede causar enfermedades cutáneas y aumentar las posibilidades de infección. Lávese las manos con jabón líquido y séquelas cuidadosamente.

Mida escrupulosamente las cantidades cuando mezcle desinfectantes. De otro modo, no espere el mejor rendimiento. Nunca coloque productos o sustancias químicas en botellas sin rotular. Esto sería una invitación a los accidentes y podría tener consecuencias desastrosas. Siempre utilice pinzas para retirar implementos de soluciones desinfectantes. Mantenga todos sus productos profesionales en ambientes frescos, secos y oscuros. Asegúrese de cerrarlos firmemente y mantenerlos fuera del alcance de los niños.

HIGIENE UNIVERSAL

Para que su salón sea un ambiente seguro, practique la higiene personal, utilice guantes y anteojos de seguridad, desinfectantes y detergentes, además de utilizar desinfectantes y antisépticos para el recinto. Cuando se llevan a cabo todas estas prácticas en forma conjunta, se las denomina *Higiene Universal.* ¡Está cumpliendo con todo! La higiene universal es una de sus muchas responsabilidades como profesional de salón. Es su responsabilidad proteger la seguridad de sus clientes. Ellos dependen de su capacitación y profesionalidad. En la actualidad, más que nunca, los clientes están preocupados por su seguridad y salud. Usted también tiene la responsabilidad de proteger su propia seguridad. Nunca tome atajos cuando se trate de higiene y desinfección. ¡Estas importantes medidas también están pensadas para su protección!

Para finalizar, usted también tiene una responsabilidad para con su profesión. Cuando alguien actúa sin profesionalidad, se arruina la imagen de todos. Los clientes esperan verles actuar de manera profesional. ¡Ésta es la manera de ganar confianza y respeto!

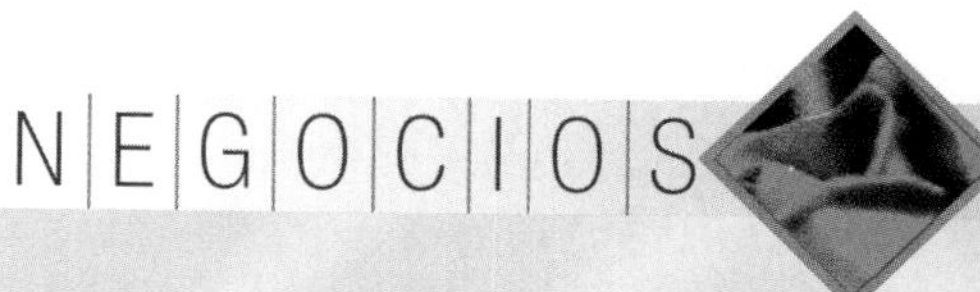

Consejo

Fomente la salud de las uñas

Los clientes no sólo le consultan para tener bellas manos, sino también para resolver problemas de uñas, tales como puntas débiles o para solucionar casos de fragilidad y resquebrajaduras. Por esta razón, además de aprender sobre anatomía y crecimiento de las uñas, es importante conocer otras circunstancias que las afectan, incluyendo el embarazo, las dietas o los medicamentos. Los textos y publicaciones de medicina, dermatología y nutrición son una gran fuente de información sobre las condiciones que afectan a las uñas. Sus conocimientos sobre la salud de las uñas le permitirán hacer manicuras a medida para resolver los problemas de cada individuo y prescribirles regímenes personalizados de cuidados hogareños. Sus clientes apreciarán sus conocimientos profesionales y su trabajo lucirá mejor con uñas fuertes y saludables.

antisépticos	Sustancias que evitan infecciones en la piel reduciendo el número de patógenos en una herida.
bactericidas	Desinfectantes que matan bacterias peligrosas.
compuestos de amonio cuaternario (cuaternarios)	Desinfectantes seguros y de rápida acción habitualmente utilizados para limpiar implementos, mesas y mostradores.
contaminado	Afectada su pureza por contacto; manchado o contaminado.
contaminante	Sustancia que causa contaminación.
descontaminación	Eliminación de contaminantes, incluyendo patógenos, de cualquier superficie. Los tres tipos de descontaminación incluyen esterilización, higienización y desinfección.
desinfección	Proceso utilizado para destruir contaminantes sobre implementos u otras superficies inertes; nivel más elevado de descontaminación que la higienización.
desinfectante de hospital	Desinfectantes que deben matar bacterias y virus patógenos, destruir hongos y aprobar pruebas especiales de certificación EPA.
desinfectante fenólicos	Líquidos desinfectantes concentrados muy efectivos utilizados en salones; pueden ser destructivos para algunos materiales y son muy caros.
desinfectantes	Sustancias que destruyen patógenos en implementos u otras superficies inertes; su utilización no es segura en manos o uñas.
esterilización	Proceso múltiple y complejo utilizado para destruir organismos vivos sobre una superficie o implemento.
Folleto Informativo de Seguridad del Material (MSDS)	Documento suministrado por los fabricantes de los productos y disponible para todos aquellos que los utilicen, contienen información básica y de empleo de un producto.
formaldehído	Agente sospechoso de ser cancerígeno que está presente en la formalina.
fungicidas	Desinfectantes que destruyen hongos.
higienización	Nivel inferior de la descontaminación; se utiliza para disminuir la cantidad de contaminantes sobre una superficie o implemento.
patógenos	Cualquier microorganismo que pueda causar una enfermedad.
recipientes de sanitación por inmersión	Recipientes cubiertos, lo suficientemente grandes para contener soluciones desinfectantes, en los cuales se higienizan objetos por inmersión completa.
recipientes para desinfección	Bandejas o recipientes de vidrio, metal o plástico utilizadas para desinfectar implementos.
sensibilizador de alergias	Sustancia que causa serias reacciones alérgicas debido a una exposición prolongada o repetitiva a la misma.
virucidas	Desinfectantes que matan virus patógenos.

preguntas de revisión

1. ¿Cuál es la diferencia entre desinfección e higienización?
2. La desinfección es casi idéntica a la _______________, excepto que la desinfección no mata esporas de bacterias.
3. ¿Qué es un antiséptico?
4. ¿Cuál es el mejor tipo de desinfectante a utilizar en un salón?
5. ¿Cuáles son los dos tipos de desinfectante utilizados más comúnmente?
6. Una vez que los implementos hayan sido _______________, guárdelos en lugares donde estén a resguardo de _______________.
7. El formaldehído es un fuerte _____________ _____________.
8. ¿Qué se debe utilizar para retirar implementos de los recipientes de desinfección?
9. Describa Higiene Universal con sus propias palabras.

3

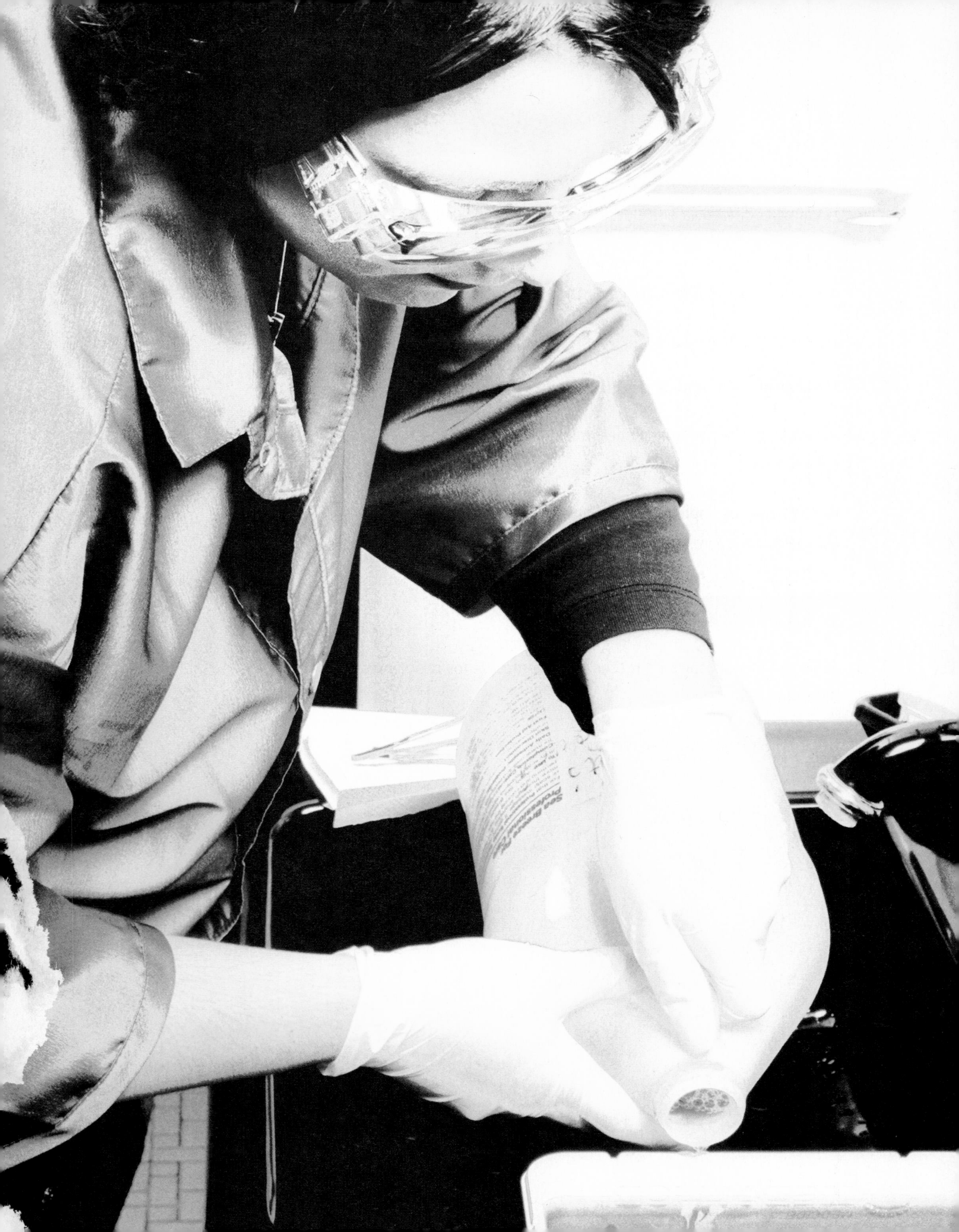

SEGURIDAD EN EL SALÓN

Autor: Rebecca Moran

RESEÑA DEL CAPÍTULO

Sustancias químicas ordinarias utilizadas por los técnicos en el cuidado de uñas
Aprenda acerca de las sustancias químicas existentes en sus productos
Estándar de información de peligros de OSHA (Occupational and Safety Health Administration — Administración de Salud Ocupacional y Seguridad) CFR 1910.1200 • ¡Evitar la sobreexposición es sencillo! • Una confusión peligrosa
Proteja sus ojos • Enfermedad traumatológica acumulativa

Objetivos de aprendizaje

Después de finalizar este capítulo, usted podrá:

1 **Conocer e identificar síntomas tempranos de sobreexposición.**

2 **Leer y utilizar el Folleto Informativo de Seguridad del Material (MSDS)**

3 **Identificar las tres "Rutas de Entrada" de sustancias químicas.**

4 **Aprender a conseguir una buena ventilación del salón.**

5 **Evitar los riesgos de sobreexposición a vapores y polvos.**

6 **Reconocer y evitar las enfermedades traumatológicas acumulativas (CTD).**

Términos clave

El número de página indica dónde se utiliza el término dentro del capítulo.

En la actualidad, cualquier persona puede tener hermosas uñas gracias a los avances en la química y al talento de los técnicos en cuidado de uñas. Podemos hacer uñas largas de uñas cortas, fortificar uñas largas y transformar las uñas de cualquier persona en una obra de arte. La mayoría de los técnicos en uñas tienen gran habilidad para brindar servicios tales como uñas postizas, envoltura de uñas, uñas acrílicas y uñas de gel. Para cada servicio usted utilizará sustancias químicas de "alta tecnología" que pueden causar daños tanto a sus clientes como a usted mismo. Ningún producto *tiene que* afectar su salud, pero todos *pueden* hacerlo. La clave para trabajar con seguridad es comprender sus herramientas químicas.

En otros capítulos, usted aprenderá paso por paso procedimientos para dar a sus clientes servicios de uñas avanzados. Pero primero deberá aprender a trabajar con seguridad con productos profesionales. En este capítulo aprenderá algunas reglas básicas para utilizar sabiamente la química de las uñas.

SUSTANCIAS QUÍMICAS ORDINARIAS UTILIZADAS POR LOS TÉCNICOS EN EL CUIDADO DE UÑAS

Si usted realiza servicios avanzados de cuidado de uñas, su mesa de manicura estará llena de productos químicos, incluyendo:

- esmalte de uñas y quitaesmalte.
- acrílico líquido y en polvo para uñas.
- imprimante para uñas de acrílico.
- deshidratadores temporales.
- elementos para gel curado con luz.
- geles sin curado con luz y activadores.
- aceites y cremas para cutículas.
- adhesivos para envolturas de textura y mucho más.

Todos estos productos son seguros, pero pueden tornarse peligrosos si son usados incorrectamente. Afortunadamente no hay que temerles. El simple contacto con una sustancia química no le hará daño. La sobreexposición es el riesgo a evitar. La **sobreexposición** durante períodos prolongados es la causa de la mayoría de los problemas. ¿Cómo puede darse cuenta si ha sufrido una sobreexposición? El cuerpo habitualmente le dará algún tipo de *indicio temprano de sobreexposición* . Entre ellos, pueden aparecer:

- pruritos u otras irritaciones cutáneas.
- mareos.
- insomnio.
- secreciones nasales líquidas.
- dolor y sequedad de garganta.
- ojos llorosos.
- hormigueo en los dedos de los pies.
- fatiga.
- irritabilidad.
- apatía.
- problemas de respiración.

Si no sufre ninguno de estos síntomas, es una buena noticia. ¡No los padezca! Es fácil de evitarlos y desaparecen completamente en poco tiempo, si usted hace su parte. Trabajar segura y correctamente eliminará estos efectos colaterales y le permitirá trabajar cómodamente. En esto consiste el trabajo seguro.

4

APRENDA ACERCA DE LAS SUSTANCIAS QUÍMICAS EXISTENTES EN SUS PRODUCTOS

Los fabricantes tratan de hacer sus productos tan seguros como sea posible. Pero es lo único que pueden hacer. Se pueden perder sus mayores esfuerzos con un solo acto descuidado. Es su trabajo aprender sobre las sustancias químicas presentes en sus productos profesionales y cómo manipularlas con seguridad.

Una de las maneras de aprender a trabajar con seguridad con productos químicos es leer el *Folleto Informativo de Seguridad del Material (MSDS)* de ese producto.

Figura 4-1 Remítase a su manual MSDS.

¿Qué es un MSDS?

El gobierno de los Estados Unidos exige que el fabricante de cada producto ponga a disposición de sus usuarios un **Folleto Informativo de Seguridad del Material (MSDS)** (Figura 4-1). Cada MSDS debe contener cierta información básica. Los MSDS están redactados para ser leídos por cualquier persona, no sólo por los técnicos en uñas. Médicos, bomberos, empleados postales, camioneros y otras profesiones también utilizan el MSDS. Exigidos en el ámbito federal por OSHA, son requeridos por cada sustancia química utilizada en un establecimiento comercial. Siempre deben quedar archivados en un lugar visible y de fácil acceso. Si observa los MSDS, notará que no tienen un formato normalizado. Sin embargo, cada MSDS tiene que incluir la siguiente información:

1. **Identidad de las sustancias químicas que representan riesgos químicos o físicos.** Así obtendrá información sobre los ingredientes potencialmente riesgosos en cada producto.
2. **Riesgos físicos.** Conocerá la manera en que los productos reaccionan con otras sustancias químicas, el potencial explosivo, de incendio y su volatilidad.
3. **Riesgos para la salud.** Podrá reconocer los signos y síntomas de la sobreexposición, las enfermedades potenciales que puede causar este producto y las condiciones médicas que las pueden agravar. También aparece información sobre la sobreexposición en la piel, los ojos y el aparato respiratorio, al igual que los problemas que puede causar la ingestión accidental del producto. Asimismo aparecen los efectos de la sobreexposición (si los hubiera) a corto y largo plazo.
4. **Rutas primarias de ingreso al organismo.** Explica de qué manera los ingredientes del producto pueden entrar a su cuerpo. Habitualmente las sustancias químicas pueden ingresar por vía de la piel, la boca o los ojos. El MSDS le advertirá sobre tales riesgos a fin de prevenir la sobreexposición.
5. **Límites tolerables de exposición.** El MSDS debe informar sobre los límites de seguridad recomendados de concentración en el aire para evitar la sobreexposición por inhalación.
6. **Riesgo cancerígeno de la sustancia química.** Información sobre si cualquier sustancia que esté presente en más de un 1/10% está sospechada de ser agente cancerígeno.

7. **Precauciones y procedimientos de manipulación.** Deben aparecer recomendaciones sobre la manipulación segura del producto a fin de evitar la sobreexposición y sobre cómo limpiar derrames o fugas.
8. **Medidas de control y protección.** Explica cómo proteger a los clientes y a usted mismo contra los riesgos potenciales del producto, tipo de ventilación necesaria, tipo de guantes y protección ocular requeridas, etc.
9. **Procedimientos de emergencia y de primeros auxilios.** Incluye qué hacer en caso de accidente y cómo responder a emergencias relacionadas con el uso del producto. Esta sección es una de las más importantes pues brinda información para tratar los problemas. Se brindan números telefónicos de emergencia y recomendaciones de primeros auxilios.
10. **Información sobre almacenamiento y disposición final.** Conocerá la manera más segura de desechar productos vencidos o en desuso sin causar peligros para usted mismo, para otros o para el medioambiente. También obtendrá información sobre almacenamiento adecuado y seguro.

A continuación le brindamos información adicional que puede estar incluida en el MSDS:

1. **Número telefónico de emergencia.** Su centro local de control de tóxicos puede no tener información sobre el producto en cuestión. Por ello se provee el número de un ente que podrá brindarle información específica.
2. **Clasificación de riesgos.** Están asignados de manera uniforme.

   0 — Menos riesgosos, 1 — Ligeramente, 2 — Moderadamente,
   3 — Altamente, 4 — Extremadamente riesgosos
3. **Métodos de lucha contra incendios.** Algunas sustancias químicas necesitan métodos específicos de extinción.

   Los extinguidores están clasificados de la siguiente manera.

   A - basura, madera, papel y plásticos

   B - grasas, líquidos, alcohol y acetona

   C - eléctricos

   Existen combinaciones de dos o tres de ellos, tales como los **ABC**, que son multipropósito. El uso del matafuegos correcto es crucial. **A** es a base de agua, **B** es a espuma, químicos secos o dióxido de carbono, **C** es químico seco o dióxido de carbono.

4. **Gravedad específica.** Es el peso básico del producto comparado con el agua. La gravedad específica del agua es uno. Si el producto en cuestión tiene una gravedad específica menor a uno, significa que flotará sobre el agua que se le haya arrojado. Esto permitirá que el producto se reencienda si es nuevamente expuesto a una fuente de ignición. Si pesa más que uno, se sumergirá en el agua, ahogando las llamas. El problema es que si se arroja agua sobre una sustancia más liviana, el fuego se extenderá tanto como sea el tamaño del charco de agua sobre el que flote.

Obtención de folletos informativos de seguridad del material

Por ley federal se le exige a su distribuidor de insumos de cosmética la provisión de los MSDS para cada producto que comercialice (Figura 4-2). Es su responsabilidad legal obtener estos formularios y guardarlos para servir como referencia. Si encuentra dificultades para obtener los MSDS que necesita, envíe un pedido formal por escrito a su proveedor.

ESTÁNDAR DE INFORMACIÓN DE PELIGROS DE OSHA (OCCUPATIONAL AND SAFETY HEALTH ADMINISTRATION — ADMINISTRACIÓN DE SALUD OCUPACIONAL Y SEGURIDAD) CFR 1910.1200

Además de exigir que todos los comercios conserven los MSDS de todos los productos químicos en uso dentro de las instalaciones, OSHA exige que también se cumpla con exigencias específicas sobre capacitación, control de inventario y políticas y procedimientos escritos sobre la manipulación de sustancias peligrosas. Estos requisitos están claramente indicados en el Estándar de información de peligros de OSHA (Occupational and Safety Health Administration — Administración de Salud Ocupacional y Seguridad) CFR 1910.1200, disponible en su sitio Web y en oficinas distribuidas en todo EE.UU.

Por norma, el empleador deberá capacitar al personal para cumplir específicamente con los 11 puntos que aparecen a continuación:

1. proveer en forma irrestricta el material de estudio para capacitación sobre comunicación de peligros
2. informar sobre todos los productos químicos peligrosos dentro de la propiedad de la compañía
3. proveer en forma irrestricta el material MSDS
4. proveer en forma irrestricta una copia de las disposiciones del Estándar de Comunicación de Peligros
5. capacitar en los pasos adecuados para detectar e identificar la presencia o escape de sustancias químicas peligrosas
6. proveer en forma irrestricta toda información sobre exposición a sustancias químicas peligrosas en tiempo real para todos los empleados expuestos a ellas
7. acceder a información sobre procedimientos de trabajo seguro, análisis de seguridad del trabajo y protección personal con equipo de protección específico como por ejemplo guantes, anteojos de seguridad y mascarillas de polvo
8. informar sobre la ubicación de materiales y riesgos a la salud correspondientes a los productos químicos presentes
9. dar capacitación para ejecutar con seguridad actividades eventuales mediante el acceso irrestricto a todo el material escrito sobre políticas y procedimientos correspondientes
10. cuando sea necesario, enseñar a identificar sustancias químicas en cañerías con señalización ausente o deficiente
11. informar sobre rótulos de seguridad, sistema MSDS y cualquier otro sistema de identificación utilizado en la compañía

Folleto Informativo de Seguridad del Material

Puede ser utilizado para cumplir con el Estándar de información de peligros de OSHA (Occupational and Safety Health Administration – Administración de Salud Ocupacional y Seguridad) CFR 1910.1200
Debe consultarse para conocer los requisitos específicos

Departamento de Trabajo de los EE.UU.

Administración de Salud Ocupacional y Seguridad
(Formulario optativo)
Formulario aprobado
OMB Nº 1218-0072

IDENTIDAD *(la misma que en la etiqueta y la lista)*	Nota: No están permitidos los espacios en blanco. Si algún ítem no es aplicable o no dispone de información, raye el espacio para indicarlo así.

Sección I

Nombre del fabricante	Teléfonos de emergencia
Dirección *(número, calle, ciudad, estado y código postal)*	Teléfono de información
	Fecha de preparación
	Firma del preparador *(opcional)*

Sección II – Información sobre ingredientes peligrosos/Identidad

Componentes peligrosos (Especificar identidad química; nombre/s común/es)	OSHA PEL	ACGIH TLV	Otros límites recomendados	% *(opcional)*

Sección III – Características físico-químicas

Punto de ebullición		Gravedad específica ($H_2O = 1$)	

Figura 4-2 Formulario MSDS.

Presión de vapor (en mm. de Hg)		Punto de fusión	
Densidad de vapor (AIRE = 1)		Índice de evaporación (Acetato de butilo = 1)	
Solubilidad en agua			
Apariencia y olor			

Sección IV – Información sobre peligro explosivo y de incendio

Punto de inflamación (método utilizado)	Límites de inflamación	LII	LSI
Método de extinción			
Procedimientos especiales de extinción			
Peligros inusuales de incendio o explosión			

Sección V : Información de radioactividad

Estabilidad	Inestable		Condiciones a evitar
	Estable		
Incompatibilidad *(materiales a evitar)*			
Descomposición o subproductos peligrosos			
Polimerización peligrosa	Puede suceder		Condiciones a evitar
	No puede suceder		

Sección VI : Información de riesgos para la salud

Ruta(s) de entrada	¿Por inhalación?	¿Cutánea?	¿Por ingestión?
Peligros para la salud *(agudos y crónicos)*			
Cancerígeno:	¿NTP?	¿Monográficos de IARC?	¿Regulado por OSHA?
Signos y síntomas de exposición			

Figura 4-2 Formulario MSDS (continuación)

Condiciones médicas generalmente agravadas por exposición
Procedimientos de emergencia y primeros auxilios

Sección VII : Precauciones para manipulación y uso seguros

Medidas a tomar en caso de que el material sea liberado o derramado
Método de disposición de residuos
Precauciones a respetar para la manipulación y el almacenado
Otras precauciones

Sección VIII : Medidas de control

Protección respiratoria *(especifique el tipo)*		
Ventilación	Extractor local	Especial
	Mecánica *(general)*	Otros

Guantes de protección	Protección ocular
Otras prendas o equipos de protección	
Prácticas laborales/higiénicas	

Figura 4-2 Formulario MSDS (continuación)

OSHA exige que todas las actividades comerciales adopten y utilicen una política escrita para cumplir con su mandato de identificación. Dicho de otra manera, todos los envases de productos químicos tienen que estar claramente etiquetados, con sus advertencias intactas y precisas. Si se coloca una sustancia química en un recipiente sin identificación, excepto que sea por única vez o que lo vaya a utilizar inmediatamente un empleado, se deberá etiquetar el envase estableciendo claramente su contenido y los riesgos que pudiera representar. Están disponibles etiquetas con símbolos cuyo uso correcto es considerado satisfactorio por OSHA.

Ésta también exige que se cuente con un inventario completo de sustancias químicas para referencia rápida. Deberá hacer clara referencia al MSDS relacionado y a su localización. En la actualidad existen muchos programas de PC para este tipo de actividad. También se deberá desarrollar e implementar un programa de políticas y procedimientos obligatorios para los empleados, basado directamente en las exigencias del Estándar de Comunicación de Peligros e indicando la manera en que la compañía cumple con estos requisitos. También debe indicar la capacitación de los empleados sobre actividades eventuales, tales como limpieza y descarte de botellas vacías de monómeros o acetona. El programa debe describir los riesgos de utilizar sustancias químicas en contenedores sin rotular, cómo manipular las sustancias utilizadas en los diferentes lugares de trabajo, precauciones de manipulación para cada sustancia química utilizada, dónde encontrar el MSDS en cada lugar de trabajo y la manera en que el empleador pondrá a disposición de sus empleados las políticas y procedimientos escritos.

Además de las exigencias de OSHA, las políticas y procedimientos deben hacer referencia a incendios, accidentes, primeros auxilios, accidentes en el lugar de trabajo y riesgos de sufrir ataques criminales.

¡EVITAR LA SOBREEXPOSICIÓN ES SENCILLO!

Es muy fácil trabajar con seguridad. Recuerde, lo riesgoso es la sobreexposición. Sólo deberá aprender a evitarla y así trabajará con seguridad.

Las sustancias pueden entrar al cuerpo por tres vías:

Al respirarlas (*inhalación*).

Al absorberlas a través de la piel (*tocarlas*).

Al ingerirlas (*ingestión*).

Si logramos controlar estas vías de ingreso, reduciremos al mínimo las posibilidades de sobreexposición.

Control de ventilación

¡Trabaje siempre en ambientes bien ventilados! Esta es una de las reglas de seguridad más importantes en la tecnología del cuidado de uñas. Su sistema de ventilación debe eliminar los vapores y polvos del edificio. La mayoría de los sistemas sólo producen circulación dentro del salón. Ejemplos: ventiladores, puertas abiertas, ventanas, tragaluces, purificadores de aire, etc. La única manera efectiva de ventilar el salón es enviar los vapores y el polvo hacia afuera. Las mesas de manicura ventiladas son casi totalmente ineficientes. Sus endebles filtros de carbón absorben su máximo posible de vapores en apenas 20 horas de uso. Estos vapores no pueden ser removidos y el filtro debe ser descartado. Los dispositivos diseñados como "purificadores de aire" son ineficientes e imprácticos en los salones. La única manera segura de eliminar vapores y polvo del interior es ventilándolos hacia el exterior.

Para usted existe un lugar sobre la tierra que es más importante que otros: es llamada zona de respiración. Su **zona de respiración** es una esfera imaginaria del tamaño de una pelota de playa ubicada directamente frente a su boca. Cada inspiración que tomamos viene directamente de ella. Su salud y seguridad dependen de lo que ocurra dentro de esta pequeña zona de respiración. Esta es la verdadera razón de tener ventilación. La inhalación excesiva de vapores es un problema para los técnicos en salud de uñas.

Estos vapores aparecen por la evaporación de líquidos. Todos los productos líquidos para uñas se evaporan y aumentan la cantidad de vapores presentes en el aire; se incluyen los acrílicos inodoros, las envolturas y los geles de curado por luz. Los olores no constituyen la razón para ventilar. Debemos ventilar para evacuar los vapores y el polvo. ¿Qué podemos hacer para disminuir su exposición a los vapores? Afortunadamente, algunos de los métodos más efectivos para eliminar los vapores son además los más sencillos y económicos.

- Cierre firmemente todos los envases de productos inmediatamente luego de utilizarlos.
- Utilice una bandeja de inmersión tapada o una bomba para reducir la emisión de vapores al aire.
- Evite utilizar aerosoles presurizados. Éstos producen nieblas muy finas, difíciles de controlar.
- Vacíe regularmente su recipiente de basura. Éstos constituyen las fuentes más importantes de vapores.

Aquí tiene un consejo:
La ventilación adecuada protege su zona de respiración y es requisito para el uso de productos profesionales. Antes de decidir trabajar en un salón, asegúrese que tenga un buen sistema de ventilación.

Extractor local

La única respuesta integral para controlar los vapores y polvos presentes en el salón es el **extractor local**. Estos dispositivos se basan en un concepto muy sencillo. Capturan los vapores y polvos directamente en la fuente y los retiran de su zona de respiración. Un extractor local utiliza bocas de ventilación, mangueras o tubos para capturar vapores, polvos y nieblas. Se puede colocar una boca de ventilación flexible donde haga falta, por ejemplo, sobre sus recipientes cerrados o al lado de sus manos mientras esté limando. Ciertos aspiradores especialmente diseñados retiran los contaminantes de su zona de respiración a través de un tubo de ventilación y los expulsan fuera del edificio (Figura 4-3). Un sistema de extracción debe ventilar y reemplazar completamente todo el volumen del aire en la zona de tratamiento cuatro a seis veces por hora. El aire fresco debe ser captado a través de tomas de aire ubicadas a más de 7,5 m de las bocas de escape. Estas deben estar por lo menos a 1,8 m sobre el nivel del suelo y a 90 cm sobre el nivel del techo.

Aunque es deseable ventear al exterior, ocasionalmente no es posible. Si su salón no posee salidas al exterior, los vapores y polvos deberán ser filtrados a través de un filtro HEPA y al menos un cartucho de 20 litros de carbón activado. Si puede ventear por el techo, asegúrese que el escape esté al menos a 5 metros de tomas de aire, especialmente las de sus vecinos. Coloque las chimeneas tan alto como sea posible. Así evitará que los olores sean absorbidos en hogares o comercios vecinos. Es posible construir sistemas de este tipo en forma

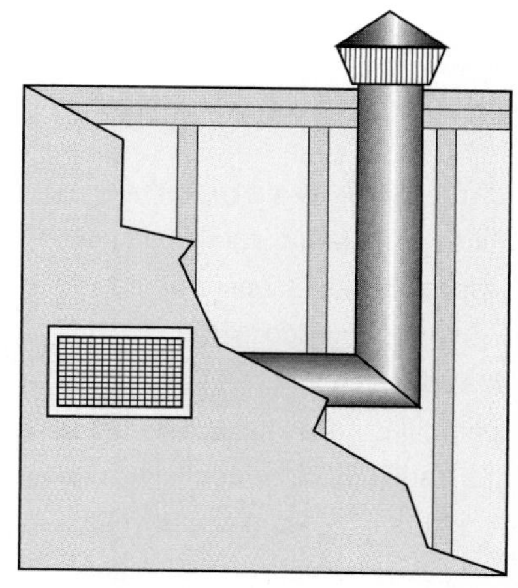

Figura 4-3 Para expulsar vapores y polvillo es preferible la salida exterior.

Aquí tiene un consejo:
No compre sistemas que solamente eliminen olores. La eliminación de olores no significa que el aire esté limpio. Lo que se necesita retirar y controlar son los vapores y el polvo. Consiga esto y no tendrá problemas de olores.

relativamente económica. Fácilmente encontrará en su directorio telefónico a expertos capaces de construir estos sistemas. Tanto los especialistas en calefacción como en aire acondicionado entienden claramente los principios de una ventilación adecuada. Se sorprenderá por lo económico que es construir un sistema de ventilación adecuadamente diseñado.

Evite la sobreexposición al polvo

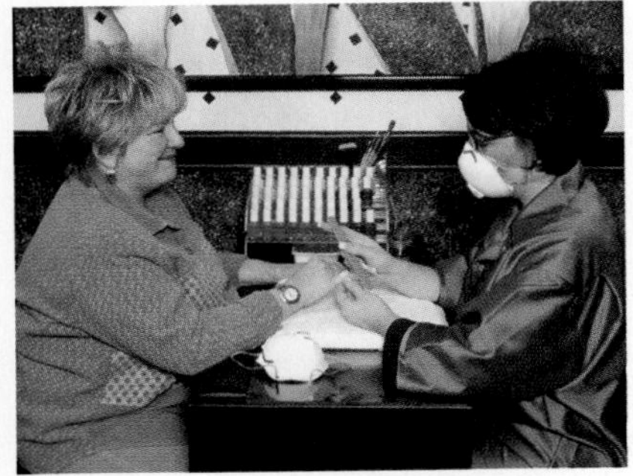

Figura 4-4 Utilice una mascarilla cuando haga un relleno y ofrézcale una al cliente.

La inhalación prolongada de excesivas cantidades de relleno de uñas puede ser dañina. No es que los rellenos sean particularmente peligrosos, pero respirar grandes cantidades de *cualquier* tipo de polvo durante un largo período puede ser peligroso. ¡Inclusive el polvillo domiciliario! Nuestros cuerpos pueden eliminar gran parte del polvo que inhalamos. Los problemas ocurren cuando inhalamos más cantidad de la que pueden manejar nuestros pulmones. Una forma de evitarlo es utilizar una mascarilla de polvo (Figura 4-4). Nada que pudiera comprar va a brindar mejor protección contra el polvillo a sus pulmones. Las partículas más grandes son inofensivas pues caen sobre la mesa y es fácil retirarlas. El polvillo más pequeño e invisible es el más peligroso. Estas partículas muy pequeñas se alojan más profundamente en los pulmones, aumentando los riesgos. Las mascarillas filtran el polvo de su zona de respiración antes que ingrese a su boca. Nunca utilice estas mascarillas para evitar la inhalación de vapores. No pueden filtrar ningún tipo de vapor de salón.

Aquí tiene un consejo:
Utilice siempre mascarillas de polvo, especialmente si opera una fresa. Las fresas producen un polvillo mucho más fino y peligroso que las partículas de las limas. Cambie su mascarilla de polvo todos los días. Son muy económicas, además pierden efectividad al cabo de un tiempo.

4

UNA CONFUSIÓN PELIGROSA

¡Muchos creen poder determinar si un producto es peligroso o no solamente por su olor! El olor de una sustancia no tiene nada que ver con su seguridad. Algunas sustancias muy peligrosas tienen fragancias dulces y placenteras. Los productos o sistemas de ventilación que "tapan" o "eliminan" los olores no protegen su salud. En realidad, los olores son aliados del técnico en salud de uñas. Éstos pueden advertirnos sobre los peligros de la sobreexposición. Un olor se detecta cuando vapores tocan los sensores de olfato en la nariz. Una vez que los vapores trasponen la nariz e ingresan a los pulmones, su olor ya no es importante. Se estará buscando problemas si quiere juzgar la seguridad de un producto por su olor. Lo mismo es aplicable a los perfumes. ¡La sobreexposición a vapores perfumados también es dañina!

PROTEJA SUS OJOS

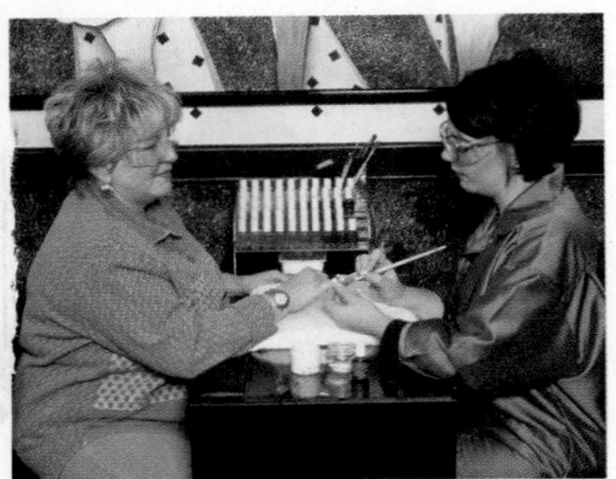

Figura 4-5 Utilice anteojos de seguridad y ofrézcalos a su cliente.

Los accidentes de salón que involucran a los ojos son peligrosos. El contacto de solventes con el ojo puede ser muy doloroso y causar graves daños. ¡Los imprimantes, monómeros de envoltura o soluciones de desinfectantes fenólicos en sus ojos son aún peores! Cada uno de ellos puede causar heridas permanentes o ceguera. ¡Imagínese lo que es estar ciego! Eso le podría suceder si no es cuidadoso para proteger su vista.

Siempre utilice protección ocular ante la menor posibilidad de que un líquido pudiera entrar en sus ojos (Figura 4-5). El 45% de las heridas relacionadas con la cosmética que se presentan en las salas de emergencias hospitalarias son lesiones oculares. Muchos de estos pacientes son estudiantes y profesionales de salón.

El uso de lentes de contacto en el salón es riesgoso. Los vapores contaminarán los lentes de contacto inutilizándolos. Aún si utiliza anteojos de

El uso de lentes de contacto en el salón es riesgoso. Los vapores contaminarán los lentes de contacto inutilizándolos. Aún si utiliza anteojos de seguridad, los vapores serán absorbidos. Los lentes de contacto contaminados pueden irritar la superficie del ojo y causar heridas permanentes. En caso que se produzca una salpicadura accidental, el líquido se "filtrará" por debajo de los lentes. Esto dificultará la correcta limpieza de los ojos.

Aquí tiene un consejo:
Utilice siempre lentes de seguridad aprobados cada vez que trabaje con algo que pueda introducirse en su ojo.

OTROS CONSEJOS PARA TRABAJAR CON SEGURIDAD

1. **No fume dentro del salón.** Debido a que los técnicos en el cuidado de uñas trabajan con muchos solventes y sustancias inflamables, es conveniente evitar la presencia de llamas desnudas dentro del salón. Una manera de hacerlo es prohibir fumar. Hacerlo cerca de solventes es muy peligroso.
2. **Evite siempre el contacto con la piel.** Nunca toque con la piel desnuda acrílicos líquidos, envolturas, adhesivos, geles curados a la luz, etc. Esta es una de las principales causas de cancelación de servicios, arrugas y reacciones alérgicas. Se detallan más reacciones alérgicas en el Capítulo 5. La mejor regla a seguir es: "si no está pensado para ser aplicado sobre la piel, ¡entonces manténgalo alejado de ella!"
3. **Nunca coma o beba dentro del salón.** Las tazas de café son un excelente lugar para acumular polvo de uñas y vapores. Los líquidos calientes como el café y el té pueden absorber vapores del aire. El polvillo se asienta sobre cualquier recipiente destapado. La taza de café que esté bebiendo usted o su cliente puede estar llena de contaminantes (Figura 4-6).
4. **Guarde y coma su almuerzo en un área separada del salón.** Cuando tenga que comer, hágalo idealmente fuera del salón o en una sala de descanso contigua pero separada por paredes y puerta. Las leyes federales prohiben comer en la misma área donde se almacenen o utilicen sustancias químicas profesionales.
5. **Lave siempre sus manos antes de comer.** Cuando alguien le ofrece un trozo de chocolate o cuando va a la cocina por una galleta ¿no se lava las manos primero? Si olvida lavar sus manos antes de tomar algún bocadillo o su almuerzo, probablemente termine comiendo alguna sustancia química que está en sus manos.
6. **Etiquete todos los recipientes.** Cada recipiente, botella, pomo o tubo en el salón tiene que estar claramente identificado. Esto incluye a todos los productos de limpieza y a cualquier otro comprado al por mayor que esté en el depósito. Asegúrese que la etiqueta sea a prueba de agua. Si el recipiente no está etiquetado, *no lo utilice* (Figura 4-7).
7. **Almacene sus productos en un lugar fresco.** Nunca guarde sus productos profesionales en el baúl del auto, cerca de una ventana o de una llama piloto, como la que tienen los calefactores u hornos a gas. El calor excesivo arruinará los productos y hará que algunos de ellos sean más inflamables que la gasolina.

Figura 4-6 Nunca coma o beba dentro del salón. Puede estar ingiriendo accidentalmente sustancias químicas para el cuidado de uñas.

4

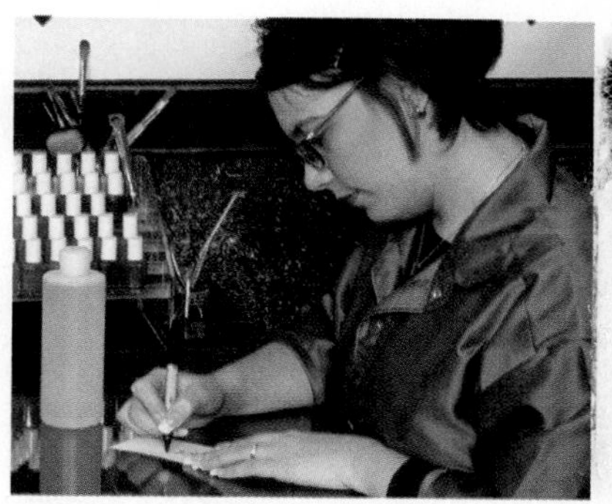

Figura 4-7 Etiquete todos los recipientes. Si un recipiente no está identificado, no lo utilice.

8. **Vacíe periódicamente su basurero.** Busque basureros de metal con tapa a pedal. Los vapores pueden escapar por una tapa abierta y contaminar el aire. Vacíe su basurero varias veces al día y disponga de la basura adecuadamente. Además, los basureros metálicos disminuyen el riesgo de incendios.
9. **Mantenga todos los productos tapados.** Puede parecer más cómodo dejarlos destapados, pero no es una buena idea. Las botellas sin tapa sobre su mesa pueden derramarse fácilmente. Mantenga además los recipientes cerrados para reducir la cantidad de vapor que escapa al aire. Las tapas siempre cerradas también aumentan la vida útil de los productos. Caso contrario, el esmalte se seca, los solventes se evaporan y el pegamento para envolturas se endurece. (Descubrirá canicas que tienen la medida justa para tapar los pequeños recipientes utilizados para el acrílico líquido o en polvo).
10. **Esté preparado para manejar incidentes.** No espere a que ocurran para pensar en la mejor manera de solucionarlos. Tenga los números del centro de control de intoxicaciones y otros números de emergencia cerca del teléfono (Figura 4-8). Tenga disponibles planes de emergencia para incendios, derrame de sustancias químicas y heridas personales. Tome clases de primeros auxilios y tenga a alguien capacitado en CPR, si fuera posible. Cada empleado tiene que tener tareas asignadas. Mantenga el MSDS de cada producto en un lugar accesible. En reuniones del personal, discuta qué hacer en caso de emergencia. Teniendo un plan, reducirá el pánico y la confusión.

Figura 4-8 Tenga los números importantes cerca de su teléfono.

ENFERMEDAD TRAUMATOLÓGICA ACUMULATIVA

Las **enfermedades traumatológicas acumulativas (CTD)** también se conocen como desórdenes por movimientos repetitivos. Las CTD son el grupo de dolencias de mayor crecimiento en todas las ocupaciones. El CTD es una enfermedad dolorosa e incapacitante que se transforma en permanente si no es tratada. El **síndrome del túnel carpiano** es el CTD más común. Esta dolencia afecta las manos y muñecas de muchos técnicos en el cuidado de uñas. El túnel carpiano es un pequeño pasaje en el hueso de la muñeca que aloja los nervios que van entre los dedos y el brazo. Los movimientos repetitivos causan una presión dañina sobre el nervio.

La lesión es habitualmente producida por los movimientos repetitivos al limar. La vibración constante de las fresas también puede causar o agravar una lesión. Habitualmente se siente dolor o adormecimiento en el brazo o en los dedos. Si se ignoran los síntomas, habitualmente se agrava la situación. Las lesiones continuadas pueden dañar permanentemente el nervio. Otras causas pueden producir CTD. Sentarse o trabajar siempre en la misma posición, estirarse o doblar las extremidades de mala manera también pueden dañar el túnel del nervio carpiano o nervios similares en la espalda y el cuello.

Los síntomas de las CTD son

- dolor.
- rigidez.
- debilidad.
- adormecimiento.
- hormigueo.
- hinchazón.
- dolor.

Si experimenta alguno de estos síntomas, preste atención a su manera de trabajar e infórmelo inmediatamente a su empleador. Normalmente se dará cuenta cuál de sus movimientos repetitivos le produce el dolor. Lo ideal es solicitar atención médica inmediatamente para corregir el problema antes que sea muy tarde.

¿Qué debemos hacer?

Existen muchas cosas que un técnico en su cuidado de uñas puede hacer para evitar el CTD.

- Siéntese en una posición natural distendida.
- No se incline sobre las uñas de sus clientes. Cambie seguido de posición.
- Estírese frecuentemente, cada 20 ó 30 minutos, aunque sea por unos pocos segundos (Figura 4-9).
- Evite utilizar herramientas que vibren en demasía.
- Mantenga derechas sus muñecas y evite doblarlas cuando lime o utilice cepillos.
- Detenga el trabajo y estire sus manos.
- Realice frecuentes ejercicios de estiramiento.

Lo más importante, tómese su tiempo. Dar un servicio apurado es arduo para usted y para las uñas de su cliente. ¡La calidad es más importante que la velocidad! No sacrifique su salud y las uñas de su cliente por dar un rápido servicio. Es mejor aumentar sus precios y hacer un gran trabajo a pocos clientes.

El hielo y el ibuprofeno o la aspirina mitigan el dolor, pero si sufre de CTD tendrá que ver a un médico. El doctor le podrá prescribir acciones de prevención que usted ni siquiera imagina.

Aquí tiene un consejo:
Un ejercicio sencillo y efectivo es apoyar la mano contra una superficie plana mientras estira sus dedos y su muñeca por cinco segundos.

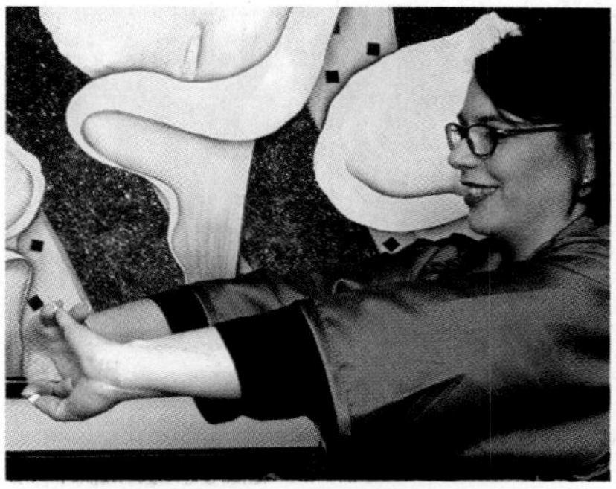

Figura 4-9 Los ejercicios de estiramiento puede ayudar a prevenir el CTD.

N|E|G|O|C|I|O|S CONSEJOS

Exprésese con seguridad

Diviértase con sus lentes de seguridad transformándolos en la expresión artística de una herramienta profesional (Figura 4-10). Son un excelente medio de expresión y seguramente atraerán la atención. Decórelos pintando a mano el marco o los bordes y cambie los dibujos frecuentemente para reflejar temas de la estación, tendencias cromáticas y gustos personales. A título de mini-prueba de marketing, determine qué diseños atraen más la atención y luego ofrezca crear los mismos diseños en las uñas de sus clientes. El fin es aumentar sus ganancias y crear interés en el arte del cuidado de las uñas mientras se promueve la seguridad.

Figura 4-10 Lentes de seguridad decorados

4

enfermedad traumatológica acumulativa	También conocido como desorden por movimientos repetitivos; afección profesional que puede causar dolor eincapacidad si no se trata
extractor local	Dispositivo utilizado para capturar vapores y polvillo en el interior del salón y expulsarlos fuera de la zona de respiración del técnico a través de un extractor.
Folleto Informativo de Seguridad del Material (MSDS)	Documentos suministrados por los fabricantes de los productos y disponibles para todos aquellos que los utilicen, contienen el de seguridad básica e información sobre cómo manipular un producto.
síndrome del túnel carpiano	Forma más común de la enfermedad traumatológica acumulativa (CTD) que afecta las manos y muñecas.
sobreexposición	Contacto peligrosamente prolongado, repetido o de larga duración con ciertas sustancias químicas.
zona de respiración	Esfera imaginaria del tamaño de una pelota de playa ubicada directamente frente a su boca.

preguntas de revisión

1. Haga una lista con cinco de los síntomas tempranos de una sobreexposición a sustancias químicas.
2. ¿Qué significa MSDS?
3. Mencione cuatro cosas simples y económicas que se pueden hacer para reducir los vapores en el salón.
4. Defina zona de respiración.
5. Describa cómo trabaja un sistema extractor local.
   ¿Por qué es el mejor?
6. ¿Qué es lo más económico de hacer para evitar una inhalación excesiva de polvillo?
7. ¿Por qué se deben almacenar los productos lejos de calor y llamas piloto?
8. ¿Por qué no se debe permitir fumar en el salón?
9. ¿Qué es el CTD? Explique cómo se produce.
10. Haga una lista con siete síntomas del CTD.

parte 2

LA CIENCIA DE LA TECNOLOGÍA DEL CUIDADO DE UÑAS

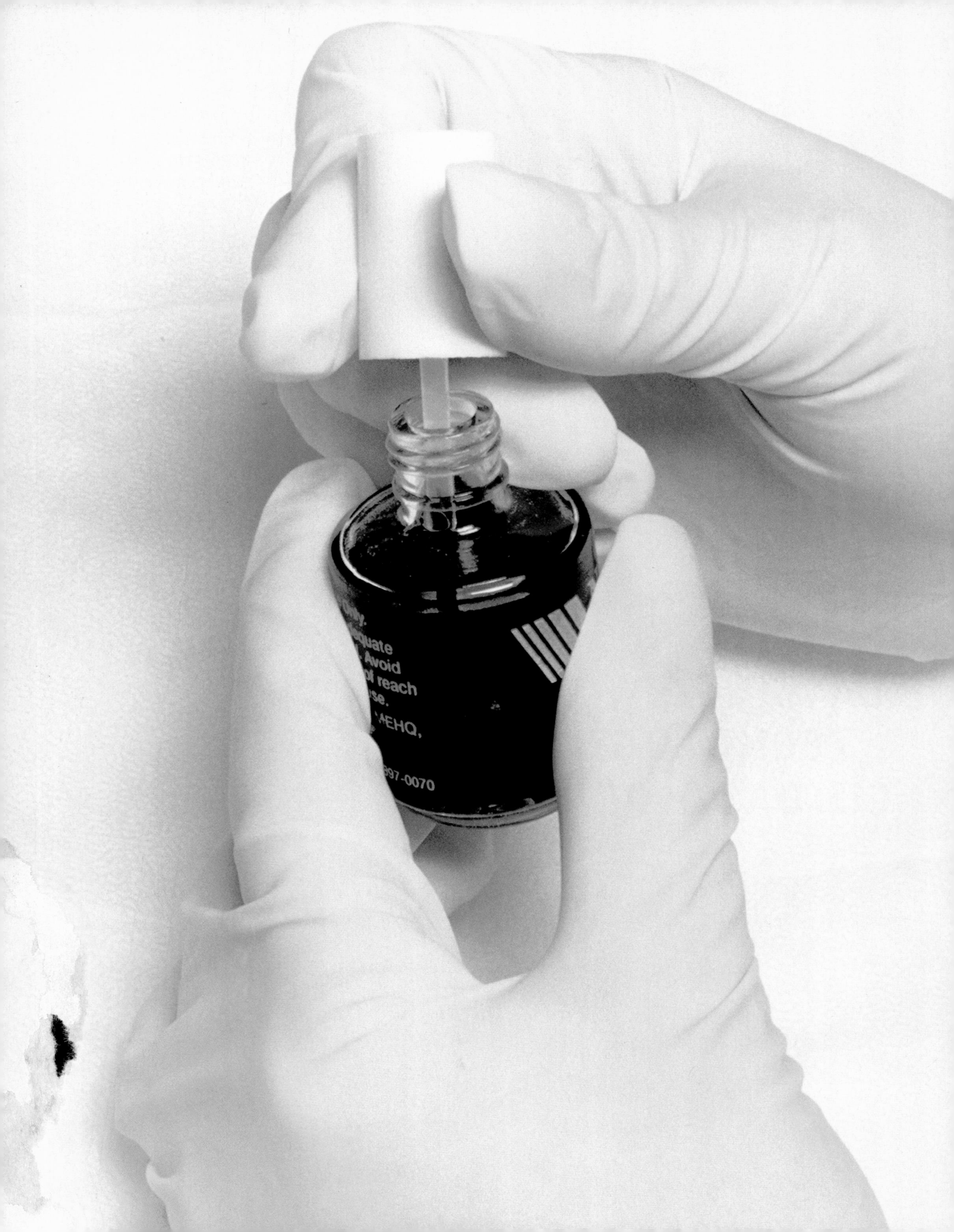

QUÍMICA SIMPLIFICADA DE LOS PRODUCTOS PARA EL CUIDADO DE LAS UÑAS

Autor: Douglas D. Schoon

RESEÑA DEL CAPÍTULO

Comprensión de las sustancias químicas • Adhesión y adhesivos Cubritivos para uñas • Evitar los problemas de la piel • Los principios de la sobreexposición

Objetivos de aprendizaje

Después de finalizar este capítulo, usted podrá:

1. **Comprender la química básica de los productos de salón.**
2. **Explicar la adhesión y cómo funcionan los adhesivos.**
3. **Identificar las dos principales categorías de cubritivos para uñas.**
4. **Describir la química básica de todas las mejoras.**
5. **Determinar la causa y prevención de los trastornos de la piel.**

Términos clave

El número de página indica dónde se utiliza el término dentro del capítulo.

adhesión
pág. 74

adhesivo
pág. 74

alteración física
pág. 71

alteración química
pág. 71

cadenas de polímeros simples
pág. 77

catalizador
pág. 72

corrosivo
pág. 74

cubritivos
pág. 76

dermatitis
pág. 79

elementos
pág. 71

energía
pág. 71

enlazador cruzado
pág. 78

evaporarse/evaporar
pág. 72

gas/estado gaseoso
pág. 72

histaminas
pág. 81

imprimantes
pág. 74

iniciador/cebador
pág. 77

luz ultravioleta (U.V.)
pág. 78

materia
pág. 71

molécula
pág. 71

monómeros
pág. 77

polimerizaciones
pág. 76

polímeros
pág. 76

reacción química
pág. 72

saturado
pág. 73

sensibilización
pág. 80

sobreexposición
pág. 79

soluto
pág. 73

solvente
pág. 73

sustancia química
pág. 71

vapor
pág. 72

La química es un elemento esencial para los técnicos en el cuidado de uñas. Casi todo lo que usted hace depende de la química. Aunque usted sólo quiera "hacer las uñas", su éxito depende de conocer las sustancias químicas y la química.

COMPRENSIÓN DE LAS SUSTANCIAS QUÍMICAS

Es incorrecto pensar que todas las sustancias químicas son sustancias peligrosas o tóxicas. La mayor parte de las sustancias químicas son completamente seguras. Todo lo que lo rodea está formado por sustancias químicas. Las paredes, este libro, la comida, las vitaminas, aún el oxígeno, son sustancias químicas. En realidad, todo lo que usted puede ver o tocar, salvo la luz y la electricidad, es una **sustancia química**.

La superficie de la uñas (lámina ungueal) es una sustancia 100% química. Están constituidas mayormente por sustancias químicas llamadas aminoácidos. Los aminoácidos están compuestos por sustancias químicas: carbono, nitrógeno, oxígeno, hidrógeno y azufre. El azufre es responsable de los enlazadores cruzados que crean las resistentes uñas naturales. Las láminas ungueales también contienen vestigios de hierro, aluminio, cobre, plata, oro y otras sustancias químicas.

Materia y energía

Todo lo que hay en el mundo es materia o energía. La **materia** ocupa espacio u ocupa un área . Por ejemplo, los libros ocupan espacio, y por lo tanto, un libro está hecho de materia. Muy pocas cosas no ocupan espacio. Aún las bacterias microscópicas ocupan un pequeño espacio.

La luz, las ondas radiales y las microondas son ejemplos de cosas que no ocupan espacio. Estas cosas no están hechas de materia, son **energía**. La energía no tiene materia. Sin embargo, la energía puede afectar a la materia de muchas maneras.

Moléculas y elementos

La **molécula** es una sustancia química en su forma más sencilla. Una molécula de agua puede descomponerse en hidrógeno y oxígeno, pero dejaría de ser agua. Algunas moléculas no pueden ser descompuestas en absoluto. Éstas se denominan **elementos**. El oxígeno y el hidrógeno son dos de los 106 elementos conocidos.

Formas de materia

La materia puede existir como sólido, líquido o gas. El agua puede ser congelada como un sólido, derretida a líquido y evaporada a gas e incluso convertida en vapor. Cuando el agua se congela, derrite o evapora, la misma sufre una **alteración física**. El agua está simplemente cambiando su forma o apariencia. No sufre ninguna alteración química.

La materia también puede sufrir una alteración química. Si quemamos azúcar o papel, éstos se transforman en una sustancia negra. Esto constituye un ejemplo de **alteración química** o de una sustancia química que se transforma en otra totalmente distinta.

Las moléculas químicas son como pequeños juguetes para armar. Pueden ordenarse y reordenarse con una cantidad ilimitada de combinaciones. El aceite de petróleo puede convertirse químicamente en vitamina C. La acetona puede ser convertida en agua u oxígeno. El papel puede convertirse en azúcar. Las posibilidades son interminables. En la época medieval, los alquimistas buscaron en vano la forma de convertir el plomo en oro. Hoy, aún esto es posible.

La mayoría de la gente está muy familiarizada con la definición de sólido y de líquido. Es fácil ver que algo líquido no es un sólido. Sin embargo, ya que la gente no puede distinguir fácilmente la diferencia entre **gas** y **vapor**, estos términos se confunden a menudo. Hay una diferencia muy importante entre estos dos términos. Los gases son muy distintos a los vapores. Los vapores se forman al **evaporarse** un líquido al aire. Toda sustancia que sea líquida a la temperatura ambiente formará vapores. Cuanto más alta sea la temperatura, más rápidamente se formarán los vapores. Además, los vapores volverán a convertirse en líquidos, si se los enfría nuevamente. El agua, el alcohol y la acetona forman vapores. Cualquier tipo de sistema de mejora del cuidado de las uñas formará vapores. Los líquidos monómeros (aún los monómeros inodoros), los geles U.V., las resinas de envoltura y los adhesivos forman todos vapores y no gases. Los gases sólo se transforman en líquidos cuando se los somete a alta presión (por ejemplo, los cilindros de gas butano presurizado) o si se los enfría a temperaturas bajo cero (-70° C o temperaturas más bajas). El oxígeno, el nitrógeno, el propano y el aire que respiramos, son ejemplos de gases.

Los gases, líquidos, vapores y sólidos tienen una cosa en común. Todos están formados por moléculas. Pero, ¿qué los hace tan distintos? En el caso de los gases, las moléculas están muy separadas. Las moléculas de un vapor están mas cerca entre sí y las de un líquido están mucho más cerca entre sí. Cuanto más espeso es el líquido o gel, tanto más cerca están las moléculas entre sí. En los sólidos las moléculas se encuentran más cerca aún una de otra.

Reacciones químicas

Dadas las condiciones, una molécula puede cambiar químicamente. Ello se denomina una **reacción química**. En general, para que se produzca una reacción química, se requiere energía. La mayoría de las reacciones químicas obtienen esta energía del calor o de la luz. Las mejoras artificiales del cuidado de las uñas pueden usar la energía del calor o de la luz para crear el producto terminado.

Catalizador

Un **catalizador** es una sustancia química que puede acelerar una reacción química. Distintas reacciones químicas requieren distintos catalizadores. Los catalizadores son herramientas químicas muy importantes. La mayoría de las reacciones químicas ocurren muy lentamente. Por ejemplo, el grafito (mina del lápiz) se transforma lentamente en diamante, pero ello requiere varios miles de años. Obviamente, un catalizador para acelerar la transformador del grafito en diamante sería un invento muy importante, si alguna vez se descubriera.

Trillones de reacciones químicas ocurren en nuestro cuerpo todos los días. La mayoría de ellas ocurren muy rápidamente gracias a los catalizadores. Los técnicos en el cuidado de las uñas utilizan catalizadores para envolturas, recubrimientos y uñas esculpidas. Los catalizadores se hallan en los geles U.V. y en los líquidos monómeros. En el caso de las envolturas, el catalizador se aplica con un rociador, por goteo o con cepillo.

Solventes y solutos.

Un **solvente** es cualquier cosa que disuelve otra sustancia. Los solventes generalmente son líquidos. La sustancia que se disuelve se denomina **soluto**. Generalmente los solutos son sólidos, geles o aceites. El agua es muy buen solvente. En realidad, el agua se denomina el "solvente universal", porque disuelve más sustancias que cualquier otro solvente. La acetona se usa con frecuencia como quitaesmalte y para disolver los productos de mejora del cuidado de las uñas. Es un solvente muy seguro para usar con este fin.

Los solventes que disuelven solutos son uno de los conceptos más importantes en la industria profesional del cuidado de las uñas. ¿Cómo puede ayudar a los profesionales del cuidado de las uñas su compresión de los solventes y solutos? ¡De muchas maneras! Por ejemplo, la acetona es un *buen solvente* para el esmalte de uñas (el soluto), pero es también un buen solvente para los aceites en sus uñas naturales. De modo que tiene sentido pensar que el uso excesivo de la acetona (quitar el esmalte dos o tres veces por semana), puede hacer que las láminas ungueales adquieran un aspecto seco y quebradizo. Esto puede suceder cuando se quita demasiado aceite de sus uñas naturales. *Solución:* Ajuste (reduzca) la fuerza del solvente de la acetona con agua (10%–15% de agua). La acetona pasará a ser un solvente un poco más débil y así retirará menos aceite natural de la uña. La acetona diluida será aún suficientemente fuerte para retirar el esmalte, pero reducirá la pérdida de aceite natural de la uña.

Los solventes sólo pueden disolver cierta cantidad de soluto antes que se vuelvan **saturados**. Los solventes se saturan con el soluto del mismo modo que una fregona se satura con agua. En otras palabras, un solvente saturado no puede disolver más soluto. Los solventes saturados son totalmente ineficientes. Usar un solvente saturado es una pérdida de tiempo, ya que los solventes frescos y limpios actúan con mayor rapidez. Por ejemplo, al retirar los productos artificiales de mejora para el cuidado de las uñas, el solvente actuará con mayor rapidez si se usa una mayor cantidad. Si la mejora se cubre apenas con solvente, éste puede quedar saturado con el producto disuelto. La eliminación del esmalte se demora más porque no hay suficiente solvente. Una buena regla general sería la siguiente: el nivel del solvente debe cubrir los dedos hasta la parte inferior del nudillo.

Si se calientan suavemente los solventes, los mismos actuarán con mayor rapidez. Esto es especialmente cierto cuando se eliminan las mejoras de las uñas artificiales. El calentar el solvente a un máximo de 37-40º C (calentar a muy caliente, similar a la temperatura de un jacuzzi) acelerará drásticamente el proceso de eliminación. Lógicamente, calentar solventes muy inflamables como la acetona debe hacerse correctamente y con mucho cuidado. Los solventes inflamables sólo deben calentarse en una palangana llena con agua caliente de la canilla. Asegúrese de soltar levemente la tapa para evitar que se acumule presión, evitando la explosión del recipiente. Nunca caliente ninguna sustancia inflamable sobre una llama o estufa o en un horno de microondas. Es importante que usted comprenda esto. Han ocurrido serios accidentes cuando no se han respetado estas reglas. Además, cubra el plato y la mano con un paño húmedo cuando remoje, para reducir los vapores en el aire. El fabricante del producto le dará más información sobre el manejo seguro del mismo.

ADHESIÓN Y ADHESIVOS

La **adhesión** es una fuerza de la naturaleza que hace que dos superficies queden pegadas entre sí. La adhesión se produce cuando las moléculas en una superficie son atraídas a las moléculas de otra superficie. El pegamento se pega al papel porque sus moléculas son atraídas por las moléculas de papel. Los aceites, las ceras y la tierra contaminan una superficie e impiden la adhesión. Es por ello que una superficie limpia y seca permite una mejor adhesión.

Adhesivos

Un **adhesivo** es una sustancia química que hace que dos superficies queden pegadas. Los adhesivos permiten unir superficies incompatibles entre sí. La cinta Scotch® es un plástico revestido con un adhesivo pegajoso. Sin el adhesivo, el plástico no podría adherirse al papel. La capa adhesiva pegajosa actúa como una "capa intermedia". Sujeta la cinta al papel. Los adhesivos son como el ancla de un barco. Un extremo del ancla sujeta al barco y el otro extremo se adhiere al suelo.

Hay muchos tipos de adhesivos. Los distintos adhesivos son compatibles con distintas superficies. La cola es, en realidad, un término muy antiguo para cualquier adhesivo fabricado hirviendo pieles, pezuñas y huesos de animales. Es probable que el engrudo y la cola que haya usado durante su niñez hayan sido de este tipo. Hoy, el término cola se usa para muchos tipos de adhesivos, desde resinas de epoxi hasta los adhesivos de cianoacrilato de alta tecnología que usan los técnicos en el cuidado de las uñas. Aunque se denominan colas, la palabra adhesivo es un término más preciso.

Imprimantes

Los **imprimantes** son sustancias que mejoran la adhesión. Las capas base del esmalte de uñas reciben el nombre de imprimantes. ¿Por qué? Las capas base hacen que el esmalte de uñas se adhiera mejor. Las capas base actúan como la "capa intermedia" o "ancla". Mejoran la adhesión.

A veces se requieren otros tipos de imprimantes con las mejoras artificiales para el cuidado de las uñas. Son especialmente útiles si el cliente tiene piel grasa. Los imprimantes actúan como una cinta adhesiva de dos caras (Figura 5-1). Un lado se adhiere bien a la mejora y el otro lado sujeta firmemente la lámina ungueal. Un concepto erróneo muy común es que los imprimantes se "comen" la uña. Este concepto es totalmente falso. Es posible dejar en remojo uñas cortadas durante años en imprimantes sin que se disuelvan. A pesar de ello, los imprimantes para uñas deben usarse con precaución. Algunos son muy corrosivos sobre los tejidos suaves. Un **corrosivo** es una sustancia que puede causar daños visibles y posiblemente permanentes a la piel. Los imprimantes para uñas, al igual que los productos más profesionales para uñas, nunca deben entrar en contacto con la piel. Los imprimantes son ácidos que pueden causar dolorosas quemaduras y cicatrices en los tejidos blandos. Es por este motivo que los imprimantes corrosivos deben dejarse en recipientes con tapas que impidan que los niños puedan tener acceso a ellos.

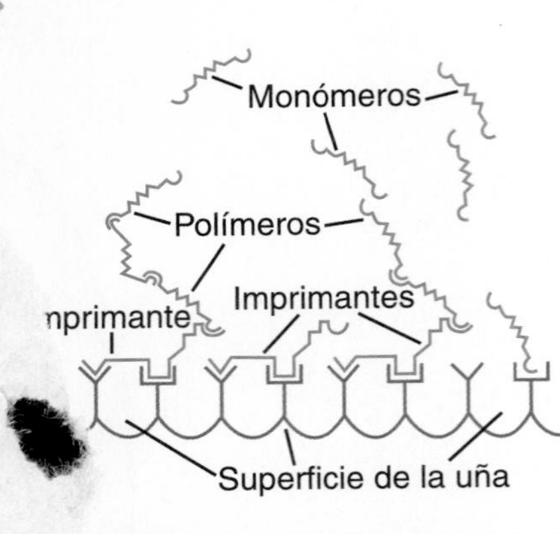

igura 5-1 Los imprimantes actúan mo una "cinta adhesiva de doble ra" para anclar los monómeros nemente a la superficie de la lámina ungueal natural.

Por este motivo los corrosivos y los imprimantes deben mantenerse fuera del alcance de los niños. Aunque los imprimantes no dañan la lámina ungueal, pueden quemar la membrana del lecho ungueal. Limar demasiado la uña natural la adelgazará demasiado, haciéndola más porosa. Si se usa demasiado imprimante, la lámina ungueal puede saturarse. Pequeñas cantidades pueden llegar al lecho ungueal, causando sensibilidad y dolorosas quemaduras. También puede causar la separación de la lámina ungueal del lecho ungueal. Nunca aplique demasiado imprimante. Una capa muy delgada es suficiente para la mayoría de los clientes. Si nota que debe aplicar dos o más capas para evitar que las uñas se levanten, algo va mal. Controle su procedimiento de preparación de la uña y aplicación y verifique si hay problemas. Los imprimantes pueden transformarse en una máscara que cubre una aplicación impropia o una preparación inadecuada de la lámina ungueal. A la larga, es preferible ir a la raíz del problema y mejorar su técnica en vez de depender de la aplicación de cantidades excesivas de imprimante. No todos los imprimantes son corrosivos para la piel.

Los imprimantes no corrosivos, a veces llamados *imprimantes no ácidos*, no contienen un ingrediente llamado ácido metacrílico. Los imprimantes no ácidos pueden, en realidad, contener otros ácidos, pero no son corrosivos para la piel y, por lo tanto, no quemarán los tejidos blandos. Deben usarse con precaución, evitándose el contacto con la piel (Figura 5-2). El contacto prolongado y repetido con la piel es la consecuencia de una aplicación inadecuada. Con el correr del tiempo, el contacto repetido con el producto puede causar una reacción alérgica. Si evita el contacto con la piel, es sumamente improbable que el cliente se vuelva alérgico al producto. Los vapores del producto no causan alergia en la piel. Estos tipos de alergia son causados por el repetido contacto del producto con la piel. Evite todo contacto con los tejidos blandos.

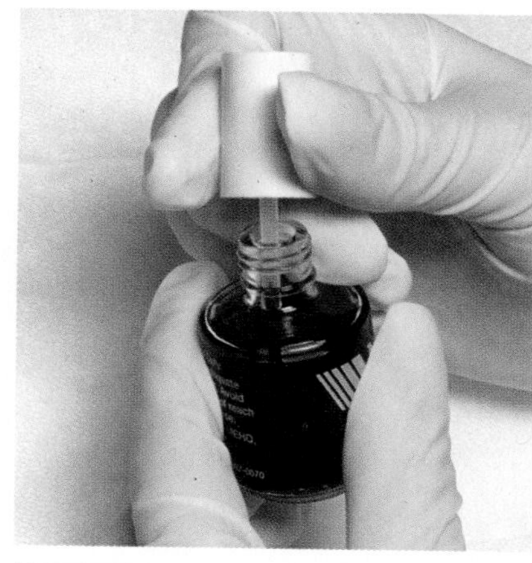

Figura 5-2 Emplee guantes cuando utilice imprimantes, adhesivos, envolturas y monómeros acrílicos y geles.

Un comienzo limpio

Una buena adhesión se basa en usar la técnica correcta y productos de alta calidad. La mejor forma de asegurar el éxito es comenzar con una superficie limpia y seca. Lavarse las manos y cepillar la lámina ungueal quita el aceite de la superficie y los contaminantes que interfieren con una adhesión adecuada. El cepillado también elimina las bacterias que causan la mayor parte de las infecciones de la uña. Si pasamos por alto este paso importante, contribuimos a las infecciones de la uña, pudiendo causar el desprendimiento del producto, principalmente en la cutícula. No obstante, la preparación inadecuada de la uña es una de las principales causas de la mayoría de los tipos de desprendimiento del producto de mejora.

Un deshidratante de uñas elimina temporalmente la humedad de la superficie de la lámina ungueal. La humedad en la superficie de la lámina puede interferir con la adhesión del producto del mismo modo que los aceites en la superficie. Algunos deshidratantes eliminan tanto la humedad como el aceite. Pero, pasados treinta minutos, los aceites normales naturales y la humedad comenzarán a volver a la lámina ungueal. ¿Para qué sirve esta información? Ello debería sugerir que para los desprendimientos problemáticos, podría ser de ayuda deshidratar únicamente una mano por vez, bien a fondo y luego de un buen cepillado.

¿Es un mito que las mejoras y los alargadores no se pegan a menos que uno "vuelva áspera la superficie de la uña"? Esto es completamente falso y muy dañino para los clientes. La adhesión es mejor cuando la lámina ungueal está limpia y seca. Los abrasivos fuertes, el limado excesivo y el taladrado (limado eléctrico) puede acabar con la lámina ungueal natural. Cuanto más delgada sea la lámina ungueal, tanto más débil será. Las láminas ungueales más delgadas constituyen una fundación o base más débil para las uñas artificiales que las láminas ungueales más gruesas. El primer deber del técnico profesional en el cuidado de las uñas es mantener la lámina ungueal gruesa, fuerte y saludable.

Cuando se quitan las uñas artificiales, los clientes pueden ver el daño causado por el limado excesivo. Culpan erróneamente a los imprimantes y a los productos para la mejora de las uñas por lo que ven. El limado áspero daña la lámina ungueal y el lecho ungueal. Además, los abrasivos fuertes y el limado excesivo pueden levantar la lámina ungueal y separarla del lecho ungueal. Una vez que ello sucede, los clientes a menudo desarrollan infecciones debajo de la lámina ungueal.

El limado excesivo de la lámina ungueal le causa más problemas a los técnicos en el cuidado de uñas de lo que usted pueda suponer. El limado excesivo es una de la principales causas de las fallas en el servicio del mejorado. Puede originar el desprendimiento, rotura, astillado del borde libre y separación del producto o "rizado" en el borde libre. También puede originar reacciones alérgicas y puede causar dolorosas quemaduras por fricción contra el tejido blando del lecho ungueal. El limado áspero de la lámina causa un adelgazamiento excesivo y potencialmente peligroso de la misma. Esto debe evitarse a toda costa.

Si piensa que debe dejar áspera la lámina ungueal para obtener buena adhesión, está fallando en algo. Muchos técnicos en el cuidado de las uñas tienen un gran éxito sin dejar áspera la lámina ungueal. ¿Por qué? La respuesta es sencilla: preparan adecuadamente las láminas ungueales quitando todos los tejidos muertos, las bacterias, el aceite y la humedad. Usan técnicas correctas de aplicación y productos profesionales de alta calidad. Los problemas de desprendimiento generalmente se originan en una de estas áreas claves.

CUBRITIVOS PARA UÑAS

Como técnico en el cuidado de las uñas, usted debe realizar muchas tareas. La más importante de éstas es aplicar cubritivos a la lámina ungueal. Los **cubritivos** son productos que cubren la lámina ungueal con una película dura. Los ejemplos de cubritivos típicos son el esmalte para uñas, los cubritivos superiores, las mejoras artificiales y los adhesivos. Los dos tipos principales de cubritivos incluyen:

1. cubritivos que curan o polimerizan (reacción química).
2. cubritivos que se endurecen al evaporarse (reacción física).

El esmalte para uñas y los cubritivos superiores son ejemplos de cubritivos creados por evaporación. Las mejoras artificiales son ejemplos de cubritivos creados por reacción química.

Monómeros y polímeros

La creación de una mejora para uñas es un buen ejemplo de una reacción química. Para hacer una sola uña esculpida se requiere la reacción de trillones de moléculas. Los cubritivos o mejoras duraderas se crean en todos los casos mediante reacciones químicas. Todos los líquidos y polvos de monómero, geles U.V., geles sin luz, envolturas y adhesivos trabajan de este modo.

Las moléculas en el producto se unen en cadenas extremadamente largas y cada cadena contiene millones de moléculas. Estas cadenas gigantescas de moléculas se denominan **polímeros**. Los polímeros pueden ser líquidos, pero son generalmente sólidos. Las reacciones químicas que crean los polímeros se llaman **polimerizaciones**. A veces se usan los términos *cura, curado* o *endurecimiento,* pero todos tienen el mismo significado.

Hay muchos tipos distintos de polímeros. El Teflon®, el náilon, el pelo y la madera son polímeros. Las proteínas también son polímeros. Las láminas ungueales son de una proteína que se llama queratina. De modo que las láminas ungueales son también polímeros.

Las moléculas por separado que se unen para hacer el polímero se llaman **monómeros**. En otras palabras, los monómeros son las moléculas que hacen los polímeros. Por ejemplo, los aminoácidos son monómeros que se unen y hacen el polímero que conocemos cono queratina (Figura 5-3).

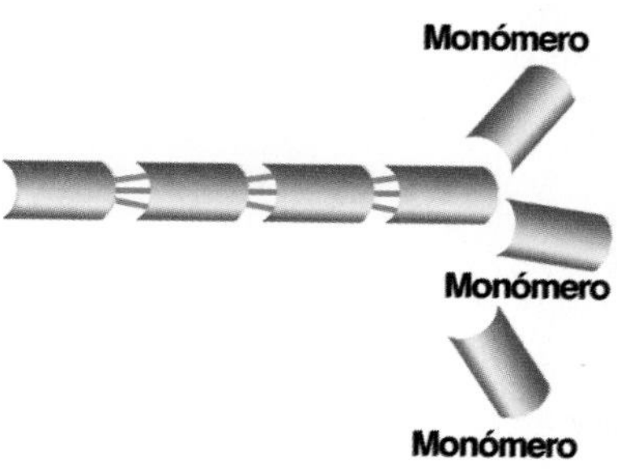

Figura 5-3 Una cadena de polímeros simples crece en una dirección mediante la agregación sucesiva de la cabeza de un monómero con la cola de otro.

Comprensión de la polimerización

Si comprende los principios básicos de la polimerización, podrá evitar muchos problemas comunes en el salón. Los sistemas de líquidos y de polvo, los geles o geles sin luz y las envolturas, pueden parecer diferentes unos de otros, pero en realidad son bastante similares. Cada tipo de producto está hecho de un monómero distinto, pero estrechamente relacionado. Los monómeros son como los corredores en la pista dando vueltas alrededor de la línea de largada, esperando pacientemente que comience la carrera. La carrera comienza cuando se da la señal apropiada. Una vez que se da la señal, los corredores no se detienen hasta llegar a la meta.

Lo mismo sucede con las moléculas de los monómeros. Éstos son como los corredores, esperando algo que active la polimerización. Esto lo realiza un ingrediente especial llamado **iniciador**. Las moléculas iniciadoras proporcionan la energía. Transportan energía extra. Cada vez que un iniciador toca un monómero, el iniciador lo excita con un aumento de energía. Pero las moléculas del monómero no quieren la energía extra y tratan de librarse de ella. Esto lo hacen pegándose a la cola de otro monómero y transmitiendo la energía. El segundo monómero usa el mismo ardid para librarse de la energía. Mientras continúa el juego de la mancha, la cadena de monómeros se va haciendo cada vez más larga. Un billón de monómeros se pueden unir en menos de un segundo.

Pronto, el gran número de cadenas de monómeros en aumento comienzan a cruzarse en el camino de la otra. Se entrelazan y se atan, lo que explica por qué el producto comienza a espesarse. En última instancia, las cadenas son demasiado largas y atestadas para poder moverse libremente. El producto se ha transformado en una masa repleta de hilos microscópicos. Cuando esto ocurre, la superficie es suficientemente dura para limar, pero pasarán varios días antes que las cadenas alcancen su longitud final. Esto explica por qué las mejoras aumentan su resistencia durante las primeras cuarenta y ocho horas.

Cadenas de polímeros simples y de enlazadores cruzados

Normalmente, la cabeza de un monómero reacciona con la cola de otro y así sucesivamente. El resultado es una larga cadena de monómeros unidos cabeza con cola. Estas cadenas se denominan **cadenas de polímeros simples**. Las envolturas y los adhesivos de punta forman este tipo de polímero. En estos polímeros, las cadenas reticuladas se desenredan fácilmente con los solventes, lo cual explica por qué se pueden quitar fácilmente. Las cadenas de polímeros también se pueden desenredar por la fuerza. Los productos con cadenas simples de polímeros se dañan fácilmente por impactos cortantes o fuertes tensiones. Las tinturas y manchas también pueden alojarse entre las cadenas reticuladas. Los esmaltes para uñas, tintas de marcador, alimentos y muchas otras cosas pueden causar manchas antiestéticas en la superficie.

Para solucionar estos problemas, los geles U.V. y los sistemas de líquidos y de polvo usan pequeñas cantidades de monómeros especiales llamados enlazadores cruzados. Un **enlazador cruzado** es un monómero que une distintas cadenas de polímeros. Estos enlazadores cruzados son como los peldaños de una escalera. Los enlazadores crean fuertes polímeros de tipo cuadrícula. El resultado es una estructura tridimensional de gran fortaleza y flexibilidad, que denominamos mejoras para uñas.

La lámina ungueal y el pelo también contienen enlazadores cruzados que crean una estructura resistente y elástica. Aparte de aumentar la resistencia de las uñas naturales y artificiales, los enlaces cruzados los hacen más resistentes a las manchas. Los enlazadores ofrecen también una mayor resistencia a los solventes. Ello explica por qué se requiere más tiempo para eliminar el esmalte de las uñas artificiales con enlazadores cruzados con acetona que en productos sin enlazador cruzado, como las envolturas y los adhesivos de bordes.

La energía de la luz y la energía del calor

La energía es la clave final para comprender la química de mejoras para el cuidado de las uñas. Anteriormente, usted aprendió que los monómeros reciben la energía de moléculas iniciadoras. ¿De dónde obtiene su energía la molécula iniciadora? Recordará que los catalizadores se usan para hacer que las reacciones ocurran más rápidamente. Los catalizadores proporcionan la energía a la molécula iniciadora. Algunos catalizadores usan el calor como fuente de energía, mientras que otros usan la luz. No importa cual sea la fuente, los catalizadores absorben la energía como una batería. En el momento apropiado, transmiten esta energía al iniciador y comienza la reacción. Las mejoras con luminoterapia generalmente usan luz **ultravioleta** o **luz U.V.** Todos los demás productos usan la energía del calor o energía térmica. Para ello basta el calor de la habitación y de la mano del cliente.

Ahora comprende por qué es importante proteger los productos de cura U.V. de los efectos de la luz. La luz del sol y aún la luz artificial de las recámaras pueden iniciar la polimerización en el contenedor. Lo mismo puede ocurrir cuando se colocan los monómeros de curación térmica en un caluroso baúl de automóvil, en la vidriera de una tienda o en otra área calurosa. El calor excesivo también puede causar la polimerización en el contenedor. Los productos que requieren lámparas "incandescentes" no *son* monómeros de luminoterapia. Están usando el calor adicional liberado por la lámpara para acelerar la evaporación de los solventes.

Cubritivos por evaporación

Los esmaltes de uñas, cubritivos superiores e imprimantes también forman cubritivos. Sin embargo, estos productos son totalmente distintos. No se polimerizan. No ocurre ninguna reacción química y no contienen ningún monómero. Estos productos funcionan únicamente por evaporación. La mayoría de los ingredientes son solventes volátiles o de rápida evaporación. Se disuelven polímeros especiales en estos solventes. Estos polímeros no son polímeros con enlazadores cruzados, de modo que se disuelven fácilmente.

A medida que los solventes se van evaporando, dejan atrás una suave película de polímero. Esta película puede contener pigmentos que le dan color. La pintura de los artistas y el pulverizador para cabello funcionan de la misma manera. Lógicamente, la fortaleza de los polímeros sin enlazadores cruzados es mucho menor que la de los polímeros de mejoras con enlazadores cruzados. Ello explica por qué los esmaltes son propensos a astillarse y por qué se los disuelve tan fácilmente con eliminadores. Ahora usted mismo puede apreciar la gran diferencia entre los cubritivos que curan o polimerizan y aquéllos que se endurecen por evaporación.

Afirmaciones: "Es mejor para la uña"

Algunos piensan que ciertos tipos de productos de mejora son "mejores" para la uña natural. Este concepto es totalmente falso. Ningún tipo de producto es mejor para la lámina ungueal que otro. ¿Qué es lo mejor para la uña? La respuesta es fácil. Lo mejor para la uña natural son los profesionales bien capacitados, educados y conscientes. Ellos son los mejores amigos de la uña natural. Los buenos técnicos en el cuidado de las uñas protegen y nutren la lámina ungueal y detectan los daños e infecciones de la uña natural. Estos problemas generalmente se deben a una preparación inadecuada de la lámina ungueal, a una aplicación o mantenimiento inadecuado o a una eliminación inadecuada. Infórmese bien acerca del producto que está usando y su aplicación. Cualquier producto puede ser aplicado y quitado de un modo seguro. Le corresponde a usted usar sus conocimientos y habilidades para asegurarse que ello suceda. Eduque a sus clientes para que efectúen el mantenimiento rutinario de sus mejoras. Trabaje en equipo para conseguir un entorno más saludable para las uñas. **Manténgase informado y sea cuidadoso.** Tome el control de su profesión y de sus responsabilidades.

EVITAR LOS PROBLEMAS DE LA PIEL

Los problemas de la piel son comunes en todas las facetas de la industria del salón profesional. Los servicios de cuidado de las uñas, piel y cabello pueden causar problemas para el cliente sensible. Afortunadamente, la vasta mayoría de los problemas relacionados con las uñas pueden evitarse fácilmente, si usted sabe hacerlo.

Dermatitis

Dermatitis es un término médico para la inflamación anormal de la piel. Hay muchas clases de dermatitis, pero sólo una es importante en el salón. La dermatitis de contacto es la enfermedad de la piel más común con la que se encuentran los técnicos en el cuidado de las uñas. La dermatitis de contacto se origina por el contacto de ciertas sustancias con la piel. Este tipo de dermatitis puede ser de corta duración o de larga duración. La dermatitis de contacto puede tener varias causas. La piel puede irritarse por una sustancia. Esto se denomina *dermatitis de contacto irritante.* También es posible volverse alérgico a un ingrediente de un producto. Esto se denomina *dermatitis de contacto alérgica.*

Contacto prolongado o repetido

Las reacciones alérgicas se deben al contacto directo prolongado o repetido con la piel. Este tipo de problema de la piel no ocurre de un día para otro. Los acrílicos líquidos, envolturas y geles de luz U.V. pueden causar reacciones alérgicas. En general, se requieren de cuatro a seis meses de exposición repetida antes que los clientes sensibles muestren los síntomas.

Los técnicos en el cuidado de las uñas también corren el riesgo. La exposición prolongada, repetida o de largo plazo puede hacer que cualquiera se vuelva sensible. Ello se denomina **sobreexposición**. Únicamente tocar los monómeros no causa sensibilidad. Se requieren meses de manipulación inadecuada y sobreexposición. Los lugares más probables para que se manifieste la alergia son:

1. entre el pulgar y el dedo índice de un técnico.
2. en la muñeca o palma de la mano del técnico en cuidado de las uñas.

3. en la cara del técnico en el cuidado de las uñas, especialmente en las mejillas.
4. en las cutículas del cliente, extremos del dedo o en los tejidos sensibles del lecho ungueal subyacente.

Si usted determina el área donde ocurre el problema, generalmente puede determinar la causa. Por ejemplo, a menudo los técnicos en el cuidado de las uñas tocan los cepillos mojados con sus dedos. Esto constituye un contacto prolongado y repetido. En última instancia puede producirse dolor e inflamaciones en la zona. Lo mismo ocurre cuando los técnicos colocan los brazos sobre las toallas contaminadas con gel U.V., monómero o limaduras. Las palmas sufren una sobreexposición al levantar los contenedores que tienen restos de monómero en el exterior. A menudo se transfieren pequeñas cantidades de producto de las manos a las mejillas o a la cara. El contacto directo del producto con la piel es la causa de estas irritaciones faciales, no los vapores. Los vapores del producto de mejora de las uñas no causarán una alergia en la piel.

Tocar la piel de un cliente con cualquier monómero o gel U.V. produce el mismo efecto. Ésta es la razón más común de la sensibilidad en el cliente. Cada servicio que transcurre, aumenta el riesgo de sensibilización. **Sensibilización** es una sensibilidad mayor o exagerada a los productos. Es muy importante que deje siempre un pequeño margen libre (aproximadamente 0,15 cm) entre el producto y la piel. La regla más importante para ser un buen técnico en el cuidado de las uñas es: **Nunca ponga ningún producto de mejora de uñas en contacto con la piel.**

Una consistencia inadecuada del producto es la segunda causa más común de alergia. Si se usa demasiado monómero líquido, el resultado será una perla demasiado húmeda. Muchos técnicos no se dan cuenta que el iniciador en el polvo polímero sólo puede endurecer una cierta cantidad del monómero líquido. Las perlas húmedas están incorrectamente equilibradas. Las perlas con una consistencia demasiado húmeda se endurecerán con monómero atrapado en su interior. El monómero adicional se abrirá camino en última instancia al lecho ungueal y podrá causar una reacción alérgica. Lo mismo ocurre con las mejoras de gel. Existen muchas cosas que pueden hacer que los geles se endurezcan incorrectamente.

- aplicar el producto con demasiado espesor
- una exposición demasiado breve a la luz
- lámparas sucias en la unidad de iluminación
- lámparas viejas que deben cambiarse

Varias capas delgadas y largas exposiciones conducen a una cura mejor y más completa. Si la lámpara U.V. está sucia o vieja, no proporciona suficiente energía para el curado completo de la mejora. Las lámparas U.V. conservan el color azul durante años, pero pierden eficiencia luego de cuatro a seis meses de uso. Las mismas deben limpiarse diariamente y funcionarán mejor si se cambian tres veces al año. El producto de la mejora se fijará mejor, durará más y es menos probable que cause una alergia si usted toma estas precauciones. Las limaduras pueden ser demasiado ricas en gel U.V. no curado o en monómero líquido. Si el brazo, la muñeca o los dedos del técnico en el cuidado de las uñas sufren una exposición excesiva a estos polvos, puede producirse una reacción alérgica en estas áreas.

Es fundamental usar perlas de consistencia mediana. Nunca use una consistencia húmeda. Las perlas que se achatan o que tienen un anillo de líquido alrededor están demasiado húmedas. Una perla de consistencia adecuada debe formar una bóveda suave cuando se la coloca sobre la uña natural o extremo. La misma no debe achatarse, ni tampoco debe ser demasiado líquida.

La capa pegajosa en la parte superior de las mejoras de gel suele ser gel no curado. Nunca debe entrar en contacto con el tejido suave. Además, nunca vuelva a mojarle en el vaso Dappen para conseguir más líquido o para limpiar alrededor de la cutícula con monómero. Si lo hace, existe la posibilidad que sus clientes comiencen a desarrollar problemas en la piel en esas áreas. Evite el uso de cepillos demasiado grandes. Éstos a menudo forman perlas demasiado húmedas que son difíciles de controlar. El cuerpo de estos cepillos grandes puede contener suficiente líquido para **cuatro** perlas de tamaño normal. Los cepillos demasiado grandes no ahorran tiempo, sólo causan reacciones alérgicas.

El mezclar distintas líneas de producto o formar su propia mezcla "especial" también puede crear desequilibrios químicos, lo cual origina reacciones alérgicas. No corra riesgos innecesarios. Use siempre los productos siguiendo fielmente las instrucciones y no mezcle nunca sus propios productos. Si lo hace, no se sorprenda si sus clientes sufren problemas en la piel.

Los trastornos de la piel de las manos afectan a más del treinta por ciento de los técnicos en el cuidado de las uñas en algún momento de su profesión. Los problemas de la piel y las alergias obligan a muchos técnicos buenos en el cuidado de las uñas a abandonar una carrera exitosa. Lamentablemente, una vez que usted o un cliente se vuelven alérgicos a un ingrediente, quedarán sensibilizados al mismo por el resto de su vida. Esto es muy triste, ya que se puede evitar perfectamente. Ninguna persona debería sufrir una alergia o irritación relacionada con el trabajo.

Dermatitis de contacto irritante

Las sustancias irritantes dañan temporalmente la epidermis. Las sustancias corrosivas son un ejemplo de irritantes. Cuando la piel se daña con sustancias irritantes, el sistema inmunológico entra en acción. El mismo inunda el tejido con agua, tratando de diluir al agente irritante. Éste es el motivo por el cual ocurre la hinchazón. El cuerpo está tratando de evitar que las cosas empeoren. El sistema inmunológico también le informa a la sangre que libere productos químicos, llamados **histaminas**, que agrandan los vasos sanguíneos alrededor de la lesión. La sangre puede entonces acudir al escenario más rápidamente y ayudar a eliminar la sustancia irritante.

Uno puede ver y sentir el mayor volumen de sangre debajo de la piel. Toda la zona se vuelve roja, cálida y puede latir con fuerza. Son las histaminas las que causan la picazón que a menudo acompaña a la dermatitis de contacto. Luego que todo se calma, la hinchazón desaparece. La piel circundante a menudo queda dañada, escamosa, resquebrajada y seca. Afortunadamente, las irritaciones no son permanentes. Si evita el contacto repetido y/o prolongado con la sustancia irritante, normalmente, la piel se reparará rápidamente.

Sin embargo, una exposición continua o repetida puede conducir a reacciones alérgicas permanentes. Sorprendentemente, el agua de canilla es un agente irritante muy común de salón. Las manos que permanecen húmedas por mucho tiempo a menudo se vuelven doloridas, agrietadas y paspadas. Evitar el problema es fácil. Séquese siempre completamente las manos. Use regularmente cremas humectantes para la mano, para compensar la pérdida de aceites en la piel. El lavarse las manos con frecuencia, especialmente en aguas duras, puede causar más daños a la piel. Los limpiadores y detergentes agravan el problema. Éstos aumentan el daño al eliminar el sebo y otros productos químicos naturales de la piel. El contacto prolongado o repetido con muchos solventes eliminará los aceites de la piel, dejándola seca o dañada. A veces resulta difícil determinar la causa de la irritación. Una forma de identificar al agente irritante es observar el lugar en que se produce la reacción. Los síntomas se limitan siempre al área de contacto. La causa será algo que usted le está haciendo a esta parte de la piel.

Recuerde estas precauciones

- *Nunca* empareje la superficie de la mejora con más monómero líquido.
- *Nunca* use monómero para "limpiar" los bordes, debajo de la uña o en los bordes laterales.
- *Nunca* toque ningún líquido de monómero, geles U.V. o adhesivos de la piel.
- *Nunca* toque los pelos del cepillo con los dedos.
- *Nunca* confeccione sus propias mezclas de productos especiales.
- *Siempre* siga las instrucciones, al pie de la letra.

Una vez que un cliente se vuelve alérgico, las cosas sólo irán empeorando si usted continúa usando los mismos productos y técnicas. Es mejor suspender el uso hasta que determine qué es lo que está haciendo mal. Si no lo hace, es posible que otros clientes también se vean afectados. Los medicamentos y las enfermedades no hacen que los clientes sean sensibles a los productos para el cuidado de las uñas. Se trata únicamente de excusas. Sólo el contacto prolongado y repetido causa estas alergias.

Protéjase

Tenga sumo cuidado en mantener las manijas de los cepillos, contenedores y los tableros de mesa libres de polvo y de residuos de los productos. La manipulación repetida de estos elementos causará una sobreexposición si los elementos no se mantienen limpios. Los productos para mejorar las uñas no han sido diseñados para el contacto con la piel. Si usted evita el contacto con los mismos, ni usted ni sus clientes desarrollarán una reacción alérgica.

Muchos problemas serios se relacionan con la dermatitis de contacto. No caiga en la trampa de desarrollar malos hábitos.

LOS PRINCIPIOS DE LA SOBREEXPOSICIÓN

Generalmente pensamos que las sustancias tóxicas son venenos peligrosos. Oímos el término "tóxico" a menudo, pero ¿debieran los técnicos en el cuidado de las uñas evitar aquellos productos que son tóxicos? La respuesta a esta pregunta puede sorprenderle.

Paracelso, un famoso médico del siglo XIV, fue el primero en usar la palabra "tóxico". Dijo: *"Todas las sustancias son venenos, no hay una sola que no sea un veneno. Sólo la dosis diferencia un veneno de un remedio"*.

El **principio de la sobreexposición** es la interpretación actual de lo que aprendió Paracelso. Este importante principio dice que la *sobreexposición* determina la toxicidad. Los científicos han descubierto que Paracelso estaba en lo cierto. Todo lo que existe es veneno. ¿Debemos evitarlo todo, incluyendo los aceites para cutícula y las cremas para la piel? ¿No hay nada que no sea tóxico? Los científicos definen los términos tóxico y atóxico de un modo distinto a la acepción común. Consideran que un producto químico es relativamente atóxico si beber un litro o más no causa la muerte.

La próxima vez que alguien le diga que un producto es "no tóxico", piense en esta definición. El agua salada es muy tóxica para beber. Sin embargo, podemos nadar con seguridad en el mar sin temor de envenenarnos. El alcohol que nos aplicamos en la piel también es bastante tóxico, pero logramos usarlo sin problemas.

CONSEJOS

Venda mientras trabaja

El servicio de una manicura es el momento idóneo para vender productos relacionados. Si, a un cliente le gusta la loción que le está aplicando en las manos, vendérsela será sencillo; lo único que tiene que hacer es hablarle de los beneficios del producto y preguntarle si le gustaría tenerlo en casa. Aunque el cliente no se interese por el producto que está utilizando, podrá vendérselo. Muéstrele el producto que va a utilizar y dígale algo como: "Estas capas de protección con brillo las acabamos de recibir" (o cualquier otro producto que quiera vender). Utilice el producto durante la realización del servicio, luego deje que el cliente lo tome en sus manos y pregúntele si lo quiere. Este último paso es crucial para cerrar la venta. Si recomienda al cliente el producto al principio del servicio pero no se lo recuerda después, es muy probable que lo olvide.

glosario del capítulo

adhesión	Reacción química que hace que dos superficies queden pegadas.
adhesivo	Agente que hace que dos superficies queden pegadas.
alteración física	Sustancia que ha cambiado solamente su forma o apariencia sin cambios químicos que la alteren para dar paso a una nueva sustancia.
alteración química	Alteración de la composición química de una sustancia que se transforma en otra sustancia con propiedades distintas a la original.
cadenas de polímeros simples	El resultado es una larga cadena de monómeros unidos cabeza con cola.
catalizador	Cualquier sustancia que tenga el poder de acelerar una reacción química.
corrosivo	Sustancia que puede carcomer o destruir otra sustancia.
cubritivos	Productos, incluyendo esmalte para uñas, capas protectoras, mejoras artificiales y adhesivos que cubren la lámina ungueal con una película dura.
dermatitis	Inflamación anormal de la piel. Sus diferentes tipos son dermatitis de contacto, dermatitis de contacto irritante, y dermatitis de contacto alérgica.
elementos	Formas más simples de materia básica; sustancia que no puede reducirse en formas más simples sin perder su identidad original.
energía	Potencia o capacidad interna o inherente para realizar un trabajo.
enlazador cruzado	Monómero que une distintas cadenas de polímeros.
evaporación	Cambio de un estado líquido a otro gaseoso.
gas	Estado de la materia diferente al líquido o al sólido por su escasa densidad molecular; no debe ser confundido con vapor, ya que no se evapora en el aire como el vapor."
histaminas	Sustancias químicas en la sangre que dilatan los vasos alrededor de una herida para que la sangre llegue más rápidamente al sitio y ayude a remover sustancias irritantes.
imprimantes	Sustancias que mejoran la adhesión.
iniciador/cebador	Ingrediente especial en una molécula de monómero que dispara un impulso de energía utilizado para crear una cadena de monómeros (polímero).
luz ultravioleta (U.V.)	Rayos invisibles de un espectro de color más allá de los rayos violeta; son los rayos más cortos y menos penetrantes de la luz.
materia	Sustancia que ocupa un espacio, posee características físicas y químicas y existe en estado sólido, líquido o gaseoso.
molécula	Parte más pequeña de cualquier sustancia que conserva sus características originales.
monómeros	Moléculas individuales que al unirse forman un polímero.
polimerización	Reacción química que crea los polímeros, también llamada curación o endurecimiento.
polímero	Sustancia formada al combinar varias moléculas pequeñas (monómeros) en largas estructuras encadenadas.
reacción química	Cambio químico en una molécula, normalmente debido a la acción del calor o la luz.

saturado	Remojado o completamente penetrado; ha absorbido la cantidad máxima que puede aceptar de una sustancia.
sensibilización	Sensibilidad extraordinariamente mayor o exagerada a ciertos químicos u otros productos.
sobreexposición	Contacto peligrosamente prolongado, repetido o de larga duración con ciertas sustancias químicas.
soluto	Sustancia disuelta en una solución.
solvente	Sustancia normalmente líquida que disuelve otra sustancia sin cambiar su composición química.
sustancia química	Relativo a la química; cualquier sustancia de composición química.
vapor	Estado gaseoso que se forma cuando un líquido es calentado y posteriormente se evapora en el aire.

preguntas de revisión

1. Las láminas ungueales son mayormente proteínas hechas con productos químicos llamados _____ _____.
2. Defina las moléculas.
3. ¿Qué son los catalizadores y por qué son importantes para la química de la uña?
4. Un ______ es cualquier cosa que disuelve otra sustancia llamada ______.
5. ¿Verdadero o falso? Los imprimantes pueden desgastar la lámina ungueal. Explique su respuesta.
6. Defina los monómeros.
7. ¿Cuáles son las dos principales diferencias entre irritaciones y reacciones alérgicas?
8. ¿Cuáles son las seis cosas que usted puede evitar o hacer para asegurar que sus clientes nunca sufran alergia a un producto?
9. Únicamente el contacto con la piel con _____ y _____ pueden producir la alergia de un cliente a los productos.
10. Explique con sus propias palabras qué descubrió Paracelso acerca de las sustancias tóxicas. ¿Cómo puede usar este conocimiento para trabajar de un modo seguro?

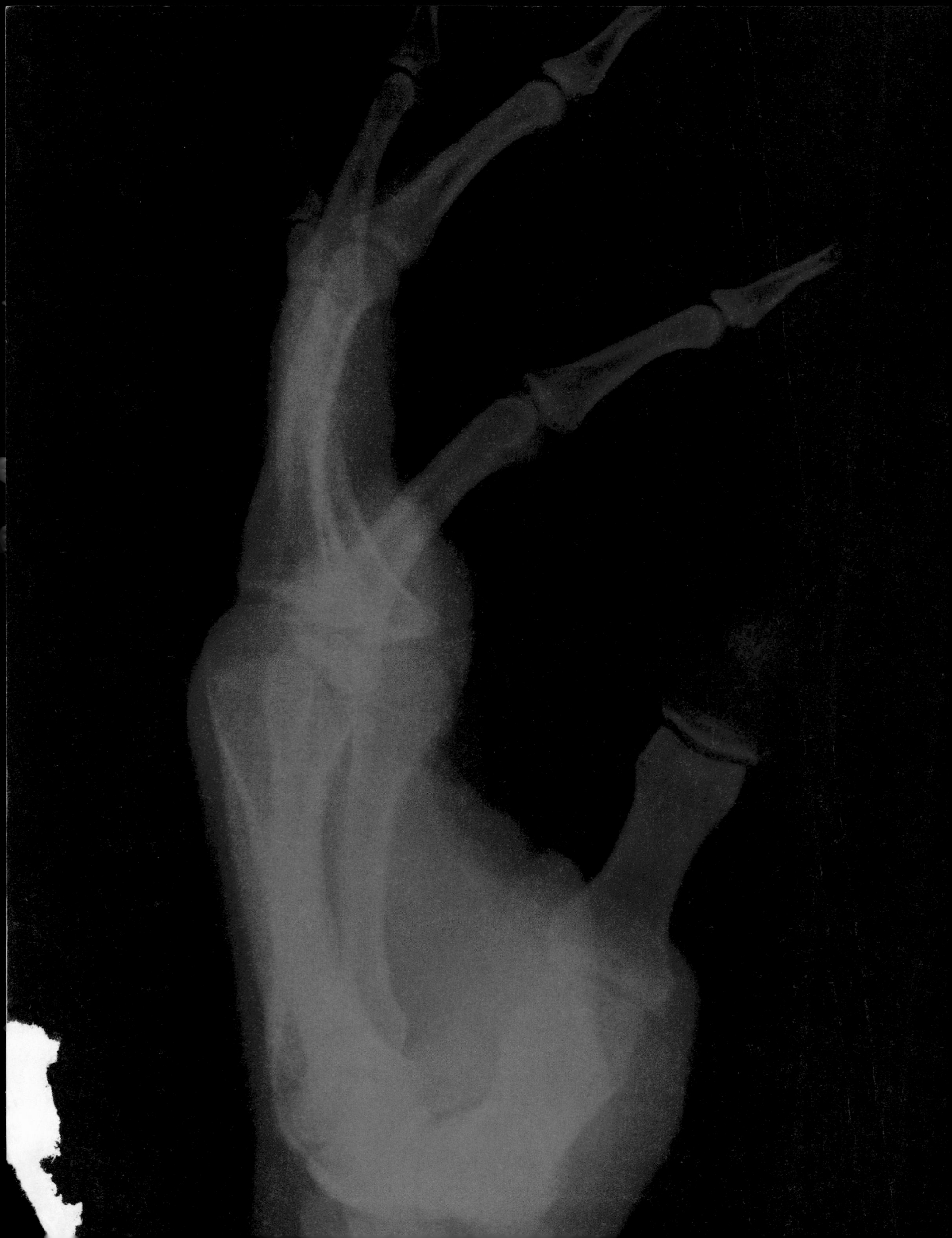

6

ANATOMÍA Y FISIOLOGÍA

Autor: Godfrey Mix, DPM

RESEÑA DEL CAPÍTULO

Células • Tejidos • Órganos • Panorama general de los sistemas • El sistema integumentario • El sistema esquelético • El sistema muscular • El sistema nervioso • El sistema circulatorio • El sistema endocrino • El sistema excretor El sistema respiratorio • El sistema digestivo

Objetivos de aprendizaje

Después de finalizar este capítulo, usted podrá:

1. **Explicar cómo una comprensión de la anatomía y de la fisiología le ayudará a ser un mejor técnico en el cuidado de uñas.**
2. **Describir la función de las células dentro del cuerpo humano.**
3. **Describir el metabolismo de las células y explicar la diferencia entre las dos fases del metabolismo.**
4. **Mencionar los cinco tipos de tejidos del cuerpo y explicar la función de cada uno.**
5. **Nombrar los órganos más importantes del cuerpo y explicar la función de cada uno.**
6. **Nombrar los sistemas que constituyen el cuerpo humano y explicar la función de cada uno.**
7. **Enumerar las formas en que se estimulan los músculos.**
8. **Nombrar los cuatro tipos de músculos que se ven afectados por el masaje.**
9. **Nombrar las divisiones del sistema nervioso y explicar la función de cada división.**
10. **Identificar las principales funciones de la sangre.**

Términos clave

El número de página indica dónde se utiliza el término dentro del capítulo.

células
pág. 89

circulación (general) sistémica
pág. 103

circulación pulmonar
pág. 103

linfa
pág. 104

metabolismo
pág. 90

miología
pág. 95

nervios
pág. 100

neurología
pág. 99

neurona (célula nerviosa)
pág. 100

órganos
pág. 92

osteología
pág. 93

reflejo
pág. 100

sangre
pág. 103

sistema (vascular) circulatorio
pág. 101

sistema digestivo
pág. 106

sistema endocrino
pág. 104

sistema esquelético
pág. 93

sistema excretor
pág. 105

sistema integumentario
pág. 92

sistema (linfático) linfo-vascular
pág. 101

sistema muscular
pág. 95

sistema nervioso
pág. 99

sistema respiratorio
pág. 105

sistema sanguíneo-vascular
pág. 101

sistemas
pág. 92

tejidos
pág. 91

Aunque es probable que no le haya hecho gracia comprobar que este manual incluye un capítulo sobre anatomía y fisiología, éstos son temas importantes en la práctica de la tecnología del cuidado de uñas. Una comprensión básica de la estructura del cuerpo humano y de sus funciones le dará una base científica para muchos de los servicios del cuidado de las uñas que aprenderá. Este conocimiento la ayudará a decidir qué servicio es mejor para las uñas de un cliente o para el estado de su piel, y cómo ajustar y controlar el servicio para obtener los mejores resultados.

En términos muy generales, la anatomía es el estudio de la estructura del cuerpo y qué elementos lo forman, por ejemplo, huesos, músculos y piel. La histología es el estudio microscópico de las pequeñas estructuras individuales del cuerpo, tales como el pelo, las uñas, las glándulas sudoríferas y las glándulas sebáceas. La fisiología es el estudio de las funciones o actividades efectuadas por las estructuras del cuerpo.

Aunque los nombres de los huesos, músculos, arterias, venas y nervios rara vez se usan en el salón, una comprensión de las estructuras del cuerpo la ayudará a ser más competente al efectuar muchos servicios, tales como el masaje de manos y de brazos. Su estudio de la anatomía y fisiología incluirá las células, tejidos, órganos y sistemas del cuerpo humano.

CÉLULAS

Las **células** son las unidades básicas de todos los seres vivientes, incluyendo a las bacterias, plantas y animales. El cuerpo humano está formado en su totalidad por células, fluidos y productos de las células. Como unidades funcionales básicas de todos los seres vivientes, las células efectúan todos los procesos de nuestra vida. Las células también tienen la capacidad de reproducirse, aportando nuevas células que nos permiten crecer y que reemplazan los tejidos gastados o dañados.

Las células están hechas de **protoplasma**, una sustancia incolora, parecida a la gelatina, que contiene elementos de comida tales como proteínas, grasas, carbohidratos y sales minerales. Este protoplasma de las células incluye al núcleo, citoplasma, centrosoma y la membrana de la célula.

El **núcleo** está formado por protoplasma denso y se halla en el centro de la célula, dentro de la membrana nuclear. Juega un papel importante en la reproducción de las células.

El **citoplasma** se halla fuera del núcleo y contiene materiales de alimento necesarios para el crecimiento, reproducción y auto-reparación de la célula.

El **centrosoma**, un pequeño cuerpo redondo en el citoplasma, afecta la reproducción de la célula.

La **membrana de la célula** circunda al citoplasma. Controla el transporte de sustancias hacia y desde las células (Figura 6–1).

El crecimiento de las células

Mientras la célula reciba un suministro adecuado de comida, oxígeno y agua, elimine los productos de desecho y se mantenga a la temperatura adecuada, continuará creciendo y desarrollándose. Sin embargo, si estas condiciones no se dan y hay presencia de toxinas (venenos) o presión, entonces la salud de las células se verá afectada. La mayoría de las células de nuestro cuerpo son capaces de crecer y repararse ellas mismas durante su ciclo de vida. Las células también se reproducen ellas mismas mediante un proceso de división conocido como **mitosis** (Figura 6–2).

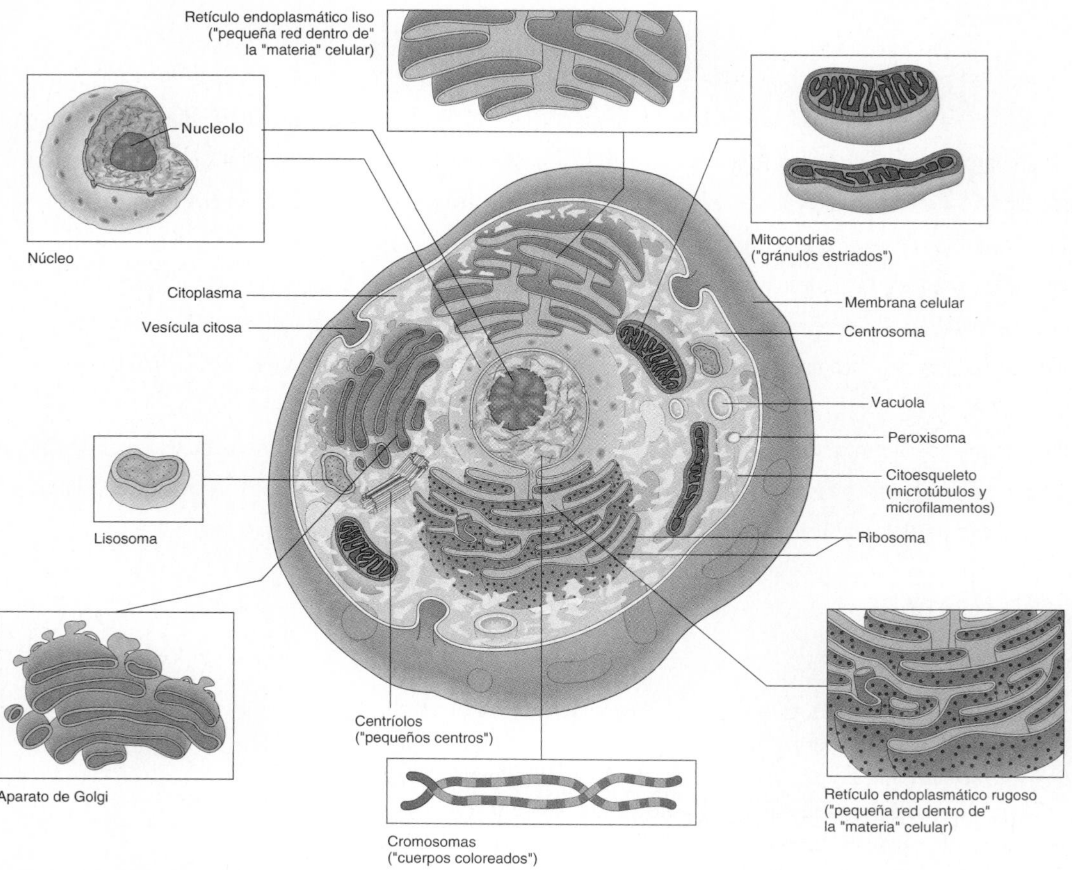

Figura 6-1 Las células están compuestas de protoplasma y contienen elementos esenciales.

Metabolismo de las células

El **metabolismo** es un proceso químico complejo por el cual las células del cuerpo se nutren y reciben la energía necesaria para desarrollar sus numerosas actividades. Hay dos clases de metabolismo.

6

1. El **anabolismo** es el proceso de construir moléculas más grandes a partir de moléculas más pequeñas. Durante este proceso el cuerpo almacena el agua, la comida y el oxígeno para el momento en el que estas sustancias sean necesarias para el crecimiento y reparación de las células.
2. El **catabolismo** es el proceso de descomposición de moléculas más grandes en moléculas más pequeñas. Este proceso libera energía que puede ser almacenada por moléculas especiales para usar en la contracción de los músculos, en la secreción o en la producción de calor.

El anabolismo y el catabolismo se efectúan al mismo tiempo y ocurren continuamente. Sus actividades están estrechamente reguladas, ya que las relaciones de descomposición y de liberación de energía se equilibran con las reacciones de acumulación y consumo de energía. En consecuencia, se logra la **homeostasis** (el mantenimiento de la estabilidad normal interna en el cuerpo). Sin embargo, si usamos menos energía que la que producimos, observaremos un

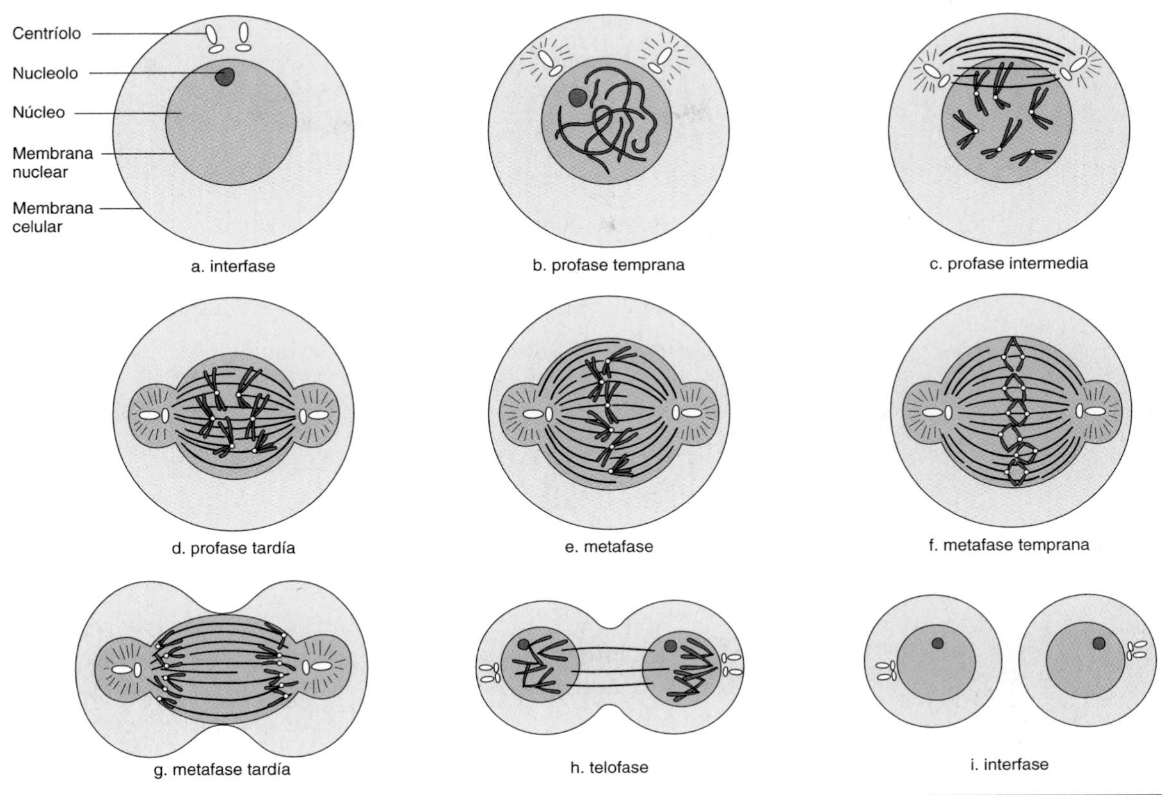

Figura 6-2 Mitosis, división indirecta de la célula humana

aumento de peso. Las moléculas de energía que no se usan pueden convertirse en grasa. Para librarse de la grasa incorporada, debemos usar más energía haciendo ejercicios o incorporar menos energía comiendo menos.

TEJIDOS

Los **tejidos** están compuestos por grupos de células del mismo tipo. Cada tejido cumple una función específica y es reconocible por su aspecto característico. Los tejidos del cuerpo se clasifican de la siguiente manera:

1. El **tejido conjuntivo** sirve para sostener, proteger y ligar los tejidos del cuerpo. Los huesos, cartílagos, ligamentos, tendones, fascia (que separa los músculos) y los tejidos de grasa son ejemplos de tejidos conjuntivos.
2. El **tejido muscular** se contrae y mueve diversas partes del cuerpo.
3. El **tejido nervioso** transporta mensajes hacia y desde el cerebro y controla y coordina todas las funciones del cuerpo.
4. El **tejido epitelial** es una cubierta protectora sobre las superficies del cuerpo, como la piel, las membranas mucosas, las paredes interiores del oído, los aparatos digestivo y respiratorio y las glándulas.
5. El **tejido líquido** transporta comida, productos de desecho y hormonas por medio de la sangre y de la linfa.

ÓRGANOS

Los **órganos** son estructuras diseñadas para realizar una función específica. A continuación se describen los órganos más importantes del cuerpo humano.

El **cerebro** controla el cuerpo.

El **corazón** hace que circule la sangre.

Los **pulmones** suministran oxígeno a la sangre.

El **hígado** elimina los productos tóxicos de la digestión.

Los **riñones** excretan el agua y otros productos de desecho.

El **estómago** y los **intestinos** digieren la comida.

PANORAMA GENERAL DE LOS SISTEMAS

Los **sistemas** son grupos de órganos que cooperan para un propósito común, específicamente el bienestar de todo el cuerpo. El cuerpo humano está constituido por diez sistemas importantes.

El **sistema integumentario** está compuesto por dos capas distintas: la dermis y la epidermis. Brinda una cubierta protectora, contiene receptores sensores que nos proporcionan el sentido del tacto y ayuda a regular la temperatura del cuerpo.

El **sistema esquelético** es la base o marco físico del cuerpo. Los huesos del sistema esquelético sirven como medio de protección, apoyo y locomoción (movimiento).

El **sistema muscular** cubre, moldea y soporta el esqueleto. Su función es generar todos los movimientos del cuerpo.

El **sistema nervioso** controla y coordina las funciones de todos los demás sistemas del cuerpo.

El **sistema circulatorio** suministra la sangre a través del cuerpo.

El **sistema endocrino** está formado por glándulas sin ductos que segregan hormonas al torrente sanguíneo.

El **sistema excretor** elimina los desechos del cuerpo.

El **sistema respiratorio** suministra oxígeno al cuerpo.

El **sistema digestivo** transforma la comida en sustancias que puedan ser utilizadas por las células del cuerpo.

El **sistema reproductor** permite a los seres humanos reproducirse.

EL SISTEMA INTEGUMENTARIO

El **sistema integumentario** es el mayor sistema del cuerpo y es a la vez el sistema de órganos con el cual los técnicos en el cuidado de uñas tendrán más que ver. La mayor parte de los productos usados por los técnicos en el cuidado de las uñas tendrá algún efecto directo o indirecto sobre este sistema de órganos. La función de este sistema, que incluye la piel y sus órganos accesorios como las glándulas sebáceas y glándulas sudoríferas, los receptores sensores, pelo y uñas, es brindar una cubierta protectora y receptores sensores para el tacto. Este sistema también juega un papel importante en la regulación de la temperatura del cuerpo.

EL SISTEMA ESQUELÉTICO

El **sistema esquelético** es la base física del cuerpo. El esqueleto completo se compone de 206 huesos. Estos huesos tienen una variedad de tamaños y están conectados por articulaciones móviles e inmóviles.

El hueso, exceptuando el esmalte de los dientes, es el tejido más duro del cuerpo. Está formado por tejidos conjuntivos que consisten de aproximadamente una tercera parte de materia animal (orgánica), tal como las células y la sangre, y dos terceras partes de materia mineral (inorgánica), principalmente carbonato de calcio y fosfato de calcio. El estudio científico de los huesos, su estructura, y sus funciones, se denomina **osteología**. El término técnico para el hueso es **ossis**.

Las funciones primarias del sistema esquelético son las siguientes:

1. Dar forma y apoyo al cuerpo.
2. Proteger las distintas estructuras y órganos internos.
3. Servir como unión para los músculos y actuar como palanca para producir los movimientos del cuerpo.
4. Producir diversos glóbulos en la médula roja del hueso.
5. Almacenar diversos minerales, como el calcio, el fósforo, magnesio y sodio.

Estructura del hueso

El hueso es un tejido duro conjuntivo formado por células de hueso denominadas **osteocitos**. Estas células están incrustadas en una sustancia dura primordialmente compuesta por carbonato de calcio y fosfato de calcio. Por peso, el hueso tiene una composición de 75 por ciento de sustancias sin vida y un 25 por ciento de células vivas. Los huesos están cubiertos por un tejido conjuntivo especializado llamado **periostio**. El periostio cumple varias funciones. Las células dentro del periostio contribuyen a la reparación del hueso luego de una lesión. También sirve como punto de sujeción al hueso de los músculos y tendones. El hueso inmediatamente debajo del periostio es duro y compacto y se denomina *hueso cortical.* Debajo del hueso cortical hay una capa esponjosa reticulada llamada *hueso canceloso.* El centro de los huesos largos es hueco y está lleno de un tejido conjuntivo llamado médula. La médula también llena los espacios dentro del hueso canceloso y su función primaria es producir glóbulos. El hueso recibe su nutrición de las arterias que penetran en el periostio e ingresan a la estructura del hueso por medio de una serie de canales microscópicos o túneles llamados canales haversianos. El sistema de canales está en todo el hueso y permite la entrega de nutrientes a todos los tejidos vivos dentro de la estructura del hueso.

Las estructuras sujetas al hueso incluyen el cartílago y los ligamentos. **Cartílago** es una sustancia elástica resistente similar al hueso, pero sin contenido mineral. El cartílago amortigua los huesos en las articulaciones y da forma a algunas características externas, como la nariz y los oídos. Los **ligamentos** son bandas u hojas de tejido fibroso que soportan y conectan los huesos en las articulaciones.

Articulaciones

Los diversos huesos del cuerpo se encuentran en las uniones llamadas **articulaciones**. Los huesos se conectan en las articulaciones por medio de **ligamentos** y una estructura tipo bolsa llamada **cápsula de articulación**. Los ligamentos dan resistencia a la articulación, mientras que la cápsula cierra y separa la articulación de los tejidos circundantes. Dentro de la articulación cada extremo del hueso está cubierto con cartílago, lo que ayuda a amortiguar la articulación y a dar una superficie lisa sobre la cual la articulación se mueve.

La junta se llena con **fluido sinovial**, que actúa como lubricante de la articulación. El fluido sinovial también ayuda a alimentar al cartílago de la articulación. Aunque la mayoría de las articulaciones se mueven en muchas direcciones, hay algunas, como las que conectan los diversos huesos del cráneo, que no lo hacen. Por lo tanto, las articulaciones no móviles, generalmente no tienen una cápsula de articulación o fluido sinovial, pueden o no estar conectadas entre sí por ligamentos y no tienen cartílago cubriendo los extremos del hueso.

En las **articulaciones de pivote**, como el cuello, un hueso gira sobre otro hueso. En las **articulaciones en bisagra**, que se hallan en el codo y en la rodilla, dos o más huesos conectan como una puerta. En una **articulación de bola y alvéolo**, tal como la cadera o el hombro, un hueso es redondeado y cabe en el alvéolo, o parte hueca, de otro hueso. En las **articulaciones deslizantes**, que se hallan en el tobillo y en la muñeca, dos huesos se deslizan el uno sobre el otro.

Los huesos del brazo y de la mano

El **omóplato** y la **clavícula** forman el hombro. La clavícula también se conoce como el hueso de collar.

El **húmero** es el hueso superior y más largo del brazo.

El **cúbito** es el hueso grande situado en el lado externo del antebrazo hasta llegar al meñique.

El **radio** es el hueso pequeño del antebrazo del mismo lado que el pulgar (Figura 6-3).

El **carpo** o muñeca, es una articulación flexible compuesta por ocho huesos pequeños irregulares unidos por ligamentos.

Los cinco **metacarpianos**, los huesos de la palma de la mano, son largos y delgados.

Los **dígitos** o **dedos** están formados por tres **falanges** en cada dedo y dos en el pulgar, con un total de catorce huesos (Figura 6-4)

Los huesos de la pierna y del pie

El **fémur** es un hueso pesado y largo que forma la pierna por encima de la rodilla.

La **tibia** es el más grande de los dos huesos que forman la pierna debajo de la rodilla. La tibia es visible como una "protuberancia" en la cara interna del tobillo.

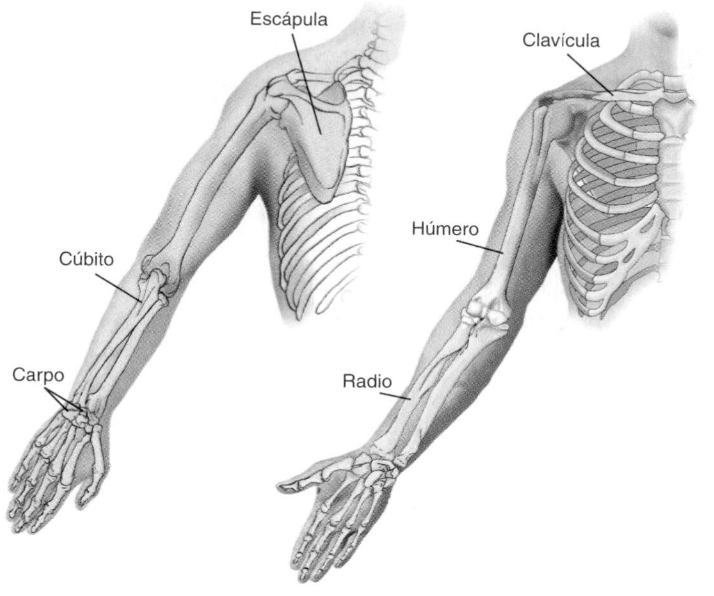

Figura 6-3 Huesos del brazo

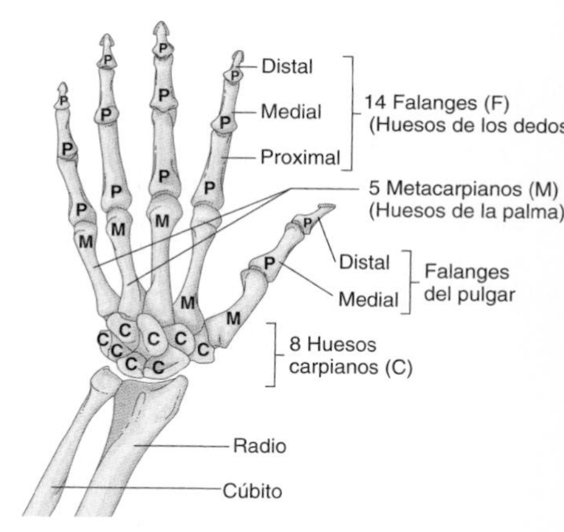

Figura 6-4 Huesos de la mano y de la muñeca

El **peroné** es el más pequeño de los dos huesos que forman la pierna debajo de la rodilla. El peroné es visible como una "protuberancia" en la cara externa del tobillo.

La **rótula**, también llamada el hueso accesorio, forma la articulación de la rótula (Figura 6–5).

La articulación del tobillo está formada por tres huesos. La articulación del tobillo está formada por la tibia, el peroné y el **astrágalo** o hueso del tobillo del pie.

El pie está formado por 26 huesos. Estos pueden subdividirse en tres categorías generales: siete **huesos del** tarso (astrágalo, calcáneo, navicular, tres huesos cuneiformes y el cuboide) y cinco **huesos** metatarsianos, que son largos y delgados, como los huesos metacarpianos de la mano, y 14 huesos llamados **falanges**, que componen los dedos del pie. Las falanges son similares a los huesos de los dedos. Hay tres falanges en cada dedo del pie, salvo en el dedo gordo, que tiene dos (Figura 6-6).

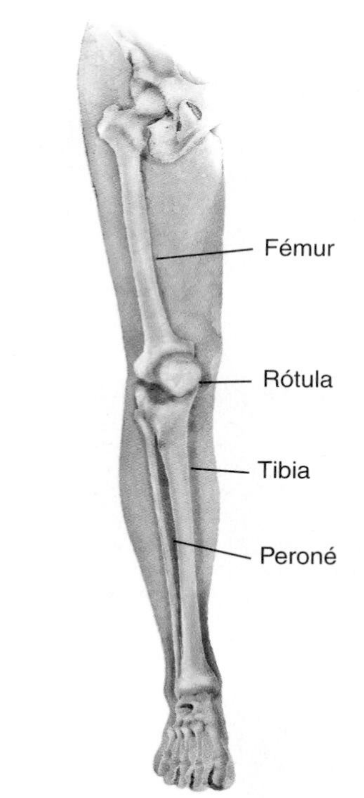

Figura 6-5 Huesos de la pierna

EL SISTEMA MUSCULAR

El **sistema muscular** cubre, moldea y sostiene el esqueleto. Su función es generar todos los movimientos del cuerpo. La **miología** es el estudio de la estructura, funciones y enfermedades de los músculos.

El sistema muscular está formado por más de 500 músculos, grandes y pequeños, y comprende del 40 al 50 por ciento del peso del cuerpo humano.

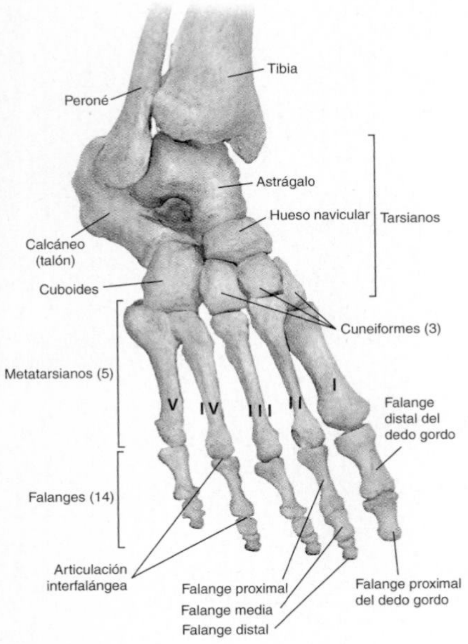

Figura 6-6 Huesos del pie y del tobillo

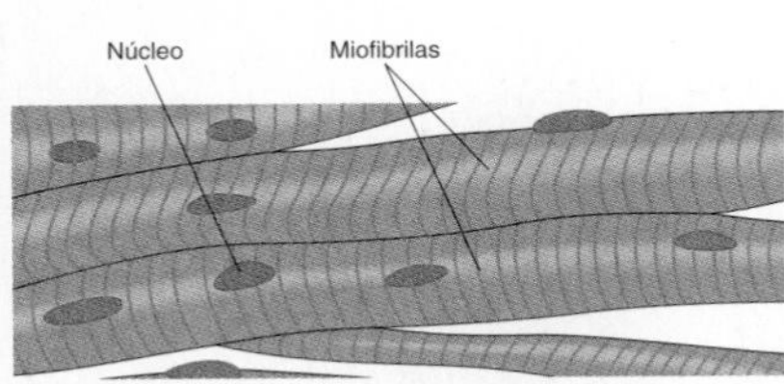

Figura 6-7 Células de músculo estriado

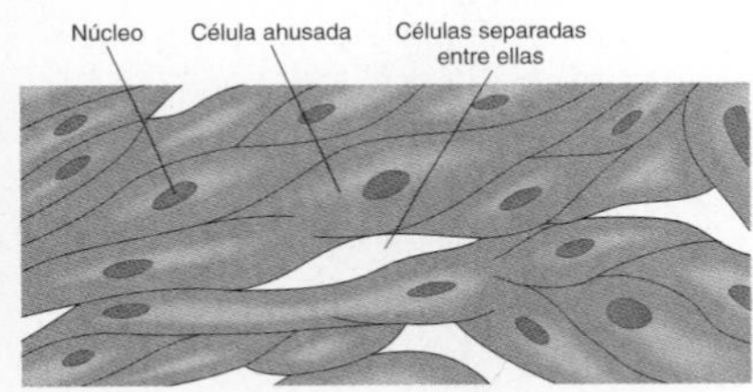

Figura 6-8 Células de músculo no estriado

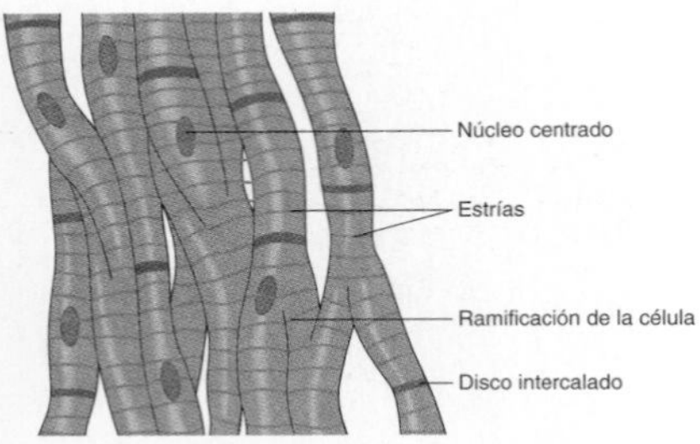

Figura 6-9 Células de músculo cardíaco

6

Los músculos son tejidos fibrosos que tienen la capacidad de estirarse y contraerse de acuerdo a nuestros movimientos. Los distintos tipos de movimiento, por ejemplo, estirarse y doblarse, dependen de que los músculos actúen de un modo determinado.

Hay tres clases de tejidos musculares.

1. **Los músculos** estriados son músculos voluntarios que usted puede mover cuando lo desee. Los músculos de la cara, del brazo y de la pierna son músculos estriados. La palabra estriado significa rayado (Figura 6-7)
2. **Los músculos no estriados** son involuntarios. Los músculos del estómago y de los intestinos son no estriados. Estos músculos funcionan automáticamente. No estriado significa liso o no rayado (Figura 6-8).
3. El **músculo cardíaco** es un músculo del corazón, que no se encuentra en ninguna otra parte del cuerpo (Figura 6–9).

Partes del músculo

Un músculo estriado típico está compuesto por una masa de fibras musculosas, llamadas **vientre** del músculo. El vientre está sujeto a cada extremo de un hueso u otra estructura por un **tendón**. La unión más fija o menos movible se denomina **origen** del músculo. La unión más móvil se denomina **inserción** del músculo. Cuando el vientre del músculo se contrae, el músculo se acorta, causando el movimiento de la parte en la cual se inserta. Los tendones están compuestos por tejidos fuertes y fibrosos y pueden parecer una capa chata de tejido, pero generalmente se ven como una cuerda redondeada. Los tendones son lisos y tienen un aspecto blanco y brillante.

Estimulación de los músculos

Los tejidos del músculo pueden ser estimulados de cualquiera de las siguientes maneras:

Impulsos nerviosos—a través del sistema nervioso.

Masaje—masaje manual y vibrador eléctrico.

Corriente eléctrica—aplicada al área del músculo para producir contracciones musculares visibles.

Rayos de la luz—rayos infrarrojos y rayos ultravioletas.

Rayos de calor—lámparas calefactoras y cofias calefactoras.

Calor húmedo—vaporizadores o toallas de vapor moderadamente calientes.

Sustancias químicas—ciertos ácidos y sales.

Músculos afectados por el masaje

Como técnico en el cuidado de uñas, a usted le afectan los músculos voluntarios de las manos, brazos, piernas y pies. Es esencial saber dónde están ubicados estos músculos y qué es lo que controlan. La presión en el masaje se dirige generalmente desde la inserción hacia el origen.

NEGOCIOS CONSEJOS

La consulta

Una buena consulta es el comienzo de una provechosa relación cliente-profesional. Tómese tiempo para hablar con un nuevo cliente acerca de sus metas para el cuidado de las uñas, ¿está tratando de hacer crecer las uñas, cambiar de uñas artificiales a naturales o simplemente quiere tener manos mejor cuidadas? Comprender sus metas le ayudará a saber qué hacer para satisfacer sus expectativas. La consulta inicial es también el momento para investigar si existe un problema médico, tal como un caso severo de eccema, una infección de hongos o algún otro trastorno. Si encuentra un problema de este tipo, no trate de solucionarlo usted mismo. Sugiérale al cliente que consulte a su médico, quien le derivará a los especialistas que pueden ayudarle. Dígale que, a veces, las uñas saludables requieren la ayuda de un médico especialista y que espera atenderle cuando el problema haya sido solucionado. Le impresionará tanto su preocupación profesional que se asegurará de regresar una vez que el problema haya sido tratado.

Músculos del hombro y del brazo superior

El **deltoide** es un músculo grande, grueso y triangular que cubre el hombro y levanta y gira el brazo.

Los bíceps son el músculo en la parte frontal del brazo superior que levanta el antebrazo, flexiona el codo y gira la palma hacia arriba. Tiene dos cabezas o puntos de fijación.

Los **tríceps** son músculos que cubren toda la parte posterior del brazo superior y que extienden el antebrazo hacia delante. Tienen tres cabezas o puntos de fijación.

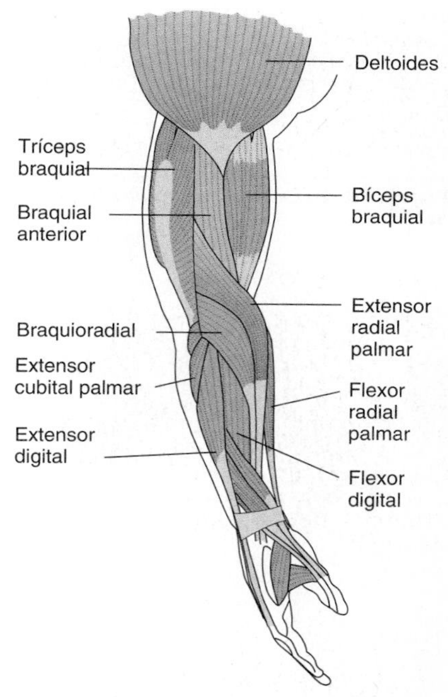

Figura 6-10 Músculos del brazo

Músculos del antebrazo

El **antebrazo** contiene una serie de músculos y tendones resistentes.

El **pronador** gira la mano hacia adentro para que la palma mire hacia abajo.

El **supinador** gira la mano hacia afuera para que la palma mire hacia arriba.

Los **flexores** tuercen hacia la muñeca, levantan la mano y cierran los dedos hacia el antebrazo.

El **extensor** endereza la muñeca, la mano y los dedos para formar una línea recta (Figura 6–10).

Músculos de la mano

La mano tiene muchos músculos pequeños que se superponen de articulación a articulación, dando flexibilidad y resistencia. Cuando se cuidan adecuadamente las manos, estos músculos se conservan suaves y elegantes. Abren y cierran las manos y los dedos.

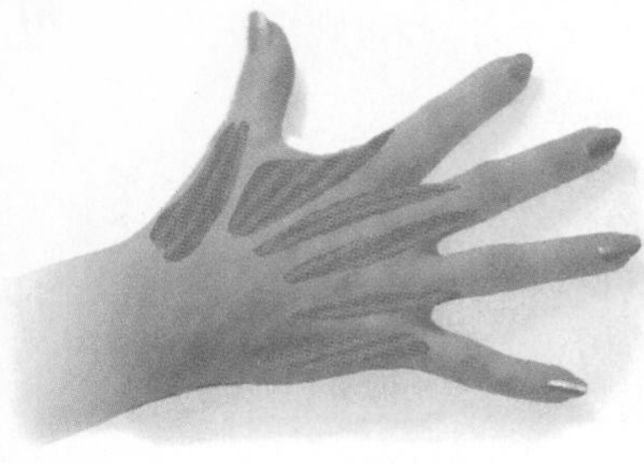

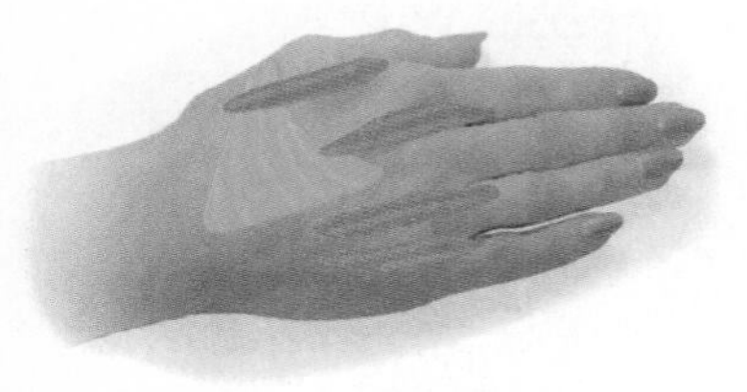

Figura 6-11 Músculos de la mano

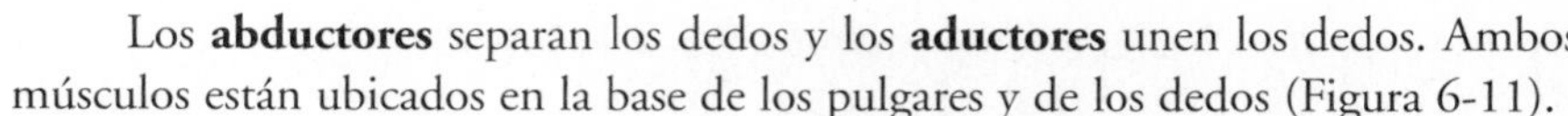

Los **abductores** separan los dedos y los **aductores** unen los dedos. Ambos músculos están ubicados en la base de los pulgares y de los dedos (Figura 6-11).

La mano tiene muchos músculos pequeños que se superponen de articulación a articulación, dando flexibilidad y resistencia.

Los huesos de la pierna inferior y del pie

Como técnico en el cuidado de uñas, usted usará su conocimiento de los músculos del pie y de la pierna durante una sesión de pedicura. Los músculos del pie son pequeños y brindan un apoyo adecuado y amortiguación para el pie y la pierna (Figura 6-12).

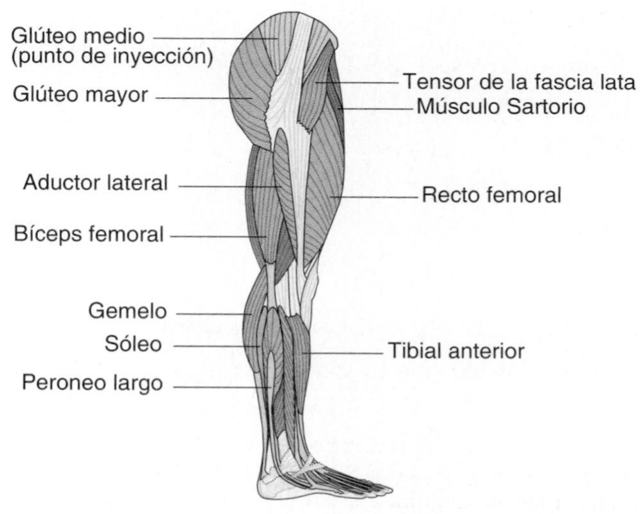

Figura 6-12 Músculos de la pierna inferior y del pie

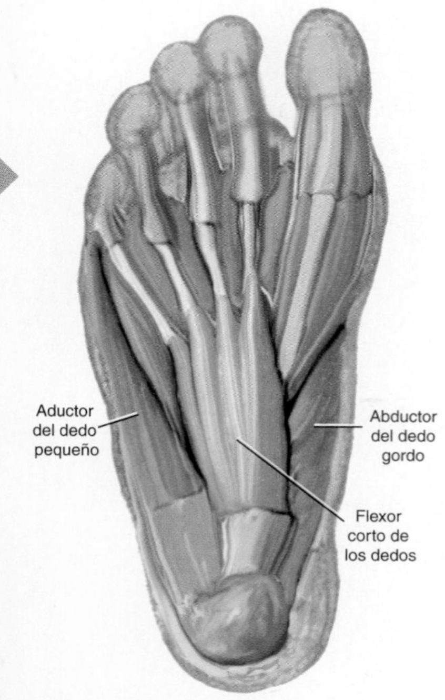

Figura 6-13 Músculos del pie (parte inferior)

El **extensor largo de los dedos (extensor digitorum longus)** dobla el pie hacia arriba y extiende los dedos del pie.

El **tibialis anterior** cubre el frente de la espinilla. Dobla el pie hacia arriba y hacia adentro.

El **peroneo largo (peroneus longus)** cubre el lado exterior de la pantorrilla e invierte el pie y lo dobla hacia fuera.

El **peroneo corto (peroneus brevis)** se origina en la superficie inferior del peroné. Dobla el pie hacia abajo y hacia fuera.

El **gastrocnemio** está adherido a la superficie inferior trasera del talón y tira del pie hacia abajo.

El **sóleo** se origina en la parte superior del peroné y dobla el pie hacia abajo.

Los músculos del pie incluyen el **extensor corto de los dedos (extensor digitorum brevis)**, **abductor del dedo gordo del pie (abductor hallucis)**, **flexor corto de los dedos (flexor digitorum brevis)** y el **abductor**. Los músculos del pie mueven los dedos y ayudan a conservar el equilibrio mientras se camina y se está parado (Figura 6-13).

EL SISTEMA NERVIOSO

La neurología es la rama de la medicina que se ocupa del sistema nervioso y de sus trastornos. El sistema nervioso es uno de los sistemas más importantes del cuerpo, ya que controla y coordina las funciones de todos los demás sistemas y los hace funcionar en armonía. Cada centímetro cuadrado del cuerpo humano tiene fibras finas llamadas **nervios**. Como técnico en el cuidado de uñas, usted debe estudiar el sistema nervioso a fin de comprender el efecto que el masaje tiene sobre los nervios del pie, de las piernas, de las manos, de los brazos y de todo el cuerpo.

El sistema nervioso está compuesto por tres divisiones: el sistema nervioso central, el sistema periférico y el sistema nervioso autonómico.

1. El **sistema cerebro-espinal o sistema nervioso central** está formado por el cerebro y la médula espinal y cumple las siguientes funciones:
   a. controla la conciencia y todas las actividades mentales
   b. controla las funciones de los cinco sentidos: la vista, el olfato, el gusto, el tacto y el oído
   c. controla las acciones de los músculos voluntarios, tales como todos los movimientos del cuerpo y la expresión facial
2. El **sistema periférico** está constituido por las fibras sensoriales y motrices que se extienden desde el cerebro y la médula espinal y están distribuidas hacia todas las partes del cuerpo. Su función consiste en transportar mensajes hacia y desde el sistema nervioso central.
3. El **sistema nervioso autonómico** es la parte del sistema nervioso que funciona sin esfuerzo consciente y que regula las actividades de los músculos lisos, glándulas, vasos sanguíneos y el corazón. El sistema tiene dos divisiones, el sistema **simpático** y el **sistema parasimpático**, los cuales actúan en oposición directa el uno al otro. Regulan aspectos como el ritmo cardíaco, la presión sanguínea, el ritmo respiratorio y la temperatura corporal con el fin de contribuir al mantenimiento de la homeostasis y de la estabilidad interna normal. La división simpática se activa principalmente durante las situaciones de estrés que requieren energía o durante las situaciones de emergencia: la división parasimpática está más activa durante las situaciones ordinarias de descanso, de conservación de la energía.

El cerebro y la médula espinal

El cerebro es la mayor masa de tejido nervioso del cuerpo y el mismo está contenido en el cráneo. El peso del cerebro promedio oscila entre 1.232 y 1.344 gramos. Se considera que es la unidad central de procesamiento del cuerpo, que envía y recibe mensajes digitales. Doce pares de nervios craneales se originan en el cerebro y alcanzan diversas partes de la cabeza, del rostro y del cuello.

La médula espinal está compuesta por masas de células nerviosas, con fibras que corren hacia arriba y hacia abajo. Se origina en el cerebro, recorre el largo del tronco y está encerrada y protegida por la espina dorsal. Treinta y un pares de nervios espinales, que se extienden a partir de la médula espinal, están distribuidos hacia los músculos y la piel del tronco y de los miembros. Algunos de los nervios espinales alimentan los órganos internos controlados por el sistema nervioso simpático.

Células nerviosas y nervios

Una **neurona** o **célula nerviosa** es la unidad estructural primaria del sistema nervioso. Está compuesta por un cuerpo de célula, **dendritas,** que reciben mensajes de otras neuronas y un **axón** y axón terminal, que envían mensajes a las otras neuronas, glándulas o músculos (Figura 6–14).

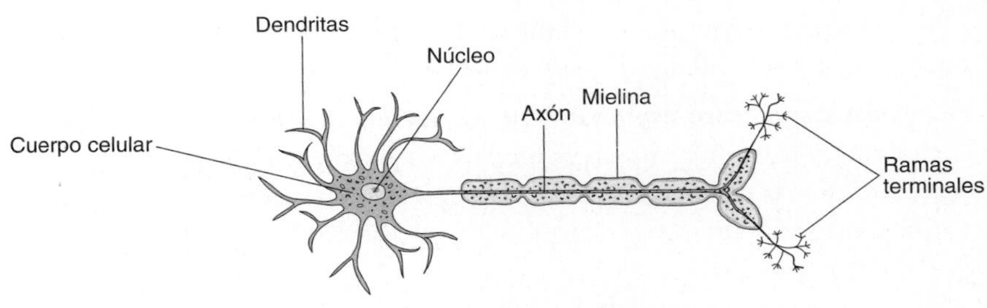

Figura 6-14 Una neurona o célula nerviosa

Los **nervios** son cuerdas blancas largas, hechas de masas de neuronas, que transportan mensajes hacia y desde las diversas partes del cuerpo. Los nervios se originan en el cerebro y en la médula espinal y se ramifican a todas las partes del cuerpo.

Tipos de nervios

Los nervios sensoriales, también llamados **nervios** aferentes, **transmiten** impulsos o mensajes desde los órganos sensoriales al cerebro, donde se experimentan las sensaciones de tacto, frío, calor, vista, oído, gusto, olor, dolor y presión.

Los nervios motores, también llamados **nervios** eferentes**, transmiten** impulsos desde el cerebro hacia los músculos. Los impulsos transmitidos producen movimiento.

Los nervios mixtos contienen tanto fibras sensoriales como motoras y tienen la capacidad de enviar y recibir mensajes.

Los extremos de los nervios sensores, llamados **receptores**, están ubicados cerca de la superficie de la piel. Los impulsos pasan de los nervios sensores al cerebro y de regreso por los nervios motores a los músculos. Se establece un circuito completo, siendo el resultado el movimiento de los músculos.

Un **reflejo** es una respuesta automática e involuntaria a un estímulo que involucra la transmisión de un impuso desde un receptor sensor por un nervio aferente hasta la médula espinal, y un impulso de respuesta por una neurona eferente a un músculo, causando una reacción. Un ejemplo de un reflejo es la acción de retirar rápidamente la mano de un objeto caliente. Una acción de reflejo no necesita aprenderse.

Los nervios del brazo y de la mano

El **nervio cubital** y sus ramificaciones alimentan el lado del meñique del brazo y la palma de la mano.

El **nervio radial** y sus ramificaciones alimentan el lado del pulgar del brazo y el dorso de la mano.

El **nervio medial** es un nervio más pequeño que los nervios cubital y radial. Con sus ramificaciones, alimenta el brazo y la mano.

El **nervio digital** y sus ramificaciones alimenta todos los dedos de la mano (Figura 6–15).

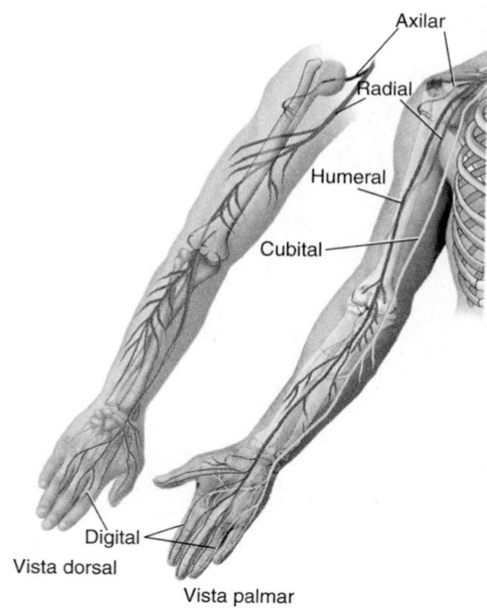

Figura 6-15 Los nervios del brazo y de la mano

Nervios de la pierna inferior y del pie

El **nervio tibial**, una división del nervio ciático, pasa detrás de la rodilla. Subdivide y suministra impulsos a la rodilla, a los músculos del peroné, a la piel de la pierna, a la planta, al talón y al lado inferior de los dedos del pie.

El **nervio peroneo común**, también una división del nervio ciático, se extiende desde detrás de la rodilla para rodear la cabeza del peroné hasta el frente de la pierna, donde se divide en dos ramas. El **nervio peroneo profundo**, también conocido como el **nervio tibial anterior**, se extiende hacia abajo por el frente de la pierna, detrás de los músculos. Suministra impulsos a estos músculos y también a los músculos y a la piel en la parte superior del pie y a los lados adyacentes del primer y segundo dedo del pie. El **nervio peroneo superficial**, también conocido como el **nervio músculo-cutáneo**, se extiende hacia abajo por la pierna, apenas debajo de la piel, suministrando impulsos a los músculos y a la piel de la pierna, como también a la piel y dedos del pie en la parte superior del pie, donde se lo conoce como el **nervio dorsal** o **nervio dorsal cutáneo**.

El **nervio safeno** suministra impulsos a la piel del lado interior de la pierna y del pie.

El **nervio sural** suministra impulsos a la piel del lado exterior y posterior del pie y de la pierna.

El **nervio dorsal** suministra impulsos a la piel del lado superior del pie (Figura 6–16).

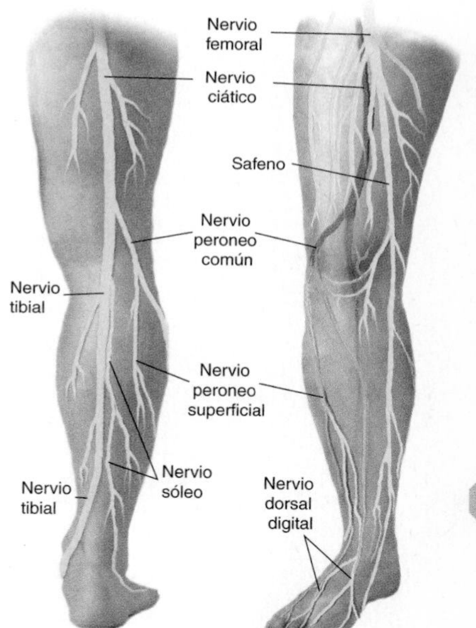

Figura 6-16 Los nervios de la pierna inferior y de los pies

EL SISTEMA CIRCULATORIO

El **sistema circulatorio** o **vascular** es vital para el mantenimiento de una buena salud. Controla la circulación constante de la sangre a través del cuerpo por medio del corazón y de los vasos sanguíneos (las arterias, las venas y los vasos capilares).

El **sistema sanguíneo-vascular** está compuesto del corazón y de los vasos sanguíneos y por él circula la sangre. El **sistema linfo-vascular** o **linfático** está compuestode glándulas y vasos linfáticos por los cuales fluye un líquido ligeramente amarillo, llamado linfa. Estos dos sistemas están íntimamente ligados entre sí. La linfa se deriva de la sangre y fluye gradualmente de regreso al torrente sanguíneo.

El corazón

El corazón es un órgano muscular en forma de cono, de aproximadamente el tamaño de un puño cerrado. Está ubicado en la cavidad del pecho y está encerrado en una membrana, el **pericardio**. Es una bomba eficiente que mantiene el

6

movimiento de la sangre dentro del sistema circulatorio. A la velocidad normal en reposo, el corazón bombea unas 72 a 80 veces por minuto. El **vago** (décimo nervio craneal) y los nervios del sistema nervioso autonómico regulan los latidos del corazón (Figura 6-17).

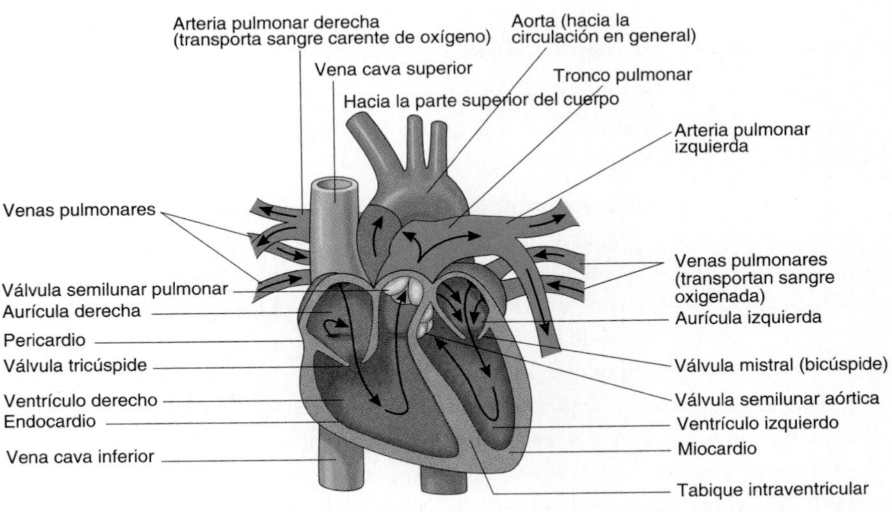

Figura 6-17 Gráfico del corazón

El interior del corazón contiene cuatro cámaras. Las cámaras superiores, de paredes delgadas, son el **atrio** derecho y el **atrio izquierdo**. Las cámaras inferiores, de paredes gruesas, son el **ventrículo** derecho y el **ventrículo izquierdo**. Las **válvulas** permiten a la sangre fluir en una sola dirección. Con cada contracción y relajación del corazón, la sangre ingresa, viaja desde ambos **atrios** (el atrio derecho y el atrio izquierdo) a los ventrículos y de allí es expulsada para ser distribuida por todo el cuerpo. Otro nombre del atrio **es** aurícula.

6

Vasos sanguíneos

Los vasos sanguíneos, que incluyen las arterias, los vasos capilares y las venas, tienen el aspecto de tubos. Transportan la sangre hacia y desde el corazón y hacia los diversos tejidos del cuerpo.

Las **arterias** son tubos musculares y elásticos de pared gruesa que transportan la sangre llena de oxígeno desde el corazón a los vasos capilares a través del cuerpo.

Los **vasos capilares** son vasos sanguíneos pequeños, de pared delgada, que conectan las arterias más pequeñas con las venas. A través de las paredes, los tejidos reciben la nutrición y eliminan los productos de desecho.

Las **venas** transportan la sangre que carece de oxígeno desde los vasos capilares de regreso al corazón. Éstos son vasos de pared delgada que transportan la sangre y son menos elásticos que las arterias. Contienen válvulas con aspecto de taza para evitar la circulación inversa. Las venas están ubicadas más cerca de la superficie exterior del cuerpo que las arterias (Figura 6-18).

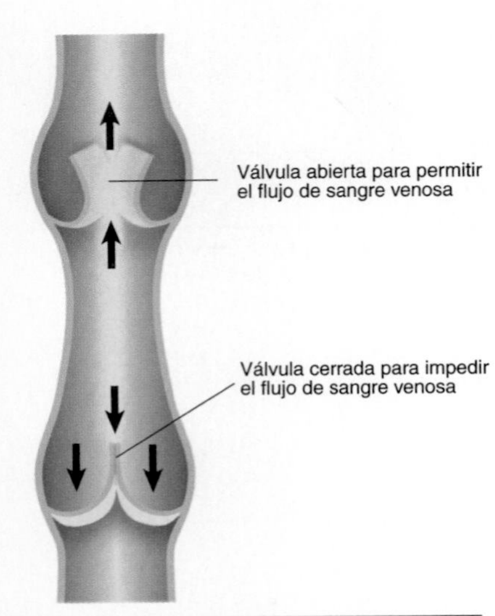

Figura 6-18 Sección transversal de una vena

La sangre

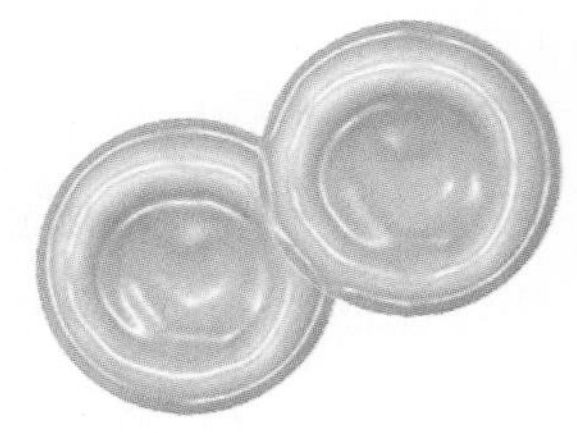

Figura 6-19 Glóbulos rojos

La **sangre** es un fluido nutritivo que se mueve a través del sistema circulatorio. Es un fluido rojo y salino, con una consistencia similar a la del jugo de tomate. La sangre tiene una temperatura normal de 37° C y representa la vigésima parte del peso del cuerpo. Aproximadamente de 4 a 5 litros de sangre llenan los vasos sanguíneos de un adulto. La sangre tiene una coloración rojo brillante en las arterias, salvo en la arteria pulmonar, y rojo oscuro en las venas (salvo en la vena pulmonar). Este cambio en el color se debe al intercambio del dióxido de carbono por oxígeno a medida que la sangre va pasando por los pulmones y al intercambio de oxígeno por dióxido de carbono a medida que la sangre circula a través del cuerpo.

Circulación de la sangre

La sangre circula constantemente desde que sale del corazón hasta que regresa. Hay dos sistemas que controlan esta circulación.

La **circulación pulmonar** es la circulación sanguínea que va del corazón a los pulmones para ser purificada.

La **circulación sistémica** o **general** es la circulación sanguínea desde el corazón a través del cuerpo y de regreso al corazón.

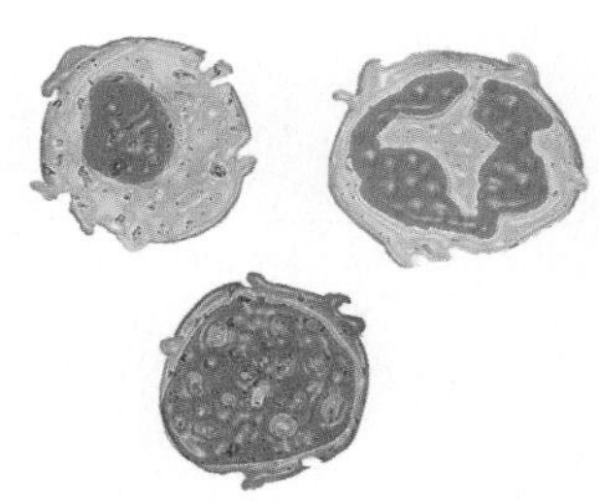

Figura 6-20 Glóbulos blancos

Composición de la sangre

La sangre está compuesta por glóbulos rojos y blancos, plaquetas y plasma (Figuras 6-19 y 6-20).

La función de los **glóbulos rojos** (células rojas de la sangre) o **eritocitos** es transportar oxígeno a las células. **Los glóbulos blancos** (células blancas de la sangre) o **leucocitos** cumplen la función de destruir los gérmenes que causan las enfermedades.

Las plaquetas de la sangre o **trombocitos** son mucho más pequeñas que los glóbulos de la sangre. Juegan un papel importante en la coagulación de la sangre (Figura 6-21).

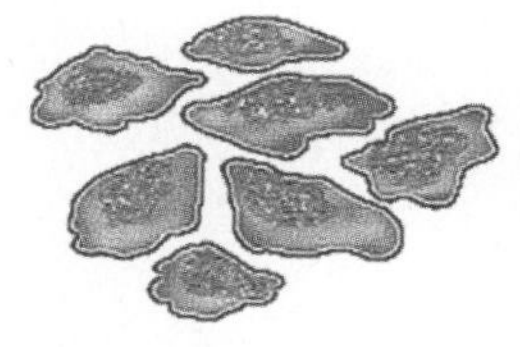

Figura 6-21 Plaquetas

El **plasma** es la parte fluida de la sangre, donde fluyen los glóbulos rojos y blancos y las plaquetas de la sangre. Tiene un color similar al de la paja y tiene casi un noventa por ciento de agua. Transporta la comida y secreciones a las células y el dióxido de carbono desde las células.

Funciones principales de la sangre

A continuación se describen las principales funciones de la sangre.

1. transporta el agua, el oxígeno, la comida y las secreciones a todas las células del cuerpo
2. retira el dióxido de carbono y los productos de desecho para ser eliminados por los pulmones, la piel, los riñones y el intestino grueso
3. ayuda a equilibrar la temperatura del cuerpo, protegiendo así el cuerpo del calor y frío extremos
4. ayuda a proteger el cuerpo de las dañinas bacterias e infecciones mediante la acción de los glóbulos blancos
5. coagula, cerrando así los pequeños vasos sanguíneos dañados y evitando la pérdida de sangre.

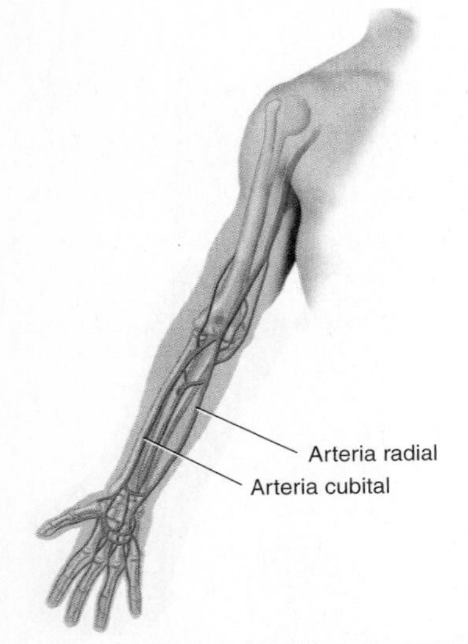

Figura 6-22 Las arterias del brazo y de la mano

Suministro de sangre para el brazo y la mano

Las arterias **cubital** y **radial** son el principal suministro de sangre para el brazo y la mano.

La arteria cubital y sus numerosas ramificaciones alimentan el lado del meñique del brazo y la palma de la mano. La arteria radial y sus ramificaciones alimentan el lado del pulgar del brazo y el dorso de la mano.

Las importantes venas están ubicadas casi paralelas a las arterias y tienen los mismos nombres que las arterias. Mientras que las arterias están muy por debajo de los tejidos, las venas están más cerca de la superficie de los brazos, manos, piernas y pies (Figura 6-22).

Suministro de sangre para la pierna inferior y el pie

Hay varias arterias principales que suministran la sangre a la pierna inferior y al pie. La **arteria poplítea** se divide en dos arterias separadas conocidas como la **tibial anterior** y la **tibial posterior**. La tibial anterior va hacia el pie y se transforma en la **dorsalis pedis** que suministra sangre al pie.

Tal como en el caso del brazo y de la mano, las importantes venas de la pierna inferior y del pie corren casi paralelas a las arterias y tienen los mismos nombres (Figura 6-23).

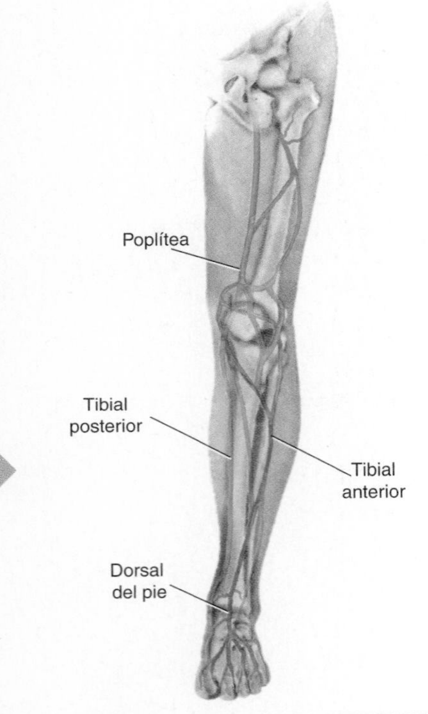

Figura 6-23 Las arterias de la pierna inferior y del pie

El sistema linfo-vascular

El **sistema linfo-vascular**, también llamado **sistema linfático**, actúa como un apoyo al sistema sanguíneo y consiste en espacios linfáticos, vasos linfáticos y glándulas linfáticas.

La **linfa** es un fluido acuoso ligeramente amarillento, formado del plasma de la sangre. Se crea cuando el plasma se filtra por las paredes capilares a los espacios del tejido. El tejido que se halla en los espacios de tejido baña todas las células e intercambia con las células sus materiales nutritivos a cambio de los productos de desecho del metabolismo. Este fluido es absorbido en los linfáticos o vasos capilares linfáticos para transformarse en linfa, la cual a su vez es filtrada y desintoxicada al pasar por los ganglios. Por último, reingresa a la circulación sanguínea.

Las funciones primarias de la linfa son las siguientes:

1. llega a las partes del cuerpo donde no llega la sangre y efectúa un intercambio con la sangre
2. transporta los nutrientes de la sangre a las células del cuerpo
3. protege al cuerpo contra la invasión de bacterias y de toxinas
4. elimina el material de desecho de las células del cuerpo hacia la sangre
5. suministra un entorno fluido adecuado para las células.

EL SISTEMA ENDOCRINO

El **sistema endocrino** está formado por glándulas sin conductos que segregan hormonas al torrente sanguíneo. Una **glándula** es un órgano especializado que segrega sustancias. Las glándulas convierten ciertos elementos de la sangre en nuevos compuestos que el cuerpo necesita. Las **glándulas endocrinas** segregan **hormonas**, sustancias químicas que afectan el metabolismo y otros procesos corporales, directamente al torrente sanguíneo. El sistema endocrino trabaja con el sistema nervioso para regular e integrar los diversos órganos y sistemas del cuerpo. Algunos ejemplos de las glándulas endocrinas son la glándula pituitaria, la tiroides y los ovarios

EL SISTEMA EXCRETOR

El **sistema excretor**, que incluye los riñones, el hígado, la piel, los intestinos y los pulmones, purifica el cuerpo eliminando la materia de desecho. El metabolismo de las células del cuerpo forma diversas sustancias tóxicas que, de ser retenidas, podrían envenenar el cuerpo.

Cada uno de los siguientes órganos juega un papel en el sistema excretor.

1. Los **riñones** excretan orina.
2. El **hígado** descarga bilis.
3. La **piel** elimina la transpiración.
4. El **intestino grueso** evacua la comida descompuesta y no digerida.
5. Los **pulmones** exhalan el dióxido de carbono.

EL SISTEMA RESPIRATORIO

El **sistema respiratorio** se halla dentro de la cavidad del pecho, que está protegida de ambos lados por las costillas. El **diafragma** es una división muscular que controla la respiración y separa el pecho de la **región** abdominal.

Los **pulmones** son tejidos esponjosos compuestos por células microscópicas que absorben el aire. Estas pequeñas celdas de aire están encerradas en un tejido parecido a la piel. Detrás de ello, se hallan vasos capilares finos del sistema vascular.

Cuando respiramos, se produce un intercambio de gases. Cuando **inhalamos**, el oxígeno es absorbido por la sangre. Cuando **exhalamos**, expulsamos el dióxido de carbono. El oxígeno es más esencial que la comida o el agua. Aunque una persona pueda vivir más de 60 días sin comida y unos pocos días sin agua, si nos falta el oxígeno, morimos en pocos minutos.

El respirar por la nariz es más saludable que respirar por la boca, porque los vasos capilares de la superficie calientan el aire y las bacterias del aire son atrapadas por los pelos que recubren las membranas mucosas de los conductos nasales.

Su ritmo respiratorio depende de su nivel de actividad. Las actividades musculares y el desgaste de energía aumentan la demanda de oxígeno del cuerpo. En consecuencia, aumenta el ritmo respiratorio. Una persona necesita tres veces más oxígeno cuando camina que cuando está parada.

EL SISTEMA DIGESTIVO

La **digestión** es el proceso de conversión de la comida en una forma que pueda ser utilizada por el cuerpo. El **sistema digestivo** transforma la comida en forma soluble, adecuada para su uso por las células del cuerpo. La digestión comienza en la boca y se completa en el intestino delgado. Desde la boca, la comida pasa por la **faringe** y por el **esófago** o conducto de la comida, y de allí al estómago. La comida se digiere completamente en el estómago y en el intestino delgado y se asimila o absorbe al torrente sanguíneo. El intestino grueso (colon) almacena el desecho para su eliminación por el recto. El proceso completo de digestión de la comida dura unas nueve horas.

Las **enzimas** son catalizadores que están presentes en las secreciones digestivas y cumplen la función de ayudar a acelerar los cambios químicos en la comida. Las **enzimas digestivas** son sustancias químicas que ayudan a transformar ciertos tipos de comida en una forma capaz de ser usada por el cuerpo. Las emociones intensas, la excitación y la fatiga afectan seriamente la digestión. Por otra parte, la alegría y la relajación contribuyen a una buena digestión.

glosario del capítulo

células	Unidades básicas de todo ser viviente, pequeñas masas de protoplasma capaces de desarrollar todas las funciones fundamentales de la vida.
circulación pulmonar	La circulación de la sangre desde el corazón a los pulmones, para su purificación y regreso al corazón.
circulación (general) sistémica	La circulación de la sangre desde el corazón a través del cuerpo y luego de regreso al corazón.
linfa	Fluido acuoso, ligeramente amarillo, hecho del plasma de la sangre.
linfo-vascular	Sistema corporal, incluyendo los vasos linfáticos, glándulas mamarias y ganglios linfáticos, que permiten a la linfa fluir a través de ellos y circular de nuevo hacia el torrente sanguíneo.
metabolismo	El complejo proceso químico que tiene lugar en los organismos vivientes, mediante el cual se nutren las células, dándoles la energía que necesitan para efectuar sus actividades.
miología	El estudio de la estructura, funciones y enfermedades de los músculos.
nervios	Cuerdas largas y blancas constituidas por masas de neuronas y unidas por tejidos conjuntivos que transmiten mensajes a las diversas partes del cuerpo desde el sistema nervioso central.
neurología	La rama de la medicina que se ocupa del sistema nervioso y de sus trastornos.
neurona (célula nerviosa)	La unidad estructural básica del sistema nervioso, formada por un cuerpo de célula, dendritas, un axón y un terminal de axón. La neurona recibe y envía mensajes a las demás neuronas, glándulas y músculos.
órganos	Estructuras del cuerpo, compuestas por tejidos especializados, que desarrollan funciones específicas.
osteología	El estudio científico de los huesos, su estructura y función.
reflejo	Una respuesta automática e involuntaria a un estímulo que involucra la transmisión de un impulso desde un receptor sensor por un nervio aferente hasta la cuerda raquídea o espinal y un impulso de respuesta por una neurona aferente a un músculo, causando una reacción.
sangre	El fluido nutritivo que fluye a través del sistema circulatorio para proveer oxígeno y nutrientes a las células y tejidos, y para eliminar el dióxido de carbono y los desechos de los mismos.
sistema (vascular) circulatorio	El sistema que controla la circulación constante de la sangre a través del cuerpo por medio del corazón y de los vasos sanguíneos.
sistema digestivo	Órganos, incluyendo la boca, el estómago, los intestinos, las glándulas salivales y las glándulas gástricas, que transforman la comida en nutrientes, útiles para las células del cuerpo y los desechos.
sistema endocrino	Grupo de glándulas especializadas que afectan el crecimiento, el desarrollo, la actividad sexual y la salud de todo el cuerpo.
sistema esquelético	Base o marco físico para el cuerpo.
sistema excretor	Grupo de órganos, incluyendo los riñones, el hígado, la piel, los intestinos y los pulmones que purifican el cuerpo mediante la eliminación de los desechos.

sistema integumentario	Grupo de órganos que constituyen la piel y sus diversos órganos complementarios, tales como las glándulas sebáceas, las glándulas sudoríferas, el pelo y las uñas.
sistema muscular	Las partes del cuerpo que cubren, modelan y sostienen el sistema del esqueleto.
sistema nervioso	El sistema corporal que controla y coordina las funciones de los demás sistemas del cuerpo.
sistema respiratorio	El sistema situado dentro de la cavidad del pecho, formado por la nariz, faringe, laringe, traquea, bronquios y pulmones, que permite la respiración.
sistema sanguíneo-vascular	Grupo de estructuras, incluyendo el corazón, arterias, venas y vasos capilares, que distribuye sangre a través del cuerpo.
sistemas	Grupos de órganos corporales que actúan juntos para efectuar una o más funciones para el beneficio de todo el cuerpo.
tejidos	Conjuntos de células similares dentro del cuerpo, caracterizados por su aspecto, que realizan funciones específicas.

preguntas de revisión

1. ¿Cómo puede una comprensión de la anatomía y de la fisiología ayudarle a ser un mejor técnico en el cuidado de uñas?
2. ¿Cuál es la función de las células dentro del cuerpo humano?
3. ¿Qué es el metabolismo de las células?
4. Mencione los cinco tipos de tejidos del cuerpo y explique la función de cada uno.
5. ¿Cuáles son los cinco órganos más importantes del cuerpo? Explique la función de cada uno.
6. Enumere los diez sistemas que constituyen el cuerpo humano. ¿Cuál es la función de cada sistema?
7. ¿Cuáles son las cuatro formas en que se estimulan los músculos?
8. ¿Cuáles son los cuatro tipos de músculos que se ven afectados por el masaje?
9. ¿Cuáles son las tres divisiones del sistema nervioso? ¿Cuál es la función de cada división?
10. ¿Cuáles son las principales funciones de la sangre?

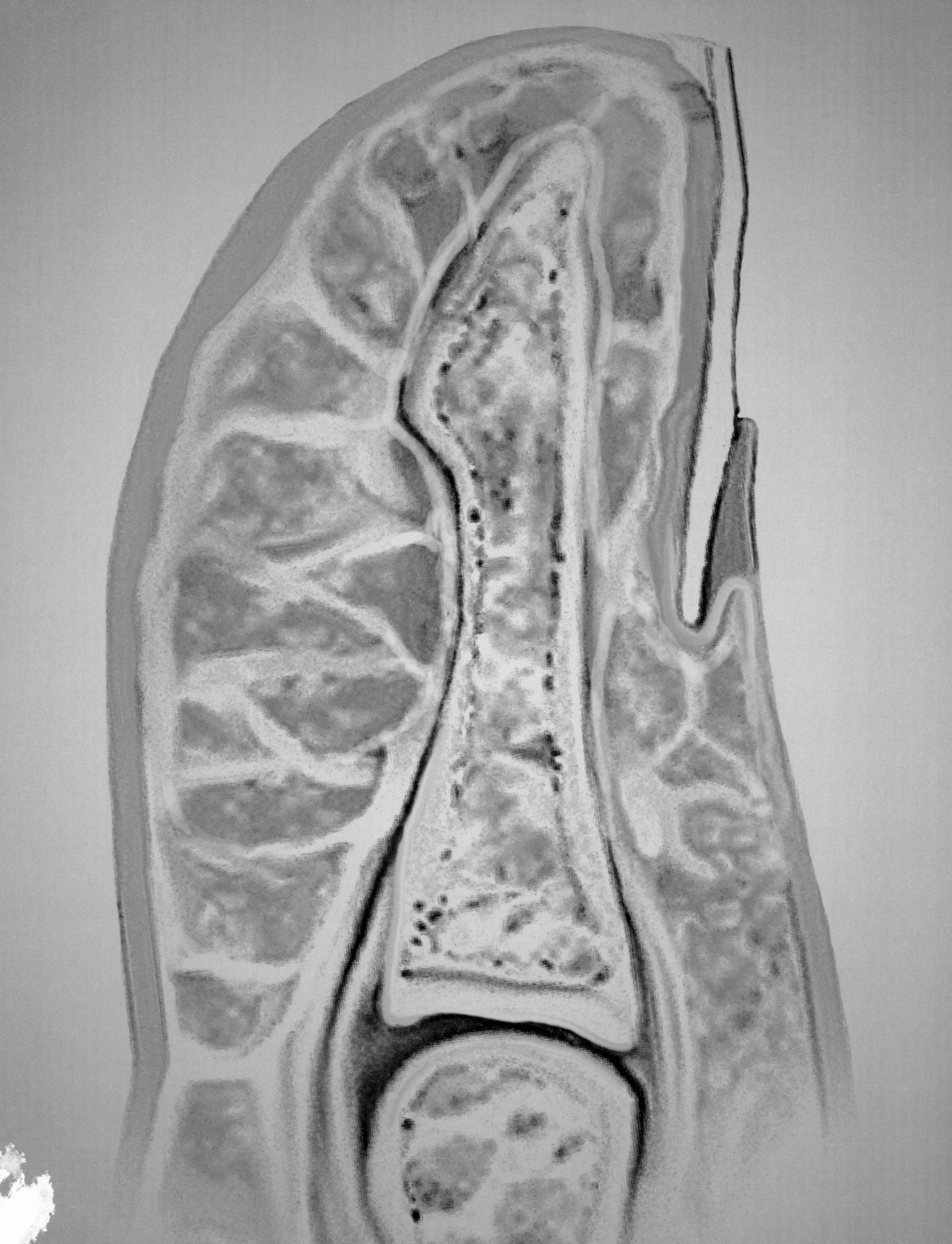

7 LAS UÑAS Y SUS TRASTORNOS

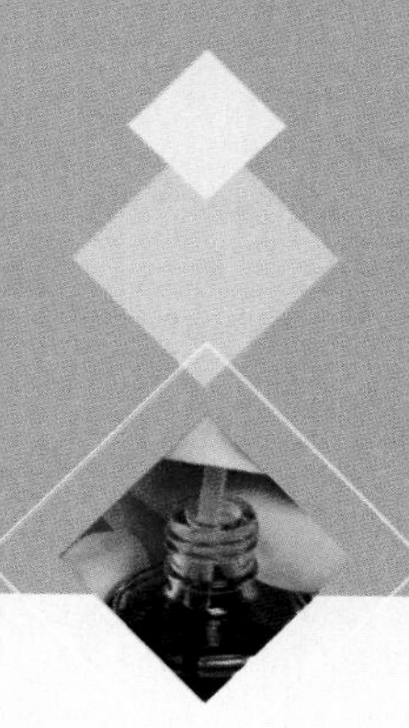

Autor: Godfrey Mix, DPM

RESEÑA DEL CAPÍTULO

Objetivos de aprendizaje

Después de finalizar este capítulo, usted podrá:

1. **Identificar las partes básicas de la uña.**
2. **Identificar la parte de la unidad de la uña que produce la lámina ungueal.**
3. **Definir el término trastorno de las uñas.**
4. **Citar la regla de oro para tratar los trastornos de las uñas.**
5. **Identificar el término pterigión y describir cómo se relaciona con un trastorno de las uñas.**
6. **Determinar si los términos cutícula y pterigión son intercambiables o equivalentes.**
7. **Determinar por qué el técnico en el cuidado de uñas no debe empujar hacia atrás o cortar las cutículas de un modo agresivo durante un servicio de cuidado de uñas.**
8. **Identificar los trastornos de la uña que pueden ser tratados por un técnico en el cuidado de uñas.**
9. **Identificar los trastornos de la uña que no deben ser tratados por un técnico en el cuidado de uñas.**

Términos clave

El número de página indica dónde se utiliza el término dentro del capítulo.

banda onicodermal (solehorn)
pág. 114

contorno de las uñas
pág. 115

cutícula (eponiquio)
pág. 114

decoloración de las uñas
pág. 118

epitelio base
pág. 114

eponiquio (cutícula)
pág. 114

granuloma piogénico
pág. 126

hiponiquio
pág. 114

infección
pág. 117

inflamación
pág. 117

lámina córnea
pág. 113

lámina ungueal
pág. 114

lecho de la matriz
pág. 114

lecho ungueal
pág. 114

leuconiquia
pág. 119

ligamentos especializados
pág. 115

lúnula
pág. 114

melanoniquia
pág. 119

moho (hongo)
pág. 123

onicauxis (hipertrofia)
pág. 119

onicocriptosis (uñas encarnadas)
pág. 121

onicofagia
pág. 121

onicofima
pág. 121

onicofosis
pág. 121

onicogrifosis (uña de cuerno de carnero)
pág. 121

onicólisis
pág. 125

onicomadesis
pág. 125

onicomicosis (tine aunguium)
pág. 124

onicoptosis
pág. 125

onicorresis
pág. 121

onicosis (onicopatía)
pág. 122

onicotrofia (atrofia)
pág. 119

oniquia
pág. 123

padrastros (panadizos)
pág. 119

paroniquia
pág. 126

pterigión
pág. 122

queratina
pág. 113

surcos (corrugación)
pág. 119

trastorno de las uñas
pág. 116

uña en forma de trompeta (pinzada)
pág. 120

uña involuta
pág. 120

uñas en forma de mosaico
pág. 120

uñas magulladas
pág. 118

uñas quebradizas
pág. 119

El término técnico para la uña es **lámina córnea**. Las uñas son una parte del sistema de la piel, o sistema integumentario, y están hechas de la misma proteína, **queratina**, que la piel y el cabello. Las uñas están compuestas de la queratina más dura, el cabello está hecho de queratina dura, pero no tan dura como la queratina de las uñas, y la piel está hecha de queratina blanda. Para poder brindar a los clientes un servicio y cuidado profesional y responsable, usted necesita aprender acerca de la estructura y función de las uñas. Usted debe saber cuándo es seguro trabajar con un cliente y cuándo resulta necesario que visiten a un dermatólogo (un médico especializado en la piel) o a un podiatra (un especialista en pies). Las uñas son una parte interesante y sorprendente del cuerpo humano. Son pequeños espejos de la salud general del cuerpo. Las uñas saludables son lisas, brillantes y de un color rosa traslúcido. Los problemas sistémicos en el cuerpo pueden reflejarse en las uñas como trastornos de la uña, o en el pobre crecimiento de las uñas.

La uña normal cumple varias funciones distintas. En los humanos y los primates se adapta para mejorar el uso de los dedos para manipular objetos pequeños. También se usa para rascar y limpiar y tiene además una función protectora de los extremos de los dedos de la mano y de los pies. Solamente en los seres humanos, las uñas se usan para cumplir funciones estéticas y cosméticas. Usted tomará conciencia de las muchas manipulaciones y modificaciones que pueden aplicarse a las uñas para realzar su belleza o aspecto. El crecimiento normal de las uñas es de 0,1 mm por día o aproximadamente 3 mm mensuales. Las uñas de los dedos del pie crecen a un ritmo dos a tres veces menor. Reemplazar completamente una uña de la mano lleva unos seis meses, mientras que reemplazar una uña del pie lleva entre 12 y 18 meses. La tasa de crecimiento de las uñas varía según la edad, el género, las posibles enfermedades y la temperatura. La tasa de crecimiento alcanza su máximo entre los 10 y 14 años de edad y disminuye gradualmente con el proceso de envejecimiento. Las uñas de los hombres generalmente crecen más rápidamente que las uñas de las mujeres. Ciertas enfermedades, como la psoriasis, hacen aumentar el crecimiento. Otras enfermedades como la arteriosclerosis, infecciones graves, fiebre alta y parálisis o inactividad, disminuyen el crecimiento de la uña. Las bajas temperaturas disminuyen el crecimiento de la uña, mientras que las altas temperaturas lo aumentan. Estas son generalidades y el crecimiento varía de una persona a otra. En general, en condiciones normales, los miembros de una misma familia tendrán un crecimiento similar de sus uñas, indicando que quizás heredamos un factor que determina la rapidez con la cual crecen nuestras uñas.

Es importante recordar que la lámina ungueal es apenas la estructura visible de un grupo complejo de estructuras microscópicas que producen la lámina. Con demasiada frecuencia, cuando vemos una deformidad o anormalidad en la lámina, no consideramos las estructuras más profundas en busca de una respuesta a un problema específico. Al prestar atención a la anormalidad visible, pensamos equivocadamente que hemos de corregir el estado. Usted, como técnico en el cuidado de uñas, debe siempre comprender esto y buscar debajo de la superficie de la lámina de la uña el motivo del estado anormal de la uña. Entonces usted comprenderá o identificará fácilmente en la mayoría de los casos la causa u origen del problema. Entonces estará mejor equipado para recomendar aquellos servicios, productos o consultas en derivación a otros especialistas en uñas que beneficiarán a su cliente. Por estos motivos, es imperativo que el técnico en el cuidado de uñas comprenda la anatomía y los esquemas de crecimiento de la uña normal.

ANATOMÍA DE LAS UÑAS NORMALES

La uña *normal* está compuesta por seis partes básicas: **el lecho de la matriz, la superficie o lámina, el sistema cuticular** que consiste de **la cutícula, el eponiquio y el hiponiquio, el lecho ungueal, las articulaciones especializadas** y los **contornos de las uñas** (Figuras 7–1 y 7–2). La unidad de la uña es la misma en las uñas de los dedos y de los pies.

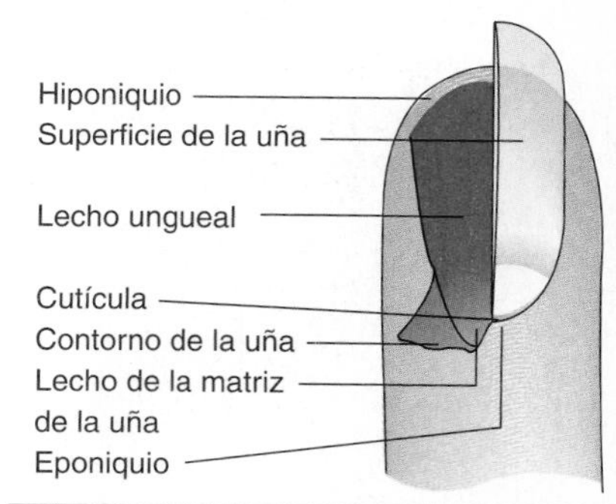

Figura 7–1 Gráfico de la uña

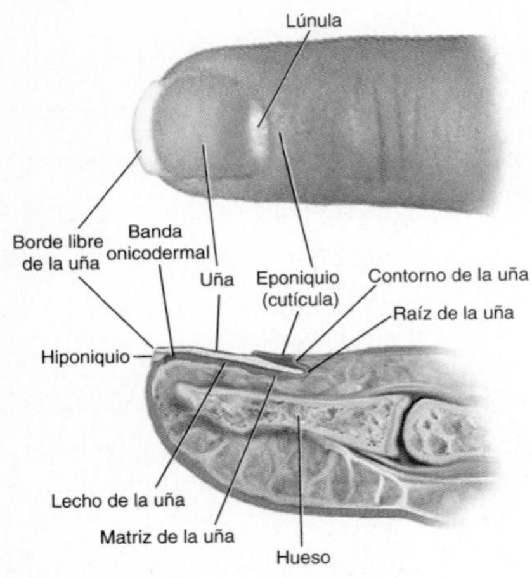

Figura 7-2 Sección transversal de la uña

1. El **lecho de la matriz** está compuesto por células de matriz que producen la lámina ungueal Se extiende desde debajo del surco ungueal proximal, donde se lo puede ver como un área blancuzca en forma de luna debajo de la lámina ungueal. Esta porción visible del lecho de la matriz se llama **lúnula**.

2. La **lámina ungueal**, formada por las células de la matriz, es la parte más visible y funcional del módulo de la uña. El borde libre es el extremo de la lámina ungueal que se extiende más allá de la punta del dedo.

3. **El sistema cuticular.** El contorno proximal de la uña es el contorno o pliegue de la piel en la **base** o parte proximal de la uña. La parte superior de este contorno parece ser piel normal. Esta piel luego se pliega sobre sí misma, sobre la superficie de la uña, extendiéndose proximalmente hasta donde el lecho de la matriz comienza la formación de la uña. La piel sobre la superficie inferior del contorno proximal de la uña se adhiere a la parte superior de la lámina ungueal y a medida que se va formando la lámina ungueal se extiende sobre la uña como una banda delgada y traslúcida de capa córnea sobre la capa epidérmica. Ésta se llama **cutícula** o **eponiquio**. La "verdadera cutícula", que es un tejido vivo, se extiende sobre el contorno proximal de la uña y hacia atrás hasta el punto donde la lámina ungueal se origina en la base, o porción proximal, del lecho de la matriz. La "verdadera cutícula", por su fuerte adherencia a la uña, actúa para sellar el área contra el material y los microorganismos extraños, ayudando así a prevenir las lesiones e infecciones. Por este motivo el técnico en cuidado de uñas no debe ser demasiado agresivo al retirar la cutícula durante un servicio de pedicura o de manicura. El equivalente del contorno proximal de la uña y del eponiquio es el **hiponiquio** que se halla en el borde distal, o libre, de la uña. El hiponiquio yace debajo de la lámina ungueal donde el borde libre de la uña se adhiere a los tejidos subyacentes. Sella el borde libre de la uña a la piel normal, evitando así el ingreso de la humedad externa, de las bacterias o de los hongos debajo de la uña. El técnico en cuidado de las uñas debe tener cuidado de no romper este sello cuando remueva la cutícula muerta de debajo del borde libre de la lámina ungueal.

4. El **lecho ungueal** yace debajo de la lámina ungueal y encima de la falange distal (el extremo del dedo de la mano o del pie). Debido a que tiene una rica alimentación con vasos sanguíneos, se observa debajo de la lámina ungueal como un área rojiza que se extiende desde la lúnula hasta el área justo antes del borde libre de la uña. La uña está adherida al lecho ungueal por una fina capa de tejido llamada **epitelio base** el cual se origina en la unión del lecho de la matriz con el lecho ungueal.

   En el extremo distal del lecho ungueal, el epitelio del lecho se encuentra con el hiponiquio, lugar donde se vuelve más córneo y más grueso. Aquí forma una banda grisácea denominada **banda onicodermal** o **solehorn** de la uña. La banda onicodermal es una combinación constituida por epitelio base y tejido de hiponiquio. Juega un papel importante en adherir la lámina ungueal a los tejidos subyacentes. Tiene función similar a la de la "verdadera cutícula" del contorno proximal de las uñas, ayudando a sellar el borde libre de la uña a la piel. (Recuerde que el borde libre de la lámina ungueal comienza inmediatamente después de la banda onicodermal y del hiponiquio).

5. Los **ligamentos especializados** fijan el lecho ungueal y el lecho de la matriz al hueso subyacente. Estos ligamentos están ubicados en el aspecto proximal del lecho de la matriz y alrededor de los bordes de la uña, correspondiendo a las áreas situadas debajo de los surcos ungueales.

6. Los **contornos de las uñas** son aquellos contornos o pliegues de la piel normal que rodean a la lámina ungueal. Estos contornos o pliegues de la piel forman los surcos ungueales y también juegan un papel menor en determinar la forma de la lámina ungueal.

La lámina ungueal se origina en el lecho de la matriz. La forma y espesor de la uña vienen determinadas por la forma y longitud del lecho de la matriz y de la velocidad con la cual el mismo produce lámina ungueal. El lecho de la matriz puede dividirse a grandes rasgos en tercios. Estos son el lecho proximal, el lecho de la matriz intermedia o media y el lecho de la matriz distal. La lámina ungueal crece desde la matriz proximal, el área central de la matriz, como también desde el aspecto distal de la matriz. El aspecto distal de la matriz se ve generalmente como el área donde finaliza la lúnula y comienza la lámina ungueal. La longitud del lecho de la matriz en una persona determinará el espesor de su uña normal (aproximadamente 0,5 mm en las mujeres y 0,6 mm en los hombres). Ello se debe a que se formará más matriz, o uña, en un lecho de matriz más largo, haciendo una lámina ungueal más ancha que la que se produciría en un lecho de matriz corto.

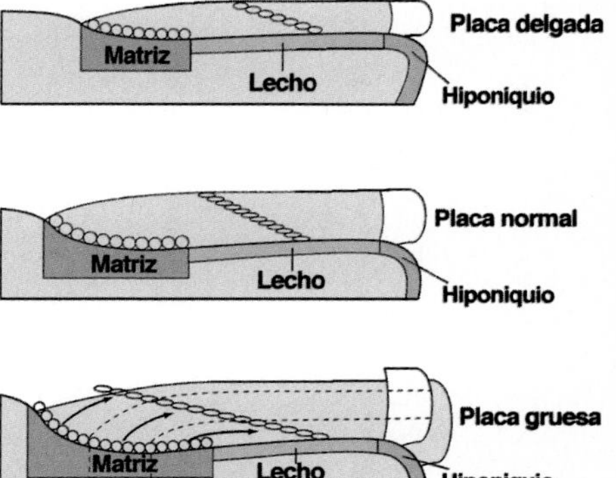

Figura 7-3 El largo del lecho de la matriz determina el espesor de la lámina ungueal. Note que las células de la matriz proximal terminan en la parte superior de la lámina, mientras que las de la matriz distal están en el fondo y las células de la matriz intermedia están en el medio.

Las células en la base o parte proximal del lecho de la matriz forman la parte superior de la lámina, mientras que las que se producen en el lecho de la matriz distal forman la parte inferior de la lámina o placa. El lecho de la matriz intermedia forma la porción intermedia de la lámina ungueal. Por lo tanto, la lámina ungueal es una estructura de capas múltiples. Se ha demostrado que las células de la matriz en la base del lecho de la matriz forman la lámina ungueal más rápidamente que las que se hallan en la parte distal del lecho. Por lo tanto, las capas subyacentes, o profundas, de la lámina ungueal se mueven hacia delante en el lecho ungueal de un modo más lento que las capas superficiales de la uña. Mientras la velocidad de producción de la lámina ungueal permanezca constante, la uña tendrá un espesor normal. Cuando ocurren condiciones anormales en la matriz por infecciones, enfermedad o lesiones, varía la forma o el espesor de la lámina ungueal (Figura 7-3).

Como hemos dicho anteriormente, la lámina ungueal se adhiere al lecho ungueal por medio de una capa de tejido denominada *epitelio base.* El epitelio base se origina en la unión del lecho de la matriz y el lecho ungueal. Al fijar la lámina ungueal al lecho ungueal, obliga a la lámina a crecer hacia el final del dedo en lugar de crecer hacia arriba, separándose del lecho de la matriz. El epitelio base se adhiere fuertemente a la lámina ungueal y se fija de un modo suelto al lecho ungueal. La parte superior de la lámina ungueal tiene surcos ungueales que se extienden desde el extremo distal del lecho de la matriz (lúnula) hasta el "solehorn" o banda onicodermal. El epitelio base tiene crestas que corresponden a los surcos en el lecho ungueal. A medida que la lámina ungueal crece, el epitelio base se desliza sobre el lecho ungueal, no es la uña que se mueve sobre el epitelio del lecho. Se piensa que los surcos y las crestas funcionan para evitar que la lámina ungueal crezca a lo largo de un camino recto desde el lecho de la matriz hacia su borde libre. También proporcionan una mayor superficie para que el epitelio base se adhiera al lecho ungueal (Figura 7-4).

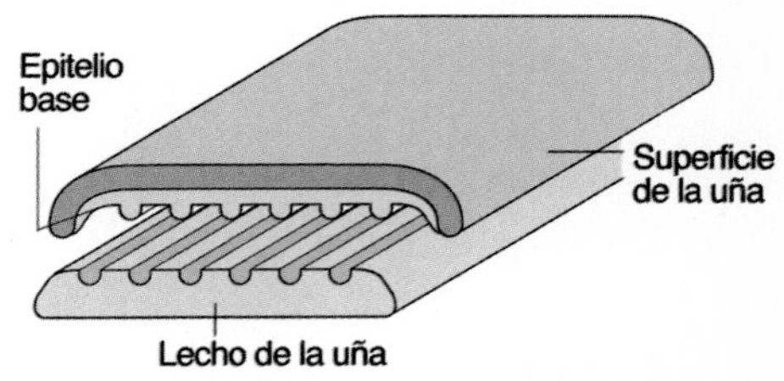

Figura 7-4 El epitelio base se adhiere firmemente a la lámina ungueal. Observe los surcos en el lecho ungueal que corresponden a las crestas en el epitelio base.

El borde libre comienza donde la lámina ungueal pasa sobre la banda onicodermal. Los restos del epitelio base y de la banda onicodermal permanecen adheridos a la superficie inferior de la uña como una cutícula o parte del hiponiquio.

Contenido químico de la uña

¿Qué elementos componen normalmente la lámina ungueal? Éste es un tema muy estudiado sobre el cual hay muy poco acuerdo universal. La literatura científica parece estar de acuerdo en que el contenido de calcio de las uñas está sobrevalorado. El mismo se halla presente, pero no funciona para hacer la lámina ungueal más fuerte o resistente. Con toda probabilidad, su presencia no es necesaria para una lámina ungueal saludable. Otros elementos inorgánicos que también se hallan en la lámina ungueal incluyen el magnesio, el sodio, el potasio, el hierro, el cobre, el cinc, el azufre y el nitrógeno. El azufre y el nitrógeno se hallan normalmente como partes químicas de los compuestos orgánicos (aminoácidos) que se hallan en la uña. Muchos otros aminoácidos también están presentes y se combinan para formar los principales compuestos de la lámina ungueal, que son las proteínas fibrosas llamadas queratina. La queratina también se halla en el pelo y en la piel.

La uña es bastante porosa y el agua la atraviesa con mayor facilidad que a través de la piel normal. El contenido de agua de la uña se relaciona con la humedad relativa del entorno que la rodea. Aunque las uñas parecen ser una lámina seca y dura, tienen entre un 10 por ciento y un 30 por ciento de contenido de agua. El contenido de agua de la uña está directamente relacionado con su flexibilidad. Cuanto menor sea el contenido de agua en la uña, tanto más quebradiza se volverá. La aplicación de esmalte para uñas o de un acondicionador para uñas con base de ungüento en la superficie de la uña, reducirá la pérdida de agua de la uña.

TRASTORNOS DE LAS UÑAS

Un **trastorno de la uña** es un estado causado por una lesión a la uña o enfermedad o desequilibrio en el cuerpo. La mayor parte de sus clientes, si no todos, han tenido algún tipo de trastorno común de la uña y pudieran tener uno cuando tengan una consulta para manicura. Como técnico en el cuidado de uñas, usted aprende a reconocer los síntomas de los trastornos de las uñas, para que pueda tomar una decisión responsable sobre si debe efectuar o no un servicio a su cliente.

Usted puede ser capaz de ayudar a sus clientes con trastornos en las uñas de dos maneras. Puede decir a sus clientes que pudieran tener un trastorno y derivarlos a un médico. En otros casos, puede mejorar cosméticamente un trastorno de la uña y mejorar la belleza total de las uñas de su cliente.

Es su responsabilidad saber cuándo es seguro trabajar con las uñas de su cliente. Debe aprender a reconocer los síntomas de los trastornos de uñas en los cuales no se puede trabajar. Además, usted debe saber cuándo tratar las uñas con un cuidado especial y cuándo puede realizar un servicio para mejorar cosméticamente un trastorno. Use la regla de oro para tomar una decisión responsable sobre la salud de las uñas de su cliente.

La **regla de oro** es que, si la uña o la piel sobre la cual se debe trabajar está infectada, inflamada, rota o hinchada, un técnico en el cuidado de uñas no debe efectuar el servicio al cliente. En lugar de efectuar el servicio, derive el cliente a un médico. Una **inflamación** es roja y dolorosa. Una **infección** tendrá signos de pus. Una inflamación y una infección no son la misma cosa, aunque a menudo ocurran al mismo tiempo. Una piel o tejido de uña **roto** es un corte o desgarro que expone capas más profundas de estas estructuras. La piel **levantada** o **hinchada** aparecerá más gruesa que la piel normal y se levantará por encima del nivel normal.

Para comprender los trastornos de la uña, de los dedos del pie o de la mano, es necesario comprender qué es lo que constituye una uña normal. En muchos casos es imposible determinar la causa precisa de un trastorno específico, sin embargo, la causa probable o posible puede coincidir con su suposición. Al comprender la sección previa de este capítulo con relación a cómo se forma la lámina ungueal y cómo crece desde el lecho de la matriz hacia su borde libre, ahora puede comprender mejor por qué ciertos trastornos específicos de la uña pueden estar ocurriendo.

Los trastornos de la lámina ungueal pueden ser clasificados en términos generales en cuatro áreas separadas de problema.

1. problemas que afectan el lecho de la matriz
2. problemas que afectan el lecho ungueal y el epitelio del lecho
3. problemas que afectan el eponiquio y el hiponiquio
4. problemas que afectan las estructuras que rodean la lámina ungueal, tal como el contorno de las uñas o el hueso subyacente

La sección anterior de este capítulo se refirió a cómo cada una de estas partes de la uña está relacionada con la lámina ungueal. El aspecto de la lámina ungueal dará una idea sobre cuáles son las estructuras dentro del módulo de la uña que están contribuyendo a un trastorno determinado.

- **Los problemas del lecho de la matriz** están generalmente relacionados con el espesor de la uña, como también con algunas irregularidades de la lámina o placa. Como ya hemos aprendido, las células del lecho de la matriz proximal forman la superficie de la lámina ungueal, la porción intermedia del lecho de la matriz forma las capas intermedias de la uña, mientras que la porción distal de la matriz forma las capas inferiores de la lámina ungueal. Por lo tanto, si un trastorno de la placa está en la superficie, generalmente se puede determinar que hay un problema en el lecho de la matriz proximal. Un trastorno que afecte únicamente el lecho de la matriz intermedia causará distorsiones dentro de la lámina ungueal tal como los pequeños puntos blancos (leuconiquia) que a menudo se ven debajo de la superficie de la lámina ungueal. Si la lámina ungueal entera está excesivamente gruesa, el trastorno está afectando todo el lecho de la matriz. Esto también es cierto en el caso de una lámina ungueal anormalmente delgada. Los surcos ungueales o crestas que atraviesan las uñas de un lado al otro, son alteraciones en el ritmo de crecimiento dentro de todo el lecho de la matriz. Estas se denominan *Líneas de Beau* y pueden ser vistas en todas las láminas ungueales luego de una enfermedad severa, fiebre alta o lesiones masivas tales como las que se ven en los accidentes automovilísticos. Si una sola lámina ungueal se ve afectada, la causa es generalmente una lesión local de la uña, tal como un traumatismo o infección.
- **Los trastornos del lecho ungueal** son generalmente la causa de que una uña se suelte del onicolisis, que es el tejido subyacente. La acumulación de desechos y callos debajo de la lámina ungueal es también generalmente un problema del lecho ungueal.

Las distorsiones o anormalidades en la alineación de la lámina ungueal, en la mayoría de los casos tienen que ver con lesiones o trastornos en el epitelio del lecho. Los problemas epiteliales del lecho pueden también causar la onicolisis.

- Los **trastornos eponiquiales** e **hiponiquiales** están relacionados con la formación de pterigión (la adhesión anormal de la piel a la lámina ungueal). Algunos trastornos superficiales en la lámina ungueal o debajo del borde libre también están relacionados con problemas eponiquiales e hiponiquiales.
- Las **lesiones** o **infecciones crónicas del contorno de las uñas** pueden afectar a la forma y la textura de la lámina ungueal. Los problemas que afectan la forma del hueso subyacente, como los relacionados con la artritis reumatoide, también afectarán la forma de la lámina ungueal.

Los dedos de la mano y de los pies tienen los mismos elementos básicos que forman la lámina ungueal. Como caminamos sobre nuestros pies, las fuerzas ejercidas a través de los dedos del pie, y por lo tanto a través de las uñas del pie, son tremendas. Estas fuerzas magnifican cualquier trastorno de los dedos del pie en comparación con un trastorno similar en los dedos de la mano. El calzado añade más tensión y crea un entorno excesivamente caluroso y húmedo que complica, y también crea, muchos trastornos de la uña que no se ven en las manos. Cuando examine las uñas del pie de un cliente, siempre tenga presente estos factores al tratar de decidir qué pudiera estar causando o contribuyendo a un trastorno de la uña que esté observando.

La siguiente lista contiene los nombres de los trastornos de la uña y una breve descripción de cada uno de ellos. La lista contiene los nombres de algunos trastornos de las uñas en los cuales pueden trabajar los técnicos en el cuidado de uñas si no hubiera evidencia de infección, inflamación, tejido roto o hinchazón. La lista también sugiere los servicios que puede efectuar y contiene la descripción de los trastornos de la uña que son demasiado serios para que un técnico en el cuidado de uñas trabaje en ellos y que deben ser derivados a un médico.

LOS TRASTORNOS COMUNES DE LAS UÑAS Y SUS SÍNTOMAS

7

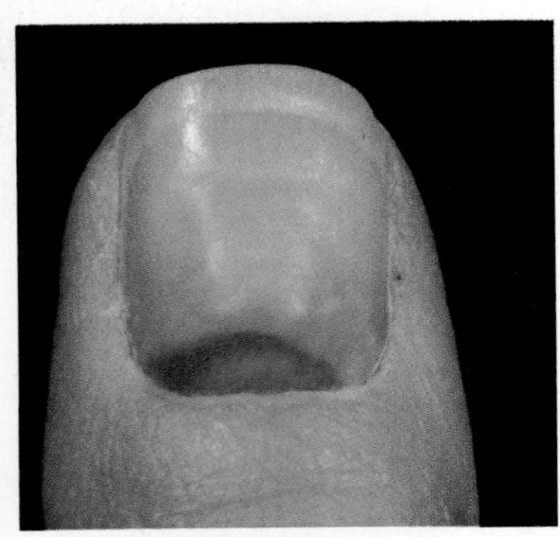

Figura 7-5 Uña magullada

Hay muchos estados de la uña que no se verán afectados al efectuar el servicio de la uña, siempre que el técnico tome las debidas precauciones de seguridad y no haga nada para contribuir a ese estado. Los siguientes son algunos ejemplos de trastornos de la uña que generalmente pueden ser atendidos por los técnicos en el cuidado de uñas.

Las uñas magulladas son un estado en el cual se forma un coágulo de sangre debajo de la lámina ungueal. El coágulo es causado por una lesión al lecho de la matriz o al lecho ungueal. Puede variar de una coloración marrón a negra. En algunos casos, una uña magullada se caerá durante el proceso de curación. No se recomienda aplicar los servicios de uña artificial a una uña magullada (Figura 7-5).

La decoloración de las uñas es un estado en el cual las uñas toman una variedad de colores, incluyendo el amarillo, azul, azul grisáceo, verde, rojo y morado. La decoloración puede ser causada por la mala circulación de la sangre, por el estado del corazón o por medicaciones tópicas u orales. También puede indicar la presencia de un trastorno sistémico. Las uñas postizas, las envolturas para uñas, o la aplicación de esmalte para uñas de color pueden ocultar este estado.

Las uñas quebradizas son delgadas, blancas y curvas sobre el borde libre. El estado viene causado por una dieta inadecuada, una enfermedad interna, medicación o trastornos nerviosos. Tenga mucho cuidado al efectuar la manicura de estas uñas, porque son frágiles y pueden romperse fácilmente. Use el lado fino de un lima de esmeril para limar suavemente y no ejerza presión con un repujador metálico en la base de la uña (Figura 7-6).

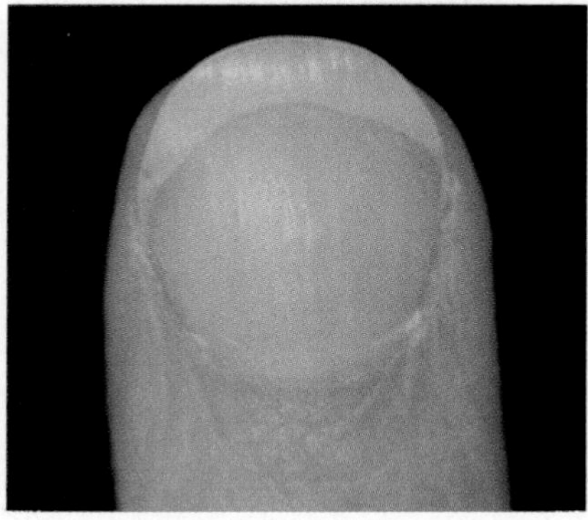

Figura 7-6 Uña quebradiza

Los **surcos**, también conocidos como corrugaciones, son crestas largas longitudinales o transversales en la uña. Algunas crestas longitudinales son normales en las uñas de los adultos y aumentan con la edad. Las crestas longitudinales pueden ser causadas por estados como la psoriasis, una pobre circulación y congelación. Las crestas o surcos transversales en la uña pueden ser causados por un estado tal como una lesión o fiebre alta, embarazo, sarampión en la niñez o una falta de cinc en el cuerpo. Si las crestas no son profundas y la uña no está rota, usted puede corregir el aspecto de este trastorno. Como estas uñas son muy frágiles, debe extremarse el cuidado cuando se efectúa una manicura. Evite el uso del repujador metálico, use un palillo de naranjo con hisopo alrededor de la cutícula. Pula cuidadosamente las uñas con un pulidor de grano fino para eliminar o acortar las crestas. Las crestas restantes pueden llenarse con carga de cresta y cubiertas con esmalte de uña de color para dar a la uña un aspecto liso y saludable (Figura 7-7).

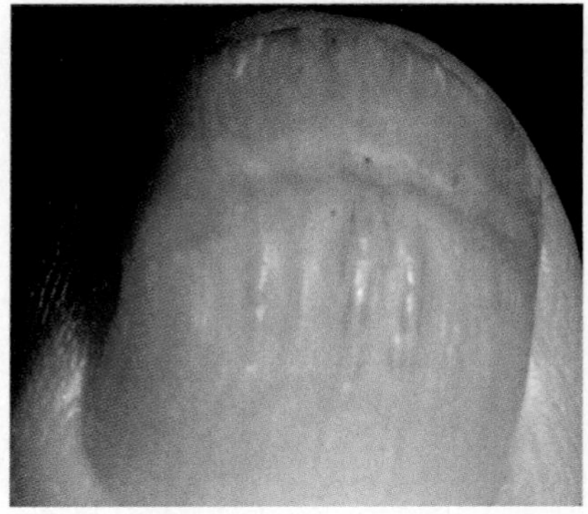

Figura 7-7 Surcos o corrugaciones

Los **padrastros** , también conocidos como panadizos, son un estado común en el cual se parte la cutícula alrededor de la uña. Los padrastros son causados por cutículas secas o cutículas que han sido cortadas demasiado cerca de la uña. Este trastorno puede ser mejorado ablandando las cutículas con aceite y recortando el padrastro con cortaúñas. Aunque este es un trastorno sencillo y común, los padrastros pueden infectarse si no se les brinda atención adecuada (Figura 7-8).

La **leuconiquia** es un estado en el cual aparecen manchas blancas en las uñas. La misma es causada por burbujas de aire, por una herida o por otra lesión a la uña. La leuconiquia no puede ser corregida, pero desaparece sola (Figura 7-9).

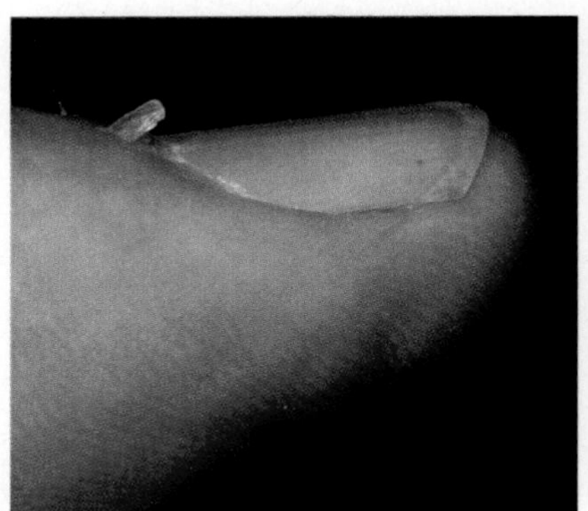

Figura 7-8 Padrastros

La **melanoniquia** puede verse como una banda negra debajo o dentro de la lámina ungueal, extendiéndose desde la uña proximal hacia el borde libre. En algunos casos puede afectar toda la lámina ungueal. Este estado es causado por un área localizada de más **melanocitos** (células de pigmentación) generalmente dentro del lecho de la matriz proximal. A medida que las células de la matriz forman la lámina ungueal, la melanina es colocada dentro de la placa por los melanocitos. A medida que la lámina o placa crece hacia el borde libre, se hace visible una banda oscura de melanina. Este estado está presente en todas las razas de piel oscura. Casi el 100% de los afroamericanos de más de 50 años de edad exhibe este estado. Este estado se observa en aproximadamente 12 al 25 por ciento de los japoneses. En los caucásicos (de raza blanca) la melanoniquia es muy rara. Si la misma aparece, debe sospecharse la presencia de melanoma maligno y los médicos deben comprobar la ausencia de melanoniquia. Se puede atender las uñas de los clientes que tienen melanoniquia (Figura 7-10).

La **onicotrofia**, también conocida como **atrofia**, describe la consunción de la uña. La uña pierde su brillo, se contrae y se cae. La onicotrofia puede ser causada por lesión a la matriz ungueal o por enfermedad interna. Trate este trastorno con sumo cuidado. Lime la uña con el lado fino de la lima de esmeril y no use un repujador metálico, jabones fuertes, ni jabón en polvo para lavar. Si el trastorno está causado por una enfermedad interna y la enfermedad se cura, podrán volver a crecer uñas nuevas.

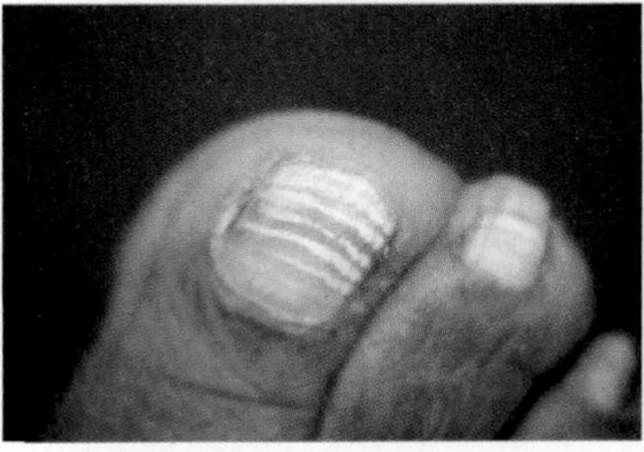

Figura 7-9 Leuconiquia

7

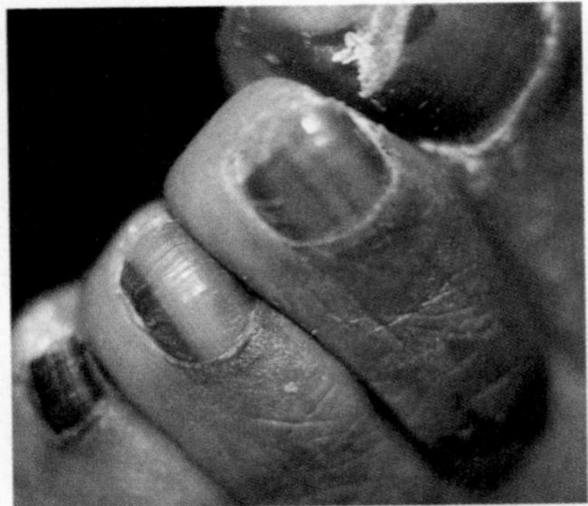

Figura 7-10 Melanoniquia

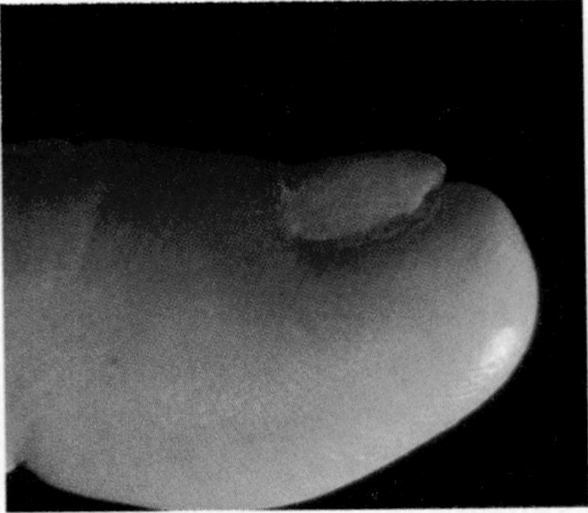

Figura 7-11 Onicauxis: vista lateral

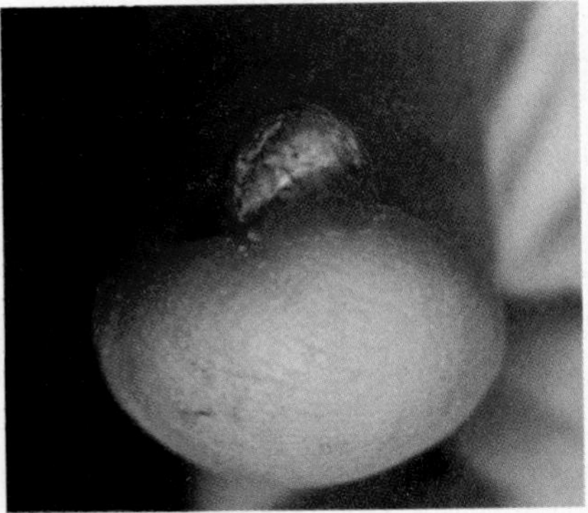

Figura 7-12 Onicauxis: vista desde el extremo

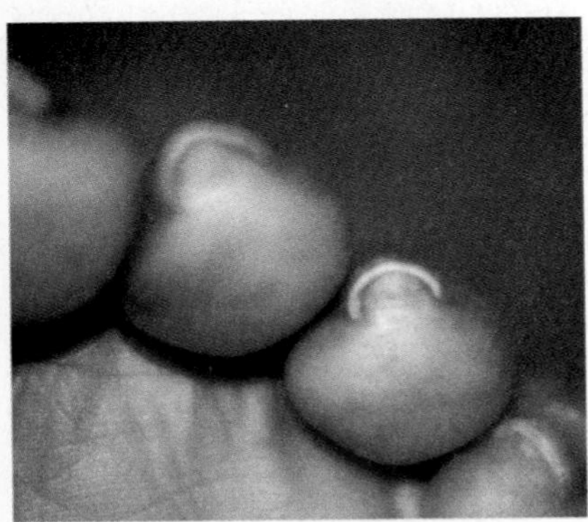

Figura 7-13 Uñas en forma de mosaico

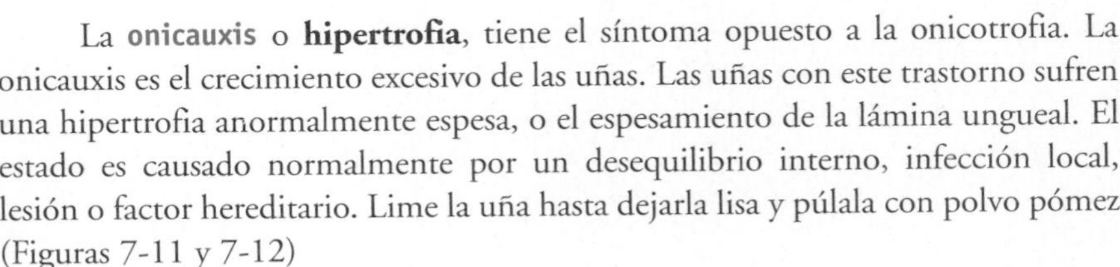

La **onicauxis** o **hipertrofia**, tiene el síntoma opuesto a la onicotrofia. La onicauxis es el crecimiento excesivo de las uñas. Las uñas con este trastorno sufren una hipertrofia anormalmente espesa, o el espesamiento de la lámina ungueal. El estado es causado normalmente por un desequilibrio interno, infección local, lesión o factor hereditario. Lime la uña hasta dejarla lisa y púlala con polvo pómez (Figuras 7-11 y 7-12)

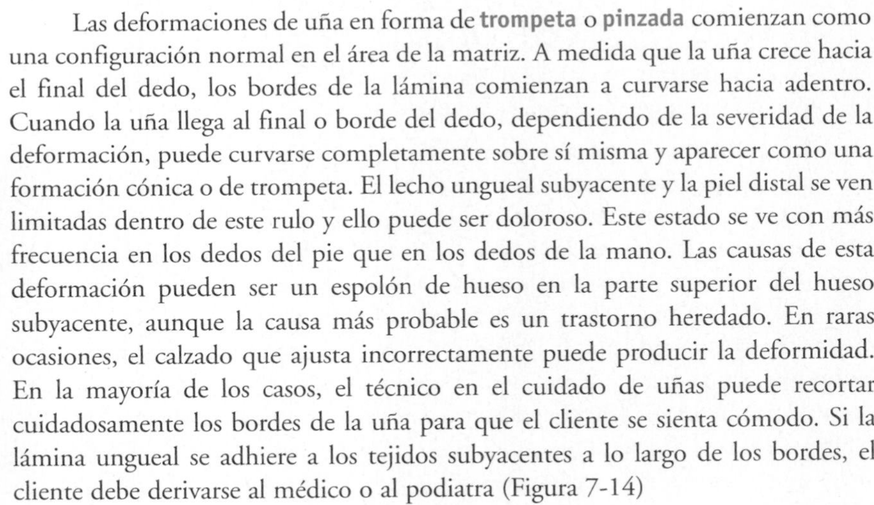

Las **uñas en forma de mosaico** tienen una mayor curvatura transversal a través de la lámina ungueal. La curva es causada por una mayor curvatura del lecho de la matriz. Los bordes de la uña son paralelos entre sí. Este estado de la uña generalmente no causará molestia a la persona. Se puede hacer el servicio a un cliente con uñas en forma de mosaico (Figura 7-13)

Las deformaciones de uña en forma de **trompeta** o **pinzada** comienzan como una configuración normal en el área de la matriz. A medida que la uña crece hacia el final del dedo, los bordes de la lámina comienzan a curvarse hacia adentro. Cuando la uña llega al final o borde del dedo, dependiendo de la severidad de la deformación, puede curvarse completamente sobre sí misma y aparecer como una formación cónica o de trompeta. El lecho ungueal subyacente y la piel distal se ven limitadas dentro de este rulo y ello puede ser doloroso. Este estado se ve con más frecuencia en los dedos del pie que en los dedos de la mano. Las causas de esta deformación pueden ser un espolón de hueso en la parte superior del hueso subyacente, aunque la causa más probable es un trastorno heredado. En raras ocasiones, el calzado que ajusta incorrectamente puede producir la deformidad. En la mayoría de los casos, el técnico en el cuidado de uñas puede recortar cuidadosamente los bordes de la uña para que el cliente se sienta cómodo. Si la lámina ungueal se adhiere a los tejidos subyacentes a lo largo de los bordes, el cliente debe derivarse al médico o al podiatra (Figura 7-14)

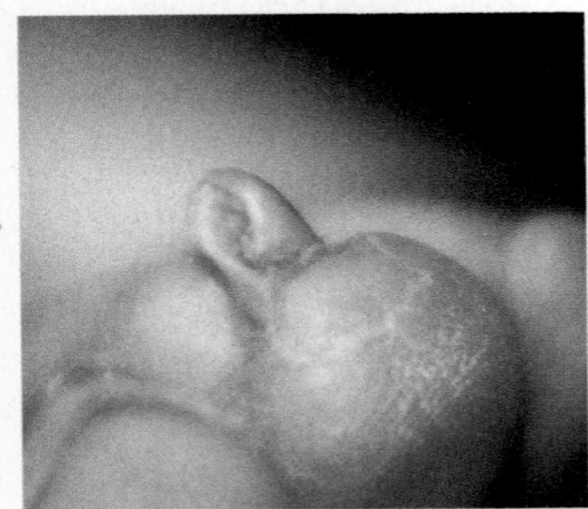

Figura 7-14 Uñas en forma de trompeta

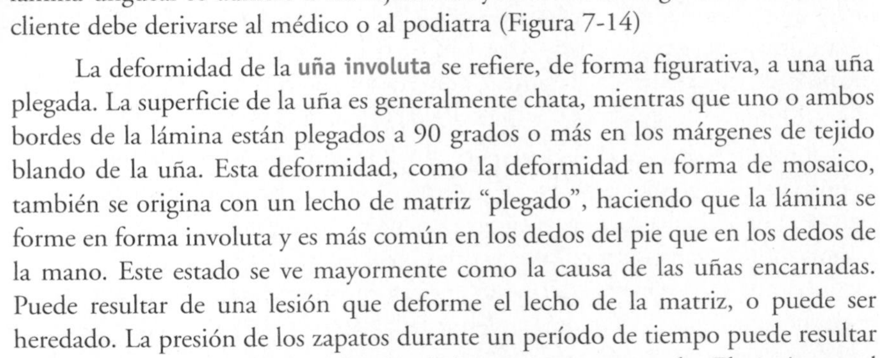

La deformidad de la **uña involuta** se refiere, de forma figurativa, a una uña plegada. La superficie de la uña es generalmente chata, mientras que uno o ambos bordes de la lámina están plegados a 90 grados o más en los márgenes de tejido blando de la uña. Esta deformidad, como la deformidad en forma de mosaico, también se origina con un lecho de matriz "plegado", haciendo que la lámina se forme en forma involuta y es más común en los dedos del pie que en los dedos de la mano. Este estado se ve mayormente como la causa de las uñas encarnadas. Puede resultar de una lesión que deforme el lecho de la matriz, o puede ser heredado. La presión de los zapatos durante un período de tiempo puede resultar en el remoldeado o plegado del lecho de la matriz en este modo. El técnico en el cuidado de las uñas puede redondear cuidadosamente los bordes de una uña involuta (Figura 7-15)

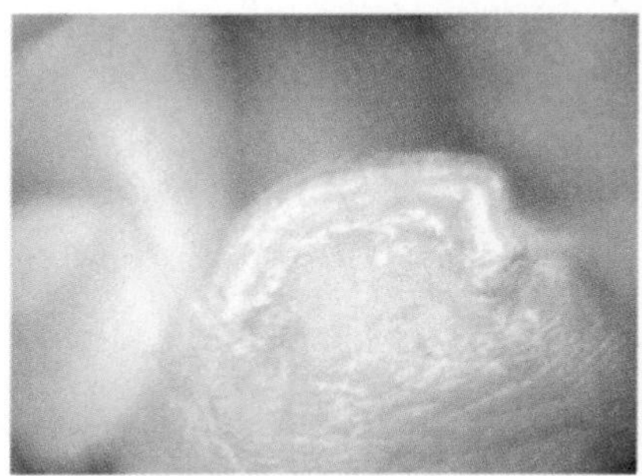
Figura 7-15 Uña involuta

La **onicocriptosis** o **uñas encarnadas** es un estado común de los dedos de la mano y del pie, en el cual la uña crece dentro de los bordes del tejido alrededor de la uña. Este trastorno es el resultado del pliegue o involución profunda del lecho de la matriz en los tejidos blandos. Las uñas involutas y algunas uñas en forma de mosaico son las más comúnmente asociadas con este problema. Las fuerzas mecánicas del caminar aprietan los tejidos blandos contra el margen de la uña, agravando el problema en los dedos pulgares del pie. A medida que la uña crece hacia su borde libre, encuentra una pared de tejido blando al final de los surcos ungueales profundizados. En este punto continúa creciendo hacia el extremo del dedo del pie o de la mano, penetrando el tejido blando y creando un "portal de entrada" para la bacteria. Ello desemboca en una infección aguda (paroniquia) generalmente causada por *estafilococos.* El extremo distal del dedo se vuelve rojo, extremadamente doloroso y se forma un pequeño absceso o bolsillo de pus. Si la infección persiste por cualquier período de tiempo, se forma una masa de tejido con forma de hamburguesa a lo largo del borde de la uña. Ello se denomina tejido granulado, que se forma como el resultado del intento del cuerpo de sanar el área infectada. El alivio de este estado se obtiene *únicamente* recortando el margen ofensor de la uña y drenando el absceso. El técnico en el cuidado de uñas no debe trabajar sobre una uña encarnada infectada. Derive al cliente a un médico o podiatra. Si el tejido alrededor de la uña no está infectado o si la uña no está profundamente incrustada en la carne, usted puede recortar la esquina de la uña en forma curvada para aliviar la presión sobre el surco de la uña (Figura 7-16).

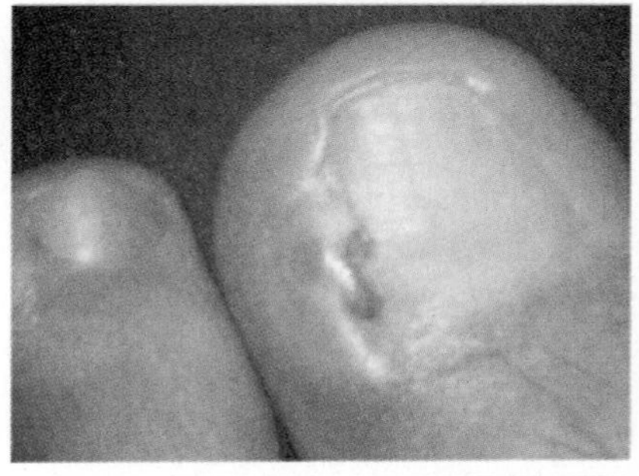
Figura 7-16 Onicocriptosis

La **onicofagia** es el término médico para las uñas lo suficientemente mordidas como para deformarse. Este estado puede mejorarse en gran medida gracias a los técnicos profesionales de manicura. Efectúe manicuras frecuentes, usando las técnicas descritas en los capítulos de este libro que se refieren a la manicura. Tal como lo sugieren esos capítulos, cualquiera de las uñas postizas y envolturas artificiales pueden ocultar y hermosear las uñas deformadas (Figura 7-17).

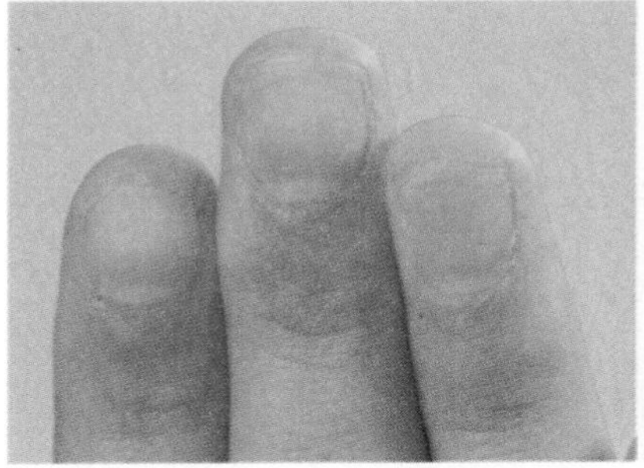
Figura 7-17 Uñas mordidas

La **onicofosis** se refiere al crecimiento de epitelio córneo en el lecho ungueal.

La **onicofima**, más comúnmente conocida como onicauxis, denota una hinchazón de la uña.

La **onicorresis** se refiere a las uñas partidas o astilladas que tienen también una serie de crestas longitudinales. Puede ser causada por una lesión en los dedos, por el uso excesivo de solventes de cutícula, quitaesmalte y por el limado descuidado y áspero. Los servicios en la uña pueden efectuarse únicamente si la uña no está partida por debajo del borde libre. Este estado puede corregirse ablandando las uñas con un tratamiento reacondicionante, e interrumpiendo el uso de jabones duros, quitaesmalte o limado inadecuado (Figura 7-18).

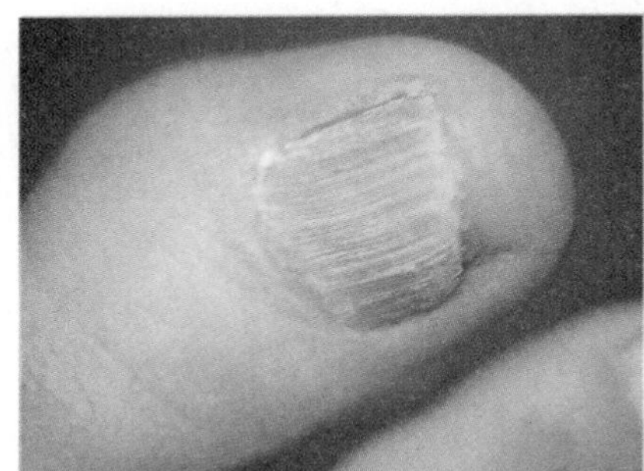
Figura 7-18 Onicorresis

La **onicogrifosis** también se denomina **uña de cuerno de carnero**. Este trastorno es generalmente el resultado de una lesión en el lecho de la matriz. También puede ser hereditario y puede ocurrir como resultado de un descuido prolongado de las uñas. Se ve más comúnmente en el dedo gordo del pie, pero también puede verse en otros dedos del pie y también en los dedos de la mano. La uña generalmente tiene muchos surcos y crestas, tiene un color marrón y un

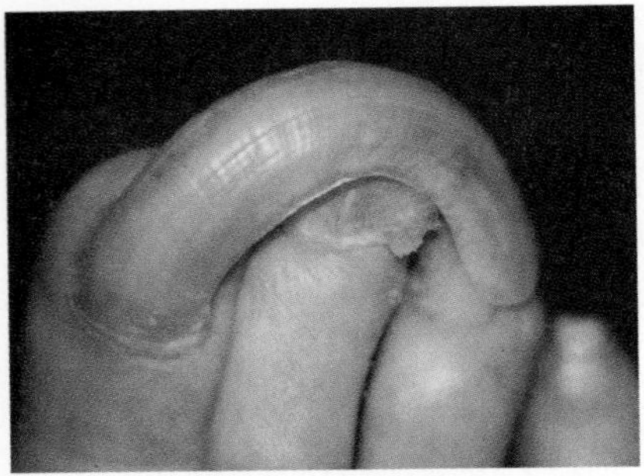

Figura 7-19 Onicogrifosis (1)

lado de la uña crece más rápidamente que el otro, curvando la lámina ungueal y dándole la configuración típica de cuerno de carnero. Ello resulta en una uña gruesa, curva, difícil de cortar, que permanece sin recortar, agravando la severidad del trastorno. No existe tratamiento alguno para este trastorno, salvo mantener la uña recortada y delgada. En ausencia de una infección, esto puede ser realizado cuidadosamente por el técnico en el cuidado de uñas con un cortaúñas adecuado y una lima. Cada uno de los surcos es un área débil en la lámina ungueal. Recorte la uña a través de la lámina en un surco, efectuando sólo cortes pequeños. La uña se romperá a lo largo del surco cuando se haya recortado más o menos la mitad (Figuras 7-19 y 7-20).

La **onicosis**, también llamada onicopatía, es un término técnico que se aplica a la enfermedad de las uñas.

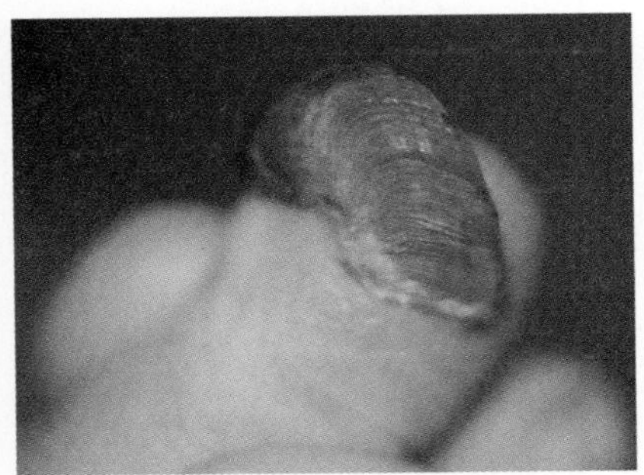

Figura 7-20 Onicogrifosis (2)

El **pterigión** se define en el diccionario médico como una "estructura en forma de ala". Las palabras "cutícula" y "pterigión" no son intercambiables o equivalentes. El término "pterigión" se refiere a la uña cuando hay una cicatriz anormal en el contorno o pliegue de la uña proximal (eponiquio) o en el contorno o pliegue de la uña distal (hiponiquio). Un *pterigión dorsal* ocurre en la parte superior de la lámina cuando la piel del eponiquio y la verdadera cutícula se adhieren anormalmente a la lámina ungueal. A medida que la uña va creciendo, el contorno o pliegue de la uña se extiende sobre la uña, formando la extensión en forma de ala de la piel. En casos graves, la cutícula puede adherirse a la matriz, interrumpiendo la formación de la lámina en esa área, lo cual resulta en una grieta en la uña. Si el proceso continúa, el lecho entero de la matriz puede adherirse a la cutícula, causando la pérdida de la lámina ungueal (Figura 7-21).

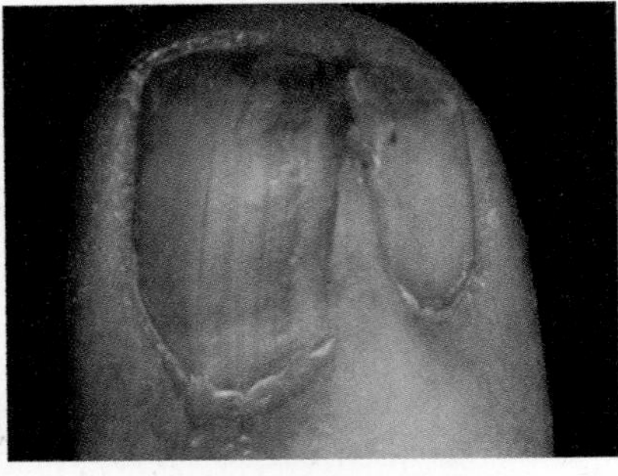

Figura 7-21 Pterigión

Lo opuesto al pterigión dorsal es el *pterigión ventral*. Este proceso involucra al borde libre de la uña. El hiponiquio permanece adherido a la porción subyacente de la lámina ungueal. En este trastorno el surco de uña distal es eliminado y el hiponiquio aparece más espeso por este motivo. El pterigión ventral es común en las uñas del pie. Al recortar las uñas (de las manos o de los pies) debe visualizarse el lado inferior del borde libre, y si hubiera un pterigión ventral, debe tenerse el cuidado de eliminarlo recortándolo junto con la uña (Figura 7-22).

Las causas más comunes del pterigión dorsal son el liquen plano (una enfermedad de la piel) y el traumatismo. Las enfermedades en los huesos subyacentes, tal como se ve en la artritis reumatoide, también pueden causar la formación de un pterigión dorsal. El pterigión ventral está asociado con mayor frecuencia con la enfermedad de Raynaud, con sclerodermia y también con la arteriosclerosis. El pterigión dorsal o ventral asociado con procesos de enfermedad, generalmente afecta más de una uña. La formación del pterigión traumático generalmente involucra sólo la uña dañada. Hay también formas congénitas de pterigión dorsal y ventral.

El técnico en el cuidado de uñas no debe tratar el pterigión empujando hacia atrás la extensión de la piel con un instrumento. Hacerlo causará más lesiones a los tejidos y empeorará el estado. Un masaje suave con cremas y acondicionadores para cutícula en la zona afectada por parte del técnico en el cuidado de uñas y del cliente puede ser beneficioso, sin embargo, una vez ocurrido el trastorno, generalmente el mismo es irreversible.

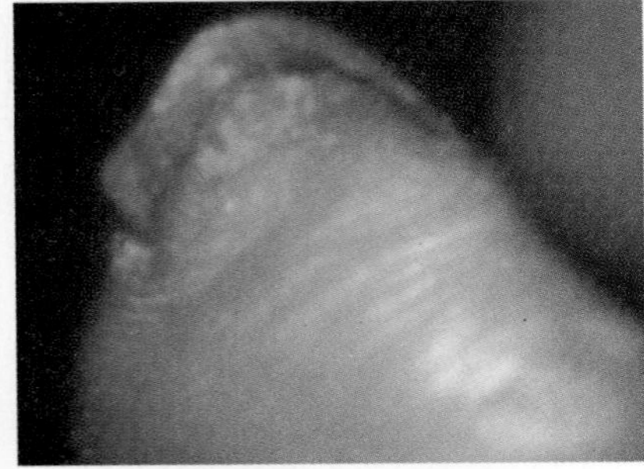

Figura 7-22 Pterigión ventral

NEGOCIOS CONSEJOS

El poder de la diversidad

Así como un estilista debe ofrecer un espectro de servicios de peluquería para tener éxito, el profesional en el cuidado de uñas también debe hacerlo. Aunque muchas técnicas en uñas dependen de un solo sistema, natural, acrílico, fibra de vidrio o envolturas de gel, es importante aprender tantos sistemas como sea posible. De este modo usted estará preparado si alguien desarrolla una alergia o si un cliente insiste en un tipo específico de servicio. Para ayudarse, visite las exposiciones de uñas, lea las revistas sobre cosmética de uñas y matricúlese regularmente en cursos de enseñanza. Evite la creencia de que cualquier técnica es demasiado difícil o de que su negocio marcha tan bien que no necesita aprender más.

También hay muchos estados de la uña que no deben ser tratados por un técnico en el cuidado de uñas. En algunos de los siguientes ejemplos, el cliente debe ser derivado a un médico antes que el técnico en el cuidado de uñas efectúe ningún servicio.

El **moho (hongo)** es una infección de la uña causada generalmente cuando la humedad se filtra entre una uña artificial y el borde libre de la uña, pero también puede afectar una uña natural. El moho comienza con un color verde amarillento y luego se oscurece hasta tomar un color negro. Muchos médicos clínicos creen que las pequeñas áreas verdes que se ven a menudo debajo de las mejoras de uña no son moho (hongo), sino el crecimiento limitado de una bacteria llamada *Pseudomonas aeruginosa.* Esta bacteria se halla en el suelo y en el agua y a menudo contamina las heridas abiertas. Si se aplica una mejora directamente, o si no se la aplica correctamente, se crean pequeños bolsillos de aire entre la lámina ungueal y la mejora. La bacteria *pseudomonas* se infiltrará en estas áreas cuando el cliente se moje las manos o trabaje en el jardín. Los productos de desecho del crecimiento de la bacteria se verán entonces como las manchas verdes en estos bolsillos debajo de la mejora.

Si el moho o bacteria se halla entre la uña artificial y la lámina ungueal, entonces el técnico en el cuidado de uñas debe retirar la mejora. En ese momento la lámina ungueal debe ser higienizada. La misma debe ser entonces desinfectada con un desinfectante para uña natural. No aplique otra mejora durante por lo menos una semana, o hasta que ya no queden señales visibles de la presencia de moho o bacterias. Si la decoloración persiste, o si se halla debajo de la lámina ungueal, el cliente debe ser derivado a un médico para su tratamiento. Al efectuar la higienización correcta *y al seguir* los procedimientos de desinfección de instrumentos y equipo, el técnico no transmitirá la infección a otros clientes (Figura 7–23).

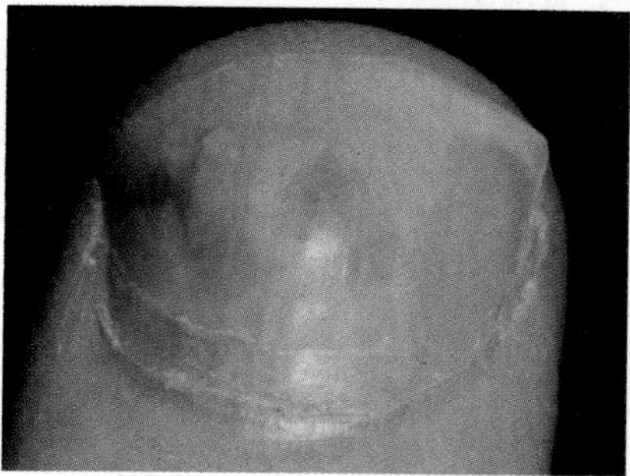

Figura 7-23 Moho

La **oniquia** es una inflamación de la uña entera o de una parte de la uña. Los tejidos pueden estar rojos e hinchados, pudiendo haber o no pus presente. Toda abertura de la piel o de los sellos del eponiquio o del hiponiquio a la lámina ungueal permitirá la entrada de bacterias, hongos o materias extrañas, lo cual puede producir la oniquia de la uña. Por este motivo, el técnico en el cuidado de uñas debe tener el cuidado de no causar una abrasión o apertura en los tejidos que rodean la lámina ungueal mientras efectúa un servicio en uñas. De haber una oniquia presente antes del servicio, el técnico en el cuidado de las uñas no debe efectuar un servicio en las uñas. Derive al cliente a un dermatólogo o podiatra para su tratamiento.

La **onicomicosis, tinea unguium** de las uñas, es una enfermedad infecciosa causada por un hongo (parásito vegetal). Hay más de 100.000 especies de hongos. Menos de 50 de ellas causan infecciones en los seres humanos. Los hongos son bastante oportunistas en el sentido que se aprovechan de cualquier deficiencia en el organismo que infectan. Los hongos están por todas partes. Teóricamente pueden ser transmitidos de una persona a otra, pero en la práctica, con una higienización adecuada y con procedimientos adecuados de desinfección, el riesgo de que ello ocurra es mínimo. El técnico en el cuidado de uñas siempre debe tener esto presente cuando efectúe servicios en las uñas de los clientes.

Las infecciones de hongos en las uñas generalmente ocurren por alguna debilidad en la uña. Los hongos se aprovechan de las lesiones, aunque sean menores, ya que éstas producen un portal de entrada para los hongos. Las microlesiones múltiples, o una sola lesión severa en la uña, pueden crear una uña malsana que ofrece menor resistencia a las enfermedades y que permitirá el acceso a los hongos que infectarán el área. Por este motivo, las cutículas no deben ser agresivamente reducidas cuando se efectúe un servicio de uñas. Toda pequeña lesión al eponiquio o al hiponiquio que rompa el sello entre estas estructuras y la lámina ungueal crea aberturas para que los hongos penetren en la uña. Si la persona está debilitada como consecuencia de una enfermedad como la diabetes o arteriosclerosis, la uña no estará tan saludable como debiera y al hongo le resultará fácil invadirla. Una enfermedad prolongada de cualquier tipo tendrá el mismo efecto sobre la uña. Los procesos locales de enfermedad, como la psoriasis y/o las infecciones crónicas de la uña, también permiten el desarrollo del hongo dentro de la uña.

Las uñas de los pies son mucho más susceptibles a las infecciones con hongos que las uñas de la mano. Las pequeñas lesiones causadas por los zapatos durante un período de tiempo producen una uña malsana. Agreguemos a esto un entorno caluroso, húmedo y oscuro dentro del zapato y se crean las condiciones perfectas para el desarrollo de los hongos. Pocas personas de más de 65 años de edad carecen de alguna evidencia de hongos en las uñas. El técnico en el cuidado de uñas no debe cortar las cutículas alrededor de las uñas del pie, porque ésta es la manera más fácil de crear una lesión, que conducirá a una infección de hongos en la uña. Además, tenga mucho cuidado al quitar la cutícula muerta de la parte superior o debajo del borde libre de la lámina ungueal, para no romper el sello entre la lámina ungueal y el eponiquio o hiponiquio.

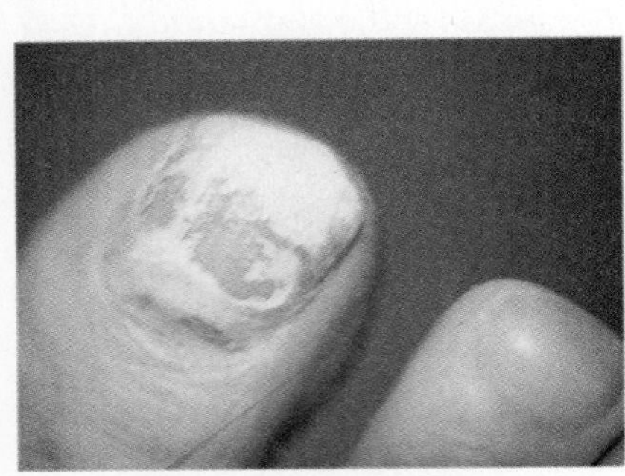

Figura 7-24 *Leuconiquia micótica*

Los hongos infectan la uña de muchas maneras distintas. Una forma se ve a menudo como manchas blancas que pueden ser raspadas de la superficie de la uña (Figura 7-24). Ésta se denomina *leuconiquia micótica.*

Otras especies de hongos infectan el lecho ungueal, el lecho de la matriz, o los tejidos que rodean a la uña. Se ven en muchos colores distintos, dependiendo de la especie individual de hongo. El más común es el amarillo, pero también se ven de color negro, marrón, naranja o verde. La infección generalmente comienza a lo largo del borde de la uña o debajo de hiponiquio en el borde libre de la uña.

La **onicolisis** es un estado en el cual la uña se suelta del lecho ungueal, comenzando normalmente en el borde libre y continuando hasta la lúnula, pero sin desprenderse. Es causada por un trastorno interno, traumatismo, infección, o ciertos tratamientos con fármacos. También puede ser causada por una reacción alérgica a ciertos productos para la uña. Una infección puede ser el único indicio de este trastorno en sus etapas precoces. La onicolisis puede ocurrir en las uñas de las manos o de los pies. A medida que avanza el trastorno, se observan cambios de coloración, el lecho ungueal se vuelve más espeso, y a medida que la infección sigue avanzando, la lámina ungueal comienza a desmenuzarse y deformarse. Si la infección producida por los hongos se vuelve severa, el técnico en el cuidado de uñas debe derivar al cliente a un dermatólogo o podiatra para una evaluación y tratamiento. Mientras la infección producida por los hongos no esté húmeda ni drene, se puede aplicar la manicura y pedicura natural a estos clientes, siempre que se sigan al pie de la letra las prácticas higiénicas y de desinfección en el salón (Figuras 7-25 y 7-26).

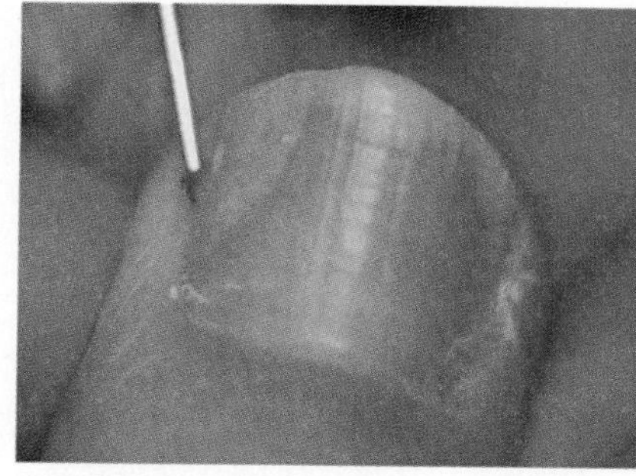

Figura 7-25 Onicolisis

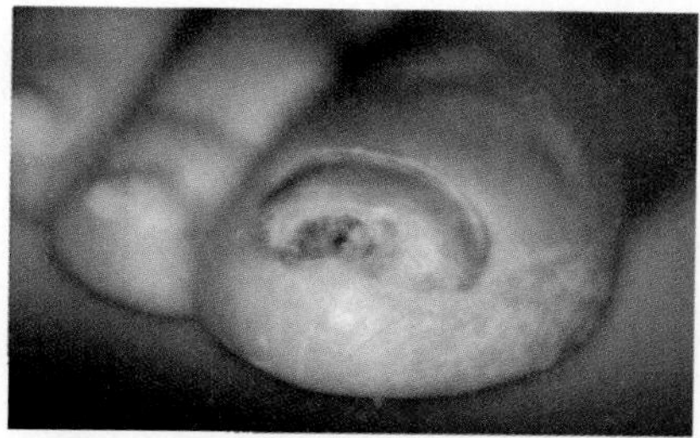

Figura 7-26 Infección con hongos

La **onicomadesis** es la consunción gradual de la lámina ungueal. Este trastorno de la uña se caracteriza por la separación de la lámina ungueal del lecho de la matriz. Puede ocurrir en los dedos de la mano o del pie. En la mayoría de los casos la causa se remonta a una infección localizada, a lesiones menores en el lecho de la matriz, o a una severa enfermedad sistémica. Alguna quimioterapia o tratamiento con rayos X para el cáncer puede también originar este estado. Las causas localizadas afectan a la uñas individuales, mientras que en los problemas sistémicos todas las uñas se ven generalmente afectadas. Este trastorno ocurre cuando el lecho de la matriz cesa de producir lámina ungueal durante un período de por lo menos una a dos semanas. Cuando el lecho de la matriz cesa de producir lámina ungueal sólo por un corto período de tiempo, se producen las líneas de Beau, de modo que se forma un surco en lugar de la completa separación de la placa de la matriz, como se ve en este trastorno. En los casos de onicomadesis, cuando desaparezcan los factores causativos, se formará una nueva lámina ungueal (Figura 7–27).

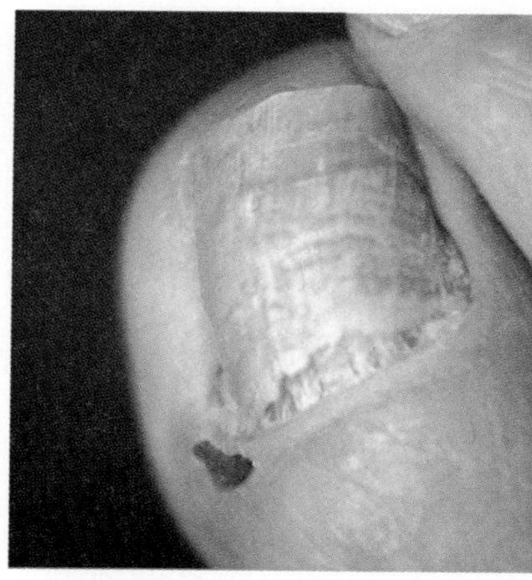

Figura 7-27 Onicomadesis

El técnico en el cuidado de las uñas puede causar este estado al empujar agresivamente hacia atrás la cutícula, o mediante el uso incorrecto del taladro durante las manicuras o rellenos. Siempre debe tenerse el cuidado de no dañar o romper el sello natural entre la lámina ungueal y la "verdadera cutícula", lo que puede originar una infección. El calor excesivo causado por el taladro puede causar un daño térmico al lecho de la matriz, y como consecuencia, puede producirse este trastorno. Si hay onicomadesis presente, el técnico en el cuidado de las uñas no debe aplicar mejoras a la uña. Si no hay una infección activa presente, podrá aplicarse una manicura natural o un servicio de pedicura. No aplique esmalte sobre el defecto en la lámina, ya que ello atrapará todo organismo presente que pudiera causar una infección, aumentando así la posibilidad de futuras infecciones y lesiones a la matriz. Debe tenerse cuidado de evitar mayores daños a la uña durante estos servicios.

La **onicoptosis** es un estado en el cual parte de la uña, o su totalidad, tiene consunción periódica, desprendiéndose del dedo de la mano, pudiendo afectar una o más uñas. Puede ocurrir durante o luego de ciertas enfermedades del cuerpo, como la sífilis, como resultado de una fiebre o alteraciones del sistema, como una reacción a fármacos recetados, o como resultado de un traumatismo.

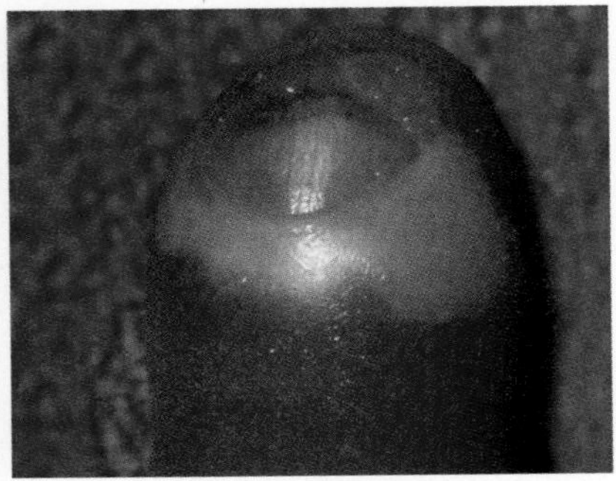

Figura 7-28 Paroniquia circundante

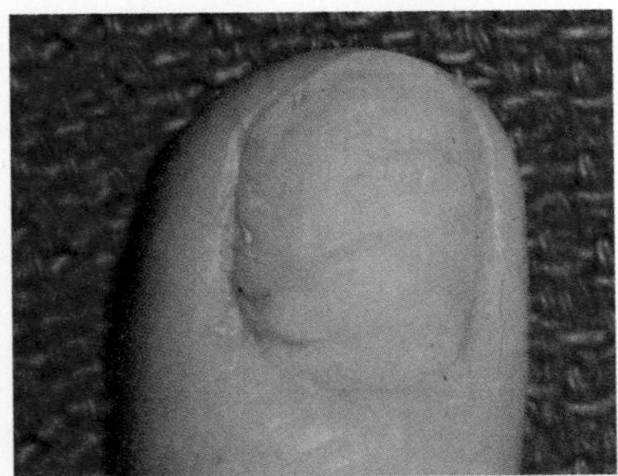

Figura 7-29 Paroniquia crónica

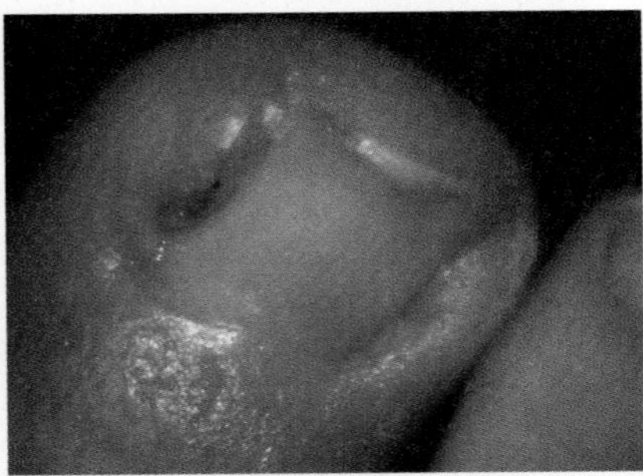

7

Figura 7-30 Paroniquia crónica, uña del pie

La **paroniquia** es una infección del tejido que rodea la uña. Es más comúnmente causado por la bacteria (*estreptococo* o *estafilococo*) u hongos, incluyendo levadura. Estos organismos ingresan a los tejidos alrededor de la uña o debajo de ella mediante una abertura (portal de entrada) en la piel. Véase oniquia. Los síntomas son un color rojizo, hinchazón y sensibilización del tejido alrededor de la uña. Generalmente hay pus presente (Figura 7-28).

La paroniquia puede darse en la base de la uña, alrededor de toda la lámina ungueal, o hasta en la punta del dedo. La paroniquia alrededor de toda la uña a veces se denomina circundante. La paroniquia crónica ocurre continuamente durante un largo período de tiempo y puede causar daño a la lámina ungueal.

La paroniquia crónica es causada a menudo por una infección de levadura (cándida) de los tejidos blandos alrededor de la uña (Figura 7-29). Las personas que trabajan con sus manos en agua (lavaplatos, meseras) o que deben lavarse las manos continuamente (trabajadores de la salud, procesadores de alimentos) son propensos a este tipo de infección. Las uñas de los pies, a causa de la transpiración y del calzado, a menudo tienen infecciones crónicas de paroniquia causada por levadura (Figura 7-30).

Los técnicos en el cuidado de las uñas nunca deben empujar agresivamente hacia atrás o cortar las cutículas de sus clientes. Ésta es la forma más fácil de crear una entrada para que las bacterias u hongos invadan los tejidos alrededor de la uña, causando una paroniquia. No corte las cutículas alrededor de los dedos del pie y sólo retire suavemente la cutícula muerta de la parte superior del dedo del pie, a fin de no romper el sello normal entre la lámina ungueal y la verdadera cutícula. Hay productos disponibles que retirarán de un modo seguro y ablandarán el exceso de formaciones de cutícula.

Una higiene adecuada y la desinfección de todos los instrumentos es importante para ayudar a prevenir las infecciones, en caso que el técnico en cuidado de las uñas cause accidentalmente una abertura a través de la piel. Estos procedimientos también ayudan a detener la contaminación cruzada de infecciones entre clientes. Si un cliente tiene una paroniquia, ya sea crónica o aguda, el técnico en el cuidado de las uñas no debe efectuar un servicio a dicho cliente. Derívelo a un dermatólogo o podiatra para su tratamiento.

El **granuloma piogénico** es una inflamación severa de la uña en la cual un bulto de tejido rojo crece desde el lecho ungueal hacia la lámina ungueal. Se trata de un sobrecrecimiento del tejido vascular, más comúnmente causado por lesión o infección (Figura 7-31).

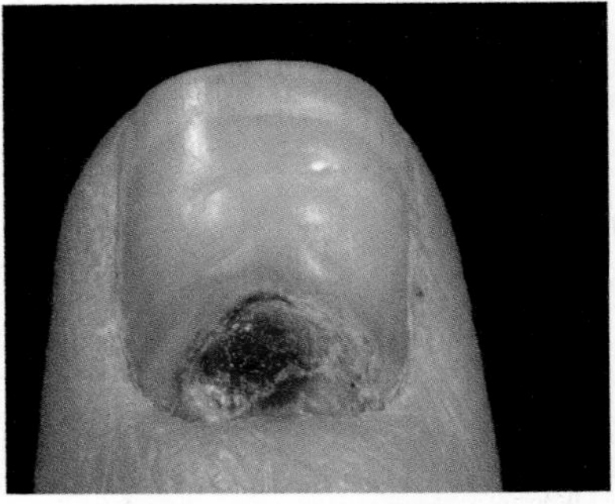

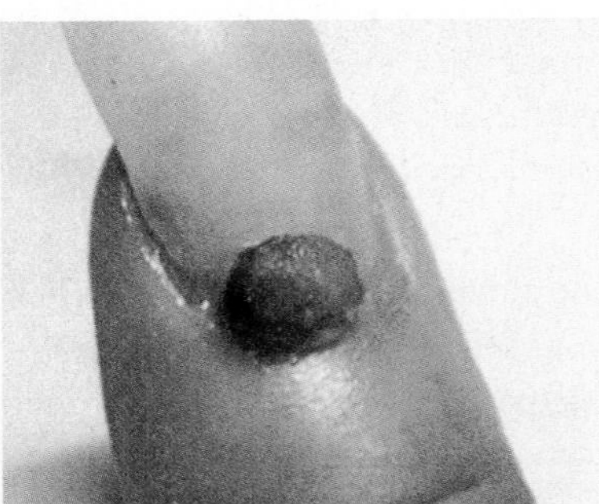

Figura 7-31 Granuloma piogénico

glosario del capítulo

banda onicodermal (solehorn)	Una concentración combinada de epitelio del lecho y tejido del hiponiquio que se halla en el extremo distal de la uña. La banda grisácea de tejido ayuda a adherir la lámina ungueal a los tejidos subyacentes.
contorno de la uña	Pliegues de piel normal que rodean la lámina ungueal, formando surcos y una pared para ayudar a determinar la forma de la lámina ungueal.
cutícula (eponiquio)	La medialuna de piel endurecida, alrededor de la base de los dedos de la mano y del pie, que se superpone parcialmente a la lúnula.
decoloración de las uñas	Un estado en el cual las uñas toman una variedad de colores, incluyendo el amarillo, azul, azul grisáceo, verde, rojo y morado. La decoloración puede ser causada por mala circulación de la sangre, por un problema cardíaco o por medicaciones tópicas u orales.
epitelio base	La capa delgada de tejido que adhiere la uña al lecho ungueal.
eponiquio (cutícula)	La medialuna de piel endurecida, alrededor de la base de los dedos de la mano y del pie, que se superpone parcialmente a la lúnula.
granuloma piogénico	Una inflamación severa de la uña en la cual un bulto de tejido vascular rojo crece desde el lecho ungueal hacia la lámina ungueal. Es comúnmente causada por lesión o infección.
hiponiquio	La piel endurecida que yace debajo del borde distal de la uña, donde sella el borde libre de la uña a la piel normal.
infección	El resultado del ingreso al cuerpo de gérmenes o de bacterias que causan enfermedades, caracterizado por pus.
inflamación	Un estado que responde a la lesión, irritación o infección del cuerpo, caracterizado por un color rojizo, calor, dolor e hinchazón.
lámina cornea (uña)	Término técnico de la uña de los dedos de la mano o del pie.
lámina ungueal	Formada por las células de la matriz, es el cuerpo visible y funcional del módulo de la uña.
lecho de la matriz	La parte de la uña que se extiende desde debajo del surco de la uña proximal, donde puede verse como un área blanca en forma de medialuna debajo de la lámina ungueal.
lecho ungueal	La porción de la piel sobre la cual se apoya el cuerpo de la uña.
leuconiquia	Un estado, causado por burbujas de aire, uñas magulladas u otra lesión en la uña, en la cual aparecen manchas blancas en la uña.
ligamentos especializados	Ligamentos ubicados en la porción proximal del lecho de la matriz y alrededor de los bordes del lecho ungueal, que sujetan la matriz y el lecho ungueal al hueso subyacente.
lúnula	La zona blanca en forma de medialuna del lecho de la matriz, que se encuentra en la raíz de la uña.
melanoniquia	Un estado presente en todas las razas de piel oscura y muy raro en los de piel blanca, en el que una banda negra de células de pigmento crece desde el lecho de la matriz proximal hacia el borde libre de la uña.
moho (hongo)	Un crecimiento que comienza con un color verde amarillento y que se oscurece hasta alcanzar un color negro. Está causado normalmente por humedad que se ha filtrado debajo del borde de una uña artificial o postiza, pero que puede también afectar una uña natural.
onicauxis (hipertrofia)	Un estado, causado por desequilibrio interno, infección local, lesión, o factor hereditario, es el sobrecrecimiento anormal de las uñas y el espesamiento de la lámina ungueal.
onicocriptosis (uñas encarnadas)	Un trastorno común en el cual la uña crece dentro de los bordes del tejido que rodean la uña. Puede ser el esultado de lecho de matriz plegado o involución profunda en los tejidos blandos, penetrando el tejido y creando un portal de entrada para las bacterias.
onicofagía	Término médico para las uñas mordidas lo bastante como para deformarse.

7

onicofima	Hinchazón de la uña.
onicofosis	Crecimiento de epitelio córneo en el lecho ungueal.
onicogrifosis (uña de cuerno de carnero)	Este trastorno se caracteriza por una lámina ungueal de color marrón, gruesa, difícil de cortar, que se curva en la forma de cuerno de carnero porque un lado de la uña ha crecido más deprisa que el otro. Este estado es el resultado de una lesión en el lecho de la) matriz, del descuido prolongado de las uñas o de un factor hereditario.
onicolisis	Un estado en el cual la uña se suelta del lecho ungueal, comenzando normalmente en el borde libre y continuando hasta la lúnula, pero sin desprenderse. Puede estar causado por un trastorno interno, traumatismo, infección, ciertos tratamientos con fármacos o una reacción alérgica a ciertos productos para la uña.
onicomadesis	Un estado, caracterizado por la consunción gradual de la lámina ungueal del lecho de la matriz, que ocurre cuando el lecho de la matriz cesa de producir lámina ungueal durante una a dos semanas. Está causado por una infección localizada, una lesión menor en el lecho de la matriz, una enfermedad sistémica severa y en algunos casos por la quimioterapia o tratamientos con rayos X para el cáncer.
onicomicosis (tinea unguium)	Una enfermedad infecciosa de las uñas causada por un hongo.
onicoptosis	Un estado en el cual parte de la uña, o la uña completa, se consume periódicamente y se cae del dedo. Puede ser causado porsífilis, fiebre alta, trastornos del sistema, una reacción a fármacos recetados o traumatismo.
onicorresis	Un estado, causado por lesión a los dedos, uso excesivo de solventes para cutícula y quitaesmalte, o limado descuidado y áspero, en el cual las uñas partidas o quebradizas tienen una serie de crestas longitudinales.
onicosis (onicopatía)	Término técnico aplicado a la enfermedad de las uñas.
onicotrofia (atrofia)	Un estado, causado por lesión a la matriz de la uña o por enfermedad interna, en el cual la uña se consume, pierde su brillo, se contrae y se desprende.
oniquia	Una inflamación de la uña entera o de una porción de la misma, caracterizada por tejido rojo e hinchado y posiblemente pus. Este estado es causado generalmente por el ingreso de bacterias, hongos o materias extrañas por una abertura en la piel.
padrastros (panadizos)	Un estado común, causado por cutículas secas o por cutículas que han sido cortadas demasiado cerca de la uña, en el cual se parte la cutícula alrededor de la uña.
paroniquia	Una infección del tejido alrededor de la uña. Las características incluyen un color rojizo, hinchazón y sensibilidad de ese tejido. En las últimas etapas de este estado, el lecho ungueal se espesa y se decolora y la lámina ungueal se desmenuza y se deforma.
pterigión	El crecimiento hacia delante de la cutícula, adhiriendo anormalmente la piel a la lámina ungueal.
queratina	La principal proteína de fibra que se encuentra en el pelo y en las uñas.
surcos (corrugaciones)	Crestas largas longitudinales o transversales en la uña, que crean crestas o surcos en la uña. Los surcos son causados por psoriasis, mala circulación y congelación.
trastorno de la uña	Cualquier enfermedad causada por una lesión a la uña o enfermedad o desequilibrio en el cuerpo.
uña en forma de trompeta (pinzada)	Un estado, visto con más frecuencia en los dedos del pie que en los dedos de la mano, causado por un espolón del hueso subyacente, o por factores hereditarios. A medida que la uña crece hacia el extremo del dedo del pie o de la mano, los bordes de la lámina ungueal se doblan hacia adentro, tomando eventualmente la forma de una trompeta o cono.
uña involuta	Deformidad causada por una lesión al lecho de la matriz, o heredada, en la cual la superficie de la uña es chata, mientras que los bordes de la lámina se doblan en un ángulo de 90 grados o más. Este estado se ve mayormente como la causa de las uñas encarnadas.

glosario del capítulo (continuación)

uñas en forma de mosaico	Un estado causado por curvatura anormal del lecho de la matriz, en el cual hay una mayor curvatura transversal en la lámina ungueal.
uñas magulladas	Un estado en el cual se forma un coágulo de sangre debajo de la lámina ungueal, generalmente a causa de una lesión, caracterizado por una mancha de color marrón oscuro o negro.
uñas quebradizas	Un estado causado por una dieta inadecuada, enfermedad interna, fármacos o trastornos nerviosos, en el cual la uña se vuelve delgada, blanca y curvada sobre el borde libre.

preguntas de revisión

1. ¿Cuáles son las seis partes básicas que constituyen la unidad de la uña?
2. ¿Cuál es la única parte de la uña que produce la lámina ungueal?
3. Defina el significado de trastorno de la uña.
4. ¿Cuál es la regla de oro para tratar los trastornos de la uña?
5. ¿Qué significa el término "pterigión", en lo que se refiere a un trastorno de la uña?
6. ¿Son equivalentes los términos "cutícula" y "pterigión"?
7. ¿Por qué el técnico en el cuidado de las uñas no debe empujar hacia atrás o cortar las cutículas de un modo agresivo durante un servicio de uñas?
8. Enumere cinco trastornos de la uña que pueden ser tratados por un técnico en el cuidado de las uñas.
9. Enumere cinco trastornos de la uña que no pueden ser tratados por un técnico en el cuidado de las uñas.

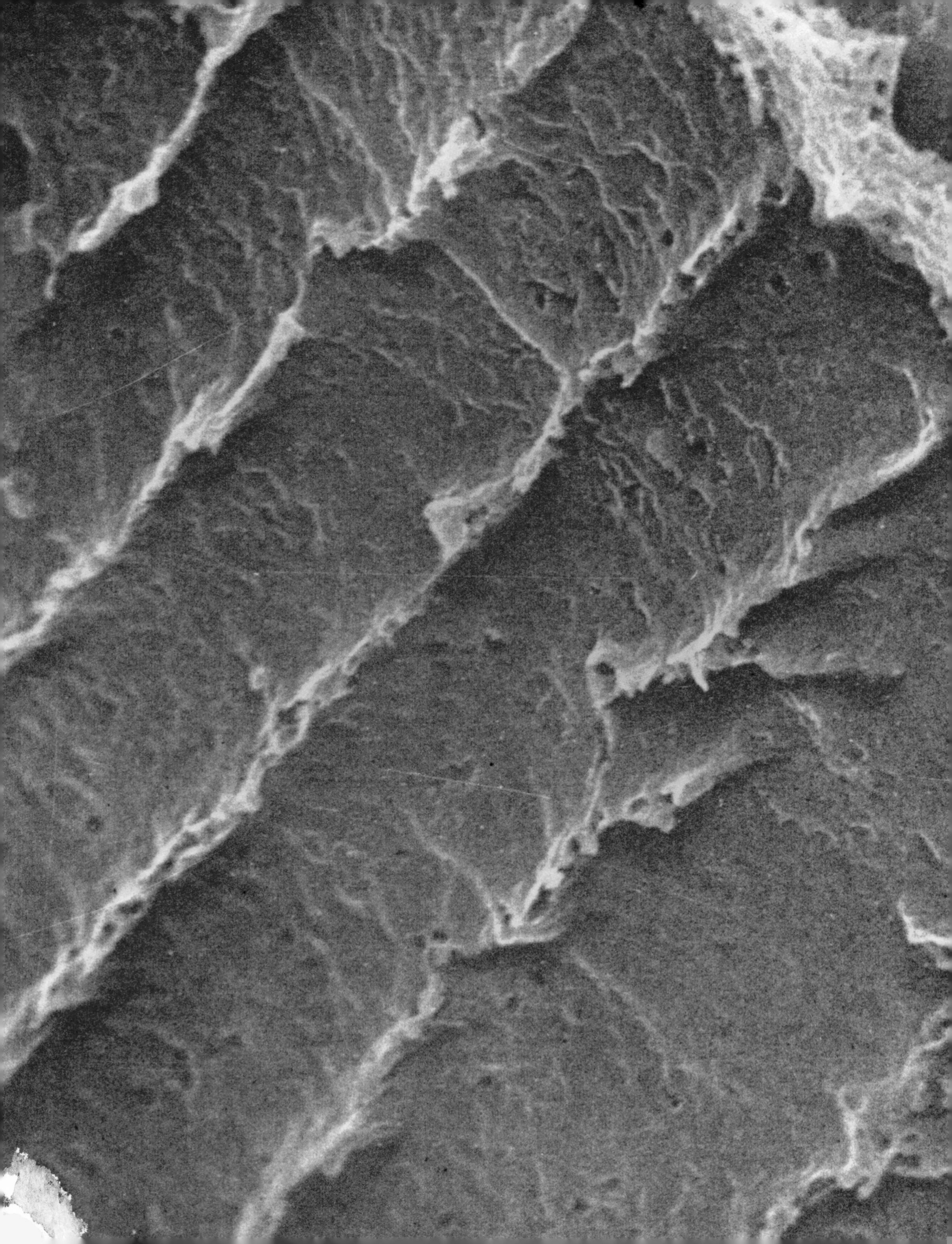

LA PIEL Y SUS TRASTORNOS

Autor: Godfrey Mix, DPM

RESEÑA DEL CAPÍTULO

Objetivos de aprendizaje

Después de finalizar este capítulo, usted podrá:

1. **Describir las características de la piel sana.**
2. **Enumerar las funciones de la piel.**
3. **Describir epidermis y dermis.**
4. **Explicar cómo se nutre la piel.**
5. **Describir la función de las glándulas de sudor.**
6. **Definir lesión.**
7. **Describir las características de eccema y psoriasis.**

Términos clave

El número de página indica dónde se utiliza el término dentro del capítulo.

adiposo
pág. 136

albinismo
pág. 145

ampolla
pág. 138

ampollas producidas por la fricción
pág. 141

bronceado
pág. 145

callos
pág. 141

capa basal
pág. 135

cicatriz
pág. 139

cloasma
pág. 145

corpúsculos táctiles
pág. 136

costra
pág. 138

dermatología
pág. 133

dermis
pág. 136

eccema
pág. 140

elasticidad
pág. 133

epidermis (cutícula)
pág. 134

escamas
pág. 139

estrato papilar
pág. 136

estrato reticular
pág. 136

excoriación
pág. 139

fermentos
pág. 143

fisura
pág. 139

formaciones de moho
pág. 143

glándulas sebáceas (glándulas excretoras de aceite)
pág. 137

glándulas sudoríparas (glándulas de sudor)
pág. 137

herpes simple
pág. 145

hipodermis (estratoadiposo)
pág. 136

hongos
pág. 143

lentigines (pecas)
pág. 145

lesión
pág. 138

leucoderma
pág. 145

mácula
pág. 139

mancha
pág. 139

marca de nacimiento (lunar)
pág. 145

melanina
pág. 135

melanoma
pág. 144

músculos arrector pili
pág. 136

nervio
pág. 136

nervios motores
pág. 136

nervios secretorios
pág. 137

nervios sensorios
pág. 136

nevus pigmentado (lunar)
pág. 144

nódulos
pág. 140

papillae (papilas)
pág. 136

pápula
pág. 139

psoriasis
pág. 140

pústula
pág. 139

queratinización
pág. 135

quiste
pág. 138

ronchas (urticaria)
pág. 140

síntomas objetivos
pág. 138

síntomas subjetivos
pág. 138

stratum corneum (capa córnea)
pág. 135

stratum granulosum (capa granulosa)
pág. 135

stratum lucidum (capalúcida)
pág. 135

tejido elástico
pág. 138

tejido subcutáneo
pág. 136

tubérculo
pág. 140

tumor
pág. 140

úlcera
pág. 140

verrugas (papiloma, acuminata y tumor plantar)
pág. 142

vesícula
pág. 140

vitíligo
pág. 145

Como técnico en cuidado de uñas, usted debe poseer una comprensión básica de la piel y sus trastornos a los fines de servir a sus clientes en forma responsable y profesional. Tendrá la oportunidad de mejorar el aspecto de la piel de las manos y pies de sus clientes y, en consecuencia, realzar su aspecto general. Las uñas terminadas lucirán de lo mejor al yacer en una piel sana y hermosa. Además, es su responsabilidad saber cuándo no puede tratar a un cliente o no debe aplicarle ciertos productos debido a alguna dolencia de la piel. Conocer la piel le ayudará a evitar la propagación de enfermedades infecciosas y la agravación de ciertas condiciones o sensibilidades cutáneas. Antes de decidir si un producto o servicio en particular es adecuado para la piel de su cliente, debe contar con una comprensión general de qué es la piel y cómo funciona. Debido a que las uñas son un apéndice de la piel, los problemas de ésta última pueden causar problemas en las uñas.

PIEL SANA

Para convertirse en técnico en cuidado de uñas, debe aprender sobre **dermatología**, el estudio de la piel sana y los trastornos de la piel. La piel sana es un poco húmeda y ácida, suave y flexible. A menos que la piel esté envejecida, la piel sana posee una **elasticidad** que le permite recobrar su forma inmediatamente luego de ser separada del hueso. La piel sana está libre de manchas y enfermedades y su textura es suave y levemente granulada. El grosor de la piel no es el mismo en todo el cuerpo humano. Es más delgada en los párpados y más gruesa en las palmas de las manos y plantas de los pies. Es el órgano más extenso del cuerpo, cubre aproximadamente un área del tamaño de una manta de 304,8 cm x 365,76 cm.

Función de la piel

La piel realiza ocho tareas para el cuerpo. Son: protección, prevención de pérdida de fluidos, respuesta a estímulos externos, regulación del calor, secreción, excreción, absorción y respiración.

1. **Protección.** La piel cubre cada parte del cuerpo actuando como barrera física y protegiéndolo de heridas e invasión de bacterias.
2. **Prevención de pérdida de fluidos.** La piel mantiene la sangre y otros fluidos corporales dentro del cuerpo.
3. **Respuesta a estímulos externos.** La piel contiene terminales nerviosos que responden a los estímulos externos al cuerpo tales como calor, frío, tacto, presión y dolor. Esta sensibilidad ayuda al cuerpo a encontrar el ámbito más cómodo y actúa como protección contra las heridas resultantes de tales estímulos.
4. **Regulación del calor.** La piel mantiene la temperatura interna del cuerpo a 98,6 grados Fahrenheit (37 grados Celsius). Cuando la temperatura externa al cuerpo cambia, la sangre y glándulas de sudor de la piel calientan o enfrían el cuerpo para mantener su temperatura.

5. **Secreción.** Las glándulas excretoras de aceite (sebáceas) secretan **sebo**, una sustancia grasa y aceitosa que mantiene el nivel de humedad de la piel reduciendo su evaporación e impidiendo la penetración excesiva de agua en la piel.
6. **Excreción.** Las glándulas de sudor (sudoríparas) excretan sal y otras sustancias químicas de deshecho del cuerpo a través de los poros de la piel (transpiración).
7. **Absorción.** La piel absorbe pequeñas cantidades de sustancias químicas, medicamentos y cosméticos a través de los poros.
8. **Respiración.** La piel respira a través de los poros. Absorbe oxígeno y exhala dióxido de carbono.

ESTRUCTURA DE LA PIEL

La piel posee tres capas o partes. La capa más externa se denomina epidermis, la capa profunda debajo de la epidermis se denomina dermis. La capa más profunda es la hipodermis o capa subcutánea (Figuras 8-1 y 8-2).

Epidermis

La **epidermis**, también denominada **cutícula**, es la cobertura protectora más externa de la piel. No contiene vasos sanguíneos, pero contiene numerosos terminales nerviosos diminutos. La epidermis se compone de las siguientes cuatro capas.

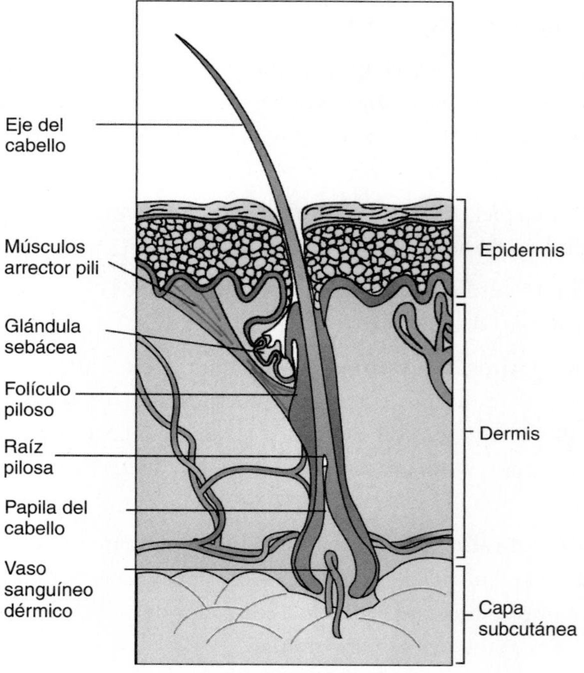

Figura 8-1 Porción microscópica de la piel

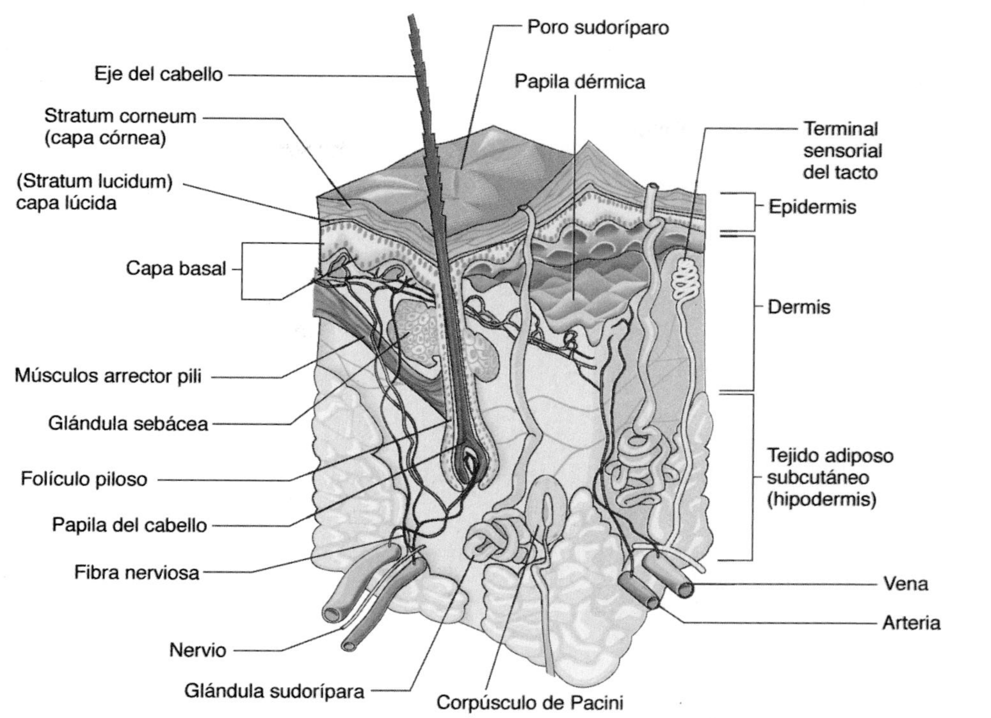

Figura 8-2 Gráfico de la piel

El **stratum corneum**, también denominado **capa córnea**, consta de células similares a escamas unidas firmemente que son desechadas y reemplazadas en forma continua. Esta capa está compuesta por células epiteliales muertas que adoptaron forma córnea o se queratinizaron.

El **stratum lucidum** es una pequeña capa de células claras. Es más prominente en las palmas de las manos y plantas de los pies.

El **stratum granulosum** consiste en células que parecen gránulos. Es en esta capa donde el proceso de queratinización es más activo. (**La queratinización** describe los cambios visibles microscópicamente, así como también los cambios bioquímicos que tienen lugar dentro de las células de la piel en su ascenso desde el estratum germinativum hacia el estratum corneum).

La **capa basal**, anteriormente conocida como *stratum germinativum*, está compuesta por varias capas de células con distintas formas. La capa más profunda es responsable de proveer células nuevas para compensar las que se consumen continuamente. Todas las demás células de la epidermis emanan de esta capa. También contiene un pigmento de piel oscura denominado **melanina**, que determina el color de la piel y protege las células sensibles inferiores de los efectos destructivos del exceso de rayos ultravioleta provenientes del sol o lámparas ultravioleta.

La dermis

La **dermis** es la capa profunda de la piel y también se la denomina "piel verdadera", **derma**, **corium** o **cutis.** En esta capa, dentro de una red elástica compuesta de colágeno hay vasos sanguíneos y linfáticos, nervios, glándulas de sudor y excretoras de aceite. La dermis contiene tres capas.

El **estrato papilar** yace directamente debajo de la epidermis y contiene las **papillae**, pequeñas extensiones similares a conos que se extienden en sentido ascendente hacia la epidermis. Algunas papillae contienen capilares curvos y pequeños vasos sanguíneos, otras contienen terminales nerviosos denominados corpúsculos táctiles. Este estrato también contiene parte del pigmento de melanina.

El **estrato** reticular contiene células grasas, vasos sanguíneos y linfáticos, glándulas de sudor y excretoras de aceite, folículos pilosos y los músculos arrector pili adheridos a los folículos pilosos.

La **hipodermis**, también denominada **subcutis** o **estrato adiposo**, es la capa de piel más profunda. Esta capa se caracteriza por sus células grasas firmemente unidas.

El **tejido** subcutáneo está compuesto por tejido graso conocido como tejido **adiposo**. Este tejido brinda tersura y forma al cuerpo, contiene grasa almacenada para ser quemada a los efectos de energía y actúa como amortiguador protector para la piel externa. Su grosor varía según la edad, sexo y salud general de la persona.

Nutrición de la piel

La piel se nutre de sangre y linfa. Consulte el Capítulo 6 si desea obtener más información sobre la sangre y la linfa. De la mitad a dos tercios de la provisión de sangre total del cuerpo es distribuida a la piel. La sangre y la linfa proporcionan la nutrición esencial para el crecimiento y reparación de la piel, el cabello y las uñas. La capa subcutánea de la piel contiene arterias y vasos linfáticos que extienden pequeños brazos que nutren a las papillae pilosas, a los folículos pilosos y a las glándulas de la piel. La piel también contiene numerosos capilares.

Nervios de la piel

8

Los **nervios** están compuestos de fibras similares a cuerdas y envían mensajes desde los órganos corporales al sistema nervioso central, integrado por el cerebro y la médula espinal. La piel contiene los terminales superficiales de numerosas fibras nerviosas.

Tales terminales nerviosos se denominan **corpúsculos táctiles** y cumplen las siguientes funciones.

Los **nervios motores** hacen que los vasos sanguíneos se contraigan o expandan y que los **músculos arrector pili** adheridos a los folículos pilosos se contraigan. Estos músculos pueden causar piel de gallina.

Los **nervios sensorios**, que se encuentran en el estrato papilar de la dermis, otorgan a la piel el sentido del tacto. Permiten la reacción al calor, frío, tacto, presión y dolor. Los terminales de los nervios sensorios son más abundantes en las puntas de los dedos de la mano y en las plantas de los pies. Las sensaciones complejas, como las vibraciones, parecen depender de la sensibilidad de una combinación de dichos terminales nerviosos (Figura 8-3).

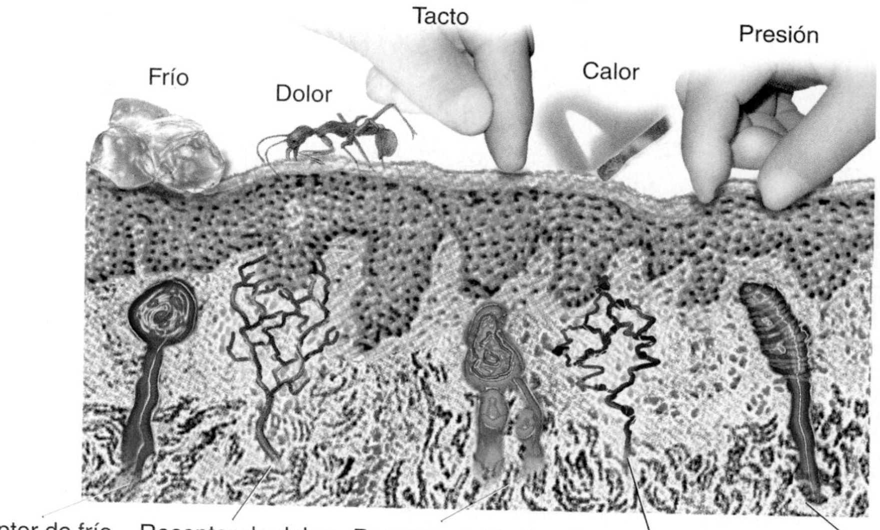

Figura 8-3 Nervios sensorios de la piel

Los **nervios secretorios** son los nervios de las glándulas de sudor y excretoras de aceite. Hacen que las glándulas secreten sus productos (sudor o sebo).

Glándulas de la piel

La piel contiene dos tipos de glándulas conductoras que extraen materiales de la sangre y los convierten en distintas sustancias. Tales nuevas sustancias son secretadas para ser usadas por el cuerpo o excretadas fuera del cuerpo.

Las **glándulas sudoríparas** o **glándulas de sudor**, regulan la temperatura corporal y eliminan los productos de deshecho a través de la transpiración. Aunque es el sistema nervioso el que controla la excreción de sudor, el calor, el ejercicio, las emociones y ciertos medicamentos aumentan notablemente esta función corporal. Los poros sudoríparos de la piel (Figura 8-4) eliminan normalmente al día de medio a un litro de líquidos con sales.

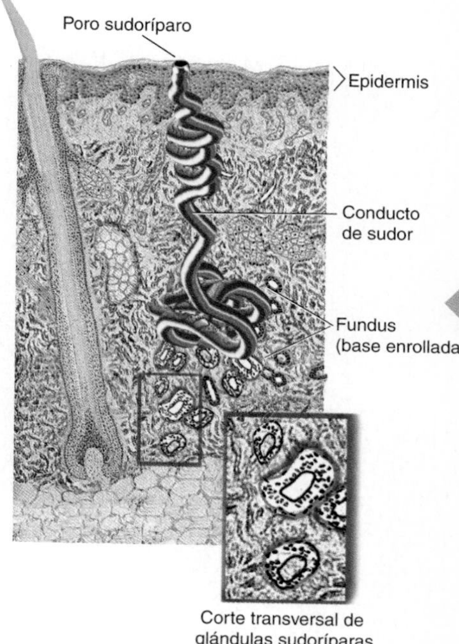

Figura 8-4 Glándulas sudoríparas o de sudor

Las glándulas de sudor se componen de una base en forma enrollada denominada **fundus**, o fondo, y un conducto similar a un tubo que termina en la superficie de la piel formando un **poro sudoríparo**. Un poro sudoríparo es un pequeño orificio en la superficie de la piel a través del cual la glándula de sudor elimina los desechos. La mayoría de las partes del cuerpo poseen glándulas de sudor. Las palmas de las manos, las plantas de los pies, la frente y las axilas son las partes del cuerpo donde hay más glándulas de sudor.

Las **glándulas sebáceas** o **glándulas excretoras de aceite** secretan una sustancia aceitosa denominada sebo, según se aprendió anteriormente en este capítulo. El sebo lubrica la piel y suaviza el cabello. Todas las partes del cuerpo, con excepción de las palmas de las manos y plantas de los pies, poseen glándulas excretoras de aceite. Tales glándulas consisten en pequeños sacos con conductos que se abren en otros folículos. Cuando la glándula excretora de aceite produce sebo en el saco, éste fluye por el conducto de aceite hacia el folículo piloso. Si el sebo se endurece y el conducto se obstruye se forman las espinillas o comedones. Limpiar la piel regularmente impedirá que los conductos de aceite se obstruyan (Figura 8-5).

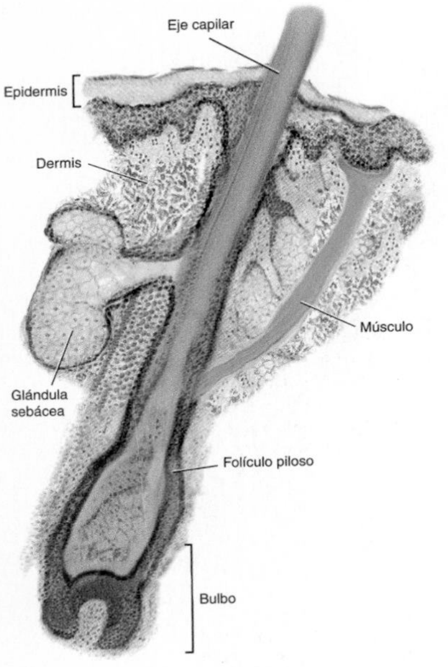

Figura 8-5 Glándulas sebáceas o excretoras de aceite

Elasticidad de la piel

El **tejido elástico** compuesto principalmente de elastina, que es similar al colágeno, se encuentra en el estrato papilar de la dermis. Da a la piel la capacidad de recuperar su forma original luego de haber sido estirada. A medida que la persona envejece, el tejido papilar comienza a perder su naturaleza elástica. La piel comienza a combarse o arrugarse porque ya no puede recuperar su forma original.

TRASTORNOS DE LA PIEL

Como técnico en cuidado de uñas, usted necesita aprender acerca de los trastornos de la piel a los fines de decidir si es seguro y adecuado tratar a un cliente. Su objetivo es impedir la propagación de enfermedades infecciosas y evitar agravar una dolencia de su cliente. Usted observará la piel del cliente durante la consulta y empleará sus conocimientos específicos para tomar una decisión informada acerca de si es adecuado brindar servicios a dicho cliente. Si bien solo un médico está capacitado para realizar un diagnóstico, usted debe aprender a reconocer los síntomas que indican la existencia de un trastorno. En la práctica, es difícil reconocer algunos trastornos de la piel; por lo tanto, usted debe aplicar la siguiente "regla de oro" al tomar una decisión.

La **regla de oro** de los trastornos de la piel es que si la zona de la piel sobre la que se trabajará está infectada, inflamada, dañada o hinchada, el técnico en cuidado de uñas no debe brindar servicios al cliente. Debe derivarse el cliente a un dermatólogo. La piel inflamada se presenta roja, dolorida e hinchada. **Piel inflamada** no es lo mismo que piel infectada. La **piel infectada** tendrá evidencias de pus. La **piel dañada** existe cuando la epidermis está cortada o rasgada y expone las capas más profundas de la piel. La **piel hinchada** es síntoma de una variedad de dolencias de la piel, algunas de las cuales son lesiones y serán descritas a continuación.

Lesiones de la piel

La **lesión** es un cambio estructural del tejido causado por heridas y enfermedad. Existen dos tipos principales de lesiones: primarias y secundarias. Las lesiones primarias son las lesiones originales que manifiestan la existencia de una enfermedad. Las lesiones secundarias son aquellas que se desarrollan en etapas posteriores de la enfermedad. Al estudiar las distintas lesiones de la piel, recuerde que siempre utilizará su "regla de oro" para decidir si es seguro o no trabajar en un cliente. Los síntomas o signos de las enfermedades de la piel se dividen en dos grupos:

1. **Síntomas subjetivos** son aquellos que siente el cliente tales como comezón, ardor o dolor.
2. **Síntomas objetivos** son aquellos visibles para el técnico en cuidado de uñas tales como granos, pústulas o inflamación (Figura 8-6).

Una **ampolla** es una burbuja que contiene fluidos acuosos.

Una **costra** es la acumulación de suero y pus mezclados con escamas epidérmicas. Un ejemplo de costra es una escara en una llaga.

Un **quiste** es un bulto semisólido o líquido ubicado sobre y debajo de la superficie de la piel.

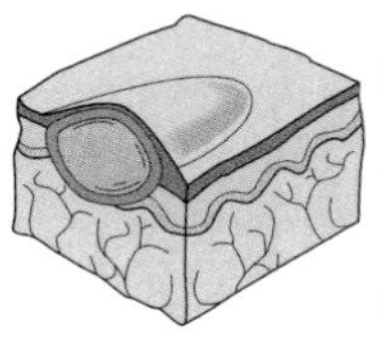

Nódulos:
Sólidos y elevados; sin embargo, se extienden más profundamente que las pápulas en la dermis o tejidos subcutáneos, entre 0,5 y 2 cm.
Ejemplo:
Lipoma, eritema, nodo, quiste

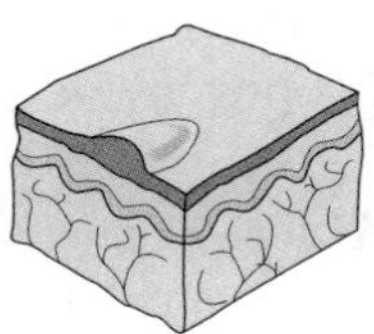

Pápula:
Lesión sólida elevada con un diámetro menor a 0,5 cm.
Ejemplo:
Verrugas, nevis elevados

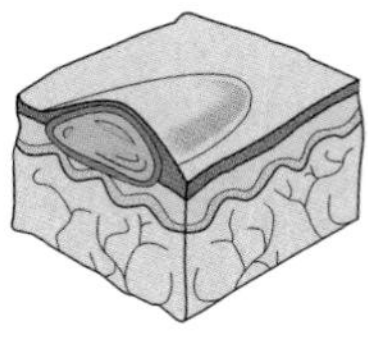

Pústula:
Vesícula o ampolla que se llena con pus, habitualmente descrita con un diámetro menor a 0,5 cm.
Ejemplo:
Acné, impétigo, furúnculos, carbunclos, foliculitis

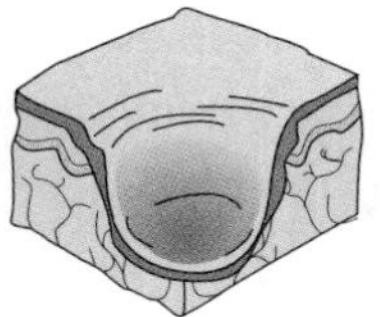

Úlcera:
Lesión deprimida de la dermis y capa papilar superior de la dermis
Ejemplo:
Úlcera de presión de Estadio 2

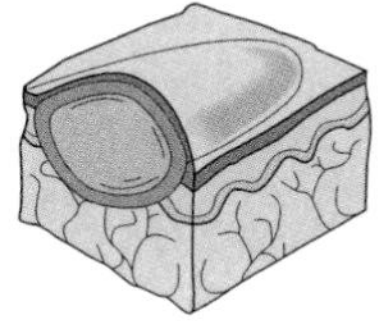

Tumor:
Igual a un nódulo, salvo que aparece con más de 2 cm.
Ejemplo:
Carcinoma (p.ej.: carcinoma de mama avanzado); células de la piel no basocelulares o no escamosas

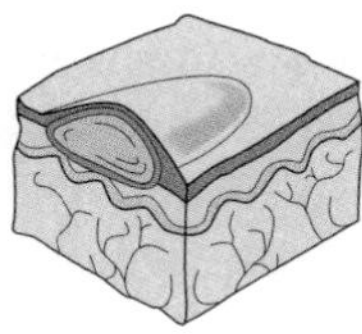

Vesícula:
Acumulación de fluidos entre las capas superiores de la piel; masa elevada que contiene fluido seroso; menor a 0,5 cm.
Ejemplo:
Herpes simple, herpes zoster, varicela

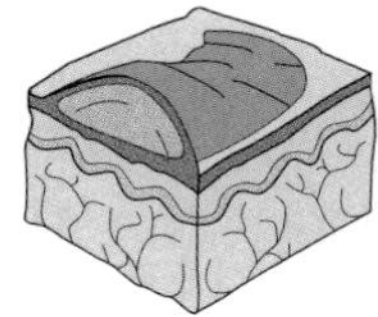

Roncha:
Edema localizado en la epidermis que causa una elevación irregular, pudiéndose presentar de color rojo o pálido
Ejemplo:
Picadura de insecto o urticaria

Figura 8-6 Lesiones de la piel

Excoriación es una herida o raspadura causada por rascar o raspar la capa superficial de la piel.

Una **fisura** es una grieta de la piel que penetra la dermis. Un ejemplo de esto son las manos y labios agrietados.

Una **mácula** es una pequeña mancha o lunar en la superficie de la piel. Algunas máculas pueden ser peligrosas.

Una **pápula** es una pequeña elevación sobre la superficie de la piel. Tiene un centro sólido que se detecta al tacto.

Una **pústula** es un bulto en la piel con una base inflamada y una cabeza que contiene pus.

Las **escamas** se producen durante el desprendimiento de la epidermis. Un ejemplo de escamas es la caspa grave.

Una **cicatriz** es una marca clara y levemente elevada en la piel formada después de curada una herida o lesión de la piel.

Una **mancha** es una decoloración anormal que permanece después de la desaparición de lunares, pecas o manchas del hígado o después de ciertas enfermedades.

Un **tubérculo** es un bulto sólido más grande que una pápula. Su tamaño varía entre un guisante y una nuez americana.

Un **tumor** es una masa celular anormal que varía en tamaño, forma y color. Los **nódulos** son pequeños tumores.

Una **úlcera** es una lesión abierta en la piel o en una membrana mucosa del cuerpo. Las úlceras van acompañadas de pus y de pérdida de densidad de la piel.

Una **vesícula** es una burbuja que contiene fluido claro. Un ejemplo de dolencia que produce vesículas es la hiedra venenosa.

Las **ronchas** o **urticaria** son protuberancias hinchadas con comezón que permanecen varias horas. Por lo general son causadas por picaduras de insectos o reacciones alérgicas.

Trastornos inflamatorios e infecciosos de la piel

Existen varios tipos de **inflamaciones** de la piel, también conocidas como dermatitis. Si existe inflamación, infección o piel hinchada o dañada no trabaje en la zona inflamada. Sea muy cuidadoso al tratar a un cliente que padece alguno de estos trastornos porque la piel es sensible y la dolencia puede agravarse con el uso de sustancias químicas.

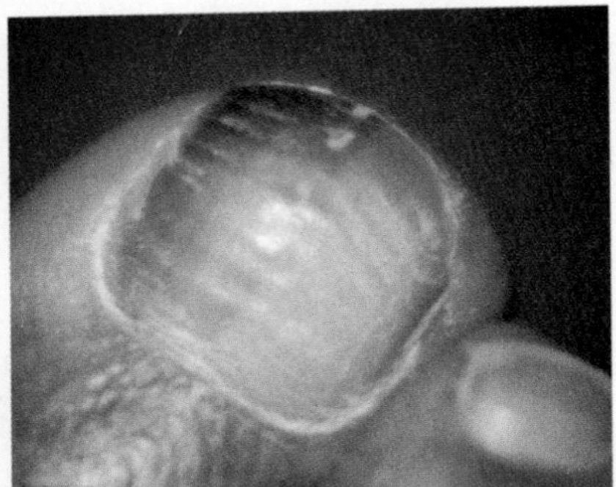

Figura 8-7 Eccema

8

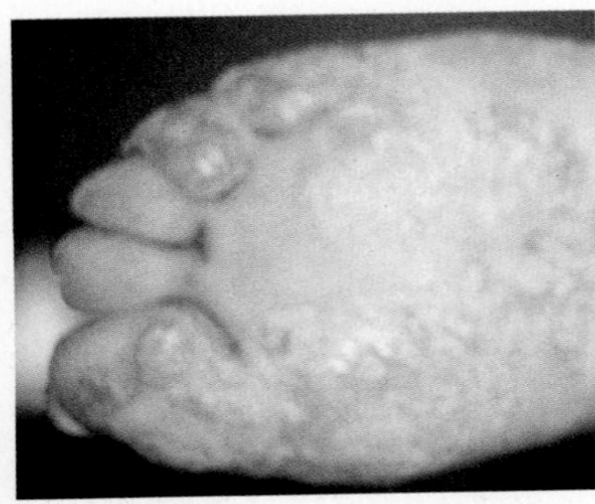

Figura 8-8 Psoriasis

Eccema es el término genérico utilizado para describir un trastorno de inflamación de la piel crónico y duradero de causa desconocida (Figura 8-7). En la etapa adulta y en algunas etapas iniciales se caracteriza por comezón, ardor y la formación de escamas y ampollas que supuran. En las etapas crónicas y duraderas puede afectar incluso la lámina ungueal causando problemas de crecimiento (Líneas de Beau) y corrosión en la superficie de la uña. El técnico en cuidado de uñas no debe brindar servicios a clientes con esta dolencia si existen zonas de la piel que supuren, estén agrietadas o abiertas. Aplique la "regla de oro" con estos clientes.

Psoriasis es una enfermedad generalizada que produce efectos de leves a graves en la piel (Figura 8-8). Se desconoce la causa real de la psoriasis. En las personas afectadas, el tiempo requerido para que las células basales alcancen la capa epitelial de la piel (cambio epidérmico o queratinización) es extremadamente corto. Normalmente este proceso toma entre 28 y 30 días, mientras que en las personas psoriásicas ese tiempo se reduce a 3 ó 4 días. Este período de cambio extremadamente activo de las células de la piel produce las típicas placas escamosas y plateadas que aparecen con esta enfermedad. Al remover la escama, la piel subyacente se verá roja e inflamada por la dilatación de los capilares subyacentes a la zona. También puede existir sangrado en puntos pequeños de los capilares de la zona después de remover la escama. La psoriasis puede afectar cualquier zona de la piel. Existen muchas formas de psoriasis.

Las más comunes son las placas plateadas, como las lesiones en los codos. La **psoriasis pustular** y la **queratoderma psoriásica** de la planta de los pies pueden afectar también las palmas de las manos. La **psoriasis interdigital**, también conocida como psoriasis blanca (rara), la **psoriasis de las uñas** (que será analizada en otro capítulo), y la **artritis psoriásica** también se presentan en manos y pies. Todas pueden variar de leves a graves. La forma de placa es el tipo que generalmente se presenta en otras zonas del cuerpo. La forma pustular primero se presenta en las plantas de los pies como pequeñas ampollas estériles de pus que se secan como costras marrón oscuro antes de pelarse. A medida que esta forma avanza, toma toda la planta del pie y la piel entre las ampollas toma el aspecto plateado y escamoso de la psoriasis. En la forma queratoderma, se forman cantidades masivas de tejidos similares a callos amarillos o grises. Generalmente aparecen fisuras profundas y dolorosas. Dicha forma y la forma pustular pueden ser tan graves que pueden causar a la persona un gran dolor al caminar. La forma interdigital o blanca se presenta como tejido blanco y macerado en las membranas que unen los dedos de los pies. Es difícil distinguir esta forma de una infección fúngica y, en la mayoría de los casos, una biopsia quirúrgica es el único modo de lograr un diagnóstico definitivo.

Como profesional en cuidado de uñas, verá algunas formas de psoriasis durante su profesión. Se recomienda consultar al dermatólogo o podiatra del cliente antes de brindar algún servicio. La piel de una persona con psoriasis es bastante frágil y cualquier herida, sin importar cuán leve, puede causar la extensión de las lesiones psoriásicas.

Las **ampollas producidas por la fricción** son una reacción localizada de la piel a la fricción proveniente de una fuente externa. Son la reacción más común de la piel a las heridas y se las clasifica como ampollas. Sólo se presentan en la especie humana. Las ampollas producidas por la fricción se llenan con fluidos de tejidos color pajizo. Estos fluidos se ubican en el espacio creado por la herida en la piel, debajo del stratum granulosum o capa media de la piel. Lo mejor es no romper la ampolla y dejar que cure sola. Si la ampolla se rompe antes de curarse deberá aplicarse un ungüento antibiótico local y un vendaje hasta que ésta se cure. Las ampollas abiertas se infectan fácilmente y lo que podría haber sido una molestia menor puede convertirse en un gran problema. Debe tratar todas las ampollas con cuidado. No debe brindar servicios si existen ampollas producidas por la fricción. Brinde servicios para el cuidado de pies sólo después de que las ampollas hayan curado totalmente. Si la ampolla está infectada o parece demasiado grave para que el cliente se cuide solo, derívelo a su médico.

Las quemaduras, irritantes químicos, infecciones fúngicas, infecciones bacterianas y muchas otras causas internas o externas también producen ampollas en la piel. Algunas llagas causadas por presión comienzan como simples ampollas que aparecen en la piel. Por lo tanto, es importante poder determinar la causa de las ampollas a los fines de tratarlas adecuadamente. Si existe la mínima sospecha de que la ampolla encontrada no es una simple ampolla producida por la fricción y no infectada, derive el cliente a su médico para su tratamiento. Si no se trata la causa primaria, la dolencia puede agravarse.

Los **callos (Tiloma)** son causados por la fricción en la piel proveniente de una fuerza externa (Figura 8-9). Se presentan cuando existen fricción y roce excesivos e intermitentes con cualquier regularidad. El callo es generalmente una zona abultada de piel irritada y sus bordes se confunden con la piel normal que los rodea. El callo clásico causado por fricción se forma debajo de la almohadilla del pie. Los callos son el resultado de tensiones prolongadas y anormales de la piel. Son contrarios a las ampollas que se forman por tensión excesiva breve de la zona afectada de la piel. La piel no tiene tiempo para producir queratina extra para protegerse y en consecuencia, se forma la ampolla en lugar del callo.

La formación de callos es el intento de la piel por protegerse de la irritación excesiva o tensión mecánica. Un patrón de paso anormal provocará la aplicación de deslizamientos o fuerzas de fricción extra a la parte inferior del pie. La fuerza intermitente de este caminar anormal hace que la capa celular basal de la piel

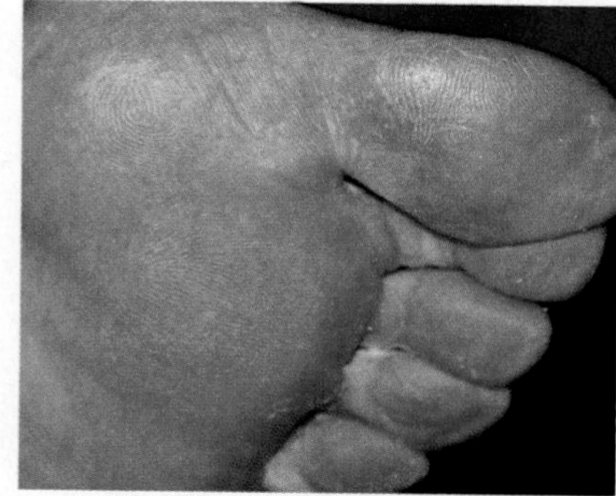

Figura 8-9 Callo

produzca queratina extra. Esto hace que la piel se engrose en la zona irritada. La decoloración amarilla del callo se debe al exceso de queratina dentro del tejido. El mismo mecanismo provoca callos en otras zonas del cuerpo. El técnico en cuidado de uñas puede brindar servicios si el cliente presenta callos. Ablándelos y suavícelos, pero no los remueva.

Los nombres comunes de las **verrugas** son **papiloma** y **acuminata o tumor plantar** (Figura 8-10). Las verrugas son infecciones virales de la piel causadas por un papillomavirus humano específico (HPV). El virus se multiplica dentro del núcleo de las células que producen la piel. Provoca estructuras de crecimiento papilar que son extensiones similares a tetillas alargadas percibidas como verrugas. Las verrugas son unos de los pocos tumores verdaderos de la piel. No es cáncer, pero es el resultado del intento del cuerpo de protegerse de los virus formando una protuberancia o barrera alrededor del virus. Los períodos de incubación varían experimentalmente entre uno y veinte meses. Las partículas virales invaden la piel mediante el ingreso directo que puede ser causado por heridas laborales, fricción, comerse las uñas o rascarse. Una llaga o cortada abierta que crea un portal de entrada puede constituir el orificio de la piel que permite que el virus produzca la infección.

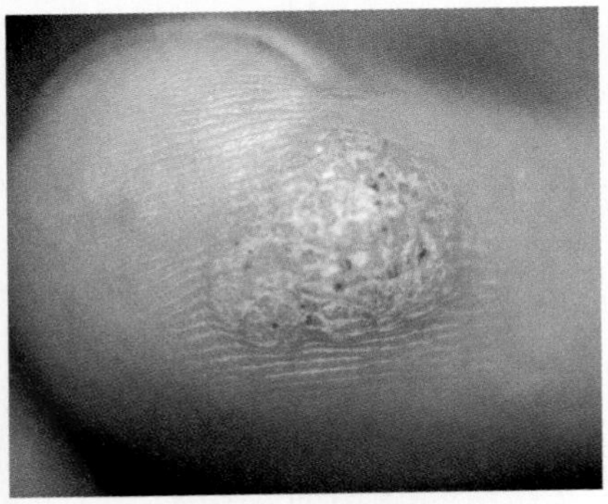

Figura 8-10 Verruga

Debido a que sólo alrededor del 10 por ciento de la población padece verrugas alguna vez, no existe una norma que establezca que todas las personas expuestas al virus HPV se infectarán posteriormente. Los prolongados períodos de incubación y las diferencias en la resistencia existente entre las personas imposibilitan la determinación de patrones epidemiológicos definidos. Es extraña la aparición de verrugas en niños menores de 5 años y en personas de edad avanzada. Se presentan generalmente en los grupos de edades entre 5 y 20 años siendo la edad de mayor incidencia entre 12 y 15 años. Sin embargo, las verrugas pueden aparecer a cualquier edad. Según estas estadísticas parece que nacemos inmunes al virus. Alrededor del 10 por ciento de las personas pierden la inmunidad y cuando se infectan la recuperan. Esto puede explicar por qué las verrugas retroceden espontáneamente en el 30 por ciento de las personas infectadas entre los 3 ó 6 meses y en el 50 por ciento de los casos dentro de los 24 meses. Se considera que esto sucede porque el cuerpo regenera los anticuerpos contra el HPV durante el curso de la infección. Pocas personas nunca desarrollan anticuerpos contra el virus y son las que parecen padecer verrugas durante toda la vida.

Las verrugas aparecen en cualquier zona del cuerpo, pero comúnmente se encuentran en manos y pies. En la superficie palmar de las manos y en las superficies plantares de los pies aparecen como zonas callosas circulares planas o levemente elevadas que en general tienen pequeños puntos negros o zonas como astillas dentro de ellas. Estos puntos negros o zonas como astillas en realidad son sangre seca dentro de un capilar ubicado en el centro de una de las estructuras papilares de la verruga. En las superficies que no soportan peso, las verrugas aparecen como pequeñas lesiones elevadas similares a coliflores con puntos negros o zonas de sangre seca, en la punta de las estructuras papilares fácilmente visibles que componen la verruga. Las verrugas en las superficies del pie que soportan peso, aspecto plantar o planta son más difíciles de identificar. La razón es que la presión de caminar sobre la verruga la aplasta levemente, pero más importante aún, la verruga es una protuberancia extraña en la parte inferior del pie. La piel de la zona de la verruga trata de protegerse de este cuerpo extraño construyendo callos sobre y alrededor de la verruga. Este callo, la protección natural del cuerpo al exceso de presión o fricción en la parte inferior del pie, cubre la verruga. El callo hace que la verruga tenga un aspecto totalmente distinto al aspecto de coliflor de aquélla existente en una zona corporal que no soporta peso. El callo puede crecer en forma tal, que cubra totalmente la verruga subyacente. Como profesional en cuidado de uñas, no debe temer brindar servicios a un cliente con verrugas.

En base a las estadísticas, la probabilidad de que el profesional en cuidado de uñas contraiga el virus de la verruga es inferior al 10 por ciento. La probabilidad se reduce prácticamente a cero si el servicio brindado no hace sangrar la verruga y el profesional en cuidado de uñas no tiene un corte o llaga abierta en las manos. Aplicar los procedimientos de higiene / desinfección adecuados en el salón antes y después de brindar servicios al cliente también torna casi imposible que otros clientes se infecten después de haberse brindado servicios a un cliente con verrugas.

Infecciones fúngicas de la piel

Según se analizó en el Capítulo 7, ¡existen más de 100.000 especies conocidas de **hongos** en la naturaleza! De este vasto grupo de hongos, sólo alrededor de 175 viven sobre o en el cuerpo humano. De estos 175, en condiciones normales aproximadamente 20 causarán el desarrollo de enfermedades sistémicas dentro del cuerpo. Los **fermentos** y **formaciones de moho** también se incluyen en la clasificación de hongos. Algunas de las infecciones provocadas por dichos hongos se denominan infecciones **Tinea**. Esta palabra deriva de la expresión en Latín que significa gusano y se aplica por el aspecto similar a un gusano de los bordes de avance de la infección. De allí deriva el nombre común de **culebrilla** utilizado para describir muchas infecciones fúngicas de la piel.

Los hongos forman **esporas**. Las esporas poseen una cobertura externa dura similar a la del huevo. Bajo las circunstancias adecuadas, cuando la espora toma contacto con la piel **germinará** en cuatro a seis horas y provocará una infección. La piel sana e intacta es una buena barrera contra las infecciones fúngicas. Además, la sequedad normal de la piel inhibe el crecimiento de hongos, particularmente los de la especie de candidiasis (fermentos, monilia) que siempre nos acompaña.

Las infecciones fúngicas de la piel pueden contraerse por el contacto con la persona infectada o su ropa, el suelo o una mascota infectada. Otras que normalmente existen en el cuerpo humano pueden provocar infecciones cuando nuestra resistencia se ve disminuida por heridas u otros procesos de enfermedades. Los hongos son muy oportunistas y aprovecharán cualquier debilidad que les permita crecer. Las excoriaciones o cortes abiertos en la piel son las mejores zonas para iniciar el crecimiento de los hongos. La candidiasis es un buen ejemplo de este proceso. Siempre está presente en y dentro de nuestro cuerpo y es rápida para crecer en exceso y causar infecciones cuando nuestra resistencia está debilitada o la piel está herida.

Las infecciones fúngicas generalmente se clasifican en dos tipos distintos. Una es la forma escamosa y seca denominada **hiperqueratosis crónica** (Figura 8-11). La segunda es una forma más aguda denominada **inflamatoria aguda**. La forma hiperqueratosis crónica se caracteriza por una formación escamosa y seca en la piel. Los bordes de las zonas escamosas por lo general se presentan levemente inflamados y rojos. Puede existir o no comezón. Es usual que una persona padezca este tipo de tinea en un solo pie. En ocasiones, si la mano también está infectada, puede haber una sola mano infectada. Esta dolencia puede permanecer con estas características durante años. No existe explicación de las razones de su existencia. Mediante la aplicación de los procedimientos de higiene y desinfección adecuados, el técnico en cuidado de uñas puede brindar servicios a clientes que padecen esta forma de hongos.

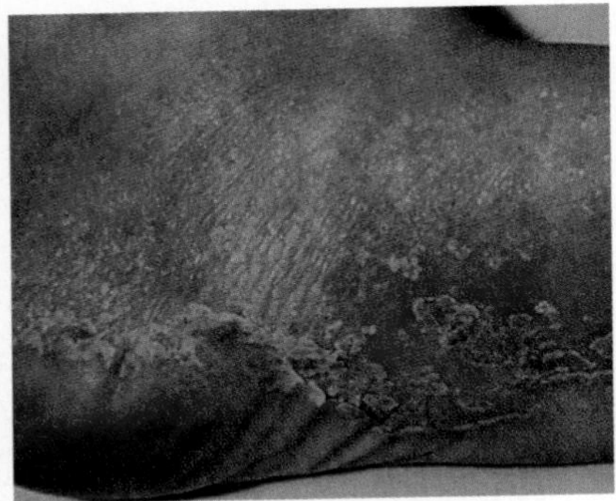

Figura 8-11 Hiperqueratosis crónica

La forma inflamatoria aguda se caracteriza por ampollas (grandes o pequeñas) que pueden romperse y supurar. Existe comezón, la piel puede agrietarse y tornarse suave en la zona infectada. Si existen orificios en la piel, es común que se inicie una infección bacteriana secundaria. Este tipo de infección se presenta en cualquier zona de la piel. Una de las primeras zonas en las cuales generalmente aparece este tipo de hongo es entre el cuarto y quinto dedo del pie. La piel se torna blanquecina y se produce una fisura (grieta) dolorosa y profunda entre los dedos de los pies. Esta es la forma típica de tinea pedis que denominamos **pie de atleta** (Figura 8-12). El técnico en cuidado de uñas no debe brindar servicios al cliente que padece una infección fúngica de tipo inflamatoria aguda.

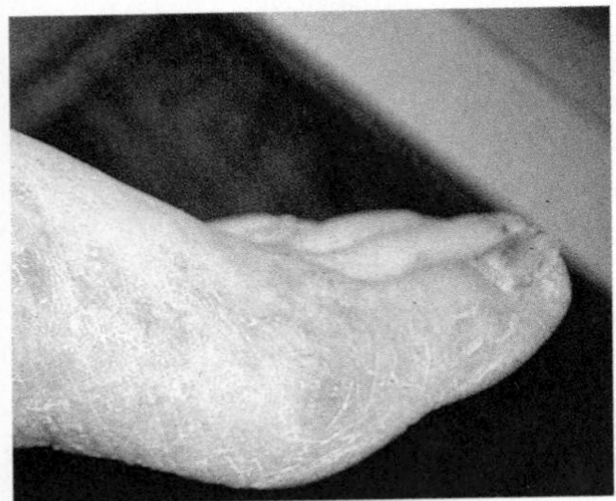

Figura 8-12 Tinea pedis (pie de atleta)

Los **nevus pigmentados (lunares)** son los tumores más comunes de la piel (Figura 8-13). Aparecen durante la niñez y también en la edad adulta. En las etapas iniciales aparecen como zonas bronceadas o marrones no hinchadas en la piel. A medida que maduran, pueden hincharse y presentarán muchos tamaños, formas, superficies y colores diferentes entre bronceado y marrón oscuro. En general tendrán un margen bien definido y en algunos casos habrá crecimiento de cabello en los mismos. La mayoría de los nevus pigmentados no causan problemas y no es necesario removerlos. Los nevus en las palmas de las manos y plantas de los pies parecen tener mayores posibilidades de tornarse malignos que los de otras zonas corporales.

8

Como profesional en cuidado de uñas, tendrá oportunidad de observar nevus en las extremidades. Lo importante es conversar sobre la presencia de los nevus con el cliente. Usted debe aconsejar al cliente solicitar opinión médica si nota cambios de color o tamaño en los nevus. Asimismo, deberá consultarse al médico por los nevus que no presentan heridas pero sangran, supuran o se ulceran. Si usted, como profesional en cuidado de uñas, tiene alguna duda o sospecha acerca de los nevus debe recomendar firmemente la consulta con el dermatólogo. La detección temprana de cambios malignos en los nevus puede salvar vidas.

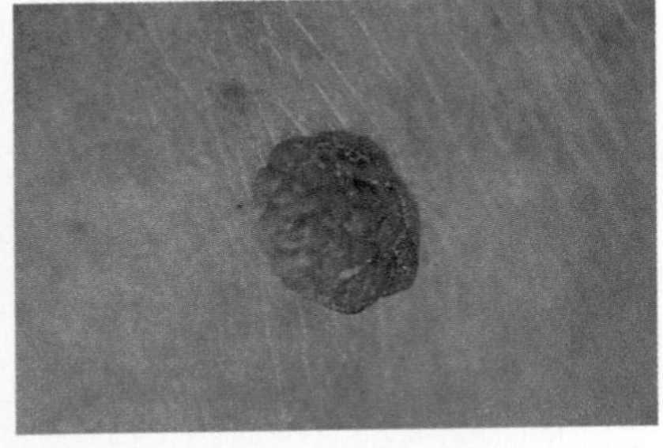

Figura 8-13 Lunar (nevus)

Melanoma es cáncer de las células productoras de pigmentos de la piel (Figura 8-14). Es la malignidad más grave de la piel y si no es tratada se propagará por todo el cuerpo y provocará la muerte. La cura total de esta enfermedad depende de la detección temprana y la posterior extirpación quirúrgica. Esta dolencia puede derivar de nevus pigmentados no malignos o de células de pigmento dentro de la piel que parecen normales. Su causa es desconocida; sin embargo, la asociación con la exposición a luz ultravioleta puede ser un factor coadyuvante.

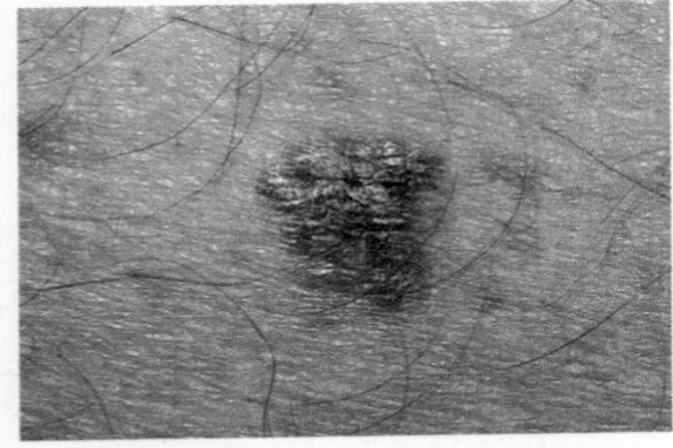

Figura 8-14 Melanoma

Aproximadamente el 1 por ciento del cáncer diagnosticado en los Estados Unidos es melanoma. De los melanomas diagnosticados, entre el 30 y 40 por ciento se presentan en las extremidades inferiores En general, los melanomas son bastante oscuros pero pueden variar entre coloraciones amarronadas y rojizas. El **melanoma amelanótico** aparece como una estructura roja y húmeda de la piel, similar al tumor. Los márgenes del melanoma son desiguales y tienden a confundirse con los tejidos circundantes. En algunos casos, en las palmas y plantas imitan el aspecto de las verrugas. Como profesional en cuidado de uñas, usted debe prevenirse de todas las lesiones pigmentadas sospechosas de la piel. Sepa qué buscar en base a lo que analizamos en la sección de nevus pigmentados y en esta sección. Informe a sus clientes acerca de los melanomas y derive las lesiones dudosas o sospechosas al dermatólogo para su evaluación.

El **herpes simple** es una infección de la piel común en el personal odontológico y otras personas dedicadas al cuidado de la boca. Puede comenzar como una paroniquia dolorosa (consulte el Capítulo 6). Se trata de una infección viral grave que puede repetirse periódicamente. El técnico en cuidado de uñas no debe brindar servicios de cuidado de uñas a clientes con esta dolencia.

PIGMENTACIÓN DE LA PIEL

El color de la piel es determinado en parte por la provisión de sangre a la piel, pero principalmente por la melanina o materia colorante. Las dolencias pigmentarias anormales pueden ser causadas por factores internos o externos. También se sabe que ciertos medicamentos causan irregularidades pigmentarias. Los clientes con estas irregularidades pueden recibir servicios de cuidado de uñas.

Albinismo es la ausencia congénita de pigmento de melanina en el cuerpo, incluyendo la piel, cabello y ojos. El cabello se presenta como blanco sedoso. La piel es blanca rosada y no se broncea. Los ojos son rosados y la piel envejece rápidamente. El albinismo es una forma de **leucoderma**, término general utilizado para la ausencia anormal de pigmentación.

Cloasma son manchas marrones en la piel especialmente en el rostro y manos. También se denomina al cloasma "manchas del hígado" o "paños de polilla".

Lentigines o **pecas**, son pequeñas manchas marrones o amarillas.

Una **marca de nacimiento** o **lunar** es una malformación de la piel debido a pigmentación anormal o capilares dilatados. Esta dolencia puede ser heredada.

El **bronceado** es el oscurecimiento de la piel causado por la exposición a los rayos ultravioleta del sol.

Vitíligo es una forma de leucoderma adquirido que afecta la piel o cabello. La gente que padece vitíligo debe protegerse del sol.

8

glosario del capítulo

adiposo	Tejido conectivo grasoso que brinda suavidad y forma al cuerpo.
albinismo	Ausencia congénita de pigmento de melanina en el cuerpo, incluyendo la piel, cabello y ojos.
ampolla	Una burbuja grande que contiene fluidos acuosos.
ampollas producidas por la fricción	Reacciones localizadas de la piel a la fricción proveniente de una fuente externa. La capa media de la piel se llena con un fluido color pajizo creando las ampollas.
bronceado	Oscurecimiento de la piel causado por la exposición a los rayos ultravioleta del sol.
callos (tiloma)	Placas de epidermis endurecidas superficiales causadas por la fricción excesiva en zonas tales como manos y pies.
capa basal	Anteriormente conocida como stratum germinativum, es la capa más profunda de la epidermis que yace en el corneum. Todas las demás células de la epidermis emanan de esta capa.
cicatriz	Una marca de color claro y levemente elevada en la piel, formada después de curada una herida o lesión de la piel.
cloasma	Son manchas marrones en la piel especialmente en el rostro y manos, también denominadas manchas del hígado o paños de polilla.
corpúsculos táctiles	Pequeñas estructuras epidérmicas con terminales nerviosos sensibles al tacto y la presión.
costra	Acumulación de suero y pus mezclados con escamas epidérmicas; ej.: una escara en una llaga.
dermatología	El estudio de la piel sana y los trastornos de la piel.
dermis	La capa subyacente o interna de la piel ubicada debajo de la epidermis, también denominada derma, corium, cutis o "piel verdadera".
eccema	El término genérico utilizado para describir un trastorno de inflamación de la piel crónico y duradero de causa desconocida.
elasticidad	La capacidad del tejido de volver a la normalidad y recobrar su forma original al desaparecer el estiramiento aplicado.
epidermis (cutícula)	La cobertura protectora más externa de la piel. No contiene vasos sanguíneos, pero sí contiene numerosos terminales nerviosos diminutos. Se compone de cuatro capas.
escamas	Piel muerta producida durante el desprendimiento de la epidermis; ej.: caspa grave.
estrato papilar	La capa más externa de la dermis ubicada directamente debajo de la epidermis.
estrato reticular	La capa más profunda de la dermis que contiene células, vasos, glándulas, terminales nerviosos y folículos, que provee de oxígeno y nutrientes a la piel.
excoriación	Una herida o raspadura causada por rascar o raspar la capa superficial de la piel.
fermentos	Sustancias que contienen células de hongos minúsculas utilizadas para promover la fermentación; una gran fuente de vitamina B.
fisura	Una grieta de la piel que penetra la dermis; ej.: manos o labios agrietados.
formaciones de moho	Desarrollo de hongos en lugares oscuros y húmedos que generalmente adoptan formas particulares.

glándulas sebáceas (glándulas excretoras de aceite)	Glándulas de la piel conectadas a los folículos pilosos que secretan sebo.
glándulas sudoríparas (glándulas de sudor)	Pequeños túbulos enrollados que secretan sudor; ubicados en el tejido subcutáneo y que terminan en la apertura de los poros.
herpes simple	Una infección viral que se presenta como una ampolla afiebrada o llaga fría.
hipodermis (estrato adiposo)	También denominada subcutis, la capa más profunda de la piel caracterizada por células grasas firmemente unidas.
hongos	Término general utilizado para describir parásitos similares a plantas que pueden propagarse fácilmente de uña a uña.
lentigines (pecas)	pequeñas manchas marrones o amarillas encontradas en la piel.
lesión	Un cambio estructural del tejido; puede ser primaria (la lesión original que manifiesta la existencia de una enfermedad) o secundaria (la lesión que se desarrolla en las etapas posteriores de una enfermedad).
leucoderma	Término general para la ausencia anormal de pigmentación.
mácula	Pequeña mancha o lunar descolorido en la superficie de la piel. Algunas máculas son seguras y otras no lo son.
mancha	Una decoloración anormal que permanece después de la desaparición de lunares, pecas o manchas del hígado o después de ciertas enfermedades.
marca de nacimiento (lunar)	Una malformación de la piel debido a pigmentación anormal o capilares dilatados. Esta dolencia puede ser heredada.
melanina	El diminuto grano de pigmento en la epidermis que determina el color natural de la piel y protege las células ensibles contra los rayos de luz fuerte.
melanoma	Cáncer de las células productoras de pigmentos de la piel. Si no es tratado se propagará por todo el cuerpo y provocará la muerte.
músculos arrector pili	Diminutas fibras musculares involuntarias de la piel insertadas en la base de los folículos pilosos que provocan piel de gallina.
nervio	Una cuerda blanca y larga compuesta de masas de neuronas unidas por tejido conectivo que transporta mensajes a varias partes del cuerpo desde el sistema nervioso central.
nervios motores	Nervios que transportan los impulsos de los centros nerviosos a los músculos.
nervios secretorios	Nervios de las glándulas de sudor y excretoras de aceite que regulan la transpiración y la excreción de sebo.
nervios sensorios	Nervios que transportan impulsos desde los órganos de los sentidos al cerebro para experimentar sensaciones como tacto, frío, calor, dolor y presión.
nevus pigmentado (lunar)	Tumor color bronceado o marrón hinchado sobre la piel que varía en tamaño, forma y superficie. Algunos pueden presentar crecimiento de cabello en ellos.
nódulos	Pequeños tumores.
papillae	Pequeñas extensiones en forma de cono que se extienden en sentido ascendente hacia la epidermis desde la dermis. Algunas contienen capilares curvos, otras contienen pequeños vasos sanguíneos mientras que otras contienen el pigmento de melanina.

pápula	Pequeña elevación sobre la superficie de la piel con un centro sólido.
psoriasis	Una enfermedad generalizada caracterizada por parches rojos y escamas que produce efectos de leves a graves en la piel.
pústula	Bulto en la piel con una base inflamada y una cabeza que contiene pus.
queratinización	Los cambios visibles microscópicamente así como los cambios bioquímicos que tienen lugar dentro de las células de la piel en su ascenso hacia la capa externa de la epidermis.
quiste	Un bulto semisólido o líquido ubicado sobre y debajo de la superficie de la piel.
ronchas (urticaria)	Protuberancias hinchadas con comezón que permanecen durante varias horas; por lo general son causadas por picaduras de insectos o reacciones alérgicas.
síntomas objetivos	Síntomas visibles para el técnico en cuidado de uñas tales como granos, pústulas o inflamación.
síntomas subjetivos	Síntomas que siente el cliente tales como comezón, ardor o dolor.
stratum corneum (capa córnea)	La capa exterior de la epidermis compuesta de células epiteliales muertas que se despiden y reemplazan en forma continua.
stratum granulosum	La capa granulosa de la epidermis donde el proceso de queratinización es más activo.
stratum lucidum	La capa clara y transparente de la epidermis debajo del stratum corneum. Es más prominente en las palmas de las manos y plantas de los pies.
tejido elástico	Tejido encontrado en el estrato papilar de la dermis, compuesto principalmente de elastina que otorga a la piel la capacidad de recobrar su forma original luego de haber sido estirada.
tejido subcutáneo	Tejido grasoso conocido como adiposo que brinda suavidad y forma al cuerpo. Contiene grasa almacenada para ser quemada a los efectos de energía y actúa como amortiguador protector para la piel externa.
tubérculo	Un bulto sólido más grande que una pápula cuyo tamaño varía entre un guisante y una nuez americana.
tumor	Una masa celular anormal que varía en tamaño, forma y color.
úlcera	Una lesión abierta de la piel o membrana mucosa del cuerpo. Las úlceras van acompañadas de pus y pérdida de densidad de la piel.
verrugas (papiloma, acuminata tumor plantar)	Infecciones virales no cancerígenas de la piel causadas por un papillomavirus humano específico (HPV) que se multiplica y dentrodel núcleo de las células productoras de piel.
vesícula	Una burbuja que contiene fluido claro. Un ejemplo de dolencia que produce vesículas es la hiedra venenosa.
vitíligo	Forma de leucoderma adquirido que afecta la piel o cabello. La gente que padece vitíligo debe protegerse del sol.

preguntas de revisión

1. ¿Cuáles son las características de la piel sana?
2. Nombre cinco funciones de la piel
3. Describa epidermis y dermis.
4. ¿Cómo se nutre la piel?
5. ¿Cuáles son las funciones de las glándulas de sudor?
6. Nombre cinco tipos de lesiones.
7. ¿Cuáles son las características del eccema y la psoriasis?

Registro médico del cliente
Dirección:
Teléfono:
rio ideal para una cita:
L DEL CLIENTE
¿A qué se dedica?
Tiene algún hobby que le requiera trabajar con
Realiza alguna actividad deportiva
¿Qué
iliza guantes de goma cuando lleva
nto tiempo dedica por

9 CONSULTA CON EL CLIENTE

Autor: Janet McCormick

RESEÑA DEL CAPÍTULO

Determinación de la condición de las uñas y la piel • Determinación de las necesidades del cliente • Satisfacción de las necesidades del cliente • Llenado del formulario de salud/registro del cliente • Mantenimiento del registro de servicios al cliente y productos utilizados

Objetivos de aprendizaje

Después de finalizar este capítulo, usted podrá:

1. **Explicar el objetivo de la consulta con el cliente.**
2. **Explicar las partes de la consulta.**
3. **Describir la técnica consultiva.**
4. **Describir el aspecto de las uñas sanas.**
5. **Describir los síntomas de las alergias.**
6. **Explicar por qué conocer el estilo de vida del cliente es útil a los fines de tomar decisiones acerca de los productos y servicios a ser aplicados.**
7. **Determinar cuándo es necesario derivar un cliente al médico.**
8. **Describir la información a ser reunida en el formulario de salud/registro del cliente.**
9. **Nombrar las razones de mantener un formulario de salud/registro del cliente.**
10. **Nombrar las razones de mantener un formulario de servicios al cliente y productos utilizados.**

Términos clave

El número de página indica dónde se utiliza el término dentro del capítulo.

análisis
pág. 153

consulta con el cliente
pág. 153

recomendaciones
pág. 153

Antes de brindar servicios al cliente, usted debe tomarse un momento para conversar con el cliente en cuestión y completar un formulario de salud/registro del cliente y un registro de servicios al cliente y productos utilizados. Durante esta conversación denominada **consulta con el cliente**, usted analizará el estado de salud general del cliente, la salud de sus uñas y piel, su estilo de vida y necesidades y los servicios de cuidado de uñas que usted puede ofrecerle. Utilizará sus conocimientos sobre piel, uñas y cada tipo de servicio de cuidado de uñas para asistir a su cliente en la elección del servicio más adecuado. Si el cliente padece trastornos de uñas o piel que impiden brindarle servicios, usted debe derivar el cliente a su médico y ofrecerse a brindarle servicios tan pronto como se hayan tratado tales trastornos.

La **consulta con el cliente** se compone de dos partes, el **análisis** y las **recomendaciones**. Para obtener mejores resultados, deberá llevarlas a cabo como secciones separadas y diferenciadas. El **análisis** es la primera sección del proceso, la parte de reunión de información. En esta sección, realiza preguntas al cliente observando atentamente su piel y uñas. Tóquelas, determine su textura, contenido de humedad, coloración y estado en observaciones verbales dirigidas al cliente. Siempre comente lo que observa y realice más preguntas sobre el estilo de vida y el cuidado en el hogar. Pregunte al cliente cuál es el objetivo que pretende que usted logre en el cuidado de su piel y uñas. Luego, después de haber reunido toda la información y conocido los objetivos, se realizan **recomendaciones** acerca de los servicios adecuados que facilitarán el logro de tales objetivos. Deben explicarse detalladamente los beneficios y resultados del servicio recomendado. Se recomienda el uso doméstico de productos que faciliten a los clientes el logro de sus objetivos y se brindan instrucciones acerca de cómo y cuándo deben ser utilizados. Debe aplicarse una técnica consultiva profesional a los fines de causar una satisfactoria primera impresión.

La consulta es su primera oportunidad de presentarse como un profesional frente a su cliente. Debe comportarse de una manera sincera y confidente. Usted deberá

- concentrarse en el cliente.
- mirar al cliente en forma directa mientras habla en un tono que refleje integridad y confianza.
- fundamentar sus recomendaciones con hechos e información.
- ser amigable y servicial.

Una consulta bien realizada puede presentar una imagen profesional sólida ante su cliente. Es la diferencia entre ser un profesional y sólo "hacer las uñas".

9

DETERMINACIÓN DE LA CONDICIÓN DE LAS UÑAS Y LA PIEL

¿Las uñas y piel de su cliente están sanas? Observe las uñas y piel de las manos o pies (según el servicio a brindar). Examínelos en busca de trastornos. En general, si el cliente no presenta inflamación, infección, hinchazón o piel dañada se puede comenzar a trabajar. Puede resultar necesario derivar el cliente a su médico si encuentra algún problema. Es importante manejar esta situación con mucha delicadeza (Figura 9-1).

Figura 9-1 ¿Las uñas y piel de su cliente están sanas?

Si necesita derivar el cliente al médico, debe actuar en forma responsable y cauta. Explique a su cliente que considera que puede existir un problema y que para estar seguros no brindará servicios hasta que haya visitado un médico. Nunca intente diagnosticar el problema porque podría causar estrés innecesario a su cliente. Si bien puede resultar difícil rechazar un cliente, usted debe hacerlo. Brindar servicios a un cliente con una uña infectada podría causar gran dolor a su cliente por lo cual podría culparlo a usted. Asimismo, su cliente quedará impresionado por su profesionalidad y preocupación por su salud y seguridad.

La consulta debe incluir el análisis del estado de salud general del cliente. La seguridad de su cliente puede depender de los conocimientos obtenidos de las preguntas u observaciones realizadas en relación con su estado de salud general. Lea siempre el formulario de salud/registro completado para informarse de las precauciones adecuadas que debe adoptar durante los servicios. Por ejemplo, sea particularmente cuidadoso al limar las uñas o empujar el pterigión de un cliente diabético y *nunca* corte las cutículas. La pedicura de este cliente debe realizarse en agua tibia, no caliente, ya que la piel del cliente diabético es particularmente sensible al calor. Los diabéticos se infectan fácilmente y se curan lentamente, a veces no logran curarse. Las perspectivas pueden ser letales si se corta o raspa la piel. Los clientes que padecen artritis deben ser tratados con suavidad durante los servicios y los clientes que presentan enfermedades circulatorias tales como venas varicosas, deben ser masajeados muy suavemente de ser necesario el masaje. Es responsabilidad del técnico reunir la información que garantice la salud de los clientes (Figura 9-2).

Figura 9-2 Complete siempre el formulario de salud del cliente antes de comenzar a brindar cualquier servicio.

¿Su cliente padece alergias? Siempre debe evitar utilizar productos que puedan causar reacciones alérgicas. Como profesional, usted debe estar alerta a cualquier cambio o molestia en la piel o uñas del cliente e investigar en profundidad sus causas. Algunos síntomas de alergia son sequedad y agrietamiento grave de las cutículas, onicólisis, vibración del lecho de las uñas luego del limado, comezón en las cutículas e hinchazón alrededor de las uñas. Alguno de tales síntomas o la combinación de éstos y otros síntomas puede indicar la necesidad de modificar o cesar los servicios o productos aplicados. Si su cliente exterioriza una reacción a un producto, asegúrese de anotarlo en el formulario de salud/registro del cliente incluyendo el producto utilizado y el tipo de reacción observada.

DETERMINACIÓN DE LAS NECESIDADES DEL CLIENTE

¿Qué servicio de cuidado de uñas desea el cliente? Si el cliente solicita un servicio de cuidado de uñas específico, analice el procedimiento utilizado para brindar tal servicio, los beneficios y el mantenimiento adecuado. Asegúrese de que las expectativas de su cliente sean realistas. Tome en cuenta el servicio deseado al conversar acerca del estilo de vida del cliente. Es posible que usted conozca un servicio de cuidado de uñas más adecuado para las necesidades del cliente. Tenga en cuenta los objetivos del cliente en todo momento.

¿Qué estilo de vida presenta el cliente? ¿Qué tipo de trabajo realiza su cliente? ¿Cuáles son sus hobbies? ¿Las manos de su cliente están en contacto frecuente con el agua? ¿Su cliente camina mucho? Al conocer las respuestas a este tipo de preguntas podrá decidir aspectos tales como la mejor longitud para las uñas de su cliente o cuánta callosidad quitar de los pies. ¿El cliente es jardinero, modelo, guitarrista o corredor? El jardinero necesitaría uñas cortas porque sería difícil quitar la suciedad debajo de las uñas largas. La suciedad que no puede ser removida podría causar infecciones o daños dolorosos. El guitarrista puede necesitar uñas cortas en la mano izquierda y desear uñas más largas en la mano derecha. También necesita tener callos en las puntas de los dedos de la mano izquierda. Las modelos necesitan uñas y piel hermosas (Figura 9-3). El corredor puede tener callos en los pies que los protegen al correr. Siempre debe considerar el estilo de personalidad y actividades de su cliente al elegir el servicio de cuidado de uñas a ser aplicado (Figura 9-4). En cada uno de tales casos un servicio inadecuado podría incomodar al cliente e inclusive causarle dolor. Usted es el profesional; es su trabajo complacer al cliente. Si el cliente recibe un servicio y no está conforme con el mismo, puede no regresar. Si ofrece un servicio distinto del solicitado originalmente y explica por qué considera que dicho servicio es más adecuado para el cliente, conservará dicho cliente toda la vida.

Figura 9-3 Las modelos necesitan uñas hermosas.

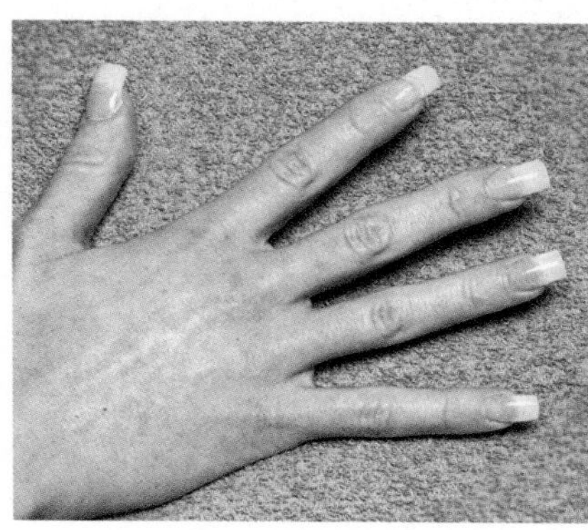

Figura 9-4 Muchas personas prefieren uñas con aspecto natural.

SATISFACCIÓN DE LAS NECESIDADES DEL CLIENTE

¿Cuál es la decisión final del cliente acerca de los servicios de cuidado de uñas? Luego de conversar con el cliente sobre sus necesidades, expectativas y salud de las uñas, usted confirmará el servicio elegido por el cliente o bien recomendará otro servicio. Considere sus recomendaciones como una "enseñanza para el cliente". A los clientes les agrada aprender sobre su piel y uñas y responderán en forma positiva a las recomendaciones realizadas de este modo. Explique por qué un servicio es mejor para el cliente, qué hará usted durante el procedimiento y explique detalladamente los resultados que el cliente puede esperar. Por ejemplo, usted no querría que su cliente crea que las envolturas para uñas (materiales de tela o papel para esculpir uñas) permanecen eternamente y no necesitan mantenimiento. El cliente se desilusionaría mucho cuando la uña comenzara a sobresalir de la envoltura a pesar de haber recibido un servicio muy profesional. Este es el momento adecuado para explicar las precauciones de seguridad que adoptará durante el procedimiento. Por ejemplo, si va a aplicar uñas de acrílico debe explicar por qué utilizará anteojos de seguridad al aplicar imprimante. También es buena idea ofrecer al cliente idéntica protección (Figura 9-5).

Figura 9-5 Explique por qué considera que un servicio en particular es mejor para su cliente.

Luego de completado este proceso con el cliente, comenzará con el procedimiento. Usted y el cliente estarán seguros de que el servicio elegido es el adecuado. Lo cual significa que tiempo y dinero se destinan inteligentemente. El servicio de cuidado de uñas no debe interferir con el estilo de vida del cliente y debe satisfacer todas las expectativas, al mismo tiempo su cliente sabrá que usted se preocupa por su salud y seguridad. El cliente abandonará el salón satisfecho y ¡regresará una y otra vez como cliente habitual!

NEGOCIOS CONSEJOS

Agradecemos su visita...

En el ambiente comercial competitivo actual es importante ganarse la fidelidad del cliente en forma inmediata. Por este motivo, es crucial realizar las tareas en forma profesional durante la primera exposición del cliente a sus servicios y continuar recordando su atención profesional. Un "gracias por su visita a (nombre del salón)" es una buena manera de asegurar su relación profesional y ganar fidelidad en el futuro. Existen tarjetas de este tipo en exhibiciones y catálogos de belleza. Con una nota y la firma del profesional que brindó los servicios, son muy bien recibidas. Las tarjetas de agradecimiento manuscritas en papel comercial también son apreciadas. Además, incluir los nuevos clientes en la lista de correo para las comunicaciones del salón, tales como boletines informativos y notificaciones promocionales, les recordarán sus servicios cada vez que reciban tales mensajes en su hogar. A los nuevos clientes les agrada que les recuerden cuánto disfrutaron brindándoles servicios y si el primer servicio fue sobresaliente y profesional, le responderán con nuevas citas.

LLENADO DEL FORMULARIO DE SALUD/REGISTRO DEL CLIENTE

El formulario de información de salud/registro del cliente variará de un salón a otro. Si se utilizan tarjetas, éstas deben estar ubicadas convenientemente para una rápida referencia por parte de cada técnico en cuidado de uñas del salón y poder ser encontrada fácilmente en cada visita del cliente. Si el salón está informatizado, la información de salud/registro del cliente puede estar ingresada en la computadora y accederse a ésta, inclusive impresa, presionando unas pocas teclas.

Los formularios de salud/registro de clientes generalmente contienen tres tipos de información preciada incluyendo

1. **La Información general** incluye nombre, domicilio, número telefónico del cliente, nombre de la persona que le recomendó los servicios y horarios preferidos para citas.
2. El **perfil del cliente** incluye información sobre el tipo de trabajo y actividades de esparcimiento que realiza el cliente.
3. El **registro médico** incluye información sobre el estado de salud general del cliente. Esta información le facilitará determinar si es seguro brindar servicios de cuidado de uñas o masajes de pies y manos al cliente (Figuras 9-6 y 9-7).

FORMULARIO DE SALUD/REGISTRO DEL CLIENTE

Nombre: ______________________ Fecha de Nacimiento: ______________________

Domicilio particular: ______________________ Domicilio laboral: ______________________

______________________ ______________________

______________________ ______________________

Teléfono particular: ______________________ Teléfono laboral: ______________________

Horario preferido para citas: ____

PERFIL DEL CLIENTE

1. ¿Qué tipo de trabajo realiza? ____
2. ¿Tiene hobbies que requieren actividades manuales? ____________ De ser así, ¿cuáles son? ____
3. ¿Participa en actividades deportivas? De ser así ¿de qué tipo? ______________________
4. ¿Usa guantes de goma para las tareas domésticas? ______________________
5. ¿Cuánto tiempo semanal le dedica al cuidado de sus uñas? ______________________
6. ¿Con qué frecuencia recibe servicios de cuidado de uñas profesionales? ______________________

REGISTRO MÉDICO

Su salud puede ser importante para el cuidado profesional de sus manos y pies. Sírvase marcar con un círculo las opciones correspondientes a su estado de salud y completar con el nombre donde sea necesario.

Enfermedad circulatoria____________	Diabetes	Enfermedad tiroidea
Enfermedad de la piel ____________		Embarazo Artritis aguda
Infección fúngica (manos o pies)	Enfermedad cardíaca	Terapia retinoide
Enfermedad de Reynaud	Actualmente recibe quimio/radiación	Ataque súbito
Venas varicosas prominentes	Tratamientos/productos con alfahidroxiácidos	
Lupus	Medicamentos fotosensibles	

¿Actualmente toma algún medicamento regularmente?__________ De ser así, ¿cuál?__________

____

Para servicios con acrílico/gel/envolturas, sírvase completar también lo siguiente.

¿Utilizó apliques para uñas anteriormente?__________ De ser así, ¿de qué tipo?__________

¿Es alérgico a algún tipo de aplique?_______ De ser así, ¿a cuál?__________

¿Su piel es grasa o seca?__________

Comentarios:____

____

Figura 9-6 Formulario de salud del cliente

REGISTRO DE SERVICIOS

Nombre: ______________________________

Domicilio particular: ______________________ Domicilio laboral: ______________________

Teléfono laboral: ______________________ Teléfono particular: ______________________

Horario preferido para citas: ______________________________

FECHA	SERVICIOS BRINDADOS	OBSERVACIONES	PRECIO

FECHA	PRODUCTOS VENDIDOS	PRECIO

¿Qué servicios de cuidados de uñas futuros se consideraron?

____

____

____

Figura 9-7 Registro de servicios

MANTENIMIENTO DEL REGISTRO DE SERVICIOS AL CLIENTE Y PRODUCTOS UTILIZADOS

Cada vez que el cliente recibe servicios en el salón debe realizarse la respectiva anotación en el registro de servicios al cliente y productos utilizados del cliente en cuestión. Este registro puede mantenerse manualmente en un formulario de salud/registro del cliente, en un archivo o carpeta o en el archivo de computadora del cliente. Debe ser revisado en cada visita porque contiene información sobre los servicios brindados, productos vendidos, servicios de cuidado de uñas futuros considerados y los objetivos del cliente. El registro de servicios al cliente y productos utilizados es un activo preciado del salón que debe conservarse. Por ejemplo, si el cliente se presenta para recibir servicios cuando su técnico en cuidado de uñas habitual no está disponible o si surge un problema posterior con los servicios o productos. Los formularios de salud/registro del cliente y los registros de servicios al cliente/productos utilizados son herramientas de consulta. Si se los utiliza y mantiene a conciencia, le demuestra al cliente que usted es un profesional que se preocupa por su salud y seguridad, así como por la calidad de los servicios que éste recibe.

glosario del capítulo

9

análisis	La sección de reunión de información de la consulta con el cliente donde el técnico en cuidado de uñas realiza preguntas al cliente y analiza sus uñas y piel.
consulta con el cliente	Conversación entre el técnico en cuidado de uñas y el nuevo cliente para reunir información sobre su estado de salud general, la salud de sus uñas y piel, su estilo de vida y necesidades y los servicios de cuidado de uñas que el técnico en cuidado de uñas puede brindar.
recomendaciones	La segunda sección del proceso de consulta con el cliente donde el técnico en cuidado de uñas analiza los beneficios y resultados de los servicios recomendados.

preguntas de revisión

1. ¿Cuál es el objetivo de la consulta con el cliente?
2. ¿Cuáles son las partes de la consulta?
3. ¿Cuáles son las características de las uñas sanas?
4. ¿Cómo diferirían sus servicios para un corredor y un guitarrista?
5. ¿Bajo qué circunstancias derivaría el cliente al médico?
6. ¿Cuáles son los tres tipos de información incluida en el formulario de salud/registro del cliente?
7. ¿Por qué mantiene un formulario de salud/registro del cliente y registros de servicios al cliente y productos utilizados?

parte 3

PROCEDIMIENTOS BÁSICOS

MANICURA

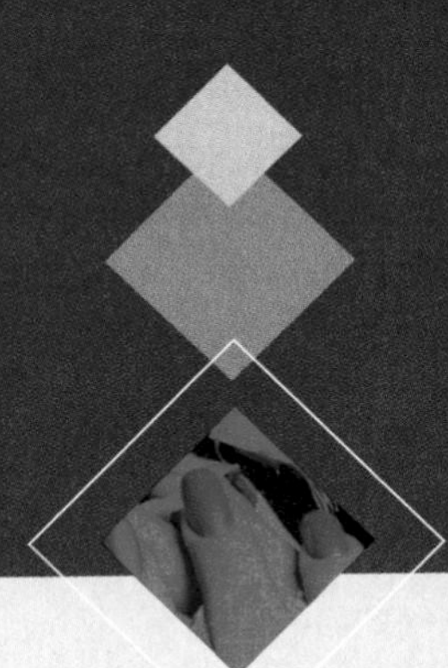

Autor: Debrorah Beatty

RESEÑA DEL CAPÍTULO

Insumos de tecnología del cuidado de las uñas • Elección de la forma de las uñas Manicura Común • Manicura francesa y americana • Manicura con aceite caliente reacondicionador • Manicura para el hombre • Manicura con torno eléctrico Tratamiento con cera de parafina • Masajes para manos y brazos Manicura de spa

---

PROCEDIMIENTOS

10-1 Preparación de la mesa básica • 10-2 Manejo de la sangre durante los servicios de manicura
10-2 Servicios de manicura común • 10-4 Tratamiento con cera de parafina

Objetivos de aprendizaje

Después de finalizar este capítulo, usted podrá:

1. **Identificar los cuatro tipos de herramientas para la tecnología del cuidado de uñas necesarias para hacer una manicura.**
2. **Demostrar su correcto manejo de las herramientas para la tecnología del cuidado de uñas.**
3. **Exhibir una correcta organización de una mesa de manicura.**
4. **Practicar los procedimientos de tres partes necesarios para hacer un servicio de cuidado de uñas.**
5. **Crear las cinco formas básicas de uñas.**
6. **Llevar a cabo una manicura básica con aceite caliente reacondicionador incorporando todas las exigencias de seguridad e higiene.**
7. **Utilizar la técnica correcta para aplicar esmalte de uñas.**
8. **Realizar las cinco formas básicas de aplicación de esmalte de uñas.**
9. **Saber hacer los movimientos de masaje para manos y brazos asociados con la manicura.**
10. **Llevar a cabo un tratamiento con cera de parafina.**
11. **Mostrar todos los requisitos de salubridad y seguridad esenciales para el cuidado de uñas y manos.**

Términos clave

El número de página indica dónde se utiliza el término dentro del capítulo.

abrasivos suaves
pág. 171

apósitos
pág. 178

laca
pág. 171

masaje effleurage
pág. 193

movimiento de amasamiento de petrissage
pág. 194

polvo estíptico
pág. 170

polvo pómez
pág. 171

pulidor de gamuza
pág. 168

sesgar
pág. 167

uña cuadrada
pág. 175

uña cuadrangular
pág. 175

uña en punta
pág. 175

uña ovalada
pág. 175

uña redondeada
pág. 175

Tener uñas y manos bien cuidadas ha adquirido una enorme importancia para nuestra cultura en la actualidad, tanto para mujeres como para hombres. Constituye uno de los servicios de mayor crecimiento en un salón. Una vez que haya aprendido los conocimientos básicos y maneje las técnicas fundamentales de este capítulo, estará en camino de convertirse en un profesional y proveer los servicios enormemente solicitados de un técnico profesional en el cuidado de las uñas. Como profesional, es imperativo que aprenda a trabajar con las herramientas que se exigen en su profesión e incorporar todas las medidas de seguridad e higiene durante cualquier procedimiento. Los cuatro tipos de herramientas para la tecnología del cuidado de uñas que debe incorporar en sus servicios son

1. equipo.
2. implementos.
3. materiales.
4. cosméticos para uñas.

TECNOLOGÍA DEL CUIDADO DE UÑAS INSUMOS

Equipo

El equipo incluye todas las herramientas permanentes para llevar a cabo servicios para el cuidado de uñas que no requieren reemplazo hasta que ya no puedan ser reparadas o no estén en óptimas condiciones.

Mesa de manicura con lámpara ajustable

La mayoría de las mesas de manicura incluyen un cajón (para guardar implementos higienizados y cosméticos) y tienen adosada una lámpara ajustable. La lámpara debe tener una bombilla de 40 vatios. El calor generado por una lámpara más potente interferirá con los procedimientos de manicura y esculpido de uñas. Una lámpara menos potente no provee suficiente calor para las uñas de un cliente en una habitación excepcionalmente fría. La temperatura de la lámpara mantendrá la consistencia de los productos.

10

Sillón del técnico en cuidado de uñas y del cliente

El sillón del técnico debe ser seleccionado por su ergonomía, confort, durabilidad y facilidad de higienizado. El sillón del cliente debe ser duradero, cómodo y fácil de higienizar. Por razones higiénicas, la almohadilla del cliente debe estar cubierta con una toalla de tela esponjada recién lavada o con toallas desechables utilizadas por el cliente y luego reemplazadas. Otra opción es higienizar el almohadón con un desinfectante en spray luego de cada cliente.

Aguamanil

Un aguamanil es un tazón específicamente diseñado para remojar los dedos del cliente con agua tibia con jabón antibacterial. Puede estar fabricado con diferentes materiales como plástico, metal o vidrio, pero debe ser duradero y fácil de higienizar luego de usado por cada cliente (Figura 10-1).

Figura 10-1 Aguamanil lleno de agua tibia y jabón líquido y cepillo de uñas.

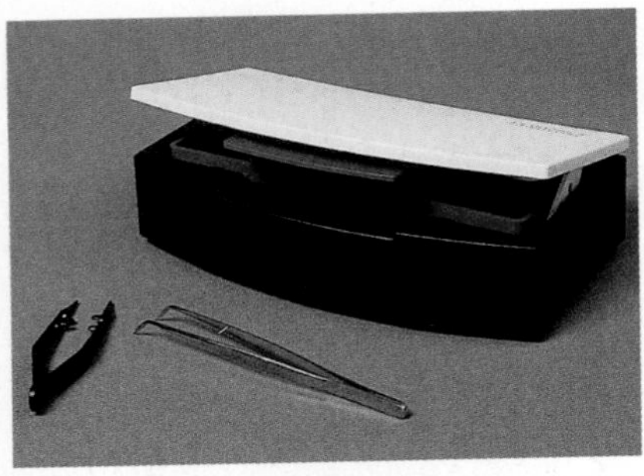

Figura 10-2 Recipientes para desinfección.

Recipientes para desinfección

Un recipiente para desinfección es un receptáculo lo suficientemente grande como para contener una solución desinfectante en la que los implementos que necesiten higienización sean sumergidos completamente. Los recipientes para desinfección vienen en diferentes formas, medidas y materiales. Tienen que contar con una tapa, que se utiliza para evitar la contaminación de la solución desinfectante mientras el líquido no está en uso. Algunos recipientes tienen una bandeja que permite retirar los implementos de la solución simplemente levantando la bandeja con la mano sin contaminar la solución. Luego de retirar los implementos del recipiente para desinfección, éstos deben ser bien enjuagados con agua o alcohol, ya que nunca se debe permitir que los desinfectantes queden en contacto con la piel. Si el recipiente para desinfección no posee bandeja, retire los implementos con pinzas o guantes. Nunca sumerja los dedos en la solución porque esto la contaminará. Nunca coloque implementos usados en el recipiente para desinfección hasta que hayan sido lavados correctamente (Figura 10-2).

Apoyabrazos acolchado del cliente

El apoyabrazos debe estar diseñado para manicura y tener una medida de 20 cm x 35 cm; también se puede utilizar una toalla doblada a la medida del apoyabrazos. El apoyabrazos o la toalla doblada deben cubrirse con una toalla limpia o desechable antes de cada cita.

Recipiente de paños absorbentes

Este recipiente contendrá algodón absorbente o paños sin pelusa.

Calentador para aceite caliente reacondicionador de manicura

Un calentador de aceite de manicura calienta la crema que será utilizada para realizar este servicio.

Bandeja de insumos

Esta bandeja aloja cosméticos tales como esmaltes, quitaesmaltes y cremas. Deberá ser duradera, equilibrada y fácil de limpiar e higienizar.

Secador eléctrico de uñas

Un secador eléctrico es un elemento opcional diseñado para acortar el tiempo necesario para que sequen las uñas del cliente.

Torno eléctrico

Los tornos eléctricos pueden ahorrar tiempo y esfuerzo en algunos servicios de uñas. Para obtener más información, consulte el Capítulo 12.

HIGIENIZACIÓN PRECAUCIÓN

Si se le cae un palillo de naranjo al suelo, deberá desecharlo. No es un implemento que pueda higienizarse o reutilizarse.

Implementos

Los implementos son herramientas que deben ser higienizadas o desechadas luego de ser utilizadas con cada cliente. Son lo suficientemente pequeñas para ser higienizadas en el recipiente para desinfección.

Palillo de naranjo

Utilice un palillo de naranjo para aflojar la cutícula alrededor de la base de la uña o limpiar el borde de la uña. Sostenga el palillo como si fuera un lápiz. Cuando lo

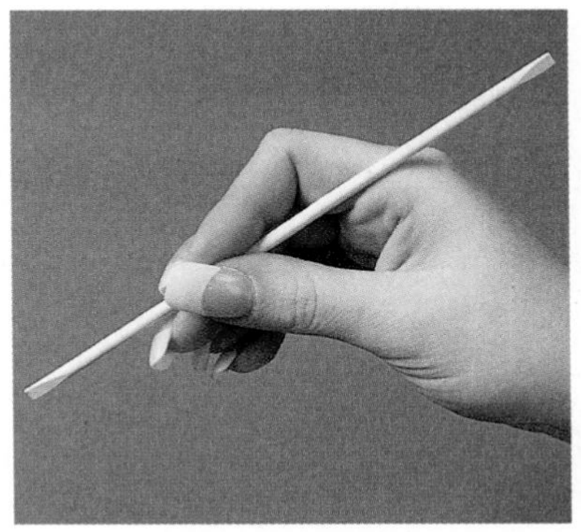

Figura 10-3 Palillo de naranjo.

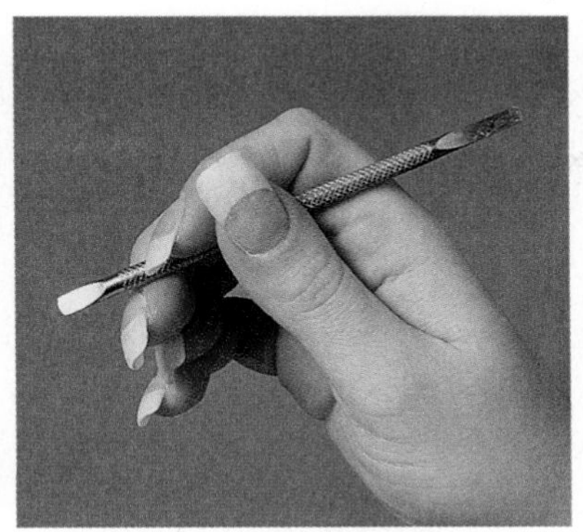

Figura 10-4 Repujador de acero.

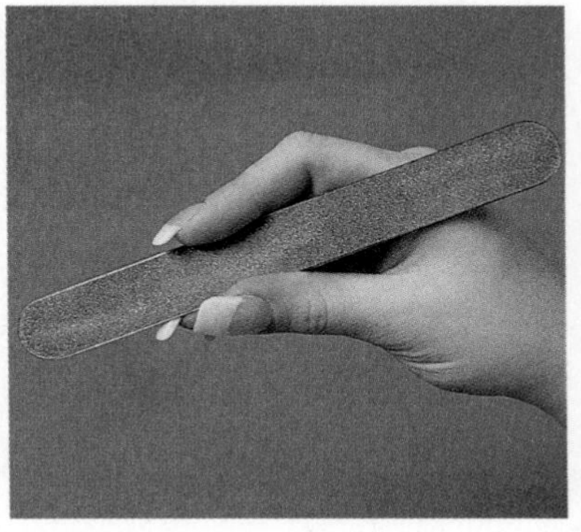

Figura 10-5 Lima para uñas de metal.

utilice para aplicar cosméticos, envuelva un poco de algodón alrededor de la punta. Los palillos de naranjo no pueden ser higienizados, por lo que se regalan al cliente o se parten en dos y se desechan (Figura 10-3).

Repujador de acero

Los repujadores de acero, también llamados repujadores de cutículas, se utilizan para hacer retroceder el excesivo crecimiento de las cutículas. Sostenga el repujador de acero de la manera en que sostiene un lápiz. La cucharilla del extremo se utiliza para aflojar y hacer retroceder la cutícula. Si el repujador tiene bordes desparejos o filosos, utilice una lima para desbastarlos. De esta manera evitará que se clave en la superficie de la uña. Como son reutilizables, siga los estrictos procedimientos de higienización antes de utilizarlos con otro cliente (Figura 10-4).

Lima metálica de uñas

Las limas metálicas se utilizan para dar forma al extremo libre de uñas duras o esculpidas. Algunos profesionales en el cuidado de uñas utilizan limas de 18 ó 20 cm, ya que determinados estados no permiten el uso de limas de menor tamaño. Debido a que estas limas son metálicas y reutilizables, deben ser desinfectadas luego de cada uso. Cuando utilice estas limas, sosténgalas colocando su pulgar de un lado y la palma con el resto de los dedos del otro lado (Figura 10-5).

Lima de cartón

Muchos profesionales del cuidado de uñas prefieren utilizar limas de cartón en lugar de las metálicas. Son también una buena opción para uñas débiles o frágiles ya que no son tan gruesas como las metálicas. Una lima de cartón puede tener dos lados, uno de grano fino y otro de grueso. El lado grueso es utilizado para dar forma al extremo libre de las uñas, y el lado fino es utilizado para **sesgar** la uña o suavizar los bordes. Sostenga la lima de cartón igual que las metálicas, con el lado ancho en su mano y el angosto para trabajar. Para sesgar, sostenga la lima de cartón con un ángulo de 45º y aplique una suave presión en la parte superior o lateral de la uña. La mayoría de los profesionales utilizan limas de cartón de 18 ó 20 cm, ya que algunos estados no permiten el uso de limas de menor tamaño. Las limas de cartón no pueden ser higienizadas, por lo que se regalan al cliente o se parten en dos y se desechan. No es buena idea guardar las limas de cartón en bolsas de plástico para cada cliente. Las bacterias pueden proliferar en implementos sin higienizar antes de la siguiente cita con el cliente (Figura 10-6).

El algodón alrededor del palillo de naranjo debe ser reemplazado después de cada uso.

En algunos estados no se permite a los técnicos en el cuidado de uñas el uso de limas metálicas Consulte a su instructor.

En algunos estados no se permite a los técnicos en el cuidado de uñas recortar cutículas. Consulte a su instructor.

Figura 10-6 Lima de cartón.

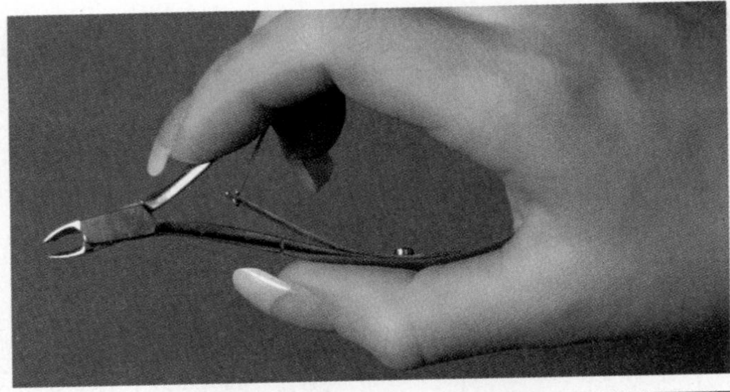

Figura 10-7 Alicates de cutícula.

HIGIENIZACIÓN PRECAUCIÓN

Si se le cae al suelo una lima de cartón durante un procedimiento, deberá desecharla. Es un elemento desechable y, por ello, no puede ser reutilizado ni higienizado.

CONOZCA las regulaciones del estado

En algunos estados no se permite el uso del pulidor de gamuza. Consulte a su instructor.

10

HIGIENIZACIÓN PRECAUCIÓN

El pulidor de gamuza debe estar diseñado para poder cambiar la gamuza luego de cada uso. Asegúrese de desechar la gamuza luego de cada uso.

Alicates de cutícula

Los alicates de cutícula se utilizan para recortar el exceso de cutícula en la base de la uña. Para utilizar los alicates, sosténgalos en la palma de la mano con las hojas sobre la cutícula. Coloque su pulgar sobre un asa y tres dedos sobre la otra, dejando el índice sobre el tornillo para ayudar a guiar los alicates hacia la cutícula. Como son reutilizables, siga los estrictos procedimientos de higienización antes de utilizarlos con otro cliente (Figura 10-7).

Tenacillas

Las tenacillas pueden ser utilizadas para levantar pequeños trozos de cutícula sobre la uña. Como son reutilizables, siga los estrictos procedimientos de higienización antes de utilizarlos con otro cliente.

Cepillo de uñas

Se utiliza un cepillo de uñas para limpiar las uñas y retirar trozos de cutícula con agua enjabonada tibia. Sostenga el cepillo con las cerdas hacia abajo y opuestas a usted. Coloque su pulgar sobre el costado de la manija de su lado y los dedos del otro lado. Como son reutilizables, siga los estrictos procedimientos de higienización antes de utilizarlos con otro cliente.

Pulidor de gamuza

El **pulidor de gamuza** se utiliza para abrillantar las uñas y para suavizar líneas o crestas sobre la superficie de las uñas. Existen dos tipos de pulidores de gamuza. El primero tiene el asa abierta; el segundo tiene el asa cerrada arriba. Para utilizar el pulidor de asa abierta, coloque los dedos sobre el asa y el pulgar sobre el costado para guiarlo. Para utilizar el pulidor de asa cerrada, coloque el pulgar sobre el costado del pulidor para que sirva como guía y soporte del implemento. Otra manera de utilizarlo es pasar los dedos corazón y anular a través del orificio del asa si ésta cuenta con uno. Consulte a su instructor sobre cómo tomar su pulidor de gamuza. Éste debe estar diseñado para poder cambiar la gamuza por cada cliente. La gamuza usada debe desecharse luego de haberla usado con un cliente (Figuras 10-8 y 10-9).

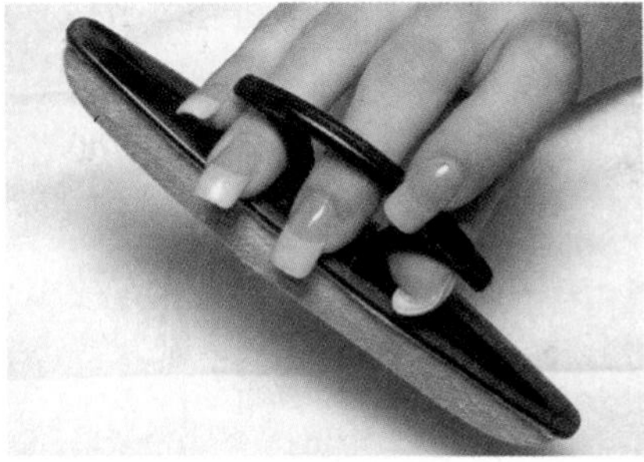

Figura 10-8 Cómo sostener un pulidor de uñas.

Figura 10-9 Forma alternativa de sostener un pulidor de uñas.

Alicates para uñas

Los alicates para uñas se utilizan para acortar las uñas. Si su cliente tiene uñas muy largas, los alicates le ahorrarán tiempo de limado. Como son reutilizables, siga los estrictos procedimientos de higienización antes de utilizarlos con otro cliente.

Higienización de los implementos

Es buena idea tener dos conjuntos de implementos metálicos, así podrá disponer de uno ya higienizado para cada cliente sin tener que hacer esperar entre citas. Si posee un solo conjunto, recuerde que su higienización demora unos 20 minutos. Aquí le damos algunas pautas de higienización. Para leer el tema completo, pase a la página 36.

- ❖ Lave cuidadosamente todos los implementos con agua tibia y jabón y enjuague toda traza de jabón con abundante agua. Seque cuidadosamente con una toalla limpia o desechable.
- ❖ Los implementos metálicos deben sumergirse en un desinfectante aprobado dentro de un recipiente para desinfección. Siga las instrucciones del fabricante sobre el tiempo de higienización requerido. Al retirar los implementos del recipiente para desinfección, enjuáguelos y luego séquelos con una toalla limpia o desechable.
- ❖ Siga la reglamentación estatal de almacenamiento de implementos de manicura higienizados. La reglamentación le indicará si debe guardarlos en recipientes herméticos, bolsas de plástico selladas o en gabinetes esterilizadores hasta que deban ser utilizados.

En algunos estados, es una violación de los reglamentos sanitarios tener implementos de metal sobre la mesa si no se están utilizando. Consulte a su instructor sobre la forma correcta de almacenamiento.

Materiales

Los materiales son los insumos utilizados durante una manicura y deben ser repuestos para cada cliente.

Toallas desechables o de tela esponjada

Para cada manicura se envuelve la almohadilla del cliente con una toalla de tela esponjada limpia o con una toalla desechable. Se debe utilizar otra toalla limpia para secar las manos del cliente luego de remojarlas en el aguamanil. También se pueden utilizar otros paños esponjados o toallas desechables sin pelusa para secar salpicaduras alrededor del aguamanil.

Algodón/Copos de algodón o apósitos

El algodón se utiliza para retirar el esmalte de las uñas o enrollado alrededor de un palillo de naranjo para limpiar esmalte de zonas de difícil acceso. También se puede utilizar para aplicar cosméticos. Los pequeños cuadros sin fibras conocidos como apósitos son los preferidos de los técnicos en el cuidado de uñas, pues permiten retirar el esmalte sin que se peguen las fibras a la uña, cosa que interferiría con la aplicación de esmalte.

Espátula plástica

Se utilizan espátulas plásticas o de madera para sacar cosméticos de uñas de sus envases. Si la espátula se pone en contacto con su piel o la de su cliente, deséchela inmediatamente y utilice una nueva para seguir sacando producto del envase. Nunca utilice la misma espátula para manejar distintos productos en diferentes envases. Nunca utilice los dedos para sacar cosméticos de un envase ya que podrían contaminarlo. Un envase cerrado de cosméticos para uñas es el caldo de cultivo perfecto para las bacterias de los dedos. Mantenga cerrados todos los envases mientras no los utilice para evitar su contaminación.

Bolsas de plástico

Fije con cinta o con una tacha la bolsa de plástico al costado de su mesa de manicura para introducir todos los materiales que vaya desechando durante un servicio. Tenga a mano suficientes bolsas para ir cambiándolas regularmente durante el día.

Recipientes de basura

Se puede colocar un recipiente de basura con tapa a pedal en su gabinete de trabajo. El recipiente tiene que estar revestido y cerrado mientras no se lo utiliza. Se debe vaciar al final de cada día.

Alumbre en polvo o polvo estíptico

El alumbre en polvo, o **polvo estíptico**, se utiliza sobre la piel para detener hemorragias menores que pueden darse durante una manicura. Para hacerlo, aplique el alumbre en polvo sobre la herida con un palillo de naranjo con punta de algodón.

En la mayoría de los estados no está permitido el uso de los lápices estípticos por ser antihigiénicos.

Cosméticos para uñas

Como profesional en el cuidado de uñas, deberá aprender a usar los cosméticos de uñas y saber qué ingredientes contiene cada uno. Deberá aprender a aplicar cada cosmético y cuándo no utilizarlo debido a que el producto puede causar alergias o sensibilidades en el cliente. Esta sección habla de los cosméticos básicos para uñas, qué hace cada producto y los ingredientes básicos de cada uno.

Jabón

El jabón se utiliza para lavar las manos del técnico y del cliente antes del servicio. También se utiliza mezclado con agua tibia en el aguamanil para remojar los dedos antes de una manicura común. El jabón se presenta de cuatro formas: en escamas, en perlas, en barras y líquido. Se recomienda utilizarlo líquido, ya que las barras de jabón pueden alojar bacterias y proveen un caldo de cultivo para agentes patógenos.

Quitaesmaltes

El quitaesmaltes se utiliza para disolver y retirar esmalte de uñas. Normalmente contiene solventes orgánicos y acetona. Ocasionalmente contiene aceites agregados para mitigar la sequedad causada por la acetona. Utilice quitaesmaltes sin acetona para clientes con uñas artificiales, ya que este solvente puede debilitar o disolverlas, aflojar pegamentos y compuestos de uñas esculpidas.

Crema para cutículas

La crema para cutículas se utiliza para lubricar y suavizar cutículas secas y uñas quebradizas. Estas cremas contienen grasas y ceras, tales como lanolina, manteca de cacao, cera de petróleo y de abejas, siendo excelentes para el uso diario del cliente.

Aceite para cutículas

El aceite para cutículas las mantiene suaves y ayuda a evitar inflamaciones y asperezas. Ciertamente agrega un toque final de distinción a la manicura. El aceite para cutículas contiene aceite vegetal, vitamina E, aceite mineral, de jojoba y de coco. Sugiera a sus clientes utilizar estas cremas a la hora de acostarse para mantener suaves las cutículas.

Solvente para cutículas o eliminador de cutículas

El solvente para cutículas facilita la remoción y reduce la necesidad de hacer recortes. Contiene 2-5% de sodio o hidróxido de potasio más glicerina.

Decolorador de uñas

Coloque decolorador de uñas en la lámina ungueal y debajo del borde para eliminar las manchas amarillentas. Contiene peróxido de hidrógeno. Si no consigue decolorador de uñas, utilice peróxido de hidrógeno de 20 volúmenes (6%).

Blanqueador de uñas

El blanqueador de uñas se aplica debajo del borde libre de la uña para hacerla ver blanca. Contiene óxido de zinc o de titanio. Los blanqueadores de uñas están disponibles en forma de pasta, crema, filamento recubierto o lápiz.

Esmalte seco de uñas

El esmalte seco de uñas o **polvo pómez** se utiliza con el pulidor de gamuza para abrillantar la uña. Algunos clientes lo prefieren en lugar del pulidor líquido. El esmalte seco de uñas contiene **abrasivos suaves** que se utilizan para suavizar o pulir, tales como el óxido de estaño, talco, sílice y caolina. Estos esmaltes están disponibles en forma de crema o en polvo.

Pintura de color, esmalte líquido o laca

Brillo coloreado utilizado para dar color y brillo a las uñas. Normalmente se aplica en dos capas. El esmalte contiene una solución de nitrocelulosa en un solvente volátil, por ejemplo acetato de amilo, que se evapora fácilmente. Los fabricantes agregan aceite de castor para evitar que el esmalte se seque demasiado rápido.

SEGURIDAD
PRECAUCIÓN

Se deben tomar precauciones para evitar el contacto de los decoloradores de uñas con las cutículas o con la piel ya que pueden causar irritación.

En la mayoría de los estados no está permitido el uso de los lápices blanqueadores de uñas por ser antihigiénicos.

Capa base

La capa base es incolora y se aplica sobre la uña natural antes de colocar el esmalte de color. Evita que las lacas rojas u oscuras se amarilleen o manchen la superficie de la uña. La capa base es la primera capa que se aplica en un procedimiento de esmaltado, a menos que se utilice un endurecedor de uñas. Está diseñada para proveer una mejor adhesión entre las capas. Contiene acetato de etilo, un solvente, alcohol isopropílico, acetato de butilo, nitrocelulosa y a veces formaldehído.

SEGURIDAD PRECAUCIÓN

Todos los esmaltes de uña son inflamables.

Endurecedor/reforzador de uñas

El reforzador de uñas se aplica a las uñas naturales antes de la capa base. Evita que las uñas se partan o desportillen. Existen tres tipos de reforzador de uñas.

El *endurecedor de proteína* es una combinación de laca incolora con proteínas, como el colágeno.

Las *fibras de nailon* son una combinación de laca incolora con fibras de nailon. Se aplica primero en forma vertical y luego horizontalmente sobre la superficie de la uña. Pueden ser difíciles de recubrir pues se verán las fibras sobre las uñas. También se denominan envoltura líquida.

El *reforzador de formaldehído* contiene un 5% de formaldehído.

Capa protectora o sellador

La capa protectora, una laca incolora, se aplica sobre el esmalte de color para evitar que se cuartee y también para agregar brillo a la uña terminada. Puede contener formadores de película de tipo acrílico o celulósico.

Secador liquido de uñas

El "secador de uñas" líquido se utiliza para evitar el manchado de la laca. Promueve el rápido secado para evitar que el esmalte quede pegajoso y se nuble su brillo. Tiene una base de alcohol y está disponible para aplicar con pincel o en spray.

Crema y loción para manos

Las cremas y lociones para manos le agregan un toque de distinción a la manicura. Al suavizar las manos, logran que la manicura se vea tan hermosa como sea posible. Las cremas para manos ayudan a que la piel retenga humedad para que no se vea seca, resquebrajada o arrugada. La crema para manos es más espesa que la loción y está hecha de emolientes y humectantes tales como glicerina, manteca de cacao, lecitina y gomas. Las lociones para manos tienen una consistencia más líquida que las cremas porque contienen más aceite. Además de éste, las lociones para manos contienen ácido esteárico, agua, mucílago de semillas de membrillo como agente cicatrizante, lanolina, glicerina y gomas. Tanto las cremas como las lociones de manos pueden utilizarse como baños para manicura con aceite caliente reacondicionador.

10 Los formularios de información de seguridad de los materiales se denominan habitualmente MSDS. Deberá tener un MSDS por cada producto que utilice para brindar sus servicios de cuidado de uñas. Deberán guardarse en una carpeta o cuaderno para poder utilizarlos fácilmente como referencia. Su compañía proveedora puede suministrarle los MSDS. Consulte a su instructor sobre la información e importancia de los MSDS.

Acondicionador de uñas

Los acondicionadores de uñas contienen humectantes y deben aplicarse por la noche antes de acostarse para evitar que las uñas se vuelvan quebradizas y las cutículas se sequen.

PROCEDIMIENTO 10-1

Preparación de la mesa básica

Es muy importante que su mesa de manicura sea higiénica y que esté correctamente equipada con implementos, materiales y cosméticos. Todo lo que necesite durante un servicio deberá estar al alcance de sus manos. Tener una mesa ordenada le brindará a usted y a su cliente confianza durante la manicura. A continuación le sugerimos una distribución de insumos en la mesa. Como las reglamentaciones en la preparación de la mesa varían dependiendo del estado, le aconsejamos consultar a su instructor. Para preparar su mesa, siga este procedimiento.

1. Repase la mesa de manicura y el cajón con un antiséptico aprobado.
2. Envuelva la almohadilla de su cliente con una toalla limpia de tela esponjada o desechable. Colóquela en el medio de la mesa para que esté frente a su cliente y el extremo de la toalla quede apuntando hacia usted.
3. Llene el recipiente para desinfección con un desinfectante de potencia hospitalaria 20 minutos antes de su primera manicura del día. Coloque los implementos de metal en el recipiente para desinfección luego de lavarlos y secarlos. Coloque el recipiente para desinfección a su derecha si usted es diestro, o a la izquierda si es zurdo.
4. Coloque los cosméticos (excepto el esmalte) a la derecha de la mesa, detrás del recipiente para desinfección (si usted es zurdo, colóquelos a la izquierda).
5. Coloque las limas de cartón y el pulidor de gamuza a su derecha sobre la mesa (si es zurdo, a la izquierda).
6. Coloque el aguamanil y el cepillo en el medio o a la izquierda de la mesa enfrentando al cliente. No se deberá cambiar de lugar sobre la mesa ni el aguamanil ni el calentador de baño de aceite. Deberán quedar en el mismo lugar durante toda la manicura. Si va a realizar una manicura con aceite caliente reacondicionador, cambie el aguamanil y cepillo por el calentador eléctrico del aceite caliente.

7. Cuelgue con cinta o una tachuela una bolsa de plástico a la derecha de la mesa (o a la izquierda si es zurdo). La utilizará para depositar materiales usados durante la manicura.
8. Coloque los esmaltes para uñas a la izquierda (si es zurdo, a la derecha).
9. El cajón puede utilizarse para guardar los siguientes elementos: algodón o copos de algodón en su envase original o en una bolsa de plástico nueva, polvo o piedra pómez, pulidores de gamuza adicionales, secador instantáneo de uñas u otros suministros. Nunca coloque materiales usados en su cajón. Sólo se pueden colocar en el cajón implementos completamente higienizados (en recipientes herméticos) y materiales adicionales o cosméticos. Manténgalo siempre limpio e higienizado (Figura 10-10).

Figura 10-10 Preparación de la mesa básica. La preparación de mesa recomendada por su instructor será igualmente correcta.

ELECCIÓN DE LA FORMA DE LAS UÑAS

Luego de la consulta inicial se discutirá la forma y el color de uñas que su cliente desea. Recuerde las siguientes consideraciones: forma de las manos, largo de los dedos, forma de las cutículas y el tipo de trabajo que el cliente desea. Por lo general se considera que la forma de la punta de las uñas debe coincidir con la forma de las cutículas (Figura 10-11). Éstas son las cinco formas básicas entre las cuales se puede elegir.

- La **uña cuadrada** es completamente recta sin ningún borde redondeado. Su longitud depende del gusto del cliente.
- La **uña cuadrangular** debe extenderse sólo hasta pasar la punta del dedo dejando el borde redondeado. Esta forma es robusta porque el ancho total de la uña se mantiene hasta el extremo de la misma. Las clientes que utilizan sus manos para trabajar con—máquinas de escribir, computadoras o en líneas de montaje, necesitan uñas cortas cuadrangulares.
- Las **uñas redondeadas** deben ser ligeramente ahusadas y deben extenderse justo hasta delante de la punta del dedo. Las uñas redondeadas son la elección más común de los clientes masculinos por su forma natural.
- Las **uñas ovaladas** son la forma más atractiva de uñas para la mayoría de las mujeres. Son uñas cuadrangulares con esquinas ligeramente redondeadas. Los clientes profesionales que tienen las manos a la vista (por ejemplo: empresarios, maestros o vendedores) prefieren uñas ovaladas más largas.
- Las **uñas en punta** son adecuadas para manos delgadas con lechos de uña angostos. La uña tiene forma más cónica de lo normal para aumentar la apariencia estilizada de la mano; lo malo es que se hacen más débiles y se rompen fácilmente.

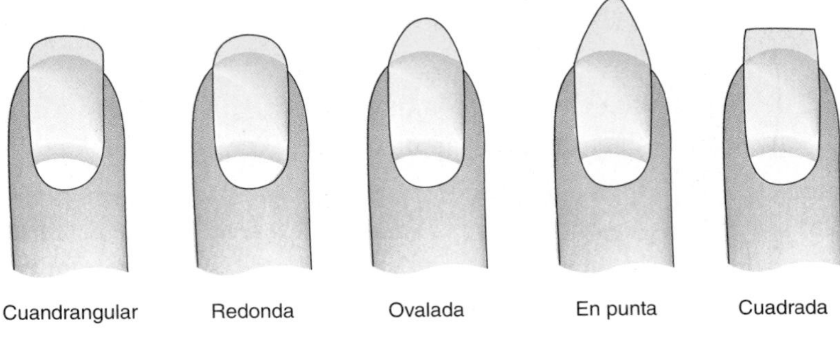

Figura 10-11 Las cinco formas básicas de uñas son: cuadrangular, redonda, ovalada, en punta y cuadrada.

PROCEDIMIENTO 10-2

Manejo de la sangre durante los servicios de manicura

Durante una manicura, hay veces en que se puede ver sangre debido a un limado excesivamente vigoroso u otras razones. Primero y principal, la seguridad y los factores sanitarios de un incidente de esta naturaleza tienen la mayor de las importancias tanto para usted como para su cliente. Incorpore este procedimiento en caso que le suceda.

1. Inmediatamente colóquese guantes e infórmele a su cliente lo que está sucediendo. Pida disculpas y proceda.
2. Aplique una suave presión con un algodón y un antiséptico sobre la zona.
3. Coloque alumbre o polvo antiséptico (si es necesario) utilizando un palillo de naranjo con la punta envuelta en algodón. Nunca devuelva un palillo de naranjo a su envase si ya fue aplicado sobre la piel. No deberá utilizar lápices estípticos ya que son antihigiénicos una vez que han sido utilizados.
4. Si corresponde, complete el servicio.
5. Deseche adecuadamente todos los materiales e implementos contaminados. Consulte a su instructor sobre la forma correcta de desechado.
6. Desinfecte adecuada y completamente con un desinfectante aprobado todos los implementos que necesiten higienización.
7. Una vez que se haya sacado los guantes, lávese las manos con jabón antiséptico.

Recuerde siempre aplicar las Precauciones universales cuando tenga que manipular sangre u otros fluidos corporales. (Revise el capítulo de higienización y desinfección.) Consulte a su instructor sobre procedimientos y productos obligatorios y aprobados en su estado para desinfectar cualquier implemento que haya estado en contacto con sangre y otros fluidos corporales.

MANICURA COMÚN

Procedimiento en tres partes

Como técnico profesional el cuidado de uñas, deberá seguir siempre el procedimiento de tres pasos para cualquier servicio que provea. Esta secuencia incluye el servicio previo, el servicio en sí mismo y el servicio posterior.

El servicio previo

- ❖ Higienice su mesa. (Este procedimiento se describe en las páginas 41-43.)
- ❖ Higienice todo el equipo adicional, las herramientas e implementos y luego prepare su mesa de manicura.
- ❖ Lávese las manos con jabón antiséptico.
- ❖ Reciba a sus clientes con una sonrisa (Figura 10-12).
- ❖ Pida a su cliente que se quite la bisutería y la coloque en un lugar seguro.
- ❖ Pídale a su cliente que se lave las manos con jabón antiséptico y se seque prolijamente con una toalla esponjada o con una desechable.
- ❖ Prepare la consulta de su cliente utilizando un formulario de salud y de registro. Este formulario servirá para registrar las respuestas de su cliente y las observaciones antes y después del servicio. Antes de comenzar, compruebe la zona de las uñas y la piel en busca de desórdenes o problemas cutáneos. Decida si el servicio puede hacerse en forma segura y apropiada. Si existe alguna razón por la cual no puede hacerse, explíquele la razón al cliente y sugiérale que solicite atención médica; luego registre esta información en el formulario de salud y registro. Si no encuentra ningún inconveniente, continúe con el servicio.

Figura 10-12 Reciba a sus clientes con una sonrisa.

Procedimiento en sí mismo

- ❖ *Durante* la manicura, hable con su cliente sobre los productos que utiliza y sugiérale productos que pudiera comprar para cuidar las uñas y piel entre visitas.
- ❖ *Antes* de la aplicación del esmalte, pregúntele a su cliente si desea volver a colocarse las joyas, buscar sus llaves, pagar por el servicio y por los productos que hubiera adquirido y ponerse su campera o pulóver. Indíquele a su cliente que al cumplir con estos pasos antes de la aplicación del esmalte reducirá las posibilidades de arruinar el lustre.

10

Servicio posterior

- ❖ Concierte la siguiente visita con su cliente. Establezca fecha, hora y servicios para la siguiente cita con su cliente.
- ❖ Escriba toda la información en su tarjeta personal o de cita.
- ❖ Limpie su área de trabajo y deseche adecuadamente todos los materiales usados.
- ❖ Higienice su mesa y todos los equipos adicionales, herramientas e implementos que deban ser desinfectados. (La desinfección de todos los implementos reutilizables demora aproximadamente unos 20 minutos.)
- ❖ Guarde la información del servicio dado a su cliente en el formulario correspondiente de salud y registro.

PROCEDIMIENTO 10-3

Servicios de manicura común

Comience con la manicura

Comience a trabajar con la mano *inhábil* de su cliente. La mano hábil necesitará más remojo pues es la más utilizada. Si el cliente es zurdo, comience con la derecha y viceversa.

Durante la manicura, coméntele a su cliente sobre los productos y procedimientos que utiliza. Sugiera al cliente productos que necesitará para mantener la manicura entre visitas al salón. Estos productos pueden incluir esmalte, loción, capas de protección y limas de cartón.

✤ **NOTA:** Este procedimiento está escrito para clientes diestros.

1. **Elimine el esmalte.** Comience con el dedo meñique de la mano izquierda de su cliente. Empape el algodón con quitaesmalte. Si su cliente tiene uñas artificiales, evite dañarlas utilizando quitaesmaltes sin acetona. Aplique el algodón saturado sobre la uña y cuente mentalmente hasta diez. Retire el esmalte viejo repasando la uña en dirección al borde libre. Si no sale todo el esmalte, repita el proceso hasta eliminar toda traza de esmalte. Puede ser necesario colocar un poco de algodón sobre la punta de un palillo de naranjo para retirar el esmalte de la zona de la cutícula. Repita este procedimiento en cada dedo (Figura 10-13).

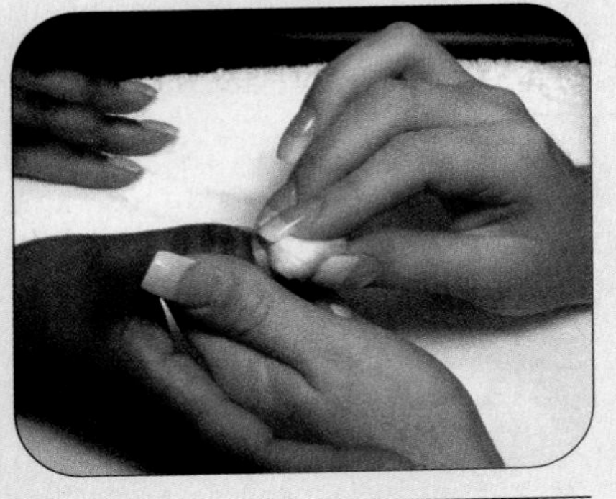

Figura 10-13 Retire el esmalte.

> **Aquí tiene un consejo:**
>
> Enrolle el algodón entre sus dedos antes de usarlo. Así evitará que las fibras sueltas se peguen a la uña o al dedo. Una manera alternativa de retirar esmalte de uñas es embeber pequeños trozos de algodón llamados **apósitos** con quitaesmaltes y colocarlos al mismo tiempo sobre todas las uñas. Los apósitos no dejan restos sobre las cutículas.

2. **Dé forma a las uñas.** Utilice una lima de cartón o metálica para modelar la forma de las uñas como haya convenido con su cliente. Comience con el dedo meñique de la mano izquierda, sosteniéndolo entre su pulgar e índice. Utilice el grano grueso de su lima de cartón para darle forma a la uña. Lime desde el

borde derecho del borde de la uña hacia el centro y desde el borde izquierdo hacia el centro (Figura 10-14). No lime las esquinas de las uñas (Figura 10-15). Lime cada mano desde el dedo meñique hasta el pulgar. Nunca lime en vaivén una uña natural pues podría dañar las capas de la uña al partirlas o causar desprendimientos. Nunca lime uñas que hayan sido recién remojadas. El remojo ablanda las uñas y facilita que se rompan o partan al ser limadas. Si necesita recortar las uñas puede utilizar un alicate. Así ahorrará tiempo en el proceso de limado.

3. **Suavice las cutículas.** Luego de limar las uñas de la mano izquierda, coloque los dedos del cliente en el aguamanil para remojar las cutículas mientras lima las uñas de la mano derecha.
4. **Limpie las uñas.** Al cepillar las uñas y manos con un cepillo de uñas higienizado se limpian los dedos y ayuda a retirar trozos de cutícula de las uñas. Retire la mano izquierda del aguamanil y cepille los dedos con su cepillo de uñas. Con movimientos descendentes comience desde el primer nudillo hacia el borde del dedo (Figura 10 -16).
5. **Seque la mano.** Seque la mano utilizando la punta de una toalla limpia. Asegúrese de secar bien entre los dedos. Mientras seca, empuje suavemente las cutículas hacia atrás (Figura 10-17).
6. **Aplique el eliminador de cutículas.** Utilice un palillo de naranjo con la punta envuelta en algodón o un hisopo de algodón para aplicar el eliminador de cutículas en cada uña de la mano izquierda (Figura 10-18). Aplíquelo generosamente alrededor de las cutículas y por debajo del borde de la uña en cada dedo. Así suaviza y remueve las cutículas que quedan luego del cepillado. Coloque ahora la mano derecha a remojar en el aguamanil mientras continúa trabajando sobre la mano izquierda del cliente (Figura 10-19).
7. **Afloje las cutículas.** Utilice un palillo de naranjo o la cuchara del extremo de un repujador de acero para hacer retroceder suavemente las cutículas de las uñas de la mano izquierda. Describa movimientos circulares para ayudar a levantar las cutículas que queden adheridas a la superficie de la uña.

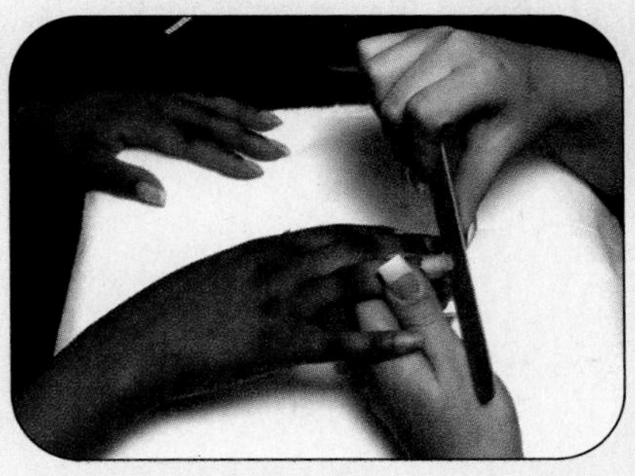

Figura 10-14 Dé forma a las uñas.

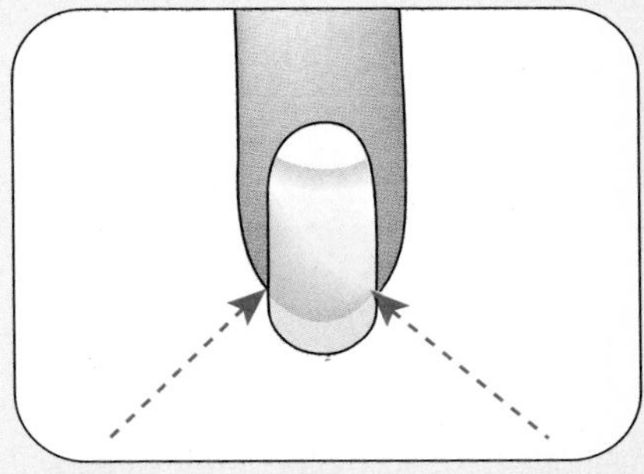

Figura 10-15 No lime las esquinas de las uñas.

Figura 10-16 Limpie las uñas.

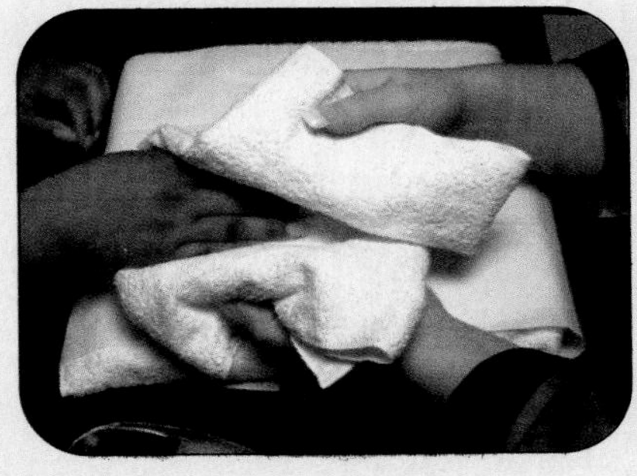

Figura 10-17 Seque la mano.

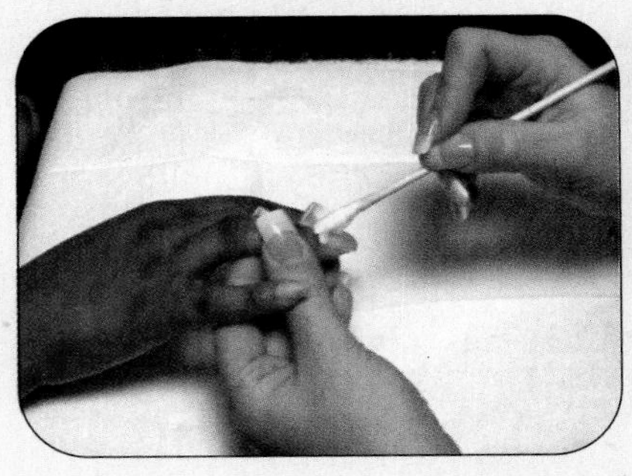

Figura 10-18 Aplique eliminador de cutículas.

Figura 10-19 Remoje la mano.

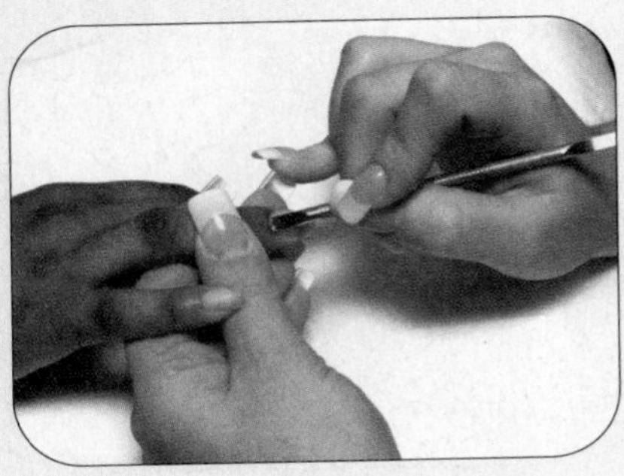

Figura 10-20 Afloje las cutículas.

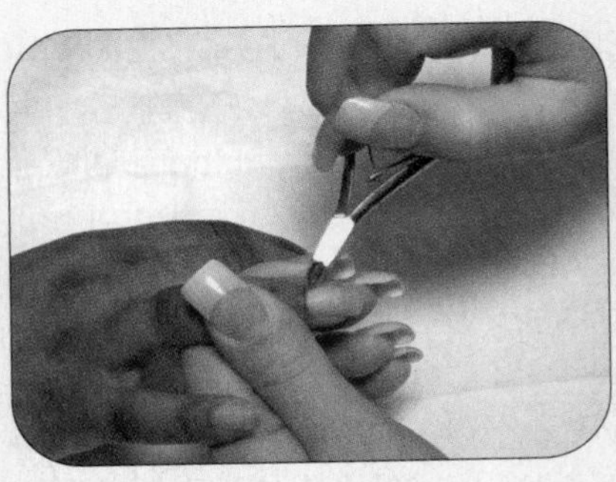

Figura 10-21 Recorte las cutículas.

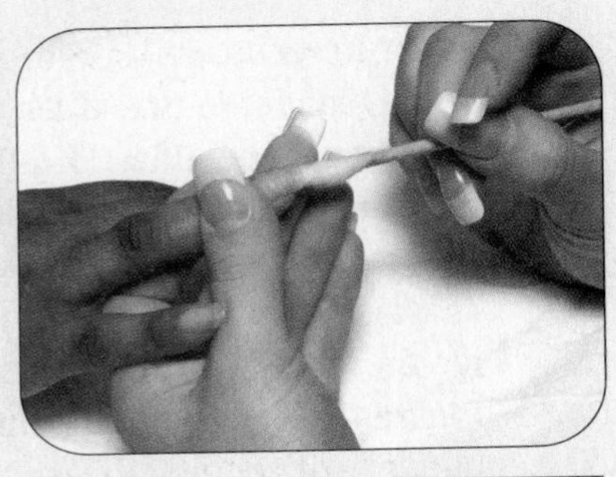

Figura 10-22 Limpie debajo del borde libre.

Probablemente el eliminador de cutículas las retirará de tal forma que no haya necesidad de recortarlas. Se debe aplicar una suave presión para evitar dañar el resto de la uña o la lámina misma (Figura 10-20).

8. **Recorte las cutículas.** Utilice su alicate de cutículas para recortar cualquier exceso de las mismas. Trate de retirar las cutículas en una sola pieza. Puede que sea necesario retirar el exceso de eliminador de cutículas para verlas claramente. Asegúrese de no dañar el manto ya que así podría lastimar y causar dolor al cliente (Figura 10-21).
9. **Limpie debajo del borde de la uña.** Limpie debajo del borde utilizando un hisopo de algodón o con un palillo de naranjo con la punta envuelta en algodón. Retire la mano derecha del aguamanil. Sostenga la mano izquierda sobre el aguamanil y cepille por última vez para retirar trozos de cutícula y restos de solvente. Deje la mano izquierda del cliente descansar sobre la toalla (Figura 10-22).
10. **Repita los pasos 5 al 9 en la mano derecha.**
11. **Opcionalmente, puede decolorar las uñas.** Luego de los pasos de limado y lavado, en caso que las uñas del cliente se vean amarillentas, podrá decolorarlas con decolorador de uñas o aplicando peróxido de hidrógeno de 20 volúmenes (6%). Aplique el agente decolorante sobre la uña amarillenta con un palillo de naranjo con algodón. Cuide de no aplicar decolorante sobre la piel o cutícula de su cliente pues causará irritación. Aplique varias veces si las uñas están demasiado amarillentas. Es posible que deba decolorar las uñas de algunos clientes cada vez que les haga una manicura a lo largo de un cierto período de tiempo. Debido a que el color amarillo no desaparece en una sola aplicación, debería planear repetir el procedimiento cuando el cliente reciba su próxima manicura.
12. **Opcionalmente, puede pulir ahora con gamuza.** Para hacerlo, coloque pulidor en seco sobre las uñas con un palillo de naranjo. Realice el pulido en diagonal desde la base de la uña hasta el

Algunos estados no permiten que los técnicos en uñas recorten cutículas. Consulte a su instructor.

SEGURIDAD PRECAUCIÓN

Cuando sea difícil empujar la cutícula, tenga cuidado de no ejercer demasiada presión pues podría dañar la matriz.

borde (Figura 10 -23). Mueva el pulidor en una sola dirección, de izquierda a derecha en movimiento descendente y viceversa, como dibujando una "X". (Figura 10–24). A medida que vaya puliendo, aleje la parte posterior del pulidor de la uña para evitar que la fricción le cause a su cliente una sensación de ardor. Luego del pulido, el cliente deberá lavar sus manos para remover los restos de abrasivo o pulidor seco. También se puede utilizar el pulidor de gamuza para suavizar líneas o rebordes en las uñas, pero recuerde que no se pueden higienizar y pueden no estar permitidos en su estado. Se puede utilizar un pulidor de tres lados y luego desecharlo.

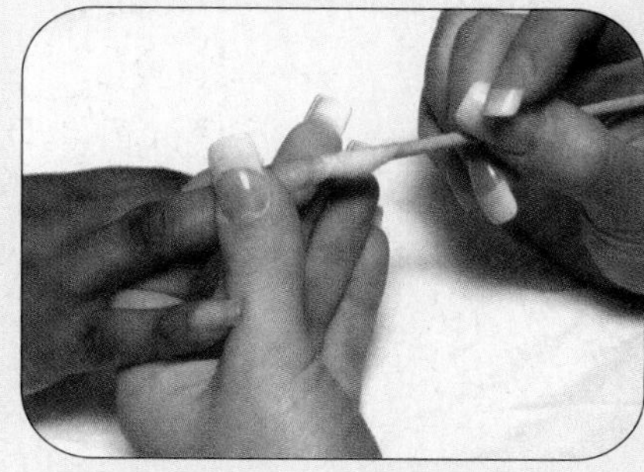

Figura 10-23 Pula las uñas.

Aquí tiene un consejo:

Se puede rociar agua sobre las uñas de su cliente antes de comenzar a pulir para reducir el calor generado durante el proceso.

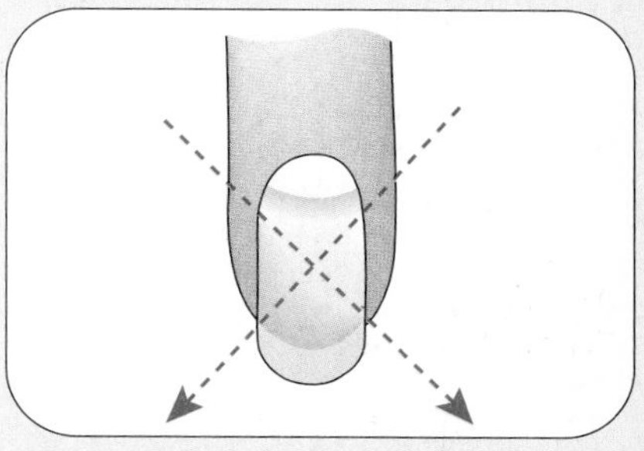

Figura 10-24 Pula la uña formando una "X" con movimientos descendentes.

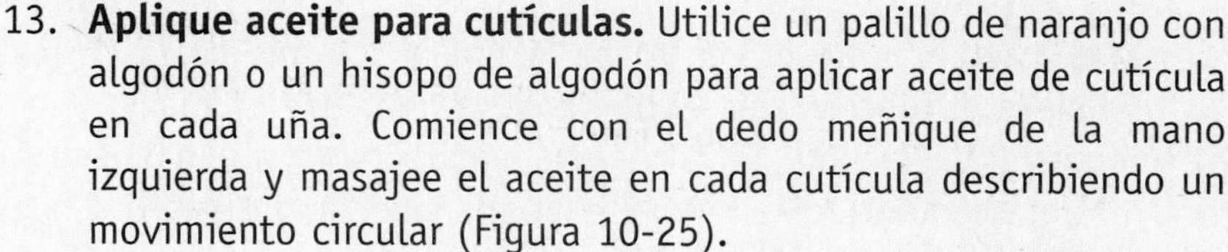

13. **Aplique aceite para cutículas.** Utilice un palillo de naranjo con algodón o un hisopo de algodón para aplicar aceite de cutícula en cada uña. Comience con el dedo meñique de la mano izquierda y masajee el aceite en cada cutícula describiendo un movimiento circular (Figura 10-25).

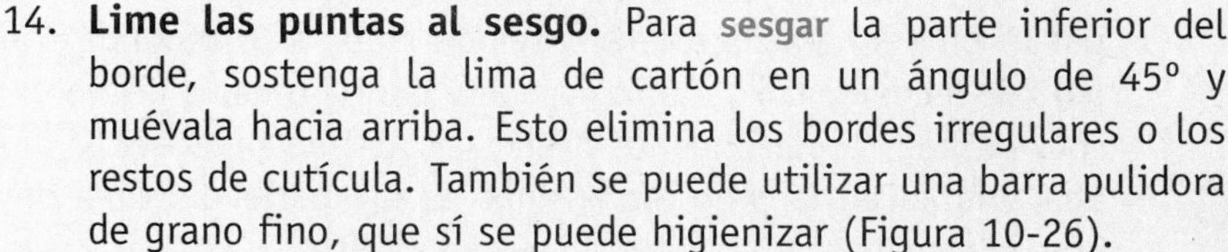

14. **Lime las puntas al sesgo.** Para sesgar la parte inferior del borde, sostenga la lima de cartón en un ángulo de 45° y muévala hacia arriba. Esto elimina los bordes irregulares o los restos de cutícula. También se puede utilizar una barra pulidora de grano fino, que sí se puede higienizar (Figura 10-26).

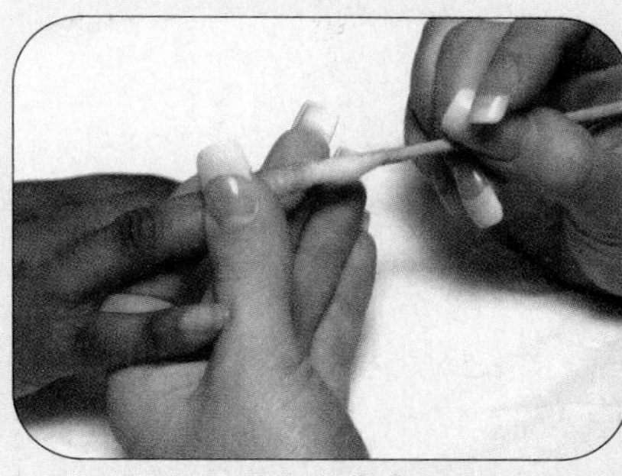

Figura 10-25 Aplique aceite de cutículas.

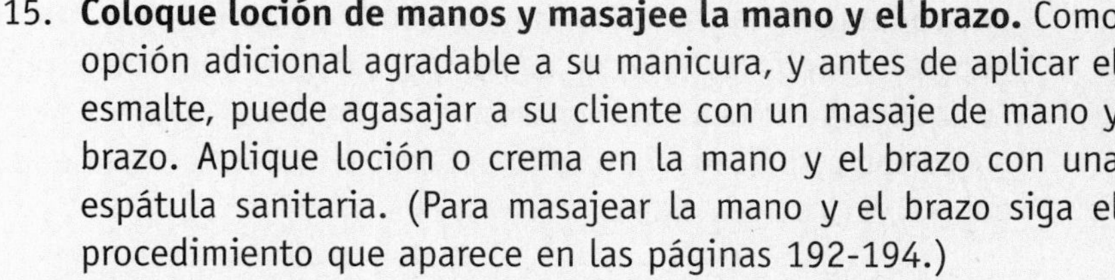

15. **Coloque loción de manos y masajee la mano y el brazo.** Como opción adicional agradable a su manicura, y antes de aplicar el esmalte, puede agasajar a su cliente con un masaje de mano y brazo. Aplique loción o crema en la mano y el brazo con una espátula sanitaria. (Para masajear la mano y el brazo siga el procedimiento que aparece en las páginas 192-194.)

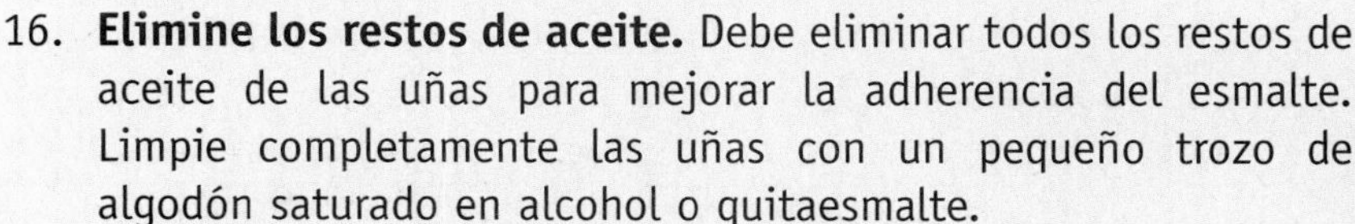

16. **Elimine los restos de aceite.** Debe eliminar todos los restos de aceite de las uñas para mejorar la adherencia del esmalte. Limpie completamente las uñas con un pequeño trozo de algodón saturado en alcohol o quitaesmalte.

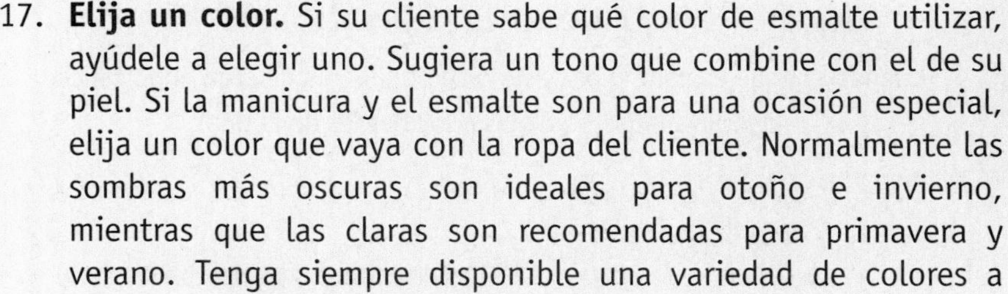

17. **Elija un color.** Si su cliente sabe qué color de esmalte utilizar, ayúdele a elegir uno. Sugiera un tono que combine con el de su piel. Si la manicura y el esmalte son para una ocasión especial, elija un color que vaya con la ropa del cliente. Normalmente las sombras más oscuras son ideales para otoño e invierno, mientras que las claras son recomendadas para primavera y verano. Tenga siempre disponible una variedad de colores a

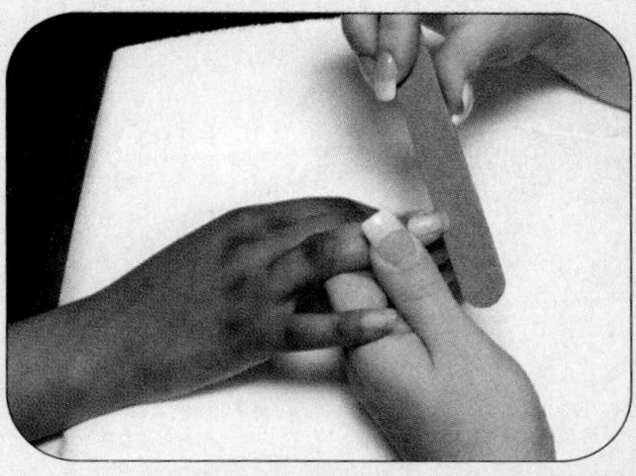

Figura 10-26 Lime las uñas al sesgo.

disposición. Antes de aplicar el esmalte se le puede pedir al cliente abonar el servicio, ponerse su bisutería, pulóver, campera o sacar las llaves del automóvil. Así evitará manchar el esmalte recién colocado.

18. **Aplique el esmalte.** Normalmente se aplican cuatro capas. La primera es la capa base, seguida por dos capas de color y por último una capa protectora. La técnica para aplicar pintura es la misma para todas, incluyendo la capa base, el esmalte y la capa protectora. Nunca agite sus envases de esmalte. Puede causar la formación de burbujas de aire que afectan al esmalte haciéndolo más áspero e irregular. Para mezclar, gire los envases entre las palmas de sus manos.

    Cuando aplique el esmalte, saque el pincel y descargue el lado opuesto a usted contra el cuello de la botella. Deberá tener una gota de pintura en el extremo del pincel. Esta cantidad de pintura en el pincel debería ser suficiente para completar una aplicación en una uña sin tener que volverlo a introducir en la botella, excepto que la uña sea excepcionalmente larga.

    Sostenga el pincel en un ángulo 30º-35º. Comience la aplicación sobre el centro de la uña a 1,5 mm de la cutícula. Mueva el pincel hacia el borde de la uña. Use la misma técnica para toda la uña. Si retrocediera para tapar algún hueco que hubiese quedado, el esmalte podría quedar desparejo. Cuando aplique el esmalte, es posible que quede alguna parte sin pintar por lo que deberá repasarla antes de colocar la segunda capa, pero le recomendamos practicar para cubrir toda la uña de una sola pasada, especialmente desde la cutícula para evitar dejar una sombra en la pintura. Además de la apariencia final de la uña, el propósito de la aplicación de esmaltes es construir capas que permitan lograr una mayor adhesión y fijación. No es necesario aplicar gruesas capas de pintura sobre las uñas. Aplique capas finas para lograr mayor suavidad, mejor secado y mejor estructura. Al finalizar la aplicación del esmalte, la uña se deberá ver suave y tersa.

Aquí tiene un consejo:

Cuando aplique esmalte iridiscente o con brillos, es de gran importancia dar pinceladas paralelas a los bordes de la uña.

Acabado de las uñas

Los siguientes puntos sirven de guía para la correcta aplicación del acabado de las uñas.

- **Fortalecedor/endurecedor de uñas, opcional.** Aplique estos productos antes de la capa base si fuera necesario utilizarlos.
- **Capa base.** Aplique una capa base para evitar que el esmalte manche las uñas y para ayudar a la adhesión de la pintura a la uña.
- **Esmalte de color.** Aplique dos capas de esmalte de color. Aplique la primera capa a todas las uñas de ambas manos antes de comenzar a aplicar la segunda capa. Si cae esmalte sobre la cutícula, límpielo utilizando un palillo de naranjo con algodón embebido en quitaesmalte. Nunca utilice un lápiz corrector porque es antihigiénico.

Aquí tiene un consejo:

Para retirar el esmalte alrededor de la zona de la cutícula y a los lados de la uña puede utilizar un pincel plano de nailon de medida 6 u 8. Sumérjalo en acetona, toque una toalla con la punta para eliminar el exceso de líquido y luego utilícelo para limpiar alrededor del perímetro de la uña. Nunca deje el pincel en acetona pues ésta aflojará las cerdas en el casquillo. Este pincel puede ser higienizado.

- **Capa protectora.** Aplique una capa de protección para evitar el desportillado y dar una terminación brillante.
- **Secador instantáneo de uñas, opcional.** Aplique secador instantáneo de uñas a cada una de ellas para evitar que se desportillen u opaquen, además de reducir el tiempo de secado.

Aquí tiene un consejo:

Si utiliza un secador eléctrico de uñas, coloque una de las manos del cliente en el secador mientras pinta la otra. Seleccione la opción de frío; esta temperatura ayuda a secar la superficie de la pintura y evita que se manche. Otra opción es aplicar una capa protectora de UV y luego colocar ambas manos en un secador UV.

Cinco estilos de aplicación de esmalte

Una vez que aprenda las técnicas necesarias para aplicar esmalte con pericia, podrá crear uno de los cinco estilos de aplicación (Figura 10-27).

1. **Cobertura total.** Se pinta toda la superficie de la uña.
2. **Borde libre.** No se pinta el borde de la uña. Así se puede evitar su desportillado.

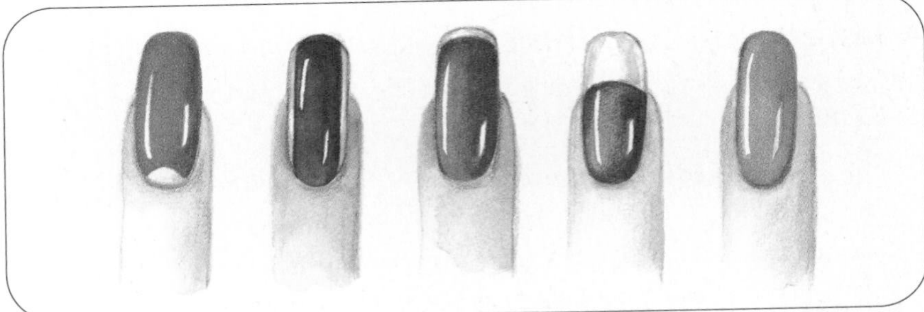

Figura 10-27 Cinco estilos de esmalte: media luna o lúnula, bisel lateral o paredes libres, punta biselada, borde libre o cobertura total.

3. **Punta de filete.** Se pinta toda la uña y luego se retira un filete de 1,5 mm del borde. Así se evita el desportillado de la punta.
4. **Línea fina o paredes libres.** Se deja un margen de 1,5 mm a cada lado de la lámina ungueal. Así se logra que una uña ancha se vea angosta.
5. **Media luna o lúnula.** Se deja sin pintar una media luna, la lúnula, en la base de la uña.

El esmaltado es muy importante. Es el último paso para lograr una manicura perfecta y la última cosa que su cliente verá entre visitas. Cuando su cliente observa sus uñas perfectamente pintadas, se sentirá orgulloso y sentirá admiración por usted al haber hecho un gran trabajo. (Figura 10-28).

Figura 10-28 Manicura terminada.

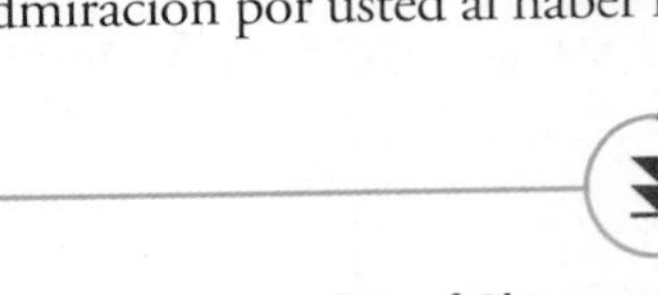

Aquí tiene un consejo:

Si mancha una uña ya pintada, aplique quitaesmalte con un cepillo de pulido sobre la mancha antes de volver a aplicar esmalte.

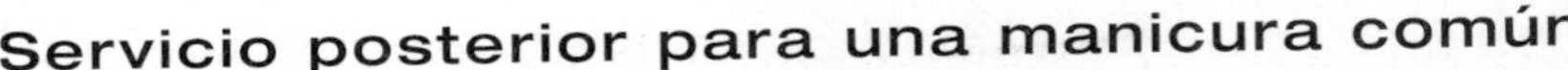

Servicio posterior para una manicura común

Ahora su manicura común ha terminado. Remítase al procedimiento de servicio posterior que aparece en la página 177.

MANICURA FRANCESA Y AMERICANA

Las aplicaciones de esmalte al estilo francés o americano son muy populares y solicitadas en el salón. Estas técnicas de esmaltado crean uñas que se ven limpias y tienen apariencia natural; sirven además como excelente base para una serie sin fin de decoraciones hechas con pinturas a pincel, aerógrafo, strass, perlas o bandas adhesivas. Las aplicaciones de esmalte al estilo francés o americano, también reciben el nombre de manicura francesa, pero los procedimientos para ambos casos son iguales a los de la manicura común. La única diferencia es el estilo de aplicación del esmalte. La manicura francesa pinta un blanco impresionante en el borde libre de la uña, mientras que la manicura americana utiliza un blanco más discreto.

Siga los procedimientos normales de manicura hasta llegar a la aplicación del esmalte.

1. **Aplique la capa base.** Aplique la capa base a la uña. Esta capa base también puede ser aplicada debajo del borde libre. Si la uña tiene huecos, estrías o ranuras, utilice capa base de relleno. Es autoniveladora y ayudará a que la uña se vea lisa luego de aplicar el esmalte traslúcido.
2. **Aplique esmalte blanco.** Aplique el esmalte blanco al borde libre de la uña comenzando por un costado (normalmente a la izquierda de la uña) y mueva en el pincel diagonal hacia el centro del borde de la uña. Repita el procedimiento desde la derecha de la uña. De esta manera quedará formada una "V". A algunos clientes les gusta dejar esta forma. Si no es el caso, pase el pincel cerrando la parte abierta de la "V" para que quede una línea continua a través del borde. Se puede aplicar el esmalte blanco debajo del borde. Espere a que el esmalte seque (Figuras 10-29, 10-30 y 10-31).
3. **Aplique esmalte traslúcido.** Aplique esmalte blanco puro, rosa, natural o melocotón desde la base hasta el borde. Cuide de no pintar sobre la cutícula. La mayoría de los clientes prefieren la sombra rosa, pero se puede elegir otro color de acuerdo con el tono de piel o la preferencia del cliente.
4. **Aplique la capa protectora.** Aplique la capa protectora sobre toda la superficie de la uña y también debajo del borde libre si lo pintó anteriormente (Figura 10-32).

Si desea obtener más información, consulte el Capítulo 18: El toque creativo.

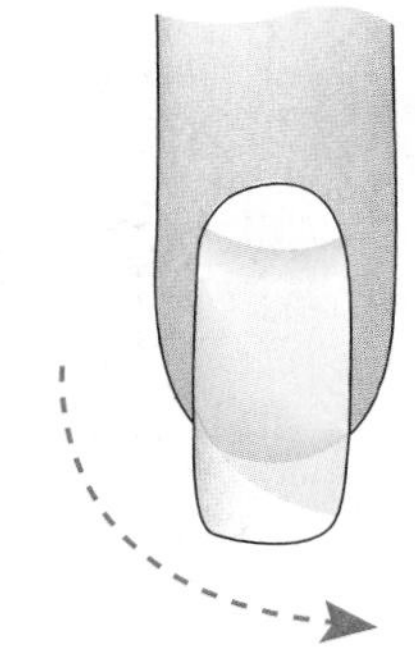

Figura 10-29 Aplique esmalte blanco en el borde libre desde la izquierda hacia el centro de la uña.

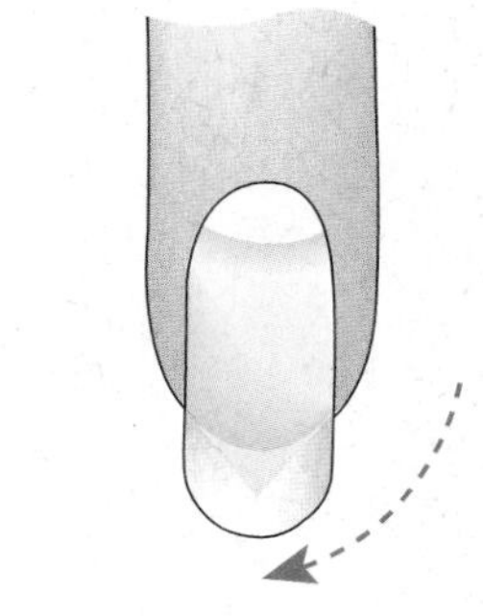

Figura 10-30 Aplique esmalte blanco debajo del borde libre desde la derecha hacia el centro de la uña.

MANICURA CON ACEITE CALIENTE REACONDICIONADOR

Se recomienda una manicura con aceite caliente reacondicionador para los clientes que tengan uñas ranuradas y quebradizas o cutículas secas. Este tratamiento mejora la condición de la mano y suaviza la piel. Se sugiere hacer una manicura con aceite caliente reacondicionador una vez por semana para agregar humedad a la piel y uñas. La manicura con aceite caliente es también beneficiosa para las personas que se muerden las uñas ya que ayuda a mantener suaves las cutículas duras.

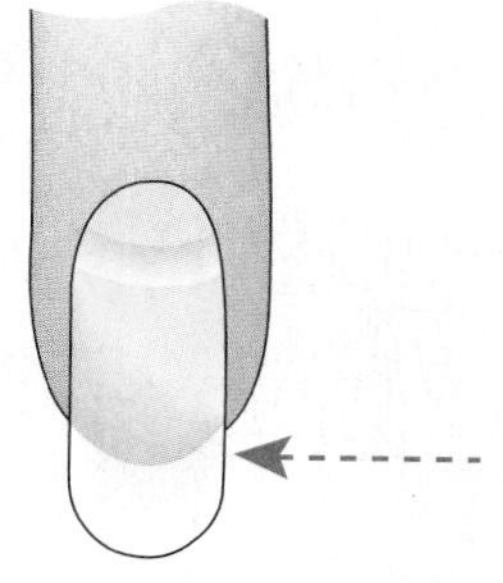

Figura 10-31 Complete una "V" con esmalte blanco.

Figura 10-32 Manicura francesa terminada.

Insumos

Además de los instrumentos de su mesa normal, necesitará los siguientes elementos.

1. **Calentador para aceite caliente.** Este calentador eléctrico sirve para calentar la loción con la que remojará las uñas de su cliente.
2. **Recipientes plásticos para colocar en el calentador.** La mayoría de los calentadores de aceite están diseñados para utilizar recipientes desechables en forma de riñón que contienen la loción, crema o aceite. Estos recipientes se compran por paquetes y deben desecharse luego de cada uso.
3. **Aceite para el calentador.** La mayoría de los técnicos en cuidado de uñas utilizan cremas o aceites especialmente preparados para usar con calentadores de aceite. También se puede utilizar aceite de oliva o loción para manos. Para este procedimiento, todos estos elementos se denominarán "loción".

Aceite caliente reacondicionador Servicio previos a la manicura

1. **Lleve a cabo su procedimiento de servicio previo a la manicura**
2. **Prepare la mesa.** Prepare su mesa habitual de manicura, el calentador de aceite y la loción en el recipiente.
3. **Prepare el calentador.** Coloque la loción en el recipiente desechable y éste en el calentador.
4. **Precaliente la loción.** Precaliente la loción 10 a 15 minutos antes de que siente su cliente para comenzar la manicura.
5. **Reciba a su cliente con una sonrisa.**
6. **Lávese las manos.** Pídale a su cliente que se quite toda su bisutería y se lave las manos mientras usted también lo hace.
7. **Cumpla con la consulta de su cliente.**
8. **Comience con la manicura.** Comience a trabajar con la mano inhábil de su cliente.

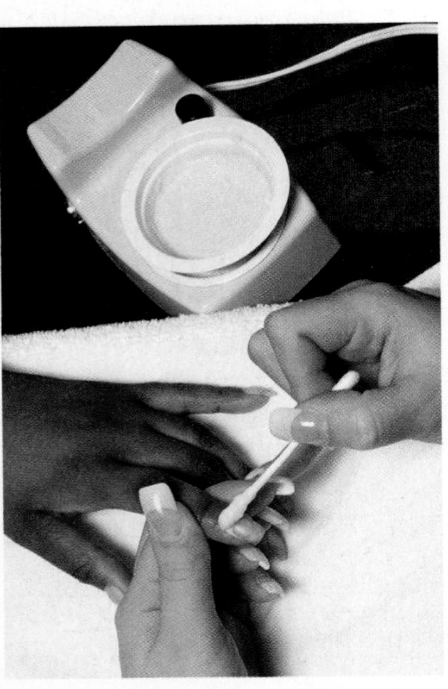

Figura 10-33 Aplique loción tibia en la punta de los dedos.

10

Proceso de manicura con aceite caliente reacondicionador

Durante el procedimiento hable con su cliente sobre los productos que necesitará para mantener su manicura entre visitas al salón.

1. **Retire el esmalte.**
2. **Dé forma a las uñas.** Comience a trabajar en la mano inhábil de su cliente.
3. **Aplique aceite caliente con un hisopo de algodón.** Coloque luego los dedos en la loción caliente mientras lima la otra mano (Figura 10-33).
4. **Distribuya la loción** Cuando retire una mano de la loción, coloque la otra. Distribuya loción sobre la mano y el antebrazo hasta el codo. Así tendrá suficiente cantidad para dar el masaje. Si necesita más loción, utilice una espátula para sacar más del calentador y aplíquela en la mano o antebrazo.

5. **Proceda a masajear la mano y el antebrazo.** Siga el procedimiento que aparece en las páginas 192-194 para masajear la mano y el brazo.
6. **Afloje las cutículas.** Utilice un palillo de naranjo con algodón para retraer suavemente las cutículas.
7. **Recorte las cutículas.** Si está permitido en su estado, utilice alicates para retirar el exceso de las cutículas. Deje la mano del cliente descansando sobre una toalla limpia o desechable.
8. **Repita sobre la otra mano.** Distribuya loción sobre la otra mano. Repita los pasos 5-7.
9. **Frote las manos del cliente o pídale que se las lave.** Si fuera necesario, retire el exceso de loción con una toalla esponjada o pídale al cliente que se lave las manos.
10. **Aplique una toalla fría.** Cierre los poros de la mano y el antebrazo con una toalla fría. Envuelva una toalla alrededor de la mano y el antebrazo y luego presione suavemente.
11. **Retire restos de aceite de las uñas.** Embeba un algodón con alcohol o quitaesmalte y frote para eliminar el aceite de las uñas.
12. **Aplique el esmalte.**
13. **Cumpla con el procedimiento posterior a la manicura.** Deseche el recipiente de plástico del calentador de aceite.
14. **Higienice el calentador.** Utilice productos aprobados para preparar el calentador de aceite para el siguiente cliente.

Figura 10-34 Reciba a sus clientes con un saludo.

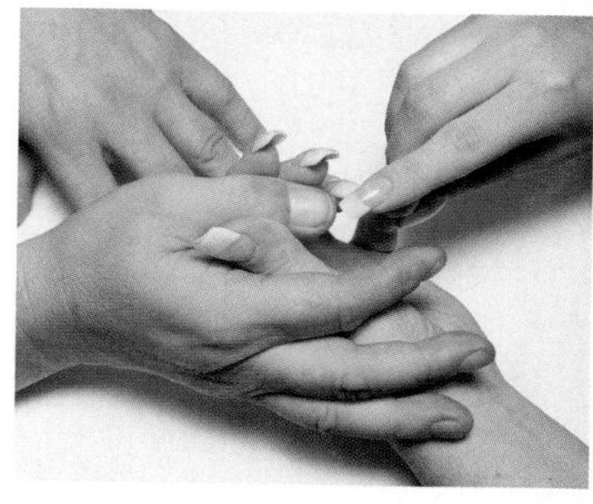

Figura 10-35 Evalúe las uñas del cliente.

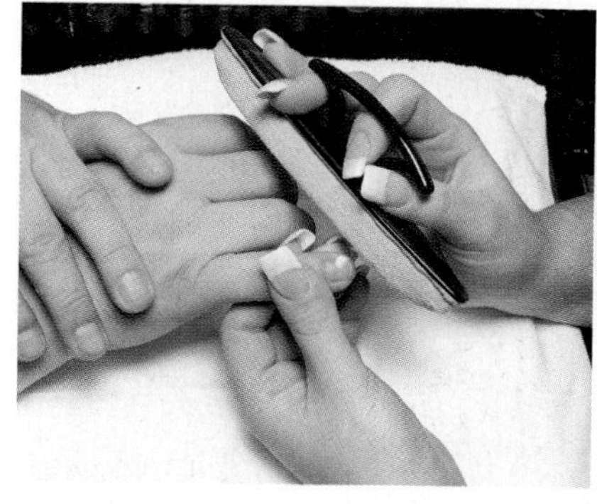

Figura 10-36 Pula las uñas con un pulidor de gamuza o un pulidor de 3 lados.

MANICURA PARA EL HOMBRE

Los hombres están tomando cada vez más conciencia sobre la importancia de tener uñas y manos bien cuidadas. Es por ello que cada vez solicitan más de los servicios ofrecidos por los técnicos profesionales en el cuidado de las uñas. La manicura para hombres se realiza siguiendo los mismos procedimientos descritos para una manicura común o para una manicura de aceite caliente reacondicionador. Siga cada uno de los pasos pero omita el esmalte, reemplazándolo con esmalte incoloro o puliendo las uñas con crema de pulido.

Al llegar, salude al cliente y acompáñelo hasta su gabinete (Figura 10-34). A continuación, consulte al cliente para determinar el tipo de servicio que desea y luego complete el formulario de información. Evalúe el estado actual de las uñas del cliente para determinar los productos que necesitará (Figura 10-35).

Comience el servicio retirando el esmalte viejo, en caso que el cliente hubiera tenido una manicura anterior, y luego dé forma a las uñas. La forma de uñas más solicitada por los hombres es la redonda, pero siempre consúltelo si tiene otra preferencia. A continuación suavice las cutículas, lave y seque las uñas y las manos, luego aplique eliminador de cutículas y posteriormente siga el procedimiento normal. La mayoría de los hombres requerirán un poco más de trabajo en sus cutículas que las mujeres, por lo que le costará un poco más de esfuerzo aflojar y recortar esas cutículas.

Si el cliente así lo prefiere, en este punto se puede acortar el procedimiento de manicura pasando directamente a pulir las uñas con crema de pulido y un pulidor de gamuza (Figura 10-36). Luego del pulido, el cliente deberá lavar sus manos para eliminar los restos de abrasivo o

Pueda que el pulido no esté permitido en su estado. Pida instrucciones a su instructor o al organismo estatal correspondiente.

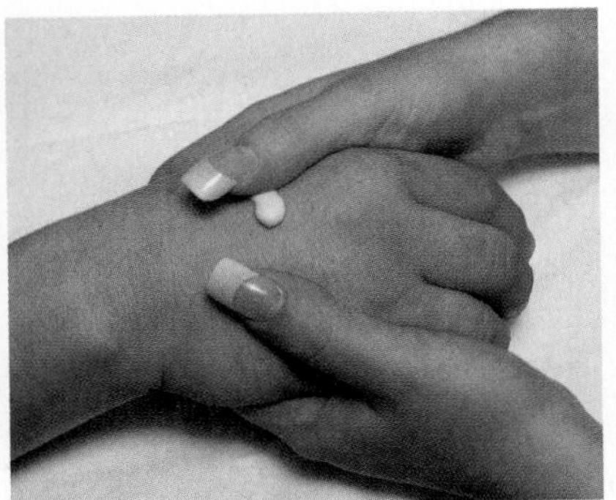

Figura 10-37 Aplique loción para manos.

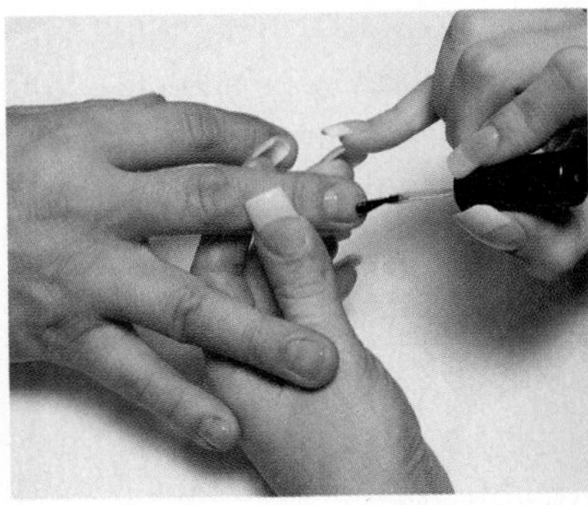

Figura 10-38 Según se prefiera, podrá utilizar esmalte satinado o brillante.

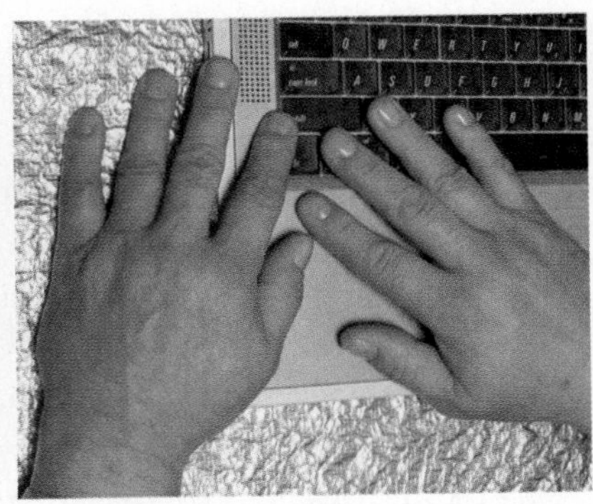

Figura 10-39 Manicura masculina terminada.

pulidor seco. Luego de limpiar y dar forma a las uñas, aplique loción de manos y masajee las manos y el antebrazo (Figura 10-37). Para clientes varones se recomienda utilizar una crema de manos con perfume a cítricos o especias en lugar de las cremas florales.

Si se solicita la aplicación de esmalte, aplique una capa base y una capa de protección satinada clara, seguido de secador instantáneo de uñas (Figuras 10-38).

Así habrá finalizado con la manicura para hombres (Figura 10-39).

Aquí tiene un consejo:

Nunca lime uñas que hayan sido recién remojadas. El remojo ablanda las uñas y facilita se rompan o partan al ser limadas.

NEGOCIOS CONSEJOS

10

La uña del hombre

Con la importancia actual de una buena presencia, cada vez más hombres se interesan en el cuidado de sus uñas. Desafortunadamente muchos más aún no lo hacen. Informe al mercado masculino de sus servicios de cuidado de uñas colocando avisos en las páginas comerciales y deportivas de sus publicaciones locales. Debido a que los hombres aún no están al tanto del cuidado de las uñas, no olvide escribir una pequeña descripción de los beneficios de sus servicios. También se pueden distribuir folletos en gimnasios, tiendas deportivas y otros lugares de reunión masculina. Otra opción es vender certificados de regalo a sus clientes femeninos para que los utilicen sus novios o maridos. Para lograr que los hombres se sienten cómodos en su sillón, tenga revistas masculinas a mano y cuide que su decorado sea unisex. Para facilitar que los empleados, tanto mujeres como hombres, puedan concertar una cita sería recomendable abrir más temprano o cerrar más tarde.

MANICURA CON TORNO ELÉCTRICO

Durante una manicura, los técnicos en cuidado de uñas más sofisticados utilizan una máquina llamada torno eléctrico. Estos tornos son eléctricos o con pilas. Los accesorios diseñados para operar con el torno varían entre fabricantes, pero la mayoría tienen los siguientes accesorios básicos (Figura 10-40).

- Los **accesorios para limar y dar forma a las uñas** son similares a las limas comunes. Existen accesorios de grano fino y grueso.
- El **pulidor** simula un pulidor de gamuza y se utiliza para suavizar las arrugas y dar brillo a las uñas.
- El **accesorio calloso** está diseñado para ser utilizado alrededor de la punta y el costado de los dedos para suavizar cualquier rugosidad o crecimiento calloso.

Algunos estados no permiten el uso de las tornos eléctricos, por lo que deberá consultar a su instructor y las reglamentaciones estatales.

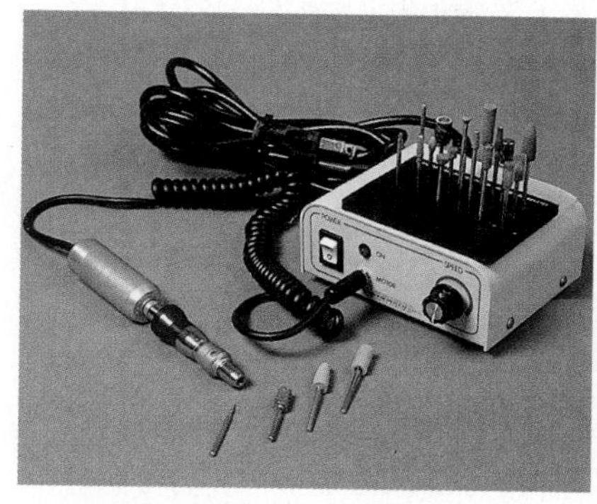

Figura 10-40 Torno eléctrico con puntas.

Requisitos de seguridad e higiene para el uso de torno eléctrico

- Cuando utilice torno y sus accesorios, deberá tomar precauciones extremas para garantizar que sean incorporados todos los procedimientos de seguridad e higiene. Cada accesorio debe ser higienizado antes de utilizarlo con cada cliente, y todos los accesorios desechables deben ser desechados luego de ser utilizados con un cliente.
- Nunca intente utilizar un torno eléctrico antes de recibir el entrenamiento correspondiente por parte de su instructor.
- Lea todas las instrucciones del fabricante antes de utilizar un torno eléctrico.
- Evite operar cualquier accesorio en una sola parte de la uña durante mucho tiempo, ya que le causará al cliente una sensación de ardor y además podría causar daños a la uña.
- Revise periódicamente todos los accesorios y reemplácelos cuando sea necesario.

TRATAMIENTO CON CERA DE PARAFINA

Los tratamientos con cera de parafina trabajan atrapando el calor y la humedad y abriendo los poros de la piel. El calor de la cera de parafina aumenta la circulación de la sangre, suaviza y humecta la piel y rejuvenece la piel seca. Este tratamiento fue utilizado primero por médicos por razones terapéuticas ya que es beneficioso para personas con artritis. También se considera un lujoso agregado al servicio y puede ser usado con la mayoría de los clientes.

La parafina es un derivado del petróleo que posee excelentes propiedades para conservar el calor. Se utilizan equipos especiales para fundir la cera sólida y mantenerla líquida a una temperatura de entre 52° C y 55° C. Cuando practique este tratamiento, utilice solamente el equipo diseñado específicamente para el mismo. No trate de calentar la cera en ningún otro equipo que no sea el específico.

Si se siguen todos los procedimientos indicados, la parafina no afectará uñas artificiales, envolturas, puntas, geles ni otros implantes artificiales ni tampoco a las uñas naturales. Existen numerosas sugerencias para determinar el momento adecuado de llevar a cabo un tratamiento de parafina conjuntamente con una manicura. Reciba capacitación de su instructor y consulte la normativa estatal ya que varios estados exigen que el servicio se realice antes de la manicura.

SEGURIDAD
PRECAUCIÓN

Lea y obedezca todas las instrucciones operativas. Por lo general se deberá evitar dar tratamientos de parafina a personas con problemas de circulación o irritaciones cutáneas tales como cortes, quemaduras, prurito, verrugas, eczema o venas hinchadas. Los clientes de mayor edad tendrán mayor sensibilidad al calor por estar bajo medicación o porque su piel es más fina. Aplique primero una pequeña cantidad para ver si el cliente tolera la temperatura.

PROCEDIMIENTO 10-4

Tratamiento con cera de parafina (hacerlo antes de una manicura)

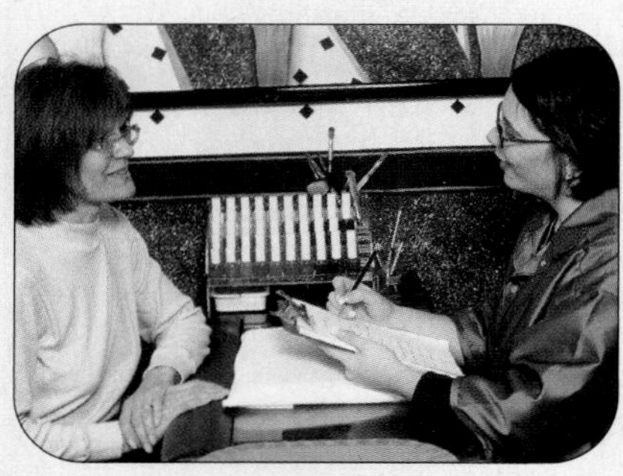

Figura 10-41 Consulta con el cliente.

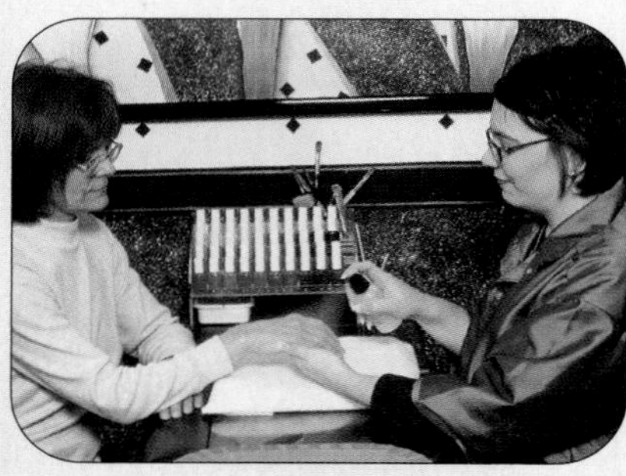

Figura 10-42 Rocíe las manos con antiséptico.

10

Figura 10-43 Coloque la mano para el procedimiento de inmersión.

1. Prepare una consulta utilizando el formulario de salud e información de su cliente prestando especial atención a cualquier problema de salud allí consignado (Figura 10-41).
2. Lávese las manos con jabón líquido.
3. Pida a su cliente que se quite toda su bisutería y la coloque en un lugar seguro.
4. Pídale a su cliente que se lave las manos con jabón líquido y se seque con una toalla limpia o desechable.
5. En caso que su cliente tenga mangas largas, pídale que se las enrolle para que no interfieran con el procedimiento o que se dañe la ropa.
6. Controle que las manos del cliente estén libres de heridas abiertas, enfermedades o trastornos. Si no hay inconvenientes, se puede proceder a realizar el servicio.
7. Rocíe las manos del cliente con un antiséptico (Figura 10-42).
8. Aplique loción humectante a las manos del cliente y masajee suavemente hasta que sea absorbida.
9. Controle la temperatura de la cera.
10. Coloque la mano para el procedimiento de inmersión (Figura 10-43). (La palma de la mano tiene que estar derecha, la muñeca ligeramente flexionada y los dedos ligeramente separados.)

Aquí tiene un consejo:

Existen otros procedimientos de aplicación de cera que incluyen el llenado parcial con cera de una bolsa de plástico para luego colocar dentro de ella la mano del cliente, cubriéndola con parafina antes de colocar la mano dentro del mitón de tela; o remojar una tela ordinaria dentro de la cera y luego usarla para envolver la mano de cliente antes de cubrirla con plástico y un mitón de tela.

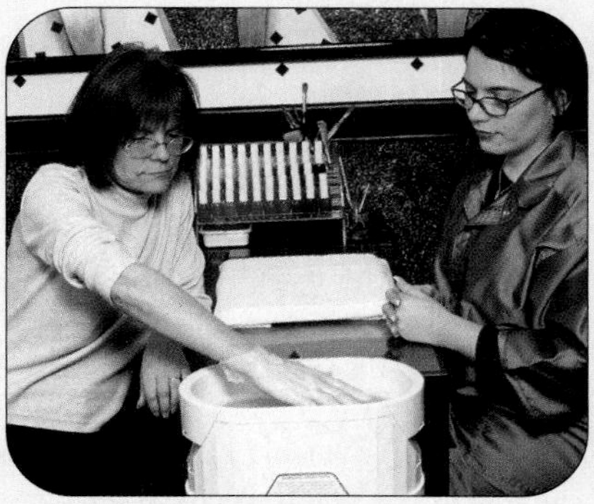

Figura 10-44 Ayude a su cliente a poner una mano dentro de la cera.

Figura 10-45 Envuelva las manos con hojas de plástico y cúbralas con un mitón.

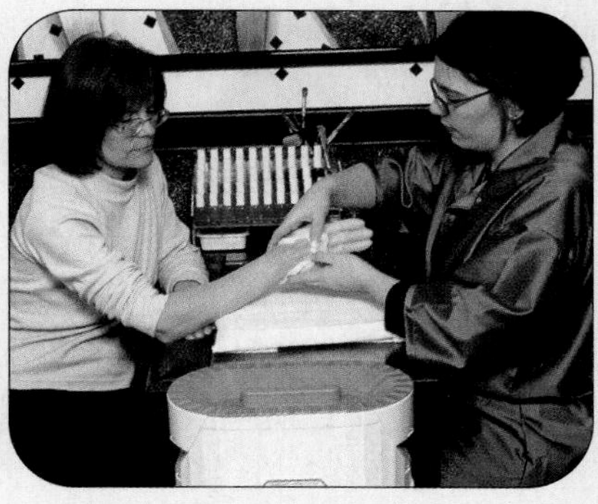

Figura 10-46 Para retirar la parafina, comience con la muñeca, masajee un poco para aflojar la cera y retire las capas de parafina de la mano.

11. Tome la muñeca del cliente para ayudarlo a colocar una mano dentro de la cera durante unos 3 segundos. Retire la mano. Espere que la cera se endurezca antes de sumergir nuevamente la mano (Figura 10-44).
12. Repita el proceso tres a cinco veces.
13. Envuelva la mano con una tela de plástico y cúbrala con un mitón de tela (Figura 10-45).
14. Repita el procedimiento con la otra mano.
15. Deje la parafina sobre las manos entre aproximadamente 10 y 15 minutos.
16. Para retirar la parafina comience por la muñeca, masajee suavemente las manos del cliente para aflojar la cera y retire los trozos (Figura 10-46).
17. Deseche adecuadamente toda la parafina usada.
18. Comience con el procedimiento de manicura.

PROCEDIMIENTO 10-5

Tratamiento con cera de parafina (hacerlo durante la manicura)

1. Realice todas las actividades higiénicas previas y la consulta correspondiente para dar servicios de manicura indicadas en el Procedimiento 10-4, puntos 1-7.
2. Retire el esmalte viejo y dé a las uñas la forma deseada. Si hiciera falta llevar a cabo reparaciones, complete estos procedimientos antes del tratamiento.
3. Aplique loción humectante a las manos del cliente y masajee suavemente hasta que sea absorbida.
4. Cumpla con el Procedimiento 10-4, puntos 9-17.
5. Continúe con el procedimiento de manicura.

Consulte a su instructor sobre el momento adecuado y las reglamentaciones estatales.

MASAJES PARA MANOS Y BRAZOS

Un masaje de manos y brazos es un servicio que se puede ofrecer con todos los tipos de manicura. Están disponibles en todos los spa de manicura y pueden ser ofrecidos a la mayoría de los clientes.

Un masaje es una de las mayores prioridades de un cliente durante una manicura, ya que esperan gozar de los efectos suavizantes y relajadores. Los masajes deben ser realizados con movimientos rítmicos y suaves sin dejar nunca de tocar las manos o brazos del cliente durante el procedimiento.

En una manicura, se sugiere que el masaje se haga antes de comenzar con el procedimiento básico de manicura, justo antes de la aplicación de esmalte. Luego de dar el masaje, es esencial que se limpie totalmente la superficie de la uña para asegurarse que esté libre de residuos tales como aceites, cremas, ceras o lociones. Se puede utilizar alcohol o un buen quitaesmaltes para limpiar la uña.

Los masajes de manos y brazos son opcionales durante una manicura común, pero será ventajoso que el técnico profesional incorpore este servicio especial y relajante para el cliente. Esto le mostrará al cliente que usted le está dedicando el 100% de su tiempo, conocimientos y servicio.

Técnicas de masaje para manos

1. **Movimiento de relajación.** Esta forma de masaje es conocida como "movimiento conjunto". Al comenzar el masaje de manos el cliente ha recibido loción o crema de manos. Apoye el codo del cliente sobre una almohadilla cubierta con una toalla limpia. Con una mano tome la mano del cliente. Con la otra, tome la muñeca del cliente y dóblela hacia atrás y adelante con suavidad cinco a diez veces, hasta que sienta que el cliente se haya relajado (Figura 10-47).

2. **Movimiento conjunto en los dedos.** Baje la mano del cliente, tómela con su mano izquierda y con la derecha tome el meñique, sosteniéndolo por la base de la uña. Haga girar suavemente el dedo formando círculos. Trabaje en dirección al pulgar, haciendo girar cada dedo 3 a 5 veces (Figura 10-48).

SEGURIDAD
PRECAUCIÓN

NO dé masajes si el cliente tiene alta presión arterial, problemas cardíacos o si tuvo un infarto. El aumento de circulación puede ser dañino para este cliente. Solicite a su cliente que primero consulte a un médico. Evite realizar masajes vigorosos en la zona de las articulaciones si su cliente tiene artritis. Converse con su cliente durante el masaje y adáptese a sus necesidades.

Figura 10-47 Movimiento relajatorio.

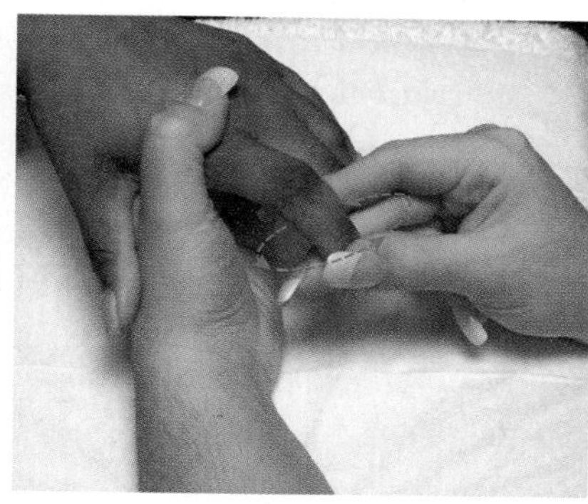

Figura 10-48 Movimiento circular en los dedos.

3. **Movimientos circulares en la palma.** Llamado **masaje effleurage** consiste de suaves caricias que relajan y serenan. Coloque el codo del cliente sobre una almohadilla, y colocando sus dedos pulgares sobre la palma del cliente, dibuje círculos en direcciones opuestas (Figura 10-49).

4. **Movimiento circular en la muñeca.** Sostenga la mano del cliente con ambas manos, coloque sus pulgares sobre la mano y deje los demás dedos por debajo. Mueva los pulgares con movimientos circulares en sentido opuesto desde la muñeca del cliente hasta los nudillos en el dorso de la mano. Suba y baje 3 a 5 veces. La última vez que ascienda, tome con ambas manos la muñeca del cliente y suavemente retuérzala en sentidos opuestos. Este es una forma de movimiento de masaje por fricción que brinda una profunda acción frotante y es muy estimulante (Figura 10-50).

5. **Movimiento circular en el dorso de la mano y los dedos.** Haga pequeños círculos con sus pulgares bajando por el dorso de la mano del cliente. Girando baje por el meñique y por el pulgar para finalmente apretar suavemente la punta de los dedos. Retroceda y baje girando hasta terminar apretando suavemente el anular y el índice. Ahora le toca el turno de giros y compresión al dedo medio. Este procedimiento restituye el flujo normal de la sangre (Figura 10-51).

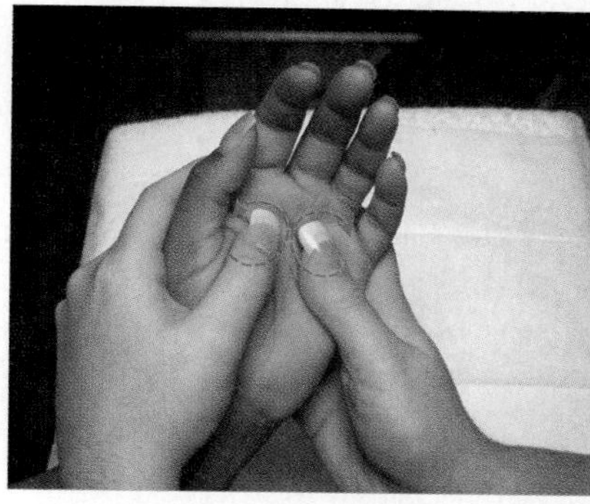

Figura 10-49 Movimiento circular (effleurage).

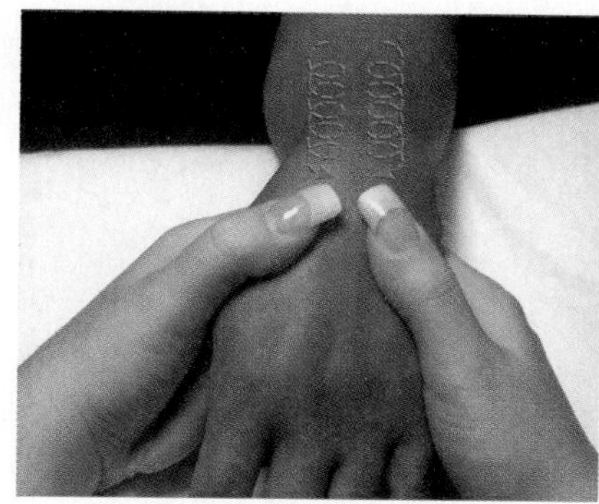

Figura 10-50 Movimiento circular en la muñeca.

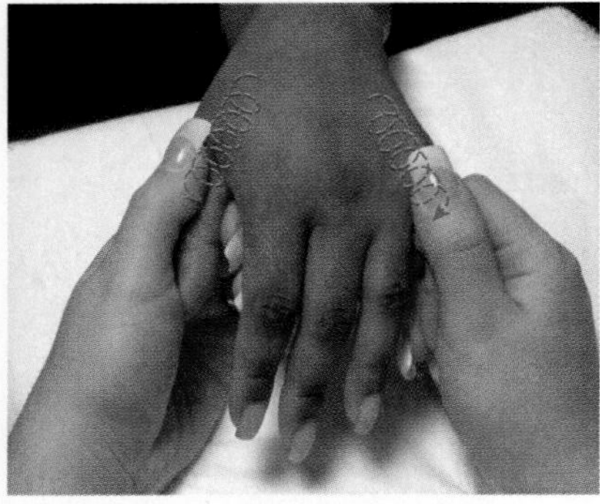

Figura 10-51 Movimiento circular en el dorso de las manos y dedos.

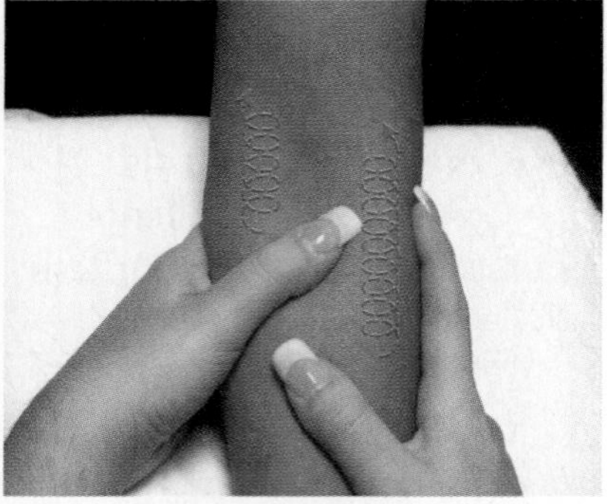

Figura 10-52 Masaje effleurage sobre las manos.

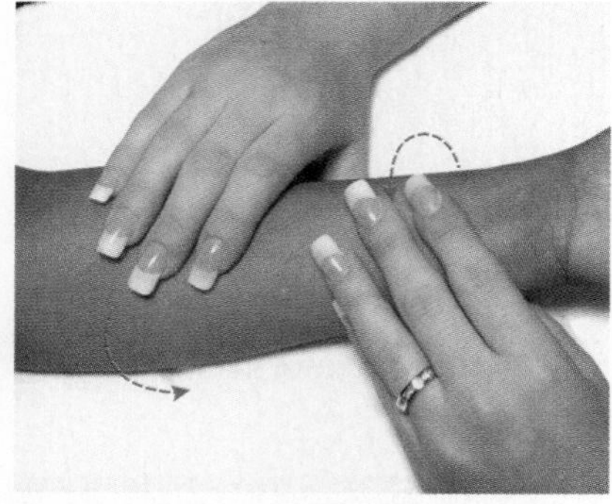

Figura 10-53 Movimiento retorcido en el brazo (masaje de fricción).

Técnicas de masaje para el antebrazo

1. **Distribuya crema o loción.** Coloque una pequeña cantidad de crema en la mano del cliente y trabaje con ella desde la muñeca hacia el codo, excepto el movimiento final; trabaje desde el codo hacia la muñeca, luego comprima las puntas de los dedos al igual que hizo en el masaje de la mano. Agregue crema si fuese necesario.
2. **Masaje effleurage en el brazo.** Coloque el brazo del cliente sobre la mesa y tómelo con sus manos. Sostenga la mano del cliente con la palma hacia arriba en su mano. Sus dedos deberán quedar por debajo y su pulgar al lado de la mano del cliente. Gire sus pulgares en sentido opuesto, comenzando en la muñeca del cliente y trabajando hacia el codo. Cuando alcance el codo, deslice su mano desde el antebrazo hasta la muñeca y nuevamente haga giros hacia el codo 3-5 veces. Haga girar el brazo del cliente y repita 3-5 veces sobre la parte superior del antebrazo (Figura 10-52).
3. **Movimiento retorcido sobre el antebrazo, movimiento de masaje de fricción.** Este es un masaje de fricción que incluye una profunda fricción de los músculos. Doble el codo del cliente para que su antebrazo quede horizontal frente a usted con el dorso de la mano hacia arriba. Coloque sus manos alrededor del antebrazo con sus dedos en el mismo sentido que el brazo y proceda a retorcer con suavidad en sentidos opuestos, como si estrujara una tela, desde la muñeca hacia el codo. Suba y baje por el antebrazo 3-5 veces (Figura 10-53).
4. **Amasado del brazo.** Esta técnica se denomina **movimiento de namasamiento de petrissage**. Es muy estimulante y aumenta la circulación. Coloque su pulgar en la parte superior del brazo del cliente en posición horizontal. Muévalo en sentido opuesto, desde la muñeca hasta el codo y vuelta. Este movimiento de compresión mueve los músculos sobre el hueso y estimula el tejido del brazo. Hágalo 3-5 veces. (Figura 10-54).
5. **Rotación del codo, *masaje con movimiento de fricción*.** Tome el brazo del cliente con la mano izquierda y aplique crema en el codo con un palillo de naranjo con algodón. Tome el codo con la mano derecha y hágala girar alrededor del cliente. Hágalo 3-5 veces. Para finalizar el masaje, mueva su brazo izquierdo hasta la parte superior del antebrazo del cliente. Baje suavemente ambas manos por el antebrazo desde el codo hasta la punta de los dedos como si estuviera bajando por una cuerda. Repita 3-5 veces (Figura 10-55).

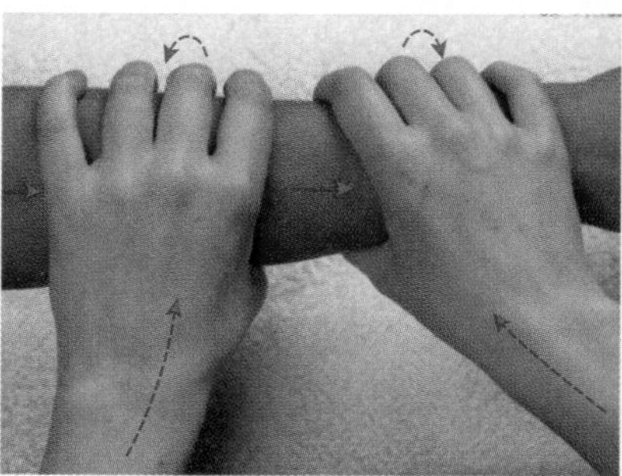

Figura 10-54 Movimiento de amasado en el brazo.

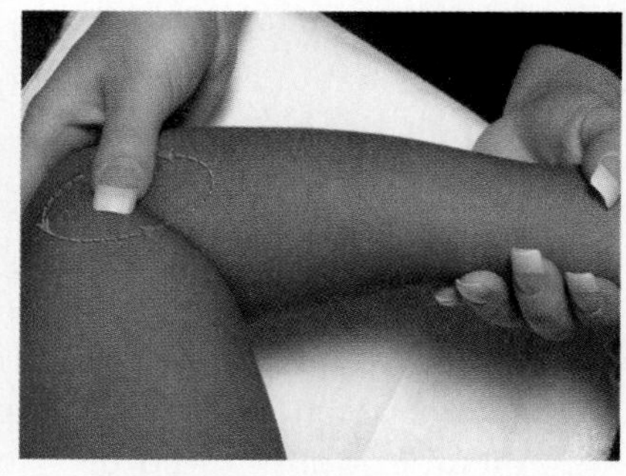

Figura 10-55 Rotación del codo.

MANICURA DE SPA

Las manicuras de spa se solicitan cada vez más, pero son más avanzadas que las manicuras básicas. Los técnicos en cuidado de uñas que amplíen su educación y conocimientos necesarios para implementar este servicio pueden descubrir que es muy lucrativo. Las manicuras de spa no incluyen solamente un profundo conocimiento sobre el cuidado de las uñas sino también sobre la piel. Se las conoce por consentir al cliente, por sus resultados distintivos y sus métodos basados en el cuidado de la piel. Todas las manicuras de spa deben incluir un masaje relajante y alguna forma de exfoliación para mejorar la penetración de los productos.

Existen varios tipos de manicura de spa, las que se recomendarán al cliente luego del análisis de las uñas y la piel. Las manicuras de spa poseen nombres distintivos y exclusivos, los que normalmente indican los ingredientes activos y efectos visuales. Por ejemplo: la "Manicura rejuvenecedora del jardín de rosas" incluye el uso de aceites hidratantes de rosa y pétalos de rosa para ambientación. La "Manicura de alfahidroxiácidos" incorpora el uso de productos para exfoliación y rejuvenecimiento de la piel basados en un AHA (alfahidroxiácidos).

Otras técnicas que pueden ser incorporadas a una manicura de spa consisten en inmersiones en parafina aromática, aromaterapias, masajes perfumados de manos y brazos con aceites y lociones especialmente recomendadas, reflexología, máscaras manuales y aplicaciones de toallas húmedas. Cuando se realiza un procedimiento avanzado que incluye aceites y cosméticos, consulte a su cliente sobre sus preferencias o alguna alergia.

Mientras esté en esta escuela, es imperativo que aprenda los procedimientos básicos al igual que los requisitos de higienización y seguridad necesarios para aprobar el examen de la junta calificadora local. Para construir técnicas avanzadas se necesitan los cimientos que otorgan la certificación y el conocimiento de los procedimientos de manicura profesional.

Una vez que se haya estudiado concienzudamente y maneje con pericia y eficiencia los procedimientos básicos de manicura, estará listo para incorporar técnicas más avanzadas. Aprenderá estas técnicas de su instructor, en seminarios de avanzados de cuidado de uñas o comprando el libro *Spa Manicuring for Salons and Spa* (en inglés) de Janet McCormick, publicado por Milady en edición de Delmar Learning.

glosario del capítulo

abrasivos suaves	Sustancias tales como el óxido de estaño, talco, sílice o caolina utilizada para suavizar o pulir las uñas y la piel.
apósitos	Pequeños cuadros sin fibras conocidos como apósitos y preferidos por los técnicos en cuidado de uñas, pues permiten retirar el esmalte sin que se peguen las fibras a la uña, cosa que interferiría con la aplicación de esmalte.
laca	Solución de nitrocelulosa en un solvente volátil utilizada en uñas y cabello para agregar brillo.
masaje effleurage	Masaje de golpeteos suaves y continuos aplicados con los dedos (digital) o con las palmas (palmar) de forma lenta y rítmica.
movimiento de namasamiento de petrissage	Masaje con movimientos de amasado logrado al levantar, apretar y comprimir el tejido.
polvo estíptico	Agente utilizado para detener hemorragias menores que puedan ocurrir durante una manicura.
polvo pómez	Sustancia dura de origen volcánico de color blanco o gris utilizado para suavizar y pulir.
pulidor de gamuza	Implemento que aloja una gamuza desechable utilizada para dar brillo a las uñas, además de suavizar estrías o ranuras en las uñas.
sesgar	Conseguir en la uña limado en diagonal para suavizar los bordes ásperos.
uña cuadrada	Forma de uña que es completamente recta, sin bordes redondeados. El largo de la uña puede variar.
uña cuadrangular	Forma de uña que apenas se extiende más allá del borde del dedo y que tiene su borde redondeado.
uña en punta	Forma de uña ideal para manos delgadas con angostos lechos de uña. La forma es cónica y un tanto larga; sin embargo habitualmente son débiles y se pueden quebrar fácilmente.
uña ovalada	Forma de uña que es cuadrada con esquinas ligeramente redondeadas. Ésta es la forma más atractiva para las mujeres. El largo de la uña puede variar.
uña redondeada	Forma de uña que es ligeramente cónica en su extremo y que se extiende apenas más allá del borde del dedo. Esta forma de apariencia natural es la más solicitada por los hombres.

preguntas de revisión

1. Haga una lista con los cuatro tipos de herramientas para la tecnología del cuidado de uñas utilizadas en una manicura.
2. Describa los procedimientos para higienizar los implementos.
3. Describa brevemente los procedimientos para manipular sangre en el salón.
4. Haga una lista de dos tipos de quitaesmaltes y sugiera un uso para cada uno de ellos.
5. ¿Por qué es importante tener el formulario de información de seguridad de todos los productos utilizados en un salón?
6. Haga una lista con las cinco formas básicas de uñas.
7. ¿Qué debemos considerar cuando elegimos la forma de las uñas?
8. Haga una lista y describa la secuencia del procedimiento de tres partes requerido en la manicura.
9. Describa los procedimientos correctos para la aplicación de esmalte.
10. ¿Cuál es el propósito de la manicura con aceite caliente reacondicionador?
11. Describa las diferencias básicas entre la manicura femenina y la masculina.
12. Haga una lista con los tres recaudos de seguridad que debemos tomar para utilizar un torno eléctrico.
13. ¿Cuáles son los beneficios de un tratamiento de cera de parafina?
14. Haga una lista con los procedimientos sugeridos para hacer un tratamiento con cera de parafina.
15. Mencione cinco técnicas de masaje para manos y brazos.

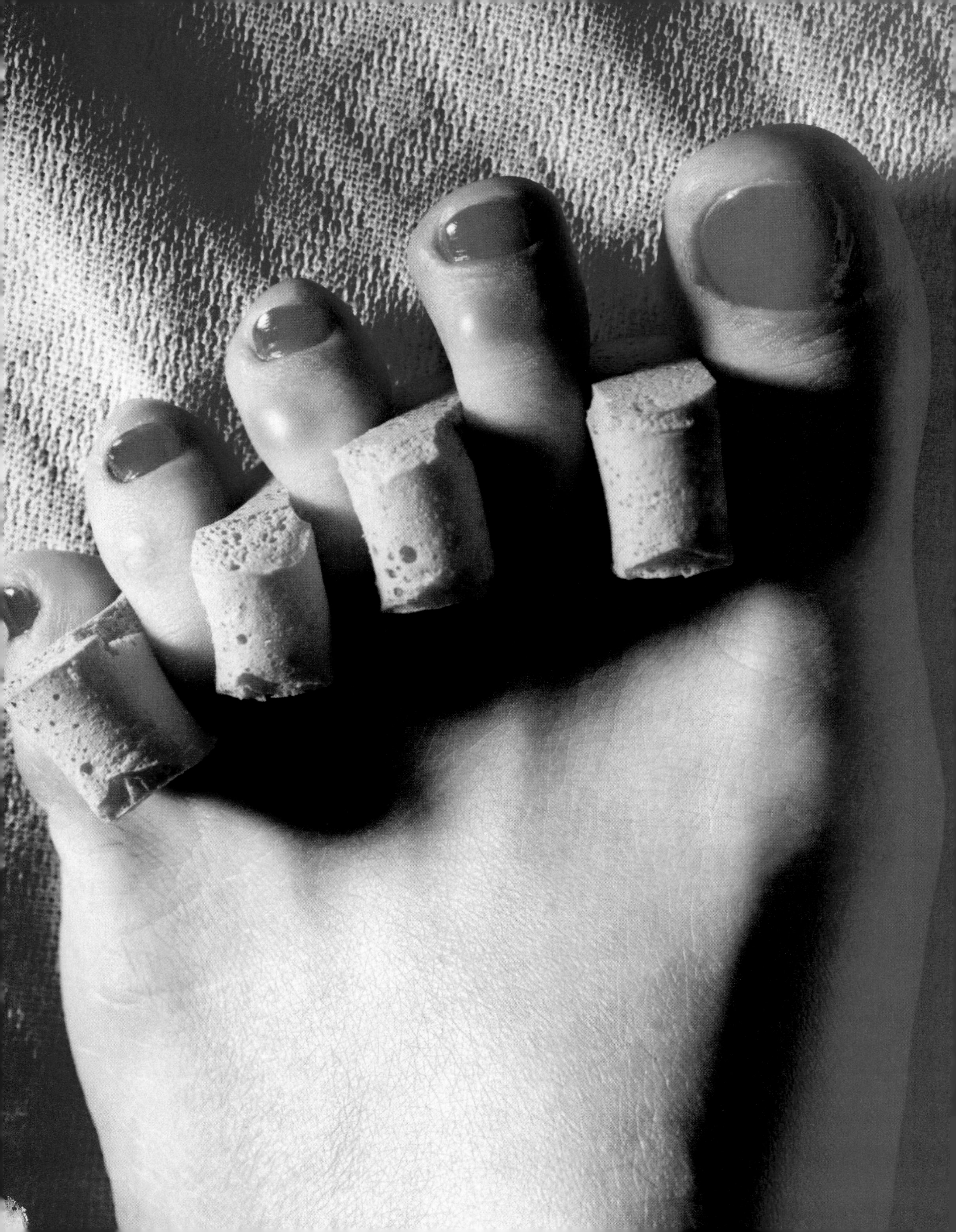

11

PEDICURA

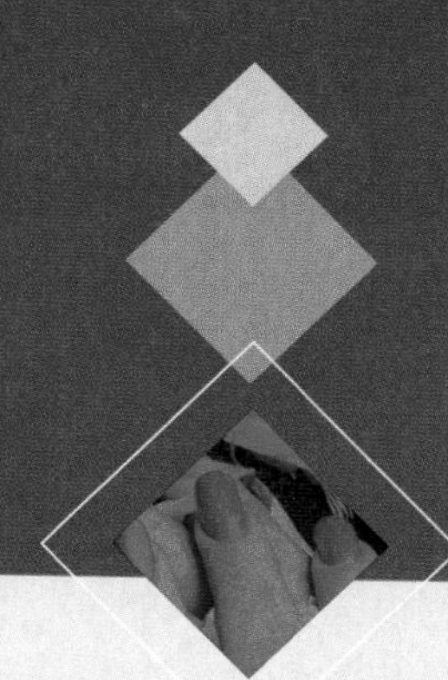

Autor: Laura Mix

RESEÑA DEL CAPÍTULO

PROCEDIMIENTOS

Objetivos de aprendizaje

Después de finalizar este capítulo, usted podrá:

1. **Identificar los equipos y materiales necesarios para realizar pedicuras y explicar para qué se utilizan los mismos.**
2. **Enumerar los pasos que componen el procedimiento previo al servicio de pedicura.**
3. **Demostrar los procedimientos y precauciones adecuados a adoptar para la pedicura.**
4. **Describir la técnica adecuada a aplicar en el limado de las uñas de los pies.**
5. **Describir la técnica adecuada para recortar las uñas.**
6. **Demostrar su habilidad para realizar masajes para pies adecuadamente.**

Términos clave

El número de página indica dónde se utiliza el término dentro del capítulo.

aceites para masajes
pág. 211

alicates de cutícula
pág. 214

baños/remojar
pág. 210

corta uñas para los pies
pág. 213

cucharilla
pág. 213

escofinas (paletas)
pág. 214

exfoliante de granos
pág. 211

lima de metal/rallador de pedicura
pág. 213

lima de uñas con (recubrimiento de) diamante
pág. 214

manipulación de las manos
pág. 207

masaje effleurage
pág. 207

masaje petrissage
pág. 207

masaje
pág. 207

movimiento de fricción
pág. 209

pedicura
pág. 201

tapotement (masaje tapotement)
pág. 207

La información contenida en este capítulo le mostrará las habilidades de pedicura necesarias para cuidar los pies, dedos y uñas de los pies de los clientes. La **pedicura** incluye el recorte, forma y esmaltado de las uñas de los pies así como los masajes para pies. La pedicura es un servicio estándar brindado por los técnicos en cuidado de uñas. Constituye una parte básica del buen cuidado de los pies y es particularmente importante para los clientes trotadores, bailarines y cosmetólogos. Todos estos grupos dependen particularmente de sus pies para su vida y esparcimiento. Una vez que los clientes experimentan la comodidad y relajación de una buena pedicura, regresarán por más. Si lo analiza realmente, los servicios de pedicura son adecuados para todas las personas. No todos los clientes desearán o necesitarán un servicio de pedicura completo. Algunos sólo necesitan un recorte de uñas profesional No se autolimite. Adapte sus servicios de pedicura a los fines de satisfacer las necesidades de toda su clientela. Debe promoverse la pedicura mensual para lograr pies sanos y felices, ya que éstos están en constante uso y necesitan mantenimiento de rutina. El cuidado adecuado de los pies mediante la pedicura mejora tanto el aspecto personal como la comodidad básica de los pies.

Aquí tiene un consejo:

Al reservar una cita para pedicura sugiera a su cliente usar zapatos o sandalias con los dedos al descubierto para no arruinar el esmalte. También recuerde al cliente que deberá quitarse las medias para poderse realizar la pedicura.

INSUMOS DE PEDICURA

Necesitará los siguientes insumos además del equipo de manicura estándar para realizar la pedicura (Figuras 11-1 y 11-2).

Estación de pedicura

La estación incluye un asiento cómodo con apoyabrazos y un posapiés para el cliente y un asiento para el técnico en cuidado de uñas. Existen estaciones de pedicura que combinan todos estos artículos en un solo mueble.

Figura 11-1 Estación de pedicura que incluye asiento para el cliente, posapiés y banquillo de pedicura.

Banquillo de pedicura y posapiés

El banquillo de pedicura es una banqueta baja que le facilitará trabajar en los pies del cliente. Existen banquillos de pedicura con posapiés incorporado para el cliente o puede utilizarse un posapiés separado.

Palangana o recipiente para baños de pedicura

El recipiente para baños de pedicura se llena con agua tibia y jabón líquido para que el cliente remoje sus pies. Dicho recipiente debe ser lo suficientemente grande para sumergir completamente los pies del cliente.

Separadores de dedos

Los separadores de dedos de goma espuma o algodón se utilizan para mantener separados los dedos del pie durante la pedicura.

Escofina o paleta

Se utiliza para eliminar la piel seca o **formaciones** callosas.

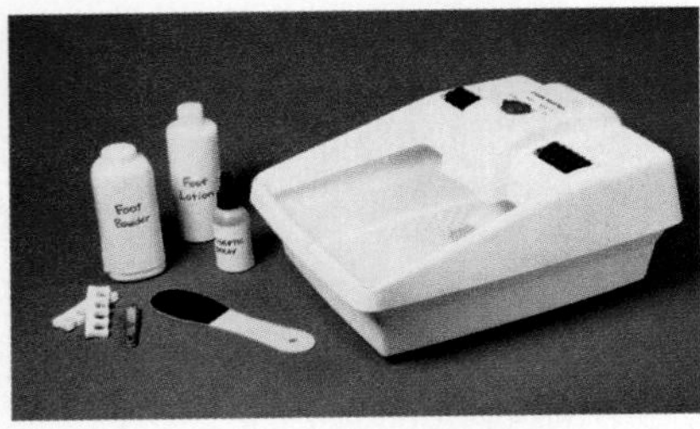

Figura 11-2 Insumos necesarios para la pedicura.

Alicates para las uñas de los pies

Existen dos tipos de alicates; ambos son aceptables para la pedicura profesional.

Spray antiséptico para pies

Este spray contiene **agentes** antihongos, así como antisépticos suaves.

Jabón líquido

El jabón líquido para pedicura contiene jabón o detergente muy suave, agentes antihongos y antibacterias.

Crema para pies

La crema para pies se utiliza durante los masajes para pies. También puede utilizarse loción para las manos.

Polvo para pies

El polvo para pies contiene agentes antihongos para mantener los pies secos luego de la pedicura.

Zapatillas de pedicura

Se necesitan zapatillas de papel o espuma desechables para los clientes que no usan zapatos con los dedos al descubierto.

PEDICURAS

Al igual que con otros procedimientos, la pedicura incluye tres partes: la etapa previa al servicio, el procedimiento de pedicura y la etapa posterior al servicio. En la etapa previa al servicio usted higienizará sus implementos, recibirá al cliente y realizará la consulta con el cliente. Luego realizará los pasos incluidos en el procedimiento propiamente dicho. Posteriormente, en la etapa posterior al servicio, reservará otra cita para su cliente, venderá los productos considerados durante el servicio, higienizará su área y desinfectará todos los implementos reutilizables.

Etapa previa al servicio de pedicura

Su área de pedicura debe estar cerca de un lavamanos para que sea cómodo llenar con agua los recipientes para baños de pedicura.

1. Complete el procedimiento de higiene previo al servicio. (Este procedimiento se describe en las páginas 41-43).
2. Su estación debe estar instalada de modo de poseer banquillo de pedicura y asiento y posapiés para el cliente.
3. Esparza una toalla de algodón en el piso frente al asiento del cliente para apoyar los pies durante la pedicura. Coloque otra toalla sobre el posapiés para secar los pies.
4. Coloque su mesa de manicura estándar en su estación de pedicura. Incluya en su mesa los separadores de dedos, escofinas, alicates para uñas, spray antihongos y antisépticos para pies, jabones, cremas para pies, polvos para pies y zapatillas de pedicura.

5. Llene la palangana con agua tibia. Agregue una cantidad medida de jabón líquido al baño (respete las indicaciones del fabricante).
6. Reciba a su cliente con una sonrisa.
7. Complete la consulta con el cliente. Utilice el formulario de salud/registro del cliente para registrar las respuestas y observaciones. Verifique si existen trastornos de las uñas y decida si es seguro y adecuado brindar servicios al cliente. Si existe infección o inflamación derive el cliente a su médico. Si existe pie de atleta, no debe realizar la pedicura.

SEGURIDAD
PRECAUCIÓN

Asegúrese de que el piso de los alrededores del área de pedicura esté seco porque los pisos mojados son resbalosos. Usted o sus clientes podrían caerse. Cuando se derrama agua, límpiela inmediatamente.

Servicios de pedicura

Al utilizar la línea de productos de un fabricante, se recomienda respetar los procedimientos correspondientes. Tales procedimientos fueron probados y se verificó que mejoran la eficacia de la línea de productos. Usted debe calcular el tiempo de los pasos de pedicura individuales, en base al tiempo sugerido por el fabricante para realizar el servicio completo en forma económica y eficiente. No de al cliente la impresión de que está apurado, pero realice los procedimientos de modo de no perder tiempo en cada acto. Tenga sus instrumentos y productos a su alcance (Figura 11-3). No deben existir distracciones para usted o el cliente durante la pedicura. En todo momento durante la pedicura, usted debe saber cuáles son las expectativas de su cliente respecto del servicio. Haga sentir al cliente que usted no tiene nada más importante que hacer que cumplir con sus deseos. Háblele si el cliente desea hablar, pero si desea relajarse, bríndele la paz y tranquilidad que está buscando.

Figura 11-3 Carro portátil de insumos de pedicura que contiene todos los instrumentos e insumos necesarios para la pedicura.

Sea delicado pero firme al manipular el pie. El tacto o sostén suave y ligero producirá una sensación de cosquilleo que no resulta relajante. El cliente se pondrá tenso y rechazará al pedicuro durante el servicio. Mucha gente dice que no puede soportar que le toquen los pies. Un agarre firme pero cómodo del pie facilitará superar este problema (Figura 11-4). En la mayoría de los casos, al trabajar con los pies, éstos deben ser tomados entre el dedo pulgar y los dedos de la zona mediotarsal. Esto logra dos cosas. Traba el pie, haciendo que quede rígido en lugar de flexible y suelto. También permite ubicar el dedo pulgar o índice en la parte de la zona plantar del pie donde se juntan los dos pliegues de piel en la almohadilla del pie. Este punto generalmente se encuentra al principio del arco longitudinal. Aplicar diferentes niveles de presión en dicha zona parece tener un efecto calmante en el cliente y éste supera cualquier rechazo a que le toquen los pies.

Los servicios de pedicura propiamente dichos pueden dividirse en cinco pasos básicos: baño, cuidado de las uñas, cuidado de la piel, masajes y esmaltado de uñas (opcional). Cada uno de tales pasos es diferente del otro. Según las necesidades del cliente, algunos pasos pueden no ser necesarios. Por ejemplo, es posible que algunos clientes necesiten sólo cuidado de las uñas. Esto tomaría aproximadamente 15 minutos y los demás pasos de la pedicura integral pueden eliminarse. Si usted posee una técnica de masaje sobresaliente, es posible que los clientes sólo deseen el baño y un masaje para aliviar tensiones y estrés después de su día laboral. Recuerde, sea innovador y creativo en lo que respecta a sus servicios de pedicura.

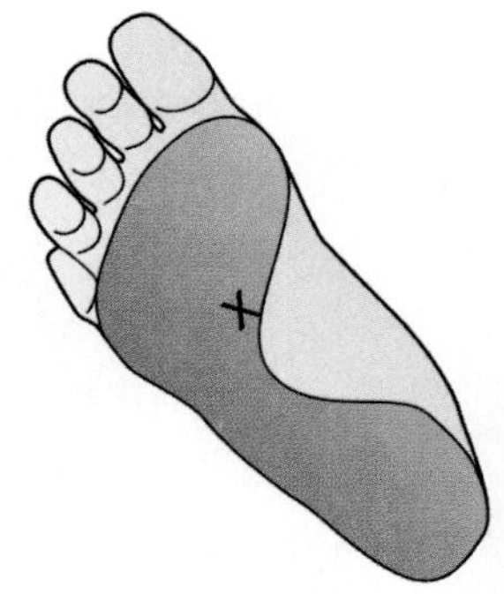

Figura 11-4 La "X" indica el punto: aplicar presión en dicha zona en un cliente aprensivo o que sufre cosquillas tendrá un efecto relajante.

PROCEDIMIENTO 11-1

Servicios de pedicura

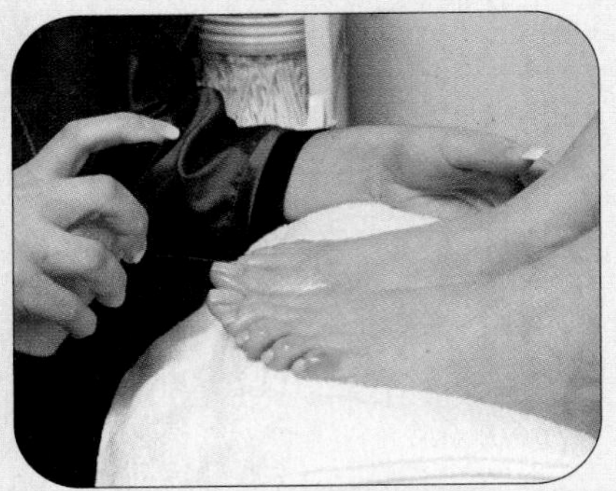

Figura 11-5 Rocíe los pies con un spray para pies.

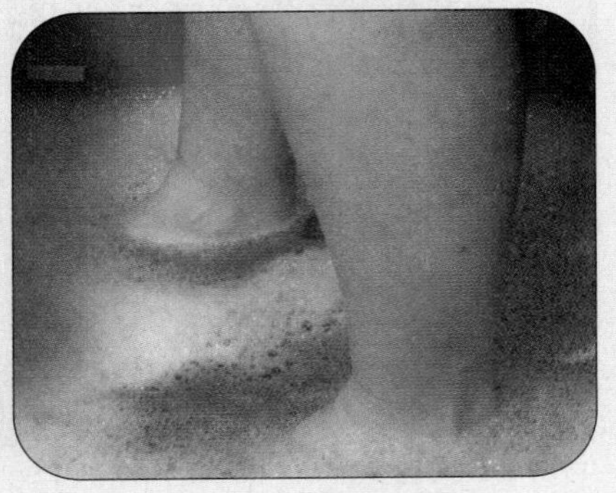

Figura 11-6 Remoje los pies entre 5 y 10 minutos.

Durante el procedimiento, converse con su cliente sobre los productos necesarios para mantener el servicio entre cada visita al salón. Podría sugerirle esmalte, capa protectora, crema para pies y escofinas.

1. **Quite zapatos y calcetines.** Pida a su cliente que se quite los zapatos, calcetines, medias y enrolle las piernas de los pantalones hasta las rodillas.
2. **Rocíe los pies.** Rocíe los pies con spray para pies o límpielos con antiséptico (Figura 11-5).
3. **Remoje los pies.** Coloque los pies del cliente en un baño de jabón durante 5-10 minutos para lavar e higienizar los pies antes de comenzar con el procedimiento (Figura 11-6).
4. **Seque los pies en profundidad.** Asegúrese de secar entre los dedos. Pida al cliente que coloque los pies en la toalla que esparció en el piso (Figura 11-7).
5. **Quite el esmalte.** Quite el esmalte del dedo meñique del pie izquierdo trabajando hacia el dedo pulgar. Repita el procedimiento con el pie derecho (Figura 11-8).
6. **Corte las uñas.** Corte las uñas del pie izquierdo de modo que queden parejas con la punta del dedo (Figura 11-9). Obtenga más información sobre alicates para uñas en la página 169.

11

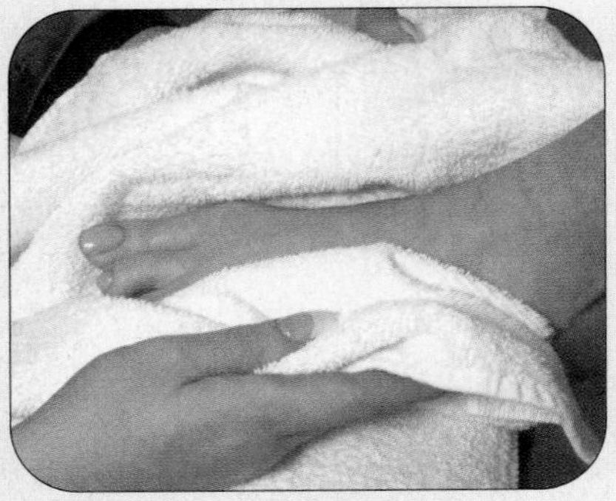

Figura 11-7 Seque los pies en profundidad.

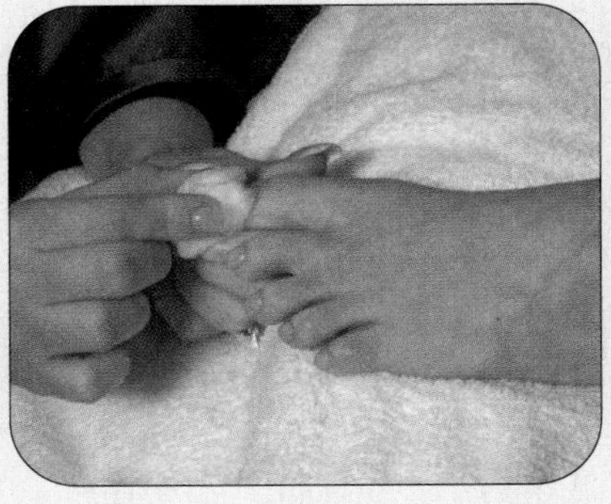

Figura 11-8 Quite el esmalte antiguo.

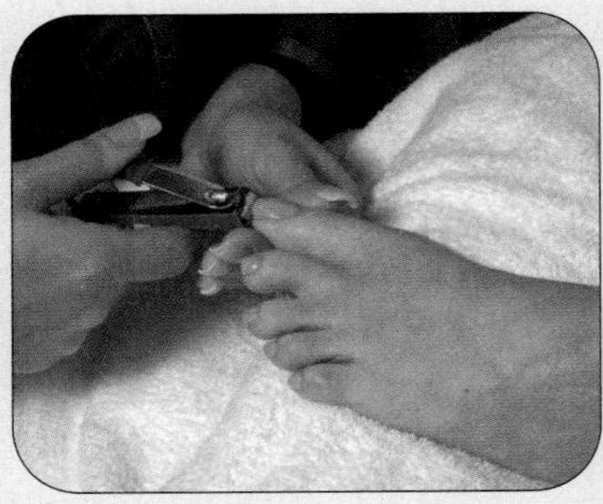

Figura 11-9 Recorte las uñas de los pies.

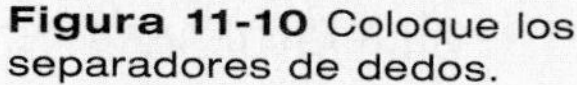

Figura 11-10 Coloque los separadores de dedos.

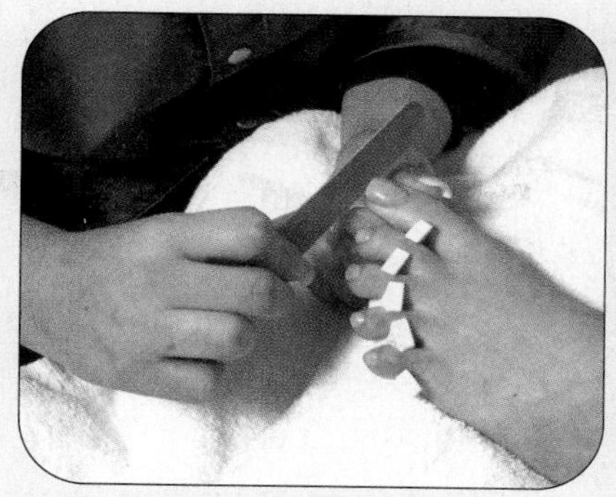

Figura 11-11 Lime las uñas.

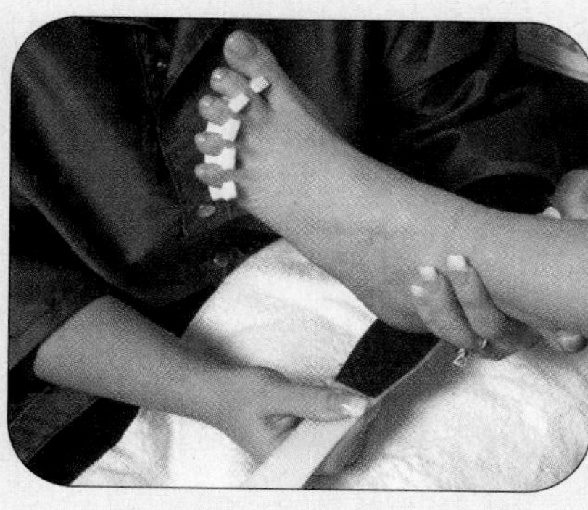

Figura 11-12 Utilice la escofina.

7. **Coloque los separadores de dedos.** Utilice ambas manos para colocar cuidadosamente los separadores de dedos o algodón entre los dedos del pie izquierdo (Figura 11-10). Repita los pasos 6 y 7 en el pie derecho.
8. **Lime las uñas.** Lime las uñas del pie izquierdo con una lima de esmeril. Límelas transversalmente redondeándolas levemente en las esquinas para adaptarlas a la forma de los dedos. Suavice los bordes ásperos con el lado fino de la lima de esmeril (Figura 11-11). Repita este paso en el otro pie.
9. **Use la escofina.** Use la escofina en la almohadilla y talón del pie para eliminar la piel seca y las formaciones callosas. No lime demasiado porque puede causar irritación y sangrado. (Figura 11-12).
10. **Lave los pies.** Quite los separadores de dedos y coloque el pie izquierdo en el baño de pies.
11. **Repita los pasos 9 y 10 en el pie derecho.**
12. **Cepille las uñas.** Mientras el pie izquierdo permanece en el baño de pies, cepille las uñas con un cepillo de uñas. Quite el pie y séquelo en profundidad. Coloque los separadores de dedos o algodón entre los dedos (Figura 11-13).
13. **Aplique solvente para cutículas.** Utilice un palillo de naranjo con punta de algodón nuevo para aplicar solvente para cutículas en el pie izquierdo. Comience con el dedo meñique y trabaje hacia el pulgar. Puede aplicar solvente bajo el borde libre para suavizar el excedente de piel debajo de éste (Figura 11-14).
14. **Empuje la cutícula.** En el pie izquierdo empuje las cutículas suavemente con el nuevo palillo de naranjo o repujador de metal. Si se permite el corte de cutículas en su estado, corte sólo para quitar los padrastros (Figura 11-15).
15. **Cepille el pie.** Quite los separadores de dedos. Pida a su cliente que sumerja el pie izquierdo en el baño de jabón. Con el pie izquierdo sobre el baño de jabón, cepille con el cepillo de uñas para eliminar los restos de cutícula y solvente. Seque el pie en profundidad y colóquelo en la toalla.

Un quita callos credo es un mango que sostiene una navaja de seguridad. Algunos estados no permiten el uso de este tipo de utensilio para eliminar las formaciones callosas porque pueden cortar los pies de los clientes con facilidad. Reciba pautas de su instructor acerca del uso del quita callos credo en su estado.

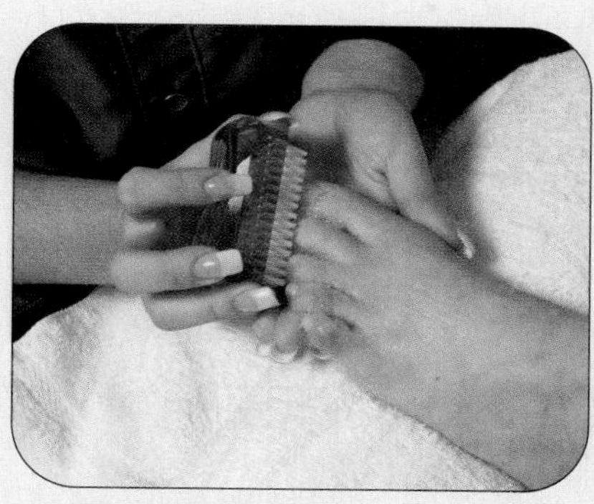

Figura 11-13 Cepille las uñas.

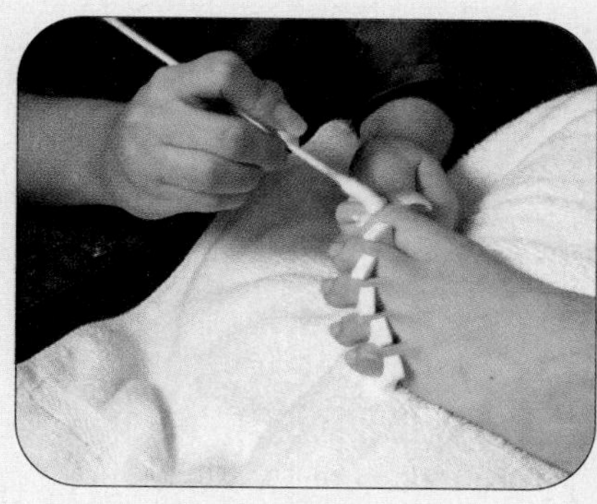

Figura 11-14 Aplique solvente para cutículas.

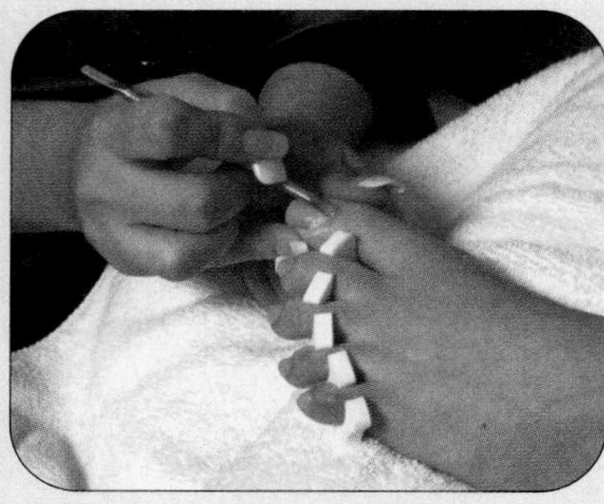

Figura 11-15 Empuje las cutículas.

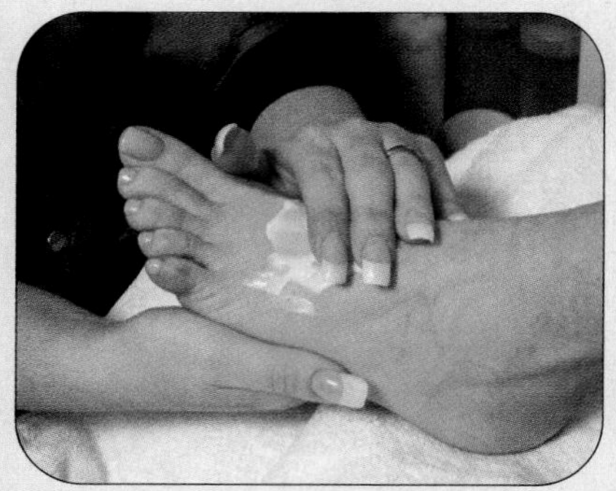

Figura 11-16 Aplique loción.

16. **Aplique loción.** Aplique loción a los pies para el masaje. Aplique un tacto firme para evitar el cosquilleo en los pies del cliente (Figura 11-16).
17. **Masajee el pie.** Realice masajes para pies en el pie izquierdo. Luego coloque el pie en una toalla limpia en el piso. (Consulte las técnicas de masajes para pies en las páginas 208-209).
18. **Aplique los pasos 12-17 en el pie derecho.**
19. **Quite los restos de loción.** Quite los restos de loción de las uñas de ambos pies con un pequeño trozo de algodón empapado en quitaesmalte.
20. **Aplique esmalte.** Coloque los separadores de dedos nuevamente. Aplique una capa base, dos capas de color y capa protectora a las uñas de los pies. Rocíe secador instantáneo para uñas. Coloque los pies en una toalla para que sequen.
21. **Aplique polvo en los pies.** Cuando el esmalte esté seco, aplique polvo en los pies antes de que el cliente se calce los zapatos.

Figura 11-17 Pedicura terminada.

11

Etapa posterior al servicio de pedicura

La pedicura no está completa hasta no haber realizado lo siguiente (Figura 11-17).

1. **Reserve otra cita.** Reserve otra cita de pedicura para su cliente.
2. **Aconseje al cliente.** Aconseje al cliente acerca del adecuado cuidado de los pies. Recuérdele que usar zapatos ajustados y con tacos muy altos puede causar problemas en los pies.
3. **Venda productos.** Sugiera al cliente comprar los productos considerados durante la pedicura. Los productos tales como esmalte, crema para pies y capa protectora ayudan a mantener la pedicura.
4. **Limpie la zona en que practicó la pedicura.** Escurra o vacíe la palangana y límpiela con desinfectante de hospital para higienizar. Seque la palangana en profundidad. Limpie la mesa y posapiés con un desinfectante de hospital.
5. **Deseche los materiales utilizados.** Coloque todos los materiales utilizados en la bolsa de plástico al costado de la mesa. Si la bolsa está llena, deséchela en un cesto cerrado.
6. **Higienice la mesa e implementos.** Realice el procedimiento completo de higiene previo al servicio. En la mayoría de los estados este procedimiento exige 20 minutos de desinfección adecuada antes de utilizar los implementos con el próximo cliente. Regrese la mesa a su organización inicial.

NEGOCIOS CONSEJOS

Promoción de la pedicura durante las épocas de frío.

Es relativamente fácil vender pedicuras durante el verano. El clima es cálido y los clientes desean que sus pies desnudos o en sandalias luzcan perfectos. Pero en el invierno, los pies están cubiertos por capas de calcetines y calzado de cuero. Para muchos clientes significa ojos que no ven, corazón que no siente. Debe promocionarse la pedicura como un servicio de salud para los pies. También debe promocionarse como parte de una buena imagen y un cuidado de salud preventivo. Las pedicuras no son sólo actividades de verano para los pies. Deben promoverse las pedicuras mensuales para poseer pies sanos y felices. Los pies están incómodamente confinados en botas y muchas veces reciben humedad de la nieve y aguanieve, pueden padecer sequedad, agrietamiento, fatiga y acalambramiento. Recuerde a los clientes que los pies son usados diariamente y necesitan un mantenimiento de rutina tanto para hombres como para mujeres, aún en invierno.

MASAJES PARA PIES

El **masaje** es definido por el diccionario médico como "un método de manipulación del cuerpo mediante fricción, pellizcos, sobado, puntura, etc." El arte del masaje existe probablemente desde el comienzo de los tiempos. El tacto es el primero de nuestros sentidos en desarrollarse y en circunstancias normales, el último en extinguirse. La mayoría de nosotros goza al ser tocado y el arte del masaje eleva el tacto a un nivel superior. Los masajes para pies durante la pedicura estimulan la circulación sanguínea y son relajantes para el cliente.

Existen tres formas básicas de **manipulación de las manos** empleadas en el masaje terapéutico. Éstas consisten en lo siguiente

- movimientos de golpes suaves o fuertes denominados **masaje effleurage**.
- movimientos de compresión denominados **petrissage**, que incluyen sobado, prensado y fricción.
- percusión o **tapotement**, en el cual los lados de las manos se utilizan para golpear la piel y tejidos subyacentes en forma sucesiva y rápida.

El masaje effleurage relaja los músculos y mejora la circulación hacia los pequeños vasos sanguíneos superficiales. También se cree que aumenta el flujo de sanguíneo hacia el corazón. El petrissage facilita el mayor movimiento mediante el estiramiento de músculos, tendones y cualquier tejido cicatrizado existente causado por heridas anteriores. El tapotement también es una técnica para mejorar la circulación.

Existe una variedad de estilos y técnicas de masaje. Independientemente de la técnica que aplique, perfecciónela para que se convierta en su segunda naturaleza. Estudie y practique distintos métodos para individualizar el masaje para los distintos clientes. Durante esta sección de la pedicura, esté muy atento a las necesidades de su cliente y satisfaga sus requerimientos dándole un masaje que lo complazca. El nivel de presión aplicado durante el masaje debe ser tan profundo como resulte cómodo para usted y su cliente.

SEGURIDAD
PRECAUCIÓN

NO realice masajes si el cliente padece presión alta, dolencias cardíacas o si ha sufrido un ataque súbito. Los masajes aumentan la circulación y pueden ser perjudiciales para dicho cliente. Haga que su cliente consulte al médico antes de recibir masajes, luego solicite una autorización médica a tal fin.

Pregunte al cliente si prefiere mayor o menor presión. Conozca las zonas o partes del masaje que el cliente goza más y trabaje más dichas zonas. Trabaje hacia el corazón para facilitar la circulación. Mantenga sus muñecas estiradas para reducir su estrés y esfuerzo. No prefiera usar su mano dominante; recuerde siempre alternar la presión entre una mano y la otra. La atención en los pequeños detalles diferenciará su masaje del de los demás.

Técnicas de masajes para pies

Estas técnicas e ilustraciones brindan instrucciones para el masaje del pie izquierdo.

1. **Movimiento relajante para las articulaciones del pie.** Apoye el pie del cliente sobre el posapiés o banquillo. Tome la pierna justo arriba del tobillo con su mano izquierda. Esto asegurará la pierna y el pie del cliente. Use su mano derecha para sostener el pie izquierdo justo debajo de los dedos y rotar el pie con movimientos circulares (Figura 11-18).
2. **Masaje effleurage en la parte superior del pie.** Coloque ambos pulgares en la parte superior del pie al nivel del empeine. Mueva los pulgares en forma circular en direcciones opuestas desde el centro de la parte superior del pie. Continúe este movimiento hacia los dedos. Mantenga una mano en contacto con el pie o pierna, deslice una mano a la vez en forma firme nuevamente hacia el empeine y rote nuevamente hacia los dedos. Es un movimiento relajante. Repita 3-5 veces (Figura 11-19).
3. **Masaje effleurage en el talón (parte inferior del pie).** Aplique el mismo movimiento de pulgares aplicado en la técnica de masaje anterior. Comience en la base de los dedos y muévase desde la almohadilla del pie hacia el talón rotando los pulgares en direcciones opuestas. Deslice las manos nuevamente hacia la parte superior del pie. Es un movimiento relajante. Repita 3-5 veces (Figura 11-20).

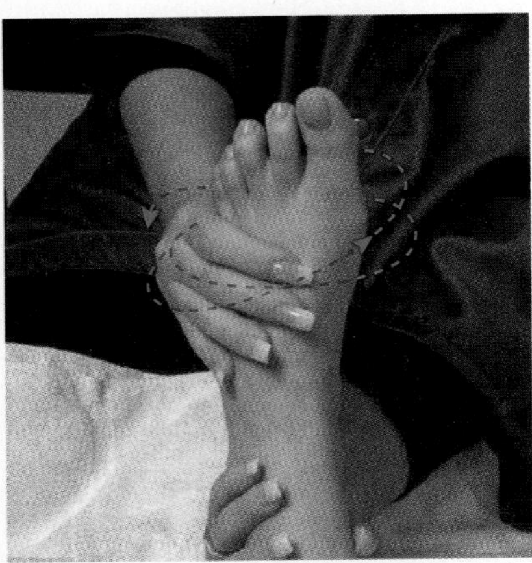

Figura 11-18 Movimiento relajante para las articulaciones del pie.

11

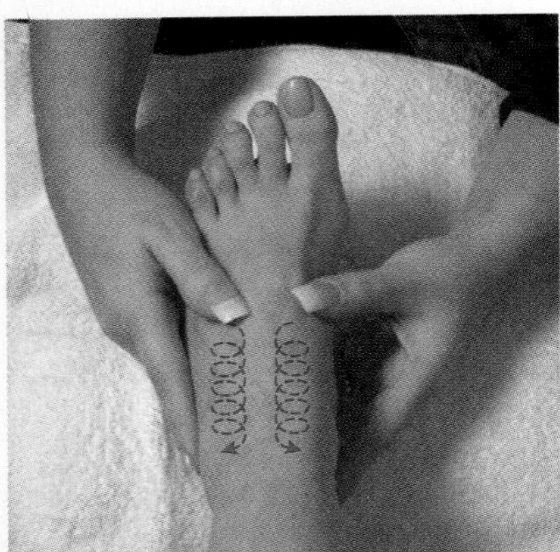

Figura 11-19 Masaje effleurage en la parte superior del pie.

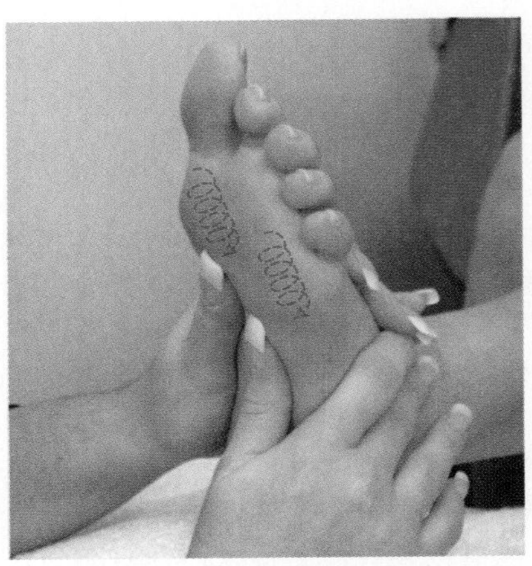

Figura 11-20 Masaje effleurage en el talón.

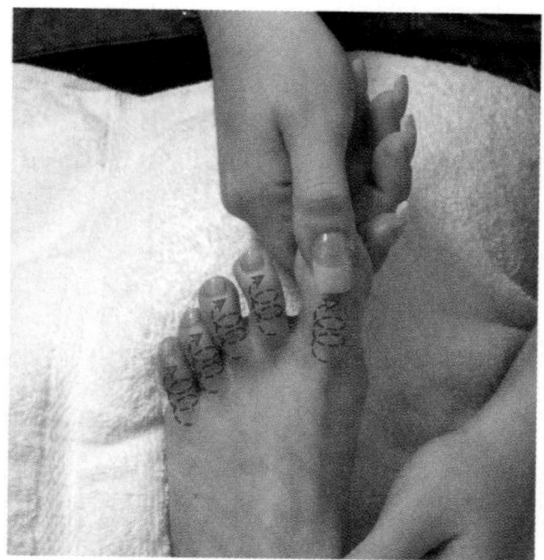

Figura 11-21 Masaje effleurage en el dedo del pié.

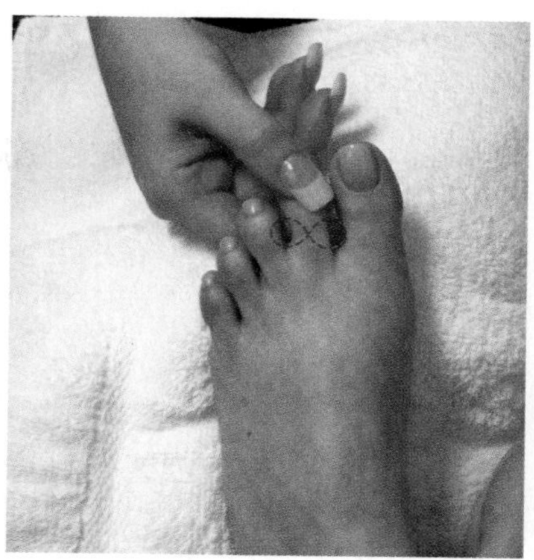

Figura 11-22 Movimiento de las articulaciones para los dedos de los pies.

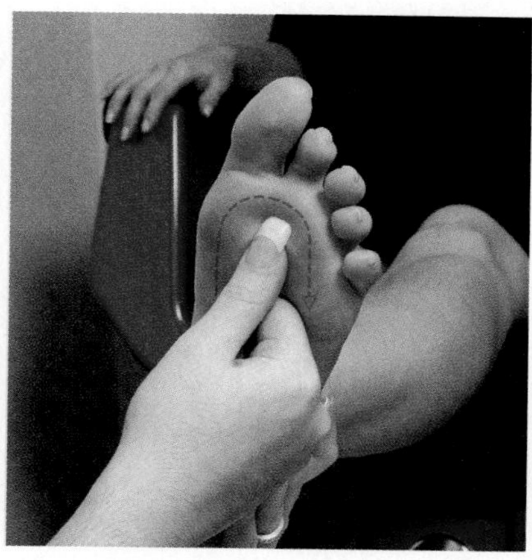

Figura 11-23 Compresión con el dedo pulgar: "movimiento de fricción".

4. **Movimiento effleurage en los dedos.** Comience con el dedo meñique aplicando el dedo pulgar en la parte superior y el dedo índice en la parte inferior del pie. Sostenga cada dedo y rote el dedo pulgar. Comience en la base del dedo y trabaje hacia la punta de los dedos. Esto es relajante y sedante. Repita 3-5 veces (Figura 11-21).
5. **Movimiento de las articulaciones para pies.** Comience con el dedo meñique y forme un ocho con cada dedo. Repita 3-5 veces (Figura 11-22).
6. **Compresión con el pulgar: movimiento de fricción.** Forme un puño con sus dedos dejando el dedo pulgar extendido hacia afuera. Presione firmemente con el pulgar y mueva el puño hacia arriba desde el talón hacia la almohadilla del pie. Trabaje desde el lado izquierdo del pie y descienda por el lado derecho hacia el talón. Mientras masajea la parte inferior del pie, busque nódulos o protuberancias. Si encuentra alguno, sea muy suave porque la zona puede ser delicada. Este movimiento estimula el flujo sanguíneo y aumenta la circulación (Figura 11-23).
7. **Tijeras metatarsales (movimiento de masaje petrissage, sobado).** Coloque sus dedos sobre la parte superior del pie a lo largo de los huesos metatarsales y su dedo pulgar debajo del pie. Sobe arriba y abajo a lo largo de cada hueso levantando su dedo pulgar y los dedos inferiores para aplicar presión. Esto promueve la flexibilidad y estimula el flujo sanguíneo. Repita 3-5 veces (Figura 11-24).
8. **Compresión con torsión de puño (movimiento de fricción, frotación profunda).** Coloque la mano izquierda en la parte superior del pie y forme un puño con la mano derecha. Su mano izquierda aplicará presión mientras su mano derecha hace torsión en la parte inferior del pie. Esto facilita la estimulación del flujo sanguíneo. Repita 3-5 veces arriba y alrededor del pie (Figura 11-25).
9. **Masaje effleurage en el empeine.** Coloque los dedos en la almohadilla del pie. Mueva los dedos en forma circular en direcciones opuestas. Masajee hacia la punta de cada dedo prensando suavemente la punta de cada dedo (Figura 11-26).
10. **Movimientos de percusión o tapotement.** Utilice las puntas de los dedos para realizar movimientos de percusión o tapotement para presionar suavemente todo el pie a los fines de reducir la circulación sanguínea y completar el masaje.

SEGURIDAD
PRECAUCIÓN

Si el cliente padeció alguna operación en el pie, consulte si el masaje resulta o no un procedimiento aceptable.

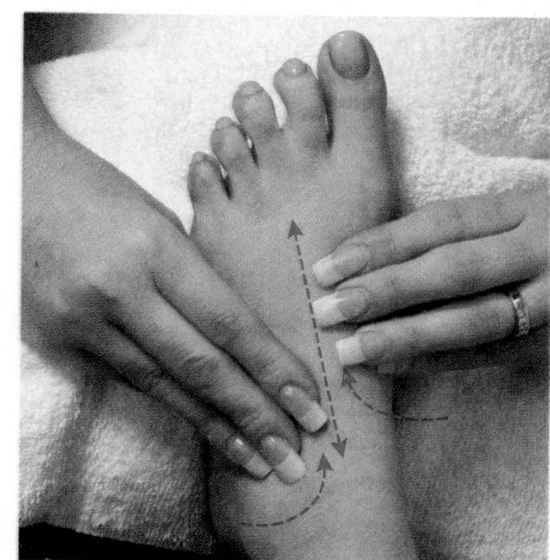

Figura 11-24 Tijeras metatarsales.

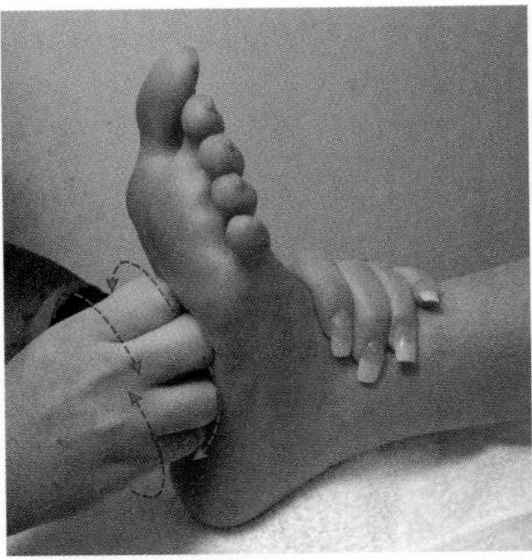

Figura 11-25 Compresión con torsión de puño.

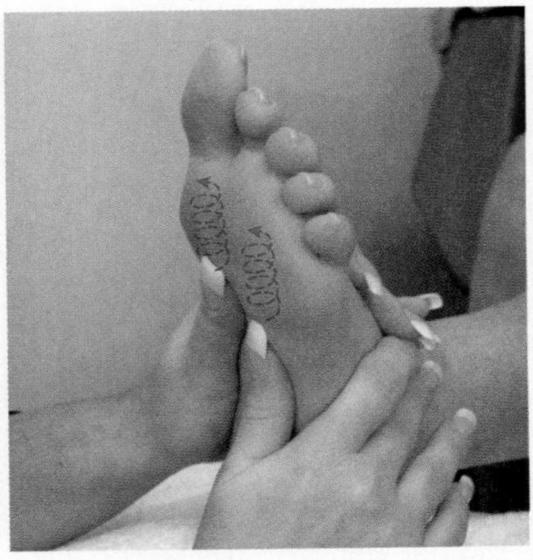

Figura 11-26 Masaje effleurage en el arco del pie.

MÁS INFORMACIÓN SOBRE PEDICURA

El procedimiento de pedicura básico paso a paso es una herramienta de aprendizaje necesaria para facilitarle el dominio de un servicio garantizado y preciado. Sin embargo, se necesita información adicional para poder superar los conocimientos básicos. Los productos, implementos y equipos que necesitará para realizar la pedicura constituyen una parte importante del servicio. El procedimiento de pedicura básico es sólo el comienzo. Hay mucho más por aprender. Al adquirir mayor experiencia y comenzar a adaptar la pedicura, la siguiente información será indispensable para facilitarle el logro de tales objetivos.

Así como existen "sistemas" para los productos de mejora de uñas, también existen sistemas o líneas de pedicura disponibles de muchos fabricantes de productos profesionales para el cuidado de las uñas. Estos fabricantes producen una línea completa de productos para la pedicura profesional Se recomienda examinar todas estas líneas. Compare unas con otras y decida usted mismo cuál es la mejor para sus clientes. El respaldo educativo y el compromiso de la compañía son importantes al momento de tomar una decisión. Las compañías que ofrecen clases y capacitación en el uso de su línea estarán a su disposición cuando se le presenten dudas específicas sobre problemas de clientes individuales u sobre la línea en general.

Existen al menos tres clases de productos básicos necesarios para los servicios de pedicura. Luego, los productos de valor agregado existen para mejorar el servicio de pedicura. Las tres clases de productos básicos consisten en lo siguiente

1. baños.
2. exfoliantes de granos.
3. preparados para masajes.

Baños

Los **baños** son productos utilizados en los baños de pedicura para suavizar la piel de los pies. Un buen baño debe contener jabón suave para higienizar el pie, agentes humectantes o hidratantes y una sustancia superficiactiva para permitir una penetración más profunda de los ingredientes activos. Las sales del mar muerto son uno de los ingredientes encontrados con frecuencia en los mejores agentes de baño. Debido a que los baños contienen grandes cantidades de minerales terapéuticos tales como potasio, magnesio, calcio y sodio, éstos contribuyen a una superhidratación de la piel. También contienen antioxidantes para equilibrar los surfactantes que pueden ser desfavorables para la piel.

Pueden utilizarse antisépticos naturales tales como el aceite de árbol de té así como también otros agentes antisépticos. Si se utiliza jabón, éste debe ser suave para la piel. Debe contener más propiedades de shampoo que de limpiador astrigente. También se utilizan otros aceites naturales por sus propiedades humectantes y aromaterapéuticas. El baño verdaderamente marca el nivel del resto de la pedicura. Asegúrese de adquirir el que reúne todos los requisitos necesarios para comenzar la pedicura con el pie derecho, por así decirlo.

Exfoliantes de granos

Los **exfoliantes de granos** se utilizan para facilitar la remoción y ablandamiento de la piel seca y escamada y los callos que se forman en los pies. El exfoliante de granos debe ser abrasivo a los fines de cumplir con su objetivo. Sin embargo, si es demasiado abrasivo, eliminará la piel viva de las manos del pedicuro que lo utiliza continuamente. Un buen exfoliante de granos contiene más agentes suavizantes tales como alfahidroxiácidos o aceites para suavizar aún más y penetrar las zonas sin vida de la piel que necesitan ser eliminadas. El exfoliante de granos también contiene un agente exfoliante que actúa como abrasivo. Éste facilita la remoción mecánica del tejido sin vida de los pies. La arena de mar, semillas de albaricoque molidas, piedra pómez, cristales de cuarzo y gotas plásticas son todos agentes exfoliantes encontrados en los exfoliantes de granos de pedicura. Los exfoliantes de granos también contienen agentes tales como glicerina. Éstos tienden a confundirse con las escamas de tejido y ayudan a quitarlas de la piel viva subyacente durante el proceso exfoliante. También encontramos en varios preparados de exfoliantes de granos, vitaminas, aceites aromáticos esenciales y otros humectantes que facilitan el acondicionamiento de la piel.

Preparados para masajes

Los **aceites para masajes** se utilizan para lubricar, humectar y vigorizar la piel. Permiten que las manos del pedicuro se deslicen de modo tranquilizante sobre la piel durante la sección de masaje de la pedicura. También ayudan a promover una sensación de relajación y bienestar general en el cliente. El aceite para masajes de calidad no será absorbido por la piel demasiado rápido. El tamaño molecular del aceite determina el nivel de absorción. Los aceites de lanolina y minerales son ejemplos de aceites de moléculas grandes. La mayoría de los aceites para masajes de calidad son una mezcla de aceites terapéuticos que promueven la salud de la piel. Ejemplos de lo anterior son el aceite de jojoba y vitamina E. También pueden incorporarse aceites de aromaterapia por sus efectos relajantes y calmantes. A menudo se incluye el aceite de árbol de té por sus cualidades antisépticas y antihongos. Es posible que el pedicuro, al igual que otros terapeutas de masajes, desee formular su propio aceite para masajes. Algunos comercios de insumos terapéuticos para masajes cuentan con aceites para masajes básicos a los que pueden agregarse distintos aceites esenciales o de aromaterapia. De este modo, pueden formularse varios aceites para masajes a los fines de satisfacer las necesidades particulares del cliente. Esto brindará a la pedicura una característica de adaptabilidad.

Las lociones para masajes contienen moléculas más pequeñas, y en consecuencia, se absorben con mayor rapidez. Éstas pueden ser utilizadas al final del masaje para humectar y vigorizar aún más la piel. Con la debida fórmula, facilitan el retardo del crecimiento de los callos. A menudo encontraremos aceite de árbol de té, vitamina E, jojoba y otros aceites similares en las lociones para masajes.

Productos de valor agregado

Estos productos son utilizados para mejorar y acelerar la experiencia de la pedicura. Se ofrecen suavizantes de callos altamente concentrados para facilitar el ablandamiento y remoción del exceso de callos que se forman alrededor de los talones y sobre los puntos que soportan presión. Un ejemplo de lo anterior es el preparado con 20 por ciento de alfahidroxiácidos. Tal preparado se aplica directamente al callo y se permite remojar para ablandar el exceso de formación callosa. Esto facilita la remoción del callo con los exfoliantes y paletas para callos.

Las **máscaras** compuestas de arcillas minerales, extractos de mar, alfahidroxiácidos hidratantes, aceites de aromaterapia y otros suavizantes terapéuticos para la piel brindan a los pies una experiencia especial similar al "barro facial". Éstos parecen ser productos excelentes y los clientes los disfrutan verdaderamente.

Los baños de parafina caliente para los pies son un excelente agregado a la pedicura. El baño de parafina estimula la circulación y el calor profundo facilita la reducción de la inflamación y promueve la circulación a las articulaciones afectadas. También pueden incorporarse al baño aceites de aromaterapia. Los clientes se sienten mimados y el servicio de cera de parafina caliente aumenta la relajación de la experiencia de pedicura. **No** brinde este servicio a clientes con mala circulación, pérdida de sensación u otros problemas relacionados con la diabetes. La cera caliente puede causar quemaduras o daños en la piel en tales situaciones.

Otros artículos necesarios para lograr la mejor pedicura incluirían

- zapatillas de pedicura, las zapatillas de papel o espuma descartables son necesarias para los clientes que no usan zapatos con los dedos al descubierto.
- sandalias de pedicura, estas sandalias con separadores de dedos incorporados en su diseño, pueden ser adquiridas por el cliente y llevadas cada vez que asiste a recibir servicios de pedicura.

INSTRUMENTOS DE PEDICURA

El uso de instrumentos y equipos profesionales de calidad por parte del profesional en cuidado de uñas es muy importante. Los instrumentos de calidad durarán muchos años para el usuario y las herramientas adecuadas facilitan el trabajo. Esto es cierto particularmente en lo que respecta al trabajo en los pies. Los instrumentos inadecuados y modificados utilizados por el técnico en cuidado de uñas para los servicios de pedicura pueden herir fácilmente las uñas de los pies y sus tejidos blandos. Por lo tanto, el uso de instrumentos y equipos creados específicamente para tal fin es un requisito fundamental para brindar a sus clientes servicios de pedicura profesionales y de calidad. Los instrumentos y equipos creados exclusivamente para pedicuros permitirán al técnico en cuidado de uñas brindar un servicio más seguro a sus clientes. Asimismo, los instrumentos y equipos adecuados facilitarán y acelerarán los servicios de pedicura.

De este modo, tales servicios resultan una experiencia mucho más placentera tanto para el técnico en cuidado de uñas como para el cliente y éste último lo apreciará como el profesional que usted verdaderamente es. Los instrumentos adicionales recomendados para brindar servicios de pedicura incluyen lo siguiente:

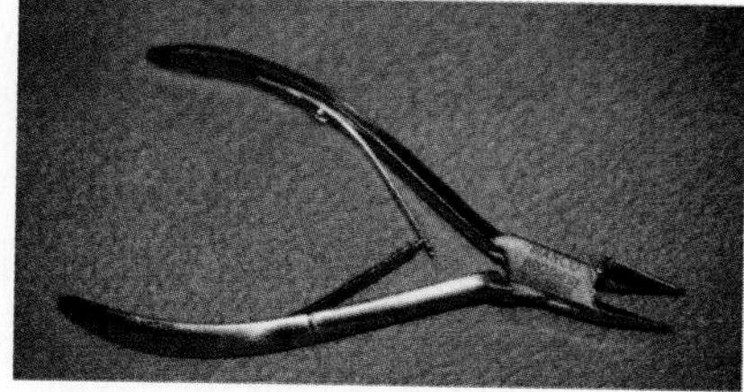

Figura 11-27 Corta uñas de 13,9 cm con punta recta.

Corta uñas para los pies

Estos no son los alicates para uñas de manos alargados y modificados que se venden como alicates para las uñas de los pies. Son instrumentos profesionales creados para cortar las uñas de los pies. Los **corta uñas para los pies** poseen puntas curvas o rectas (Figuras 11-27 y 11-28). Las puntas de los corta uñas deben poseer una punta lo suficientemente fina. Algunos poseen puntas sin filo que dificultan mucho recortar las pequeñas esquinas de las uñas involutas (las que se doblan en el borde). ¡Sí, en algunas circunstancias se debe recortar la pequeña esquina de la uña! Recortar la esquina de la uña del pie, si se hace adecuadamente, lo cual puede lograrse con este corta uñas no provoca uñas encarnadas.

Figura 11-28 Detalle de puntas del corta uñas.

Cucharilla

La **cucharilla** es un pequeño instrumento con forma de cuchara que, de ser utilizado cuidadosamente, permite eliminar los desechos de los márgenes de las uñas (Figuras 11-29 y 11-30). A medida que adquiere experiencia, el técnico en cuidado de uñas se dará cuenta que la cucharilla se convierte en una extensión de los dedos en la búsqueda de bordes ásperos o "ganchos" que hayan quedado luego del proceso de recorte. Si se utiliza adecuadamente, la cucharilla es el instrumento ideal para limpiar y buscar los desechos de los márgenes de las uñas. En la mayoría de los clientes, sólo deberá utilizarla en los márgenes de las uñas grandes de los pies. Sólo en algunas oportunidades es necesario limpiar los márgenes de las uñas más pequeñas de los pies. La mayoría de las cucharillas son bastante afiladas en los bordes mientras que otras son desafiladas. Se recomiendan las cucharillas de doble punta, de 1,5 mm de diámetro en una punta y 2,5 mm de diámetro en la otra. Algunas poseen un pequeño orificio que facilita la limpieza después del uso. A los fines del cuidado de las uñas, la cucharilla no debe utilizarse para cortar tejido o desechos adheridos a los tejidos vivos del margen de las uñas. Por seguridad, el técnico en cuidado de uñas debe utilizar una cucharilla sin filo para cortar tejido.

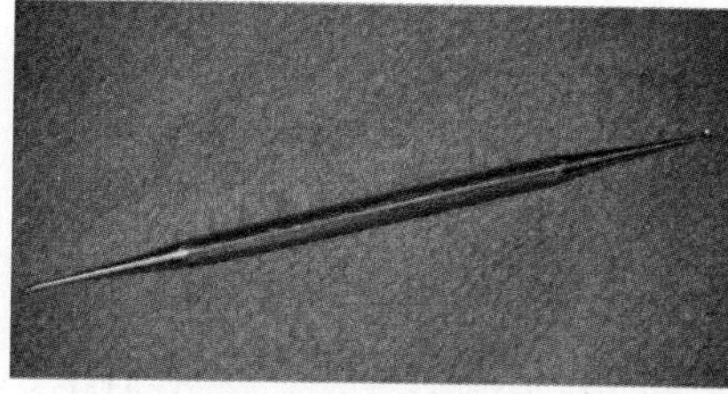

Figura 11-29 Cucharilla con doble punta.

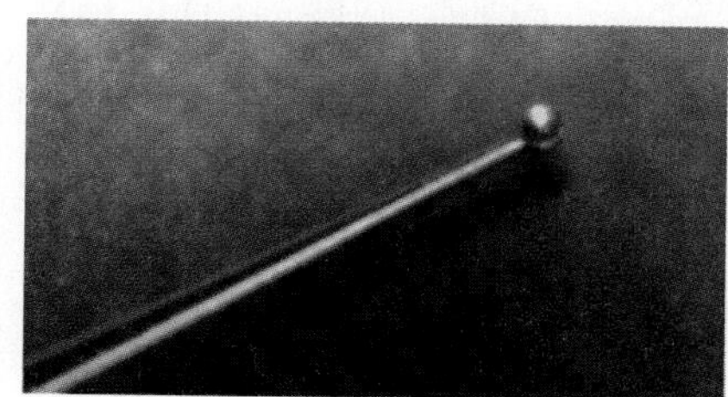

Figura 11-30 Detalle de cucharilla.

Lima de metal

Esta **lima de metal** o **rallador de pedicura** como se lo denomina en el ámbito médico está construido de manera de cortar o limar en una única dirección. La parte cortante del instrumento mide alrededor de 3,17 mm de ancho y alrededor de 19,5 mm de largo (Figura 11-31). Está unida a un mango de metal recto o anguloso. Se recomienda la lima angulosa porque es más fácil de usar en el surco de la uña.

Este instrumento suaviza los bordes de la uña en el surco. Debe colocarse en el surco de la uña contra el borde libre de la superficie de la uña (lámina ungueal). Luego se pasa la lima suavemente por el borde de la uña hacia la punta del dedo. Esto suavizará los bordes ásperos de la superficie de la uña que puedan haberse producido durante los procesos de recorte o uso de la cucharilla. Puede repetir este proceso varias veces para asegurarse que no queden bordes ásperos en el margen de la uña.

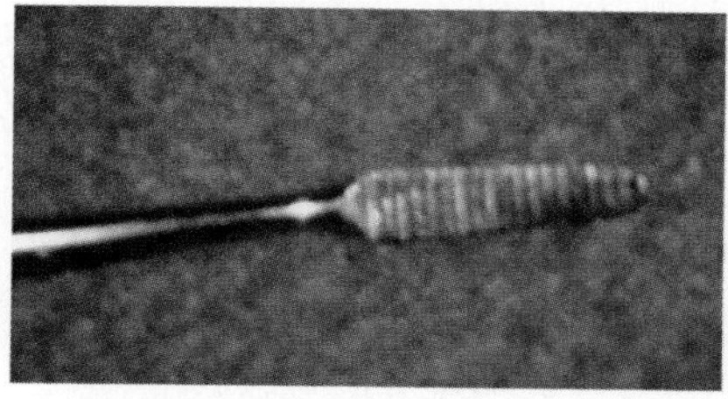

Figura 11-31 Detalle de lima de metal.

La lima de metal, al igual que la cucharilla, se utiliza principalmente a lo largo de los márgenes de la uña grande del pié. Generalmente las uñas más pequeñas no requieren limado en sus márgenes. Al retirar los bordes afilados del margen de las uñas, se reduce la posibilidad de que la uña corte los tejidos blandos. A medida que adquiera experiencia en el uso de esta lima, encontrará que es un instrumento preciado y que ahorra tiempo. Utilizado adecuadamente, agregará el toque de terminación profesional requerido en el cuidado de las uñas de los pies.

Lima de uñas con diamante (recubrimiento de)

Figura 11-32 Detalle de lima de uñas con (recubrimiento de) diamante.

La **lima de uñas con (recubrimiento de) diamante** es un instrumento excelente para limar el borde libre de las uñas de los pies y en algunos casos, afinarlo (Figura 11-32). Está compuesta de metal con polvo de diamante impregnado en dicho metal. Se produce en granos gruesos, medianos y finos. El grano grueso parece dar mejores resultados en las uñas de los pies. Está construida de manera tal que no se llena de desechos de uña durante el uso. Esta lima posee la misma forma que las limas de uñas utilizadas por el técnico en cuidado de uñas para el limado de las uñas de las manos. Es delgada y flexible y puede utilizarse de la misma manera que las demás limas de uñas. *Las mayores ventajas de esta lima son que se higieniza fácilmente y puede permanecer en soluciones desinfectantes.* Por lo tanto, puede utilizarse en forma segura con muchos clientes. Debido a que la lima es de metal y la superficie cortante está compuesta de polvo de diamante, no se desgasta fácilmente tornando extremadamente rentable el gasto inicial .

Escofina o paleta

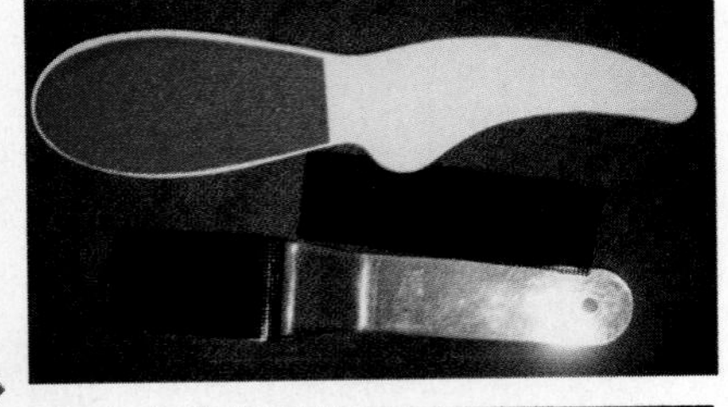

Figura 11-33 Dos tipos de paletas para pies y pantalla de reemplazo para una de éstas.

Las **escofinas** o **paletas** son grandes limas arenosas creadas para retirar la piel seca y escamosa y suavizar los callos de los pies. Se presentan en muchos niveles de granos y formas distintas (Figura 11-33). La principal desventaja es que la mayoría no son fáciles de desinfectar. Debe elegir una escofina que se publicite como "higienizable" y que pueda sumergirse en solución desinfectante varias veces sin quebrarse.

Existen paletas para pies con superficie arenosa abrasiva y descartable, similar a una pantalla. Esta paleta se desmonta fácilmente de modo de poder higienizar y desinfectar las partes individuales y colocar una nueva superficie abrasiva cuando sea necesario.

Alicates de cutícula

Este instrumento que es utilizado para los servicios de manicura, también puede utilizarse para los servicios de pedicura. Los **alicates de cutícula** deben utilizarse cuidadosamente para evitar cortar la piel viva. *Sólo en raras ocasiones* debe utilizarse como su nombre lo indica, para cortar cutículas. El corte de cutículas en forma afilada y estrecha no es recomendado en las uñas de los pies por las mismas razones ya comentadas. También puede utilizarse este instrumento para eliminar la parte pequeña de la esquina de la uña en los dedos más pequeños (del segundo al quinto dedo). Al poseer puntas más pequeñas que los corta uñas descriptos anteriormente, es más fácil de usar, de ser necesario, en los dedos más pequeños.

Tornos

El torno eléctrico es una de las opciones al brindar servicios de cuidado de uñas en las uñas de los pies gruesas y malformadas. Los tornos se presentan en cuatro tipos básicos: manuales, accionados por cable, por correa y por micromotor. El secreto de su utilización es aplicar un toque suave y dejar que la punta del taladro trabaje por usted. El uso inadecuado del torno por parte de un operador no capacitado causará heridas en la unidad de la uña. Con la capacitación adecuada y uso cauto, el torno se convierte en una extensión de los dedos del usuario, al igual que los demás instrumentos utilizados para brindar servicios de cuidado de uñas.

Equipos de pedicura

Al incorporarse al personal, seguramente su lugar de trabajo le proveerá los equipos de pedicura necesarios para servir al cliente. Esta sección analizará varios equipos importantes necesarios para brindar servicios de pedicura. Tales equipos pueden variar entre una simple silla plegable y un recipiente plástico hasta una elegante unidad de pedicura totalmente equipada. Al igual que los instrumentos, los equipos cómodos, de buena fabricación y de calidad serán más rentables y ayudarán a promocionar sus servicios de cuidado de pies. Si usted se siente incómodo y torpe al brindar servicios, transferirá esta sensación a su cliente. Si usted está relajado, su cliente podrá relajarse y gozar de la pedicura. Analicemos los equipos que generalmente no son de uso hogareño.

Carros de pedicura

Estas unidades son básicamente banquillos sobre ruedas (Figura 11-34). El pedicuro separa las piernas y se sienta en el carro. Existen numerosos diseños y fabricantes distintos de dichos carros. Asegúrese que la altura del carro sea tal que usted pueda mirar adecuadamente los pies. Esto ayudará a mantener su espalda derecha y usted estará más relajado al brindar los servicios. Generalmente incluyen un posapiés incorporado para los pies del cliente. También contienen cajones y estantes para guardar los instrumentos y productos de pedicura. Algunas de estas unidades incluso poseen espacio para el recipiente para baños de pies en la zona frontal del carro. La mayoría de las unidades son compactas y ocupan poco espacio.

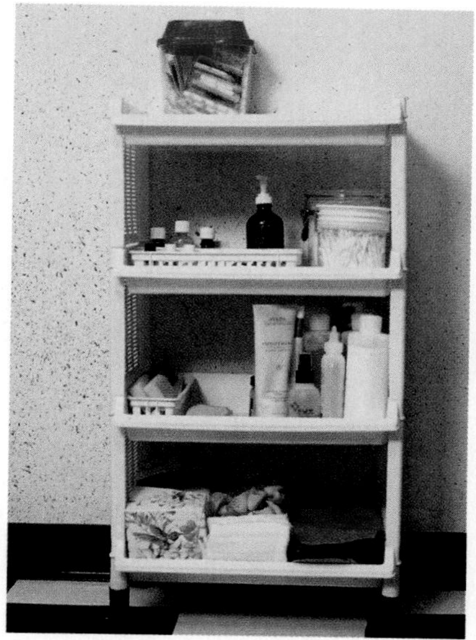

Figura 11-34 El carro de pedicura portátil posee espacio para el recipiente para baño de pies, espacio para guardar insumos y un posapiés ajustable.

Recipientes para baños con agua

Existen pequeños recipientes portátiles para baños con agua con vibradores y calentadores incorporados. Deben llenarse y vaciarse manualmente después del servicio a cada cliente. Si usa los portátiles, asegúrese de contar con un asiento o sillón cómodo en una zona privada o semiprivada para que el cliente tome asiento mientras recibe la pedicura. Además, la silla debería estar sobre una plataforma para proteger su espalda durante los servicios.

Un paso más adelante del recipiente para baños con agua, encontramos las unidades de pedicura adaptadas con recipiente para baños de pie desmontable incorporado a la unidad (Figuras 11-35 y 11-36). Estas se construyen pensando tanto en el cliente como en el técnico en cuidado de uñas. Agregan valor a los servicios y facilitan aún más las tareas de pedicura del técnico en cuidado de uñas. También existen unidades de pedicura con diseño de caballete y recipiente para baños con agua desmontable.

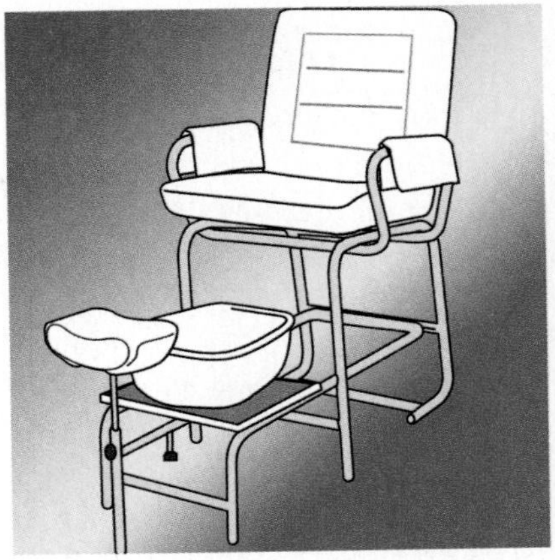

Figura 11-35 Estación de pedicura semitrono, de buena fabricación y valor aceptable. Posee posapiés ajustable y espacio para el recipiente para baño de pies.

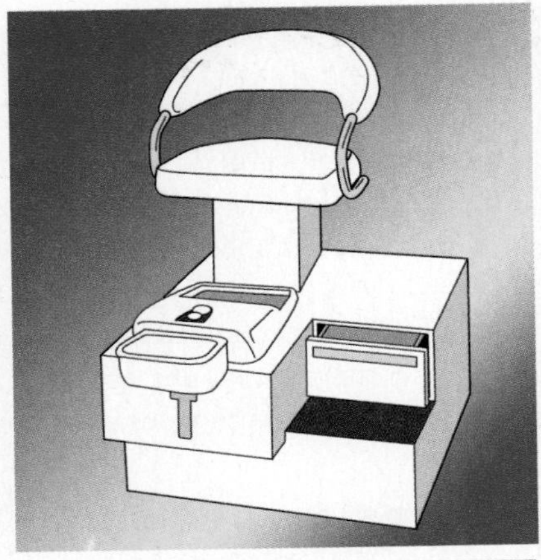

Figura 11-36 Centro de pedicura de buena construcción con recipiente para baño de pies desmontable, cajón guarda elementos y posapiés ajustable.

Existen palanganas portátiles para pies con hidromasaje incorporado y que pueden ser llenadas en el lavamanos (Figura 11-37). Después de los servicios, se las vacía empujando el agua nuevamente en el desagüe del lavamanos. Poseen posapiés incorporados y espacio para guardar los materiales de pedicura. Agregan un detalle extra a los servicios por la suave acción masajeadora del hidromasaje. Estas unidades también pueden incluir asientos para el cliente y el pedicuro. Fueron diseñadas especialmente para complementar la palangana para pies portátil.

La vanguardia en baños de pies de pedicura es el asiento palangana de pedicura instalado (Figura 11-38). Estas unidades no son portátiles. La unidad está conectada a agua fría y caliente así como a un desagüe. De no haber un desagüe en el piso, puede adquirirse una opción con bomba para empujar el agua al desagüe correspondiente. Estas unidades también pueden poseer un accesorio para masajes incorporado, así como un calentador en el asiento del cliente lo cual contribuye a la relajación para la pedicura. Dichas unidades se higienizan y desinfectan fácilmente.

Independientemente de la unidad para baños con agua que posea, asegúrese que su asiento se adapte a usted y la unidad. De ser posible, busque un banquillo o asiento con altura ajustable que le brinde buen soporte. Su espalda se lo agradecerá.

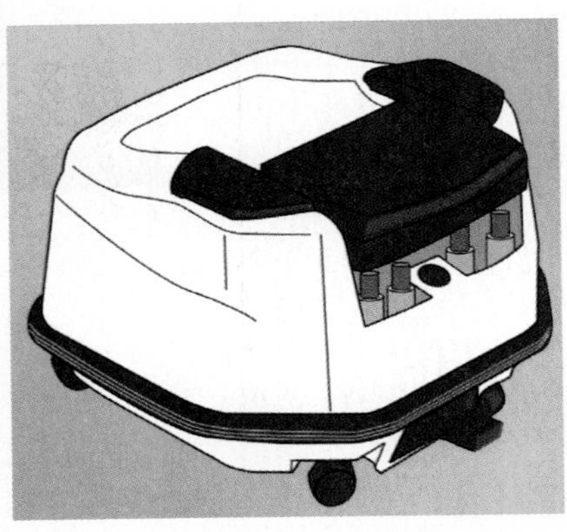

Figura 11-37 Palangana portátil para pies totalmente integrada.

Figura 11-38 Unidad de pedicura tipo trono totalmente equipada, con muchas opciones incluyendo un dispositivo de masaje incorporado al asiento del cliente.

PROCEDIMIENTO 11-2

Pedicura integral

1. **El baño.** Este servicio inicia el procedimiento. Es importante suavizar y preparar la piel para la etapa siguiente. Marca el nivel, por así decirlo, de lo que sucede a continuación. El agua debe estar a alrededor de 40° C de temperatura. Si el cliente padece problemas circulatorios, la temperatura del agua no debe superar 37° C. Coloque el producto para baños en el agua según las recomendaciones del fabricante. Permita que el cliente se remoje durante aproximadamente cinco minutos para higienizar los pies y comenzar la remoción de piel seca y callos. En esta sección del servicio, tiene tiempo de asegurarse que posee a su alcance todo lo que necesita para el resto de la pedicura. No querrá detenerse y buscar algo durante el proceso de pedicura.
2. **Luego del baño sigue el cuidado de las uñas.** Quite un pie del baño y séquelo con una toalla. Retire el esmalte antiguo de las uñas de los pies. En esta etapa, de ser necesario, aplique ablandadores para callos y cutículas a las zonas de formaciones callosas del pie, así como a las cutículas. Esto le dará tiempo al producto para actuar mientras usted se ocupa de las uñas.

   Luego se utiliza la cucharilla como una extensión de los dedos para quitar suavemente los pliegues de tejido blando de las paredes laterales de las uñas (Figura 11-39). Esto le permite inspeccionar visualmente la uña de modo de recortarla sin lastimar al cliente. Si existen formaciones de desechos extra en el margen que bloquean la visión de la uña, deben ser eliminadas suavemente con la cucharilla. Para utilizar este instrumento, coloque el lado redondeado de la cuchara hacia la piel viva. Esto permite que el borde del instrumento caiga contra el costado o borde de la uña. Luego se aplica un leve movimiento de pala sobre la superficie de la uña para arrastrar los desechos o callos sueltos fuera del surco de la uña. Una presión suave contra la superficie de la uña y a lo largo del borde libre del margen de la uña es todo lo que se necesita para lograr eliminar la formación de desechos. La presión de estos desechos es bastante incómoda si éstos se dejan en su lugar. Es posible que necesite repetir el movimiento de pala varias veces para retirar adecuadamente todos los desechos sueltos. **No** utilice este instrumento para escarbar en los tejidos blandos que circundan el contorno de la uña. Estos tejidos son delgados y pueden lastimarse con facilidad. Los callos y otros desechos adheridos a los tejidos blandos que no puedan eliminarse con facilidad del modo descripto, deben ser quitados por un podiatra.

   Ahora debe recortar las uñas cuidadosamente con los corta uñas para los pies. Estos corta uñas se usan como un par de tijeras (Figura 11-40). La uña se recorta aplicando varios cortes pequeños para evitar achatarla lastimando el hiponiquio durante el proceso. Coloque el corta uñas sobre el borde libre de la uña e incline levemente la parte

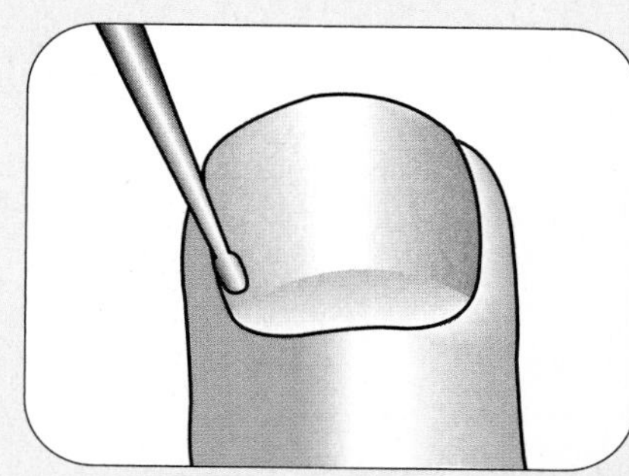

Figura 11-39 La cucharilla se utiliza como una extensión de los dedos para quitar suavemente el tejido blando de los márgenes de las uñas.

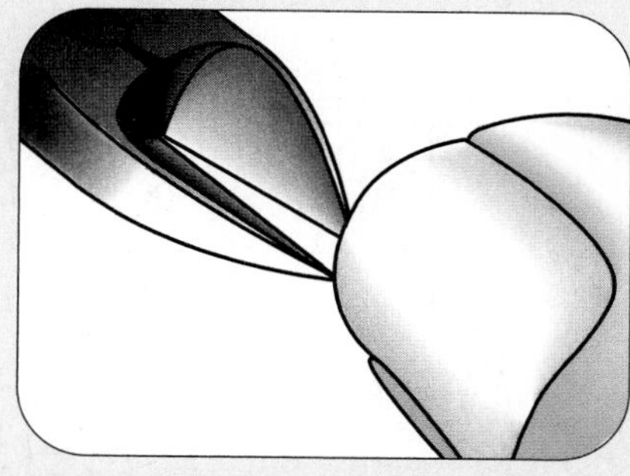

Figura 11-40 Los corta uñas se utilizan como un par de tijeras para realizar una serie de pequeños cortes al través de la uña.

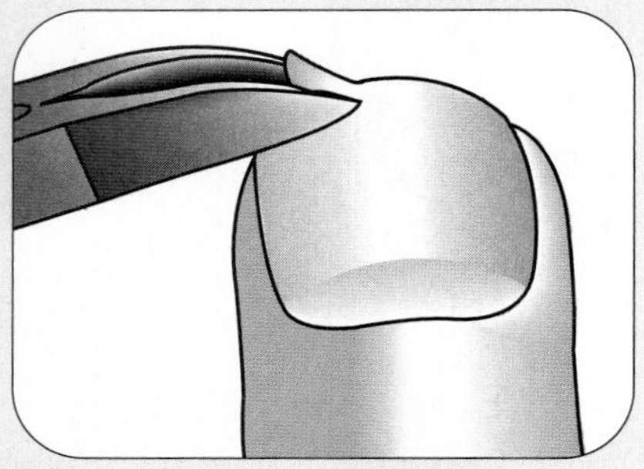

Figura 11-41 Recorte la uña en un ángulo de 45 grados. Note la inclinación del corta uñas a los fines de reducir la posibilidad de daño del tejido blando subyacente.

superior del corta uñas hacia la superficie de la uña. Esto reduce la posibilidad de cortar los tejidos blandos del hiponiquio bajo el borde libre (Figura 11-41). Dé al corta uñas un apretón suave antes de cortar realmente la uña. La reacción del cliente a este apretón le indicará si está cortando demasiado profundo. Si detecta alguna reacción, posicione el corta uñas nuevamente en la uña y comience el proceso otra vez.

En la mayoría de los casos, recortará las uñas más pequeñas de los pies directamente y luego retirará las diminutas esquinas ásperas con la lima si no se internan en los márgenes del tejido blando. Por lo general la uña del pulgar es el mayor desafío a la hora de recortar. En la mayoría de los casos, los márgenes de la uña se internan en el surco, y en consecuencia, se acumulan desechos de tejido blando, gasa, jabón y otros materiales. Recorte la uña del pulgar tal como se describió para los dedos más pequeños, pero ponga particular atención a los márgenes de la uña. Deslice delicadamente la punta del corta uñas bajo la esquina afilada del margen y recórtela a un ángulo de 45 grados aproximadamente. Recuerde no recortarla demasiado. Si lo hace dejará un "gancho" de uña o un borde áspero en el margen de la uña. Si puede ver la punta fina del corta uñas extendiéndose levemente más allá del borde de la uña antes de cortar, no se meta en problemas. Si deja un "gancho" o borde áspero, éste debe ser eliminado y suavizado para evitar infecciones, que es lo que seguramente ocurrirá cuando la punta afilada de la uña penetre el tejido blando. Si el "gancho" no es profundo en el margen, quítelo suavemente con el corta uñas. Si es difícil de quitar con el corta uñas, pase a la siguiente etapa y remuévalo con la pequeña lima de metal o cucharilla.

Luego de haber recortado las uñas con el corta uñas, tome nuevamente la cucharilla y quite delicadamente los desechos de los márgenes de la uña. Esto se hace, según se describió anteriormente, colocando la parte acopada de la cucharilla contra la pared lateral y borde de la uña. Arrastre la cucharilla delicadamente a lo largo de la uña. Es posible que deba repetir este proceso varias veces. En la mayoría de los casos, esto quitará la cantidad adecuada de desechos sin vida de los márgenes de las uñas liberando así la presión y complaciendo al cliente. Durante este proceso también examine los márgenes de las uñas en busca de zonas ásperas y "ganchos" que puedan haber quedado luego del recorte.

La cucharilla también se utiliza para quitar la cutícula seca de la parte superior de la superficie de la uña (Figura 11-42). No debe empujarse la cutícula del eponiquio en las uñas de los pies. Todo pequeño daño en el sello creado por la adhesión de la cutícula verdadera a la superficie de la uña en dicho nivel permitirá el ingreso de infecciones fúngicas o bacterianas. Para quitar la cutícula de la parte superior de la uña, la cucharilla se arrastra sobre la superficie lejos del eponiquio con un movimiento de barrido en forma de "C" desde el contorno de la uña hacia el centro de la superficie de la uña. Luego se repite el mismo movimiento desde el lado opuesto de la superficie de la uña. Deberá repetir estos movimientos varias veces para eliminar todos los restos de cutícula de la parte superior de la superficie de la uña. Tenga cuidado de no lastimar el eponiquio durante este proceso.

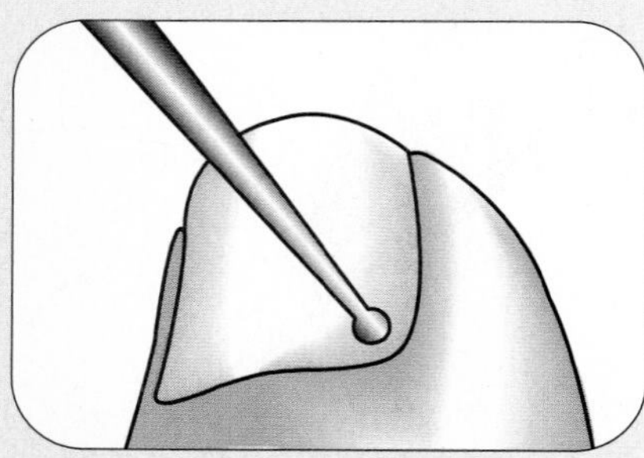

Figura 11-42 La cucharilla también se utiliza para quitar la cutícula muerta de la parte superior de la superficie de la uña.

Luego se utiliza la pequeña lima de metal para suavizar los bordes de los márgenes de las uñas a lo largo del surco (Figura 11-43). La lima de metal se fabrica para tal fin. Es angosta y sólo limará la uña en una única dirección. Puede ser utilizada para retirar, suavizar y redondear las puntas afiladas existentes en los márgenes. No la utilice como una sonda, sino arrástrela delicadamente por los bordes de la zona de la uña recién recortada. Golpes pequeños y cortos con la lima, de próximos a distantes (de atrás hacia delante) cumplirán dicha tarea.

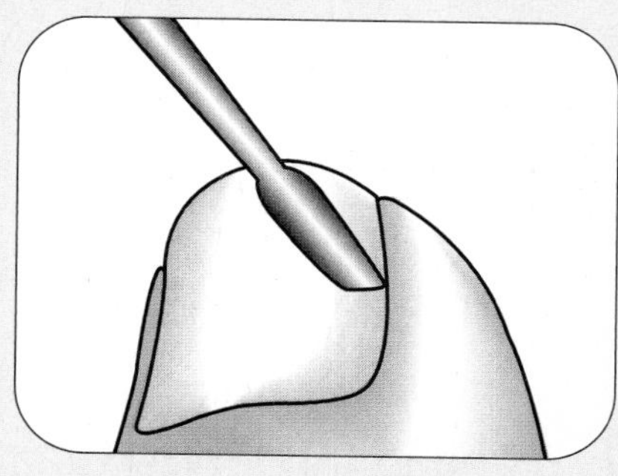

Figura 11-43 La pequeña lima o rallador de pedicura se utiliza para suavizar el margen de la uña eliminando los bordes ásperos o ganchos que puedan haber quedado luego del proceso de recorte.

Luego se utilizará la lima de uñas con (recubrimiento de) diamante para dar forma y suavizar finalmente el resto de la uña. Si la uña es gruesa, la lima también se utiliza para afinar su superficie. Esta lima se utiliza del mismo modo que las limas de uñas regulares. Debido a su composición, la lima de uñas con (recubrimiento de) diamante es fácil de higienizar y puede permanecer en solución desinfectante. Si no posee una lima de uñas con (recubrimiento de) diamante, puede utilizar las limas de uñas que utiliza para los servicios de las uñas de las manos. Sin embargo, recuerde que estas limas no son desinfectables y deben ser desechadas después del uso. Si alguna de las uñas está bastante gruesa puede optar por usar los taladros eléctricos, mencionados anteriormente, para reducir el grosor en forma mecánica. *Sólo debe usar el taladro si se capacitó en el uso del mismo. Dicha capacitación debe ser brindada por alguien calificado y reconocido en el uso del taladro para afinar las uñas de los pies.* El taladro utilizado por un técnico en cuidado de uñas calificado es una herramienta segura y que ahorra tiempo en lo que respecta a la afinación de uñas gruesas.

Luego de completar los servicios de cuidado de uñas en un pie, regréselo al baño y repita el proceso arriba descripto en el otro pie. El proceso de recorte de uñas completo debe tomar aproximadamente 15 minutos.

3. **Cuidado de la piel.** Cuidar la piel es el siguiente paso de la pedicura integral. La piel fue ablandada por la solución del baño. Las zonas más gruesas de piel seca y callos fueron ablandadas con suavizantes de callos extra fuertes durante el procedimiento de recorte de uñas. El producto de limpieza exfoliante ahora se utiliza para reducir y retirar la piel indeseable. Nuevamente quite un pie del baño y aplique el exfoliante de granos generosamente en el pie. Con movimientos masajeadores, el pedicuro exfolia la piel seca del pie. Aplique fricción extra en los talones y otras zonas donde se acumulan más callos y piel seca. Durante este proceso la paleta abrasiva para pies se utiliza para ablandar y afinar más las zonas más gruesas de los callos. Recuerde que el callo protege la piel subyacente de la irritación y está allí con un fin determinado. Solo quite lo suficiente para que el cliente se sienta cómodo. *Los callos deben ser suavizados y ablandados, no eliminados en exceso.* Es posible que deba enseñar a su cliente acerca de la formación de callos y su función protectora. También comente los productos para uso en el hogar que facilitan el suavizado y acondicionamiento de los callos. Luego se limpia el pie en el baño. No olvide limpiar entre los dedos. A menudo se olvidan tales zonas.

SEGURIDAD PRECAUCIÓN

No deben brindarse servicios de cera caliente a clientes diabéticos o con circulación deficiente, sin autorización médica.

Si utilizará un producto de máscara, éste es el momento de aplicarlo. Luego de lavar y limpiar el pie, aplique la máscara según las recomendaciones del fabricante. Envuelva el pie en una toalla limpia y colóquelo en el posapiés. Luego se completa el proceso de exfoliación y ablandamiento de callos del otro pie. El proceso completo debe tomar aproximadamente 10 minutos. Hasta este momento se emplearon aproximadamente treinta y cinco minutos para la pedicura. Es posible que desee permitir al cliente relajarse con el producto de máscara (de ser usado) durante otros cinco minutos. Esto dejará veinte minutos para el masaje y esmaltado.

El servicio de cera caliente también puede agregarse en este punto de la pedicura. Puede utilizarse en lugar de la máscara o como sección de valor agregado separada de la pedicura. La cera debe ser aplicada según las instrucciones del fabricante. Hasta este punto de la pedicura, el pie fue exfoliado y limpiado y estará todo lo limpio que puede estar. Los organismos bacterianos o fúngicos no vivirán en o sobrevivirán a la cera caliente. Se coloca una bolsa de plástico sobre el pie y se coloca el pie en una bota de paño de algodón o se lo envuelve en una toalla. Se repite el proceso en el otro pie y luego debe permitirse que el cliente se relaje en silencio durante cinco o diez minutos. Esto permite la penetración del calor y los aceites de la cera en la piel y tejidos subyacentes. También puede ser un agradable preludio para el masaje. Recuerde que este es un servicio de valor agregado que toma más tiempo y requiere equipos especiales y en consecuencia, garantiza un cargo extra.

4. **El masaje** es un aspecto de la pedicura profesional en el cual el técnico en cuidado de uñas puede destacarse. Esto es lo que el cliente estaba esperando. En general, un buen masaje hará que el cliente regrese por otra pedicura. El técnico en cuidado de uñas que perfecciona una buena técnica de masaje logrará una buena reputación entre sus clientes de pedicura. La relajación es la parte más importante del masaje. Brindará al cliente una sensación de bienestar y vigor. El masaje también promueve una mayor circulación y relajación muscular en las extremidades inferiores. (Consulte la sección de masajes de este capítulo.)

11

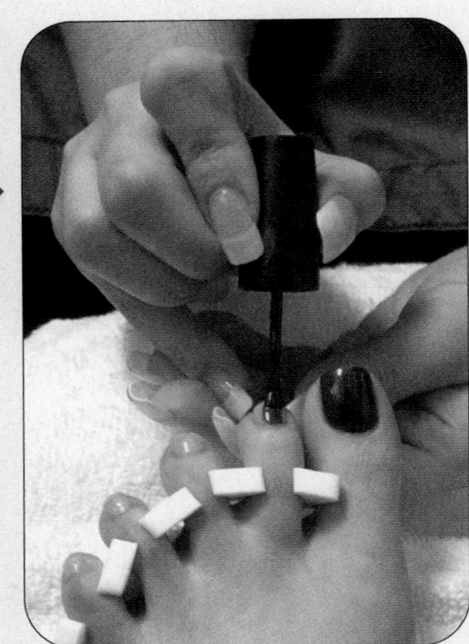

Figura 11-44 Aplique esmalte para uñas luego del masaje.

5. **Aplique esmalte para uñas (opcional).** Luego del masaje, si el cliente así lo desea, debe aplicarse esmalte para uñas según las recomendaciones del fabricante. Coloque los separadores de dedos durante este proceso. Quite los restos de la loción para masajes de las uñas de los dedos con quitaesmaltes. Aplique una capa base, dos capas de color y una capa protectora (Figura 11-44). Coloque los pies en una toalla para que sequen.

6. **Procedimientos posteriores a la pedicura.** Mientras realiza esta tarea, recomiende al cliente productos para el hogar a ser usados entre cada visita de pedicura. Converse sobre los cuidados adecuados para los pies y por qué éstos son tan importantes para la salud de los pies. Pregunte al cliente qué le gustó o disgustó de la pedicura y anótelo en el formulario de salud/registro del cliente cuando éste se haya retirado. También hable sobre la próxima cita y reserve la próxima pedicura del cliente.

Después que el cliente se haya retirado, higienice (lave con agua y jabón) los equipos e instrumentos utilizados para la pedicura y luego coloque los instrumentos nuevamente en solución desinfectante. Si realiza muchas pedicuras, es posible que necesite dos conjuntos de instrumentos para permitir el tiempo adecuado de desinfección. Rocíe solución desinfectante en la batea o palangana para baños con agua para desinfectar todas las superficies. Ahora está preparado para su próximo cliente de pedicura.

NEGOCIOS CONSEJOS

Servicios para las personas mayores

Las personas mayores también necesitan cuidado y mantenimiento para sus pies en forma anual. Existe un gran segmento de la población mayor que no puede alcanzar sus pies y necesita ayuda en el cuidado y mantenimiento de los mismos. Se estima que 40 millones de norteamericanos padecen alguna forma de artritis. Muchos no alcanzan sus pies y no pueden tomar los corta uñas. Necesitan el cuidado adecuado para sus pies que los pedicuros capacitados pueden brindar. El técnico en cuidado de uñas que ofrezca servicios de pedicura a este segmento de la población estará haciendo un gran favor a dichas personas.

glosario del capítulo

aceites para masajes — Mezclas de aceites terapéuticos utilizadas para lubricar, humectar y vigorizar la piel durante el masaje o la pedicura.

alicates de cutícula — Instrumento utilizado para manicura y pedicura, para recortar la piel muerta y escamosa en los alrededores del lecho de la uña (lecho ungueal).

baños/remojar — Productos que contienen jabón suave, humectantes e ingredientes superficiactivos de penetración profunda utilizados en el baño de pedicura para suavizar la piel de los pies.

corta uñas para los pies — Instrumentos profesionales con puntas curvas o rectas utilizados para cortar las uñas de los pies.

cucharilla — Instrumento pequeño en forma de cuchara utilizado para limpiar desechos de los bordes de los márgenes de las uñas.

escofinas (paletas) — Grandes limas arenosas creadas para retirar la piel seca y escamosa y suavizar los callos de los pies.

exfoliantes de granos — Productos levemente abrasivos que contienen agentes o aceites ablandadores para penetrar la piel seca y escamosa y los callos que necesitan ser eliminados durante la pedicura.

lima de metal/ rallador de pedicura — Lima de metal con borde anguloso que puede cortar o limar en una única dirección.

lima de uñas con (recubrimiento de) diamante — Lima de metal con polvo de diamante, disponible en varios niveles de grano, posee la misma forma que las demás limas de uñas. Puede ser higienizada fácilmente y permanecer en soluciones desinfectantes.

manipulación de las manos — El proceso de tratar, trabajar u operar habilidosamente con las manos.

masaje — Método de manipulación del cuerpo mediante fricción, pellizcos, sobado y puntura con fines terapéuticos.

masaje effleurage — Movimiento de masaje con golpes continuos y suaves aplicados con dedos (digital) y palmas (palmar) de modo lento y rítmico.

masaje petrissage — Movimiento de sobado en masajes realizados mediante el levantamiento, prensado y presión del tejido.

movimiento de fricción — Presión firme aplicada en la parte inferior del pie utilizando la compresión con el dedo pulgar para trabajar de lado a lado y hacia el talón.

pedicura — Servicio estándar brindado por los técnicos en cuidado de uñas que incluye el cuidado y masaje de los pies y recorte, forma y esmaltado de las uñas de los pies.

tapotement — Movimiento de masaje en el que se utiliza una técnica de golpes, palmadas o puntura cortos y rápidos.

preguntas de revisión

1. Mencione cinco insumos de pedicura.
2. Enumere los siete pasos de la etapa previa al servicio de pedicura.
3. Describa brevemente el procedimiento de pedicura.
4. Describa la técnica adecuada a aplicar en el limado de las uñas de los pies.
5. Describa la técnica adecuada para recortar las uñas de los pies.
6. Enumere los seis pasos de la etapa posterior al servicio de pedicura.
7. Nombre seis técnicas de masajes para pies.
8. Mencione una precaución de seguridad de pedicura.

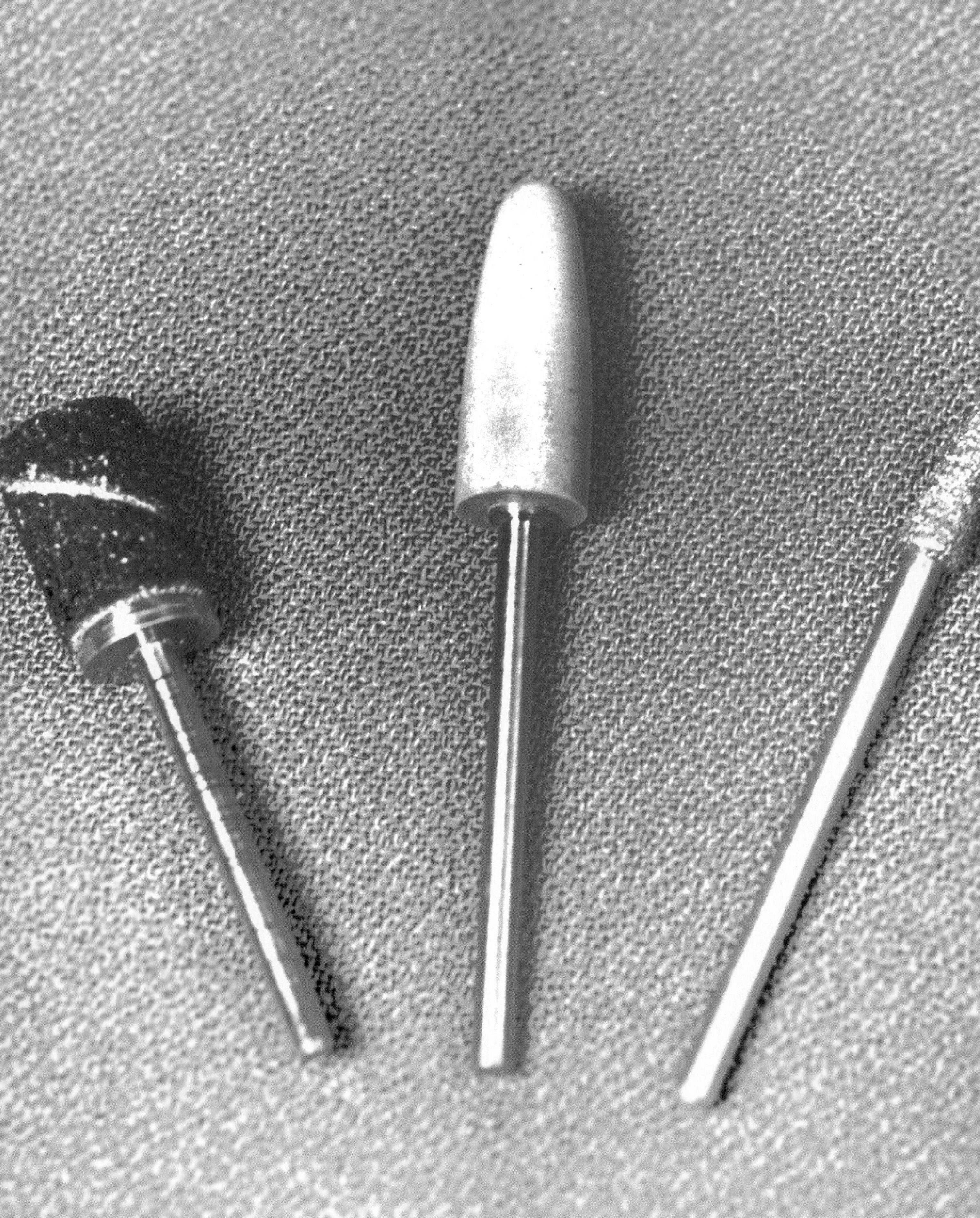

12

LIMADO ELÉCTRICO

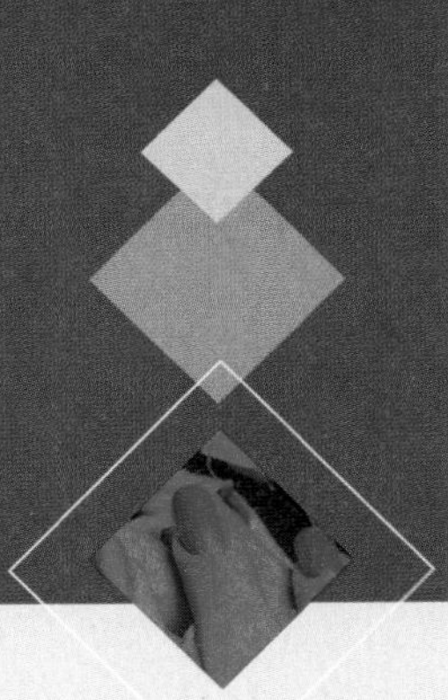

Autor: Vicki Peters

RESEÑA DEL CAPÍTULO

¿Son seguros los tornos eléctricos? • Tipos de Limas
Elección del torno eléctrico • Puntas • Cómo utilizar un torno eléctrico
• Solución de problemas • El profesional que existe en usted

Objetivos de aprendizaje

Después de finalizar este capítulo, usted podrá:

1. **Determinar si los tornos o limas eléctricas son seguros.**
2. **Identificar aquellas limas eléctricas que se hayan popularizado.**
3. **Definir torsión.**
4. **Definir RPM.**
5. **Definir punta "diamantada".**
6. **Determinar el grano de una punta de carburo.**
7. **Explicar la técnica de aplicación para garantizar la seguridad.**

Términos clave

El número de página indica dónde se utiliza el término dentro del capítulo.

anillos de fuego (lomas)
pág. 227

concéntrica
pág. 231

estrías
pág. 231

grano
pág. 231

punta
pág. 230

revoluciones por minuto (RPM)
pág. 227

torsión
pág. 230

Las limas eléctricas son herramientas profesionales diseñadas específicamente para la industria del cuidado de uñas con capacitación por parte de los mismos fabricantes. Años antes que la industria de productos para uñas reconociera la necesidad de contar con limas eléctricas profesionales, los técnicos utilizaban equipos odontológicos para el embellecimiento de uñas. Debido a la dificultad de utilizar estos equipos dentales, los técnicos empezaron a utilizar herramientas de bricolaje adquiridas en ferreterías. En la actualidad, muchas fábricas de limas eléctricas proveen equipo mucho más adecuado y capacitación específica para permitir su utilización con seguridad. La Asociación de Limas Eléctricas (AEFM) se formó en 1998 para establecer normas de limado con equipo eléctrico. En la actualidad, AEFM brinda capacitación a nivel nacional y ha creado un vídeo sobre fresado eléctrico con productos genéricos.

¿SON SEGUROS LOS TORNOS ELÉCTRICOS?

Sí, son seguros; sin embargo, en manos de técnicos sin capacitación pueden causar daños. Aprender a utilizar correctamente una lima eléctrica evitará que se produzcan daños. Se puede obtener capacitación de libros, videos y de la capacitación del fabricante.

¿Pueden las limas eléctricas causar daños a las uñas?

Son capaces de causar daños si son utilizadas incorrectamente. Cuando son empleadas correctamente, es difícil que causen daños. La clave es la habilidad. Las uñas artificiales no deben ser limadas en exceso ni se debe utilizar la lima como muleta para corregir aplicaciones de acrílico con defectos.

Los **anillos de fuego** y el calor son las dos formas más comunes de daños causados a las uñas. Los anillos de fuego aparecen cuando se aplica una punta en ángulo incorrecto cerca de la cutícula. Al refinar la zona de la cutícula, el borde plano de la punta desbasta en realidad el lecho de la uña. El calor es causado por un exceso de fricción. *La presión causa fricción y ésta genera calor.* Un exceso de presión y de tiempo de aplicación sobre la uña generarán calor. Su objetivo es evitar la incomodidad del cliente. El limado eléctrico no debe ser doloroso y si algo hacemos que cause incomodidad al cliente significa que estamos haciendo algo mal.

TIPOS DE LIMAS

Con transmisión a correa

Este tipo es el utilizado actualmente por los dentistas. Es engorroso y no existen variedades para la industria del cuidado de uñas; debería haberlo adquirido de un distribuidor de productos odontológicos o directamente del fabricante. Poseen correas que conectan los brazos a las articulaciones y a la herramienta manual. Si usted tiene el cabello largo, recójalo para que no sea atrapado por las correas en movimiento. Las correas deben ser reemplazadas periódicamente.

Transmisión a cable

Consiste en un micro motor manual que posee un largo cable con la herramienta manual en el extremo. Este cable no es muy flexible y no constituye una herramienta profesional aunque se venda en comercios de productos de belleza. Esta lima es buena aunque sus **revoluciones por minuto (RPM)** sean demasiado altas.

NEGOCIOS CONSEJOS

La práctica es excelente para superar sus temores

Eventualmente deberá practicar con alguien para entender la presión y cuán efectivo es usted. Mientras tanto, pegue una punta sobre una clavija o broche para ropa y sosténgalo como si fuera el dedo de un cliente. Aplique acrílico a la uña y practique. Luego de haber ganado en seguridad, trate de practicar con un compañero de estudios quien le podrá decir cuánta presión aplica y ayudarlo a guiarse. Lo importante es sentirse cómodo sosteniendo la herramienta de mano y encontrar la velocidad de trabajo que sea lo suficientemente rápida, pero no en demasía. Tal vez quiera empezar con una punta diamantada de extremo redondeado para practicar con seguridad en la zona de las cutículas. Mientras más se trabaje con la lima, más cómodo se sentirá y esto aumentará su confianza.

Deberá utilizarlas con un pedal para mantener bajas las RPM. No hay disponible capacitación para estas máquinas ni tampoco soporte para la industria de las uñas.

Micro motor

Estas máquinas son las más utilizadas por la industria de la salud de uñas. Consisten de pequeñas carcasas con el motor en su interior que se asientan sobre la mesa de manicura. Poseen un enchufe para la herramienta de mano y otro en su parte posterior para un pedal opcional.

Micro motor de mano

Es una lima manual económica pero muy efectiva; posee un motor dentro de la herramienta manual y un cable para enchufar al tomacorriente. Funciona con un sistema de transmisión directa y es portátil, con una herramienta manual un tanto grande pero fácil de utilizar.

Portátil

Las limas económicas a batería no valen el precio que se pide por ellas. Son baratas, no operan bien alineadas y pueden ser difíciles de manejar. Los modelos portátiles más caros, sin embargo, proveen la potencia, velocidad y precisión que usted necesita de una lima eléctrica.

ELECCIÓN DEL TORNO ELÉCTRICO

Cuanto trabaje con un torno o lima eléctrica, asegúrese que la carcasa de la máquina y de la herramienta de mano están selladas para que no pueda ingresar el polvo dentro del motor o los mecanismos. La adquisición de una lima eléctrica puede ser una importante adición a su inventario de herramientas profesionales.

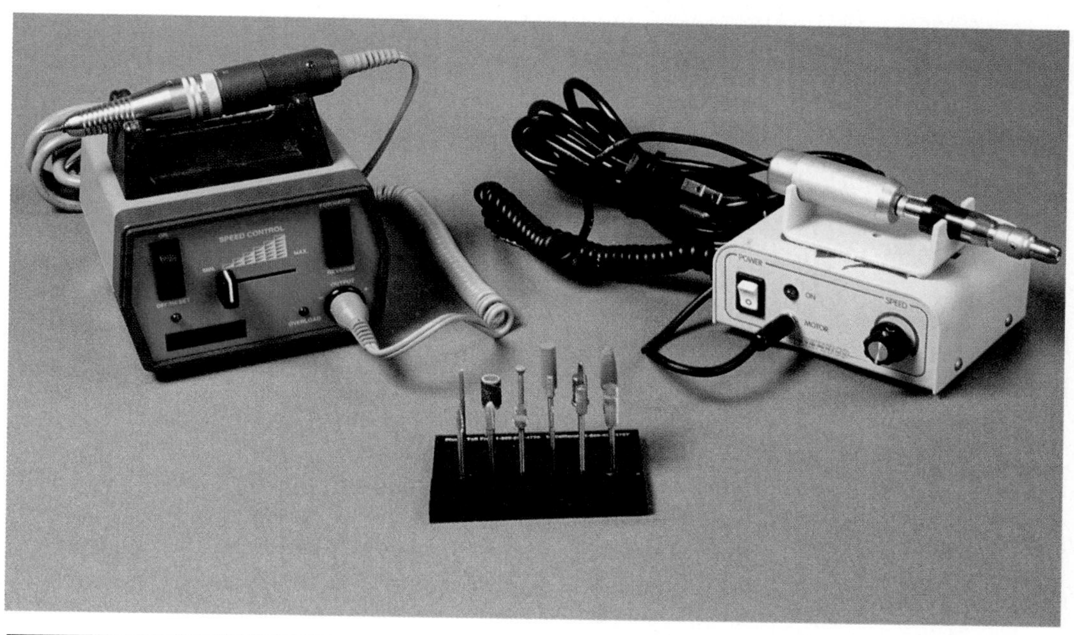

Figura 12-1 Selección de limas eléctricas con sus puntas.

Cuando se utiliza adecuadamente, le ahorrará tiempo y esfuerzo. La información brindada en este capítulo está pensada para ayudarle a tomar una decisión concienzuda y bien documentada sobre *cómo*, *cuándo* y *porqué* se utiliza una lima eléctrica (Figura 12-1).

Potencia y velocidad

La potencia y velocidad varía entre modelos. Sus necesidades y capacidad determinarán la lima adecuada para usted.

- **RPM.** Significa **R**evoluciones **P**or **M**inuto. Para indicar la velocidad de la lima se cuenta la cantidad de veces que la punta gira en un minuto. Por ejemplo, si la punta gira a 5.000 RPM, la misma parte de la punta roza la uña 5.000 veces en un minuto.
- **Selector de velocidad.** Este control varía entre limas y dependiendo del adecuado funcionamiento de la máquina, indicará las RPM mínimas a las que puede girar. La mayoría de las limas pueden operar entre 0-100 RPM y llegar a las 35.000 RPM. La variación promedio de velocidad fluctúa entre 1.000 y 30.000 RPM. Un técnico en el cuidado de uñas promedio utiliza entre 5.000 y 15.000 RPM, dependiendo de la capacidad personal y la técnica utilizada. La mayoría de las limas poseen una perilla selectora de velocidad graduada para no tener que adivinar la velocidad a la que se están utilizando. Algunas limas carecen de este selector necesario para que los técnicos puedan ajustar la velocidad.
- **Velocidad variable.** Muchas limas sólo poseen selectores de alta y baja velocidad, como un secador de cabello. Cuando adquiera una lima eléctrica, compre una con selector de velocidad variable a fin de poder ajustar la velocidad a la que se necesite.

- **Torsión.** Torsión es la resistencia al giro que somete la punta a una lima eléctrica y se mide en libras por pulgada cuadrada. También llamada potencia, representa la capacidad de continuar girando aún cuando oprima la herramienta contra la uña.
- **Sentido de giro.** La mayoría de las limas giran en sentido antihorario cuando se las utiliza en sentido normal de marcha. Sin embargo, si el técnico en el cuidado de uñas es zurdo, al principio le será más fácil utilizar la herramienta en sentido inverso de marcha. La mayoría de los técnicos en el cuidado de uñas zurdos utilizan la lima en sentido normal. Algunas de las limas más sofisticadas incluyen la capacidad de cambiar el sentido de giro. Esto es una ventaja para los técnicos zurdos cuando trabajan sobre sus propias uñas o para poder invertir el sentido de giro y operar debajo de las uñas.
- **Pedal.** La mayoría de las limas cuentan con un conectador en su parte posterior para enchufar un pedal, elemento que se vende como opcional. La utilización del pedal permitirá ajustar la velocidad durante la operación, ahorrándole tiempo y mejorando su eficiencia.

Vida útil

¿Cuánto dura una lima eléctrica? Esto depende de dos cosas.

1. Se obtiene lo que se paga; si adquirimos una lima de calidad, durará más que otra barata.
2. También depende del uso y del mantenimiento que reciba. Si mantiene su lima en buen estado, le debería durar muchos años.

Mantenimiento y garantía

Cuando adquiera una lima eléctrica no olvide consultar por su garantía. Muchos fabricantes ofrecen garantía por un año y la reemplazarán si fuese necesario.

El mantenimiento promedio necesario para una lima varía de acuerdo a una cantidad de factores, incluyendo tipo y modelo adquirido y su frecuencia de uso. Periódicamente habrá que reemplazar el cable del enchufe y someterla a una limpieza profesional una vez al año. El mejor momento para un mantenimiento es durante sus vacaciones, ya que los mejores fabricantes pueden efectuar el mantenimiento y devolver la lima en una semana.

Figura 12-2 Las puntas son tan importantes como el tipo de lima eléctrica elegida.

Precio

El precio varía entre limas. En la franja más económica encontraremos equipos manuales con micro motor desde los $150, mientras que los modelos más avanzados pueden llegar a costar unos $600.

Puntas

El término punta se utiliza en la industria de la salud de uñas como sinónimo de lo que en odontología se denomina "buril". Las puntas seleccionadas son tan importantes como la lima adquirida (Figura 12-2). La mejor lima eléctrica le dará resultados decepcionantes cuando se empleen puntas de mediocre calidad. El mayor gasto en una buena punta no sólo le dará mejores resultados sino también mayor vida útil. La mayoría de los tipos de puntas están copiados de los utilizados en las industrias dentales y joyeras, pero varias han sido desarrolladas específica-

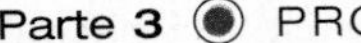

mente para las uñas, por ejemplo las puntas de retoque. Varias tienen coberturas de carburo o diamante. Los técnicos en el cuidado de uñas seleccionan las puntas a emplear de acuerdo a sus preferencias y resultados. No hay reglas de selección para las puntas, salvo las específicas como las puntas de retoque francés. La vida útil depende de la calidad y el uso. Obviamente una punta que se utiliza en forma permanente se gastará más rápido que otras menos empleadas. Los perfiles varían mucho. Existen cilindros, cilindros con bordes suaves, conos, conos truncados, esferas, ojivas, etc. Algunos técnicos utilizan puntas cónicas para las cutículas y otros utilizan conos truncados, esferas o cilindros con punta redonda para la misma aplicación. Repetimos que las preferencias personales son el parámetro para hacer la elección.

La medida industrial para las espigas es 3/32" (0,24 mm). Las espigas de 1/8" (0,32 mm) son utilizadas por máquinas de bricolaje.

Cambiar una punta es muy sencillo. La mayoría de las limas eléctricas profesionales incluyen un mandril manual. Simplemente se hace girar el mandril para abrir la espiga y soltar la punta para sacarla o cambiarla.

Concentricidad

Concéntrica es la palabra utilizada para puntas perfectamente balanceadas. Significa que están balanceadas de tal manera que cuando giran dentro del mandril del motor de la pieza manual, lo hacen exactamente centradas. Una punta doblada o excéntrica no girará correctamente. El término "centrada" significa que la punta gira perfectamente alineada con el mandril del motor. Si la punta está doblada o el vástago está dañado debido a un golpe, no estarán centrados, no funcionarán suavemente y la punta golpeará la uña en cada revolución.

Terminación

Cada punta tiene sus bordes perfectamente terminados por lo que no tendrán filos. De todos modos, en caso que sienta filos en la punta y considere que son filosos, podrá suavizarlos utilizando una lima fina mientras la punta gira a baja velocidad.

Grano

El **grano** se mide de la misma manera que las limas. Tome una pulgada cuadrada (2,5 x 2,5 cm) de papel lija. Si hacen falta 100 granos para cubrir esta superficie, los granos serán muy grandes, ocasionando una superficie gruesa. Si el grano es 240, hacen falta 240 granos para cubrir la superficie, siendo éstos más suaves y finos. La misma regla se aplica a las puntas. Las puntas de carburo se miden de manera diferente. Se diferencian por la cantidad de **estrías** (cortes) que tienen en su superficie. Cuanto más grandes y profundas sean estas estrías, más gruesa será la punta. A menor cantidad y profundidad de cortes, más fina será la punta. Los cortes están hechos en ambos sentidos (cortes transversales), pero los de la derecha son más profundos que los de la izquierda, por lo que el uso de una punta de carburo en sentido inverso al normal no será tan efectivo.

TIPOS DE PUNTAS EMPLEADAS EN LAS UÑAS

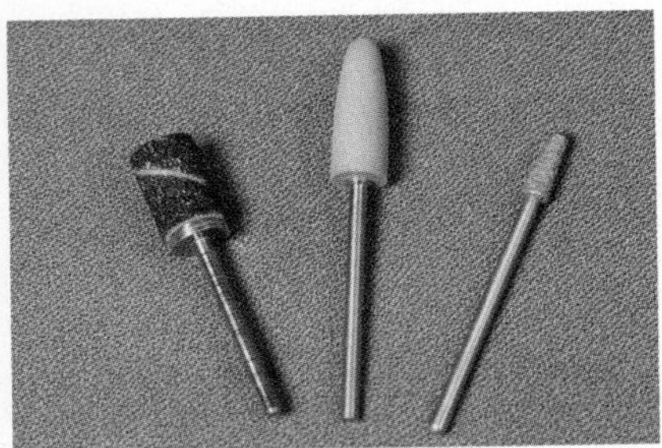

Figura 12-3 Puntas de lijado, naturales y diamantadas

- **Puntas para uñas naturales.** Son puntas recubiertas de goma sintética utilizadas para suavizar y pulir joyería. Existen en versiones ojivales y de punta truncada. Pueden ser desinfectadas si se las limpia correctamente. En uñas naturales de manos y pies pueden eliminar pterigión y suavizar bordes. También son empleadas para pulir las uñas y obtener un mayor brillo (Figura 12-3).
- **Bandas de lija**. Son bandas de papel lija, blancas o marrones, y se utilizan en las uñas. No pueden ser higienizadas, por lo que se descartan luego de usarlas con un cliente. Debido a que el papel es un material natural, las bandas se calientan más rápido que las puntas de metal. Existen en grano extra fino, fino, medio y grueso. Son excelentes para acortar uñas artificiales (Figura 12-3).
- **Puntas de diamante.** Estas puntas están hechas de metal que tienen adheridas partículas de diamante. Funcionan igual que una lima. Cuando compre una punta diamantada, controle que las partículas de diamante estén distribuidas en forma pareja sobre toda la superficie y que no se desprendan cuando las toque. Las puntas diamantadas existen en grano extra fino, fino, medio y grueso, pero no son tan agresivas como las puntas de carburo (Figura 12-3) .
- **Puntas de carburo.** Las puntas de carburo están hechas de metal con estrías cuyos filos producen el desgaste. Son muy filosas, por lo que debemos asegurarnos que los filos estén suavizados. Están disponibles en grano extra fino, fino, medio y grueso. Su grano se mide por la cantidad de estrías (cortes) que tiene cada punta. Mientras más grandes y profundas sean estas estrías, mayor será el grano. A menor cantidad y profundidad de cortes, más fina será la punta. Si las estrías están entrecruzadas se denominan de corte transversal. Las puntas con estrías sólo a derecha, llamadas de corte único, no son muy populares (Figura 12-4).

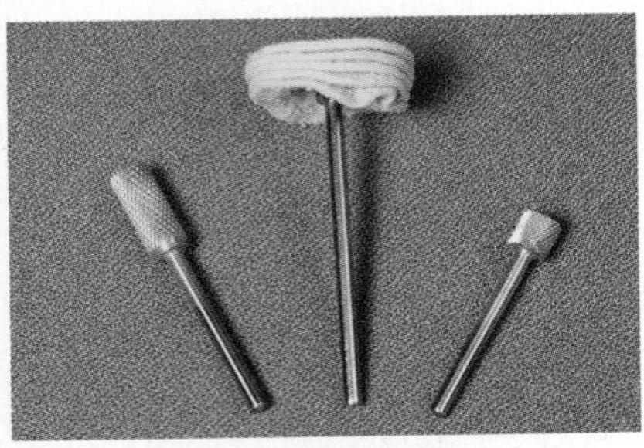

Figura 12-4 Puntas de carburo, de pulido y de retoque

- **Puntas de retoque.** Originalmente estas puntas cilíndricas pequeñas y cortas se hicieron para recortar el crecimiento de la curva para evitar utilizar el polvo para punta blanca. En teoría trabajan bien, pero sabemos que al no reemplazar por completo la punta blanca con polvo acrílico blanco hará que el borde se vea estriado. Hoy se pueden obtener muchos tipos de puntas de retoque. Tal vez la combinación de dos de ellas alcanzará para hacer el trabajo. Experimente para encontrar la que mejor combine con su técnica (Figura 12-4).
- **Puntas de pulido.** Estas puntas normalmente se fabrican de materiales naturales tales como gamuza, cuero, cepillos de pelo de cabra o discos de trapo de algodón. Todas ellas son efectivas para aplicar crema de pulido y darle a las uñas un alto brillo. Estas puntas no pueden ser desinfectadas y deben ser descartadas luego de ser utilizadas con un cliente (Figura 12-4) .
- **Puntas de material abrasivo.** Estas puntas habitualmente son cilindros de piedra cerámica color blanco, rosa, lavanda o azul. Al estar hechas de materiales naturales, no son concéntricas, no pueden ser desinfectadas y por todo ello no son recomendadas para utilizar con uñas (Figura 12-5) .
- **Puntas de pedicura.** Normalmente son grandes puntas diamantadas de forma cilíndrica o cónica y son utilizadas para callos secos. Algunas puntas tradicionales de pedicura pueden ser usadas para afinar uñas gruesas del pie (Figura 12-5).
- **Puntas de bisutería.** Punta de carburo delgada y fina hecha para perforar orificios en el borde de las uñas artificiales para poder colgar bisutería. Tiene la misma forma que la herramienta manual, sólo que preparada para ser utilizada con la lima eléctrica (Figura 12-5).

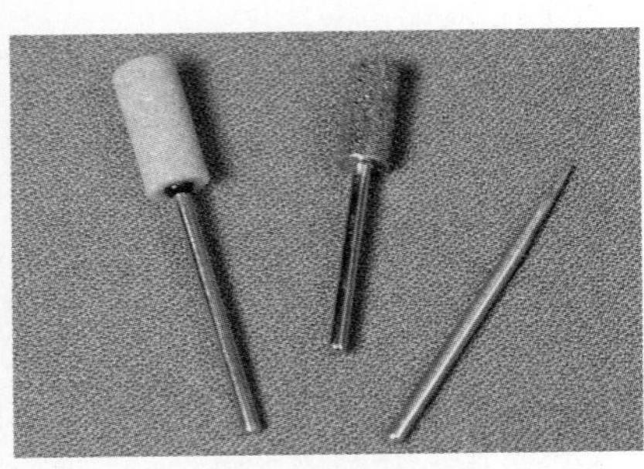

Figura 12-5 Puntas de piedra abrasiva, de pedicura y de bisutería

Higienización y desinfección de puntas

La desinfección tiene que ser llevada a cabo igual que con los otros implementos. Nunca utilice una punta con más de un cliente sin haberla desinfectado antes. Comience eliminando el polvo o acrílico con un cepillo de alambre o remojándola en acetona. Enjuague con agua y jabón para luego sumergirla en la solución desinfectante el tiempo recomendado. Lea las instrucciones en la etiqueta de su solución para lograr la desinfección adecuada.

Enjuague y seque las puntas y guárdelas en un recipiente limpio y seco.

Aquí tiene un consejo:

Puede adquirir una rejilla plástica de pileta. Coloque las puntas dentro de la rejilla y luego deposítela dentro de la solución desinfectante. De esta manera evitará tener que buscar las puntas dentro de la solución.

Herrumbre

Dos circunstancias pueden causar herrumbre en sus puntas.

1. puntas baratas de mala calidad
2. haber dejado las puntas en solución desinfectante por demasiado tiempo

CÓMO UTILIZAR UN TORNO ELÉCTRICO

Utilice el dedo de apoyo para dar equilibrio y control a la mano. Comience por balancear su mano en la mesa. Coloque la muñeca de su mano que sostiene la mano del cliente sobre la mesa. No trabaje con sus manos suspendidas sobre la mesa. Tome la herramienta y sosténgala como si fuera un lápiz. Equilibre el dedo meñique de su mano derecha con el meñique extendido de su mano izquierda. Esto parece ser extraño al principio, pero a la larga le dará más estabilidad al trabajar. Al balancear sus manos de esta manera, quitará presión de la punta y le dará mejor control mientras trabaja.

Técnicas de aplicación

- **El ángulo correcto.** Cuando se utiliza una lima eléctrica es importante mantener sobre la uña la punta, sin importar su forma, en posición horizontal.
- **Anillos de fuego.** Los anillos de fuego son lomas que aparecen cuando se utiliza una punta en un ángulo incorrecto cerca de la zona de la cutícula. Cada anillo de fuego habitualmente representa el limado eléctrico hecho en cada relleno.
- **Calor.** La presión causa fricción y ésta produce calor. Las puntas no son responsables de causar calor, lo es el técnico. Trate de trabajar en un solo sentido, de derecha a izquierda, levantando la punta lejos de la uña al pasar de izquierda a derecha, así le daremos tiempo a la uña para que se enfríe. Apoyar la punta en ambos sentidos, si se carece de experiencia, causará el sobrecalentamiento de la uña. Si esto sucede, deten-

ga la operación y reduzca la velocidad. Entienda que el calor que llega a la uña natural causa molestias a su cliente.

- **Velocidad correcta.** Esta varía entre técnicos. Mientras se trabaje con seguridad, la velocidad que usted elija estará bien. Si la punta se agarra y gira alrededor de la uña o rechina, le indicará que la velocidad es excesiva. Si la lima se traba cuando se trabaja lentamente, aumente las RPM.
- **Preparación para uñas naturales.** Las puntas sintéticas para uñas naturales con las únicas recomendadas para preparar una uña natural y eliminar el brillo para un servicio de uñas artificiales. Nunca utilice bandas de lija o puntas de metal en una uña natural.
- **Mantenimiento de uñas artificiales.** Para preparar uñas para relleno únicamente se recomiendan las puntas ojivales o cónicas. Utilícelas horizontalmente sobre la uña para retirar cualquier producto desportillado sin afectar la uña natural.
- **Trabajo de cutículas.** Para las cutículas, utilice una punta cónica o de cono truncado horizontal a la uña. Trabaje conjuntamente con el dedo y la punta, comenzando con la ranura derecha de la uña, subiendo hacia la cutícula y dirigiéndose hacia la ranura izquierda de la uña. Trabaje moviendo el dedo hacia la punta.
- **Producto desportillado.** Si su cliente ha sufrido un levantamiento, se puede utilizar el filo de una punta cilíndrica o una punta francesa de retoque para recortar una muesca en el punto donde termina la arruga. Corte un 75% dentro de la arruga, doble hacia atrás el trozo y rómpalo sin levantar la parte del producto que no está levantado. Empareje el resto de la arruga con la uña natural.
- **Resquebrajaduras.** Aplique de costado una punta cilíndrica delgada u ojival dentro de la grieta. Lentamente lime una canaleta con el cuerpo de la punta, exponiendo la grieta. Repare luego la grieta.

Dar forma debajo de la uña y curvas en c

Con una punta cónica o de cono truncado, dé la vuelta a las uñas y cuidadosamente rectifique los bordes internos. Se puede limar en sentido normal un lateral del lado interior, luego invierta el sentido de giro y lime el otro lateral.

Para las curvas en "c", mire desde abajo el cilindro de la uña. Aplique una punta cilíndrica por debajo de la uña para refinar las curvas en "c" y el lado inferior de los bordes.

Retoques

Los retoques se pueden hacer de varias maneras utilizando distintas puntas. Por ejemplo, luego de haber preparado las uñas para un relleno, afine los lados del ápice con una punta cilíndrica para poder cortar la línea curva más fácilmente. También se puede afinar todo el extremo del borde de la uña y en lugar de recortar la línea curva, reemplazar la zona con polvo blanco de borde y líneas curvas como lo haría con una uña nueva.

Cuando recorte la línea curva también se puede utilizar un lápiz para dibujar una línea como guía. Haga tres recortes, uno desde la pared de la ranura derecha, otro a través del centro y el tercero desde el corte del centro hacia la pared de la ranura izquierda. El primer corte queda entre las 3 y las 5 en punto, el central desde las 5 hasta las 7 en punto y el tercero entre las 7 y las 9 en punto.

Luego gire la uña para ver el perfil y utilizando una punta cilíndrica retire el 75% del acrílico restante. Cuando retire el acrílico asegúrese de ser sistemático de tal manera que el polvo blanco de borde que esté reemplazando tenga la misma densidad en todas las uñas. Igualmente ubique el polvo blanco de borde contra la pared de la nueva línea curva que esté cortando con su punta y no superponga. Retire cuidadosamente el sobrante del producto blanco en la línea curva. Complete las diez uñas con el polvo blanco y déjelo secar antes de aplicar el rosa o transparente. De esta manera preservará las nuevas líneas curvas.

Terminación

La graduación de los granos es la clave para terminar sus uñas sin dejar marcas de lima. Si comienza con una punta gruesa, pase luego a una mediana y finalmente a una fina, asegurándose de haber cubierto toda la superficie con cada punta y no dejar atrás rayones profundos. Retirar el polvo entre pasadas de cada punta también le ayudará a obtener un mejor suavizado de las uñas. Para obtener una buena cobertura le ayudará utilizar suficiente presión con cuidado y sin dañar. Afloje la presión a medida que reduzca el grano. Utilizar una lima eléctrica es definitivamente ventajoso para cualquier técnico en uñas; excepto por una técnica que no puede realizarse con ella. Esto es, darle forma al contorno de las uñas. Deberá utilizar una lima de mano para terminar este proceso.

Luego de limar la forma se puede utilizar en esos bordes una punta más fina o de pulir. El aspecto más importante al terminar las uñas es preguntarse uno mismo si todos los bordes se ven absolutamente perfectos y si resta algo sin limar, aún el borde interior de las extensiones.

Aceites para pulir

El uso de aceites para pulir mejora el trabajo terminado y provee lubricación, cosa que ayuda a enfriar un poco las uñas mientras se trabaja. No utilice aceites de base mineral. Utilice solamente el aceite puro y liviano preparado específicamente para este cometido. Los aceites más pesados tienen olor y además pueden obstruir la herramienta de mano. Le obligarían a remitir más seguido el equipo al fabricante para hacerle mantenimiento y limpieza.

- **Pulido de alto brillo.** Luego de graduar correctamente el grano de las puntas y haber obtenido una terminación suave, se podrá bruñir las uñas con una punta pulidora hecha con discos de trapo de algodón, gamuza o cuero. Evite aplicar demasiada presión porque estos materiales son naturales y se calientan rápidamente. Si no obtiene un alto brillo vuelva a la segunda punta utilizada y repase, asegurándose de cubrir toda la superficie de la uña y de utilizar las puntas del grano correcto. De otra manera estará abrillantando uñas rayadas. Evite aplicar demasiada presión.
- **Cremas para pulido.** La utilización de cremas para pulido mejora la obtención de un alto brillo. La mayoría de las cremas incluyen polvo pómez y pueden ser utilizadas con cualquier punta pulidora. Aplique y distribuya la crema de pulido con un pincel de pelo de cabra antes de aplicar la punta pulidora. El pincel de pelo de cabra saca gran parte del brillo incluso antes de utilizar la punta pulidora.

SOLUCIÓN DE PROBLEMAS

Calor

Si su lima eléctrica produce demasiado calor e incomoda al cliente, baje las RPM y aplique menor presión. Trate de aplicar la punta sobre las uñas de izquierda a derecha y de levantar la punta al volver de derecha a izquierda. Si aplicara la punta en ambos sentidos generaría demasiado calor. Recuerde, la presión produce fricción y la fricción genera calor. Encuentre la combinación de velocidad y presión más conveniente para usted y su cliente. Algunas veces se genera calor con bajas velocidades y otras veces con las altas, por eso es importante encontrar nuestra propia velocidad adecuada.

SEGURIDAD
PRECAUCIÓN

Recuerde que el limado eléctrico nunca debe causar dolor al cliente. Si lo hace, revise su forma de trabajo.

Técnicos zurdos

A menos que desde el principio haya utilizado el sentido inverso de giro con su lima eléctrica, encontrará difícil acostumbrarse a utilizarla en reversa. La mayoría de los técnicos en el cuidado de las uñas zurdos la utilizan en sentido normal. Sostienen la herramienta de mano con la izquierda y trabajan en operación normal. Ambas formas son correctas.

Aquí tiene un consejo: Resbalones del carburo

Si su punta se agarra y gira alrededor de las uñas de su cliente, significa que está trabajando demasiado rápido o está aplicando demasiada presión. Baje la velocidad o aplique menos presión. Esto sucede más seguido con puntas plateadas que no tienen buena terminación o son muy filosas. A menor velocidad aplique sólo un 25% de presión a estas puntas.

Túnel carpiano

La lima eléctrica ayudará a los muchos técnicos en el cuidado de uñas que sufren del síndrome del túnel carpiano, pero sólo porque cambian la posición de la mano. Otros técnicos, por el contrario, consideran que sostener la herramienta con las manos causa más tensión.

Velocidad

El hecho de utilizar una lima eléctrica no significa que se pueda ir más rápido. Algunos técnicos en el cuidado de uñas trabajan más rápido con limas manuales que con eléctricas porque no se adaptan a estas últimas. Decimos entonces que la velocidad se alcanza con la práctica, al igual que la seguridad.

EL PROFESIONAL QUE EXISTE EN USTED

Un verdadero técnico profesional en el cuidado de las uñas comprende la seguridad cuando trabaja con una lima eléctrica. Al educar al cliente y nunca lastimarlo aumentará la confianza que siente en usted. Una lima eléctrica es una herramienta segura en manos de un usuario hábil. Recuerde que practicando la seguridad, la buena higiene y el uso correcto de la lima eléctrica logrará que la lima eléctrica mejore su trabajo.

glosario del capítulo

anillos de fuego	Lomas en la uña producidas al usar una punta cilíndrica en ángulo incorrecto cerca de la cutícula, punto donde el borde plano del cilindro se clava en el lecho de la uña natural.
concéntrica	Puntas perfectamente balanceadas y centradas que giran dentro del mandril del motor para garantizar que la lima gire suavemente y roce la uña en forma pareja.
estrías	Cortes largos y delgados o ranuras que aparecen en las puntas de carburo.
grano	Cantidad de material abrasivo utilizado en limas y puntas. A menor número, menor cantidad de granos utilizados. Por ejemplo: si el grano es 240, hacen falta 240 granos para cubrir un cuadrado de 2,5 cm cuadrados; por lo tanto, el grano es más fino que un grano 100.
punta	Parte intercambiable de su lima eléctrica, comúnmente de carburo o diamantada, que es la responsable de limar las uñas. Aparecen en diferentes formas y tamaños para distintos estilos y técnicas de cuidado de uñas. Las formas incluyen cilindros, conos, conos truncados, esferas y ojivas.
revoluciones por minuto (RPM)	Cantidad de veces que gira la punta en un minuto. En tecnología del cuidado de uñas, velocidad de la lima eléctrica.
torsión	También conocida como potencia; medida de la resistencia (calculada en libras por pulgada cuadrada) que experimenta una lima cuando hace girar la punta.

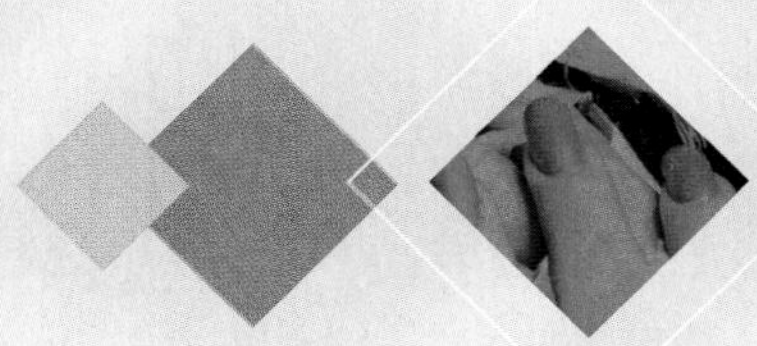

preguntas de revisión

1. ¿Son seguras las limas eléctricas?
2. ¿Qué tipo de limas eléctricas han crecido en popularidad?
3. ¿Qué es la torsión?
4. ¿Qué significa RPM?
5. ¿Qué es una punta diamantada?
6. ¿Qué grano tienen las puntas de carburo?
7. ¿Qué técnicas de aplicación garantizan la seguridad?
8. ¿Cómo se desinfectan las puntas?

AROMATERAPIA

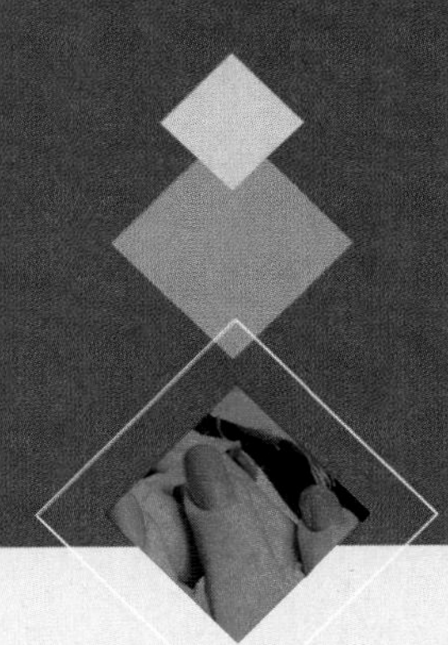

Autor: Jewell Cunningham

RESEÑA DEL CAPÍTULO

¿Qué es la aromaterapia? • Aceites esenciales • Aceites portadores
Manos y manicuras • Pies y pedicuros
Elección de un aroma

Objetivos de aprendizaje

Después de finalizar este capítulo, usted podrá:

1. **Definir y comprender la aromaterapia.**
2. **Explicar el origen de los aceites esenciales.**
3. **Mencionar los aceites esenciales más comúnmente utilizados en la industria de la belleza.**
4. **Identificar los aceites portadores y entender su uso.**
5. **Comprender cómo se puede incorporar la aromaterapia a su servicio.**

Términos clave

El número de página indica dónde se utiliza el término dentro del capítulo.

aceite portador
pág. 244

aceites esenciales
pág. 242

aromaterapia
pág. 241

Al embarcarse en este viaje al mundo de la aromaterapia, se sentirá inspirado para agregar líquidos aromáticos, conocidos como aceites esenciales, y agregar la aromaterapia a sus servicios de salón. Al agregar aceites esenciales habrá tomado la dirección de proporcionar un ambiente calmado y perfumado en el que trabajar, cosa que seguramente sus clientes también disfrutarán. La aromaterapia es para todo el mundo, jóvenes, ancianos, hombres y mujeres.

Todos se pueden beneficiar con sus increíbles propiedades curativas. En este capítulo aprenderá qué es la aromaterapia, dónde aparece y cuáles fueron sus primeros usos documentados. Este capítulo versa sobre aceites esenciales, incluyendo los más importantes, qué brindan y de dónde derivan, al igual que sobre otros aceites utilizados en la industria de la belleza. Aquí encontrará información sobre aceites portadores, incluyendo su definición, propiedades y por qué son utilizados. Lo más importante, aprenderá lo fácil que es incorporar la aromaterapia y los aceites esenciales en sus servicios para lograr aumentar sus ingresos. También se desarrollarán ideas sencillas para servicios que usted puede agregar al muestrario actual de su salón, algunas recetas para probar y sugerencias sobre el precio de estos servicios. La aromaterapia continúa siendo uno de los servicios de mayor crecimiento recién incorporados en la oferta de los salones en la actualidad.

¿QUÉ ES LA AROMATERAPIA?

La traducción literal indica exactamente lo que es, *Aroma Terapia*, terapia con aromas. El término **aromaterapia** fue inventado por el químico francés René-Maurice Gattefossé en 1928. Estaba fascinado por las posibilidades terapéuticas de los aceites, cosa que descubrió luego de sufrir quemaduras en una mano y curarse rápidamente mientras trabajaba con aceite de lavanda. También notó que el tamaño de la cicatriz resultó menos prominente que la esperada. Estos hechos lo llevaron a investigar los beneficios de estos aceites.

La palabra "aromaterapia" evoca imágenes de personas que alivian su depresión, sufrimiento, enfermedad y/o inseguridad a través de maravillosas esencias. La aromaterapia es más que eso; al añadir la aromaterapia a su vida estará mejorando su salud, belleza y psiquis en general. La aromaterapia puede mejorar su sueño, brindándole más energía. Le puede ayudar a eliminar padecimientos cutáneos brindándole alivio y mejorar su ánimo en general y el de aquéllos que están a su alrededor (Figura 13-1).

Figura 13-1 La aromaterapia existe en diferentes formas, incluyendo velas y aceites esenciales.

"Las rosas destilan un bálsamo terapéutico que calmará el latido del dolor."
Tomás Moro

La cosa más maravillosa de la aromaterapia es su facilidad de uso y hacerse parte de ella. A la mayoría de las personas les fascina recibir fragancias para utilizar en su baño o para frotar su cuerpo. La mayoría de nosotros adoramos el aroma de una naranja o de una rosa. Cuando fuimos niños nos sentimos atraídos por los maravillosos perfumes a nuestro alrededor. Algunos de nuestros recuerdos más vívidos están asociados con esos perfumes. Piense por un momento en… una torta de chocolate horneándose... el pan recién horneado... una rosa totalmente florecida… el zumo de limón... Hay pocas cosas que nos conmueven tan profundamente o que tienen mayor impacto en nuestra conciencia como los recuerdos asociados a olores específicos.

"Busca en el perfume de las flores y en la naturaleza la paz y la alegría de vivir"
Wang-Wei

El olfato es nuestro medio de comunicación más directo con la naturaleza. Olemos cada vez que inhalamos, percibiendo constantemente el mundo a nuestro alrededor. Cuál es exactamente la manera en que trabaja la aromaterapia queda todavía poco clara. Algunos investigadores postulan que los olores influencian los sentimientos porque el conducto nasal ingresa directamente al sector del cerebro que controla las emociones y la memoria. Otros creen que los componentes del perfume actúan sobre los neuro receptores del sistema nervioso central. Lo que sí sabemos es que el mero perfume de una fragancia nos puede influenciar física y emocionalmente, razón por la cual practicamos la aromaterapia en sus muchas formas.

Figura 13-2 Los aceites esenciales se obtienen de fuentes botánicas, tales como frutas, flores y hierbas.

El campo de uso de la aromaterapia es muy amplio, desde su utilización medicinal, pasando por prevención terapéutica, belleza y hasta su uso en masajes. El uso de aceites esenciales como producto de belleza y cuidado de la piel se extiende hasta los antiguos egipcios 5.000 años atrás. En esa época se incorporaban cuidadosamente hierbas y aceites a los ungüentos cosméticos y otras preparaciones de belleza, incluso para embalsamamientos. Muchos países, por ejemplo China e India, han practicado la aromaterapia por muchos años. ¿Recuerda los tres reyes magos? Los regalos que llevaban incluían incienso y mirra (Figura 13-2). Una de las primeras fórmulas de perfume viene de Babilonia y data del 1800 AC. Consiste en una mezcla de cedro, mirra, ciprés, láudano y bálsamo. Algunas de las nuevas fórmulas con la que estará familiarizado incluyen mezclas de sándalo, ámbar, bergamota, almizcle y civeto, o incienso, pachulí, vetiver, clavo de olor y almizcle. Cada vez se utilizan más aceites esenciales en todo a nuestro alrededor. Recuerde el estribillo de "Scarborough Fair" (que proviene de un antiguo poema), por Simon & Garfunkel: parsley, sage, rosemary, and thyme? (perejil, salvia, romero y tomillo).

13

ACEITES ESENCIALES

La práctica de la aromaterapia incluye el uso de aceites esenciales. ¿Qué son exactamente estos aceites esenciales? Los **aceites esenciales** son aceites extraídos de diferentes partes de plantas, incluyendo semillas, corteza, raíces, hojas, madera y resina, gracias a diferentes medios de destilación. Cada parte tiene su propio aroma. Un ejemplo es el pino escocés, el que posee distintos aromas en sus agujas, resina y madera. La época en que se cosechan las plantas también altera el aroma. Un pétalo de rosa cosechado temprano en la mañana tendrá más rocío que otro recolectado de noche. El contenido de rocío alterará el aroma.

Cada partida de aceite esencial también varía debido a las condiciones climáticas. Inclusive las mismas plantas provenientes de distintos países tendrán diferentes aromas. La lavanda que viene de Francia es distinta a la que viene de Bulgaria. Algunos aceites esenciales se huelen sin necesidad de destilación o procesado. Tomemos el limón, por ejemplo. Cuando lo sostenemos en la mano y lo apretamos un poco, podemos sentir el aceite que se desprende. Este aceite es el aroma a limón. Los mismos tipos de aceites son liberados cuando tocamos una lima o una naranja.

"Aromaterapia—Arte de combinar las fuerzas vitales de las plantas en aceites y transferirlas para el beneficio humano."
Jewell Cunningham

No todas las plantas que contienen aceites esenciales son fáciles de detectar. El contenido aromático en los pétalos de rosa es tan pequeño que se necesita más de una tonelada de pétalos para producir medio kilo de aceite esencial de rosa. Gracias a la amplia gama de materiales aromáticos obtenidos en la naturaleza y al desarrollo del arte de la extracción a lo largo del tiempo es que hoy en día contamos con los aceites esenciales actuales.

El uso de los aceites esenciales es ilimitado. Los podemos utilizar en manicuras, pedicuras, masajes, reflexología y faciales. Se pueden utilizar para suavizar cutículas o como aditivo acondicionador en cremas para manos. Utilícelos en hornillos o sahumadores para ayudar a despejar la mente, para levantar rápidamente la moral o para cambiar el ánimo de una habitación.

A continuación presentamos una lista parcial de los aceites utilizados en la actualidad por la industria cosmética y de belleza.

Bergamota	Almendra amarga	Pimienta negra	Rosa búlgara
Alcanfor	Cedro	Madera de cedro	Manzanilla
Cítricos	Salvia	Clavo de olor	Ciprés
Eucalipto	Lavanda francesa	Gardenia	Geranio
Toronja	Jazmín	Lavanda	Limón
Cedrón	Limoncillo	Lima	Mejorana
Neroli	Naranja	Menta	Petigrain
Rosa	Romero	Madera de sándalo	Menta verde
Mandarina	Rosa de té	Arbusto de té	Vainilla
Vetiver	Abedul blanco	Ilang Ilang	

Los diez aceites esenciales básicos

Lavanda Herbácea (que posee características de hierba), aceite para primeros auxilios en general, antiviral y antibacterial, estimula la inmunidad, antidepresivo, antiinflamatorio, relajante, equilibrante y antiespasmódico.

Manzanilla Frutal, antiinflamatoria, digestiva, relajante, PMS, calma nervios crispados, migraña, da resistencia y es antidepresivo.

Mejorana Herbácea, antiespasmódica, antiinflamatoria, calma dolores de cabeza, brinda alivio, alivia dolores menstruales y es antiséptica.

Romero Alcanforada (de la madera o corteza del árbol de alcanfor), estimula la circulación, calma el dolor y es descongestivo.

Arbusto de té Alcanforado, es antifúngico y antibacterial

Ciprés Conífera (característica de árboles perennes con conos, tales como el pino) es astringente, estimulante de la circulación y antiséptico.

Menta Mentolado, digestivo, alivia la sinusitis, antiséptico, energizante, descongestivo y estimulante.

SEGURIDAD PRECAUCIÓN

Siempre guarde sus aceites esenciales en botellas de vidrio oscuro para evitar la luz, tales como ámbar (caramelo), cobalto (azul) y morado oscuro. Mantenga los aceites esenciales lejos de la luz solar directa. Ésta haría que algunos aceites se pongan rancios. Controle que sus aceites sean frescos; nunca deben sentirse pegajosos o tener mal olor. Mantenga los frascos bien cerrados y lejos del alcance de los niños. Tenga cuidado al aplicarlos cerca de la zona de los ojos y otras zonas sensibles del cuerpo.

Eucalipto	Alcanforado, descongestivo, antiviral, antibacterial y estimulante.
Bergamota	Aroma cítrico, antidepresivo, antiviral, antibacterial, retenedor de agua y antiinflamatorio.
Geranio	Floral, balance de cuerpo y espíritu, tranquilizante, antifúngico y antiinflamatorio.

Debemos enfatizar que el uso de los aceites esenciales tiene beneficios al igual que riesgos, los que deben ser tomados en cuenta antes de decidir incorporarlos a sus servicios. Éste es un vistazo de un tema altamente complejo. La industria de la salud de uñas puede emplear la aromaterapia y disfrutar de sus beneficios. Por ese motivo le recomendamos continuar su capacitación leyendo libros como *Guía Milady a la Aromaterapia*, de Shelley Hess, asistir a clases y buscar información por Internet.

ACEITES PORTADORES

Dependiendo del tipo de servicio en el que emplee aceites esenciales, necesitará aceites portadores. Un **aceite portador** es una base oleosa con el agregado de un aceite esencial. Esto crea un aceite que no está tan concentrado y es más fácil de utilizar. El contacto directo con los aceites esenciales puede causar irritaciones cutáneas. Para cualquier masaje utilice aceite portador ya que facilita el deslizamiento y el masaje. Los únicos momentos en que no es necesario utilizar aceites portadores es cuando se agregan aceites esenciales al agua, loción o cualquier otra sustancia que reduzca la concentración o en caso que simplemente se los utilice en un hornillo para aromatizar el ambiente.

Existen tres tipos de aceite que son la excepción a la regla. Ellos son lavanda, para cortes, quemaduras y abrasiones; Ilang Ilang y madera de sándalo, ambos utilizados como perfume cuando se los aplica directamente sobre la piel.

A continuación presentamos una lista parcial de los aceites utilizados en la actualidad por la industria cosmética y de belleza.

SEGURIDAD PRECAUCIÓN

Siempre lleve a cabo una prueba del parche antes de aplicar el aceite directamente sobre la piel pues el cliente podría ser alérgico a ese aceite. Mantenga siempre los aceites lejos de sus ojos.

Aceite de almendra dulce	Éste es un excelente lubricante y suavizante. Es un aceite para piel o para masaje multipropósito de peso mediano o liviano.
Aceite de albaricoque	Es un aceite liviano especial para masajear piel prematuramente envejecida o reseca.
Aceite de aguacate	Aceite mediano o pesado, que por ser altamente nutritivo es recomendado para piel reseca o deshidratada.
Aceite de semilla de uva	Aceite liviano muy popular para masajes por su fina textura y escaso olor.
Aceite de jojoba	Es el único aceite que se asemeja a la estructura de las secreciones sebáceas de nuestra piel, otorgándole excelentes propiedades humectantes y emulsionantes; uno de los aceites portadores más versátiles con mayor vida útil; es liviano a mediano.

Maneras de utilizar y aplicar aceites esenciales y practicar aromaterapia

Existen muchos servicios de salón y métodos en los que se pueden utilizar los aceites esenciales, incluyendo:

manicuras	pedicuras	masajes de manos	masajes de pies
manicuras de spa	pedicuras de spa	cuidado de uñas naturales	reflexología
alivio de estrés	cuidado de manos	reparación de cutículas	difusores
fortalecedor de manos	velas	masajes para todo el cuerpo	fricciones de sales

MANOS Y MANICURAS

Nuestras manos son una de las partes más preciosas de nuestros cuerpos. Secan lágrimas, abrazan y sostienen, disciplinan, tocan, curan y acarician. Lavan manos, cambian pañales, siembran flores y construyen edificios. Sostienen otras manos para consolar, sostienen nuestros hijos y llevan el símbolo del casamiento. Nuestras manos son uno de los primeros lugares donde comenzamos a mostrar nuestra edad. El dorso se afloja y se llena de arrugas. ¿Qué podemos hacer para ayudar a nuestras manos? Hágase una manicura. Aliente a que todo el mundo se haga una manicura. Son excelentes para niños, hombres, ancianos y para todo el mundo.

Nuestras uñas son el claro indicio de cómo cuidamos nuestras manos. Algunas están mordidas más allá de toda reparación (o así se lo cree), otras son el indicio del trabajo pues muestran tierra y grasa. Todas estas manos necesitan cuidado afectuoso.

La manicura es uno de los servicios disponibles más desestimados. Dar una manicura adecuada y relajante es todo un arte. Durante los últimos años en el desarrollo de los servicios de spa, hemos aprendido a perfeccionar la manicura. El agregado de aceites esenciales a la manicura es una progresión natural. La traducción exacta de la manicura es "curación de manos". Una manicurista es una sanadora de manos. Los aceites esenciales son cicatrizantes, por ello van mano a mano. Las mejores lociones tienen el agregado de aceites esenciales como cicatrizante, pero si su loción preferida no los incluye, puede agregar unas gotas de su aceite preferido. Alguno de los mejores aceites para incorporar a sus manicuras (o pedicuras) son:

Limoncillo	Naranja	Limón
Lavanda	Jazmín	Lima
Manzanilla	Rosa	Menta
Menta verde	Bergamota	Vetiver
Zanahoria	Eucalipto	Romero
Toronja	Ciprés	

Estos aceites pueden utilizarse solos o en cualquier combinación. Recuerde, hay muchos aceites entre los cuales escoger. Asegúrese que los aceites esenciales elegidos sirvan para ayudar a la curación; por ejemplo, para calmar el estrés utilice lavanda y manzanilla. Para tonificar utilice menta o limoncillo, y así sucesivamente.

NEGOCIOS CONSEJOS EN EL SALÓN

Como técnico en el cuidado de uñas, hay maneras de incorporar masajes en cada uno de sus servicios. Una idea es ofrecer el *masaje TLC de alivio de estrés de 60 segundos.* Este masaje se hace al comenzar el servicio. Haga que su cliente tome asiento y pídale que cierre los ojos. Párese detrás de la silla y coloque un aceite esencial calmante, como la lavanda (se utiliza una cantidad muy pequeña en una loción o en aceite portador), sobre sus dedos medios para luego masajear las sienes del cliente. Estos 60 segundos son sólo para el cliente. No son para aliviar su día, ni para mejorar sus uñas, sino sólo para hacerlo sentir mejor. Un poco de TLC sobre la marcha y éstos serán los mejores 60 segundos de su día. El cliente estará más calmado, será más fácil trabajar con él y también se sentirá mejor.

Recuerde hacer todo lo posible para que su masaje sea tan relajante como sea posible. *Trate de no hablar con el cliente durante esta parte del servicio.* Así permitirá que el cliente disfrute aún más del masaje como parte de su manicura.

Recetas para manicura

Aquí tiene algunas recetas originales para manicura y pedicura. Estos servicios no sólo lo distinguirán, también aumentarán sus ingresos y solamente agregan uno o dos dólares al costo de sus servicios habituales. Las siguientes recetas son algunas de las que sus clientes pueden disfrutar.

Tratamiento fortalecedor de uñas

20 gotas de limón

15 gotas de aceite de zanahoria

13 gotas de aceite de semilla de uva

13 gotas de romero

13 gotas de aceite de aguacate

57 gramos de aceite de jojoba

Mezcle todos los aceites y guárdelos en una botella color caramelo (el color oscuro protege el contenido de la luz) con gotero. Luego de haber pulido las uñas de su cliente, coloque una gota alrededor de la cutícula y espere a que sea absorbido a través de la matriz. Este fortalecedor puede ser utilizado por clientes que practican el cuidado natural de uñas al igual que con clientes con embellecimiento de uñas.

Suavizante de cutículas

15 gotas de aceite de zanahoria

12 gotas de menta

12 gotas de eucalipto

57 gramos de aceite de jojoba

Mezcle todos los ingredientes y guárdelos en una botella color caramelo. Coloque una gota en cada uña y masajee bien dentro de la cutícula.

Rejuvenecedor

15 gotas de limón

10 gotas de lima

5 gotas de romero

5 gotas de lavanda

1 gota de menta fresca

28 gramos de aceite de semilla de uva

Mezcle todos los ingredientes y guárdelos en una botella color caramelo. Éste tratamiento le ayudará a eliminar las manchas en el dorso de la mano que delatan el envejecimiento. Aplique 2 ó 3 gotas de esta mezcla en el dorso de la mano. Utilice este aceite solamente en la piel, evite su aplicación sobre las uñas. Tanto el limón como la lima son decolorantes naturales de pigmentos. El romero y la lavanda son calmantes. El aceite de semilla de uva es de rápida penetración e hidratación; la menta fresca es vigorizante y vasodilatador, lo que estimula la curación. Masajee el dorso de la mano durante 3 a 4 minutos y luego de 4 ó 5 aplicaciones verá que la decoloración comienza a desvanecerse.

Manicura decadente

taza de crema doble

10 gotas de aceite esencial puro o mezcla a su elección

1 tazón de sales aromáticas sólo para perfumar (del mismo aroma que el baño de remojo)

algunas velas (si están permitidas)

música ambiental de spa

1 cliente

Encienda las velas y prepare los aromatizantes en la sala. Agregue la crema doble y los aceites esenciales en el aguamanil, coloque las manos del cliente y déjelas remojar por 5 a 10 minutos. Haga que el cliente huela el aceite esencial mezclado con la crema. Puede utilizar lavanda para aliviar el estrés o menta para revitalizar. Así ayudará a que el sistema olfativo comience a asimilar el aroma. Éste puede ser el momento para dar el masaje TLC en las sienes del cliente. Continúe con la manicura normal. Asegúrese de repasar las uñas antes de aplicar el esmalte.

Como variación de esta manicura, puede utilizar Vainilla simplemente porque huele exquisito y hace que la gente se sienta a gusto. Éste constituye un excelente nuevo servicio para los meses de invierno.

"Por qué no ocuparnos de este cuerpo, que es el receptáculo de nuestra alma, y hacer que se conserve saludable, fuerte y tan perfecto como sea posible." . ."

Paracelso

PIES Y PEDICUROS

Algunas personas consideran que los pies son la parte más sensual del cuerpo. Habitualmente son la parte más olvidada de todo el cuerpo. Sólo piense por todo lo que pasan nuestros pies y el peso que soportan. Abusamos de nuestros pies como de ninguna otra parte del cuerpo. Algunas personas piensan que los pies son feos, y considerando lo olvidados que son, no nos sorprende. Si pensamos que nuestros pies son demasiado grandes, los embutimos dentro de calzados un número más chico, sólo por si alguien nos pregunta: "¿Qué número calza?" Sólo cuando finalmente empiezan a doler es que les prestamos atención. Alguien sabio dijo: "Si cuidamos de nuestros pies, el resto del cuerpo podrá cuidarse a sí mismo."

Existen más de 50.000 terminaciones nerviosas en nuestros pies, por lo que un masaje de pies puede hacer que todo el cuerpo se sienta relajado. El masaje durante una pedicura es la parte preferida de los clientes. Un gran pedicuro es como un músico virtuoso. Puede ejecutar una hermosa melodía con el tipo de masaje que le da a su cliente. Cuando se da un masaje con el mayor de los cuidados y con productos de calidad, el cliente lo sentirá cuando se sienta caminar por el aire al salir del salón. Y eso significa un gran negocio para usted.

Recetas para pedicuros

Talones secos y resquebrajados

10 gotas de rosa

5 gotas de manzanilla

5 gotas de geranio

5 gotas de petigrain

Mezcle los ingredientes y colóquelos en una botella color caramelo. Agregue 8 a 10 gotas en el baño de pedicura antes de agregar cualquier otra cosa. Remoje los pies del cliente por 10 minutos. Continúe con la pedicura, incluyendo el agregado de cualquier otro producto que utilice. Cerca del final de la pedicura y antes del masaje, agregue 3 ó 4 gotas en cada talón y luego masajee normalmente. Tómese su tiempo y masajee concienzudamente los aceites hasta que penetren completamente en los talones. Unos pocos tratamientos como éste y los talones se sentirán suaves y flexibles muy pronto.

Pies hinchados

15 gotas de lavanda

15 gotas de manzanilla

15 gotas de romero

15 gotas de hinojo

113 gramos (4 onzas) de aceite de jojoba

Mezcle los ingredientes y colóquelos en una botella color caramelo. Utilice 25 a 30 gotas como aceite de masaje. El masaje es muy importante en este tratamiento. Estamos haciendo que la sangre aumente su circulación en los pies. Espere que los pies descansen por cinco minutos y si fuera posible, haga que el cliente eleve sus pies por arriba del nivel del corazón por unos 10 a 15 minutos. Su cliente se sentirá espléndidamente al salir del salón y le pertenecerá por el resto de su vida.

Pedicura decadente

1-2 tazas de crema doble

25 gotas de esencia pura o mezcla a su elección

ó 3 cristales de sales aromáticas en el baño de pedicura

1 tazón de sales aromáticas sólo para perfumar (del mismo aroma que el baño de remojo) o una vela, y si se permite,

música de fondo de spa

1 cliente

Agregue la crema doble y los aceites esenciales al baño de pedicura, coloque los pies del cliente y deje que se remojen por 5 a 10 minutos. Éste puede ser el momento para dar el masaje TLC en las sienes del cliente. Continúe con la pedicura normal. Asegúrese de repasar las uñas de los pies antes de aplicar el esmalte. Se puede utilizar lavanda para el estrés o menta para revitalizar, o pruebe con vainilla porque sí. Éste constituye un excelente nuevo servicio para los meses de invierno. Asegúrese de tener siempre música de spa de fondo. Ayuda a relajar tanto el ánimo del técnico como el del cliente.

ELECCIÓN DE UN AROMA

Además de las recetas que incluimos en este capítulo, podrá pedir ayuda al cliente para elegir los aromas que utilizará en su servicio. Cuando elija los aceites para el servicio, hable con sus clientes y observe cómo se sienten. También tenga en cuenta el momento del año. Utilice aceites livianos y primavera y verano y los más pesados en otoño e invierno. Permita que los clientes prueben los aceites que tiene para ofrecerles. Pase los frascos destapados debajo de sus narices para que sientan el aroma. No permita que los clientes vean el nombre de los aceites o los elegirán por el nombre en lugar del aroma. Esto anularía el beneficio. Sugiérales que cierren los ojos, se relajen y que expiren fuerte por la nariz para limpiar el bulbo olfativo entre pruebas. Sus clientes disfrutarán participar en la selección de aromas y usted se asegurará que se regocijen y disfruten cuando utilice los perfumes que hayan elegido.

Aceites recomendados para pedicuros

Menta	Arbusto de té	Lavanda	Limón Rosa
Jazmín	Caléndula	Geranio	Madera de sándalo

Aceites calmantes

Lavanda	Romero	Madera de sándalo
Ilang Ilang	Vetiver	

Aceites para ambientación

Vainilla	Pino	Árbol de la cera	Cereza
Canela	Jazmín	Rosa	Limón
Naranja	Lavanda		

Aceites energizantes

Eucalipto	Menta	Menta verde	Limón
Naranja	Geranio	Jazmín	Hinojo

Otras mezclas útiles

Vigorizantes	menta fresca — menta — limón — romero
Alivio del estrés	lavanda — manzanilla — vetiver
Relajación mental	romero — ciprés
Romance	ilang ilang — madera de sándalo — jazmín
Olor de pies	salvia — polvo de hornear
Bactericida	canela — clavo de olor — eucalipto lavanda — pino — toronja — lima
Cortes y raspones	arbusto de té — lavanda — eucalipto
Herpes	limoncillo — menta — geranio
Infecciones en las uñas	arbusto de té
Piel grasa	bergamota — geranio — salvia — petigrain madera de cedro

Aquí tiene un consejo:

Como idea para un servicio único, experimente esta receta con uno de sus clientes.

crema batida aromatizada

litro de crema batida

1 ó 2 gotas de aceite esencial puro o su mezcla preferida bata la crema a la consistencia requerida, agregue el aceite esencial y mezcle bien.

Ésta es justamente una idea verdaderamente decadente. Agregue esta mezcla a su pedicura y observe la reacción de los clientes. Sea creativo. ¡Vaya!

SEGURIDAD
PRECAUCIÓN

Se debe tener precaución al utilizar algunos aceites: pimienta de Jamaica, anís, albaca, borneol, alcaravea, canela y jengibre, por sólo nombrar algunos. Estos aceites pueden causar irritaciones cutáneas. No utilice menta con mujeres embarazadas. Tenga siempre cuidado cuando utilice aceites con sus clientes. No crea que está brindando un "diagnóstico" o una "prescripción" médica.

13

Al utilizar aceites esenciales le dará claridad a su mente, curará y cuidará de las manos y será una bendición para los pies. Además que el cuerpo en su totalidad reciba muchos beneficios, el espíritu se habrá nutrido con los aceites esenciales, "el alimento de los dioses".

Los aceites esenciales son como un remedio, utilícelos con cuidado. Asegúrese de conocer y entender lo que está utilizando. Cuando utilice aceites esenciales en sus servicios de belleza, obténgalos de proveedores de la industria de la belleza y siga todas las instrucciones de los fabricantes. Estos aceites son producidos específicamente para los servicios que usted brinda. Los aceites que se obtienen en comercios de productos naturistas son buenos, pero recuerde que no están hechos específicamente para ser utilizados en salones. Asegúrese que los aceites que adquiera sean de la calidad que busca.

La aromaterapia tiene un carácter adictivo y, una vez que se enganche, le será difícil dejarlo. *Siempre hay mucho más* para aprender y descubrir.

glosario del capítulo

aceite portador	Aceite base usado en aromaterapia que se agrega a los aceites esenciales para diluir la concentración del aceite esencial. El aceite portador agrega untuosidad y facilita el deslizamiento para el masaje.
aceites esenciales	Aceites utilizados en aromaterapia extraídos de diferentes partes de plantas, incluyendo semillas, corteza, raíces, hojas, madera y resina y obtenidos por diferentes medios de destilación.
aromaterapia	Uso de fragancias aromáticas que inducen a la relajación; terapia con aromas.

preguntas de revisión

1. ¿Qué es la aromaterapia?
2. ¿Cómo se utilizan los aceites esenciales?
3. Enumere cinco aceites esenciales básicos y mencione sus usos.
4. ¿Por qué algunas veces son necesarios los aceites portadores?
5. ¿Por qué la aromaterapia es una herramienta útil en nuestra industria?

parte 4

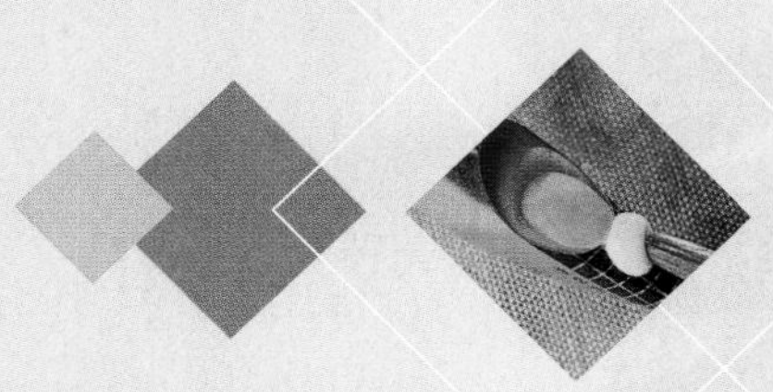

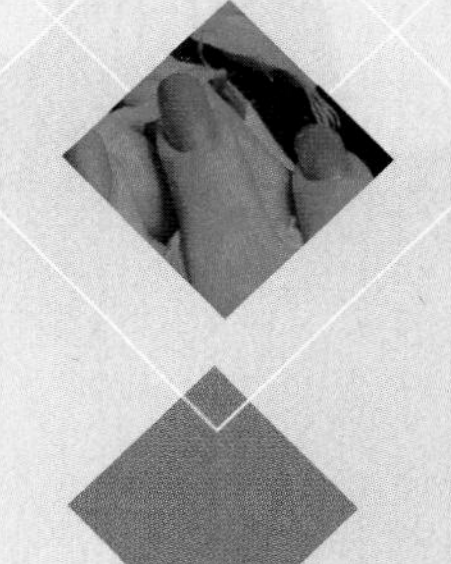

EL ARTE DE LA TECNOLOGÍA DEL CUIDADO DE UÑAS

UÑAS POSTIZAS

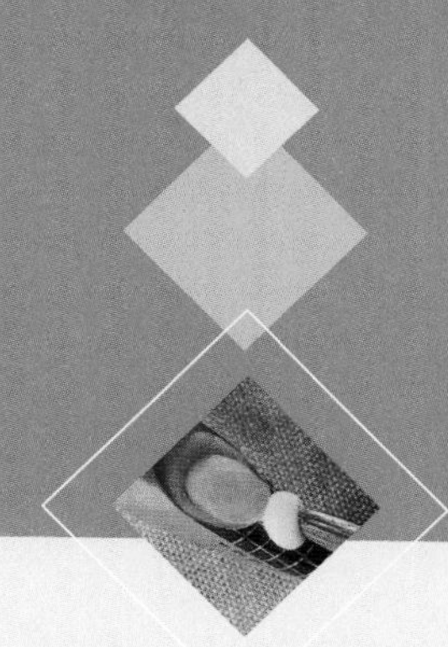

Autor: Vicki Peters

RESEÑA DEL CAPÍTULO

Insumos para uñas postizas • Aplicación de uñas postizas • Aplicaciones de uñas postizas alternativas • Mantenimiento y remoción de uñas postizas

PROCEDIMIENTOS

14-1 Aplicación de uñas postizas

14-2 Remoción de uñas postizas

Objetivos de aprendizaje

Después de finalizar este capítulo, usted podrá:

1. **Identificar los insumos necesarios para uñas postizas y explicar para qué se usan.**
2. **Identificar los dos tipos de uñas postizas.**
3. **Demostrar los procedimientos adecuados y precauciones necesarias que se deben usar al aplicar uñas postizas.**
4. **Describir el mantenimiento correcto de las uñas postizas.**
5. **Demostrar la remoción correcta de las uñas postizas.**

Términos clave

El número de página indica dónde se utiliza el término dentro del capítulo.

abrasivo
pág. 257

acrílico
pág. 263

adhesivo para uñas
pág. 257

barra pulidora
pág. 257

corta uñas para uñas postizas
pág. 262

corte de parte de la hendidura postiza
pág. 262

uña postiza
pág. 257

Uña postiza es una uña artificial hecha de plástico, nailon o acetato. Las uñas postizas se adhieren a la uña natural para darle mayor longitud. Usualmente las uñas postizas se combinan con otro servicio artificial, tal como una envoltura de tela o una uña esculpida, ya que una uña postiza que se use sin recubrimiento es muy débil. Si un cliente opta por usar una uña postiza sin recubrimiento, se considera que la uña postiza es un servicio temporal.

INSUMOS PARA UÑAS POSTIZAS

Además de los materiales con que cuenta en su mesa básica de manicura, usted necesitará los siguientes insumos para la aplicación de uñas postizas (Figura 14-1).

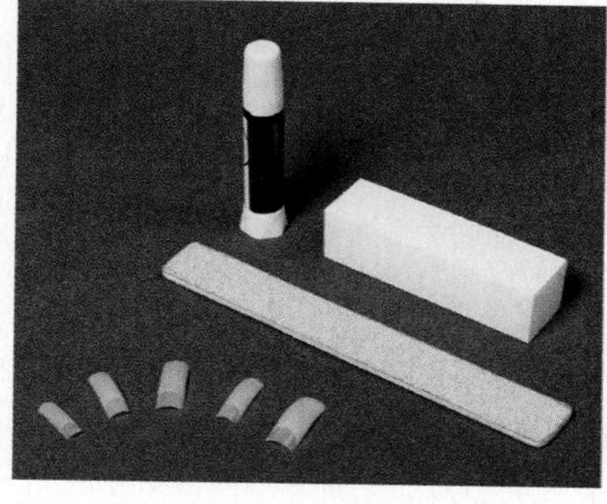

Figura 14-1 Insumos necesarios para aplicar uñas postizas.

Abrasivo

Un **abrasivo** es una superficie áspera que se usa para dar forma o alisar la uña y quitarle el esmalte. Generalmente parece un gran papel o disco de esmeril, pero puede tener cualquier forma o color.

Barra pulidora

Una **barra pulidora** es un bloque rectangular liviano abrasivo que se usa para pulir uñas.

Adhesivo para uñas

Un **adhesivo para uñas** es un agente para pegar o adherir la uña postiza a la uña natural. Generalmente viene en un tubo con un extremo aplicador, un aplicador de una sola gota o para aplicar con pincel. Aún una cantidad muy pequeña de adhesivo en los ojos puede ser muy peligrosa y puede causar la ceguera a una persona. Una técnico en el cuidado de uñas siempre debe usar gafas de seguridad cuando use y maneje adhesivo para uñas. También deben ofrecerse gafas de seguridad al cliente.

Uñas postizas

Todas las uñas postizas tienen una hendidura que sirve como punto de contacto con la lámina ungueal. La posición de tope es el punto donde la lámina ungueal hace tope con la uña postiza antes que se pegue la misma a la uña. Las uñas postizas se diseñan con hendidura parcial o completa (Figura 14-2). La uña postiza nunca debe cubrir más de la mitad de la lámina ungueal natural. Las uñas postizas vienen en cajas grandes en una variedad de tamaños. Algunos técnicos en el cuidado de uñas prefieren tener uñas postizas de varios fabricantes distintos, ya que las mismas varían ligeramente en tamaño, forma y color. Teniendo una amplia variedad, es más fácil aplicar a cada cliente exactamente el tamaño correcto y darle forma a la uña postiza.

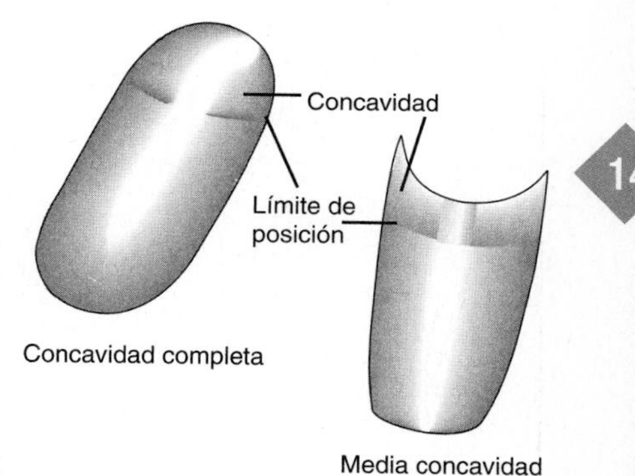

Figura 14-2 Uña postiza con hendidura completa y uña postiza con media hendidura.

14

APLICACIÓN DE LAS UÑAS POSTIZAS

Servicio previo de la aplicación de uñas postizas

1. **Complete el procedimiento de higiene previo al servicio.** (Este procedimiento se describe en las páginas 41-43.)
2. **Prepare su mesa estándar de manicura.** Agregue abrasivos, barras pulidoras, adhesivo para uñas y uñas postizas en su mesa.
3. **Dé la bienvenida al cliente y pídale que se lave las manos con jabón antibacteriano.** Seque las manos a fondo con una toalla limpia o desechable.
4. **Efectúe la consulta con el cliente usando el formulario de salud/registro del cliente para registrar las respuestas y sus observaciones.** Busque trastornos de las uñas y decida si es seguro y adecuado darle un servicio a este cliente. Si considera que el cliente no debería recibir el servicio, explíquele las razones y derívelo a un médico.

glosario del capítulo

abrasivo	Una superficie áspera que se usa para dar forma o alisar la uña y quitarle el esmalte.
acrílico	Una sustancia que se mezcla con líquido y que se aplica a una uña postiza artificial para fortalecer la uña natural y la uña postiza.
adhesivo para uñas	Un adhesivo o agente adhesivo que se usa para adherir una uña postiza a la uña natural.
barra pulidora	Una barra pulidora es un bloque rectangular liviano abrasivo que se usa para pulir uñas.
corta uñas para uñas postizas	Un instrumento similar a un corta uñas que se usa exclusivamente para recortar uñas postizas artificiales.
cortar parte de la hendidura de la uña postiza	Un nuevo método alternativo de lograr las líneas de una sonrisa perfecta con uñas postizas blancas o con uñas postizas tradicionales sin amalgama de las uñas postizas.
uña postiza	Uña artificial de plástico, o nailon acetato adherida a la uña natural para hacerla más larga.

preguntas de revisión

1. Enumere los cuatro suministros, aparte de su mesa básica de manicura, que necesita para la aplicación de la uña postiza.
2. Identifique los dos tipos de uñas postizas.
3. ¿Qué parte de la lámina ungueal natural debe ser cubierta por una uña postiza?
4. ¿Qué tipo de aplicación de uña postiza se considera como un servicio temporal? ¿Por qué?
5. Describa brevemente el procedimiento para una aplicación de uña postiza.
6. Describa el mantenimiento correcto de las uñas postizas.
7. Describa el procedimiento para la remoción de uñas postizas.

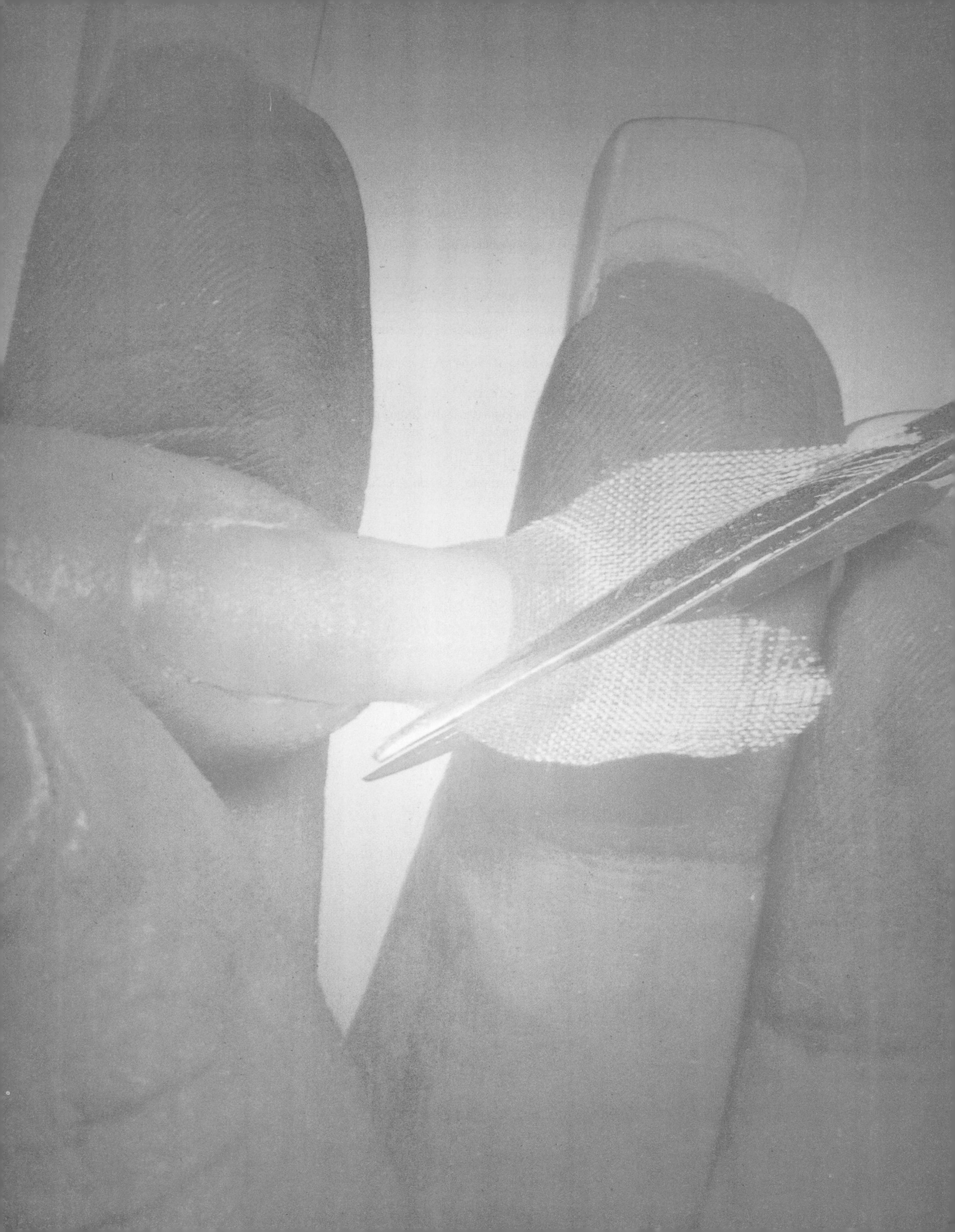

15

ENVOLTURAS PARA UÑAS

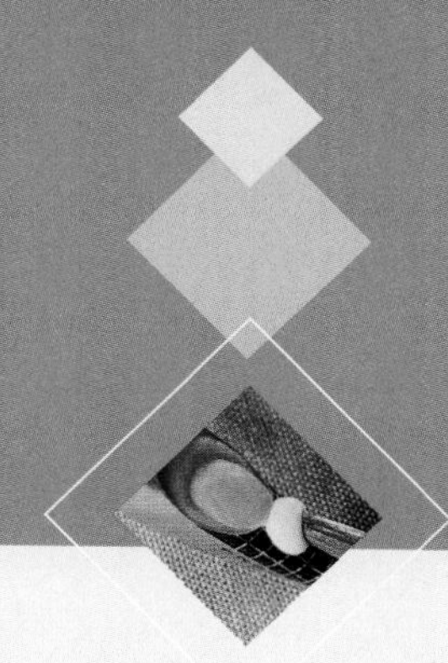

Autor: Terri Lund

RESEÑA DEL CAPÍTULO

Envolturas de textura • Mantenimiento, remoción y reparación de envolturas de textura • Envoltura de papel • Envolturas de uñas en líquido

---

PROCEDIMIENTOS

15-1 Envoltura para uñas

15-2 Mantenimiento de envolturas de textura bisemanal

15-3 Mantenimiento de envolturas de textura cada cuatro semanas

15-4 Colocación de envolturas de papel

Objetivos de aprendizaje

Después de finalizar este capítulo, usted podrá:

1. **Enumerar cuatro tipos de envolturas para uñas y explicar para qué se usan.**
2. **Explicar los beneficios de usar envolturas de seda, lino, fibra de vidrio y papel.**
3. **Demostrar los procedimientos correctos y las precauciones que se deben tomar en la aplicación de envolturas de textura.**
4. **Describir el mantenimiento de la envoltura de textura. Incluir una descripción del seguimiento del mantenimiento de dos y cuatro semanas.**
5. **Explicar cómo se usa la envoltura de textura para reparar las grietas.**
6. **Demostrar el procedimiento adecuado y las precauciones que se deben tomar para retirar las envolturas de textura.**
7. **Enumerar los suministros que se usan para las envolturas de papel.**
8. **Demostrar los procedimientos correctos para la aplicación de envolturas de papel.**
9. **Definir la envoltura de uñas en líquido y describir su propósito.**

Términos clave

El número de página indica dónde se utiliza el término dentro del capítulo.

Las **envolturas para uñas** son piezas del tamaño de la uña, de tela o de papel que se adhieren a la parte superior de la lámina ungueal con adhesivo para uñas. Se usan para reparar o fortalecer las uñas naturales o las uñas postizas. Los apliques o envolturas pueden cortarse de una muestra de tela, de rollos de textura o de una pieza de papel para calzar el tamaño y forma de uña del cliente o pueden comprarse previamente cortados. Los recubrimientos previamente cortados tienen un fondo adhesivo.

Las **envolturas de textura** se hacen con seda, lino o fibra de vidrio. La **seda** es un material natural fino con una trama cerrada que se vuelve transparente cuando se aplica el adhesivo. Una envoltura de seda es liviana y queda lisa cuando se la aplica a la uña. El **lino** es un material pesado de trama cerrada. Es mucho más espeso que la seda o que la fibra de vidrio. Por ser opaco, aun después de aplicar el adhesivo, debe usarse esmalte de color para cubrirlo completamente. El lino es una envoltura resistente. La **fibra de vidrio** es un tejido sintético muy delgado con trama abierta. La trama abierta facilita la penetración del adhesivo. Es muy resistente y duradera.

Las **envolturas de papel** están hechas con papel muy delgado y se disuelven en los quitaesmaltes con y sin acetona. Por este motivo, las envolturas de papel no son definitivas y deben ser reemplazadas cuando se quita el esmalte. Las envolturas de papel se pegan con adhesivo en la parte superior de la uña y debajo del borde libre.

ENVOLTURAS DE TEXTURA

Insumos

Además de los materiales de su mesa de manicura básica, usted necesitará los siguientes elementos (Figura 15-1).

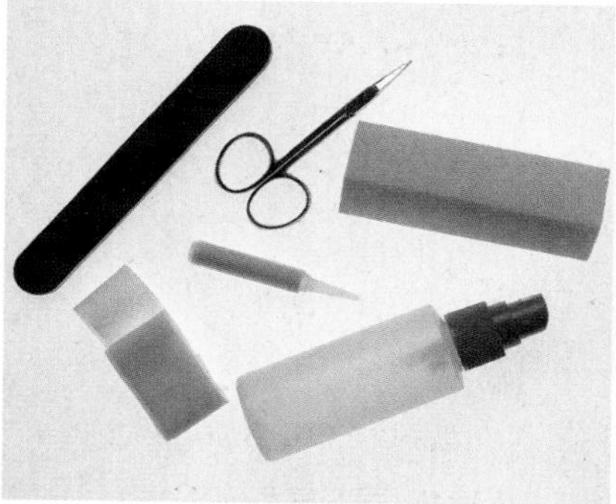

Textura

Las pequeñas muestras de lino, seda o fibra de vidrio pueden cortarse al tamaño y forma de la uña natural del cliente. Usted también podrá encontrar envolturas cortadas previamente con fondo adhesivo.

Adhesivo para uñas

Se utiliza cola o un agente adhesivo para adherir la uña postiza o textura a la uña natural. Generalmente el mismo viene en un tubo con un extremo aplicador en punta llamado **extremo extensor** o para ser aplicado con pincel. Cuando se trabaje con adhesivos, asegúrese de proteger sus ojos con gafas y ofrézcalas también al cliente.

Figura 15-1 Materiales necesarios para aplicar la envoltura de textura

Tijeras pequeñas

Pequeñas y afiladas para cortar la textura.

Barra pulidora para uñas

Abrasivo

Secador de adhesivo

Secador por goteo, aplicado con pincel o rociado que seca el adhesivo de la uña rápidamente.

Pequeño trozo de plástico

Servicio previo del aplique o envoltura para uñas

Utilice la siguiente preparación para todos los procedimientos de envolturas para uñas.

1. Realice el procedimiento de higienización previo al servicio. (Este procedimiento se describe en las páginas 41-43).
2. Prepare una mesa estándar de manicura. Agregue textura, adhesivo para uñas, tijeras pequeñas, barra pulidora para uñas, abrasivo, secador de adhesivo y una pequeña pieza de plástico en la mesa.
3. Reciba y salude al cliente y pídale que se lave las manos en jabón líquido. Seque a fondo las manos y uñas con una toalla limpia o desechable.
4. Efectúe la consulta con el cliente usando el formulario de salud/registro del cliente para registrar las respuestas y sus observaciones. Verifique si hay trastornos en las uñas. Decida si las uñas y manos del cliente son lo bastante saludables para que usted efectúe un servicio. Si el cliente tiene un trastorno de uñas o de piel y no debiera recibir un servicio, explíquele los motivos y derívelo a un médico. Si efectúa el servicio, discuta las necesidades y deseos del cliente.

PROCEDIMIENTO 15-1

Aplicación de las envolturas para uñas

Durante el procedimiento discuta con el cliente los productos que se necesitan para mantener el servicio entre una y otra visita al salón.

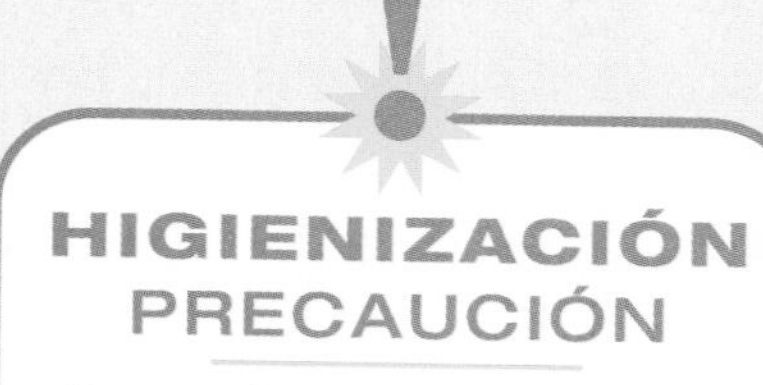

Recuerde: no use el mismo palillo de naranjo para más de un cliente. No pueden higienizarse.

1. **Retire el esmalte.** Comience con el dedo meñique de la mano izquierda de su cliente. Empape el algodón con quitaesmalte. Si su cliente tiene uñas artificiales, evite dañarlas utilizando quitaesmaltes sin acetona. Aplique el algodón saturado sobre la uña y cuente mentalmente hasta diez. Retire el esmalte viejo repasando la uña en dirección al borde libre. Si no sale todo el esmalte, repita el proceso hasta eliminar toda traza de esmalte. Puede ser necesario colocar un poco de algodón sobre la punta de un palillo de naranjo para retirar el esmalte de la zona de la cutícula. Repita este procedimiento en cada dedo en ambas manos.
2. **Limpie las uñas.** Sumerja las uñas en un aguamanil para los dedos con agua tibia y jabón líquido. Utilice un cepillo de uñas para limpiarlas sobre el aguamanil. Enjuague brevemente las uñas en agua limpia o pida al cliente que se las lave en la pileta. NO remoje las uñas del cliente en agua antes de aplicar un aplique o envoltura para uñas. Las uñas naturales son porosas y retienen el agua.
3. **Empuje la cutícula.** Use el mismo palillo de naranjo con un nuevo algodón en las puntas para empujar la cutícula hacia atrás suavemente. Hágalo suavemente porque la cutícula no ha sido remojada.
4. **Frote la uña para quitar el esmalte.** Frote ligeramente la superficie de la uña con un abrasivo fino para retirar el aceite natural. No use una lima gruesa y tenga el cuidado de no aplicar demasiada presión. Las envolturas para uñas pueden hacerse sobre uñas naturales o sobre un juego de uñas postizas. Si está usando uñas postizas, moldee los bordes libres de las uñas para calzar con la forma de la hendidura de las uñas postizas.
5. **Aplique antiséptico para uñas.** Aplique antiséptico a las uñas con rociador o paño. El antiséptico eliminará el resto del aceite natural y deshidratará la uña para una mejor adhesión.
6. **Aplique el adhesivo.** Aplique el adhesivo a la superficie entera de las diez uñas. Esto las prepara para recibir los apliques o envolturas. Deje secar el adhesivo. De ser necesario, use un activador para acelerar el proceso.

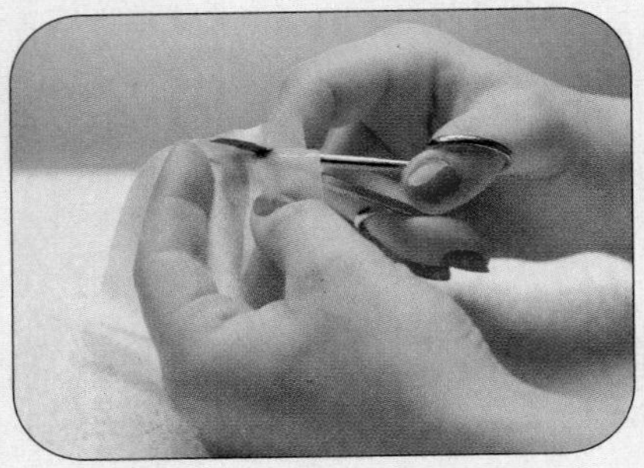

Figura 15-2 Corte la textura.

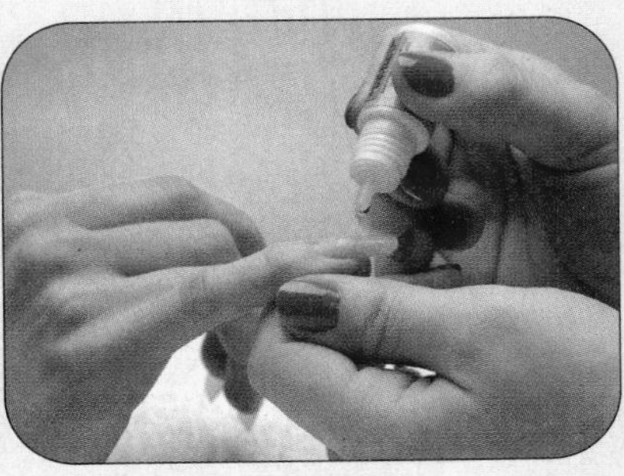

Figura 15-3 Aplique adhesivo de textura si usa textura sin fondo adhesivo.

Figura 15-4 Aplique la textura.

7. **Aplique uñas postizas si lo desea.** Combine la hendidura de la uña postiza con una lima o combinador de uña postiza.
8. **Corte la textura.** Corte la textura al ancho y forma aproximados de la lámina ungueal o uña postiza. Tenga cuidado de evitar que el polvo y los aceites de los dedos contaminen la textura con fondo adhesivo. Ello pudiera impedir que la textura se adhiera a la uña (Figura 15-2).
9. **Aplique el adhesivo.** Si está usando una textura sin fondo adhesivo, deberá aplicar una gota de adhesivo al centro de la uña. Recuerde evitar que el adhesivo entre en contacto con la cutícula. Podría hacer levantar la envoltura o separarla de la lámina ungueal (Figura 15-3).
10. **Aplique la textura.** Calce suavemente la textura sobre la uña a 1,6 mm de la cutícula. Haga presión para emparejar, usando un pequeño trozo de plástico grueso (Figura 15-4).

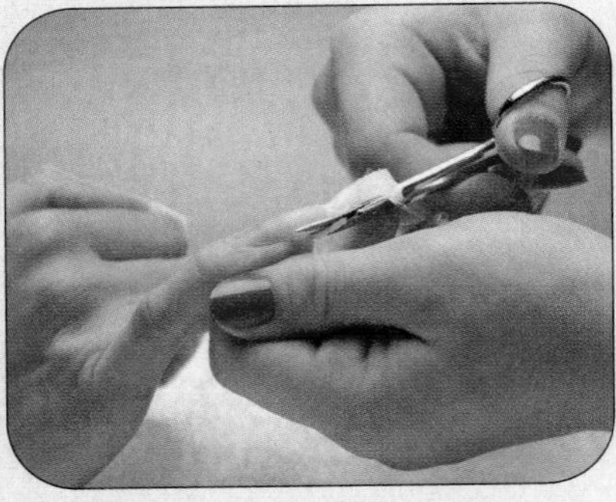

Figura 15-5 Recorte la textura.

Aquí tiene un consejo:

Usar una hoja de plástico de 15 x 10 cm para apretar la textura sobre la uña evitará que transfiera polvo y aceite al cliente. Es necesario cambiar constantemente a un área nueva en el plástico para cada dedo.

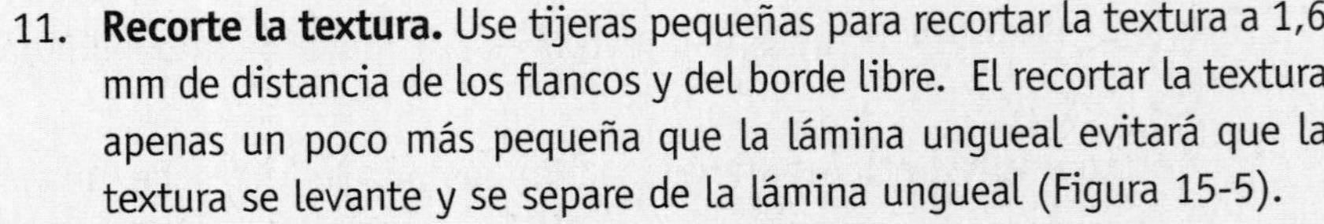

11. **Recorte la textura.** Use tijeras pequeñas para recortar la textura a 1,6 mm de distancia de los flancos y del borde libre. El recortar la textura apenas un poco más pequeña que la lámina ungueal evitará que la textura se levante y se separe de la lámina ungueal (Figura 15-5).

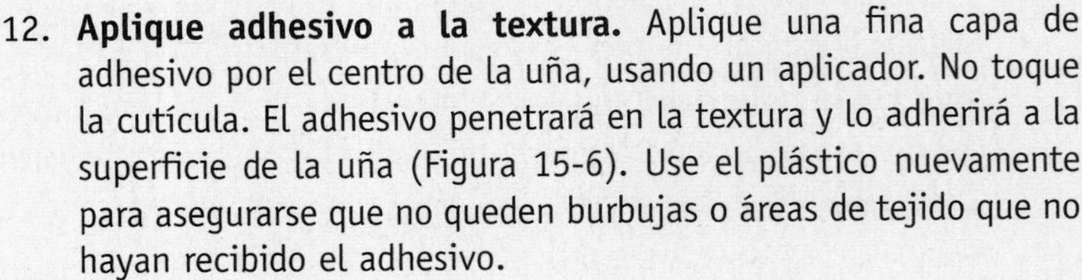

12. **Aplique adhesivo a la textura.** Aplique una fina capa de adhesivo por el centro de la uña, usando un aplicador. No toque la cutícula. El adhesivo penetrará en la textura y lo adherirá a la superficie de la uña (Figura 15-6). Use el plástico nuevamente para asegurarse que no queden burbujas o áreas de tejido que no hayan recibido el adhesivo.

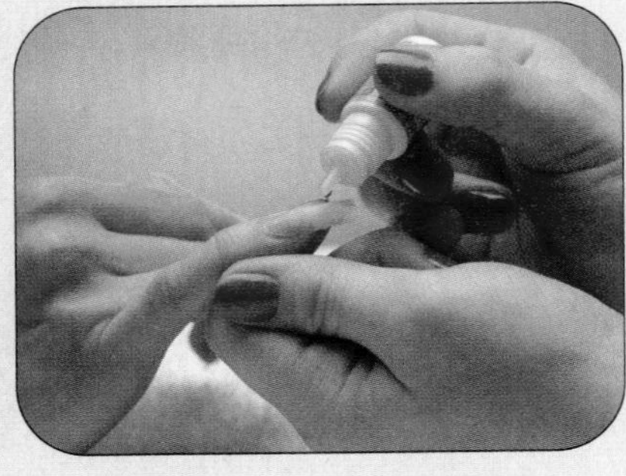

Figura 15-6 Aplique adhesivo.

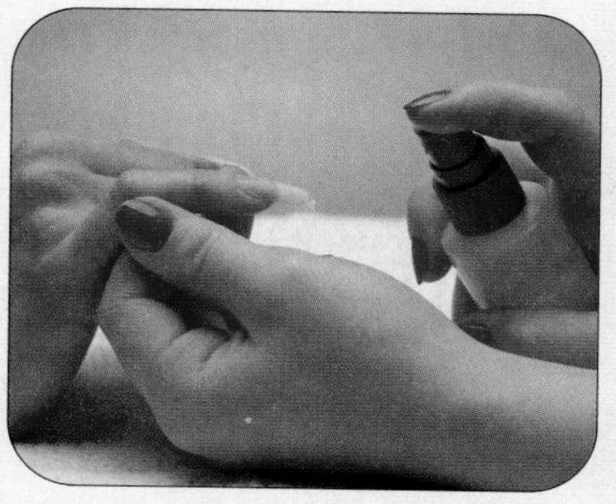

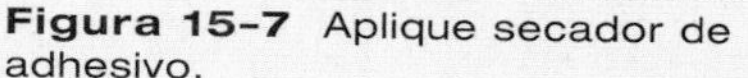

Figura 15-7 Aplique secador de adhesivo.

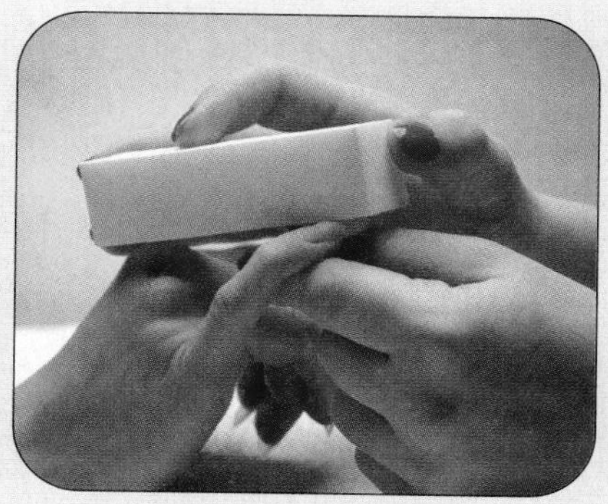

Figura 15-8 Pula la uña postiza.

13. **Aplique el secador de adhesivo.** Aplique el secador de adhesivo con rociador, pincel o por goteo. Mantenga el secador de adhesivo lejos de la piel para evitar la sobreexposición al producto (Figura 15-7).
14. **Aplique la segunda capa de adhesivo.** Aplique y esparza el adhesivo con el aplicador. Selle el borde libre con adhesivo pasando el aplicador sobre el borde de la uña postiza para evitar que ésta se levante.
15. **Aplique la segunda capa de secador de adhesivo.**
16. **Esculpa y pula las uñas.** Use un abrasivo medio/fino para esculpir y pulir las uñas.
17. **Pula las uñas.** Aplique aceite para cutícula y pula para obtener un fuerte brillo con la barra pulidora. Use la barra pulidora para alisar las áreas ásperas en la textura. No pula demasiado ni con mucha fuerza porque puede gastar la envoltura y debilitarla (Figura 15-8).
18. **Elimine los restos de aceite.** Envíe al cliente a lavarse a fondo las manos en la pileta con un cepillo de uñas y jabón para eliminar no sólo el aceite, sino cualquier polvo o sustancia química de la uñas.
19. **Aplique el esmalte** (Figura 15–9).

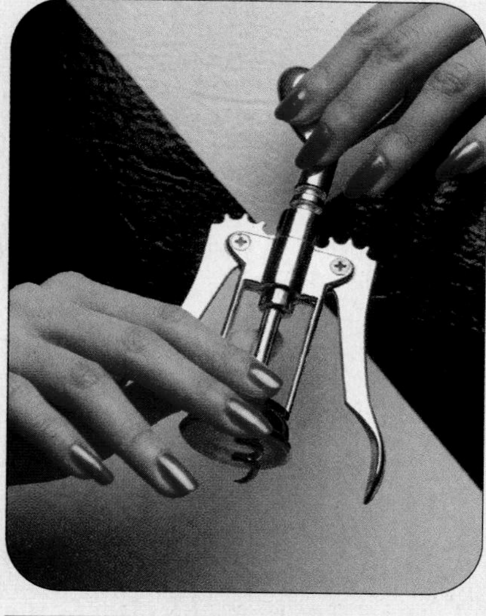

Figura 15-9 Envolturas de textura terminadas.

Servicio posterior al aplique o envoltura para uñas

Siga los pasos de este servicio posterior para todos los servicios de envolturas para uñas.

1. **Concierte otra cita.** Concierte la siguiente visita de su cliente para mantener el servicio que acaba de darle o para llevar a cabo otro servicio.
2. **Venda productos.** Sugiera a su cliente que compre los productos que necesitará para mantener sus uñas durante la semana. El esmalte, la crema para cutículas, las lociones, las capas protectoras, etc., son herramientas valiosas de mantenimiento con las que deberá contar.
3. **Limpie y organice la mesa.** Dedique tiempo a reponer la preparación básica de su mesa. Tape el adhesivo y el secador de adhesivo para evitar la

evaporación. Aplique aceite al cuello de la botella de adhesivo para evitar que la tapa se pegue.

4. **Limpie los extremos aplicadores.** Para limpiar los aplicadores obstruidos, colóquelos en un frasco tapado con acetona. Pase un escarbadientes limpio a través del agujero.
5. **Guarde la textura.** Guarde la textura en una bolsa plástica hermética para protegerla del polvo y de la tierra.
6. **Deseche los materiales utilizados.** Coloque todos los materiales usados y no higienizados en la bolsa de plástico del costado de la mesa. Si la bolsa está llena o contiene materiales usados de servicios a uñas artificiales, deséchela en un cesto cerrado.
7. **Higienice la mesa y los insumos.** Cumpla con el procedimiento completo de higienización previo al servicio. Los instrumentos deben higienizarse 20 minutos antes que puedan ser usados en el próximo cliente.

NEGOCIOS CONSEJOS

Organice noches de moda en uñas

Quien haya acuñado la frase "ver es creer" debe haber sabido que es más probable que una persona compre algo con lo cual esté familiarizado. A fin de dar un panorama de primera mano a los clientes con los últimos adelantos de la manicura, trate de organizar una noche de moda en uñas. Por una entrada de 10 a 15 dólares muestre la última moda en uñas, dando a cada asistente una manicura, usando los colores de moda más populares de la temporada y, lógicamente, los últimos productos recién salidos de fábrica. Para dar el toque final a la velada, ofrezca a cada cliente un conjunto de moda para el cuidado de las uñas con muestras gratis de productos y un certificado de descuento del 15 por ciento para la próxima compra de productos o servicio. Pasar una noche entera prestando atención a los productos crea mucho entusiasmo sobre los productos y muestra a los clientes cómo usarlos. La muestra gratis les entusiasma y el certificado de descuento les da un incentivo para regresar.

15

MANTENIMIENTO, REMOCIÓN Y REPARACIÓN DE ENVOLTURAS DE TEXTURA

Las envolturas de textura requieren mantenimiento periódico para que sigan teniendo una apariencia fresca. En esta sección aprenderá cómo efectuar el mantenimiento de las envolturas de textura a las dos semanas y a las cuatro semanas. También aprenderá cómo retirarlos y cómo usarlos para reparar las grietas.

Mantenimiento de las envolturas de textura

El mantenimiento de las envolturas de textura se efectúa con "relleno" de adhesivo a las dos semanas y con "relleno" de adhesivo y textura a las cuatro semanas.

PROCEDIMIENTO 15-2

Mantenimiento de envolturas de textura bisemanal

Pasadas dos semanas, use el siguiente procedimiento para el mantenimiento de las envolturas. Necesitará incorporar adhesivo para uñas, una barra pulidora y secador de adhesivo a la configuración estándar de su mesa.

1. **Complete el servicio previo a la envoltura para uñas.**
2. **Retire el esmalte.** Use un quitaesmalte sin acetona para no dañar los apliques o envolturas.
3. **Limpie las uñas.**
4. **Empuje la cutícula.**
5. **Frote la uña para quitar el esmalte.** Asegúrese que la línea entre el nuevo crecimiento y el aplique o envoltura existente sea pareja. No debe haber ningún rastro del fondo de la envoltura cerca de la cutícula.
6. **Aplique antiséptico para uñas.**
7. **Aplique adhesivo al área de crecimiento de la nueva uña.** Aplique con pincel o aplique una pequeña gota de adhesivo al crecimiento de la nueva uña. Esparza el adhesivo con el aplicador, teniendo el cuidado de no tocar la piel.
8. **Aplique el secador de adhesivo.**
9. **Aplique el adhesivo sobre toda la uña.** Aplique una segunda capa de adhesivo a la uña entera para fortalecer y resellar el aplique o envoltura.
10. **Aplique el secador de adhesivo.**
11. **Esculpa y pula la uña.** Use un abrasivo medio/fino sobre la superficie de la uña para eliminar todo pico e imperfección.
12. **Pula las uñas.** Aplique aceite para cutícula y pula para obtener un fuerte brillo con la barra pulidora.
13. **Coloque loción de manos y masajee la mano y el brazo.**
14. **Elimine los restos de aceite.** Use un pequeño algodón para eliminar los restos de aceite de la uña para que el esmalte se adhiera.
15. **Aplique esmalte.**
16. **Complete el servicio posterior a la envoltura para uñas.**

PROCEDIMIENTO 15-3

Mantenimiento de envolturas de textura cada cuatro semanas

Pasadas cuatro semanas, utilice el siguiente procedimiento de mantenimiento para aplicar tejido y adhesivo al nuevo crecimiento. Necesitará incorporar adhesivo para uñas, una barra pulidora, tejido, pequeñas tijeras y secador de adhesivo a la configuración estándar de su mesa.

1. **Complete el servicio previo a la envoltura para uñas.**
2. **Retire el esmalte.** Use un quitaesmalte sin acetona para no dañar los apliques o envolturas.
3. **Limpie las uñas.** Use un pincel para uñas y jabón líquido para limpiar suavemente las uñas o pídale al cliente que se lave las manos en la pileta usando el mismo procedimiento.
4. **Empuje la cutícula.**
5. **Pula la uña para retirar el lustre.** Pula suavemente sobre las láminas ungueales para retirar el aceite natural y cualquier trozo pequeño de tejido que pudiera haberse levantado. Pula el extremo de la envoltura hasta que se alise, sin raspar la lámina ungueal natural. Moldee completamente la uña hasta que no quede ninguna línea de demarcación entre el nuevo crecimiento y la envoltura de textura.
6. **Aplique antiséptico para uñas.**
7. **Corte la textura.** Corte un trozo de tejido lo suficientemente grande para cubrir la nueva área de crecimiento y para superponerse apenas al aplique o envoltura vieja.
8. **Aplique el adhesivo sobre el área de crecimiento.** Aplique una pequeña gota de adhesivo al área de relleno. Esparza el adhesivo a través de la nueva área de crecimiento con aplicador o aplique el adhesivo con pincel. Tenga cuidado de evitar tocar la cutícula o la piel (Figura 15-10).
9. **Aplique la textura.** Calce suavemente la textura sobre la nueva área de crecimiento y alísela (Figura 15–11).
10. **Aplique el adhesivo.** Aplique otra gota de adhesivo, nuevamente evitando el contacto con la cutícula.
11. **Aplique el secador de adhesivo.** Aplíquelo con rociador, pincel o déjelo caer sobre el adhesivo para secar el adhesivo más rápidamente.
12. **Aplique el adhesivo.** Aplique una segunda capa de adhesivo al área de rebrote.

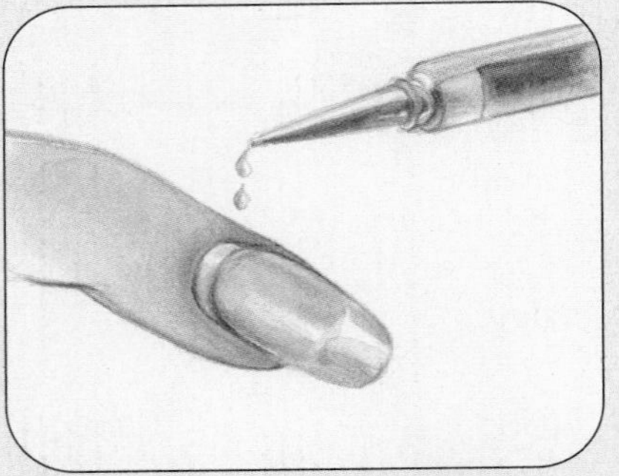

Figura 15-10 Aplique adhesivo al área de rebrote.

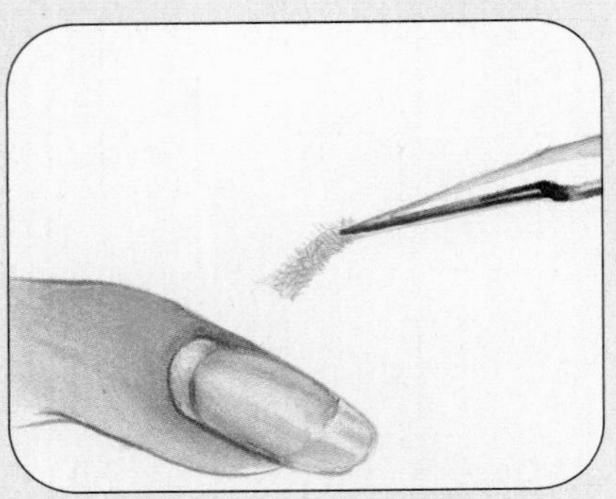

Figura 15-11 Aplique la textura.

13. **Aplique la segunda capa de secador de adhesivo.**
14. **Aplique el adhesivo sobre toda la uña.** Aplique una capa delgada de adhesivo a la uña entera para fortalecer y resellar el aplique o envoltura.
15. **Aplique el secador de adhesivo.**
16. **Esculpa y pula la uña.** Use un abrasivo medio/fino sobre la superficie de la uña para eliminar todo pico e imperfección. Tenga el cuidado de alejarse de la cutícula para no cortar y dañar la piel.
17. **Pula las uñas.** Aplique aceite para cutícula y pula para obtener un fuerte brillo con la barra pulidora.
18. **Coloque loción de manos y masajee la mano y el brazo.**
19. **Elimine los restos de aceite.** Use un pequeño algodón y acetona para eliminar los restos de aceite de la uña para que el esmalte se adhiera.
20. **Aplique esmalte.**
21. **Complete el servicio posterior a la envoltura para uñas.**

Reparaciones con envolturas de textura

Pueden usarse pequeños trozos de tejido para aumentar la resistencia de un punto débil en la uña o reparar una rotura en la uña. Una **banda de resistencia** es una tira de textura cortada a 3 mm. La banda se aplica al punto débil de la uña, usando el procedimiento de mantenimiento de cuatro semanas. Un **parche de reparación** es un trozo de textura que se corta para cubrir completamente la grieta o rotura de la uña. Use el procedimiento de mantenimiento de envoltura de textura de cuatro semanas para aplicar su parche de reparación.

Remoción de envolturas de textura.

Tenga cuidado de no dañar la lámina ungueal cuando retire envolturas de textura.

1. **Complete el servicio previo a la envoltura para uñas.**
2. **Remoje las uñas.** Coloque suficiente acetona en un pequeño recipiente de vidrio para cubrir las uñas. Sumerja las uñas del cliente en el bol y remójelas durante unos pocos minutos. La acetona debe estar aproximadamente 2,5 cm por encima de las uñas.
3. **Retire deslizando las envolturas ablandadas.** Use un palillo de naranjo o un corta uñas de metal para deslizar las envolturas ablandadas, retirándolas de la uña.
4. **Pula las uñas.** Pula suavemente las uñas naturales con una barra pulidora fina para eliminar cualquier resto de adhesivo.
5. **Acondicione las cutículas.** Acondicione las cutículas y la piel circundante con aceite para cutículas y loción.

ENVOLTURAS DE PAPEL

Las envolturas de papel se aplican como un método temporal para dar más resistencia a la uña. El tejido de remiendo, un papel delgado, se aplica sobre la lámina ungueal para aumentar la resistencia de una uña del mismo modo que la textura. Las envolturas de papel son temporales porque se aplican con líquido de remiendo, que se disuelve en el quitaesmalte. En consecuencia, la envoltura se retira cada vez que se quita el esmalte. Las envolturas de papel dan una mayor resistencia por un corto período de tiempo. Estas envolturas no se recomiendan para uñas muy largas porque no ofrecen la resistencia que las uñas largas requieren.

Insumos

Tejido para remiendo

Es un papel de tejido delgado y liviano.

Líquido de remiendo

Un adhesivo líquido pesado que se disuelve en quitaesmalte. Se aplica con un pincel.

Relleno de cresta

ENVOLTURAS DE UÑAS EN LÍQUIDO

Las **envolturas de uñas en líquido** son un esmalte constituido por fibras pequeñas diseñadas para dar resistencia y preservar la uña natural a medida que va creciendo. Se aplica con pincel sobre la uña en varias direcciones para crear una trama que, una vez endurecida, protege la uña. Es similar a un endurecedor para uñas, pero más espeso porque contiene más fibra.

PROCEDIMIENTO 15-4

Colocación de envolturas de papel

1. **Complete el servicio previo a la envoltura para uñas.** Incorpore en la mesa líquido de remiendos, tejido para remiendos y relleno para cresta.
2. **Retire el esmalte.**
3. **Limpie las uñas.** Use un pincel para uñas y jabón líquido para limpiar suavemente las uñas o pídale al cliente que se lave las manos en la pileta usando el mismo procedimiento.
4. **Empuje la cutícula.**
5. **Pula las uñas para retirar el lustre.** Use un abrasivo medio/fino para quitar el esmalte de las uñas.
6. **Aplique antiséptico para uñas.** Use un trozo de algodón o rociador para aplicar antiséptico a todas las uñas.
7. **Corte el tejido de remiendo.** Corte el tejido para que calce con la forma de la uña, asegurándose que esté adherido a los bordes. El tejido debe ser suficientemente largo para doblar por debajo del borde libre (Figura 15-12).
8. **Aplique el líquido de remiendo al tejido.** Sature cada pedazo de tejido con líquido de remiendo.
9. **Aplique el tejido.** Coloque el aplique o envoltura sobre la uña usando dos dedos (Figura 15-13).
10. **Alise la envoltura.** Use un repujador de acero o un palillo de naranjo para empujar el tejido hacia el borde libre y hacia los flancos. Sumerja el repujador en quitaesmalte repetidas veces y dé golpecitos al tejido hasta que éste quede liso.

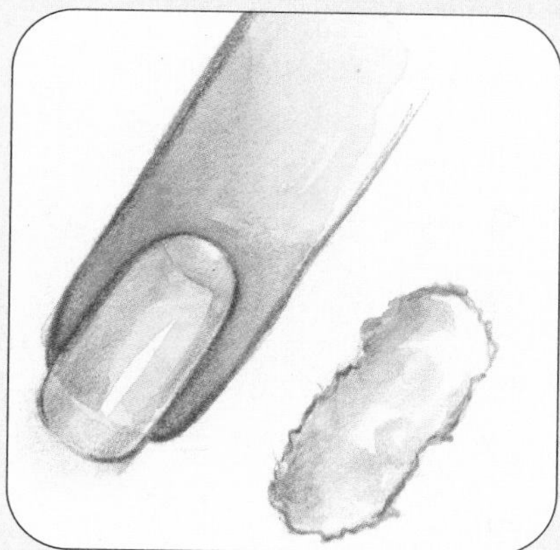

Figura 15-12 Corte el tejido de remiendo.

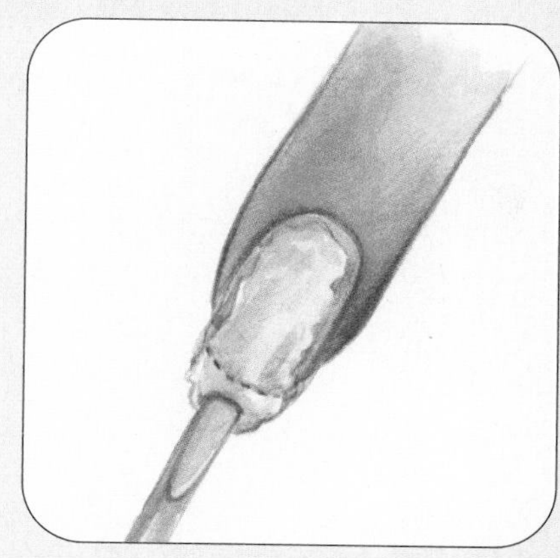

Figura 15-13 Aplique el tejido.

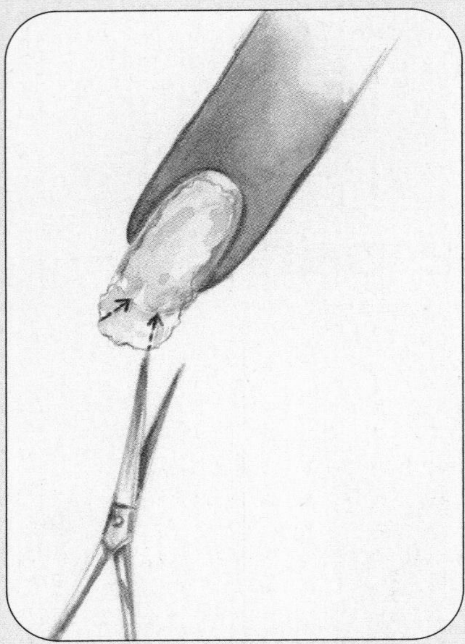

Figura 15-14 Corte hendiduras en el tejido.

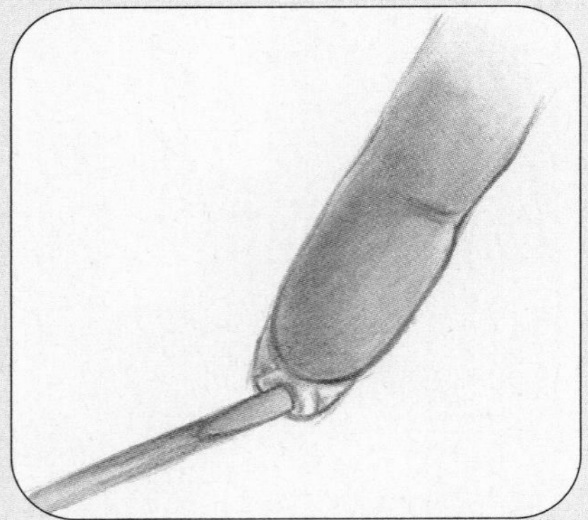

Figura 15-15 Alise la envoltura por debajo del borde libre.

15

11. **Recorte el exceso de tejido.** Recorte el tejido a 1,6 mm de los flancos. Deje suficiente tejido en el extremo para envolver debajo del borde libre (Figura 15-14).
12. **Aplique líquido de remiendo debajo del borde libre.** Gire el dedo y aplique líquido de remiendo debajo del borde libre.
13. **Alise la envoltura.** Use un repujador para alisar la envoltura debajo del borde libre (Figura 15-15).
14. **Pula la uña.** Alise suavemente la parte superior de la envoltura con el lado fino de un papel de esmeril. Ello removerá toda partícula minúscula que pudiera causar burbujas.
15. **Aplique el líquido de remiendo.** Aplique dos o tres manos o capas de líquido de remiendo a la parte superior e inferior del borde libre de la uña.
16. **Aplique relleno de cresta.** Aplique una capa fina de relleno de cresta encima de las uñas para alisar la superficie. Deje que el relleno se seque completamente antes de aplicar el esmalte.
17. **Aplique el esmalte.**
18. **Complete el servicio posterior a la envoltura para uñas** (Figura 15–16).

Figura 15-16 Envoltura de papel terminada.

glosario del capítulo

banda de resistencia	Una banda de textura de 3 mm de largo, aplicada durante un mantenimiento de envolturas de textura de cuatro semanas para reparar o fortalecer un punto débil en una uña.
envolturas de papel	Envolturas temporales para uñas de papel muy delgado que se disuelven en quitaesmalte con y sin acetona.
envolturas de textura	Las envolturas de textura se hacen con seda, lino o fibra de vidrio.
envolturas de uñas en líquido	Un esmalte espeso constituido por fibras pequeñas diseñadas para dar resistencia y preservar la uña natural a medida que va creciendo.
envolturas para uñas	Trozos de tejido o papel del tamaño de una uña que se adhieren a la parte superior de la lámina ungueal con adhesivo para uñas. Se usan a menudo para reparar o dar más resistencia a las uñas naturales o a las uñas postizas.
fibra de vidrio	Una malla sintética muy delgada de trama abierta usada para envolturas de uñas por su gran resistencia y duración.
lino	Un material pesado de trama cerrada que se usa en las envolturas para uñas porque permanece opaco, aún luego de aplicado el adhesivo.
parche de reparación	Un trozo de textura cortado para cubrir completamente una grieta o rotura en la uña durante un procedimiento de mantenimiento de envoltura de textura para cuatro semanas.
seda	Un material delgado natural, con trama cerrada, a veces usada para envolturas para uñas que se vuelve transparente cuando se aplica adhesivo.

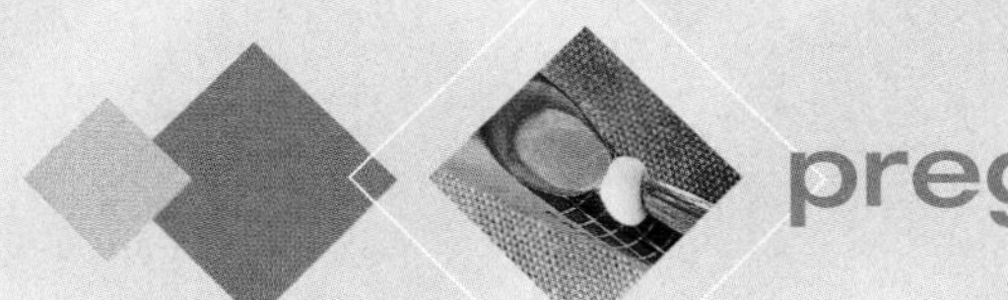

preguntas de revisión

1. Enumere cuatro clases de apliques o envolturas para uñas.
2. Explique los beneficios de usar envolturas de seda, lino, fibra de vidrio y papel.
3. Describa el procedimiento para aplicar envolturas de textura.
4. Explique cómo se usa la envoltura de textura para reparar las grietas.
5. Describa cómo retirar las envolturas de textura y qué se debe evitar.
6. Describa el propósito de las envolturas de papel y explique por qué no es recomendable para uñas muy largas.
7. Enumere los insumos que se usan para las envolturas de papel.
8. Defina la envoltura de uñas en líquido y describa su propósito.

UÑAS DE ACRÍLICO

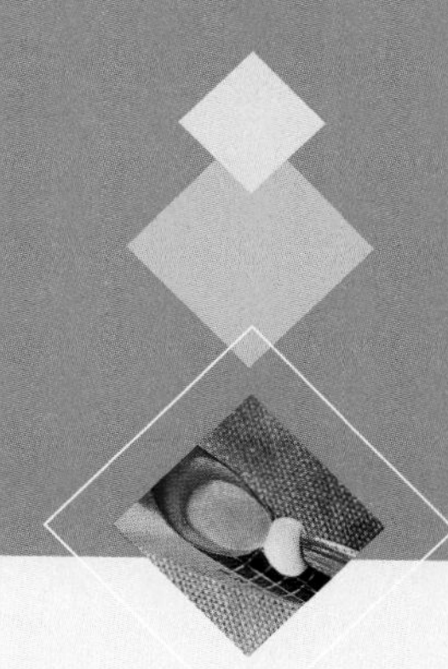

Autor: Lin Halpern

RESEÑA DEL CAPÍTULO

Uñas de acrílico sobre moldes • Retoques de acrílico • Mantenimiento y remoción de uñas de acrílico • Acrílicos inodoros • Acrílicos curados con luz • Acrílicos de colores Métodos de remojado

PROCEDIMIENTOS

16-1 Uñas de acrílico con utilización de moldes • 16-2 Uñas de acrílico sobre postizos o uñas naturales • 16-3 Retoque del acrílico usando torno eléctrico • 16-4 Retoque de acrílico sin usar torno eléctrico • 16-5 Aplicación de uñas de acrílico sobre uñas mordidas • 16-6 Rellenado de uñas de acrílico • 16-7 Reparación de roturas de uñas de acrílico • 16-8 Remoción del acrílico

Objetivos de aprendizaje

Después de finalizar este capítulo, usted podrá:

1. **Explicar la composición química de las uñas de acrílico y sus modos de operación.**
2. **Identificar los insumos necesarios para la aplicación de uñas de acrílico.**
3. **Demostrar los procedimientos correctos para aplicar acrílicos utilizando moldes, sobre uñas postizas, sobre uñas naturales y sobre uñas mordidas.**
4. **Utilizar prácticas seguras para el uso de imprimantes.**
5. **Describir el procedimiento correcto para mantener saludables las uñas de acrílico.**
6. **Demostrar el procedimiento correcto y las precauciones para aplicar uñas de acrílico sobre uñas mordidas.**
7. **Realizar procedimientos de mantenimiento regular y reparaciones.**
8. **Implementar el procedimiento correcto para retirar uñas de acrílico.**
9. **Explicar las diferencias entre la aplicación de acrílicos inodoros y curados con luz y de acrílicos tradicionales.**
10. **Describir las diferencias entre los métodos de remojado y otros métodos.**

Términos clave

El número de página indica dónde se utiliza el término dentro del capítulo.

acrílicos inodoros
pág. 305

catalizador
pág. 285

cianoacrilato
pág. 307

fotoiniciadores
pág. 306

polimerización
pág. 285

polímero
pág. 285

reacción
pág. 285

rebalance
pág. 301

reparacion de roturas
pág. 303

rellenos
pág. 301

retoques
pág. 296

uñas de acrílico
pág. 285

Las **uñas de acrílico**, también llamadas esculpidas o embellecimientos, son creadas combinando acrílicos líquidos y acrílicos en polvo. Pueden ser aplicadas directamente sobre la uña natural o ser esculpidas sobre un molde utilizando un pincel. Se sumergen las cerdas del pincel en el acrílico líquido (monómero). El penacho de pelo natural absorbe líquido y lo contiene como un depósito. Luego se aplica la punta del pincel sobre la superficie del acrílico en polvo (polímero) y se forma una gota de producto húmedo que se sostiene en la punta. Esta gota se coloca entonces sobre la superficie de la uña y se moldea su forma con un pincel. La sustancia acrílica se fabrica a partir de monómero de metacrilato de etilo líquido.

Para hacer uñas acrílicas, se mezclan ingredientes con el monómero de metacrilato de etilo líquido y se los coloca en un reactor parecido a una olla a presión. Cuando el reactor completa un proceso, éste se denomina **reacción**. Durante la reacción ocurre una transformación que cambia el monómero líquido en una sustancia en polvo llamada **polímero**. El polímero resultante de esta reacción tiene forma de pequeñas esferas de distinto tamaño. Para separar los trozos más grandes de polímero se pasan las esferas por un cedazo. Posteriormente se envasan las esferas de polímero para su utilización.

El líquido también se obtiene a partir del monómero de metacrilato de etilo. Al líquido se le agregan aditivos para estabilizar el color, conferirle dureza y flexibilidad y evitar que se endurezca solo. Los polímeros se combinan con pigmentos para cambiar su color claro y obtener rosa, blanco o natural. Los polímeros para uso artístico aparecen en tonos rojos, azules, verdes y violetas.

Los polímeros y monómeros se hacen a partir de las mismas sustancias, excepto que una se mantiene en estado líquido y la otra en polvo. Las dos sustancias independientes necesitan de ayuda para combinarse nuevamente. Este auxiliar es llamado **catalizador**. El catalizador se agrega al polímero durante el proceso de combinación y cubre cada una de las esferas. Cuando el líquido del pincel levanta polvo del recipiente comienza otra reacción. El catalizador "explota" cuando entra en contacto con el monómero, liberando calor. El calor inicia una reacción en cadena, como si fuera una hilera de fichas de dominó paradas: al golpear la primera ficha, ésta cae golpeando la segunda, que a su vez golpea la tercera y así sucesivamente. El calor causado por la explosión del catalizador dispara una cadena de movimientos. El calor pasa de una esfera de polímero a la siguiente y continúa hasta calentar la última esfera. Este proceso se denomina **polimerización**.

UÑAS DE ACRÍLICO SOBRE MOLDES

Los polvos acrílicos de la actualidad aparecen en muchos colores, incluyendo variedades de rosa, blanco, claro y natural. También están disponibles colores acrílicos artísticos para uñas postizas que se utilizan para crear diseños florales y/o decorativos dentro de la estructura de la uña acrílica. Se puede hacer un acrílico utilizando polvo de un sólo color sobre toda la uña o utilizando polvo rosa sobre el lecho de la uña y polvo blanco sobre el borde para recrear la apariencia de una manicura francesa. La superficie terminada podrá ser entonces pintada con esmalte o recibir un pulido de alto brillo para verse más natural.

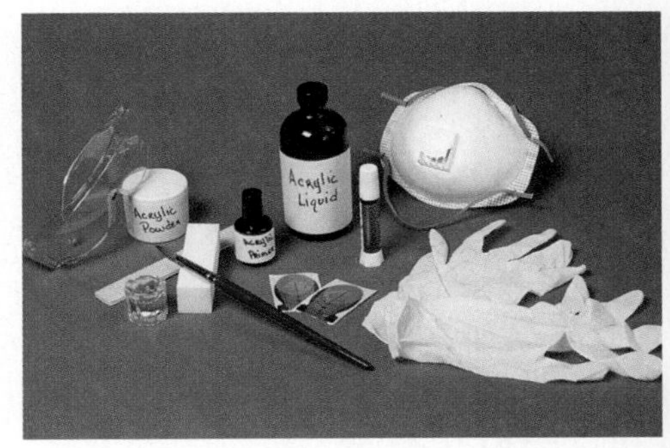

Figura 16-1 Materiales necesarios para la aplicación de uñas de acrílico

Insumos para uñas de acrílico

Además de los materiales necesarios para su mesa de manicura habitual, necesitará preparar los siguientes elementos (Figura 16-1):

Acrílico líquido

Se utiliza en combinación con el acrílico en polvo para formar la uña esculpida. También se lo denomina monómero.

Acrílico en polvo

El polvo está disponible en color blanco, claro, natural, rosa y otros. El/los color/es dependen del método de uñas de acrílico que utilice. También se lo denomina polímero.

Higienizante

Se debe desinfectar toda el área de trabajo antes de comenzar con un servicio de acrílicos.

Antisépticos

Rocíe sus manos y las de su cliente antes de comenzar, o ambos pueden lavar sus manos con jabón líquido. Seque completamente con una toalla limpia o descartable.

Deshidratador

Aplique abundantemente sólo sobre la placa de la uña, luego enjuague y seque la humedad antes de colocar el acrílico.

SEGURIDAD
PRECAUCIÓN

Los imprimantes son muy efectivos pero pueden causar serios daños, a veces irreversibles, sobre la piel y los ojos. Nunca utilice imprimantes sin emplear guantes plásticos y lentes de seguridad.

Imprimante

Se utiliza un imprimante ácido (metacrilato ácido) para mejorar la adhesión del acrílico con la uña natural. Este producto debe ser utilizado con precaución. Utilice un pincel aplicador muy pequeño. Introduzca la punta del pincel y luego toque el borde interno de la botella para descargar el exceso de imprimante. Utilice el pincel para dejar pequeños puntos solamente sobre la placa de la uña natural. El ácido deja abiertas moléculas residuales. El extremo libre de las moléculas se unirá a las moléculas de acrílico, logrando así una mejor unión. *Antes de comenzar, asegúrese de haber leído las sugerencias del fabricante sobre el uso y las precauciones.*

Imprimantes no ácidos

La composición de los imprimantes no ácidos contiene aditivos adhesivos. *No* es un pegamento. Estas fórmulas varían entre fabricantes. Trabajan de manera similar a las cintas adhesivas de dos caras, uniendo un producto con el otro. Son no invasivos para las uñas naturales y no corroen la piel, pero pueden no ser tan efectivos como los imprimantes ácidos.

Abrasivos

Elija un grano grueso (100) para preparar las uñas naturales y para el esculpido inicial. Utilice un grano medio (180 a 240) para suavizar y una barra pulidora fina de grano 350 o más para el pulido final. Se utiliza una lima de pulido de tres caras cuando no se va a colocar laca. La lima abrillantadora saca un alto brillo a la superficie del acrílico. (Las limas de uña vienen en grano fino, medio o grueso).

Moldes para uñas

Se los coloca en el extremo del dedo para extender el acrílico más allá de la punta del dedo. Están hechos de plástico o aluminio premoldeado, hay modelos flexibles con adhesivo para fijarlos sobre la uña; todos están recubiertos con papel o mylar. Recuerde higienizar los moldes plásticos o de aluminio o desechar los modelos adhesivos luego de utilizarlos con un cliente.

Uñas postizas

Son extensiones premoldeadas de uñas, disponibles en una gran variedad de contornos y en color blanco, claro, etc.

Pegamento para uñas

Existen varios tipos de pegamento para fijar las uñas postizas a las uñas naturales. Elija tamaños pequeños (4 a 6 gr como máximo) porque el pegamento tiene una vida útil de guardado de hasta 6 meses, dependiendo del ritmo de uso. Asegúrese de cerrar firmemente la tapa, guardar el recipiente en posición vertical y mantener la temperatura entre 15º C y 30º C.

Platillo auxiliar

Trabajamos colocando pequeñas cantidades de monómero en un platillo auxiliar, ya que podemos contaminar el polvo al sumergir el pincel en el líquido, *nunca* devolveremos los restos de monómero a su envase original. Vuelva a llenar el platillo las veces que sea necesario. Repase el platillo con acetona antes de guardarlo en un lugar libre de polvo. Los platillos auxiliares pueden también ser utilizados como envases para sus materiales en polvo.

Pincel

El mejor pincel para usar con acrílicos es el de pelo de marta. Los pinceles sintéticos y otros modelos económicos no levantan suficiente líquido y no liberan el acrílico adecuadamente. Elija el contorno y la medida con las que se sienta más cómodo.

Lentes de seguridad

Opcionales (Utilice lentes plásticos para su protección).

Máscara contra el polvo

Opcional. Se la utiliza para cubrir nariz y boca a fin de evitar la inhalación de polvillo. Hay modelos disponibles de papel descartable o premoldeados en forma de taza.

Guantes plásticos

Servicio previo para uñas de acrílico

1. **Complete los procedimientos de higienización previos al servicio de las páginas 41 a 43.**
2. **Prepare su mesa estándar de manicura.** Incluya los materiales acrílicos en su mesa. Recuerde tener suficientes insumos para evitar no poder terminar con un cliente por falta de ellos.
3. **Dé la bienvenida al cliente y pídale que se lave las manos con jabón.** Seque completamente con una toalla limpia o descartable.
4. **Efectúe la consulta con el cliente usando el formulario de salud/registro del cliente para registrar las respuestas y sus observaciones.** Busque trastornos de las uñas y decida si es seguro y adecuado darle un servicio a este cliente. Si considera que el cliente no debería recibir el servicio, explíquele las razones y derívelo a un médico. Registre cualquier trastorno cutáneo, de las uñas, alergias o medicación que esté tomando el cliente. Haga una salvedad si el cliente se muerde las uñas o si realiza habitualmente trabajos pesados. Escriba una nota alertándose sobre la actividad agresiva que sufrirá el nuevo acrílico. Escriba luego información específica sobre el servicio que llevará a cabo (aplique acrílico con esmalte, acrílico rosa o blanco con cobertura brillante, color elegido por el cliente, etc.)

PROCEDIMIENTO

Uñas de acrílico con utilización de moldes

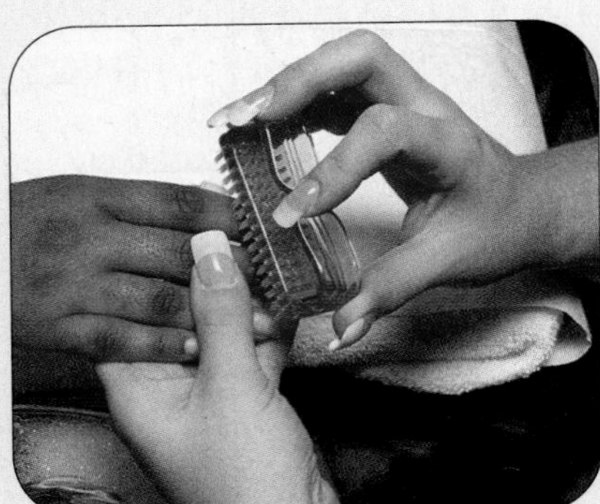

Figura 16-2 Limpie las uñas.

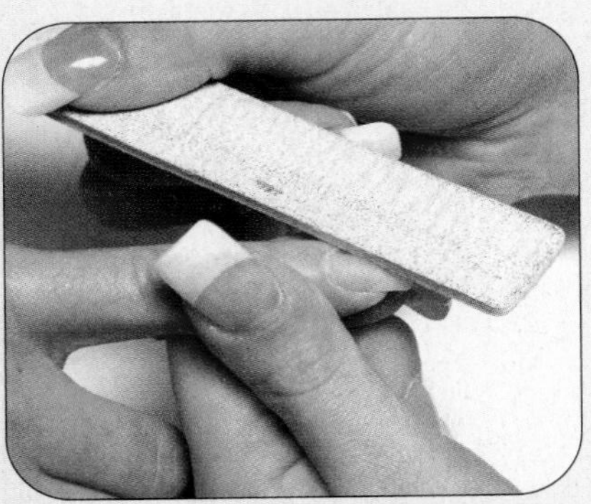

Figura 16-3 Pula las uñas para retirar el lustre.

16

1. **Limpie las uñas y retire el esmalte.** Comience con el dedo meñique de la mano izquierda del cliente y siga trabajando en dirección al pulgar. Repita luego el procedimiento en la mano derecha (Figura 16–2).
2. **Empuje la cutícula.** Utilice un palillo de naranjo con algodón en las puntas para repujar las cutículas.
3. **Elimine el brillo de las uñas naturales.** Pula ligeramente la superficie de la uña con un abrasivo medio/fino para retirar el aceite natural. Retire las limaduras con un cepillo (Figura 16–3).
4. **Aplique antiséptico para uñas.** Rocíe el antiséptico para uñas o aplíquelo con un palillo de naranjo con algodón. Comience con el dedo meñique de la mano izquierda y trabaje en dirección al pulgar (Figura 16-4).
5. **Coloque los moldes de uñas.** Coloque los moldes en la uña. Si utiliza moldes descartables, retire el papel de protección del dorso y tomando el molde entre sus dedos índice y pulgar, curve el molde para que coincida con la forma natural de la uña del cliente. Deslice el molde sobre el dedo del cliente y luego oprima el adhesivo contra los costados del dedo. Controle que el molde encaje correctamente debajo del borde de la uña y que esté enrasado con la uña natural.

   Si utiliza moldes reutilizables, deslice el molde sobre la uña del cliente, asegurándose que el molde encaje firmemente y que el borde de la uña quede por encima del molde. Evite que el molde penetre dentro de la piel debajo del borde de la uña. Ajuste el molde alrededor del dedo comprimiéndolo suavemente (Figura 16-5).
6. **Aplique el imprimante.** Colóquese guantes plásticos y unos lentes de seguridad y ofrezca otro par al cliente (Figura 16-6). La mayoría de los imprimantes tienen envases con pincel incorporado a la tapa. Estos pinceles levantan demasiado imprimante y pueden causar quemaduras de imprimante. Utilice otro pincel para

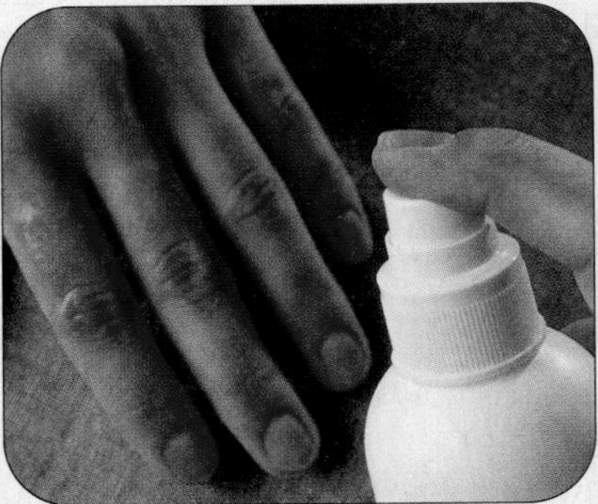

Figura 16-4 Aplique antiséptico para uñas.

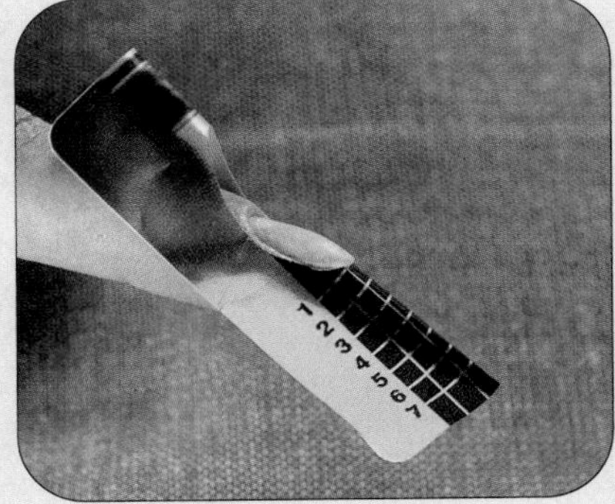

Figura 16-5 Ubique correctamente los moldes para uñas.

Figura 16-6 Utilice siempre lentes de seguridad cuando aplique imprimante.

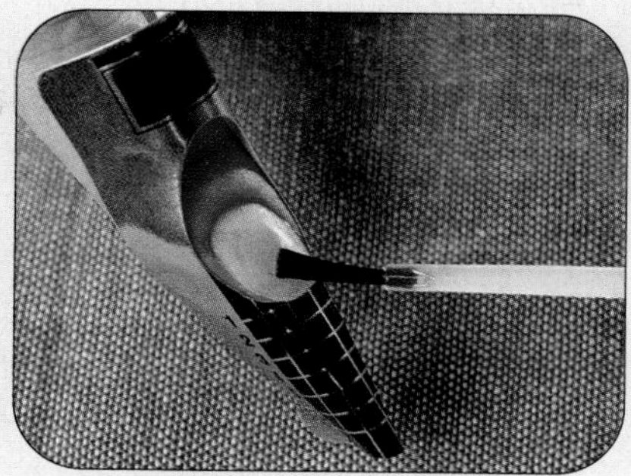

Figura 16-7 Coloque cuidadosamente a puntos el imprimante. Espere a que se esparza.

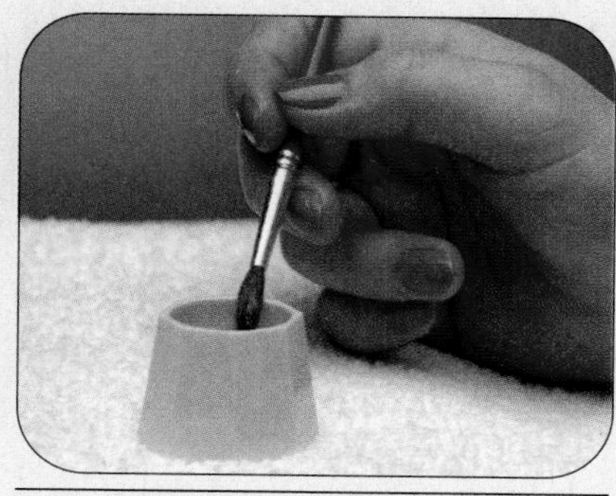

Figura 16-8 Moje el pincel en el acrílico líquido.

imprimante para aplicarlo a puntos sobre la superficie de la uña. El imprimante prepara la superficie de la uña para que se adhiera el material acrílico. El imprimante se distribuirá en forma pareja sobre toda la superficie de la uña sin tener que deslizar el pincel. Evite colocar un exceso de imprimante. Esto causaría que la uña quede muy resbaladiza y por ello el acrílico se levantaría. No utilice secadores de cabello ni agite las manos. Espere que el imprimante se seque naturalmente y quede de color tiza (Figura 16-7).

7. **Prepare el acrílico líquido y en polvo.** Coloque el acrílico líquido y el polvo en pequeños recipientes separados. Si va a emplear el método de los dos colores, necesitará tres recipientes: uno para el polvo blanco, otro para el polvo claro, natural o rosa y otro para el acrílico líquido. (En este capítulo emplearemos acrílico en polvo rosa y blanco para el método de dos colores. Su cliente puede elegir el método de un color o puede elegir color claro o natural en lugar de rosa).
8. **Moje el pincel en el acrílico líquido.** Introduzca totalmente el pincel dentro del líquido y descargue el exceso en el borde del recipiente (Figura 16-8).
9. **Forme la esfera de acrílico.** Introduzca el pincel dentro del acrílico en polvo y hágalo girar un poco. Levantará así una esfera de material acrílico de consistencia medio seca lo suficientemente grande como para dar forma a toda la extensión de la punta artificial de la uña. Si utiliza el método de acrílico de dos colores, utilice primero el polvo blanco (Figura 16-9).

Figura 16-9 Ubique la esfera de acrílico.

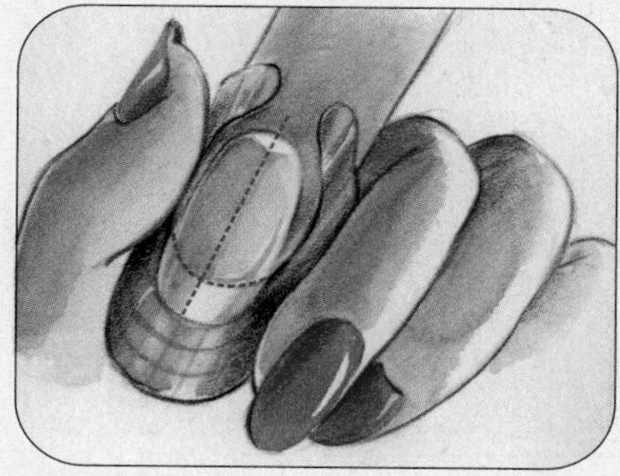

Figura 16-10 Línea central y borde de la uña.

No toque la zona de la uña cubierta de imprimante con el pincel húmedo hasta que aplique el acrílico sobre esa zona. El acrílico se levantará de las zonas que hayan sido tocadas por el pincel húmedo.

10. **Ubique la esfera de plástico.** Ubique la esfera de plástico sobre el molde en el punto donde se encuentran el borde de la uña y el molde (Figuras 16-10 y 16-11).

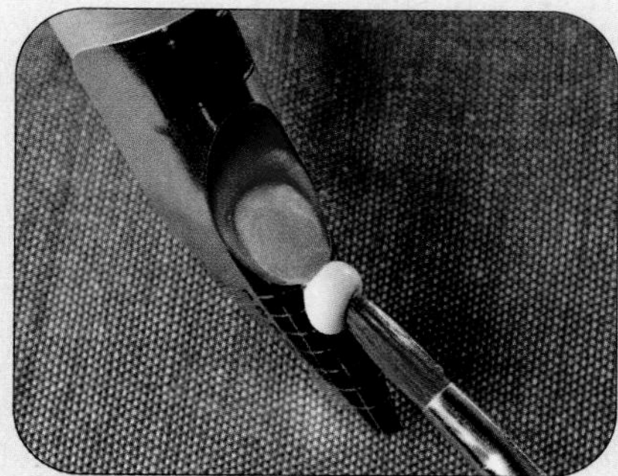

Figura 16-11 Ubique la esfera de acrílico sobre el molde de uñas.

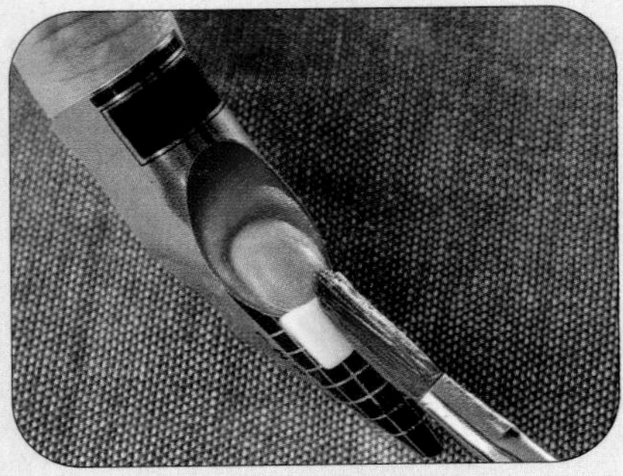

Figura 16-12 Aplane la esfera de acrílico manteniendo plano el pincel sobre la uña.

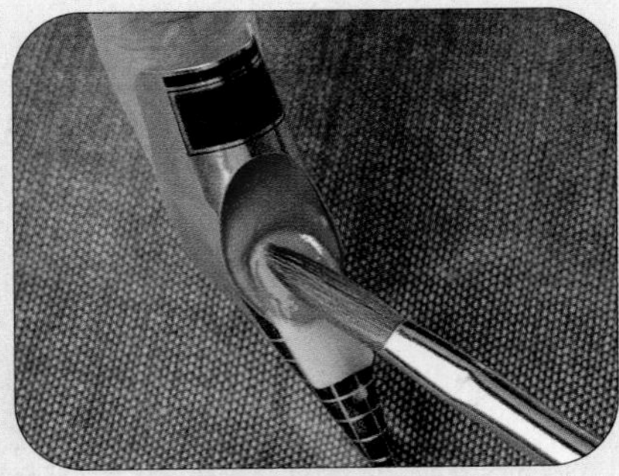

Figura 16-13a Moldee la forma curva en el acrílico blanco.

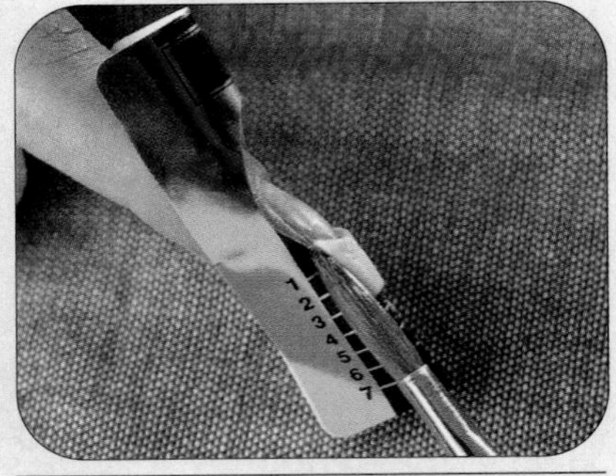

Figura 16-13b Controle las paredes laterales.

11. **Dé forma al borde libre.** Utilice la parte media de su pincel de marta para frotar y comprimir el acrílico y darle forma a la extensión. No "pinte" el acrílico sobre la uña. Dar suaves toques y oprimir el acrílico permite más precisión que "pintar", resultando en una uña de apariencia más natural. Mantenga las líneas laterales paralelas a los costados y modele el acrílico en forma continua a lo largo del borde libre. Si emplea el método del acrílico de dos colores, asegúrese de seguir la línea natural del borde con el polvo blanco para conseguir la apariencia de la manicura francesa (Figuras 16-12 y 16-13).
12. **Ubique la segunda esfera de acrílico.** Levante una segunda esfera de acrílico de consistencia media y colóquela sobre la uña natural a continuación del borde libre en el centro de la uña (Figura 16-14).
13. **Moldee la segunda esfera de acrílico.** Dé toques y oprima el producto contra las paredes laterales, asegurándose que quede muy delgado en todos los bordes. Si utiliza el método de acrílico de dos colores, utilice ahora el polvo rosa (Figura 16-15).
14. **Aplique las esferas de acrílico.** Levante con el pincel pequeñas esferas de acrílico rosa en polvo y colóquelas en la zona de las cutículas. Aproveche la humedad del pincel para suavizar estas esferas sobre toda la superficie de las uñas. Deslice el pincel sobre la uña para emparejar imperfecciones. La cantidad de acrílico cerca de la cutícula, paredes laterales y borde deberá ser lo más fina posible para conseguir una apariencia natural (Figura 16-16).

Aquí tiene un consejo:

Una cantidad excesiva de acrílico cerca de la cutícula hará que el acrílico se levante.

15. **Coloque acrílico en las demás uñas.** Repita los pasos 5 al 14 en la mano restante.
16. **Retire los moldes.** Cuando las uñas queden completamente secas, afloje los moldes y retírelos. Las uñas estarán secas cuando hagan un ruido seco al golpearlas suavemente.

16

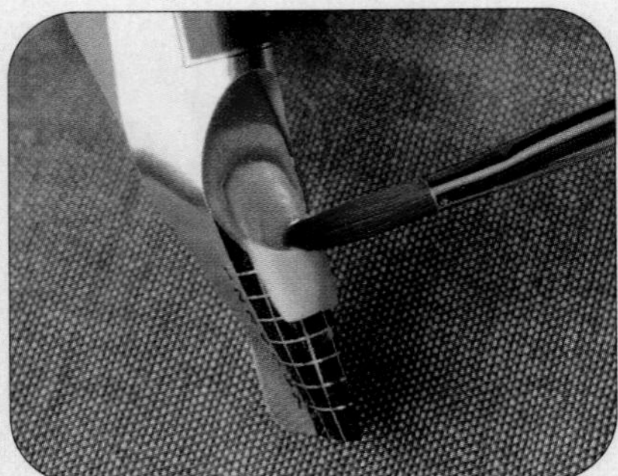

Figura 16-13c Limpie por encima de la línea curva.

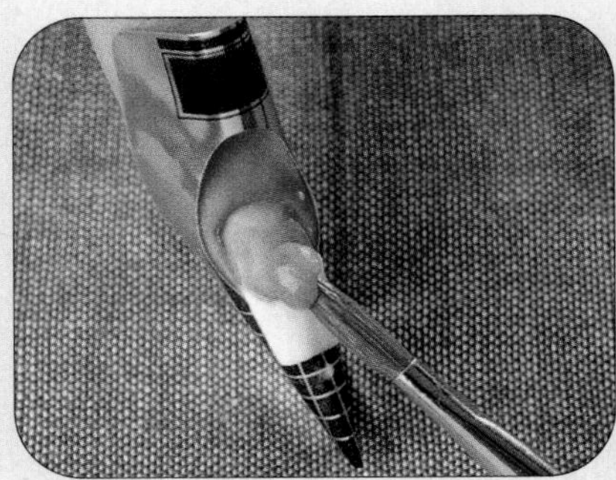

Figura 16-14 Coloque la esfera en la línea curva sobre la uña natural.

Figura 16-15 Prepare la segunda esfera de acrílico.

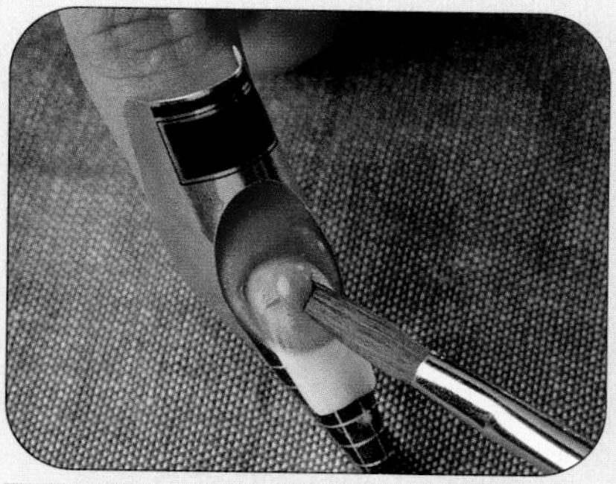

Figura 16-16 Aplique una esfera acrílica más pequeña sobre la zona de la cutícula.

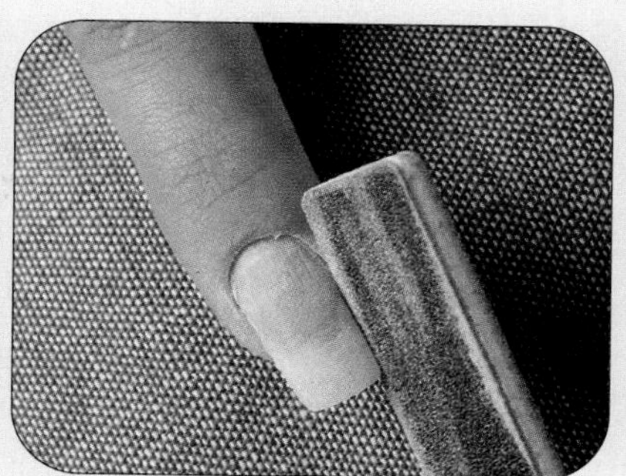

Figura 16-17a Lime en forma pareja las paredes laterales hacia el borde libre.

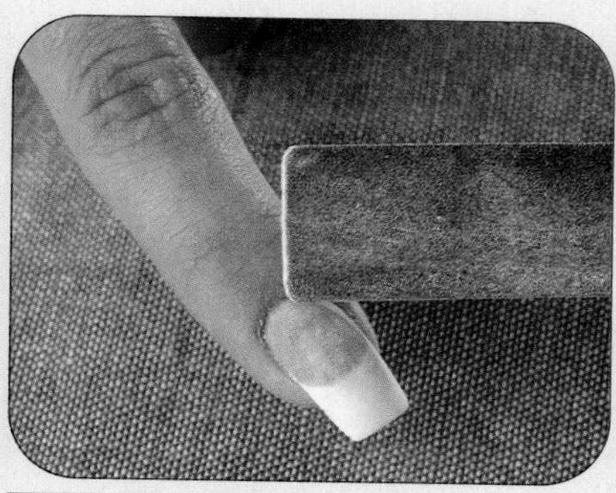

Figura 16-17b Suavice y afine la zona de la cutícula.

17. **Dé forma a las uñas.** Emplee un abrasivo grueso/medio para modelar el borde y eliminar imperfecciones. Deslice el abrasivo sobre cada uña con largos movimientos para mejorar la forma y perfeccionar la superficie. Afine las uñas cerca de la cutícula, las paredes laterales y el borde libre (Figura 16-17).
18. **Pula las uñas.** Pula las uñas con una barra pulidora hasta suavizar toda la superficie (Figura 16-17d).
19. **Aplique aceite para cutículas.** Utilice un palillo de naranjo con algodón para colocar aceite de cutículas a las cutículas, piel circundante y uñas (Figura 16-18).
20. **Coloque crema de manos y masajee la mano y el brazo.**
21. **Limpie las uñas.** Pídale al cliente que se lave las manos con jabón y utilice el cepillo de uñas para limpiarlas. Enjuague con agua. Seque completamente con una toalla limpia o descartable. Si su cliente solicitó el método de dos colores, habremos terminado sus uñas, excepto por la colocación a pincel de un sellador o un brillo satinado.
22. **Aplique el esmalte.** Si su cliente ha elegido uñas acrílicas de un solo color, aplique ahora el esmalte (Figura 16-19).

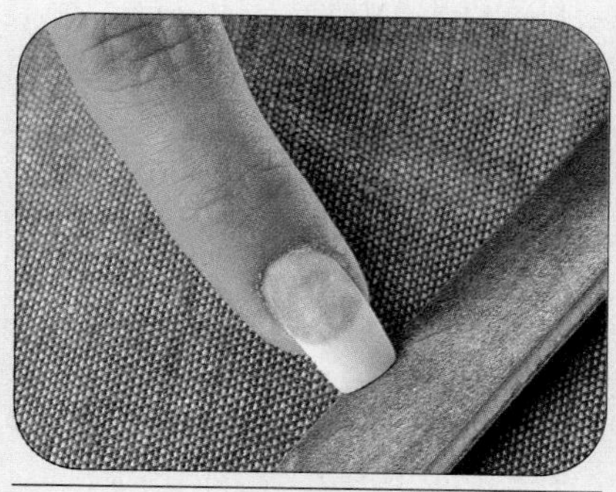

Figura 16-17c Esculpa y contornee el espesor del borde libre.

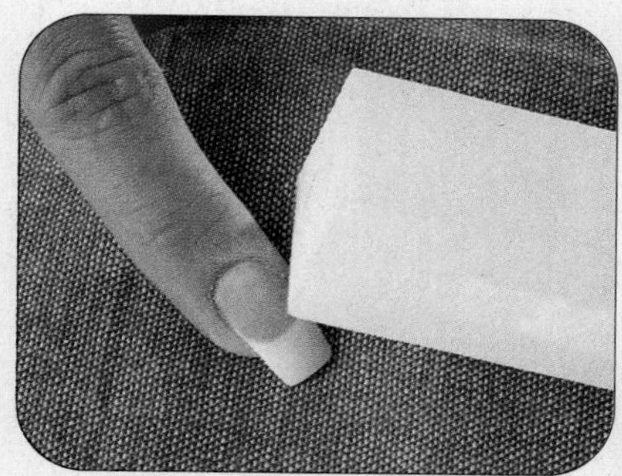

Figura 16-17d Pula toda la superficie con una barra pulidora blanca.

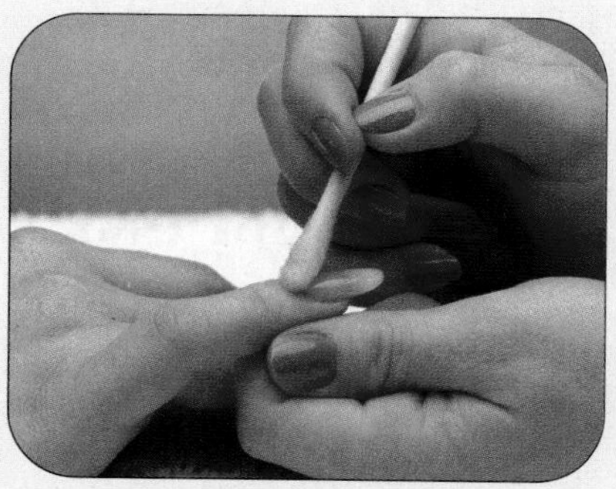

Figura 16-18 Aplique aceite de cutículas.

Figura 16-19 Uñas acrílicas terminadas

Servicio posterior para uñas de acrílico

1. **Concierte otra cita.** Agende una nueva cita con su cliente para hacer el mantenimiento de sus uñas acrílicas. Será necesario hacer un rellenado en una o dos semanas, dependiendo de la velocidad de crecimiento de sus uñas. Aconseje a su cliente volver para una manicura común entre mantenimientos de acrílico si sus uñas han sido esmaltadas.
2. **Sugiera la compra de productos.** Sugiérale a su cliente que compre los productos que necesitará para mantener sus uñas durante la semana. Esmalte, loción y capa de protección serán de gran utilidad.
3. **Limpie y organice su mesa.** Dedique tiempo a reponer la preparación básica de su mesa. Controle que todas las tapas de los envases de acrílicos estén bien ajustadas. Deseche cualquier elemento usado que no pueda ser desinfectado o higienizado.
4. **Limpie el pincel.** Lave el pincel en acetona o en el solvente del fabricante. Nunca tire de las cerdas flojas del pincel pues aflojará las cerdas restantes. Recorte las cerdas que estén desacomodadas pero no recorte toda la punta pues perderá su precisión. No deje el pincel en acetona, ya que ésta disolvería el pegamento que sostiene las cerdas en el casquillo.
5. **Guarde los productos acrílicos.** Conserve los polvos acrílicos en recipientes cerrados. Conserve los imprimantes y líquidos acrílicos en un lugar fresco y oscuro. No guarde los productos cerca de fuentes de calor.
6. **Deshágase de los materiales usados.** Nunca devuelva a los envases restos de imprimantes o líquidos. Utilícelos para un solo cliente. A fin de desechar restos de imprimante o líquidos, viértalos en un papel o toalla absorbente y luego deséchelas dentro de una bolsa plástica. ¡Nunca vierta líquidos directamente dentro de una bolsa plástica! Coloque todos los materiales usados en la bolsa de plástico del costado de la mesa. Luego de colocar los materiales usados en la bolsa, séllela y deposítela en un basurero cerrado. Es importante eliminar todos los materiales sucios con productos acrílicos de su mesa luego de terminar con cada cliente. Deseche estos materiales de acuerdo con las leyes y reglamentos locales.
7. **Higienice la mesa e implementos.** Cumpla con el procedimiento completo de higienización previo al servicio. Los instrumentos deben higienizarse 20 minutos antes que puedan ser usados en el próximo cliente. Los moldes higienizables deberán ser higienizados durante al menos 20 minutos dentro de un desinfectante aprobado antes de utilizarlos nuevamente.

PROCEDIMIENTO 16-3

Retoque del acrílico (usando torno eléctrico)

1. **Lime toda la superficie de la uña para quitar el brillo.** Si hubiese esmalte transparente, retírelo con acetona.
2. **Repuje las cutículas.**
3. **Prepare la zona de crecimiento para un relleno.**
4. **Desempolve toda la superficie de la uña.**
5. **Utilice un lápiz para dibujar una nueva línea curva a aproximadamente 1,6 mm delante de la línea anterior** (Figura 16-26).
6. **Utilice una punta cilíndrica de carburo a media velocidad.** Sostenga la punta en un ángulo de 45°. Esculpa con presión moderada una ranura sobre la línea dibujada (Figura 16-27).
7. **Reubique la lima paralela a la superficie de la uña.** Retoque la zona rellenada utilizando la línea esculpida como guía. Elimine el acrílico blanco aplicado anteriormente y aplique una capa de acrílico blanco nuevo (Figura 16-28).
8. **Limpie los rellenos de las uñas.** Elimine las líneas de lápiz con acetona (Figura 16-29).
9. **Humedezca la zona de relleno con monómero.** (La superficie húmeda absorberá la esfera de producto y la atraerá para formar la nueva curva). Levante una esfera de producto blanco y deposítelo debajo de la curva sobre la nueva zona de relleno. Sosteniendo el pincel en forma plana, oprima y guíe el producto hacia los laterales. Apisone para nivelar la zona blanca con la rosada (Figura 16-30).

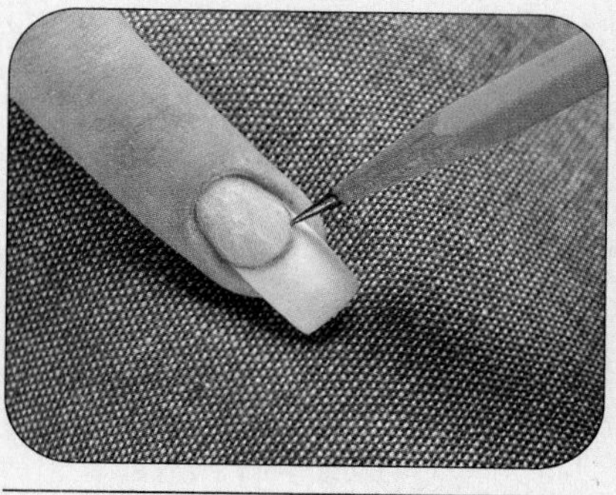

Figura 16-26 Luego de retirar el brillo con una lima, dibuje la línea curva con un lápiz.

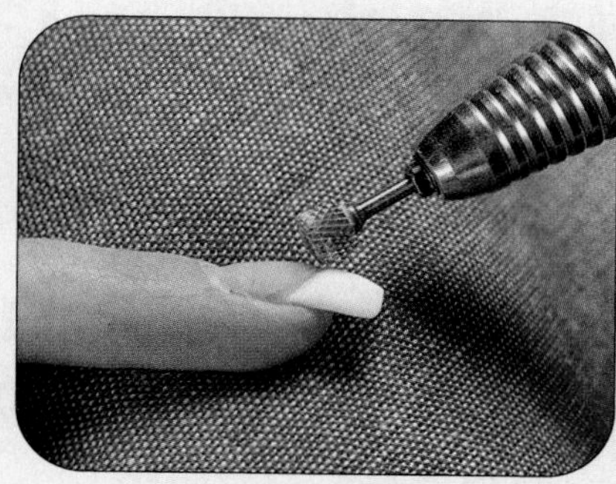

Figura 16-27 Sostenga la punta en un ángulo de 45° y emplee velocidad media. Excave una nueva línea curva.

16

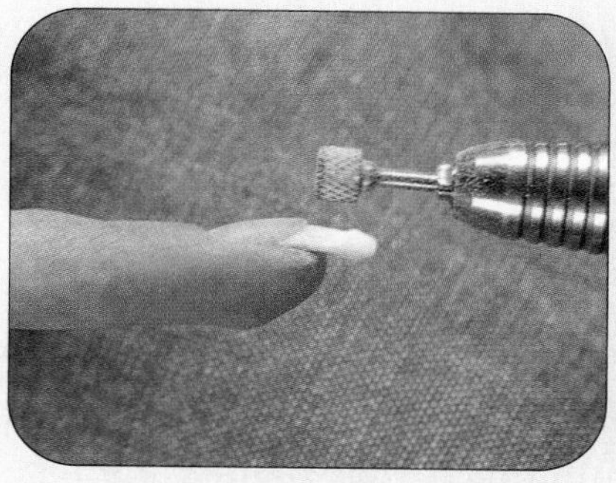

Figura 16-28 Reubique la punta y elimine la zona por debajo de la línea curva.

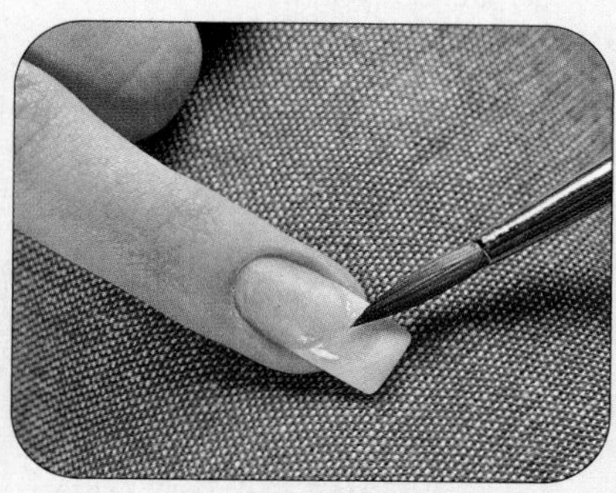

Figura 16-29 Limpie. Elimine la línea de lápiz con un hisopo con acetona. Humedezca la zona con monómero.

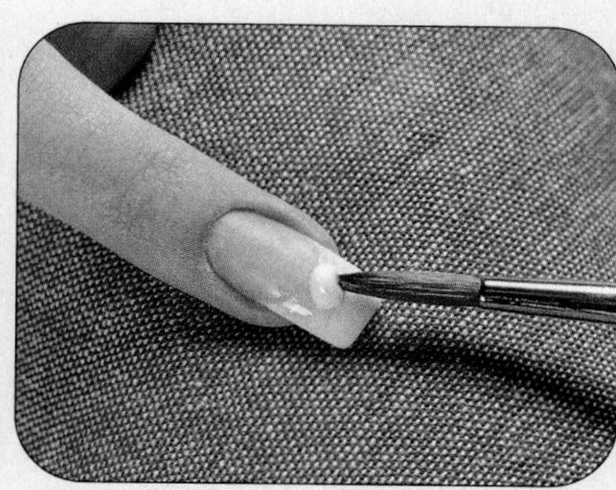

Figura 16-30 Levante una esfera de blanco y colóquela por debajo del borde curvo. Aplánela en su lugar cubriendo todo el borde.

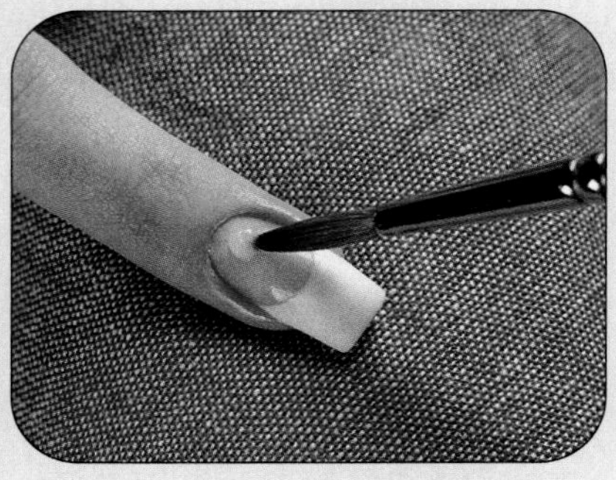

Figura 16-31 Complete la zona de relleno en la cutícula con una esfera de producto rosa.

10. **Luego de haber rellenado las diez líneas curvas, complete el relleno rosa** (Figura 16-31).
11. **Coloque una esfera final de material transparente para sellar y unir las partes blanca y rosa, logrando así la zona de refuerzo** (opcional).
12. **Siga los pasos 17 a 21 del Procedimiento para uñas de acrílico.**
13. **Haga la terminación de las uñas con uno de estos procedimientos:**
    - Utilice un pulidor de tres caras para pulir la superficie de las uñas y lograr un brillo satinado.
    - Esmalte las uñas con una cobertura de alto brillo.
    - Aplique un sellador acrílico o una capa de cobertura de gel U.V.
14. **Cumpla con el procedimiento de terminación de manicura.**

PROCEDIMIENTO 16-4

Retoque del acrílico (sin usar torno eléctrico)

Siga todos los procedimientos previos al servicio.

Complete los pasos 1, 2 y 3 descritos en el Procedimiento 16-3.

4. **Aplane la zona de refuerzo por arriba, abajo y a los costados de la nueva zona de línea curva utilizando una lima de grano grueso.**
5. **Levante una bolilla de acrílico blanco.** Cree el nuevo borde libre con la nueva línea curvada arriba de la superficie aplanada de la uña.
6. **Levante una bolilla de acrílico rosa.** Coloque la bolilla sobre la línea curva en dirección a la cutícula. Aplane la bolilla de producto para reestablecer el domo de la zona de refuerzo. Asegúrese de cubrir completamente las zonas laterales.
7. **Complete el servicio de rellenado tal como aparece en el Procedimiento 16-6.**

PROCEDIMIENTO 16-5

Aplicación de uñas de acrílico sobre uñas mordidas

El procedimiento de aplicación de uñas de acrílico sobre uñas mordidas es similar a la aplicación de uñas acrílicas sobre moldes. De todas maneras, se deberá crear una porción de lámina ungueal antes de colocar el molde.

1. **Complete el servicio previo a la aplicación de acrílico.**
2. **Elimine el esmalte.** Comience con el dedo meñique de la mano izquierda del cliente trabajando en dirección al pulgar. Repita luego el procedimiento en la mano derecha.
3. **Limpie las uñas.** Pídale al cliente que remoje sus uñas en el aguamanil lleno de jabón líquido. Utilice un cepillo de uñas para limpiarlas sobre el aguamanil. Enjuague con agua y seque completamente con una toalla descartable limpia.
4. **Repuje las cutículas.** Utilice un palillo de naranjo con algodón o un repujador metálico para repujar las cutículas.
5. **Elimine el brillo de las uñas naturales.** Pula ligeramente la superficie de la uña con un abrasivo medio/fino para retirar el aceite natural. Retire las limaduras con un cepillo.
6. **Aplique antiséptico para uñas.** Rocíe el antiséptico para uñas o aplíquelo con un palillo de naranjo con algodón. Comience con el dedo meñique de la mano izquierda y trabaje en dirección al pulgar.
7. **Aplique el imprimante.** Colóquese guantes plásticos y unos lentes de seguridad y ofrezca otro par al cliente. El imprimante sólo se aplica sobre la lámina ungueal. Las personas que se muerden las uñas habitualmente tienen cutículas ásperas y la piel circundante está dañada. Evite tocar la piel del cliente con el imprimante. La mayoría de los imprimantes tienen envases con pincel incorporado a la tapa. Estos pinceles levantan demasiado imprimante y pueden causar quemaduras de imprimante. Utilice otro pincel para imprimante para aplicarlo a puntos sobre la superficie de la uña. El imprimante se distribuirá en forma pareja sobre toda la superficie de la uña sin tener que deslizar el pincel. Evite colocar un exceso de imprimante. Esto causaría que la uña quede muy resbaladiza y por ello el acrílico se levantaría. No utilice secadores de cabello ni agite las manos. Espere que el imprimante se seque naturalmente y quede de color tiza.

16

HIGIENIZACIÓN PRECAUCIÓN

Controle periódicamente el imprimante para asegurarse que no esté contaminado con bacterias. Si hubiese bacterias, el imprimante se verá granuloso y con manchas difusas.

8. **Prepare el acrílico líquido y en polvo.** Coloque el acrílico líquido y el polvo en pequeños recipientes separados.
9. **Forme la esfera de acrílico.** Levante una pequeña esfera de producto acrílico de consistencia media/seca. Utilice blanco para el método de dos colores.
10. **Ubique la esfera de plástico.** Aplique una pequeña esfera de producto acrílico sobre la piel cerca de la uña mordida.
11. **Cree una nueva lámina ungueal.** Utilice la parte media del pincel para frotar y comprimir la forma de la lámina ungueal o como base para el molde sobre el que se construirá la nueva uña acrílica. No coloque producto acrílico más allá de las líneas laterales.
12. **Retire la piel.** Espere a que el acrílico seque completamente. Cuando esté listo, emitirá un chasquido al ser golpeado con el extremo del pincel. Luego retire cuidadosamente la piel del cliente fuera de la línea del borde libre. Ahora contará con un borde libre lo suficientemente grande como para sostener un molde de uña.
13. **Coloque los moldes de uñas.** Ubique el molde de la uña debajo del borde libre recién creado.
14. **Ubique la esfera de plástico.** Levante una esfera de acrílico de consistencia media y colóquelo sobre el molde de la uña en el lugar de encuentro entre la uña y el molde.
15. **Dé forma al borde libre.** Utilice la parte media de su pincel de marta para frotar y comprimir el acrílico y darle forma a la extensión. Asegúrese que el borde sólo se extienda ligeramente más allá del borde de la uña porque las personas con uñas mordidas no están acostumbradas a tener uñas largas.
16. **Ubique la segunda esfera de acrílico.** Levante una segunda esfera de acrílico de consistencia media y colóquela sobre la uña natural a continuación del borde libre en el centro de la uña. Si emplea el método de los dos colores, utilice polvo rosa.
17. **Moldee la segunda esfera de acrílico.** Dé toques y oprima el producto contra las paredes laterales y la zona de las cutículas, asegurándose que quede muy delgado en todos los bordes.
18. **Aplique las esferas de acrílico.** Levante con el pincel pequeñas esferas de acrílico rosa en polvo y colóquelas en la zona de las cutículas. Aproveche la humedad del pincel para suavizar estas esferas sobre toda la superficie de las uñas. Si emplea el método de los dos colores, utilice polvo rosa.
19. **Retire los moldes.** Cuando las uñas queden completamente secas, afloje los moldes y retírelos. Las uñas estarán secas cuando hagan un ruido seco al golpearlas suavemente.
20. **Dé forma a las uñas.** Emplee un abrasivo grueso/medio para modelar el borde y eliminar imperfecciones.

21. **Pula las uñas.** Pula las uñas con una barra pulidora hasta suavizar toda la superficie.
22. **Aplique aceite para cutículas.** Frote el aceite para cutículas en la piel circundante y en la superficie de la uña.
23. **Aplique crema de manos y masajee la mano y el brazo.**
24. **Limpie las uñas.** Pídale a la cliente que remoje sus uñas en el aguamanil lleno de jabón líquido. Utilice un cepillo de uñas para limpiarlas sobre el aguamanil. Enjuague con agua. Seque completamente con una toalla limpia o descartable. Hemos terminado con el método de dos colores, excepto por la colocación a pincel de un sellador o dar brillo con pulidor.
25. **Aplique el esmalte.** Pinte las uñas acrílicas de un solo color.
26. **Cumpla con el procedimiento posterior a la aplicación de acrílicos.**

MANTENIMIENTO Y REMOCIÓN DE UÑAS DE ACRÍLICO

El mantenimiento regular evita que las uñas de acrílico se levanten o resquebrajen. Cuando las uñas de acrílico se levantan, resquebrajan o crecen sin mantenimiento, se puede acumular humedad y suciedad debajo de la uña acrílica y permitir el crecimiento de hongos.

Mantenimiento del acrílico

Existen dos tipos básicos de mantenimiento para reparar relleno y resquebrajaduras de uñas acrílicas.

Rellenos

Los **rellenos** hacen referencia a la aplicación de acrílico a la nueva zona de crecimiento de las uñas. Las uñas de acrílico deben ser rellenadas cada dos o tres semanas, dependiendo de su velocidad de crecimiento. Durante el rellenado se deberá definir el contorno de las uñas (**rebalance**). Sin un rebalance, la uña se verá artificial y despareja al hacerse más larga. La nueva zona de crecimiento cerca de la cutícula aparecerá notoriamente más baja que el resto de la uña. Utilice el siguiente procedimiento para rebalance.

16

PROCEDIMIENTO 16-6

Rellenado de uñas de acrílico

1. **Complete el servicio previo a la aplicación de acrílico.**
2. **Retire el esmalte.**
3. **Suavice el desnivel entre el nuevo crecimiento y la uña acrílica.** Utilice un abrasivo medio/fino para suavizar la saliente de acrílico en la nueva zona de crecimiento y lograr que se combine con la lámina ungueal.
4. **Perfeccione toda la uña.** Pase una superficie abrasiva sobre toda la uña para perfeccionarla y afinar el borde libre.
5. **Pula la uña.** Utilice una barra pulidora para pulir el acrílico y combinarlo con la nueva zona de crecimiento.
6. **Pegue nuevamente el acrílico que se hubiese levantado.** Utilice una lima para suavizar cualquier parte de acrílico que se hubiese levantado.
7. **Limpie las uñas.** Lave cuidadosamente las uñas utilizando un aguamanil con jabón líquido y un cepillo de uñas. No remoje las uñas.
8. **Repuje las cutículas.** Utilice un palillo de naranjo con algodón o un repujador metálico para repujar las cutículas.
9. **Elimine el brillo de las uñas naturales.** Pula ligeramente la superficie de la uña con un abrasivo medio/fino para retirar el aceite natural. Retire las limaduras con un cepillo.
10. **Aplicación del antiséptico para uñas.** Rocíe el antiséptico para uñas o aplíquelo con un palillo de naranjo con algodón.
11. **Aplique el imprimante.** Colóquese guantes plásticos y unos lentes de seguridad y ofrezca otro par al cliente. La mayoría de los imprimantes tienen envases con pincel incorporado a la tapa. Estos pinceles levantan demasiado imprimante y pueden causar quemaduras de imprimante. Utilice otro pincel para imprimante para aplicarlo a puntos sobre la superficie de la uña. El imprimante se distribuirá en forma pareja sobre toda la superficie de la uña sin tener que deslizar el pincel. Evite colocar un exceso de imprimante. Esto causaría que la uña quede muy resbaladiza y por ello el acrílico se levantaría. No utilice secadores de cabello ni agite las manos. Espere que el imprimante se seque naturalmente y quede de color tiza.
12. **Prepare el acrílico líquido y en polvo.** Coloque el acrílico líquido y el polvo en pequeños recipientes separados.
13. **Ubique esferas de plástico.** Levante una o más esferas de

SEGURIDAD
PRECAUCIÓN

No utilice tenacillas para eliminar trozos de acrílico. Hacer palanca perpetuará el problema de los levantamientos y puede dañar la superficie de la uña. Si el levantamiento es excesivo, retire el acrílico embebiéndolo y comience la aplicación de una nueva uña.

acrílico y colóquelas sobre la nueva zona de crecimiento. Utilice acrílico rosa si emplea el método de dos colores.

14. **Moldee esferas de plástico.** Utilice la parte central del pincel para aplanar y comprimir el acrílico hasta que se una a la uña esculpida existente.
15. **Ubique esferas de plástico.** Levante una o más bolillas de plástico húmedas y colóquelas en la base del lecho de la uña en dirección a la cutícula.
16. **Moldee esferas de plástico.** Aproveche la humedad del pincel para suavizar estas esferas sobre toda la superficie de las uñas. Deslice el pincel sobre la uña para emparejar imperfecciones. La cantidad de acrílico cerca de la cutícula, paredes laterales y borde deberá ser lo más fina posible para conseguir una apariencia natural. Si utiliza el método de acrílico de dos colores, utilice ahora el polvo rosa.
17. **Dé forma a las uñas.** Espere a que las uñas sequen completamente. Las uñas estarán secas cuando hagan un ruido seco al golpearlas suavemente. Emplee un abrasivo grueso/medio para modelar el borde y eliminar imperfecciones. Deslice el abrasivo sobre cada uña con largos movimientos para mejorar la forma y perfeccionar la superficie. Ahuse la forma de la uña hacia la cutícula, la punta y los laterales, afinando todos estos bordes. (Luego de cuatro a cinco semanas de crecimiento, el borde de acrílico blanco creado con el método de los dos colores habrá crecido más allá del borde natural. En este momento, si su cliente desea comenzar a usar esmalte, le podrá solicitar que lime el borde blanco para quedarse con una uña de un solo color, o puede pedirle que rellene).
18. **Pula la uña.** Pula toda la superficie de la uña utilizando una barra pulidora.
19. **Aplique aceite para cutículas.** Frote aceite de cutículas en la piel circundante, la cutícula y la superficie de la uña utilizando un palillo de naranjo con algodón.
20. **Aplique crema de manos y masajee la mano y el brazo.**
21. **Limpie las uñas.**
22. **Aplique esmalte.**
23. **Cumpla con el procedimiento posterior a la aplicación de acrílicos.**

Reparación de roturas de uñas de acrílico

La **reparación de roturas** de acrílico es el agregado de acrílico para rellenar fisuras en la uña artificial y reforzar el resto de la misma. Siga el Procedimiento 16-7 para esta técnica de mantenimiento.

PROCEDIMIENTO 16-7

Reparación de roturas de uñas de acrílico

1. **Complete el servicio previo a la aplicación de acrílico.**
2. **Retire el esmalte.**
3. **Lime el acrílico roto.** Esculpa un canal en "V" dentro de la hendidura o lime para emparejarla.
4. **Limpie las uñas.** Pídale al cliente que se lave las manos con jabón líquido. Enjuague brevemente las uñas en agua limpia. Seque completamente con una toalla limpia o descartable.
5. **Aplicación del antiséptico para uñas.** Rocíe el antiséptico para uñas o aplíquelo con un palillo de naranjo con algodón.
6. **Aplique el imprimante.** Si ha quedado expuesta la superficie de la uña natural, colóquese guantes plásticos y anteojos de seguridad y luego aplique un punto de imprimante en la zona.
7. **Coloque los moldes de uñas.** Si la rotura es grande, coloque un molde de uña para mejorar el soporte.
8. **Prepare el acrílico líquido y en polvo.** Coloque el acrílico líquido y el polvo en pequeños recipientes separados.
9. **Ubique esferas de plástico.** Levante una o más esferas de acrílico y colóquelas sobre la nueva zona de crecimiento. Si utiliza el sistema de dos colores, asegúrese de utilizar el color adecuado.
10. **Moldee esferas de plástico.** Frote y aplaste el acrílico para rellenar la hendidura. Evite que el acrílico se filtre debajo del molde o de la uña existente.

11. **Ubique esferas de plástico adicionales.** Agregue acrílico adicional para rellenar la hendidura o reforzar el resto de la uña. Esculpa el acrílico y espere a que seque completamente.
12. **Retire el molde** (si utilizó uno).
13. **Esculpa la uña.**
14. **Pula hasta que quede suave.**
15. **Limpie las uñas.**
16. **Aplique aceite para cutículas.**
17. **Coloque loción de manos y masajee la mano y el brazo.**
18. **Limpie las uñas.**
19. **Aplique esmalte.**
20. **Cumpla con el procedimiento posterior a la aplicación de acrílicos.**

PROCEDIMIENTO 16-8

Remoción del acrílico

1. **Llene un recipiente con acetona.** Llene un recipiente con suficiente acetona como para cubrir la punta de los dedos del cliente.
2. **Remoje la punta de los dedos.** Remoje la punta de los dedos del cliente en acetona durante 15 minutos o lo que fuese necesario para retirar el producto acrílico. Siga las instrucciones del fabricante para retirar el acrílico.
3. **Retire el acrílico.** Emplee un repujador metálico o un palillo de naranjo para retirar cuidadosamente la uña acrílica reblandecida. Repita el paso hasta retirar todo el acrílico. No trate de retirar los acrílicos haciendo palanca con tenazas pues lastimará las uñas naturales.
4. **Pula las uñas.** Pula suavemente las uñas naturales con una barra pulidora fina para eliminar cualquier resto de adhesivo.
5. **Acondicione las cutículas.** Acondicione la cutícula y la piel circundante con aceite de cutículas y loción para manos.

ACRÍLICOS INODOROS

Los **acrílicos inodoros** son sustancias químicas completamente distintas de los acrílicos tradicionales. Estas sustancias químicas no se evaporan como los acrílicos tradicionales; por lo tanto, no producen olor. El monómero líquido es mucho más denso y levantará 4 a 5 veces más polvo que los acrílicos tradicionales. Esta proporción crea una esfera de producto níveo sobre su pincel. Para formar la proporción ideal harán falta varios movimientos circulares. Levante el pincel y golpee suavemente para sacudir el exceso de polvo de la esfera del producto. Una vez que se coloque la esfera sobre la uña, lentamente se humedecerá para formar una esfera firme y satinada. Utilice un pincel seco y frótelo frecuentemente para evitar que se le pegue el producto. La técnica del apisonado con pincel mueve el producto sobre la superficie de la uña. Nunca vuelva a humedecer un pincel. Esto desequilibraría la proporción polvo-líquido. A medida que la superficie se nivela, apisónela suavemente para contornear perfectamente la superficie. Los químicos en el líquido reaccionan con los del polvo para endurecerse. Opera de manera similar a los microondas, donde la carne se cuece de adentro para afuera. A medida que endurecen las capas internas, la porción sin utilizar de los monómeros sube hacia la superficie formando una capa pegajosa. Una vez que haya secado, esta capa podrá ser retirada con acetona o con el limpiador recomendado por el fabricante.

También se puede limar esta capa. Lime en un solo sentido, siempre hacia el borde libre. Muchos técnicos en el cuidado uñas prefieren los productos inodoros por las siguientes razones.

1. **No tienen olor:** No hay evaporación, ni pérdida del producto; costo efectivo.
2. **Permiten más tiempo para el esculpido:** Tiempo de secado entre 3 y 5 minutos; el producto puede ser reubicado más lentamente. La capacidad autonivelante del acrílico inodoro facilita el esculpido final.
3. **Facilidad de limado:** La capa pegajosa se elimina fácilmente para mostrar una superficie subyacente perfectamente abovedada y de dura superficie. Debido a las diferencias químicas, no son compatibles con otros acrílicos. No mezcle los productos.

ACRÍLICOS CURADOS CON LUZ

Los acrílicos curados con luz son similares a los acrílicos inodoros con una característica adicional, los **fotoiniciadores**. Estos fotoiniciadores activan el endurecimiento de los químicos al ser expuestos a una lámpara de rayos ultravioleta (U.V.) especial para curar productos para uñas. Estas acrílicos curados con luz no se evaporan, por lo que también son inodoros. El procedimiento es exactamente igual al del acrílico inodoro, excepto que necesitan una lámpara U.V. Siga las instrucciones del fabricante. Los diferentes tipos de producto curados con luz utilizan técnicas ligeramente diferentes, pero todas son básicamente similares a la descripta en la sección del acrílico inodoro precedente. Debido a las diferencias químicas, no son compatibles con otros acrílicos. No mezcle los productos.

ACRÍLICOS DE COLORES

Todos los acrílicos son fabricados de color “transparente”. Luego se les agregan pigmentos para crear los colores rosa, blanco y natural. A medida que se les agrega más blanco, más opaco se pone el color. Mientras menos se agregue, más traslúcido quedará. Los últimos colores disponibles imitan el esmalte. Están disponibles todos los colores del arco iris. El arte de los acrílicos para uñas sólo está limitado por su imaginación. Algunos técnicos utilizan colores que van más allá de la clásica combinación blanco y rosa de la manicura francesa. Tome en cuenta la siguiente advertencia: si la placa de la uña quedara totalmente cubierta con un color opaco, no podrá observarse el estado de salud de la uña ubicada debajo. Use los acrílicos de color con sabiduría. Los decorados florales y los diseños con figuras dispersas permiten el control visual de la uña y resultan en clientes más sanos.

MÉTODOS DE REMOJADO

Muchos productos acrílicos están disponibles en el mercado para utilizar líquidos aplicables a pincel y tubos de polvos “de sumergir” o de “espolvorear”. Muchos de ellos no utilizan monómero líquido de acrílico. Este método utiliza un monómero éster de **cianoacrilato**. El cianoacrilato es un pegamento de secado muy rápido. Aplique el pegamento en la superficie de la uña con o sin una extensión artificial. Luego aplique el polvo sobre el pegamento. El pegamento se seca a medida que absorbe el polvo. Este sistema necesita un activador para completar el proceso de endurecimiento. Una vez seco, el relleno se lima y esculpe para conseguir la uña final, luego se la pule. Proceda con los procedimientos previos y posteriores para todos los tipos de sistemas de uñas artificiales.

NEGOCIOS CONSEJOS

Celebración de Fiestas

Aproveche el aumento estacional del 20 al 50% en las ventas de productos que le traerán las fiestas de intercambio de regalos como Navidad, Hanukkah, Día de San Valentín, Día de la Secretaria y Día de la Madre. Para lograr ganar dinero en estas fiestas, haga estas dos cosas: decore festivamente para atraer clientes para que hagan sus compras y ofrezca una amplia gama de regalos que los clientes puedan comprar mientras están en sus citas. Trate de armar dos o tres paquetes de festividades con diferentes combinaciones y tamaños, con precios entre 5 y 15 dólares. Las personas los comprarán como regalo navideño o para sus amistades de la oficina, iglesia o sinagoga. No olvide ofrecer certificados de regalo en cualquier denominación.

glosario del capítulo

acrílicos inodoros	Acrílicos muy diferentes de los tipos tradicionales pues no se evaporan, no tienen olor y son mucho más densos, dándole más tiempo al técnico para que esculpa.
catalizador	Sustancia que crea una reacción química entre el acrílico líquido y el acrílico en polvo, combinándolos para formar el acrílico utilizado para el embellecimiento de las uñas.
cianoacrilato	Pegamento muy rápido utilizado con acrílico en polvo de aplicación a pincel o de inmersión.
fotoiniciadores	Característica de los acrílicos curados con luz que causa el endurecimiento cuando se los expone a una lámpara especial U.V.
polimerización	Reacción química que crea los polímeros, también llamada curación o endurecimiento.
polímero	Sustancia formada al combinar varias moléculas pequeñas (monómeros) en largas estructuras encadenadas.
reacción	Transformación que ocurre en un reactor transformando el monómero líquido en un polímero.
rebalance	Redefinición de un contorno de las uñas durante un procedimiento de relleno para mantener la apariencia natural de la uña.
reparacion de roturas	Tagregado de acrílico para rellenar fisuras en la uña artificial y reforzar el resto de la misma.
rellenos	Agregado de acrílico a la nueva zona de crecimiento de las uñas. Este procedimiento debería realizarse cada dos o tres semanas.
retoque	Procedimiento de mantenimiento realizado a las uñas acrílicas cada cuatro o seis semanas para retirar el crecimiento del borde y reemplazar la línea curva.
uñas de acrílico	Embellecimiento de uñas creado por la combinación de acrílico líquido y acrílico en polvo, aplicados directamente sobre la uña natural.

preguntas de revisión

1. Describa el origen químico de las uñas de acrílico y qué las hace funcionar.
2. Enumere los insumos necesarios para la aplicación de uñas de acrílico.
3. Describa los procedimientos para aplicar acrílicos utilizando moldes, sobre uñas postizas, sobre uñas naturales y sobre uñas mordidas.
4. Describa las normas de seguridad para aplicar imprimante.
5. Describa el procedimiento correcto para mantener saludables las uñas de acrílico.
6. ¿En qué se diferencian los procedimientos para la aplicación de uñas acrílicas sobre uñas mordidas de otros procedimientos de uñas acrílicas?
7. Describa cómo se les hace mantenimiento regular a las uñas de acrílico.
8. Describa el procedimiento adecuado para la remoción de productos acrílicos.
9. Explique las diferencias entre la aplicación de acrílicos inodoros y curados con luz de los acrílicos tradicionales.
10. Describa las diferencias entre los métodos de remojado y otros métodos.

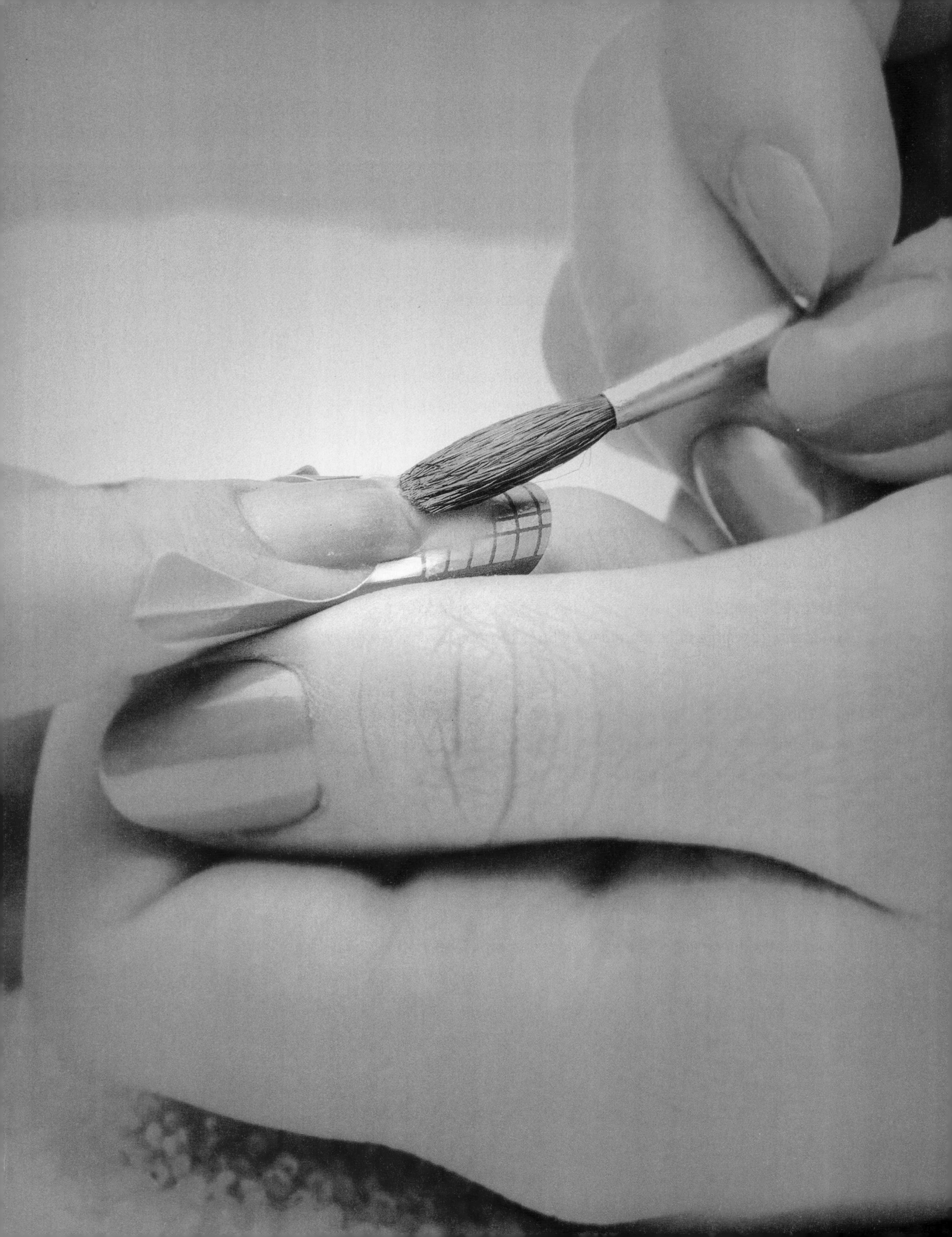

17 GELES

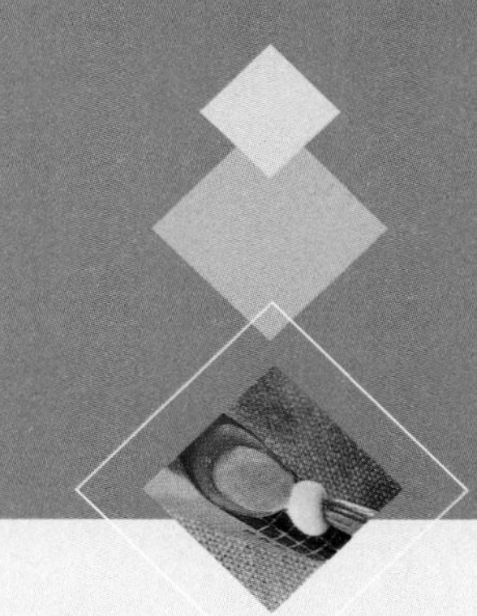

Autor: Lin Halpern

RESEÑA DEL CAPÍTULO

Gel curado con luz para uñas postizas o uñas naturales • Geles sin luz • Geles sin luz y envolturas de fibra de vidrio/seda • Mantenimiento y remoción de gel

PROCEDIMIENTOS

17-1 Aplicación de gel curado con luz • 17-2 Gel curado con luz sobre moldes 17-3 Aplicación de gel sin luz • 17-4 Combinación de geles sin luz y envolturas de fibra de vidrio o seda

Objetivos de aprendizaje

Después de finalizar este capítulo, usted podrá:

1. **Describir la diferencia química entre el gel U.V. y el gel sin luz.**
2. **Identificar los insumos necesarios para la aplicación de gel.**
3. **Demostrar los procedimientos adecuados para la aplicación de gel curado con luz utilizando moldes, sobre uñas postizas y sobre uñas naturales.**
4. **Demostrar los procedimientos adecuados para la aplicación de gel sin curado con luz sobre uñas postizas y uñas naturales.**
5. **Explicar cómo se pueden retirar ambos tipos de gel.**

Términos clave

El número de página indica dónde se utiliza el término dentro del capítulo.

curado con activador
pág. 321

curado con agua
pág. 321

gel curado con luz
pág. 313

gel sin luz
pág. 313

lámpara halógena
pág. 313

lámpara ultravioleta
pág. 313

Este capítulo presenta los **geles curados con luz** y los **geles sin luz** como métodos alternativos para los servicios de cuidado de uñas artificiales.

Geles (curados con luz) U.V.: Hasta hace poco, la importante conexión entre la utilidad que tiene para el gel U.V. una lámpara ultravioleta para uñas era un misterio. Los fabricantes de productos de gel U.V. no eran electricistas y éstos no eran químicos. Finalmente unieron fuerzas, creando la combinación perfecta. La química del gel curado con luz comenzó con las mismas materias primas que la química del acrílico. El proceso de fabricación cambia para producir un *éster de acrilato de uretano*. Una vez dominada la técnica, los geles son fáciles de aplicar, limar y conservar, además de carecer de olor. Cuando se trabaja con revestimientos de uñas naturales o de extensiones de uñas postizas, o cuando se crea con la ayuda de un molde, los geles U.V. logran una fuerte adhesión con la superficie de la uña natural. La superficie de la uña se prepara cuidadosamente y se aplican varias capas de gel. Cada capa requiere de una corta exposición a una lámpara U.V. para curarse. El gel U.V. y la superficie de la uña se unen como una sola pieza.

Geles sin luz: Estos "geles" no son como los geles explicados anteriormente, sino pegamentos espesos hechos de *cianoacrilato*. Derivados de materias primas similares, los pegamentos de gel sin luz se pueden aplicar solos, sobre una envoltura de seda, de fibra de vidrio o en conjunción con acrílico en polvo. Las capas gruesas y finas se secan a diferentes velocidades. Se puede utilizar un acelerador para agilizar el proceso. Siga cuidadosamente las instrucciones del fabricante cuando utilice estos productos por separado o en alguna combinación.

Los geles están disponibles en colores que no necesitan esmaltado. Las uñas se verán siempre como recién esmaltadas y mantendrán el mismo color hasta que se retire el gel. Igualmente, se pueden esmaltar. Cuando se retire el esmalte, el color del gel se mantendrá inalterable. Los geles de colores son una excelente base para decorar las uñas.

GEL CURADO CON LUZ PARA UÑAS POSTIZAS O UÑAS NATURALES

Insumos

Además de los materiales que ya tiene en su puesto de manicura básico, necesitará los siguientes artículos:

Gel curado con luz

Habitualmente, los geles vienen envasados en pequeños recipientes o tubos flexibles.

Luz de curado

Gabinete que aloja una **lámpara ultravioleta** o una lámpara halógena para curar o endurecer la uña de gel. El tipo de luz y la forma del gabinete varía según el fabricante. Se recomienda utilizar la lámpara del mismo fabricante del gel que esté utilizando.

Pincel

Algunos técnicos en el cuidado de uñas prefieren utilizar un pincel sintético cuadrado con cerdas cortas y planas para aplicar y extender el gel.

Imprimante

Utilícelo si así lo recomienda el fabricante del gel.

Barra pulidora

Uñas postizas

Preparación de las uñas

Higienizan y/o deshidratan la uña.

Adhesivo (pegamento)

Existen varios tipos de pegamento para fijar las uñas postizas a las uñas naturales cortas. Seleccione el recipiente más adecuado para el tipo de trabajo que realice. Utilice uno de pequeño tamaño (de 4 a 6 gramos como máximo). El pegamento tiene una vida útil en estante de hasta 6 meses, dependiendo del uso. Asegúrese de cerrar firmemente la tapa, guardar el recipiente en posición vertical y mantener la temperatura entre 15° C y 30° C.

Limas y pulidores (abrasivos)

Elija un grano medio (180) para preparar las uñas naturales y el esculpido inicial. Utilice un grano medio/fino (240) para alisar y una barra pulidora fina de grano 350 o superior para el pulido final.

Toalla de tela esponjada /Toalla desechable de papel

Para mostrar una superficie de trabajo profesional, coloque una toalla de tela esponjada o de papel para cada cliente.

Servicio previo a la aplicación de gel

1. **Complete los procedimientos de higiene previos al servicio de las páginas 41 a 43.**
2. **Deje a mano sobre su gabinete todo lo que vaya a necesitar.** Recuerde tener suficientes insumos para que no se agoten mientras atiende a un cliente.
3. **Reciba a su cliente con una sonrisa.** Pídale que se lave las manos con el jabón provisto en su gabinete de lavado. Al mismo tiempo, lávese las manos y asegúrese de disponer de toallas desechables limpias para secarse bien.
4. **Si es la primera cita de su cliente, prepare el formulario de salud/registro del cliente.** Indique la fecha del servicio. Es importante hacerlo para la programación de futuras visitas. Registre cualquier trastorno cutáneo, de las uñas, alergias o medicación que esté tomando el cliente. Si su cliente se muerde las uñas o realiza trabajos pesados en su vida cotidiana, escriba una nota para recordar la posible reacción agresiva ante los nuevos geles. Agregue información específica sobre el servicio que va a brindar; por ejemplo: revestimiento sin esmalte, si se prefiere esmaltado o escriba el color escogido. Estos datos acelerarán los trámites en cada visita.

5. **Si no se trata de la primera visita del cliente, hágale preguntas utilizando el formulario de salud/registro para anotar respuestas y observaciones.** Busque trastornos de las uñas y decida si es seguro y adecuado darle un servicio a este cliente. Si considera que el cliente no debería recibir el servicio, explíquele las razones y derívelo a un médico.

PROCEDIMIENTO

Aplicación de gel curado con luz

1. **Quite el esmalte.** Comience con el dedo meñique de la mano izquierda del cliente y siga trabajando en dirección al pulgar. Repita luego el procedimiento en la mano derecha.
2. **Limpie las uñas.** Pídale al cliente que remoje las uñas en el aguamanil lleno de jabón líquido. Utilice un cepillo de uñas para limpiarlas sobre el aguamanil. Enjuague brevemente las uñas en agua limpia. Seque cuidadosamente con una toalla desechable limpia.
3. **Aplique el antiséptico para uñas.** Aplique un antiséptico para uñas. Comience con el dedo meñique de la mano izquierda y trabaje en dirección al pulgar (Figura 17-1).
4. **Repuje las cutículas.** Utilice un palillo de naranjo con algodón en las puntas o un repujador metálico para repujar las cutículas suavemente.
5. **Pula las uñas para retirar el lustre.** Pula ligeramente la superficie de la uña con un abrasivo medio/fino para retirar el aceite natural (Figura 17-2). Retire las limaduras con un cepillo.
6. **Aplique uñas artificiales si así lo solicitan.** Si su cliente le solicita uñas artificiales, colóquelas de acuerdo al procedimiento descrito en el Capítulo 14. Asegúrese de recortar y dar forma al borde de la uña antes de aplicar el gel. Durante el procedimiento, el gel se montará sobre el borde de la uña para sellarlo y protegerlo. Durante el proceso de limado, el sello puede romperse, permitiendo que ingresen partículas de polvo o haciendo que se desportille el gel. Cuide de no romper este sello. Para lograr un aspecto de manicura francesa rosada o blanca, seleccione uñas postizas blancas con línea curva precortada (Figura 17-3).

Figura 17-1 Aplique antisépticos a las uñas y manos.

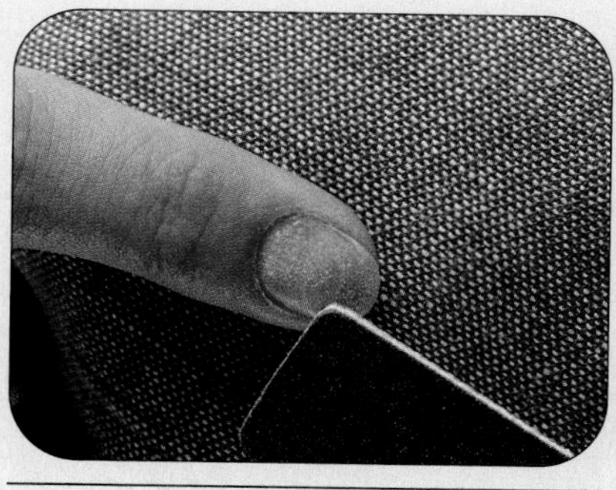

Figura 17-2 Elimine el brillo de la uña natural empleando pasadas verticales.

Aquí tiene un consejo:

El procedimiento recomendado para la aplicación y curado de geles varía entre fabricantes. Algunos sistemas recomiendan aplicar el gel a cuatro uñas de una mano, curarlas y luego repetir el procedimiento en la otra mano antes de aplicar y curar el gel en los pulgares. Otros fabricantes ofrecen lámparas que sólo curan una uña por vez. Asegúrese de seguir las instrucciones recomendadas por el fabricante del sistema que usa.

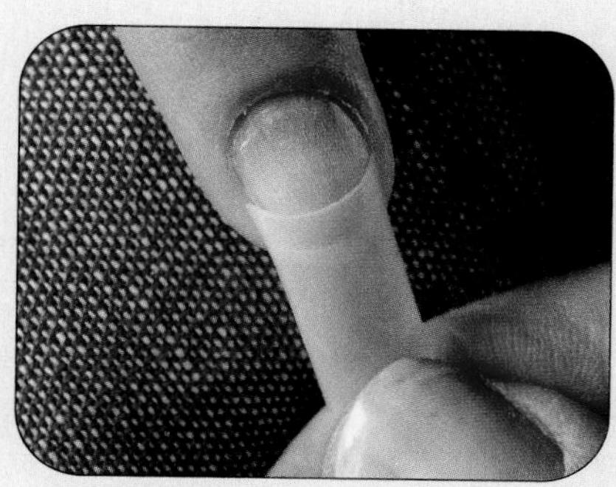

Figura 17-3 Seleccione la uña postiza adecuada, recorte y dé la forma correcta antes de aplicar el gel.

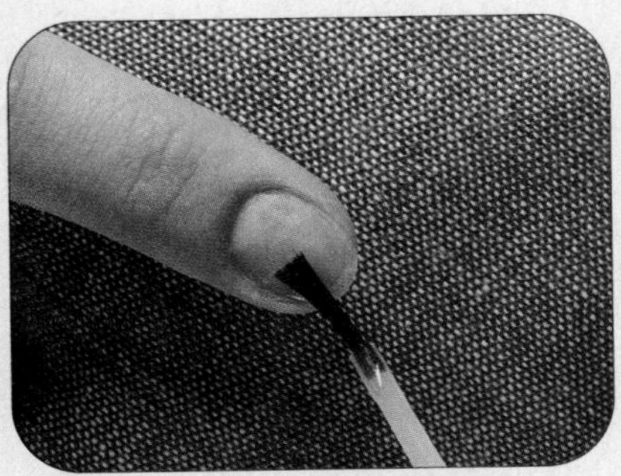
Figura 17-4 Aplique imprimante a la uña natural y deje que seque hasta quedar de color blanco tiza.

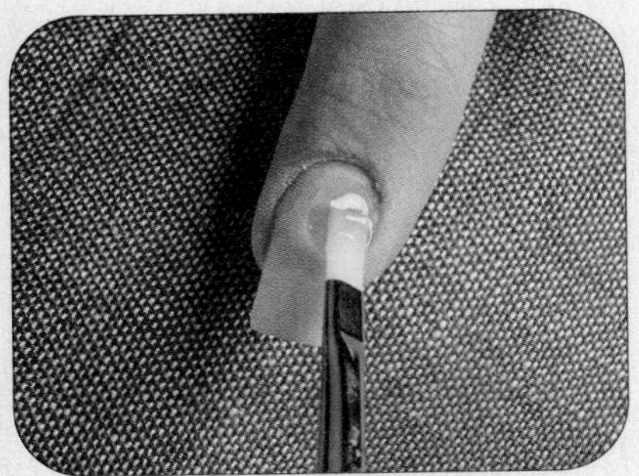
Figura 17-5 Aplique el gel nº 1 o el gel de capa base.

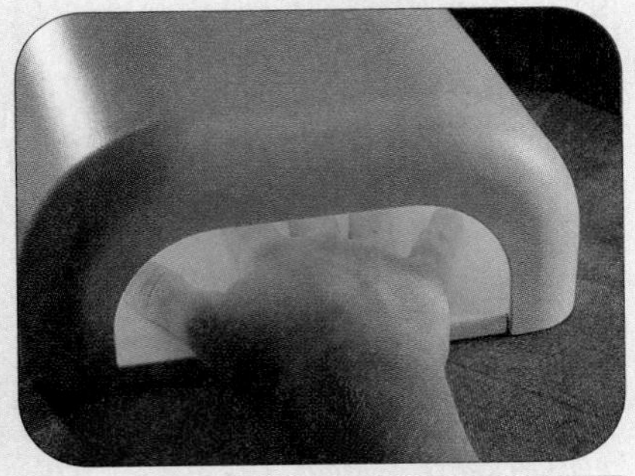
Figura 17-6 Cure el gel en la lámpara.

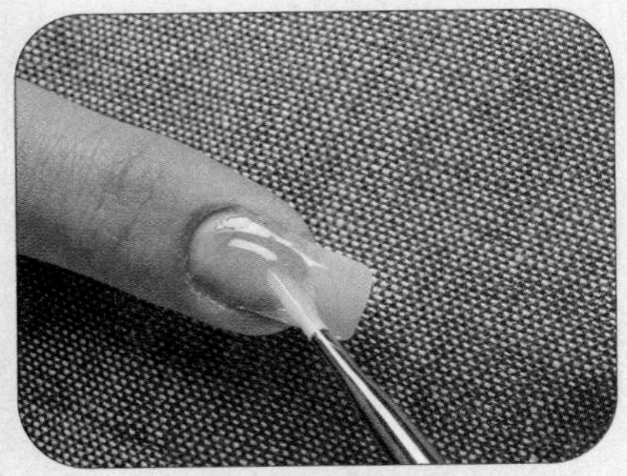
Figura 17-7 Aplique el gel nº 2 o gel de construcción.

7. **Preparación de las uñas.** Siga las instrucciones del fabricante para la preparación de las uñas. La mayoría de los sistemas de gel no necesitan de la aplicación de un imprimante. Se utiliza un gel de cobertura de base o adhesivo para lograr una correcta unión de la uña natural con la uña artificial (Figura 17-4).
8. **Aplique el gel nº 1 o gel base.** Aplique firmemente con un cepillo el gel sobre toda la superficie de la uña, incluyendo el borde libre. Evite que el gel entre en contacto con la cutícula o con los bordes laterales. De ser necesario, retírelo con un palillo de naranjo nuevo. (Recuerde que los palillos de naranjo no son higienizables). Lleve a cabo la aplicación desde el meñique hacia el índice (Figura 17-5).
9. **Cure el gel.** Coloque la mano en la lámpara durante el tiempo recomendado por el fabricante (Figura 17-6).
10. **Repita los pasos 8 y 9 en la mano derecha.** Repita luego el procedimiento para ambos pulgares.
11. **Aplique el gel nº 2, o gel de construcción, a la primera mano.** Aplique una capa generosa de gel en el centro desde la cutícula hasta el borde libre sobre la primera capa ya curada pero todavía pegajosa. Al depositar gel sobre la primera superficie, esta capa todavía pegajosa sacará el gel del pincel o del tubo. Aplique esta capa de gel sobre las cuatro uñas de la mano izquierda del cliente, desde el meñique hasta el índice (Figura 17-7).
12. **Cure el gel.** Coloque la mano en la lámpara durante 20 segundos. Esto "congelará" el gel en su sitio, pero seguirá listo para recibir nuevas capas finas.
13. **Repita los pasos 11 y 12 en la mano derecha.**
14. **Repita los pasos 11 y 12 en ambos pulgares.**
15. **Aplique una cantidad ligeramente menor de gel.** Comenzando desde la cutícula, aplique una línea de gel a un costado y luego repita el proceso del otro lado con pinceladas suaves, siempre dirigiéndose hacia el borde libre. Envuelva con gel toda la punta para sellarla y proteger el borde libre de la uña natural o postiza. En la mano izquierda del cliente, aplique en las cuatro uñas, desde el meñique hasta el índice (Figura 17-8)
16. **Cure el gel.** Coloque la mano en la lámpara durante el tiempo recomendado por el fabricante.
17. **Repita los pasos 15 y 16 en la mano derecha.**
18. **Repita los pasos 15 y 16 en ambos pulgares.**
19. **Retire los residuos pegajosos.** Limpie la superficie de toda la uña siguiendo las instrucciones del fabricante. El limpiador tiene habitualmente una base de acetona o alcohol (Figura 17-9).
20. **Examine el contorno de las uñas.** Las uñas de gel se liman fácilmente. Pula el contorno utilizando un abrasivo de grano 180.

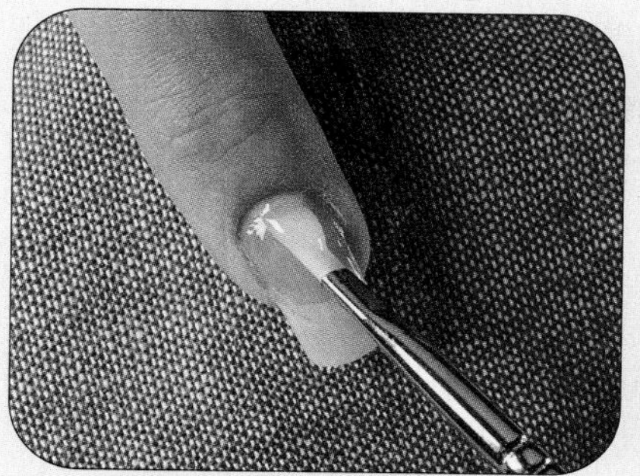

Figura 17-8 Aplique una menor cantidad de gel.

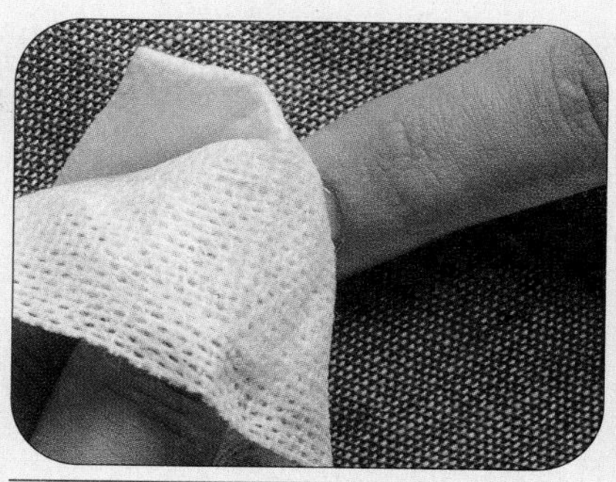

Figura 17-9 Retire los residuos pegajosos con un limpiador.

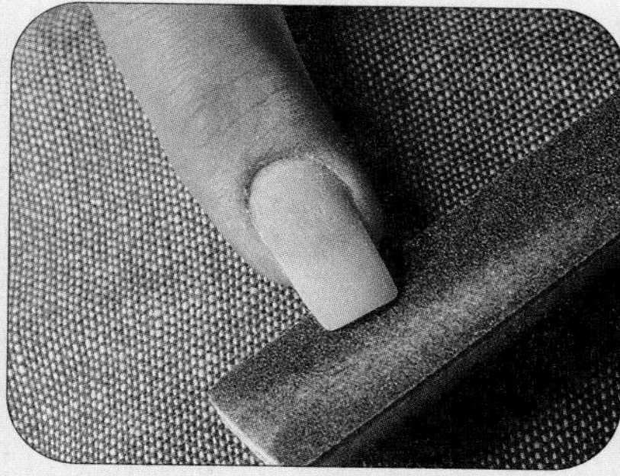

Figura 17-10 Lime, dé forma y cree el contorno de toda la superficie.

Lime cuidadosamente los bordes laterales y el borde libre para emparejar el gel (Figura 17-10). Lime el sesgo con la lima en un ángulo de 45° desde la parte superior de la curva hacia el borde libre. Compruebe el grosor del borde libre. Lime suavemente para emparejar las imperfecciones.

Aquí tiene un consejo:

Durante el procedimiento mantenga el pincel y el gel alejados de la luz para evitar que se endurezcan.

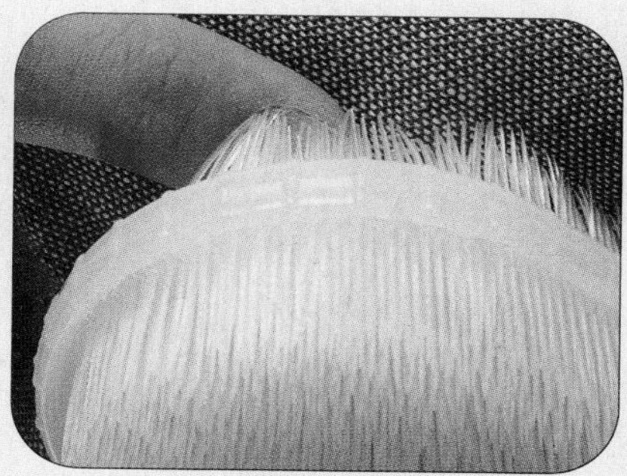

Figura 17-11 Elimine el polvo de las limaduras con un cepillo de manicura de nailon.

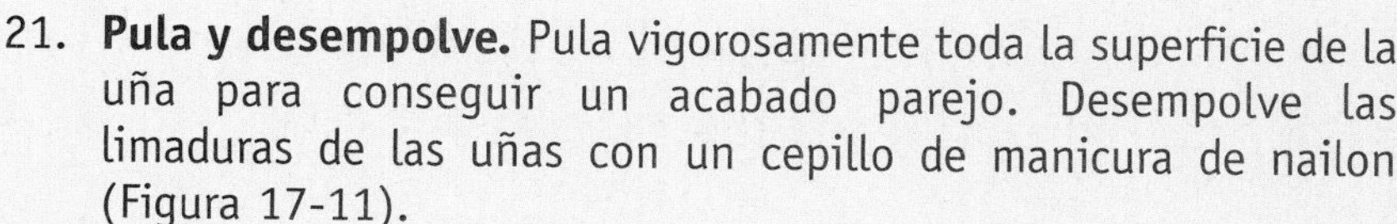

21. **Pula y desempolve.** Pula vigorosamente toda la superficie de la uña para conseguir un acabado parejo. Desempolve las limaduras de las uñas con un cepillo de manicura de nailon (Figura 17-11).

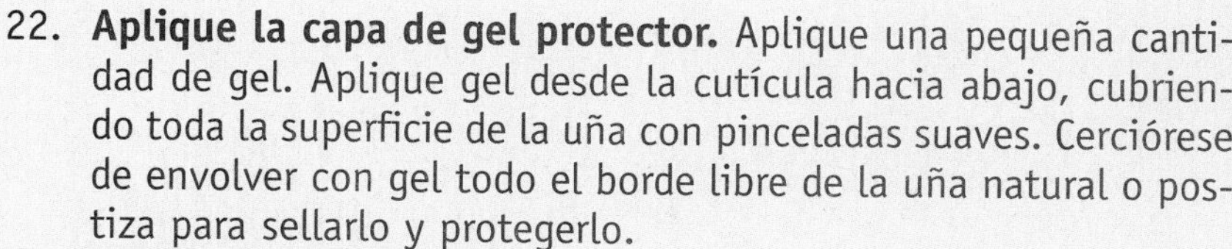

22. **Aplique la capa de gel protector.** Aplique una pequeña cantidad de gel. Aplique gel desde la cutícula hacia abajo, cubriendo toda la superficie de la uña con pinceladas suaves. Cerciórese de envolver con gel todo el borde libre de la uña natural o postiza para sellarlo y protegerlo.
23. **Repita los pasos 16 y 19.**
24. **Aplique el aceite para cutículas.** Frote el aceite para cutículas en la piel circundante y en la superficie de la uña (Figura 17-12).
25. **Aplique loción de manos y masajee la mano y el brazo.**
26. **Limpie las uñas.** Pídale al cliente que remoje las uñas en el aguamanil lleno de jabón líquido. Utilice un cepillo de uñas para limpiarlas sobre el aguamanil. Enjuague con agua y seque completamente con una toalla desechable limpia.
27. **Aplique esmalte** si así lo desea (Figura 17-13).

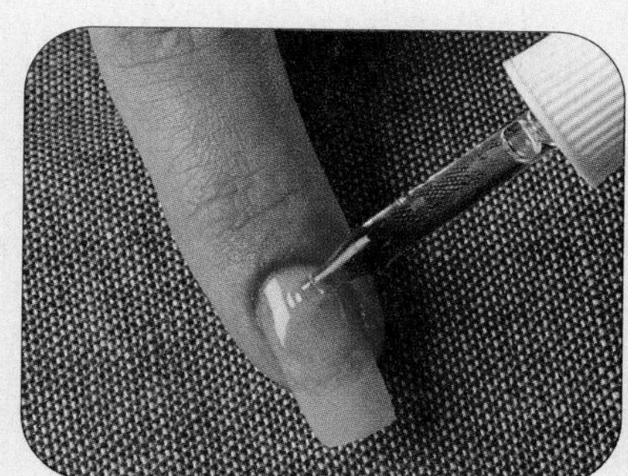

Figura 17-12 Aplique aceite para cutículas.

Figura 17-13 Aplique el esmalte.

Servicio posterior a la aplicación de gel

Su servicio de gel curado con luz ha finalizado. Siga el procedimiento posterior al servicio descrito a continuación.

1. **Concierte otra visita.** Concierte la siguiente visita de su cliente para mantener el servicio que acaba de darle o para llevar a cabo otro servicio.
2. **Sugiera la compra de productos.** Sugiera a su cliente que compre los productos que necesitará para mantener sus uñas durante la semana. El esmalte, las lociones, las capas protectoras, etc., todas son valiosas herramientas de mantenimiento con las que deberá contar.
3. **Limpie y organice su mesa.** Dedique tiempo a reponer la preparación básica de su mesa.
4. **Deshágase de los materiales usados.** Coloque todos los materiales usados en la bolsa de plástico del costado de la mesa. Vacíe frecuentemente la bolsa cuando esté realizando uñas de gel.
5. **Higienice su mesa y los implementos.** Cumpla con el procedimiento completo de higienización previo al servicio. En la mayoría de los casos, se estipula un periodo de 20 minutos de duración para este procedimiento de correcta higienización antes de poder utilizar los implementos con el siguiente cliente.

PROCEDIMIENTO 17-2

Gel curado con luz sobre moldes

Los clientes que desean fortalecer y alargar sus uñas naturales con uñas artificiales livianas pueden elegir uñas de gel sobre moldes.

1. **Complete el servicio previo a la aplicación de gel.** Coloque los insumos para gel curado con luz, incluyendo los moldes de uñas, sobre la mesa.
2. **Coloque los moldes de uñas.** Coloque los moldes sobre los diez dedos como lo haría con uñas acrílicas sobre moldes. No olvide higienizar los moldes reutilizables o utilizar moldes desechables nuevos.
3. **Aplique el gel sobre la uña natural.** Aplique el gel solamente sobre la uña natural, no sobre el molde de la uña (Figura 17-14).
4. **Cure el gel** (Figura 17-15).
5. **Cree un borde libre.** Aplique el gel sobre el molde de la uña para crear el borde libre.
6. **Cure el gel.**
7. **Aplique el gel sobre toda la uña.** Aplique gel sobre toda la uña, tanto sobre la uña natural como sobre el borde libre.
8. **Cure el gel.**
9. **Retire los moldes.**
10. **Dé forma al borde libre.**
11. **Aplique el gel a toda la uña ya sin el molde** (Figura 17-16).
12. **Cure el gel.**
13. **Retire los residuos pegajosos.** Limpie la superficie de toda la uña siguiendo las instrucciones del fabricante. El limpiador tiene habitualmente una base de acetona o alcohol.
14. **Compruebe los contornos de la uña.** Las uñas de gel se liman fácilmente. Defina de nuevo el contorno utilizando un abrasivo de grano 180. Lime cuidadosamente los bordes laterales y el borde libre para emparejar el gel. Lime el sesgo con la lima en un ángulo de 45º desde la parte superior de la curva hacia el borde libre. Compruebe el grosor del borde libre. Lime suavemente para emparejar las imperfecciones.

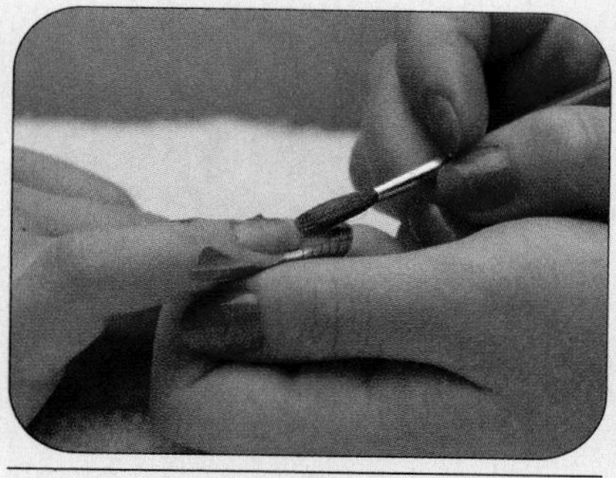

Figura 17-14 Aplique gel a la uña natural dentro del molde.

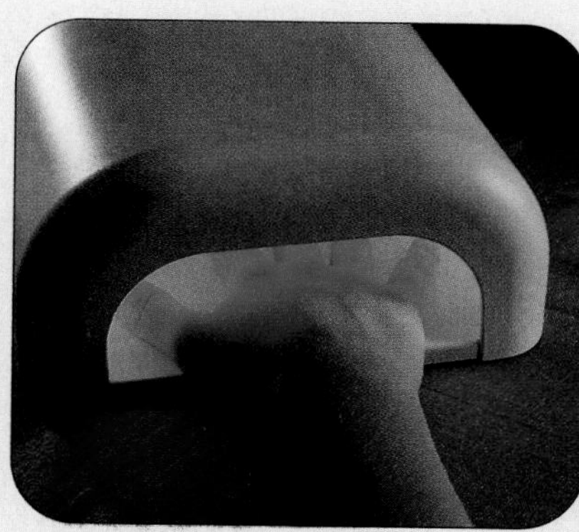

Figura 17-15 Cure el gel.

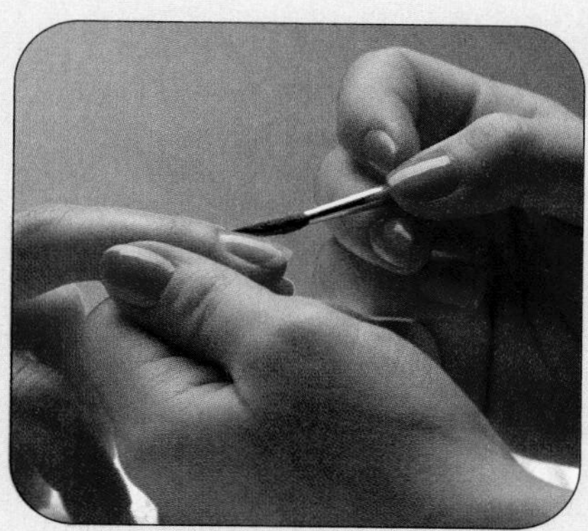

Figura 17-16 Aplique gel a toda la uña sin el molde.

15. **Pula y desempolve.** Pula vigorosamente toda la superficie de la uña para conseguir un acabado parejo. Desempolve las limaduras de las uñas con un cepillo de manicura de nailon.
16. **Aplique la capa de gel protector.** Aplique una pequeña cantidad de gel. Aplique gel desde la cutícula hacia abajo, cubriendo toda la superficie de la uña con pinceladas suaves. Asegúrese de envolver con gel todo el borde libre para sellarlo y protegerlo de la uña natural o de la postiza.
17. **Repita los pasos 12 y 13.**
18. **Aplique el aceite para cutículas.** Frote el aceite para cutículas en la piel circundante y en la superficie de la uña.
19. **Coloque loción de manos y masajee la mano y el brazo.**
20. **Limpie las uñas.** Pídale al cliente que remoje las uñas en el aguamanil lleno de jabón líquido. Utilice un cepillo de uñas para limpiarlas sobre el aguamanil. Enjuague con agua y seque completamente con una toalla desechable limpia.
21. **Aplique esmalte** si así lo desea.
22. **Complete el servicio posterior a la aplicación de gel.**

GELES SIN LUZ

Un gel sin luz es un monómero de cianoacrilato de viscosidad más espesa. Su nombre comercial genérico es superglue (pegamento espeso). Este material similar al gel puede aplicarse con un pincel, como el esmalte, o desde el envase mismo para colocar una capa delgada de gel sobre toda la uña, incluyendo el borde libre. Para endurecer la capa de "gel", se aplica una gota de activador sobre el "gel". Se puede aplicar al pincel, se puede rociar o se puede curar con agua. Una vez que las dos sustancias se combinan, el gel se endurece. Este sistema no requiere de la exposición a la lámpara U.V. para curar o endurecer. Se trata de un sistema de **gel sin luz**. A continuación se describe un procedimiento genérico para ilustrar la aplicación de geles sin luz. Cuando proceda a la aplicación real, deberá seguir cuidadosamente las instrucciones facilitadas por el fabricante.

Insumos

Además de los materiales que ya tiene en su puesto de manicura básico, necesitará los siguientes artículos.

Activador (a elección)

Barra pulidora

Uñas postizas

Adhesivo

PROCEDIMIENTO 17-3

Aplicación de gel sin luz

1. **Complete el servicio previo a la aplicación de gel.**
2. **Quite el esmalte.** Comience con el dedo meñique de la mano izquierda del cliente y siga trabajando en dirección al pulgar. Repita luego el procedimiento en la mano derecha.
3. **Limpie las uñas.** Pídale al cliente que remoje las uñas en el aguamanil lleno de jabón líquido. Utilice un cepillo de uñas para limpiarlas sobre el aguamanil. Enjuague brevemente las uñas en agua limpia.
4. **Repuje las cutículas.** Utilice un palillo de naranjo con algodón en las puntas o un repujador metálico para repujar las cutículas.
5. **Pula las uñas para retirar el lustre.** Pula ligeramente la superficie de la uña con un abrasivo medio/fino para retirar el aceite natural. Retire las limaduras con un cepillo.
6. **Aplique el antiséptico para uñas.** Aplique un antiséptico para uñas. Comience con el dedo meñique de la mano izquierda y trabaje en dirección al pulgar.
7. **Aplique uñas postizas si así lo solicitan.** Si el cliente desea uñas postizas, colóquelas de acuerdo con el procedimiento indicado en el Capítulo 14.
8. **Aplique el gel.** Aplique una capa fina de gel con un pincel o directamente desde el envase sobre toda la uña. Aplique el gel en las cinco uñas de una mano. Evite hacerlo sobre la cutícula porque el gel se levantará.

Aquí tiene un consejo:

Algunos geles se corren, por lo que deben aplicarse y curarse un dedo cada vez. Siga las instrucciones del fabricante.

9. **Cure el gel con activador o agua.** **Curado con activador:** Rocíe o aplique el activador con un pincel (también llamado secador de pegamento) sobre la superficie de la uña. Si utiliza rociador, sosténgalo por lo menos a 20 cm de las uñas del cliente para evitar la posibilidad que el cliente experimente una reacción de calor a causa del activador. **Curado con agua:** Sumerja las uñas en agua tibia entre 2 y 5 minutos, de acuerdo a las instrucciones del fabricante.

10. **Repita los pasos 8 y 9 en la mano derecha.**
11. **Aplique una segunda capa de gel y cure si fuese necesario.** Con los geles sin luz, puede no ser necesaria una segunda aplicación de gel. Para lograr una correcta aplicación, siga las instrucciones del fabricante.
12. **Esculpa y pula las uñas.** Esculpa y pula toda la superficie de la uña con un abrasivo medio/fino. Utilice movimientos suaves para eliminar las imperfecciones.
13. **Pula la uña.** Pula la uña con una barra pulidora para dar brillo.
14. **Aplique el aceite para cutículas.** Frote el aceite para cutículas en la piel circundante y en la superficie de la uña.
15. **Aplique crema de manos y masajee la mano y el brazo.**
16. **Limpie las uñas.** Pídale al cliente que remoje las uñas en el aguamanil lleno de jabón líquido. Utilice un cepillo de uñas para limpiarlas sobre el aguamanil. Enjuague con agua y seque completamente con una toalla desechable limpia.
17. **Aplique el esmalte.**
18. **Complete el servicio posterior a la aplicación de gel.**

GELES SIN LUZ Y ENVOLTURAS DE FIBRA DE VIDRIO/SEDA

Este procedimiento combina ambos sistemas. Desde hace 25 años, el uso de un sistema de capas de fibra de vidrio o de seda combinado con pegamento ha sido utilizado para fortalecer las uñas naturales. Avances recientes indican que alternando capas de geles sin luz con fibra de vidrio o seda se obtiene un sistema armonioso. La aplicación de capas de gel sin luz con fibra de vidrio o seda en superposición crea una combinación de fuerte entretejido para la mejora de la uña. Entre la primera y la segunda capa de gel se aplica una capa de envoltura.

PROCEDIMIENTO 17-4

Combinación de geles sin luz y envolturas de fibra de vidrio o seda

1. **Recorte trozos de fibra de vidrio o seda en tiras de menos de 0,6 cm de ancho por 1,2 cm de largo.** Ajuste y recorte el exceso de longitud de acuerdo con las medidas del lecho de las uñas del cliente. Evite que sobresalga el material.
2. **Coloque un trozo de fibra de vidrio o seda en diagonal sobre el gel húmedo.** Utilice un palillo de naranjo para ubicarlo cuidadosamente en su lugar. Coloque la primera tira desde la esquina superior izquierda en dirección a la esquina inferior derecha de la uña, ligeramente arriba de la zona de presión. Ubique la segunda tira desde la esquina superior derecha en dirección a la esquina inferior izquierda de la uña dibujando una "X."
3. **Active y aplique luego una segunda capa de gel.** Active y termine como en el procedimiento de gel sin luz.

MANTENIMIENTO Y REMOCIÓN DE GEL

Mantenimiento de gel

Tanto los geles curados con luz como sin luz deben recibir mantenimiento cada dos o tres semanas, dependiendo de la velocidad de crecimiento de las uñas del cliente. Utilice una lima de abrasivo medio y pula toda la uña para eliminar el brillo. Elimine el borde que ha vuelto a crecer limando la zona. Sostenga la lima horizontalmente sobre el saliente, y no en ángulo, pues puede dejar una muesca y dañar la superficie de la uña natural. Esculpa la uña y armonícela con la uña natural. Continúe puliendo hasta que desaparezca la línea entre el gel endurecido y la superficie de la uña natural. Cuide de no dañar la superficie de la uña natural por pulir excesivamente. Cuando la uña quede lisa, siga el procedimiento para la aplicación de gel sobre una uña natural.

Remoción de gel

Lea y siga el procedimiento recomendado por el fabricante para retirar las uñas de gel. Las capas de gel U.V. sólo pueden eliminarse puliéndolas capa por capa, pues son impermeables a la acetona y tampoco se pueden eliminar remojándolas. Las capas de geles sin luz que utilizan cianoacrilato pueden eliminarse remojándolas. Remoje las uñas del cliente en un pequeño recipiente con acetona entre 15 y 25 minutos sin sacar las uñas. Retire el producto reblandecido con un palillo de naranjo nuevo o un repujador metálico de cutículas desde la cutícula en dirección al borde libre. Repita el procedimiento hasta que haya eliminado todo el gel. Continúe con un suave pulido de las uñas naturales con una barra pulidora fina. De esta manera eliminará los residuos de pegamento. Acondicione la cutícula y la piel circundante con aceite y loción para cutículas o pase a una manicura.

NEGOCIOS CONSEJOS

La hora de las adolescentes

Aproveche el interés que tienen las adolescentes por la buena presencia e inícielas en el cuidado profesional de las uñas. El atractivo ideal incluye un 20% de descuento en todos los servicios para bailes del colegio y ceremonias de graduación. Póngase en contacto con las escuelas locales para averiguar cuándo ocurrirán esos eventos; luego corra la voz publicitando en los periódicos de las escuelas de bachillerato con seis a ocho semanas de anticipación. Otra opción es organizar una "noche de vuelta a la escuela". Decore el salón con colores divertidos, ofrezca refrescos e invite a las adolescentes a pagar una inscripción de $10,00 para una noche de formación en cuidado de uñas y manicuras de moda, además de una bolsa de regalo con muestras de productos. Muchos técnicos reportan haber tenido éxito al ofrecer descuentos en extensiones de uñas a los equipos de porristas, en manicuras deportivas al equipo de voleibol o hasta descuentos "por buenas calificaciones" para cualquier estudiante con un promedio de 3.0 o superior.

glosario del capítulo

curado con activador	Método de curar un gel sin luz rociando o aplicando a pincel un activador de gel sobre la lámina ungueal.
curado con agua	Método de curar un gel sin luz sumergiendo las uñas en agua tibia durante varios minutos.
gel curado con luz	Tipo de gel utilizado con uñas artificiales que se endurece al ser expuesto a una fuente de luz U.V. o halógena.
gel sin luz	Tipo de gel utilizado con uñas artificiales que se endurece al recibir la aplicación de un activador de gel por rociado o aplicación a pincel o al ser remojado en agua.
lámpara halógena	Lamparilla utilizada para endurecer algunas uñas de gel.
lámpara ultravioleta	Lamparilla especial que emite un espectro de luz más allá de los rayos violeta utilizada para endurecer algunas uñas de gel.

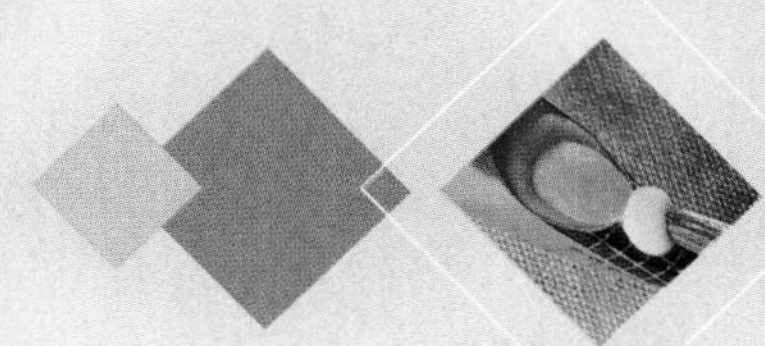

preguntas de revisión

1. Describa la diferencia química entre el gel U.V. y el gel sin luz.
2. Identifique los insumos necesarios para la aplicación de gel.
3. Exponga el procedimiento adecuado para la aplicación de gel curado con luz utilizando moldes, sobre uñas postizas y sobre uñas naturales.
4. Exponga el procedimiento adecuado para aplicar gel sin curado con luz sobre uñas postizas y sobre uñas naturales.
5. Explique cómo se pueden retirar ambos tipos de gel.

EL TOQUE CREATIVO

Autor: Rebecca Moran

RESEÑA DEL CAPÍTULO

Conceptos básicos y principios del arte de uñas • Creación del arte de uñas Laminado de oro • Pintura artística a mano • Uso de pistola de color para coloración de uñas y arte de uñas • Iniciación y finalización • Fundido de dos colores • Manicura francesa tradicional

PROCEDIMIENTOS

18-1 Aplicación de láminas de oro • 18-2 Aerografía • 18-3 Aplicación de fundido de dos colores • 18-4 Aplicación de manicura francesa tradicional

Objetivos de aprendizaje

Después de finalizar este capítulo, usted podrá:

1. **Describir tres insumos distintos de arte de uñas.**
2. **Describir las técnicas para utilizar tales insumos.**
3. **Demostrar una aplicación de arte de uñas.**
4. **Describir el uso de la rueda de colores.**
5. **Describir los pinceles básicos de arte de uñas y su utilización.**
6. **Describir los equipos de aerografía.**
7. **Demostrar las técnicas de aerografía adecuadas.**
8. **Describir el fundido de dos colores.**

Términos clave

El número de página indica dónde se utiliza el término dentro del capítulo.

El arte de uñas ofrece oportunidades ilimitadas de exteriorizar su creatividad y la personalidad única de su cliente. Existen numerosas herramientas e insumos con los cuales usted puede adaptar los diseños, junto con una variedad ilimitada de creaciones artísticas. Su imaginación y las preferencias del cliente son sus únicas limitaciones. Este arte se ha convertido rápidamente en uno de los servicios de valor agregado más populares ofrecidos por los salones. El arte de uñas le brinda a usted y a su cliente la flexibilidad de crear diseños que varían entre las formas de arte conservador, adecuado para el uso en oficinas, y las formas de la especialidad más extravagantes y expresivas para las vacaciones. Existen muy pocas limitaciones fuera de las normas de higiene y profesionalismo adecuados requeridos. Esta es una de esas habilidades adicionales que se aprenden al ser técnico en cuidado de uñas, con las cuales puede divertirse verdaderamente al realizar su trabajo (Figura 18-1).

Figura 18-1 El arte de uñas es la sección más creativa del trabajo del técnico en cuidado de uñas.

CONCEPTOS BÁSICOS Y PRINCIPIOS DEL ARTE DE UÑAS

Las reglas

Existiendo tantas formas de **arte de uñas** para elegir, aún la persona más atrevida en el sentido artístico puede producir obras de arte impresionantes. Sólo existen unas pocas reglas básicas a respetar para lograr el éxito en esta especialidad.

1. La primera regla es ser abierto. Nunca vea una pieza de trabajo o producto artístico pensando que jamás tendrá posibilidades de hacerlo. No existen las circunstancias en que esto pueda ser cierto. Los fabricantes de las líneas de productos de arte de uñas no tendrían éxito en esta industria si produjeran procedimientos tan complicados que sólo unos pocos elegidos podrían dominar. Se sorprenderá de lo fácil que son la mayoría de estos servicios, aplicando mucha paciencia y práctica.
2. La segunda regla es abrirse a todas las vías de los servicios de arte. Al principio elija aquellos los que se sienta más cómodo; luego, al adquirir más confianza, expanda su repertorio.
3. La tercera regla es siempre escuchar al cliente. Independientemente de lo sobresaliente que resulte su trabajo artístico, si no se adapta al estilo de vida o ámbito de comodidad del cliente, éste nunca estará satisfecho o tan emocionado como lo está usted.
4. La última regla es recordar siempre que, como han dicho numerosos artistas de todas las especialidades y formas durante años, en el arte no existen los errores, sólo las oportunidades creativas. Ralph Waldo Emerson escribió una vez: "Todo artista fue antes un amateur". Ambas frases son ampliamente aplicables a los artistas de uñas. Usted debe practicar más y más antes de convertirse en un profesional capacitado en el ámbito del arte de uñas. Pero con paciencia y perseverancia logrará el reconocimiento deseado.

Conceptos básicos

Existen muchos principios comunes entre las formas de arte de uñas. Los más generales son los siguientes:

1. Debe reservarse amplio tiempo para estos servicios. Presente sus servicios al cliente y explíquele los requisitos de tiempo de aquellos en los que éste se muestre más interesado, ya que algunos servicios de arte son relativamente rápidos mientras otros pueden tomar bastante tiempo. Esto lo obliga a respetar su cronograma de citas y brinda al cliente una idea realista de la cantidad de tiempo que pasará con usted, lo cual constituye una cortesía profesional para ambos.
2. Cuente con un exhibidor de sus diseños de arte de uñas organizado con gusto para su clientela y ámbito del salón. Viéndolo por adelantado, quita al nuevo cliente de arte la aprensión que pueda tener y los resultados previstos quedan mucho más claros para usted y el cliente. El exhibidor también generará interés en sus servicios de arte.
3. Presente precios competitivos. Para los servicios más mecánicos tales como el laminado, asegúrese que los precios presentados son adecuados para su especialidad y clientela. Siempre base los precios en el costo de los materiales, inversión de tiempo y disponibilidad general, pero asegúrese que los servicios comunes de la especialidad presentan precios competentes. Para los servicios de arte más especializados, tales como los diseños de pintura artística a mano, determine el precio de su trabajo en base a la inversión de tiempo, costo de los materiales y nivel de experiencia. Usted es un profesional. Asegúrese de determinar los precios razonablemente y esté preparado para brindar un trabajo artístico merecedor de los honorarios.
4. Invierta en herramientas de buena calidad. Éstas necesitarán mucho menos reemplazo aplicando el mantenimiento adecuado y le brindarán un resultado de mayor calidad. Ejemplos de herramientas en las que vale la pena invertir son los pinceles y compresores de aire. Éstos serán analizados más adelante en este capítulo.
5. Adquiera un par de tijeras pequeñas, tales como las de punta de cigüeña, para uso exclusivo en los servicios de arte de uñas. Los productos de arte pueden ser desafiladores y pegajosos, todo lo cual puede arruinar o contaminar sus productos de apliques de seda y fibra de vidrio. Dicha tijera le facilitará ampliamente el trabajo.
6. Deje que la uña esmaltada seque completamente antes de aplicar algún tipo de arte de uñas a menos que obtenga instrucciones en contrario, como es el caso del arte de uñas pintado a mano, más conocido como arte de uñas neto. Al aplicar ciertas formas de arte dimensional a una superficie despareja, la obra toma más tiempo en secar y endurecerse y es muy probable que no rinda el resultado deseado. Además, siempre permita que el arte de uñas seque totalmente antes de sellarlo por las mismas razones mencionadas. Al sellar el arte de uñas, tenga mucho cuidado de que el pincel de sellador no toque la superficie de la uña, ya que esto también puede arruinar el arte. Tome el pincel, cárguelo con una abundante gota de sellador y deje caer la gota sobre la superficie de la uña. Con el pincel, guíe suavemente la gota sobre toda la superficie de la uña hasta cubrirla totalmente. Esto se denomina **flotar la gota**, ya que el pincel básicamente flota sobre la superficie del sellador, guiando su fluir, pero nunca entrando en contacto con la superficie de la uña

propiamente dicha. Dominar esta técnica le ahorrará mucho tiempo y frustraciones, sin mencionar el trabajo artístico terminado.

El arte de uñas es una sección emocionante y creativa del trabajo del técnico en cuidado de uñas. Convierte las uñas en pequeños lienzos en los que puede pintar cuadros, crear diseños, realizar collage con piedras preciosas, láminas, aplicación de láminas y cintas o expresar el aspecto creativo de su cliente. En este capítulo obtendrá conocimientos funcionales básicos acerca de las formas más comunes de los productos, herramientas, insumos y procedimientos de arte de uñas. Sin embargo, siempre resta algo por aprender. Se recomienda firmemente explorar estas opciones y continuar capacitándose. Dicha recomendación se aplica especialmente al arte de pintura artística a mano y la aerografía, ya que en general, es más beneficioso e impresionante ver algo hecho a mano y en persona.

Teoría de los colores

Antes de poder producir exitosamente arte de uñas atractivo, es obligatorio contar con conocimientos funcionales de los colores y de cómo se relacionan, combinan, chocan y complementan unos con otros. En numerosos comercios de insumos de arte podrá obtener fácilmente guías de colores laminadas denominadas **ruedas de colores**. La rueda de colores ilustra e identifica los **colores primarios**, **secundarios**, **terciarios** y **complementarios** (Figura 18-2). Conocer las clasificaciones de los colores lo ayudará a seleccionar la gama del esmalte y pintura para su trabajo artístico que resulte placentera para la vista y refleje una imagen profesional. Este es un conocimiento obligatorio al seleccionar las pinturas para la pintura artística a mano y aerografía.

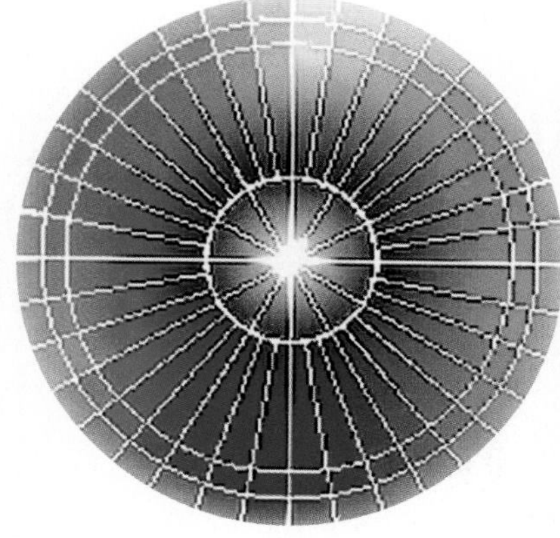

Figura 18-2 La rueda de colores

1. Los **colores primarios** son colores de pigmentos puros que no pueden obtenerse al mezclar otros colores. Son colores puros a partir de los cuales se crean todos los demás colores agregándoles distintas cantidades de negro y blanco. Los colores primarios son *rojo, amarillo* y *azul*.
2. Los **colores secundarios** son los colores que resultan directamente de mezclar partes iguales de dos colores primarios. Se ubican en el lado opuesto a los colores primarios en la rueda de colores y son colores complementarios de los colores primarios. Los colores secundarios son *naranja* (1:1 rojo y amarillo), *verde* (1:1 amarillo y azul) y *violeta* (1:1 azul y rojo).
3. Los **colores terciarios** son los colores que resultan directamente de mezclar partes iguales de un color primario y uno de los colores secundarios más cercanos. Los colores terciarios son *rojo anaranjado, rojo violáceo, azul violáceo, azul verdoso, amarillo verdoso* y *amarillo anaranjado*. También se denomina a los colores terciarios colores intermedios.
4. Los **colores complementarios** son aquellos ubicados directamente enfrentados en la rueda de colores. Al mezclar los colores complementarios en partes iguales producen un color marrón barroso neutral y al mezclarlos en partes desiguales producen un color neutral dominado por el color de la mayor proporción, brindando una sensación general de armonía. Sin embargo, al aplicar estos colores uno al lado del otro, se realzan mutuamente, resaltando de este modo cada color y resultando audazmente emocionantes para la vista.

El negro no es considerado realmente un color, pero se lo define como la presencia de todos los colores por igual y la ausencia de luz. *El blanco* tampoco es considerado un color, pero se lo define como la ausencia de todo color. Los colores ubicados uno al lado del otro en la rueda de colores (colores análogos) combinan bien y resultan bellos al aerografiar un fundido. Estos colores comparten el mismo color primario pero difieren en el segundo ingrediente dando como resultado varios matices del mismo grupo de colores.

CREACIÓN DEL ARTE DE UÑAS

Piedras preciosas

Las pequeñas imitaciones de diamantes son ornamentos populares del arte de uñas. Se presentan en diferentes tamaños, colores y formas. Las **piedras preciosas** agregan brillo, dimensión y textura a los diseños. Para colocar la piedra preciosa, aplique una pizca de capa protectora o sellador de arte de uñas sobre la uña en el lugar donde pegará la piedra. Humedezca la punta de un palillo de naranjo en agua, o si es una piedra preciosa grande, humedézcala en sellador de arte de uñas, levante la piedra tocando con el palillo húmedo el lado colorido y brillante de la piedra y colocándola sobre la uña en la zona preparada a tal fin. Las pinzas también dan buen resultado para manipular las piedras preciosas más grandes. Es posible que necesite presionar levemente la piedra preciosa al colocarla en la uña para lograr una mejor adhesión. Una vez aplicada la piedra preciosa, termine con una capa abundante de sellador de arte de uñas.

Si quita la piedra con acetona, presión moderada y un poco de paciencia, podrá reutilizarla. Si la parte posterior brillosa y reflectora se separa de la piedra durante el proceso de remoción, dicha piedra preciosa no podrá utilizarse nuevamente, ya que no reflejará su color.

Laminado

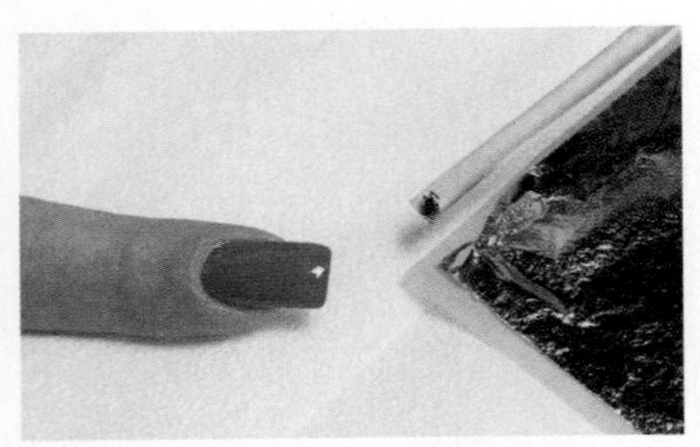

Figura 18-3 Uña preparada para el laminado

18

El **laminado** es una de las técnicas de arte de uñas más sencilla y rentable e inclusive brinda resultados sorprendentes y una oportunidad, y creativa y variedad ilimitada (Figura 18-3). Las láminas se presentan en una amplia variedad de colores y diseños con oro, plata y piel de víbora, entre los más populares. En la mayoría de los casos la lámina se vende en rollos de entre pocos centímetros a varios metros de largo, pero también puede conseguirse precortada. Si bien las láminas precortadas son fáciles de manipular y pueden resultar más convenientes, tienden a ser más costosas. Para aplique láminas, primero debe esmaltar la uña y permitir que seque totalmente. El color del esmalte se verá en algunos puntos, por lo tanto, debe seleccionarse de acuerdo al diagrama de color y/o diseño a aplicar. Una vez secada la uña, aplique una capa delgada y uniforme de **adhesivo de lámina**. Se trata de un adhesivo especial, sólo para laminado, generalmente en tono blanco o rosa y al humedecerse parece turbio. Cuando el adhesivo ya no resulta visible y se torna transparente, está en estado pegajoso y actúa como cinta adhesiva doble pegándose a la superficie de la uña y despegando la lámina del celofán. (No deje secar demasiado porque la lámina no se pegará al adhesivo). Sin embargo, si no se permite que alcance la etapa transparente, el adhesivo estará demasiado húmedo y no sólo la lámina no se pegará a éste sino que el esmalte de la uña se levantará de la misma al separar el recorte. Esta es la etapa más engañosa de todo el servicio. Mientras el adhesivo continúa con su proceso, elija la lámina a utilizar y tome pequeños recortes de cada color. Generalmente se utilizan entre uno y tres colores por uña y cada banda se corta de un largo de entre 2,5 y 5 cm, según la cantidad de colores a utilizar. En caso de elegir una pieza con diseño o desear toda la cobertura de un solo color, los recortes deben ser lo suficientemente grandes para cubrir cada uña y debe contar con las cantidades correspondientes.

Una vez que el adhesivo alcanzó su etapa transparente y pegajosa, sostenga cuidadosamente la lámina con sus dedos, con el lado brilloso y colorido hacia arriba y opuesto a la uña y el lado sin brillo y mate (generalmente dorado o gris) hacia la superficie de la uña. El primer método es tocar el reverso de la lámina (lado mate) rápidamente hacia la superficie de la uña separándose inmediatamente. Continúe haciendo el movimiento rápido de tocar y quitar (arriba y abajo) sobre la superficie de la uña hasta haber depositado la cantidad de color deseado sobre la uña. Sin embargo, al hacerlo, tenga en cuenta que en realidad, la lámina está siendo quitada de una plantilla de celofán y que una vez depositado el color, la lámina aparecerá vacía en dicha zona indicando que la próxima zona cubierta de la lámina debe entrar en contacto con la superficie de la uña. Si sólo la zona vacía toca la uña, ésta quitará el esmalte, ya que éste se pega al celofán y se levanta con el movimiento ascendente. En el segundo método se logra una cobertura más completa, ya que la lámina cortada se apoya suavemente en la superficie de la uña y es levemente frotada con su dedo o un palillo de naranjo. Al lograr la cantidad de cobertura deseada, retire lentamente el recorte de la uña. Este método resulta muy eficaz con las láminas premoldeadas con diseños de pieles de animales, florales y holósgrafos. Una vez aplicadas las láminas a las uñas, debe sellar la uña con sellador de arte de uñas. Como con todas las formas de arte de uñas, siempre *flote la gota* porque el color de la lámina puede correrse o rasparse si la superficie de la uña toma contacto con el pincel de sellador. Al secarse el sellador de arte de uñas, verá aparecer un atractivo efecto ondulante en la lámina. Este servicio toma muy poco tiempo y es muy popular y lucrativo.

Bandas adhesivas

Las **bandas adhesivas** se presentan en rollos u hojas de varios colores, anchos y largos. Si bien la selección de colores es abundante, el oro, plata y negro fueron los colores más populares durante años. Las bandas poseen un reverso pegajoso y sólo se aplican sobre uñas esmaltadas totalmente secas. Si se aplican las bandas sobre otro diseño, éste también debe estar seco. Usted puede tener en mente un modelo al comenzar o puede usar su imaginación para crear un diseño original cada vez.

LAMINADO DE ORO

La aplicación de láminas se realiza con materiales de consistencia parecida a la del laminado, extremadamente delgados y desprotegidos. Generalmente se presenta en plantillas, si bien ocasionalmente es posible encontrarlo suelto. Actualmente la aplicación de láminas se presenta en varios colores, pero siempre existió en oro y plata. Las plantillas de aplicación de láminas se comercializan en paquetes de entre 10 y 100 plantillas por envase. Este servicio es conocido más comúnmente como **aplicación de láminas** o **laminado de oro**, pero también se lo conoce como **pepitas** o **plantillas de pepitas**. Debido a que la aplicación de láminas es muy delicada, debe realizarla con gran cautela. Las plantillas se presentan empaquetadas en bolsas o envases con páginas de delgado papel tissue colocado entre las hojas de aplicación de láminas. Al quitar las plantillas del paquete, utilice pinzas o el papel utilizado para separarlas. La aplicación de láminas es muy liviana, se quiebra fácilmente y se desliza con la menor corriente de aire, por lo tanto, mantenga los paquetes cerrados en todo momento y fuera del alcance de la ventilación o ventiladores para evitar que las pequeñas piezas de aplicación de láminas floten por todo el lugar.

La aplicación de esta forma de arte es rápida y sencilla. Con la uña preparada como de costumbre, esmaltada y totalmente seca, aplique una capa delgada y uniforme de adhesivo de láminas. Cuando el adhesivo haya alcanzado la etapa pegajosa tornándose transparente, aplique el/los color/es deseado/s en pequeñas piezas o desde la plantilla en la/las zona/s pegajosa/s. Para ello, utilice pinzas o, para las piezas más pequeñas, un palillo de naranjo levemente humedecido. Frote suavemente con su dedo aplicando una presión leve. Si utiliza una plantilla obtendrá una cobertura más delgada y uniforme. Si utiliza trozos de láminas, obtendrá un aspecto de mayor textura produciendo el efecto de pepitas. Una vez finalizada la aplicación, selle la uña terminada flotando la gota de sellador sobre toda la uña. La aplicación de láminas constituye una gran forma de arte en sí misma o actúa como ornamento complementario para cualquier otra forma de arte. Por ejemplo, si pinta la mitad de la uña de rojo y la otra mitad de negro, podría resaltar el punto de unión de los dos colores aplicando laminado de oro o plata. Como con todas las demás formas de arte de uñas, debe recomendar que el cliente aplique capa protectora nuevamente cada tres o cuatro días para mantener buen sellado y terminación altamente brillante.

PROCEDIMIENTO 18-1

Aplicación de láminas de oro

1. **Esmalte las uñas y déjelas secar.**
2. **Aplique adhesivo en la zona que desea cubrir con oro** (Figura 18-4).
3. **Utilizando pinzas o un palillo de naranjo nuevo, coloque pizcas de oro sobre la uña y presiónelas suavemente en el adhesivo húmedo.** Continúe haciéndolo hasta completar el diseño (Figuras 18-5 y 18-6).

Figura 18-4 Aplique adhesivo.

Figura 18-5 Aplique lámina de oro.

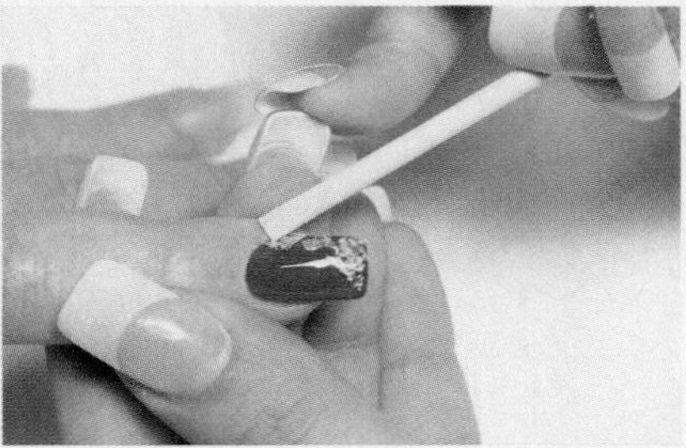

Figura 18-6 Complete el diseño.

4. **Utilice un palillo de naranjo para aplastar la lámina de oro en la uña** (Figura 18-7).
5. **Aplique sellador sobre la lámina de oro para terminar.** Deje secar. Si desea agregar bandas adhesivas o piedras preciosas, hágalo antes de aplicar la capa final de esmalte transparente (Figura 18-8).
6. **Podrá aplicarse una segunda o tercera capa de esmalte transparente de ser necesario para cubrir el diseño de la uña.** Deje secar brevemente cada capa antes de aplicar la siguiente capa (Figura 18-9).

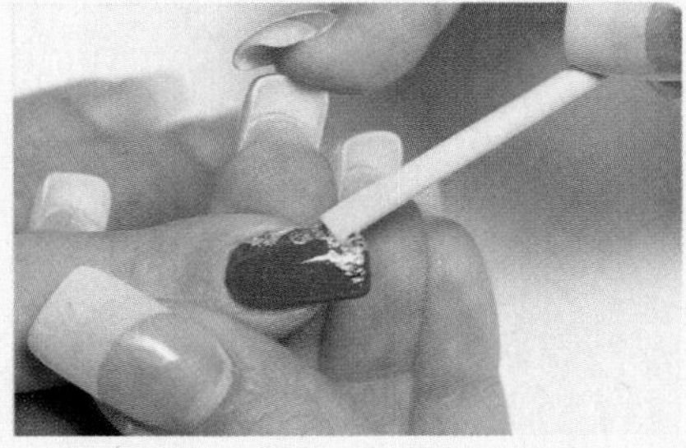

Figura 18-7 Aplaste la lámina de oro.

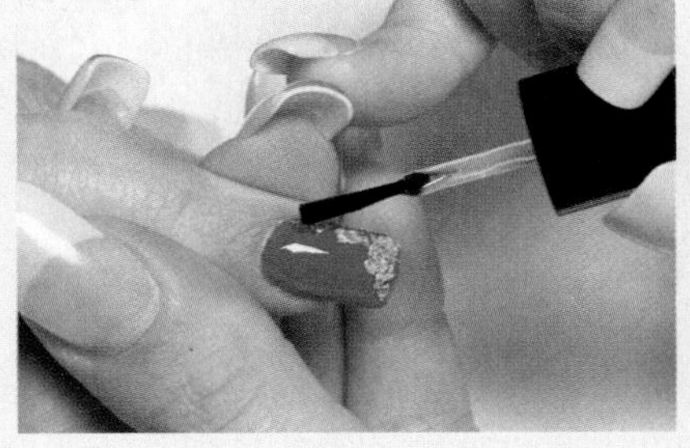

Figura 18-8 Aplique esmalte transparente.

Figura 18-9 Uña terminada con lámina de oro.

PINTURA ARTÍSTICA A MANO

Pintura artística a mano, también denominada **arte de uñas neto**, constituye una forma muy expresiva de arte de uñas, sin limitaciones de ningún tipo. Con *imaginación, capacitación, conocimiento, práctica* y *las herramientas adecuadas* podrá crear absolutamente todo lo que desee. Es obligatorio contar con una comprensión funcional de la teoría de los colores, así como poseer herramientas que trabajen a su favor. Los pinceles y pinturas son las herramientas más críticas para el arte de pintura artística a mano y también es importante la adecuada selección de las mismas. La calidad y familiaridad son necesarias para producir obras de arte terminadas, satisfactorias y de calidad.

Pinceles

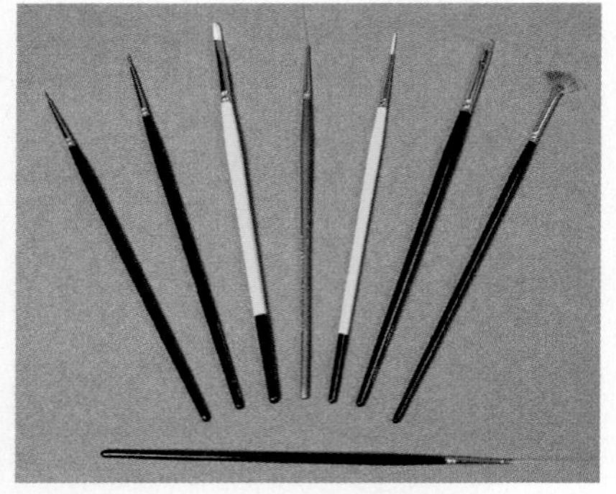

Figura 18-10 Selección de pinceles

Los **pinceles** se presentan en numerosos tamaños, formas y niveles de calidad. Existe una gran variedad de fuentes de cerdas que resultan en una gama de pinceles entre muy suaves y muy duros, pero para las pinturas al agua utilice cerdas sintéticas (Figura 18-10). Generalmente los tamaños más pequeños de pinceles son mejores para pintar uñas. Las **cerdas** pueden ser fabricadas de un solo material o la combinación de numerosos materiales. Los filamentos que conforman las cerdas o pincel propiamente dicho se unen e insertan en la férula. La anatomía de las cerdas es un factor que influye en el estilo, forma y rendimiento potencial del pincel. El extremo final de las cerdas, más alejado del mango, se denomina **punta**, **pie** o **borde de cincel**, según el estilo del pincel. Por ejemplo, los pinceles redondos poseen puntas o pies mientras que los pinceles planos poseen borde cincelado. La sección media de las cerdas se denomina **combadura** del pincel. Esta es la zona del pincel que retiene más agua y pintura. La zona del pincel donde las cerdas se unen con la **férula**, la parte metálica del pincel, se denomina **talón** del pincel, ubicado más específicamente al final de la férula propiamente dicha. Los pinceles más comunes utilizados en el arte de uñas neto son los siguientes.

Pincel redondo

Es el estilo de pincel más común y versátil. Posee una punta afinada y combadura grande. Cuenta con muy buena capacidad para soportar pintura y agua. Los pinceles redondos de pelos más suaves poseen una punta deseable en su extremo. Los de cerdas más duras no forman una punta en su extremo debido a los filamentos utilizados. Son flexibles y ofrecen buena cobertura resultando rendidores para los detalles intrincados debido a su punta fina en el extremo. Es un buen pincel para lograr numerosos diseños distintos de pincelada.

Pincel liner

Es un pincel muy versátil y posiblemente más común en la industria del arte de uñas que el pincel redondo mencionado. Es un muy buen pincel para detalles, preferiblemente para líneas, delineado e inscripciones.

Pincel plano

Este pincel posee una punta cuadrada con cerdas o pelos largos que le brindan mayor flexibilidad. También se lo denomina pincel matizador. El pincel plano soporta grandes cantidades de pintura y agua ofreciendo versatilidad para múltiples pinceladas. Al usarlo plano sobre la superficie a pintar brindará pinceladas largas y fluidas. Al usarlo de punta, también denominada borde cincelado, con el mango en vertical, brinda líneas finas. Es también un pincel que permite técnicas tales como doble carga, combinado y matizado.

Pincel bright (cuadrado)

Es un pincel corto y plano. La brevedad de las cerdas brinda al pincel movimientos más duros resultando en una mayor textura de la pintura y mayor control.

Pincel de abanico

Este pincel es otra versión de pincel plano, sólo que la férula está modificada de modo que las cerdas o pelos se esparcen como un abanico. Este pincel se utiliza más comúnmente para el combinado y efectos especiales. Al utilizarse en técnicas de pincel seco, este pincel levemente cargado con pintura en la punta y flotado en la superficie a pintar brinda un efecto similar al de la aerografía. Es un pincel bastante común en el arte de uñas y posee numerosas aplicaciones útiles que se logran con poca práctica.

Pincel spotter (redondo corto)

Este pincel también se denomina *delineador*. Es un pincel corto y redondo con muy poca combadura, pero de punta muy fina en el extremo. Es otro pincel común para el profesional en arte de uñas, ofrece máximo control para los trabajos intrincados y detallados.

Pincel striper (angular)

Este pincel se presenta en varios largos. El pincel striper es extremadamente largo y plano, con unos pocos filamentos. Es increíblemente eficaz para crear líneas largas, efectos rayados y diseños de pieles de animales ("animal prints"). La versión más corta de este pincel, denominada **rayé (stripette)** o **striper corto** produce efectos similares. Para el principiante es un desafío controlar este pincel , pero con relativa poca práctica puede dominarse fácilmente y convertirse rápidamente en el mejor amigo del profesional en arte de uñas.

Existen otros estilos de pinceles para el artista, todos con sus propios efectos especiales. Sin embargo, se recomienda comenzar con una gama de colores y provisión de pinceles limitadas. Esto brinda mayores posibilidades al artista novato para dominar los conceptos básicos al comenzar, evitando la confusión abrumadora de las herramientas extra. A medida que aumenten sus habilidades artísticas, expanda su provisión de herramientas y cartera de diseños. Poseer un buen pincel liner, striper, redondo, abanico, plano y delineador es más que suficiente para comenzar. Otra herramienta útil, complementaria para el artista de pintura artística a mano es el **marbleizer** , también conocido como **estilete**. Se presenta en varios tamaños con mango de madera en el centro y extensión de metal a los lados con punta esférica. Las puntas esféricas varían en tamaño y son excelentes para crear pequeños círculos de color en la uña, creando diseños de puntos, ojos, burbujas y mucho más. Además, se los puede utilizar para arremolinar gotas de pintura o esmalte de distintos colores sobre la superficie de la uña brindando una terminación marmolada.

Pinceladas

Las pinceladas se logran de varias maneras, pero todas se reducen a tres conceptos básicos: presión, pasada y posición. La **presión** se refiere a la cantidad de fuerza que el artista imprime al pincel en el movimiento de la pincelada. Cuanta más presión se aplica, mayor es la zona cubierta y más ancha la pincelada. En tanto se reduce la presión, el ancho de la pincelada disminuye en consecuencia. Cuando la presión se va quitando gradualmente al pasar el pincel sobre la superficie de la uña, la raya tendrá un efecto afilado llegando a un punto en que la punta del pincel se levanta y sale de la uña.

El segundo concepto básico es la **pasada**. El técnico en cuidado de uñas debe aprender a pasar el pincel, no empujarlo. Pasar el pincel por la superficie a pintar resulta en un movimiento fluido. Empujarlo resultará en un movimiento brusco y salpicado, difícil de controlar. Sería como escribir con una lapicera de caligrafía en sentido ascendente, difícil y desprolijo en el mejor de los casos.

El tercer concepto básico es la **posición**. La posición se refiere a cómo se sostiene el pincel respecto de la uña. Se toma de dos maneras: de manera recta arriba y abajo, tocando sólo la punta la superficie de la uña, como con un pincel spotter, o de manera de apoyar las cerdas en forma parcial o total al través en la superficie de la uña y pasando el pincel transversalmente sobre ésta. La primera posición es para trabajos detallados tales como inscripciones, detalles intrincados y delineado. La segunda sería para hacer rayas. Apoye el pincel de punta a talón sobre la uña en el punto de inicio y páselo hacia el punto de finalización haciendo una raya fluida y uniforme. Levántelo solo después de que la combadura haya alcanzado el punto de finalización tirando arriba y afuera. No lo haga abruptamente, ya que logrará una terminación desprolija. Al combinar la presión, pasada y posición con el estilo del pincel y agregar un pequeño giro o curva se sorprenderá de los numerosos diseños de pincelada que puede crear con sólo unos pocos pinceles. Algunas de las pinceladas más versátiles incluyen la coma (renacuajo), “C”, hoja, “S”, cinta y lágrima (Figura 18-11).

Figura 18-11 Las pinceladas más versátiles incluyen la coma (renacuajo), “C”, hoja, “S”, cinta y lágrima.

18

Técnicas de diseño

Rayas de animales

En el caso de la cebra, pinte o esmalte toda la superficie de la uña con blanco y rayas de pintura negra (Figura 18-12). En el caso de las rayas del tigre, pinte o esmalte la uña de dorado, bronce o cobre y pinte rayas con pintura negra. También existen distintas variantes de color que dan buenos resultados y son bastante populares tales como negro sobre morado, azul o rosa. Utilizando su pincel liner o striper corto, cargue los tres cuartos inferiores del pincel con pintura. Toque con la punta del pincel un lado de la uña y apoye el resto del pincel en la uña hacia la combadura. Su punto de detención debería ubicarse en o cerca del centro de la uña. Pase el pincel al través de la uña hacia el centro con un movimiento levemente ondulante, levantándolo arriba y afuera de la uña cuando pasa cerca de la zona de detención. Continúe hacia un lado dejando amplio espacio entre las pinceladas para que éstas se unan en la zona central con la pincelada opuesta proveniente del otro lado. Poseer un poco más de pintura en la punta extrema del pincel agrega grosor al punto de inicio.

Figura 18-12 Las rayas de animales son bastante populares.

Corazones

Los corazones son mucho más fáciles de lograr de lo que parece (Figura 18-13). En la superficie a pintar preparada, coloque tres puntos formando un triángulo invertido. Luego, una los puntos con el delineador como si dibujara con un lápiz sosteniendo el pincel derecho arriba y abajo. En el medio de los dos puntos superiores, dé al diseño forma de "v", adoptando un borde redondeado desde los puntos superiores hacia afuera del diseño y en descenso hacia el punto inferior uniendo todos los puntos en una "v" en la parte inferior. Está creando una pequeña "v" arriba, dentro de los límites de la "v" más grande que une dos semicírculos superiores.

Figura 18-13 Los corazones son más fáciles de lograr de lo que parece.

Pétalos de flores

Cree los pétalos cargando un pincel plano n° 2 o más pequeño con color más oscuro de un lado y color más claro del otro lado. Esto es una *doble carga.* Coloque la punta del pincel sobre la uña preparada. Apoye el pincel hasta la mitad de su longitud en la uña. Dé un cuarto de giro a un lado del pincel aplicando mayor presión al comienzo y menor hacia el final del movimiento. Luego pase el pincel hacia el final del pétalo, es decir hacia el centro real de algunas flores, levantando hacia arriba y afuera al acercarse al punto de finalización. Esta pincelada le brindará una lágrima ancha creando un pétalo de flor. Al aplicar la doble carga obtiene automáticamente un efecto matizado / resaltado. Un detalle importante de la doble carga es que el resaltado permanece del mismo lado de la flor, es decir, que el pincel debe comenzar en la misma posición, con los colores ubicados igual para cada pétalo. Otro tipo de pétalo de flor se logra utilizando un pincel liner n° 10/0, apoyando la punta sobre la superficie a pintar preparada, aplicando presión y dando la pasada. Al pasar hacia arriba y afuera mueva el pincel en forma de "C" suave angostando la pincelada al final. Esto se denomina *pincelada en forma de coma.* Estas dos pinceladas pueden resultar en varios diseños al utilizarse en forma individual o grupal (Figura 18-14).

Figura 18-14 Pétalos de flores

Hojas

La hoja se logra del mismo modo que el pétalo de flor, formando la sección más angosta de la pincelada la parte exterior de la hoja. Para agregar ancho y dimensión a la hoja, aplique doble carga a un pincel plano pequeño con dos matices de verde. Comience con el pincel plano sobre su borde cincelado, perpendicular a la uña. Presione, dé un cuarto de giro hacia izquierda o derecha, levante y tire hacia arriba. Observe la naturaleza y cópiela.

Tallos y ramas

Éstos se incorporan fácil y rápidamente al diseño con pinceles striper, liner o planos. Con el striper o liner, simplemente pase el pincel aplicando más presión donde desea ancho y menos donde no lo desea. Con el pincel plano, apóyelo en el tallo o rama utilizando sólo el borde cincelado del pincel y colocándolo en su lugar. Experimente con combinaciones de líneas ornamentadas con flores, puntos y corazones. Se sorprenderá de la cantidad de diseños posibles que puede crear. Como siempre, se recomienda firmemente el aprendizaje y capacitación directos continuos, especialmente al comienzo. Buena suerte y a DISFRUTAR.

Aquí tiene un consejo:

Para crear diseños verdaderamente dimensionales, todos o parte de éstos deberán poseer capas base. La pintura base blanca o gris claro realzará la riqueza del color. De lo contrario, el color de fondo de la uña interferirá con otros colores y les impedirá destacarse como tono o tinte original. Esto se denomina *neutralizado del lienzo.*

Pintura de acrílicos de colores

La variedad de acrílicos de colores, acrílicos transparentes con aditivos resplandecientes o brillosos y sus variantes abrió una nueva puerta para el artista de uñas. Dominar la aplicación de acrílico, conocer los colores y las pinceladas lo colocan a la vanguardia de la magia del diseño. "Pintar" con acrílicos puede resultar tan recompensante como cualquiera de las formas de arte antes mencionadas. Experimente con sus propios diseños o busque fabricantes de acrílicos de colores y sus aditivos. También existen clases y videos educativos continuos para asistirlo en el desarrollo de todo su potencial.

USO DE PISTOLA DE COLOR PARA COLORACIÓN DE UÑAS Y ARTE DE UÑAS

Aerografiar uñas se convirtió en un servicio popular de los salones. Muchos técnicos en cuidado de uñas están ofreciendo a sus clientes una alternativa a la coloración de uñas tradicional aerografiando el color de las uñas para sus clientes. Pueden lograrse combinaciones sutiles de colores aerografiando dos o más colores sobre la uña al mismo tiempo. Esta técnica se denomina **fundido de colores** o **combinación de colores** (Figura 18-15). Por aerografiar el color de las uñas el técnico en cuidado de uñas puede cobrar un precio adicional por la técnica especial de coloración de uñas.

Figura 18-15 Fundido de dos colores

18

Una de las técnicas más populares utilizadas en la aerografía es la **manicura francesa** (Figura 18-16). La manicura francesa aerografiada no presenta protuberancias o irregularidades en la punta blanca. La aplicación es muy suave y la punta blanca presenta una forma perfecta en todo momento. La manicura francesa aerografiada se logra tan rápidamente como el esmaltado manual, aunque puede cobrarse extra por el servicio de aerografía.

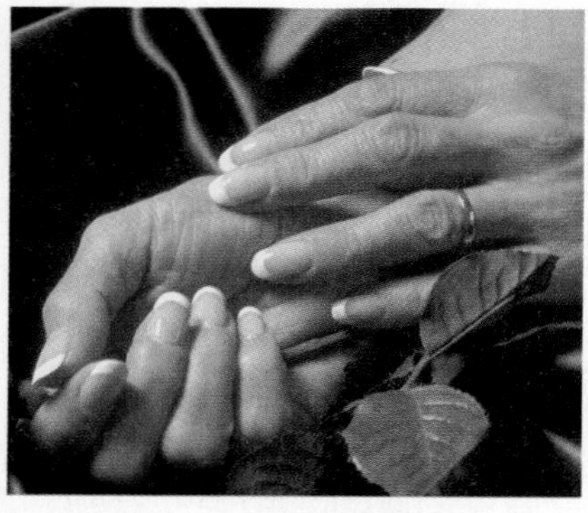

Figura 18-16 Manicura francesa

La uña es una superficie dura que carece de la capacidad de absorción del género, como lo es una remera. Es imposible arrastrar el aerógrafo sobre la uña, ya que la pintura se tornará porosa y caerá de la uña. Debe utilizar una *herramienta de diseño,* como por ejemplo un **molde** o **papel de molde** (Figura 18-17). Existen en el mercado moldes y papeles de molde precortados con diseños incorporados. Usted puede cortar a su gusto sus propios diseños utilizando una **navaja para moldes** en moldes o papeles de molde no cortados (Figura 18-18). Coloque el material a cortar sobre una plancha de vidrio o placa autorregenerable y corte cuidadosamente el diseño con la navaja para moldes. Use todo el borde de la navaja, no solo la punta de la hoja u obtendrá un corte desparejo y dentado.

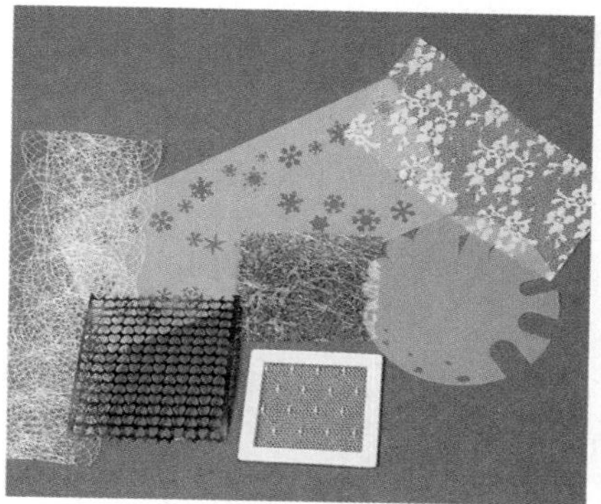

Figura 18-17 Los moldes se fabrican de plástico, papel o género.

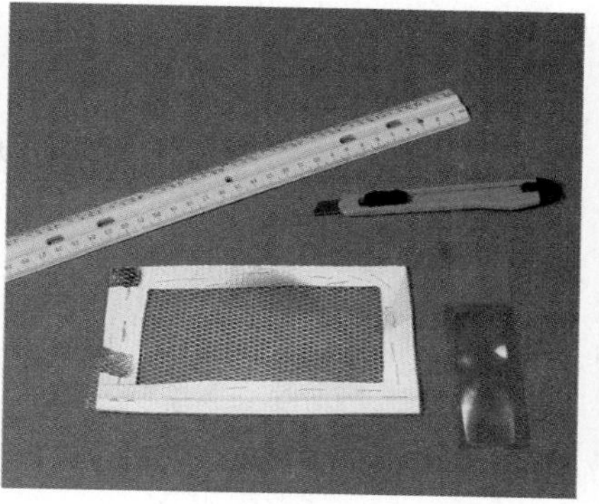

Figura 18-18 Moldes adaptados con papel y navaja

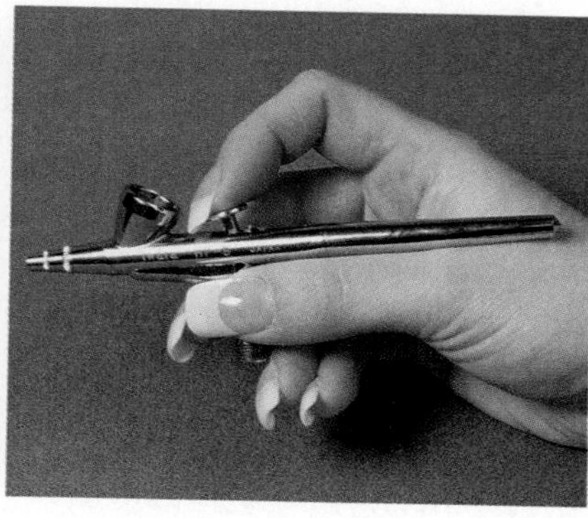

Figura 18-19 Aerógrafo de doble acción

Equipos de aerografía y su funcionamiento

El aerógrafo parece una pequeña pistola rociadora. Utiliza aire comprimido para impulsar la salida de la pintura por la punta creando un vapor de pintura suave. Existen numerosos tipos de aerógrafos adecuados para aerografiar las uñas de las manos. Algunos aerógrafos están fabricados con partes de metal. Actualmente existen otros fabricados de resina resistente al solvente (Figura 18-19).

Todos los aerógrafos se basan en el mismo principio de funcionamiento. Combinan aire y pintura para formar un rocío atomizado para pintar. Los aerógrafos se diferencian por (1) el tipo de acción del disparador, (2) el espacio de mezcla del aire y la pintura y (3) la facilidad de uso y mantenimiento. Todos los aerógrafos poseen una pequeña **boquilla de fluidos** con forma afinada también denominada **punta** en la cual se inserta una **aguja** afilada (Figura 18-20). Cuando la aguja se inserta ajustada en la boquilla de fluidos, no se libera pintura al accionar el gatillo. Cuando la aguja se retrae, el aerógrafo comienza a liberar pintura. Cuanto más se retrae la aguja, más pintura se libera. El control de la cantidad de pintura liberada varía según los diferentes tipos de aerógrafos.

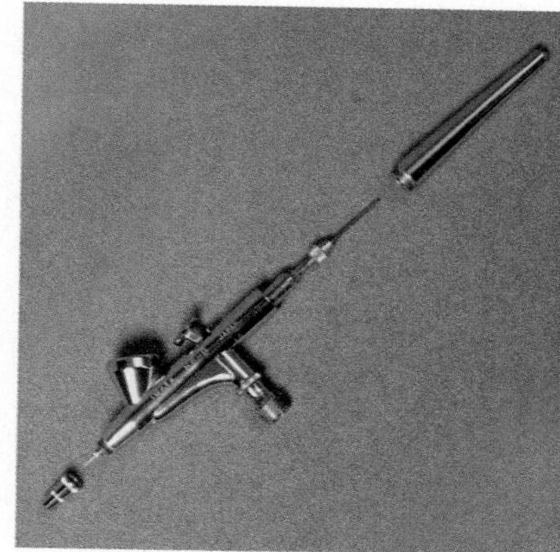

Figura 18-20 Partes del aerógrafo: mango, casco/cuerpo, boquilla/punta, cubeta, aguja

Actualmente existen en el mercado muchas marcas distintas de sistemas de aerografía. Debe evitar aquellos diseñados para aplicación de grandes cantidades de pintura, ya que no resultan económicos o prácticos para el aerografiado de uñas. Los aerógrafos con sifón grande adherido bajo el cuerpo de la pistola tardan demasiado en cambiar el color y no ofrecen las características que deseará encontrar como artista de aerografía de uñas.

Algunos sistemas de aerografía están diseñados para pintura **accionada por gravedad** (la gravedad impulsa la pintura dentro del aerógrafo); mezclan la pintura con el aire dentro del aerógrafo (**mezcla interna**). Este tipo de aerógrafo por lo general posee un **recipiente de color** o **pequeña cubeta de color** para colocar la pintura dentro del aerógrafo. El recipiente de color (también denominado **receptáculo**) es un orificio en la parte superior del aerógrafo en el que se colocan gotas de pintura. Si el aerógrafo posee una cubeta de color para pintura, ésta puede estar ubicada en la parte superior del aerógrafo o estar adherida al costado del aerógrafo.

Si bien redujimos la variedad de aerógrafos a elegir, aún existen muchas diferencias entre los aerógrafos disponibles. Al adquirir el aerógrafo, conserve el gráfico del fabricante que lo acompaña para futura referencia. Este gráfico reseña el armado correcto del aerógrafo, así como los números de orden de las partes en caso de extravío o rotura de las mismas.

La **manguera de aire** conecta el aerógrafo al compresor, que constituye la **fuente de aire**. Cada aerógrafo posee un tamaño único de conexión, asegúrese que la medida de la manguera es adecuada para su aerógrafo. Es mejor adquirir la manguera y el aerógrafo al mismo tiempo. El extremo de la manguera que se conecta al compresor por lo general es una manga de 6,35 mm, si bien existen algunas fuentes de aire con diferente medida de conexión. Si encuentra que su manguera no se adecua a alguna o ambas piezas del equipo, existen adaptadores para estos casos.

La elección más común en fuentes de aire para la aerografía de uñas es un compresor pequeño. El compresor toma aire de la habitación en la que está trabajando y lo comprime. Es posible que requiera un regulador de presión de aire conectado al compresor para controlar la presión de aire liberada en la manguera. La mayoría de los técnicos en aerografía de uñas trabajan con una presión de entre 1,75 y 2,46 atmósferas métricas por centímetro cuadrado (cm2). Requerirá una válvula o separador de humedad para su sistema de aerografía, ya que utiliza aire del ambiente en el que está trabajando y siempre existe humedad o agua en el aire. Cuando el aire comprimido proveniente del compresor alcanza la manguera de aire, comienza a acumularse la humedad en la manguera. La humedad formará gotitas de agua que eventualmente serán expulsadas del aerógrafo. El separador de humedad impedirá que esto suceda. Necesitará pintura de aerografía, limpiador de aerógrafo y esmaltes para uñas adecuados para proteger la pintura de aerografía sobre la uña.

Verifique que el folleto y etiqueta del producto mencionen claramente que los productos utilizados son recomendados para el uso en las uñas. Utilice los productos de aerografía según las instrucciones del fabricante para asegurarse que está respaldado por la responsabilidad del fabricante. Si no está seguro si el producto de aerografía es recomendado para el uso en uñas, verifíquelo con el fabricante antes de usarlo. Solicite un documento escrito para su archivo si la etiqueta no es clara.

Consulte a su distribuidor de belleza o uñas profesional para examinar los diferentes tipos de equipos y productos de aerografía existentes. Muchos fabricantes ofrecen sistemas completos para aerografía de uñas que incluyen todo lo necesario para comenzar. Es posible que su escuela posea distintos tipos o marcas de equipos para experimentar. Busque seminarios que le permitan alquilar los equipos antes de comprometerse a adquirirlos.

INICIACIÓN Y FINALIZACIÓN

Organización y práctica

Al comenzar a practicar, necesitará una mesa, buena iluminación, un asiento cómodo, el equipo e insumos de aerografía. Prepare una cantidad de uñas postizas a ser aerografiadas colocándolas en una superficie y que cuenten con capa base. Ensamble aerógrafo, manguera y compresor según las instrucciones del fabricante. Coloque las pinturas y esmaltes de aerografía en una bandeja, carro rodante, cajón o portaesmaltes accesible. Disponga sus herramientas de diseño y limpieza en una bandeja, cajón o carro rodante listas para usar. Coloque su limpiador de aerógrafo en una botella atomizadora.

Establezca una zona de limpieza para el aerógrafo a un lado del área de trabajo. Cualquier lugar es adecuado en tanto usted se sienta cómodo. Se recomienda organizarse de modo de contar con un carro rodante separado para todos los equipos e insumos de aerografía. También puede usar uno de los cajones que se encuentre a una altura cómoda al sentarse en su mesa de trabajo. Abra el cajón y fórrelo con toallas de algodón o papel. Dentro del cajón, coloque la bandeja o pote plástico en el que rociará el aerógrafo al limpiarlo. Ya sea que utilice una bandeja, escudilla o pote abiertos, forre el interior con abundante material absorbente para evitar que el excesivo rocío rebote en la parte inferior del recipiente y salpique hacia afuera y los alrededores. Coloque los pinceles de limpieza, la botella de limpiador de aerógrafo y otros artículos limpiadores en el cajón abierto. Evite rociar en el cesto de basura, ya que brinda una imagen poco profesional y antihigiénica.

Comience a practicar en papel absorbente. Algunos fabricantes sugieren que al comenzar a aerografiar en el día, se coloquen unas pocas gotas de limpiador en el aerógrafo y se rocíen en la estación de limpieza. Esto humedece el interior del aerógrafo y las pinturas de uñas del aerógrafo se moverán mejor a través del mismo. Para familiriarizarse con el funcionamiento del aerógrafo, comience a rociar en el papel a aproximadamente 5 ó 7 cm de la superficie del papel. Lo primero que nota la mayoría de la gente, si está rociando adecuadamente, es que no ve cómo la pintura de aerografía sale del aerógrafo. Parecerá que la pintura aparece mágicamente sobre el papel frente a usted.

Para aerografiar adecuadamente, es necesario mover todo el brazo arriba y abajo, en diagonal o de lado a lado para esparcir el rocío del aerógrafo en la superficie. ¡No mueva el aerógrafo desde la muñeca! Ésta debe permanecer derecha y relajada. Si mueve el aerógrafo desde la muñeca, encontrará que el color aerografiado es desparejo en cobertura e intensidad. Esto sucede porque el aerógrafo comienza lejos de la superficie, se acerca cuando su muñeca se extiende y luego se aleja cuando su muñeca completa el movimiento. Si se da cuenta de que está moviendo la muñeca, tome su muñeca con la otra mano mientras practica y mueva intencionalmente todo el brazo. Luego de un tiempo, sus movimientos se corregirán solos y los realizará adecuadamente.

Practique rociando una hilera de puntos uniforme. Cuando el punto aparezca donde usted lo desea, habrá aprendido cómo dirigir su aerógrafo adecuadamente. El siguiente paso en la práctica es dibujar líneas. Para dibujar líneas rizadas, debe ubicar la boquilla del aerógrafo muy cerca del papel. Cuanto más aleje el aerógrafo del papel, más anchas y suaves serán las líneas. Luego de experimentar con puntos y líneas, dibuje un cuadriculado en el papel trazando líneas horizontales y verticales superpuestas. Esto creará hileras de cajas. Coloque un punto en cada caja. Ahora está preparado para practicar la técnica utilizada para aerografiar uñas.

Al aerografiar uñas, la distancia de la uña dependerá del tipo de aerógrafo utilizado. La mayoría de las personas utiliza el aerógrafo a cinco o siete centímetros de la superficie de la uña. Sobre el papel, rocíe una caja suave y uniforme de color moviendo el brazo atrás y adelante lentamente. Logre color uniforme sin líneas moviéndose atrás y adelante sobre la misma zona unas cuantas veces. Si ve trazos o líneas en el papel y no una caja de color uniforme y suave, el aerógrafo está muy cerca del papel o usted está liberando demasiada pintura de una vez. Practique esta técnica hasta poder lograr una cobertura uniforme de color sobre el papel, sin trazos (Figura 18-21).

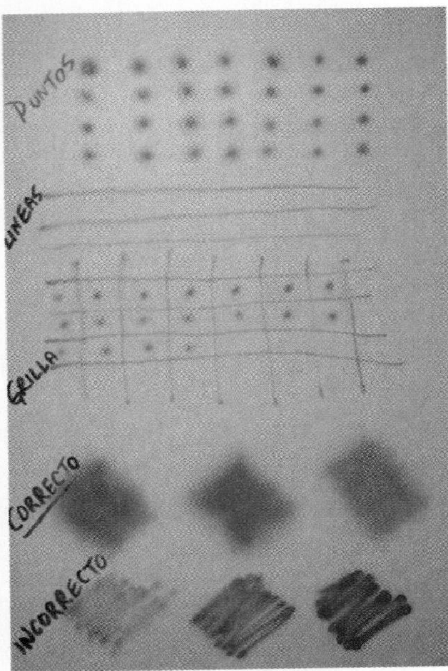

Figura 18-21 Practique sobre papel para lograr una cobertura de color uniforme.

Ahora está preparado para practicar en las uñas postizas. Coloque las uñas postizas con capa base con una separación de aproximadamente cinco o siete centímetros sobre la superficie de práctica. Cubra la uña suavemente con el color del aerógrafo. Las repetidas pasadas sobre la uña realzarán el color de uñas aerografiado. Al comenzar a aprender, muchas personas se impacientan y desean ver el color al instante. Si está demasiado cerca de la uña postiza o libera demasiada pintura de una vez sobre la superficie de la uña, la pintura de aerografía se enlodará y correrá por la uña. (En la Figura 18-22, la primera uña presenta un rociado demasiado rápido o cercano. La segunda uña postiza presenta el aspecto correcto y seco). Al aplicar el color de uñas correctamente con el aerógrafo, la pintura aerografiada sobre la uña debe presentar un aspecto turbio, como empolvado. Si la pintura aerografiada es brillosa o se asimila a gotitas, limpie la uña postiza con un paño humedecido en agua y pruebe otra vez. La mejor manera de aplicar color aerografiado a las uñas es trabajar en cinco uñas postizas a la vez, como si trabajara en la mano del cliente. Aplique una capa seca de color a cada uña postiza. Generalmente tres pasadas de aerógrafo arriba y abajo sobre la uña postiza la cubrirá de color suavemente. Pase a la siguiente uña postiza y repita el procedimiento hasta haber pasado el aerógrafo por cada uña. Comience con la primera uña y repita el procedimiento en cada uña hasta alcanzar el color aerografiado deseado. Cuando haya completado exitosamente la aplicación de color aerografiado a las cinco uñas postizas, estará preparado para continuar con la práctica de fundido de colores o manicura francesa.

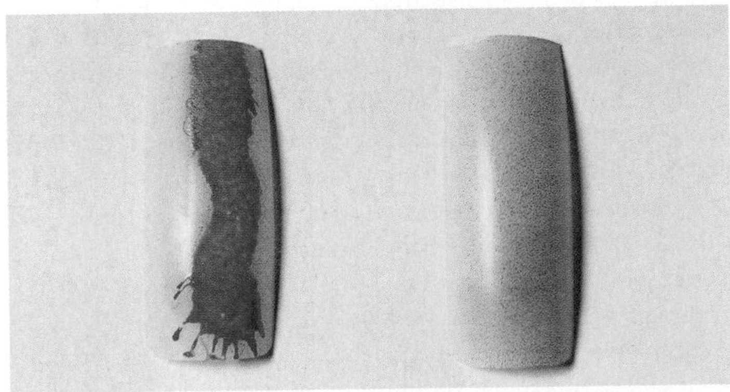

Figura 18-22 La uña postiza de la izquierda muestra lo que sucede cuando la pintura se rocía demasiado cerca de la uña o se libera demasiada pintura sobre la superficie. La pintura se enlodará y correrá por la uña. La uña de la derecha exhibe el aspecto correcto, logrado con pasadas suaves de aerógrafo para formar el color.

PROCEDIMIENTO 18-2

Aerografía

Uno de los beneficios de agregar la aerografía a sus servicios es que no requiere modelos vivos para practicar sus habilidades. Debe convertirse en profesional en aerografiar las uñas postizas antes de trabajar en modelos vivos. Cuando resulte habilidoso en aerografiar uñas postizas, estará preparado para practicar en varios amigos o parientes cercanos para sentirse cómodo al manipular la mano del cliente y limpiar el exceso de rocío cuando suceda.

1. **Luego de finalizar su servicio de cuidado de uñas y antes del servicio de coloración aerografiada, haga que el cliente pague la cuenta, se coloque el abrigo y busque en los bolsillos o bolso los artículos que necesite.**
2. **Solicite al cliente que utilice un cepillo de uñas y se limpie de sus manos y uñas el polvo o aceite remanentes del servicio de cuidado de uñas.** Seque la zona de la uña y cutícula en profundidad, verificando la existencia de gotitas de agua o aceite olvidado y polvo que puedan interferir con la aplicación de coloración aerografiada.
3. **Aplique la/s capa/s base a las uñas.** Asegúrese de cubrir bien los costados y bordes libres de las uñas.
4. **Aerografíe las uñas del cliente tal como practicó con las uñas postizas.** Sostenga la mano del cliente en las suyas. Su mano debe rodear cada dedo del cliente cuando aplica el rocío. Su mano recibe el exceso de rocío al trabajar, de modo que éste no caiga en las demás uñas de la mano del cliente. Coloque su pulgar en el dedo justo arriba de la zona de la cutícula. La mayor parte del exceso de rocío cae en su pulgar y apenas sobre el dedo del cliente. Esto reduce la limpieza del cliente. Utilice un procedimiento similar al aerografiar las uñas de los pies. La pintura se quitará de sus manos al higienizarse antes del próximo cliente.
5. **Aplique fijador de pintura o una delgada capa protectora para cubrir la pintura aerografiada.** Mantenga el pincel de esmalte paralelo a la uña guiando el líquido por la uña. No toque la superficie de la uña con las cerdas del pincel, ya que esto puede raspar o rastrillar la pintura. Asegúrese de contar con suficiente fijador en el pincel de esmalte, ya que un pincel

de esmalte o cerda seca también pueden dañar la pintura. Aplique sellador a las diez uñas. Asegúrese de humedecer toda la pintura y cubrir los costados y bordes libres de las uñas.

6. **La pintura aerografiada no sellada a la uña puede desaparecer posteriormente.** Del mismo modo, el sellador que permanezca en la piel circundante sellará el exceso de rocío dificultando mucho más su posterior limpieza. En consecuencia, ejerza extrema cautela al aplicar la capa protectora o sellador. Permita que el sellador seque durante dos o tres minutos. Limpie el aerógrafo y apártelo.
7. **Aplique una o dos capas o pasadas protectoras más del sellador recomendado.** Asegúrese de cubrir los costados y bordes libres de las uñas. Al aplicar el barniz protector, brinde instrucciones a su cliente acerca del adecuado mantenimiento hogareño de la coloración o arte de uñas aerografiado. Permita que las uñas del cliente sequen durante diez minutos.
8. **Limpie los dedos de las manos o pies según las instrucciones del fabricante.** Esto puede realizarse en la mesa de servicio de uñas, estación de pedicura, o, con productos limpiadores de aerografía para piel, en el lavamanos. Haga que el cliente palpe con sus manos o pies una toalla para secar la piel, pero evite la presión sobre las uñas durante otros diez minutos. Utilice un palillo de naranjo o implemento envuelto en algodón impregnado con quitaesmalte para eliminar la pintura sellada a la piel por la capa protectora o barniz de uñas protector. El alcohol o aceite para cutículas también resultan eficaces para ablandar la pintura y éstos resultan menos agresivos para la piel.
9. **Puede aplicar un producto de secado rápido si así lo desea.** Utilice productos en rocío en lugar de en pincel para un menor riesgo de daño del servicio de uñas aerografiadas. La coloración de uñas aerografiada en general seca superficialmente en diez minutos y seca completamente en media hora, ya que sólo se aplica esmalte para uñas transparente.
10. **La coloración de uñas aerografiada durará tanto como el esmalte para uñas tradicional.** Si no obtiene estos resultados, evalúe su pintura de aerografía y esmaltes para uñas aerografiadas. Es posible que necesite experimentar con distintas marcas o combinaciones de productos para lograr la máxima durabilidad. Respete las instrucciones del fabricante.
11. **La coloración de uñas aerografiada generalmente se quita con quitaesmalte regular (la acetona actúa con mayor rapidez) a menos que el fabricante de la pintura indique lo contrario.** Muchos selladores de arte de uñas son muy sólidos y duraderos, por lo cuala, puede tomar más tiempo quitarlos.

Los artistas de coloración de uñas aerografiadas aplican diferentes procedimientos de limpieza para la piel del cliente. Algunos técnicos en cuidado de uñas limpian la pintura de aerografía en la piel luego de la aplicación y secado del fijador de pintura. Otros envían a sus clientes a su hogar con un pequeño envase con limpiador de pintura de aerografía para piel para su uso en el hogar después de secado el color. Muchas veces jabón y agua tibia resultan suficientes para eliminar la pintura indeseable de la piel. Experimente con diferentes procedimientos para hallar el que funciona mejor para usted.

A los fines de ofrecer coloración de uñas aerografiada con éxito a cada cliente al que le brinda servicios, es necesario que posea su propio equipo e insumos de aerografía listos para usar en todo momento. Muchas personas poseen sistemas de aerografía guardados en cajas juntando polvo. Cuando surge la oportunidad de utilizar el equipo de aerografía, no están preparados y generalmente no tienen tiempo en sus citas para organizar el sistema de aerografía. Tener su sistema de aerografía en un carro rodante a su lado o instalado en una mesa de servicio de uñas/estación de pedicura le brinda la posibilidad de aerografiar al instante, simplemente conectando o encendiendo su compresor.

FUNDIDO DE DOS COLORES

El fundido o combinación de colores es otro de los servicios más utilizados de coloración de uñas aerografiadas. Atraerá a todos los clientes a los que les brinde servicios; los colores de pintura de aerografía seleccionados son clave para el éxito en el diseño en cada persona. Los clientes conservadores preferirán matices suaves y sutiles de colores similares, mientras que los clientes extravertidos elegirán colores audaces de gran contraste. Este servicio de aerografía de uñas multicolor justifica un cargo adicional por la aplicación de color a las uñas. Esta técnica puede ser utilizada como fondo para un diseño de aerografía de uñas o en sí misma como servicio de coloración de uñas aerografiadas.

PROCEDIMIENTO 18-3

Aplicación de fundido de dos colores

Figura 18-23 Aplique capa base.

18

Figura 18-24 Cree un borde suave para la superposición del segundo color.

Figura 18-25 Continúe aplicando pintura hasta lograr el color deseado.

1. **Aplique capa base a la uña.** Si la uña a cubrir presenta un tono oscuro que puede influir en el color de la misma o si está usando pintura de aerografía para uñas transparente, aplique una capa base cristalina, de efecto especial o blanca (Figura 18-23).
2. **Complete el procedimiento inicial según las recomendaciones del fabricante.** Coloque la pintura de color en la pistola y comience a alimentarla rociando en la superficie cercana a las uñas. Cuando la pintura de aerografía está cargada en el aerógrafo y se rocía adecuadamente, está preparado para comenzar la aplicación en las uñas. Aplique una capa seca y uniforme atrás y adelante, en diagonal, sobre los dos tercios superiores de la uña, moviendo todo el brazo. Si está trabajando en más de una uña, aplique esta capa suave y seca en diagonal a todas las uñas. Aplique más capas de pintura de aerografía en la zona de la cutícula disminuyendo las capas hacia el centro de la uña para crear un borde suave para la superposición del segundo color (Figura 18-24).

Aquí tiene un consejo:

Al utilizar pinturas perlescentes o metálicas, encontrará que el aerógrafo puede obstruirse con mayor facilidad. (¡Sólo debe utilizar pinturas perlescentes y metálicas una vez que domine las pinturas opacas y transparentes!) Es posible que con la pintura perlescente deba apartar un poco más la mano de la uña y liberar un poco más de pintura para obtener un rocío uniforme. La práctica le facilitará el ajuste.

3. **Continúe aplicando capas suaves y secas de pintura en diagonal hasta lograr el color u opacidad deseados en la zona de la cutícula de la uña fundiéndose hacia el centro** (Figura 18-25).
4. **Limpie la pistola de aerografía de la primera pintura de color aplicada.** ¡Elija un color adecuado para el cliente, uno que contraste y origine un color de transición! Al aerografiar el segundo color, comience en la parte inferior de la uña postiza y

ascienda dos tercios de la uña (Figura 18-26). Aplique más capas o pasadas de aerógrafo sobre el borde libre o uña postiza, aplicando menores pasadas o capas de pintura en el centro de la uña. Si los colores elegidos se mezclan al superponerse, comenzará a observar el desarrollo del color de transición.

5. **Continúe aplicando una capa seca y uniforme atrás y adelante, en diagonal, sobre los dos tercios inferiores de la uña,** hasta lograr el color deseado en el borde libre de la uña (Figura 18-26). Si se desarrolla un color de transición, controlará la cantidad de color aplicada a la uña por el nivel de superposición de los dos colores de pintura. Al trabajar en el cliente, recuerde que el fundido de colores aerografiado de la mano derecha debe parecer un reflejo del fundido de colores de la mano izquierda. Muchos técnicos en cuidado de uñas prefieren que los colores viajen desde la esquina exterior de la uña (hacia la zona rosada del dedo) hacia la esquina interior de la cutícula (hacia el pulgar), pero cada artista de aerografía posee su propio estilo.
6. **Después de haber finalizado todas las uñas, aplique una capa protectora o de sellador delgada y déjela secar durante tres minutos.** Si no continuará aerografiando, limpie el aerógrafo en este momento. Aplique otra capa de sellador protector para lograr mayor durabilidad. Brinde instrucciones a su cliente acerca del mantenimiento hogareño de la coloración de uñas aerografiada.

Figura 18-26 Para el segundo color, comience en la parte inferior de la uña postiza y ascienda dos tercios de la uña.

El fundido de colores exhibe una técnica que sólo puede lograrse con el aerógrafo: el cambio sutil de un color a otro sin protuberancias, líneas o demarcaciones en la cobertura del color de las uñas. La fotografía (Figura 18-27) muestra algunas variantes posibles de este diseño. La uña postiza de la izquierda presenta una combinación sutil para el cliente conservador. Es una uña color coñac con brillo dorado transparente rociado en el borde libre. La uña del centro es un poco más atrevida: rojo perlado en la cutícula fundiéndose en una uña postiza netamente rosa. La uña postiza de la derecha es la realizada en el procedimiento anterior. ¡Esta selección de colores de uñas es para un cliente audaz que desea que la gente note sus uñas!

Figura 18-27 Tres variantes de diseño.

Sepa que muchas pinturas metálicas y perlescentes no serán visibles hasta ser selladas. Es importante saber y recordar que la mayoría de las pinturas (opacas, traslúcidas, metálicas o perlescentes) se ven muy distintas antes y después del sellado. Es muy importante conocer las pinturas. Además, siempre que sea posible, trabaje desde el color más claro al más oscuro.

MANICURA FRANCESA TRADICIONAL (CON LÚNULA OPCIONAL)

La manicura francesa es la razón por la cual la mayoría de los técnicos en cuidado de uñas se interesan en la coloración de uñas aerografiadas. ¡La manicura francesa manual no puede compararse con la versión aerografiada! La manicura francesa aerografiada es más sencilla, rápida y atractiva que la versión manual. La manicura francesa aerografiada presenta un aspecto prolijo y sofisticado conservando aún la aplicación de un color neutro que combina con cualquier vestimenta. Cada técnico en aerografía de uñas posee un método favorito de realizar la manicura francesa tradicional, que consiste en un lecho de uña color piel con una punta blanca curvada a la francesa. Existen tres métodos populares para lograr la punta de uña curvada y se los explicamos a continuación. En los tres métodos se puede agregar la lúnula blanca o luna en la zona de la cutícula si así se desea (por un pequeño cargo adicional).

NEGOCIOS CONSEJOS

El toque artístico

Si usted es como la mayoría de los técnicos en cuidado de uñas, posee un número específico de clientes seguidores del arte de uñas. Pero esto no debe impedirle vender el servicio a otros segmentos de la clientela. El secreto detrás de la venta del arte de uñas es presentar el diseño correcto al cliente indicado en el momento oportuno. Un diseño geométrico incompleto o dos bloques de tonos similares en colores neutros pueden ser lo indicado para el cliente más conservador que normalmente no consideraría usar arte de uñas. Otros generalmente no interesados en este servicio encontrarían difícil resistirse a una linterna de calabaza para la Noche de Brujas o un Cupido en el dedo índice para celebrar el Día de San Valentín.

PROCEDIMIENTO 18-4

Aplicación de manicura francesa tradicional

1. **Aplique una capa base transparente a la/s uña/s.** (Puede utilizar un esmalte de manicura francesa para lograr el color del lecho de la uña si así lo desea. Permita bastante tiempo para el secado del esmalte para uñas. Si decide no aerografiar el color del lecho de la uña, avance al paso 4). Puede utilizar una capa base cristalina para neutralizar el color de la uña postiza (Figura 18-28).

Figura 18-28 Aplique capa base.

2. **Elija la pintura de aerografía para manicura francesa.** Rocíe suavemente el color de la manicura francesa sobre la uña. Si desea que el color sea opaco, continúe las pasadas de aerógrafo sobre la uña hasta lograr el color u opacidad deseados. Si el cliente desea un color de manicura francesa transparente, rocíe el color opaco suavemente. La mayoría de los colores de pintura de aerografía pueden tornarse levemente transparentes agregando un par de gotas de agua destilada.
3. **Opcional:** Agregue brillo a la pintura de manicura francesa rociando un resaltador o brillo dorado en forma uniforme sobre el beige francés (Figura 18-29).

Figura 18-29 Agregue brillo a su manicura francesa aplicando un resaltador dorado.

4. **Aplicación de punta francesa con molde:** Utilizará un borde curvo para cubrir el color del lecho de la uña y exponer la punta de la uña a ser rociada de blanco. Este método es excelente para una punta francesa de borde suave.
   - Puede cortar un trozo de papel curvo, pero también existen en el mercado muchos moldes listos para usar.
   - Sostenga el molde tan cerca de la uña como sea posible exponiendo la punta de la uña a ser rociada. Mantenga el molde paralelo a la uña para evitar raspar la pintura de la misma. Los moldes autoadhesivos son más fáciles de usar para este servicio.
   - Cuando tenga el molde alineado, rocíe la punta de la uña de blanco. Cree el color lentamente para evitar que la pintura resulte húmeda y corrediza. (Observe el borde del molde si es de plástico. La pintura se acumula fácilmente y puede correrse hacia la uña. Seque el molde con aire del aerógrafo sin moverlo, ya que es difícil alinearlo nuevamente en la misma posición).

Figura 18-30 Rocíe pintura sobre el molde.

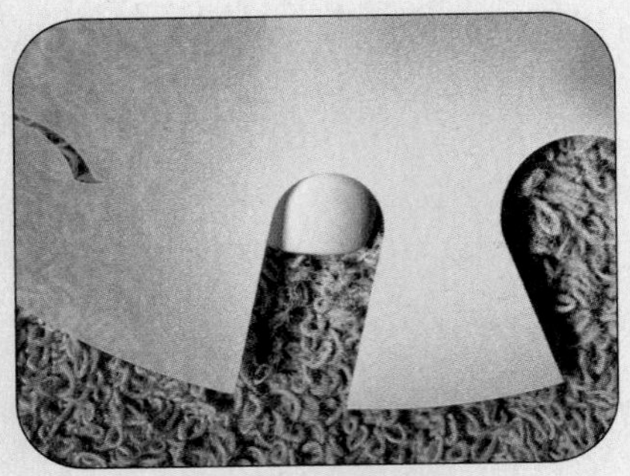

Figura 18-31 Agregue una lúnula o luna con el molde.

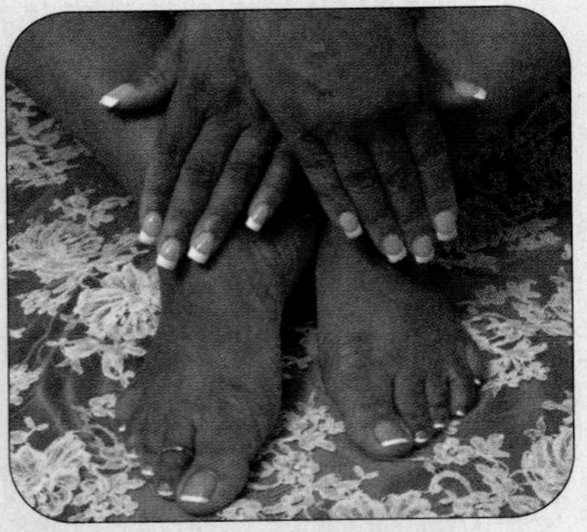

Figura 18-32 Manicura francesa terminada

18

- Al trabajar con moldes, rocíe la pintura y luego sople aire para secar la punta de la uña y el molde. Repita el proceso hasta que la punta de la uña presente el color deseado (Figura 18-30).

5. **Si las uñas en las que está trabajando son muy curvas, es posible que deba retocar las uñas de molde.** Utilizando el molde, gire el dedo de costado y alinee cuidadosamente el molde con la punta blanca ya rociada. Rocíe los costados de la uña a adaptar y complete la punta blanca. Esto es menos común que suceda con los moldes autoadhesivos.
6. **Opcional:** Agregar la lúnula o luna con un molde crea la imagen "real". Rocíe la lúnula de un color un poco más claro que la punta de la uña (Figura 18-31).
7. **Después de haber completado todas las uñas, aplique el fijador de pintura de uñas y déjelo secar durante tres minutos.** Aplique el barniz protector de pintura de aerografía para lograr mayor durabilidad.
8. **Este procedimiento se logra fácilmente en los dedos de los pies.** Utilice su método preferido para aplicar la manicura francesa en los pies.
9. **Limpie los dedos de los pies con limpiador de pintura de aerografía luego de haberlos fijado y barnizado** (Figura 18-32).

glosario del capítulo

accionado por gravedad	Sistema de aerografía diseñado para impulsar la pintura en el aerógrafo utilizando la gravedad.
aguja	La pieza que encaja en la boquilla de fluidos del aerógrafo y controla la cantidad de pintura liberada al presionar el gatillo.
aplicación de láminas (laminado de oro)	También conocido como pepitas o plantillas de pepitas; un material similar a una lámina, delgado y frágil, disponible en oro, plata y una variedad de otros colores, utilizado para crear una forma rápida y sencilla de arte de uñas.
arte de uñas	Servicio de valor agregado ofrecido en numerosos salones que aplica diseños adaptados creativos y únicos a la uña terminada.
bandas adhesivas	Cinta con revés pegajoso disponible en varios colores aplicada sobre el esmalte de la uña u otro arte de uñas para crear diseños más audaces.
boquilla de fluidos (punta)	Pequeña boquilla con forma afinada en el extremo del aerógrafo que sostiene la aguja que libera pintura.
colores complementarios	Los colores ubicados directamente enfrentados en la rueda de colores.
colores primarios	Colores de pigmentos puros que no pueden obtenerse al mezclar otros colores.
colores secundarios	Colores resultantes directamente de mezclar partes iguales de dos colores primarios; se ubican en el lado opuesto a los colores primarios en la rueda de colores.
colores terciarios	Colores que resultan directamente de mezclar partes iguales de un color primario y uno de sus colores más cercanos.
decoración manual de uñas	También denominado arte de uñas neto, forma de arte de uñas muy costosa que utiliza pinceles y pintura para crear diseños.
flotar la gota (de sellador)	Técnica utilizada para sellar arte de uñas en la cual se coloca una gota de sellador en la superficie de la uña y el pincel flota sobre dicha superficie y la cubre totalmente con sellador.
fundido de colores (combinación de colores)	Técnica de aerografía en la que se aplican combinaciones de colores sutiles en la misma uña al mismo tiempo.
laminado	Una de las técnicas de arte de uñas más sencillas y rentables; se aplica después del esmalte con un adhesivo de lámina para crear colores y diseños no disponibles en el esmalte.
manguera de aire	La manguera que conecta el compresor del aerógrafo (la fuente de aire) al aerógrafo propiamente dicho.
manicura francesa	Técnica de aerografía que genera una uña de aspecto natural con una punta blanca suave en el borde libre.
mezcla interna	Mezcla de la pintura de aerografía con el aire dentro del aerógrafo.
molde/diseño	Diseños precortados fabricados de plástico, papel o género, utilizados para crear arte de uñas.
navaja para moldes	Navaja con un solo filo utilizada para cortar diseños de papel de molde o plástico para crear moldes de arte de uñas.
papel de molde	Papel utilizado para crear moldes para diseños de arte de uñas.
pasada	El fluir del pincel por la superficie pintada de la uña brindándole un movimiento fluido y evitando el aspecto desprolijo y salpicado.
piedras preciosas	Diminutas joyas que agregan brillo, dimensión y textura a cualquier arte de uñas.

glosario del capítulo (continuación)

posición	La manera en que se sostiene el pincel para crear arte de uñas; el pincel puede posicionarse en forma recta arriba y abajo o apoyarse con las cerdas contra la superficie a pintar.
presión	La cantidad de fuerza que imprime un artista al pincel mientras da pinceladas al aplicar arte de uñas.
punta	Pequeña boquilla de fluidos con forma afinada que tienen todos los aerógrafos.
recipiente de color/ depósito	También conocido como pequeña cubeta o receptáculo de color; orificio en la parte superior del aerógrafo en el que se colocan gotas de pintura.
rueda de colores	Guía de colores que ilustra e identifica los colores primarios, secundarios, terciarios y complementarios.

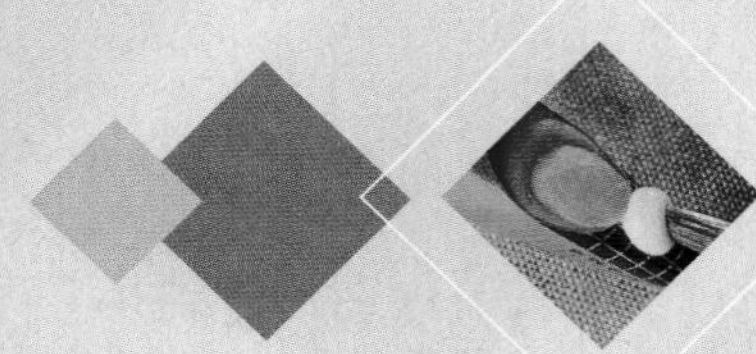

preguntas de revisión

1. ¿Por qué debe desarrollar habilidades de arte de uñas?
2. Enumere los tres conceptos básicos del arte de uñas.
3. ¿Cómo se denomina la técnica en la cual se aerografían dos o más colores en la uña al mismo tiempo?
4. Enumere cuatro servicios de arte de uñas.
5. Enumere cuatro clasificaciones de colores de la rueda de colores.
6. ¿En qué difiere la manicura francesa terminada con aerografía de la aplicación tradicional?
7. Describa las partes del aerógrafo y cómo funcionan en conjunto para liberar la pintura.
8. Describa el mejor aerógrafo a utilizar para las uñas.
9. ¿Cuál es la elección más común como fuente de aire para la aerografía de uñas?
10. ¿Cuál es la presión de aire utilizada más comúnmente por los técnicos en cuidado de uñas al aerografiar?
11. Describa el procedimiento de la versión de manicura francesa aerografiada.

parte 5

EL NEGOCIO DE LA TECNOLOGÍA DEL CUIDADO DE UÑAS

THIS NOTE IS LEGAL TENDER
FOR ALL DEBTS, PUBLIC AND PRIVATE
B36345215B

19

ACTIVIDADES DE LOS SALONES

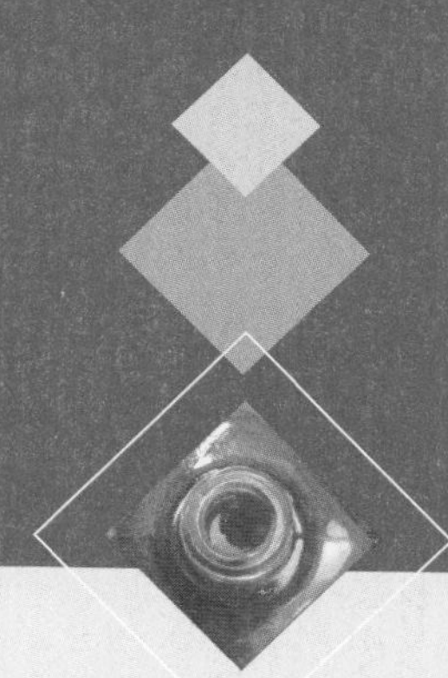

Autor: LaCinda Headings

RESEÑA DEL CAPÍTULO

Su ámbito de trabajo • Decídase • Tipos de remuneración • Alquiler de gabinete y propiedad del salón • Entrevistas exitosas • Conservar buenos antecedentes personales • Comprensión de los registros de los negocios del salón • Reserva de citas • Publicítese usted mismo • Gestiones de cobranza por servicios Dónde solicitar ayuda

Objetivos de aprendizaje

Después de finalizar este capítulo, usted podrá:

1. **Analizar las ventajas y desventajas de trabajar en cuatro tipos de salón.**
2. **Enumerar las preguntas que deba hacer antes de decidir qué salón es adecuado para usted.**
3. **Enumerar las ocho preguntas que le ayudarán a determinar si un salón posee condiciones de trabajo seguras.**
4. **Explicar la diferencia entre los ingresos y los gastos y dar dos ejemplos de cada uno.**
5. **Enumerar cuatro tipos de remuneración de salón.**
6. **Enumerar los usos prácticos de los registros comerciales requeridos por leyes locales, estatales y federales.**
7. **Explicar la diferencia entre un empleado y un arrendador de gabinete.**
8. **Enumerar las siete preguntas que un entrevistador exitoso puede preguntar.**
9. **Enumerar los tipos de información que un salón puede reunir utilizando registros precisos.**
10. **Analizar las ventajas de conservar buenos registros de servicio, de inventario y de citas personales.**
11. **Enumerar las guías que se deben seguir para reservar citas.**
12. **Enumerar seis fuentes de consulta para los técnicos en el cuidado de las uñas.**

Términos clave

El número de página indica dónde se utiliza el término dentro del capítulo.

alquiler de estación
pág. 362

carta de presentación
pág. 364

currículum vitae
pág. 363

entrevista
pág. 362

gastos
pág. 365

ingresos
pág. 365

mentor
pág. 369

propietario de un salón
pág. 362

registro de servicios
pág. 366

remuneración
pág. 361

salón de bronceado
pág. 360

salón de uñas (salón dedicado exclusivamente al cuidado de uñas)
pág. 359

salón integral
pág. 359

salón spa (spa de día)
pág. 360

Usted se está capacitando para ser parte del negocio del cuidado de uñas que mueve 6.000 millones de dólares. Si desea tener éxito financiero en su negocio, deberá aprender otras cosas aparte de dar servicios de manicura, pedicura o uñas artificiales. También deberá aprender a ser un buen y equilibrado empresario. Desde el momento en que reciba una oferta de trabajo, tendrá que negociar el monto que desea ganar y cómo recibirá su pago. Cuando tenga una clientela, manejará propinas y posiblemente una comisión.

Si alguna vez decide abrir su propio salón, será responsable del complicado negocio de alquilar o comprar un establecimiento y de pagar gastos tales como electricidad, teléfono, publicidad, sistemas de seguridad, sueldo de empleados e impuestos. Usted podrá ser un técnico experto en cuidado de uñas, pero si no sabe manejar la parte comercial, no podrá ganar tanto dinero como los técnicos en uñas que sí pueden hacerlo.

Sin importar si trabaja como empleado o es independiente, deberá entender el *negocio* de un salón comercial. Este capítulo lo prepara para el mundo real ayudándolo a tener seguridad al buscar un trabajo, analizar el ambiente laboral del salón, dar importancia al contar con registros precisos, tanto financieros como de información de clientes, y dónde se puede encontrar apoyo ya como profesional.

SU ÁMBITO DE TRABAJO

El buen sentido comercial comienza con las decisiones que tomará cuando busque su primer trabajo. ¿Debería trabajar en un salón integral, en un salón exclusivamente de manicura, en un salón de bronceado o en un spa? Cada opción tiene ventajas y desventajas.

El Salón integral

Excepto que sean muy grandes y exitosos, los **salones integrales** solamente dan empleo a un solo técnico. Este arreglo es conveniente tanto para el técnico en cuidado de uñas como para el salón. Automáticamente recibirá toda la actividad de cuidado de uñas del salón. Además, sus servicios serán convenientes para aquellos clientes que pueden hacer tratar sus uñas mientras están en el salón recibiendo servicios de cuidado de cabello o piel.

Sin embargo, en un salón integral no habrá otros técnicos en salud de uñas con quienes compartir ideas y experiencia. Tampoco habrá alguien para reemplazarlo mientras esté enfermo o de vacaciones. Si el salón es de tipo tradicional, posiblemente se verá limitado en la variedad de servicios de uñas artificiales que se le permitirá realizar (Figura 19-1).

Figura 19-1 Un servicio de salón integral

19

Salón de uñas (dedicado exclusivamente al cuidado de uñas)

En un **salón de uñas** trabajará con varios técnicos más en el cuidado de uñas. Además de contar con la oportunidad de intercambiar ideas y experiencia, también verá aumentar sus ingresos cuando atienda a los clientes de sus compañeros mientras ellos estén enfermos, de vacaciones o se jubilen. Además, los clientes que llegan a estos salones lo hacen específicamente para recibir servicios de cuidado de uñas. No hay necesidad de incitarlos a que consulten su especialidad (Figura 19-2).

Figura 19-2 Un salón de uñas

El cliente regular de un salón exclusivo de manicura habitualmente toma la salud de sus uñas con más seriedad que los clientes que utilizan servicios de salones integrales. Sus clientes pueden tener problemas especiales de uñas o querer servicios de uñas artificiales más creativos. En este caso, usted ganará una experiencia invaluable. Los salones exclusivos de manicura son un buen lugar para que un técnico en salud de uñas establezca una clientela regular. Por otro lado, en estos salones exclusivos de manicura puede haber competencia por los clientes, ya que habrá muchos técnicos en el cuidado de uñas.

Salón de bronceado

Algunos **salones de bronceado** también ofrecen servicios de cuidado de uñas. Hay grandes oportunidades para crecer rápidamente en este tipo de salones. Un salón de bronceado tiene clientes entrando por su puerta cada 15 ó 30 minutos. Si el salón abre de 8:00 A.M. a 8:00 P.M., pasan entre veinticuatro a cuarenta y ocho personas por día. ¡Tendrá servida la oportunidad de ofrecer sus servicios y ganarlos como clientes! Nuevamente la soledad del único técnico presente reducirá las posibilidades de compartir nuevas ideas. La capacitación permanente es de gran importancia en este tipo de ambiente.

Salón o spa de día

Un segmento de rápido crecimiento en la industria de los salones es el **salón spa** o **spa de día**. Este tipo de salón ofrece servicios de relajación tales como masaje corporal, hidroterapia y faciales. Muchos spas poseen tronos de pedicura con hidromasaje para consentir a sus clientes. El cuidado natural de las uñas y los productos de escaso olor son importantes en la atmósfera holística de los salones de spa. Cuentan con un ambiente más controlado y constituyen una excelente opción para aquellos que buscan un espacio tranquilo (Figura 19-3).

Figura 19-3 Un spa de día ofrece servicios de relajación corporal y cuidado de las uñas

DECÍDASE

Antes de decidirse sobre qué salón es el adecuado para usted, visite varios de ellos. Observe la atmósfera de trabajo y decida en cuál se siente más a gusto.

Tal vez quiera considerar los siguientes elementos antes de decidir sobre qué tipo de salón es el más adecuado para usted.

1. ¿El salón le brinda capacitación adicional o lo estimula a tomar cursos externos?
2. ¿Le ayudará el salón a armar su clientela? ¿Invertirán dinero en publicidad? ¿Le remitirán clientes?
3. ¿Lo considerarán un empleado o será un inquilino de estación? ¿Cuáles son los términos de la renta de la estación? ¿Está permitido este sistema en su estado ?
4. Si usted es un empleado, ¿cómo le pagarán? ¿Recibirá una remuneración semanal o será un salario más comisión? ¿Recibirá comisión sobre los productos que venda? ¿Está implementada una revisión periódica de salarios?

5. ¿El salón lo proveerá con los productos de cuidado de uñas o tendrá que obtenerlos usted mismo?
6. ¿Le ofrece el salón beneficios médicos, por invalidez, seguro de vida o licencias pagas?
7. ¿Tienen horario fijo o flexible?
8. ¿Cuál es el estilo de indumentaria?
9. ¿Cierra el salón durante el período anual de vacaciones o cada empleado toma vacaciones por separado?
10. ¿Cuál es la reputación del salón? La ventaja de trabajar en salones "de categoría" es que podrá hacerse de buenos contactos y aprender valiosos trucos del oficio, tanto de su empleador como de sus compañeros de trabajo.
11. ¿Tiene el salón condiciones laborales seguras?
    a. ¿Cuenta con adecuada ventilación, por ejemplo extractores de aire?
    b. ¿Posee refrigeradores separados para productos para uñas y alimentos?
    c. ¿Están los MSDS a la vista y a disposición de los empleados?
    d. ¿Están todas las estaciones bien equipadas y limpias, con bolsas plásticas que pueden ser selladas?
    e. ¿Se exige que los técnicos utilicen máscaras de polvo?
    f. ¿Se exige que los técnicos utilicen anteojos de seguridad?
    g. ¿Se utilizan latas de aerosol o métodos de aplicación segura, tales como compresoras o productos de aplicación a pincel?
    h. ¿Están capacitados los empleados para emergencias? ¿Están a la vista los números telefónicos del centro de control de intoxicaciones, hospital, paramédicos, bomberos o policía?

TIPOS DE REMUNERACIÓN

Al igual que son muchas las opciones de los tipos de salón en los cuales trabajar, también lo son las opciones de remuneración. **Remuneración** es el pago de los servicios prestados. Existen varias maneras de remuneración en los salones.

Las siguientes son las formas de remuneración a empleados más comunes en los salones.

- **Salario por hora:** El salón le paga por las horas que usted trabaja en el salón.
- **Salario:** El salón le paga un determinado monto por cada período sin importar la cantidad de horas trabajadas.
- **Comisión:** El salón le paga un porcentaje de las ganancias que sus servicios le hayan generado. Este porcentaje varía entre salones.
- **Salario o salario por hora más comisión:** El salón le garantiza un pago mínimo. El *pago mínimo* puede estar basado en las horas trabajadas o en un salario. Si el porcentaje de ganancias que usted obtuvo para el salón excede su base, el salón le pagará una comisión más su salario. Nuevamente este porcentaje varía entre salones.

Recibir una remuneración hace que usted sea un empleado del salón. Como empleado, el salón deberá retener los impuestos correspondientes de su recibo de pago. La mayoría de los salones proveen los insumos (excepto que usted rente la estación). El salón aprovisiona los productos de venta al público y provee una recepcionista para sus empleados si el salón es lo suficientemente grande para soportar el gasto.

ALQUILER DE ESTACIONES Y PROPIEDAD DEL SALÓN

Algunos salones no contratan empleados. En su lugar, rentan el espacio a particulares. Recibe el nombre de **alquiler de estación**. En una situación de alquiler de estación, el técnico en el cuidado de uñas le paga al salón un determinado monto por semana o por mes por el espacio de trabajo dentro del salón. En un sentido muy real, los inquilinos de la estación poseen su propio negocio. Los inquilinos cobran su propio dinero, compran sus propios insumos y pagan impuestos de trabajador independiente. Si usted prefiere ser su propio patrón pero aún no está listo para abrir su propio salón, el alquiler de una estación puede ser una gran opción, siempre que no haya reglamentaciones estatales contra esta práctica.

Otra manera de ser su propio jefe es ser **propietario de un salón**. Si siente que tiene algo único para ofrecer a otros profesionales de salón y a los clientes, abrir o comprar un salón puede ser su camino. Cuando abra su propio salón tendrá la oportunidad de crear el ambiente de trabajo que concuerde con su personalidad. Puede decidir abrir un salón sobrio y de alta tecnología, o tal vez se decida por uno lujoso donde se mime al cliente. Pero invertir en un salón no es sólo decidir que atmósfera imprimirle. La apertura de un salón requiere una gran preparación y mucho esfuerzo. La preparación no es sólo importante para la aplicación de embellecedores de uñas. Mientras más preparado esté para la apertura de su salón, mayores serán las posibilidades de tener éxito. Otra opción es comprar un salón ya establecido con clientela fija.

Cuando se vende un salón, los anteriores propietarios normalmente entregan también una lista de los clientes. Si usted aún no tiene una clientela, ésta puede ser una gran oportunidad. Tenga cuidado con todos los aspectos de un comercio que está a la venta. También se le aconseja contar con un plan comercial, igual que si abriera un nuevo salón.

ENTREVISTAS EXITOSAS

Si decide trabajar como empleado, se espera que pase por un proceso de entrevistas. Una **entrevista** es una conversación entre usted y su potencial empleador donde intercambiarán información. Esto significa que el entrevistador no será la única persona que hará preguntas. La entrevista es importante tanto para usted como para el dueño. Durante una entrevista usted tendrá la oportunidad de conocer al dueño o al gerente del salón y considerar si usted encajará en la cultura del salón (Figura 19-4).

Prepárese para verse lo mejor posible

Las primeras impresiones son las más duraderas. Antes que pueda abrir su boca para presentarse, su *apariencia* ya habrá dado una primera impresión. Investigar un poco el salón le ayudará a lograr verse perfecta en la primera impresión. Si el salón es sofisticado o muy moderno, vístase utilizando la última moda. Si el salón es de tipo conservador, vístase de manera acorde. Recuerde, durante una situación de entrevista es mejor estar vestido con estilo profesional que verse demasiado casual. Las primeras impresiones salen de algo más que su vestimenta. Sus uñas deberán verse impecables (¡por supuesto!) y su cabello y maquillaje deben denotar que usted es parte del negocio de la belleza. El lenguaje corporal es también muy importante. Salude al entrevistador con un firme apretón de manos y una sonrisa. Mírelo a los ojos mientras contesta a sus preguntas. Todos estos aspectos mejoran la primera gran impresión (Figura 19-5).

Figura 19-4 La entrevista sirve para intercambiar información.

Figura 19-5 La comunicación no verbal es importante.

Su currículum vitae

La mayoría de los propietarios de salón le pedirán un currículum antes de conceder la entrevista. Un **currículum vitae** es un resumen de su experiencia académica y laboral al igual que su capacitación para el empleo. Su currículum brinda una impresión sobre quién es usted, incluso antes de conocer a su potencial empleador. Conduzca una pequeña investigación y seleccione varios salones donde le gustaría trabajar. Luego averigüe quién se encarga de las contrataciones y envíeles su currículum. Éste deberá constar de cinco partes importantes.

1. **Información personal.** Su información de contacto. Incluya nombre, dirección y número telefónico donde se lo podrá encontrar para hacerle alguna consulta y concertar una entrevista.
2. **Su objetivo.** Una oración que resuma los objetivos de su carrera. Estas oraciones reflejan su personalidad y pasión por su nueva carrera.
3. **Su experiencia laboral.** Un resumen cronológico de sus trabajos anteriores. En esta sección asegúrese de resaltar la experiencia ganada en trabajos anteriores y que podrían contribuir al éxito comercial del salón. Las relaciones con los clientes y la experiencia en ventas son habilidades útiles muy valoradas. En esta sección incluya los trabajos en clases prácticas realizados mientras estuvo en la academia. ¡Ahora estará trabajando con clientes pagos! Recuerde indicar todas sus prácticas en su historia laboral. Algunos empleadores potenciales buscan huecos en su historial laboral para saber qué tan confiable es usted. Si ha estado fuera del mercado laboral por algún tiempo, por ejemplo si tuvo familia, indique en ese período "madre de tiempo completo". Resalte la experiencia obtenida durante su maternidad, tales como habilidades de organización, las que podrían ser de valor en el salón.
4. **Educación.** Haga una lista de su capacitación académica. Asegúrese de incluir todas las clases extra sobre la industria del cuidado de uñas que haya tomado, tales como cursos de fabricantes en su academia, exposiciones o clases dictadas por distribuidores. También puede incluir los cargos que haya tenido en clubes escolares, tales como ser miembro del Consejo Estudiantil, a fin de mostrar sus habilidades de liderazgo.
5. **Referencias.** Haga una lista con las personas que su potencial empleador puede contactar para confirmar su idoneidad para el trabajo. Incluya entre

tres y cinco referencias. Evite utilizar familiares o amigos a menos que haya realmente tenido una relación laboral con ellos. Imprima las referencias en una hoja por separado para evitar abarrotar su currículum.

Un buen currículum debería estar mecanografiado o impreso en papel de alta calidad. Utilice márgenes normalizados de 2,54 cm en todos los bordes. Asegúrese de controlar que no haya errores tipográficos. Si mecanografía su currículum y debe utilizar fluido o cinta correctora, haga una copia en limpio para evitar enviar un documento que muestre correcciones. Cuando envíe un currículum a un potencial empleador, incluya una carta de presentación. Una **carta de presentación** es una carta al dueño del salón en la que le dice que desea trabajar en su salón, resume su capacitación y solicita una entrevista. Es una buena idea telefonear para confirmar que hayan recibido el currículum y preguntar si se puede organizar una entrevista.

La entrevista

Usted ha enviado su currículum y el propietario del salón lo ha llamado para concertar una entrevista. Estará más tranquilo si está bien preparado para la entrevista. Puede lograrlo estudiando esta lista de preguntas que un potencial empleador puede hacerle durante la entrevista y decidir cómo contestará cada una de ellas. Las preguntas siempre son más fáciles de contestar cuando uno conoce las respuestas.

A continuación le damos algunas de las preguntas que le puede hacer un empleador.

- ¿Por qué eligió esta carrera?
- ¿Por qué debería yo contratarlo?
- ¿Qué le interesa de nuestro salón?
- Describa sus habilidades para solucionar inconvenientes.
- ¿Qué cosa le motiva?
- ¿Cuáles son sus objetivos de corto y largo plazo?
- ¿Cuáles son sus fortalezas y debilidades?

Recuerde que la entrevista es un intercambio de información. Debería estar preparado para hacer algunas preguntas usted mismo para conseguir toda la información que necesite y poder tomar una decisión bien informada sobre trabajar en ese salón.

A continuación le damos algunas preguntas que usted puede hacerle a su entrevistador.

- ¿Qué tipos de programas de capacitación permanente ofrece su salón?
- ¿Qué espera de sus empleados?
- ¿Qué tipo de servicios de uñas ofrece su salón?
- ¿Qué líneas de productos utilizan y venden sus técnicos en el cuidado de uñas en el salón?
- ¿Provee el salón los insumos necesarios para los servicios?
- ¿Qué tipos de procedimientos de higienización se utilizan en el salón?
- ¿Cuál es el horario de atención del salón?

- ¿Cuál es el estilo de vestimenta?
- ¿Cuál es su estructura de remuneración?
- ¿Ofrece usted algún otro tipo de beneficio como atención médica, licencia por enfermedad y vacaciones pagas?

Es una buena idea enviarle una nota de agradecimiento al propietario luego de la entrevista. Además de la etiqueta correspondiente, también le demuestra al dueño del salón que usted tiene buena capacidad de prosecución.

CONSERVAR BUENOS ANTECEDENTES PERSONALES

Aunque tal vez no esté obligado a mantener registros comerciales en su salón, seguramente tendrá que desarrollar un sistema simple y eficiente que le permita hacer un seguimiento de los ingresos y los gastos. También deberá conservar todos los talones de sus chequeras, cheques cancelados, recibos y facturas. Básicamente el **ingreso** es el dinero que gana y el **gasto** es el dinero que gasta. Otro registro de gran valor es la agenda de citas. Todos estos documentos son muy importantes para sus registros impositivos y varían dependiendo del tipo de arreglo laboral que tenga con el salón.

Ingresos

Para mantener una lista correcta, concisa y completa de sus ingresos deberá crear un formulario para anotar cada fuente de ingresos. Puede incluir salario, comisión por servicios, comisiones por la venta de productos y propinas.

Gastos

Sus gasto deducibles de impuestos en el salón incluyen el equipo, los insumos, revistas y libros que informen de nuevas técnicas, calzado confortable, uniforme (si es requerido) e inscripciones a cursos especiales de técnicas para uñas. Consulte a un contador para conocer qué otros gastos pueden ser deducidos de su responsabilidad impositiva.

Citas

Como inquilino de una estación, deberá utilizar una agenda personal para ayudarse a organizar su trabajo. Si mantiene esta agenda consigo, podrá planear el cronograma de cada día antes de llegar al salón. Sabrá quiénes son sus clientes, cuándo llegará cada uno y qué servicios les brindará. Con toda esta información podrá preparar sus insumos con tiempo a fin de ser más eficiente. Si usted es un empleado, su cronograma estará disponible a través de la recepcionista.

COMPRENSIÓN DE LOS REGISTROS DE LOS NEGOCIOS DEL SALÓN

La mayoría de los salones contratan un contador para ayudarles a mantener registros precisos y cumplir con leyes locales, estatales y federales. Estos registros se utilizan para

1. determinar ingresos, gastos y ganancias o pérdidas.
2. dar fe de su clientela o del valor del salón a posibles compradores.
3. obtener un préstamo bancario.
4. calcular el impuesto a la renta, la seguridad social, el fondo de desempleo y el seguro por incapacidad, entre otras cosas.

Figura 19-6 Mantenga registros precisos y pulcros.

Los comercios conservan por al menos un año los comprobantes de ventas diarias, la agenda de citas y el libro de caja chica. Por razones impositivas se deberán conservar por al menos siete años el registro de sueldos, los cheques cancelados, los registros mensuales y anuales y los registros de inventario (Figura 19-6).

Uso de registros comerciales

Los registros precisos le ayudarán a usted y a su empleador a obtener importante información.

1. **Ganancias y pérdidas en comparación con otras semanas, meses o años.** Por ejemplo: podrá ver a lo largo de un período cuáles son los meses lentos y cuáles son los más ocupados en su comercio. Así podrá recortar gastos en esos meses evitando tener un inventario excesivo y aumentar las existencias para los períodos más ocupados. También podrá programar vacaciones o remodelaciones durante los meses lentos y tener el personal completo y listo durante los períodos de mayor actividad.
2. **Cambios en las demandas de servicios.** Si crece la demanda de un servicio, su salón puede elegir contratar más técnicos en el cuidado de uñas para satisfacer esta demanda.
3. **Inventario.** Si mantiene un registro preciso de su inventario, podrá reducir costos manteniendo sólo las reservas adecuadas. Esto significa que ni se excederá ni le faltarán insumos para los servicios. Los registros diarios del inventario le permitirán rápidamente detectar faltantes debido a robos.
4. **Ingreso neto.** El ingreso neto muestra sus ingresos restados los gastos. Un registro preciso del ingreso neto le permitirá establecer el valor neto de un comercio al final del año.
5. **Materiales y niveles de suministros.** Los registros le ayudarán a comparar el uso de materiales y suministros en los servicios brindados para asegurarse que no se utilice demasiado mucho o demasiado poco.

Mantenimiento de los registros de los clientes

Un **registro de servicios** enumera los servicios brindados y los productos vendidos a cada cliente. Todos los registros de servicios deben incluir el nombre y la dirección del cliente, la fecha, el monto adquirido, los productos utilizados, los resultados obtenidos y las preferencias y gustos del cliente. Algunos salones utilizan archivos con sistema de tarjetas o un libro de registro para conservar esta información. Otros están informatizados y guardan estos registros electrónicamente. Junto con el registro de servicios individuales debería estar también archivada cualquier declaración que el cliente haya firmado. Los registros de servicio son especialmente valiosos si otro técnico tiene que reemplazar al técnico habitual de un cliente. Si el servicio está bien especificado en el registro, se podrá continuar precisa y fácilmente. Registre también los problemas encontrados en los servicios y las soluciones probadas.

El formulario de salud/registro contiene información personal del cliente, como el tipo de trabajo que tiene, su hobby y la medicación que está tomando. Es una buena idea comenzar la actividad leyendo los registros de los clientes que tienen cita para ese día. Sus clientes se sentirán felices cuando usted recuerde cosas que son importantes para ellos. En el Capítulo 9 aparece una discusión completa sobre el registro de cliente.

Informatización

En esta era de información constante, más y más salones están incorporando computadoras en su actividad. La informatización de los registros del salón permite acceder a la información simplemente pulsando una tecla. Existen programas de computadora diseñados específicamente para la industria de la belleza que permiten hacer un seguimiento de todos los registros del salón. Estos programas pueden programar citas, generar listas de direcciones y controlar el inventario. Algunos programas hasta le pueden indicar cuándo se le acaban al cliente los productos que adquirió para cuidado hogareño. Una computadora es una valiosa herramienta en el negocio de los salones (Figura 19-7).

Figura 19-7 Una computadora es una herramienta de gran valor en el salón.

RESERVA DE CITAS

El sistema empleado en su salón determinará si las reservas de citas las toma usted o lo hace una recepcionista. Un registro adecuado de citas limitará la confusión, los enojos y el estrés de la sobrecontratación, además de evitar que los clientes lleguen en un horario incorrecto y tengan que esperar.

Figura 19-8 Mantenga un preciso registro de citas.

Sin importar quién registre las citas, se deberán tomar en cuenta los siguientes lineamientos (Figura 19-8).

1. Tenga siempre acceso a la computadora o tenga disponible una agenda de citas, lápices, gomas, un almanaque y un bloque anotador.
2. Sea expeditivo. Cuando conteste un llamado telefónico o note la presencia de su cliente en el mostrador, trate de no hacerlos esperar.
3. Cuando conteste el teléfono, identifíquese dando su nombre y el del salón.
4. Sea agradable. Haga que el cliente sienta que le agrada hablar con él. ¡Cuando hable con un cliente, sonría! Aún por teléfono, una persona puede darse cuenta que la otra le sonríe.

5. Cuando un cliente pida reservar una cita por teléfono, asegúrese de tomar la siguiente información: nombre y número telefónico del cliente, tipo de servicio solicitado, fecha y hora de la cita. Repita al cliente la información anotada para asegurarse que sea correcta, luego bloquee el tiempo necesario para llevar a cabo el servicio en la agenda de citas o en la computadora.
6. Hable claramente. No murmure o grite. Utilice un español correcto y evite jergas.
7. Sea cuidadoso y cortés cuando hable por teléfono. Llame a los clientes por su apellido.
8. Si está lo suficientemente ocupado con las reservas de citas, es una buena práctica llamar a sus clientes la noche anterior para recordarles de ella y confirmar el horario. De esta manera reducirá las no presentaciones.
9. Al finalizar una cita, pregunte siempre a sus clientes si desean tomar otra reserva.

PUBLICÍTESE USTED MISMO

La primera cosa que debe hacer cuando comienza a trabajar en un salón es hacer una lista con cada servicio que ofrezca. Escriba una corta descripción del servicio, el tiempo requerido para completarlo y el costo.

Tenga una copia de la lista de servicios cerca de la agenda para evitar confusiones con los clientes. Entregue copias de sus servicios a sus compañeros de trabajo y anímelos a ofrecer sus servicios a sus clientes.

GESTIONES DE COBRANZA POR SERVICIOS

En algunos salones el técnico les cobra directamente a los clientes. En otros, la recepcionista se encarga de recibir todos los pagos. En cualquier caso, probablemente tendrá que preparar una factura indicando los servicios brindados al cliente. La factura deberá indicar el nombre del cliente, la fecha, el servicio prestado y el precio. Estas facturas le indicarán a su cliente cuáles son los servicios que está pagando y permitirán un registro preciso de las transacciones.

No ofrezca descuentos a clientes "especiales". Esto podría causar una difícil situación si luego les niega tal descuento a otros clientes.

DÓNDE SOLICITAR AYUDA

Como con cualquier otra carrera, le esperan territorios desconocidos. Existen muchos lugares donde solicitar apoyo.

- Las revistas del ramo tienen artículos útiles y recursos para los técnicos en el cuidado de uñas que desean estar al tanto de la industria.
- Las organizaciones profesionales proveen capacitación y privilegios de membresía, tales como seguro de grupo y descuentos.

- Los distribuidores de productos y sus representantes de ventas pueden diseñar promociones y hacer crecer su negocio. También proveen una gran fuente de capacitación permanente.
- Los fabricantes cuentan con líneas de emergencia para ayudarle a solucionar inconvenientes con los productos.
- Internet es una valiosa fuente de todo tipo de recursos. Contando con una computadora para acceder a Internet, los salones podrán buscar productos, obtener MSDS y chatear con otros técnicos de diferentes partes del mundo. Hay sitios orientados al técnico en el cuidado de uñas y fuentes de comercialización en general. También existen grupos de chat, listas de direcciones y anunciadores dedicados a ayudar a los técnicos en el cuidado de uñas.
- Los mentores pueden ser de gran ayuda cuando se inicia una carrera. Un **mentor** es un colega experimentado en el que usted confía como instructor o consejero. Los mentores le ayudarán a perfeccionar su técnica, le darán consejos comerciales y le brindarán contención emocional. Los mentores entienden que al ayudar a otros contribuyen a elevar el profesionalismo de toda la industria. Comprenda que algunos técnicos en el cuidado de las uñas lo verán como competencia, así que busque a otra persona que desee compartir sus "secretos para el éxito" con usted. Algunos técnicos en el cuidado de las uñas tienen la suerte de encontrar su mentor en el salón. Otros lugares para encontrar mentores son las clases, las exhibiciones e Internet. Muchas escuelas poseen una red ya montada de mentores.

NEGOCIOS  CONSEJOS

Cuestiones de cortesía

A nadie la gusta esperar, incluyendo a sus clientes. Cuando entre un cliente, trate de saludarlo inmediatamente. Si está trabajando con un cliente y llega el siguiente, ofrézcale un refresco e infórmele de cuánto tiempo tendrá que esperar. Aún más, si se da cuenta de que estará atrasado más de quince minutos durante todo el día, contáctese con cada uno de los clientes para avisarles del contratiempo. Esto permite reorganizar los horarios de las citas o volver a agendarlas. Con estos gestos simples y corteses le mostramos al cliente que lo valoramos como tal y que su tiempo es tan importante como el nuestro. A todos nos gusta volver a lugares donde somos bien tratados. Para conseguir que nuestro salón sea un lugar agradable, haga un culto de la cortesía.

19

glosario del capítulo

alquiler de estación	Opción comercial en la cual el salón renta estaciones a técnicos en el cuidado de uñas. Se paga al salón una tarifa mensual o semanal y los técnicos son responsables de sus propia operación comercial.
carta de presentación	Breve carta dirigida al gerente o dueño del salón que acompaña a un currículum y que describe el porqué se está interesado en el puesto, por qué es usted la persona adecuada y un pedido de entrevista.
currículum vitae	Resumen escrito de su experiencia laboral y académica y capacidad para un trabajo.
entrevista	Conversación formal entre usted y su potencial empleador donde se intercambia información para decidir si usted es la persona adecuada para un puesto en el salón y si el salón es adecuado para usted.
gastos	Costo de los insumos, equipo, alquiler, etc., para hacer funcionar un negocio.
ingresos	Dinero obtenido al proveer un servicio.
mentor	Colega experimentado que se transforma en su instructor de confianza y que le ayuda a perfeccionar su carrera.
proprietario de un salón	Inversión financiera en un salón al abrir uno nuevo o comprar uno ya existente.
registro de servicios al cliente	Registro de servicios brindados, productos utilizados y mercadería vendida a cada cliente.
remuneración	Pago de servicios prestados.
salón de bronceado	Salón que ofrece servicios de bronceado y ocasionalmente emplea a técnicos en salud de uñas para dar servicios adicionales a los clientes.
salón de uñas	Salón que provee específicamente servicios de salud y belleza de uñas y que emplea a varios técnicos en el cuidado de las uñas.
salón integral	Salón que provee una variedad de servicios de salud y belleza, incluyendo cuidado de la piel y del cabello.
salón spa (spa de día)	Salón que ofrece diversos servicios de relajación, incluyendo masaje corporal, hidroterapia y faciales. Estos salones normalmente ofrecen servicios de manicura y pedicura y promueven el cuidado natural de las uñas.

preguntas de revisión

1. ¿Cuáles son las ventajas y desventajas de trabajar en los cuatro tipos de salón?
2. ¿Cuáles son las diez preguntas que le ayudarán a determinar si el salón es el adecuado para usted?
3. ¿Cuáles son las ocho preguntas que le ayudarán a determinar si un salón posee condiciones de trabajo seguras?
4. Explique la diferencia entre ingresos y gastos y dé dos ejemplos de cada uno.
5. Enumere los cuatro tipos de remuneración de salón.
6. Enumere los usos prácticos de los registros comerciales requeridos por las leyes locales, estatales y federales.
7. Explique la diferencia entre un empleado y un rentador de gabinete.
8. Enumere las siete preguntas que un entrevistador exitoso puede hacer.
9. Enumere los cinco tipos de información que un salón puede reunir utilizando registros precisos.
10. Analice las ventajas de mantener buenos registros de servicio, inventario y citas personales.
11. Enumere las guías que se deben seguir para reservar citas.
12. Enumere seis fuentes de consulta para los técnicos en el cuidado de uñas.

VENTA DE PRODUCTOS Y SERVICIOS DEL CUIDADO DE UÑAS

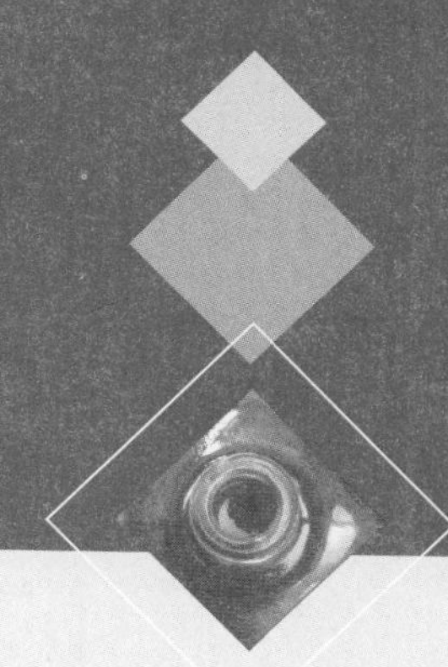

Autor: LaCinda Headings

RESEÑA DEL CAPÍTULO

Conozca sus productos y servicios • Conozca las necesidades y deseos de su cliente • Comercialización • Presente sus productos y servicios • Responda preguntas y observaciones • Cierre la venta • Tras el éxito

Objetivos de aprendizaje

Después de finalizar este capítulo, usted podrá:

1. **Enumerar los cinco principios básicos de la venta de productos y servicios.**
2. **Explicar la diferencia entre características y beneficios del producto o servicio y dar ejemplos de cada uno.**
3. **Enumerar tres métodos de comercialización en el salón, citando ejemplos de cada uno.**
4. **Describir la forma más económica y más efectiva de publicidad.**
5. **Razonar como fijar los precios para los productos y servicios.**
6. **Enumerar los eventos mensuales y proporcionar ejemplos de promociones colectivas para cada uno.**
7. **Discutir cómo llenar los espacios vacíos en su agenda diaria.**
8. **Calcular los índices de retención de clientes.**

Términos clave

El número de página indica dónde se utiliza el término dentro del capítulo.

Si desea ser un técnico en el cuidado de uñas exitoso, necesita ser un buen vendedor. Usted tiene la responsabilidad de vender servicios para el cuidado de las uñas y los productos que ayudarán a sus clientes a efectuar el mantenimiento de estos servicios. Usted tendrá éxito si comprende que los clientes compran los productos y servicios en base a dos cosas. En primer lugar, buscan soluciones a sus problemas. En segundo lugar, compran un producto por el aspecto personal que el producto les da y por lo que sienten cuando lo usan.

En este capítulo se describen los cinco pasos básicos para satisfacer las necesidades de sus clientes y para vender sus productos y servicios.

Los pasos básicos de la venta incluyen:

1. Conocer sus productos y servicios.
2. Conocer lo que su cliente necesita y desea.
3. Presentar sus productos y servicios.
4. Contestar las preguntas y observaciones de sus clientes de un modo adecuado.
5. Cerrar la venta.

La industria de la belleza comercializa soluciones a los problemas y el sentimiento que la gente adquiere cuando sabe que tiene un buen aspecto. Usted tiene a su alcance los productos y servicios que le dan ese sentir a sus clientes. Saber cómo vender esos productos y servicios constituye la clave de su éxito. En este capítulo aprenderá como fijar los precios y comercializar sus productos y servicios, los principios básicos de la venta y el seguimiento o evaluación de su éxito.

CONOZCA SUS PRODUCTOS Y SERVICIOS

En el salón para el cuidado de uñas, los productos y los servicios están íntimamente relacionados. Cuando usted efectúa un servicio en las uñas de su cliente puede seleccionar los productos más adecuados para esa persona. Entonces usted los usa para satisfacer las necesidades y deseos de su cliente.

Cuando termine el servicio de uñas, le vende a su cliente los productos que necesita para mantener el servicio entre visita y visita al salón.

Hay dos formas de conocer sus productos y servicios. Una es conocer sus características y la otra forma es conocer sus beneficios.

Características

Una **característica** es una cualidad específica de un producto o servicio que lo describe. Lea las etiquetas, los boletines sobre los productos y los folletos del sector para conocer las características de sus productos para el cuidado de las uñas. Busque información tal como los ingredientes que contienen los productos, las precauciones de seguridad que debe tomar cuando los use, cómo aplicarlos y cómo mantenerlos. Las características de los servicios para el cuidado de las uñas incluyen los procedimientos, el tiempo que requieren, los productos químicos que usan, el costo de los servicios, el efecto que tienen sobre las uñas de sus clientes y con qué frecuencia requieren mantenimiento (Figura 20-1).

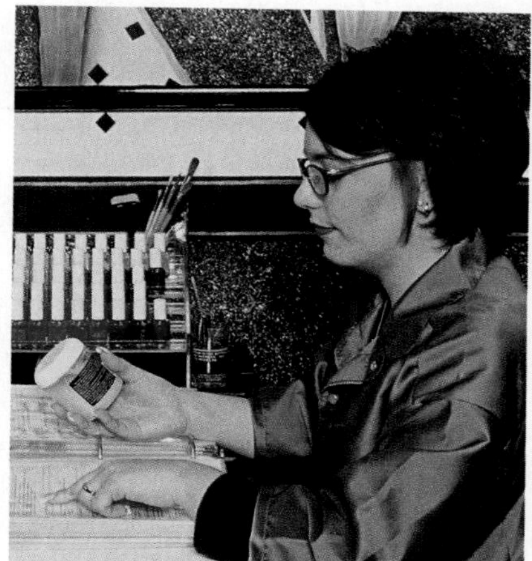

Figura 20-1 Lea todo acerca de los productos que tiene para vender a los clientes.

Las ventajas de las uñas de gel de color sobre las uñas postizas incluyen el hecho de que son duraderas, livianas y que vienen en una variedad de colores. Los geles curados con luz requieren unos 30 minutos para estar listos, use gel con base de acrílico con una fuente especial de luz, ello no dañará las uñas saludables y requiere mantenimiento cada dos a tres semanas.

Beneficios

Los **beneficios** de un producto o servicio son lo que hacen a favor de su cliente o cómo satisfacen sus necesidades y deseos. Las ventajas de las uñas de gel de color sobre las uñas postizas son uñas largas y hermosas que ahorran tiempo y dinero. Le proporcionan uñas que siempre parecen recién esmaltadas, livianas y cómodas para usar y que requieren mantenimiento cada dos o tres semanas y no todas las semanas.

Usted será un buen vendedor cuando pueda transformar las características de sus productos y servicios en beneficios que satisfagan las necesidades y deseos de sus clientes.

CONOZCA LAS NECESIDADES Y DESEOS DE SU CLIENTE

Es importante conocer las necesidades de las uñas de sus clientes si usted desea venderle productos y servicios para el cuidado de las uñas para satisfacer esas necesidades. Puede descubrir algunas de esas necesidades durante la visita o consulta de su cliente (vea el capítulo 9).

Al observar a su cliente y comunicar con él o con ella, usted querrá contestar sus preguntas.

1. **¿Tiene su cliente problemas especiales en sus uñas?** Los clientes con problemas en la uña necesitarán servicios especiales para las uñas. ¿Tiene su cliente uñas cortas mordidas o uñas que se agrietan y rompen fácilmente? Estos clientes pueden necesitar servicios que fortalezcan o recubran sus uñas naturales.

20

Figura 20-2 Determine qué servicios o productos se adaptan mejor a sus clientes, discutiendo sus estilos de vida con ellos.

2. **¿Cuál es el estilo de vida de su cliente?** El estilo de vida de su cliente determinará el tipo de servicio para el cuidado de las uñas que necesita. Un hombre o mujer de negocios querrá tener uñas bien prolijas, cortas y esmaltadas en un color sobrio. Una vendedora de joyas o de cosméticos querrá tener uñas largas de acrílico. Una jardinera o pianista puede necesitar uñas cortas con un aspecto natural. Una vendedora de colchas necesita uñas cortas, pero las querrá esmaltadas con colores de última moda. Asegúrese de proporcionar a sus clientes los servicios y productos más adecuados para sus actividades e imagen (Figura 20-2).
3. **¿Se está preparando su cliente para una ocasión especial?** Un cliente que vaya a asistir a un casamiento puede querer uñas del mismo color que el vestido que va a usar o una manicura francesa elegante. Un cliente que vaya a una entrevista de empleo probablemente querrá uñas que tengan un aspecto natural, pero bien arregladas. Si su cliente está usando un disfraz de bruja para una fiesta de Halloween o noche de brujas, quizás quiera uñas extra largas de acrílico pintadas de negro y cubiertas con decoración de uñas.

4. **¿Qué productos usa para el cuidado de sus uñas en el hogar?** Casi todas las mujeres usan esmalte, quitaesmalte, lociones y otros productos para el cuidado de sus uñas en el hogar. El saber qué usan y qué no usan le permitirá sugerir productos profesionales que satisfagan sus necesidades y que efectúen mejor el mantenimiento de los servicios que usted les brinda. Por ejemplo, si usted aplica un aplique o envoltura a la uña, querrá que su cliente use un quitaesmaltes sin acetona que no afecte la superficie del servicio de aplique o envoltura.

COMERCIALIZACIÓN

Marketing o **comercialización** describe los procesos comerciales involucrados en la promoción, venta y distribución de un producto o servicio. Los salones y los técnicos en el cuidado de uñas que tienen éxito nunca cesan de promocionarse. Los métodos de comercialización en el salón incluyen los folletos del salón, la publicidad exterior, las promociones permanentes, los boletines informativos y las tarjetas de cumpleaños con un "Muchas gracias" en su interior.

Cómo fijar los precios de sus productos y servicios

Para comenzar a comercializar sus productos y servicios, usted debe fijar los precios que va a cobrar por los mismos. Muchos salones tendrán precios fijados, pero si usted está alquilando espacio o el salón no tiene precios para los productos y servicios que usted ofrece, tendrá que decidir qué les cobrará a sus clientes. La regla general para fijar el precio de los productos profesionales vendidos en el salón, consiste en duplicar precio de costo de los productos. Por ejemplo, si compra un producto de su distribuidor a 2 dólares, usted lo revenderá a su cliente a 4. La mayoría de los fabricantes tienen una lista de precios de reventa sugeridos sobre los cuales usted puede basar estos precios. La venta en el salón de productos para el cuidado en el hogar será de ayuda para sus clientes y para usted (Figura 20-3). Tendrán los productos que necesitan para efectuar el mantenimiento de su servicio en el hogar y usted y el salón aumentarán sus ganancias.

Figura 20-3 Debe exhibir los productos que vende de un modo atractivo, a la vista de sus clientes.

Base los precios de sus servicios en los valores del mercado y en el costo de esos servicios. Si usted trabaja en un salón de categoría y usa productos de máxima calidad, cobre más por sus servicios que si está trabajando en un salón económico y usando productos no tan caros. Verifique los precios que cobran los salones similares en su zona por los mismos servicios. Cuando recién comienza querrá que sus precios sean comparables. Si sus precios son demasiado bajos en el extremo alto del mercado, la gente pensará que sus servicios son de una calidad inferior. Por otra parte, si sus precios son demasiado altos en un mercado de bajo presupuesto, usted puede quedar fuera del mercado. Tenga esto presente, pero no base su precios tan solo en el mercado, olvidándose de tomar en cuenta sus costos.

¿Qué hace usted cuando sus precios no son lo bastante altos para cubrir sus gastos generales y obtener una ganancia? La respuesta es subir sus precios. Muchos profesionales de salón temen subir sus precios por temor a perder clientes. Piense en esto: la mayoría de las compañías ofrecen aumentos de sueldo por "costo de vida" a sus trabajadores. Su costo de vida y el costo comercial aumentan constantemente y usted necesita pasar ese aumento a sus clientes. El momento adecuado para aumentar sus precios es cuando aumenta el costo de sus productos o cuando usted ha asistido a cursos de capacitación y tiene más experiencia.

Algunos salones incorporan los aumentos de sueldos al personal en su estructura de precios mediante un **sistema de niveles**. En un sistema de niveles, los nuevos técnicos en el cuidado de uñas cobran un precio más bajo. En base a la experiencia y logros en el salón, el salón asciende al técnico en el cuidado de uñas a un nivel más alto y a una estructura de precios más alta. Por ejemplo, un técnico de nivel 1 cobra 40 dólares por un juego completo, un técnico de nivel 2 cobra 42 dólares y un técnico de nivel 3 cobra 45 dólares.

Comercialización con folletos del salón

Las tarjetas de presentación y los servicios del salón constituyen ejemplos de **folletos del salón**. Las **tarjetas de presentación** son una publicidad para su negocio y la imagen de su salón. Promocionan su negocio. Sus tarjetas deben contener suficiente información para que sus clientes sepan qué hace, dónde lo hace y cómo pueden comunicarse con usted. Deben incluir el nombre del salón y su nombre, con el domicilio y teléfono del salón. Entregue varias de sus tarjetas de presentación a todos los clientes nuevos o potenciales. Incluso puede usar sus tarjetas para anotar la próxima cita de su cliente o los productos que le ha recomendado. Un **menú de servicios** es un listado de sus servicios, tal como el menú de un restaurante. Incluye una breve descripción de cada servicio, el tiempo que requiere y el precio que usted cobra por estos servicios. También puede indicar qué productos el salón tiene en existencia para el cuidado de su persona en el hogar (Figura 20-4).

Figura 20-4 Un menú de servicios es una lista de los servicios que usted ofrece.

Comercialización por medio de la publicidad

Publicidad es el acto de llamar la atención del público a su producto o servicio. Si quiere tener éxito en la publicidad, no se limite a publicitar quién es y dónde trabaja. Publicite aquello que lo hace especial. ¿Por qué los clientes debieran acudir a usted y no a otra persona? ¿Es usted rápido y eficiente, permitiendo a los clientes entrar y salir durante su hora de almuerzo? ¿O se enorgullece en brindar un servicio cómodo y muy bien atendido? ¿Se especializa en el arte de las uñas o en las uñas de aspecto natural? Publicitar lo que le hace especial atraerá a clientes que habrá de conservar. Ellos saben antes de entrar a su salón que los servicios que usted ofrece son los servicios que ellos consideran valiosos.

Los diarios, la radio y la televisión son generalmente los medios que vienen a la mente cuando uno piensa en publicitar. Estos medios son eficientes si se usan adecuadamente, pero pueden ser muy costosos. La forma menos costosa y más eficiente de publicidad para el profesional de salón es la **propaganda boca a boca**. Los clientes que disfruten de sus servicios lo recomendarán a sus amistades. Saque ventaja de este hecho pidiendo referencias a sus clientes. Publicitar un programa de referencias dará a sus clientes un incentivo para que lo recomienden a sus amistades. Entrégueles unas cuantas de sus tarjetas de presentación. Asegúrese que sus clientes escriban su nombre en las tarjetas que entreguen, para que usted sepa quien recomendó al nuevo cliente. Cuando junte una cierta cantidad de tarjetas de referencia entregadas por un cliente, recompénselo con un producto o servicio "adicional". Por ejemplo, usted podría ofrecer a sus clientes decoración en las uñas o un baño en parafina luego de su manicura o pedicura por cada cliente que le envíen. ¡El costo de la decoración de uñas o de la parafina es mínimo comparado con la ganancia que usted logrará obteniendo un nuevo cliente! Usted podría dar un paso más y ofrecer un servicio gratuito de relleno por cada cinco nuevos clientes que un cliente existente le envíe. Tenga el cuidado de no hacer todo esto para el mismo cliente de referencia, ya que le resultará muy caro.

Las **páginas amarillas** son otro lugar excelente para publicitar. Cuando la gente se traslada a una zona nueva, consultan las páginas amarillas para encontrar los bienes y servicios que necesitan. Para ser más efectiva con las páginas amarillas, adquiera un espacio de publicidad además de incluir su negocio en la sección alfabética. La mayoría de los consumidores que busquen un salón nuevo mirarán los avisos pagados y no lo encontrarán a menos que conozcan el nombre de su salón y lo puedan buscar. Considere incluir su negocio en varias categorías para aumentar las posibilidades de que nuevos clientes lo encuentren en las páginas amarillas. Salones de belleza, spa, salones para el cuidado de uñas y manicura son algunas de las posibles categorías incluidas en la mayoría de las páginas amarillas.

Comercialización con promociones

Las **promociones** son eventos diseñados para promocionar un producto o servicio específico. Los salones ofrecen promociones para presentar nuevos servicios o productos y para aumentar las compras de servicios o productos existentes. Hay muchos tipos de promociones que pueden usarse en el salón. El regalo de productos es un ejemplo de las promociones que se usan para atraer nuevos clientes y ayudar a levantar su negocio. Piense en efectuar una promoción de dos por uno para nuevos clientes. En esta promoción, los clientes obtienen la mitad del precio, ¡pero ahora usted tiene dos clientes que estarán reservando turno en vez de uno solo! Para promocionar sus productos de mantenimiento, usted podría efectuar una promoción donde el cliente obtiene un "valor agregado" sobre el producto de mantenimiento, cuando adquiere un *nuevo servicio.* Por ejemplo, usted puede ofrecer la loción aromatizada de 360 cc que su cliente desea comprar, por el precio del frasco de 240 cc cuando reserve una cita de manicura o pedicura.

Aquí tiene un consejo:

No reduzca el valor de su servicio con descuentos.
En lugar de ello pruebe los conceptos de "valor añadido".

Es común relacionar las promociones con las vacaciones o con los eventos a lo largo del año. Puede hacer esto creando y usando un calendario anual de promociones. Aquí hay una lista de eventos mensuales e ideas para organizar una promoción y un concepto publicitario para cada uno de ellos.

enero Año Nuevo – Un libro de cupones para usar durante el año nuevo.

febrero Día de San Valentín – Promoción dos por uno para los novios.

marzo Primer día de la primavera – Especiales de pedicura.

abril Temporada de promociones – Arte de uñas y esmalte para hacer juego con su vestido.

mayo Día de la madre – Certificados de regalo para cualquier servicio, más parafina de cortesía.

junio	Casamientos – Descuentos para la dama de honor y valor añadido, atención gratuita al novio.
julio	Día de la independencia – Oferta especial para los servicios de verano para vencer al calor, como pedicura con máscara de menta fresca.
agosto/ septiembre	De regreso al colegio – Promocione mantenimientos más grandes productos para los universitarios.
octubre	Mes de la concienciación del cáncer de mama – Organice una recaudación de fondos entre sus clientes.
noviembre/ diciembre	Vacaciones – Promueva bonos de regalo, canastas, y regalos navideños.

Publicidad dirigida o pautada

Si usted conoce el tipo de clientes que desea atraer, puede dirigir su publicidad directamente a ellos. Si desea atraer una clientela joven, publicite en los periódicos de los colegios secundarios o de las universidades. Si desea atraer a los hombres o mujeres de negocios, considere la publicidad en los periódicos comerciales locales. La publicidad directa por correo y el comité de bienvenida son también modos excelentes de apuntar a aquellos clientes que viven dentro del área de su código postal.

PRESENTE SUS PRODUCTOS Y SERVICIOS

Hay dos poderosas oportunidades para vender sus productos y servicios a sus clientes. Una de ellas es mientras está efectuándoles el servicio. La otra es una exposición atractiva de los productos y servicios cerca de su estación o puesto de trabajo.

Aquí tiene un consejo:

Siempre compruebe que un producto responda a las expectativas creadas en la publicidad. No haga la prueba con sus clientes. Sólo una vez que tenga confianza en el producto, y sólo entonces, preséntelo a su clientela.

20

Venda mientras trabaja

Cuando usted está efectuando un servicio, dígale a sus clientes qué está haciendo, qué productos está usando y por qué. Si uno de los procedimientos, como el limado de uñas y el retoque de esmalte, puede ser hecho por sus clientes, sugiera el tipo de abrasivo y esmalte que debieran comprar, y dígales cómo usar los productos.

Mientras le esté haciendo el servicio a un cliente, discuta otros servicios y las características, beneficios y costos de cada uno de ellos. Si está dando un servicio de uña de acrílico, mencione que usted ofrece un servicio de pulido y esmalte que daría un aspecto fresco al esmalte entre rellenos o discuta los beneficios de un servicio de pedicura. Sus clientes pueden querer probar otros servicios en el futuro.

NEGOCIOS CONSEJOS

El entretenimiento del marketing o comercialización

Si quiere introducir un nuevo producto por el cual deba cobrar (por ejemplo, recubrimiento U.V.) pídale a sus clientes que traigan sus fotos de casamiento o de bebés. Ofrezca el recubrimiento como cortesía la primera vez a quienes traigan fotos. Ello proporciona al cliente la oportunidad de probar el producto y entretenerse al mismo tiempo compartiendo cosas con usted y/o con los otros clientes.

Exhiba una lista de sus servicios

El menú de los servicios que su salón ofrece debe ser exhibido de un modo destacado en el área de la recepción. Si no fuera así, exhiba su lista de servicios cerca de su puesto de trabajo. La tarjeta debe ser atractiva y clara. Debe enumerar sus servicios y el costo de cada uno. Usted puede poner otra información que considere útil para sus clientes, tal como el tiempo que requiere cada servicio, sus características y sus beneficios.

Exhiba sus productos

Exhiba los productos para el cuidado de uñas que vende en su salón de un modo atractivo y a la vista de sus clientes mientras les efectúa un servicio. Tenga material promocional escrito sobre los productos al alcance de la mano de sus clientes para que ellos puedan llevarse la información. Además, tenga muestras gratis de productos para el cuidado de uñas, de ser posible, y anime a sus clientes a llevárselas. Tenga disponibles frascos o aerosoles de muestra de sus productos para que sus clientes puedan tocar y sentir el aroma de los productos.

No deje pasar la oportunidad de vender a sus clientes esmalte, recubrimiento, crema para manos, quitaesmaltes, aceite para cutícula y otros productos que habrán de necesitar para mantener sus servicios de uña entre visita y visita al salón. Si usa únicamente elementos profesionales de salón en todo el salón, ello asegurará a sus clientes que usted tiene confianza en esos productos. Por ejemplo, poner un lavatorio de manos profesional en el baño promociona su imagen profesional y dice, "Yo creo que éste es un gran producto". Además, si este producto está en su inventario para vender, ésta es una oportunidad ideal para que su cliente lo pruebe y lo compre.

RESPONDA PREGUNTAS Y OBSERVACIONES

Esté dispuesta a contestar todas las preguntas u observaciones que sus clientes tengan acerca de sus productos y servicios (Figura 20-5).

Figura 20-5 Esté preparado para contestar las preguntas de un cliente sobre sus productos.

Preguntas

Los clientes pueden querer saber qué marca de esmalte tiene los colores más inusuales, cómo se realizar la decoración para uñas, qué materiales se usan, o cuanto tiempo requiere un servicio. Pueden querer conocer las ventajas y desventajas de un servicio, o qué deberían hacer cuando se rompe una uña. Infórmese cuanto pueda acerca de sus productos y servicios, pero no tema decir que no conoce la respuesta y que averiguará la respuesta para su cliente. El conocimiento que usted exhiba establecerá la confianza entre usted y su cliente. Esto es importante a la hora de dar consejos.

Observaciones

No le tenga miedo a las observaciones de sus clientes a un producto o servicio. Un cliente puede objetar el precio, el tiempo que requiere un servicio, los resultados de un servicio o el mantenimiento frecuente de un servicio determinado. Conteste a la observación de un modo honesto y agradable, describiendo las ventajas del producto o servicio y sopesándolas con las desventajas. Cuando un cliente tenga objeciones válidas contra un producto o servicio, sugiérale otra opción que se adapte mejor a sus necesidades.

CIERRE LA VENTA

Cuando un cliente decide comprar un producto o servicio, usted ha cerrado la venta. Hay tres pasos básicos para cerrar una venta de productos y servicios para el cuidado de uñas: venta por sugerencia, empaquetado, y programar otra cita (Figura 20-6).

Figura 20-6 Cuando un cliente decide comprar un producto o servicio, usted ha cerrado la venta.

Venta por sugerencia

La venta por sugerencia se produce cuando usted sugiere a su cliente que compre determinados productos o servicios. Usted tendrá éxito en la venta por sugerencia cuando adapte sus productos y servicios a las necesidades y deseos de su cliente. Luego de efectuar un servicio, usted debe tratar de vender a sus clientes los productos que necesitan para el mantenimiento de sus uñas hasta la próxima cita. Darle a sus clientes la oportunidad de adquirir los productos que usted les ha sugerido en su salón, significa que no tendrán la necesidad de buscarlos en otra parte. Además, usted sabrá que están usando productos profesionales de calidad que no dañarán su trabajo.

Puede sugerirle a un cliente que compre otro servicio antes de irse. Por ejemplo, para los clientes con manos ásperas, sugiérales que compren un tratamiento con cera de parafina para ablandarlas.

Empaquetado

Luego que su cliente haya decidido qué comprar, usted puede cerrar la venta diciendo: "¿se lo envuelvo?" o "¿lo paga en efectivo o con tarjeta?"

Programar otra cita

Antes que su cliente salga del salón, programe otra cita para el mantenimiento del servicio que usted acaba de efectuar o para otro servicio. Confirme las futuras citas dando a cada cliente la tarjeta de citas del salón o su tarjeta de presentación con la fecha y hora de la próxima cita. La cita anticipada o turno es una buena manera de lograr una clientela estable y satisfecha.

NEGOCIOS  CONSEJOS

Ventas fáciles para el cuidado personal en el hogar

Agrupar los productos en paquetes es un modo natural de vender los productos a los clientes para las vacaciones, pero ¿ha pensado en crear estos paquetes para el uso cotidiano en el hogar? Es un gran modo de promocionar los productos, y además a los clientes les encanta la comodidad de tener todos los productos básicos a su alcance. Pero, ¿cómo comenzamos? Junte los componentes para el servicio más solicitado, tal como la siempre popular manicura francesa, la manicura natural, o la pedicura, para uso en el hogar. La habilidad consiste en anticipar lo que los clientes habrán de necesitar para el cuidado de sus tipos específicos de manicura o pedicura entre visitas, luego juntar esos elementos en distintos conjuntos para el cuidado del hogar, uno para cada tipo de servicio de uña.

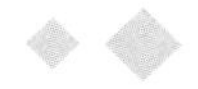

TRAS EL ÉXITO

Estudie los técnicos en el cuidado de uñas que tienen éxito y descubrirá que todos tienen algo en común. Los técnicos en el cuidado de uñas que tienen éxito son aquéllos que tienen las agendas llenas y una clientela estable. Si aprende a lograr estas dos cosas, usted tendrá su éxito asegurado.

Llenando su agenda

Lógicamente, usted sabe que cuantas más citas tenga durante el día, tanto más dinero ganará. Su objetivo es tener citas cada hora de su jornada de trabajo. Cuando usted comience en el salón, probablemente no tendrá su agenda llena, a menos que tenga la suerte de hacerse cargo de la clientela estable de otra persona. Probablemente habrán algunos espacios vacíos en su día de trabajo. Una forma de ocupar ese tiempo es brindar servicios adicionales a los clientes que ya están en su mesa. Cuando usted observe un espacio vacío en su agenda de citas, fíjese cuáles son las citas que tiene. Piense en qué servicios adicionales puede sugerir a aquellos clientes para llenar ese vacío de tiempo. Otra forma de llenar ese tiempo en su agenda es de reservar previamente las citas de mantenimiento de su cliente. Quizás quiera considerar darles un horario fijo *para las citas.* Un horario fijo para las citas es una cita que tiene lugar el mismo día, a la misma hora. Algunas de sus citas fijas ocurrirán todas las semanas y otras cada otra semana. Es menos probable que los clientes que tienen citas fijas se olviden de las mismas, porque han programado un horario que es conveniente para ellos en forma periódica. Si aún le quedan espacios libres en su agenda, use ese tiempo para hacer cosas que traerán los clientes al negocio y a su silla. Envíe recordatorios de cita. Llame para confirmar las citas del próximo día. Si trabaja en un salón integral, ofrezca servicios de muestra a los clientes que obtienen otros servicios. Trabaje en conceptos de comercialización que atraigan a nuevos clientes.

Retención de Clientes

Es más caro atraer nuevos clientes que usar los clientes que usted ya atiende para llenar su agenda. Su **índice de retención de clientes** mide cuántos de sus clientes son clientes fijos o regulares. Para calcular el índice, cuente cuántos clientes lo visitaron durante la semana. ¿Cuántos de ellos son clientes fijos o regulares? Divida la cantidad de clientes fijos o regulares que la visitaron por la cantidad total de clientes que vinieron y verá cual es el índice de retención de clientes. Por ejemplo, si usted tuviera 20 clientes regulares sobre 30 clientes totales, usted tendría una tasa de conservación de clientes del 67 por ciento (20 / 30 = 0,67). Esfuércese por transformar a todos sus nuevos clientes en clientes regulares. Si usted vuelve a dar cita a estos 10 nuevos clientes, su índice de retención de clientes aumentará. Cuanto más alto sea el índice, más se llenará su agenda. Cuanto más llena esté su agenda, ¡tanto más dinero ganará!

Determinación de metas

Su éxito en el negocio del cuidado de uñas depende totalmente de usted. Usted puede determinar cuanto dinero quiere ganar y fijar metas para que ello suceda. Sea prudente. Fijar una meta de una agenda llena y altos ingresos en un año puede ser abrumador o imposible de lograr cuando usted comienza con la agenda vacía. Comience subdividiendo su meta en metas diarias, semanales y mensuales. Su meta diaria debe ser conseguir tres nuevos clientes en su silla. Su meta semanal debe ser aumentar su tasa de conservación de clientes el 5 por ciento cada semana. Su meta mensual debe ser aumentar la cantidad de servicios que cada uno de sus clientes recibe. Al lograr estas metas diarias, semanales y mensuales más pequeñas, usted podrá fácilmente lograr su meta final de una agenda llena y altos ingresos.

glosario del capítulo

beneficios	La utilidad de un producto o servicio para ofrecer lo que su cliente necesita, cómo un producto o servicio habrá de satisfacer los necesidades de su cliente.
característica	Un hecho específico acerca de un producto o servicio que lo describe y lo hace apropiado para un cliente.
comercialización	Los procesos comerciales involucrados en la promoción, venta y distribución de un producto o servicio.
folletos del salón	Piezas de comercialización como tarjetas de presentación y menús de servicios para promocionar el negocio de un salón.
índice de retención de clientes	Una medición de cuántos de sus clientes son clientes fijos o regulares y cuántos son nuevos.
menú de servicios	Una lista de los servicios y productos que un salón ofrece. Debe incluir una breve descripción de cada servicio, el tiempo que requiere, y el costo.
páginas amarillas	Páginas comerciales de la guía telefónica local para publicitar los servicios y productos del salón y para ofrecer acceso inmediato a su número telefónico y domicilio.
promociones	Estrategias de comercialización usando eventos o el regalo de productos para promocionar servicios o productos específicos.
propaganda boca a boca	Un sistema de referencia donde los clientes satisfechos recomiendan sus servicios a las amistades, usted ofrece tarjetas de presentación a los amigos como un incentivo, o recompensa a los clientes con servicios gratuitos por enviarles nuevos clientes.
publicidad	El acto de llamar la atención a su producto o servicio, pero haciendo saber a las potenciales clientes por qué usted es especial.
sistema de niveles	Un sistema de retribución basado en el pago a los técnicos y el cobro a los clientes de acuerdo a la experiencia y logros del técnico en el cuidado de uñas. Cuanto mayor sea la experiencia, tanto mayor será el pago al técnico en el cuidado de uñas, y tanto mayor será la tarifa para el cliente.
tarjeta de presentación	Una pequeña tarjeta con su nombre, el nombre del salón, domicilio y número telefónico y su especialidad, que se usa para publicitar su negocio y su imagen.

preguntas de revisión

1. ¿Cuáles son los cinco principios básicos de la venta de productos y servicios?
2. ¿Cuál es la diferencia entre la característica de un producto o servicio y sus beneficios? Enumere algunos ejemplos de cada uno.
3. ¿Cuáles son los tres métodos de comercialización en el salón? Enumere algunos ejemplos de cada uno.
4. Razone como fijar los precios para los productos y servicios.
5. ¿Cuál es la forma más económica y más efectiva de publicidad?
6. Enumere varios acontecimientos mensuales, y proporcione ejemplos de promoción para cada uno de ellos.
7. Mencione tres formas de llenar los espacios vacíos en su agenda diaria.
8. Calcule el índice de retención de clientes de un técnico en el cuidado de uñas que tiene 23 clientes fijos o regulares sobre un total de 35 clientes en la semana.

GLOSARIO

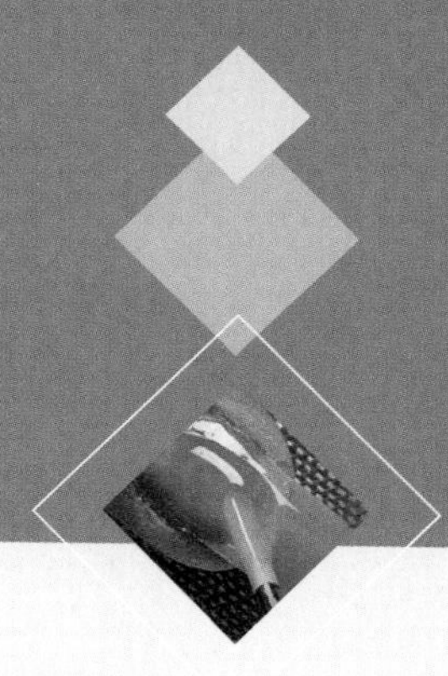

abrasivo Una superficie áspera que se usa para dar forma o alisar la uña y quitarle el brillo.

abrasivos suaves Sustancias tales como el óxido de estaño, talco, sílice o caolina utilizadas para suavizar o pulir las uñas y la piel.

accionado por gravedad Sistema de aerografía diseñado para impulsar la pintura en el aerógrafo utilizando la gravedad.

aceite portador Aceite base usado en aromaterapia que se agrega a los aceites esenciales para diluir la concentración del aceite esencial. El aceite portador agrega untuosidad y facilita el deslizamiento para el masaje.

aceites esenciales Aceites utilizados en aromaterapia extraídos de diferentes partes de plantas, incluyendo semillas, corteza, raíces, hojas, madera y resina y obtenidos por diferentes medios de destilación.

aceites para masajes Mezclas de aceites terapéuticos utilizadas para lubricar, humectar y vigorizar la piel durante el masaje o la pedicura.

acrílico Una sustancia que se mezcla con líquido y que se aplica a una uña postiza artificial para fortalecer la uña natural y la uña postiza.

acrílicos sin olor Acrílicos muy diferentes de los tipos tradicionales pues no se evaporan, no tienen olor y son mucho más densos, dándole más tiempo al técnico para que esculpa.

adhesión Reacción química que hace que dos superficies queden pegadas.

adhesivo para uñas Un adhesivo o agente adhesivo que se usa para adherir una uña postiza a la uña natural.

adhesivo Agente que hace que dos superficies queden pegadas.

adiposo Tejido conectivo grasoso que brinda suavidad y forma al cuerpo.

aguja La pieza que encaja en la boquilla de fluidos del aerógrafo y controla la cantidad de pintura liberada al presionar el gatillo.

albinismo La ausencia congénita de pigmento de melanina en el cuerpo, incluyendo la piel, cabello y ojos.

alicates de cutícula Instrumento utilizado para manicura y pedicura, para recortar la piel muerta y escamosa en los alrededores del lecho de la uña (lecho ungueal).

alquiler de estación Opción comercial en la cual el salón renta estaciones a técnicos en el cuidado de uñas. Se paga al salón una tarifa mensual o semanal y los técnicos son responsables de su propia operación comercial.

alteración física Sustancia que ha cambiado solamente su forma o apariencia sin cambios químicos que la alteren para dar paso a una nueva sustancia.

alteración química Alteración de la composición química de una sustancia que se transforma en otra sustancia con propiedades distintas a la original.

ampolla Una burbuja grande que contiene fluidos acuosos.

ampollas producidas por la fricción Reacciones localizadas de la piel a la fricción proveniente de una fuente externa. La capa media de la piel se llena con un fluido color pajizo creando las ampollas.

análisis La sección de reunión de información de la consulta con el cliente donde el técnico en cuidado de uñas realiza preguntas al cliente y analiza sus uñas y piel.

anillos de fuego Lomas en la uña producidas al usar una punta cilíndrica en ángulo incorrecto cerca de la cutícula, punto donde el borde plano del cilindro se clava en el lecho de la uña natural.

antisépticos Sustancias que evitan infecciones en la piel reduciendo el número de patógenos en una herida.

aplicación de láminas (laminado de oro) También conocido como pepitas o plantillas de pepitas; un material similar a una lámina, delgado y frágil, disponible en oro, plata y una variedad de otros colores, utilizado para crear una forma rápida y sencilla de arte de uñas.

apósitos Pequeños cuadros sin fibras conocidos como apósitos y preferidos por los técnicos en cuidado de uñas, pues permiten retirar el esmalte sin que se peguen las fibras a la uña, cosa que interferiría con la aplicación de esmalte.

aromaterapia Uso de fragancias aromáticas que inducen a la relajación; terapia con aromas.

arte de uñas Servicio de valor agregado ofrecido en numerosos salones que aplica diseños adaptados creativos y únicos a la uña terminada.

asepsia Sangre libre de bacterias productoras de enfermedades.

bacilos Las bacterias en forma de varilla más comunes que producen enfermedades tales como tétanos, gripe, fiebre tifoidea, tuberculosis y difteria.

bacterias (plural de bacteria). Pequeños microorganismos unicelulares que sólo pueden verse a través de un microscopio.

bactericidas Desinfectantes que matan bacterias peligrosas.

banda de resistencia Una banda de textura de 3 mm de largo, aplicada durante un mantenimiento de envolturas de textura de cuatro semanas para reparar o fortalecer un punto débil en una uña.

banda onicodermal (solehorn) Una concentración combinada de epitelio del lecho y tejido del hiponiquio que se halla en el extremo distal de la uña. Es la banda de tejido grisáceo que ayuda a adherir la lámina ungueal a los tejidos subyacentes.

bandas adhesivas Cinta con revés pegajoso disponible en varios colores aplicada sobre el esmalte de la uña u otro arte de uñas para crear diseños más audaces.

baños Productos que contienen jabón suave, humectantes e ingredientes superficiactivos de penetración profunda utilizados en el baño de pedicura para suavizar la piel de los pies.

barra pulidora Una barra pulidora es un bloque rectangular liviano abrasivo que se usa para pulir uñas.

barrera natural La barrera protectora provista por el tejido eponiquio que protege contra bacterias y otros invasores.

beneficios La utilidad de un producto o servicio para ofrecer lo que su cliente necesita, cómo un producto o servicio habrá de satisfacer las necesidades de su cliente.

boquilla de fluidos (punta) Pequeña boquilla con forma afinada en el extremo del aerógrafo que sostiene la aguja que libera pintura.

bronceado Oscurecimiento de la piel causado por la exposición a los rayos ultravioleta del sol.

cadenas de polímeros simples El resultado es una larga cadena de monómeros unidos cabeza con cola.

callos (Tiloma) Placas de epidermis endurecidas superficiales causadas por la fricción excesiva en zonas tales como manos y pies.

capa basal Anteriormente conocida como stratum germinativum, es la capa más profunda de la epidermis que yace en el corneum. Todas las demás células de la epidermis emanan de esta capa.

característica Un hecho específico acerca de un producto o servicio que lo describe y lo hace apropiado para un cliente.

carta de presentación Breve carta dirigida al gerente o dueño del salón que acompaña un currículum y que describe el porqué se está interesado en el puesto, por qué es usted la persona adecuada y un pedido de entrevista.

catalizador Cualquier sustancia que tenga el poder de acelerar una reacción química.

células Unidades básicas de todo ser viviente, pequeñas masas de protoplasma capaces de desarrollar todas las funciones fundamentales de la vida.

cianoacrilato Pegamento muy rápido utilizado con acrílico en polvo de aplicación a pincel o de inmersión.

cicatriz Marca clara y levemente elevada en la piel formada después de curada una herida o lesión de la piel.

cilios Extensiones de los bacilos y spirilla, similares al cabello, que se mueven como varas para que las bacterias avancen en el líquido.

circulación (general) sistémica La circulación de la sangre desde el corazón a través del cuerpo y luego de regreso al corazón.

circulación pulmonar La circulación de la sangre desde el corazón a los pulmones, para su purificación y regreso al corazón.

cloasma Son manchas marrones en la piel especialmente en el rostro y manos, también denominadas manchas del hígado o paños de polilla.

cocos Bacterias redondas productoras de pus que aparecen solas o en grupos.

colores complementarios Los colores ubicados directamente enfrentados en la rueda de colores.

colores primarios Colores de pigmentos puros que no pueden obtenerse al mezclar otros colores.

colores secundarios Colores resultantes directamente de mezclar partes iguales de dos colores primarios; se ubican en el lado opuesto a los colores primarios en la rueda de colores.

colores terciarios Colores que resultan directamente de mezclar partes iguales de un color primario y uno de sus colores más cercanos.

comercialización Los procesos comerciales involucrados en la promoción, venta y distribución de un producto o servicio.

compuestos de amonio cuaternario (cuaternarios) Desinfectantes seguros y de rápida acción habitualmente utilizados para limpiar implementos, mesas y mostradores.

concéntrica Puntas perfectamente balanceadas y centradas que giran dentro del mandril del motor para garantizar que la lima gire suavemente y roce la uña en forma pareja.

conducta acorde al salón La manera adecuada de comportarse al trabajar con clientes, empleadores y compañeros de trabajo.

consulta con el cliente Conversación entre el técnico en cuidado de uñas y el nuevo cliente para reunir información sobre su estado de salud general, la salud de sus uñas y piel, su estilo de vida y necesidades y los servicios de cuidado de uñas que el técnico en cuidado de uñas puede brindar.

contagio Padecer una enfermedad fácilmente transmisible de una persona a otra.

contaminado Afecta su pureza por contacto; manchado o contaminado.

contaminante Sustancia que causa contaminación.

contorno de la uña Pliegues de piel normal que rodean la lámina ungueal, formando surcos y una pared para ayudar a determinar la forma de la lámina ungueal.

corpúsculos táctiles Pequeñas estructuras epidérmicas con terminales nerviosos sensibles al tacto y la presión.

corrosivo Sustancia que puede carcomer o destruir otra sustancia.

corta uñas para los pies Instrumentos profesionales con puntas curvas o rectas utilizados para cortar las uñas de los pies.

corta uñas para uñas postizas Un instrumento similar a un corta uñas que se usa exclusivamente para recortar uñas postizas artificiales.

cortar parte de la hendidura de la uña postiza Un nuevo método alternativo de lograr las líneas de una sonrisa perfecta con uñas postizas blancas o con uñas postizas tradicionales sin amalgama de las uñas postizas.

costra Acumulación de suero y pus mezclados con escamas epidérmicas; ej: una escara en una llaga.

cubritivos Productos, incluyendo esmalte para uñas, capas protectoras, mejoras artificiales y adhesivos que cubren la lámina ungueal con una película dura.

cucharilla Instrumento pequeño en forma de cuchara utilizado para limpiar desechos de los bordes de los márgenes de las uñas.

curado con activador Un método de curar un gel sin luz rociando o aplicando a pincel un activador de gel sobre la lámina ungueal.

curado con agua Método de curar un gel sin luz sumergiendo las uñas en agua tibia durante varios minutos.

currículum vitae Resumen escrito de su experiencia laboral y académica y capacidad para un trabajo.

cutícula (eponiquio) La medialuna de piel endurecida, alrededor de la base de los dedos de la mano y del pie, que se superpone parcialmente a la lúnula.

Decoloración de las uñas Un estado en el cual las uñas toman una variedad de colores, incluyendo el amarillo, azul, azul grisáceo, verde, rojo y morado. La decoloración puede ser causada por mala circulación de la sangre, por un problema cardíaco o por medicaciones tópicas u orales.

decoración manual de uñas También denominado arte de uñas neto, forma de arte de uñas muy costosa que utiliza pinceles y pintura para crear diseños.

dermatitis Inflamación anormal de la piel. Sus diferentes tipos incluyen dermatitis de contacto, dermatitis de contacto irritante y dermatitis de contacto alérgica.

dermatología El estudio de la piel sana y los trastornos de la piel.

dermis La capa subyacente o interna de la piel ubicada debajo de la epidermis, también denominada derma, corium, cutis o "piel verdadera".

desinfección Proceso utilizado para destruir contaminantes sobre implementos u otras superficies inertes; nivel más elevado de descontaminación que la higienización.

desinfectante de hospital Desinfectantes que deben matar bacterias y virus patógenos, destruir hongos y aprobar pruebas especiales de certificación EPA.

desinfectante fenólico Líquidos desinfectantes concentrados muy efectivos utilizados en salones; pueden ser destructivos para algunos materiales y son muy caros.

desinfectantes Sustancias que destruyen patógenos en implementos u otras superficies inertes; su utilización no es segura en manos o uñas.

diplococos Cocos que crecen en pares y pueden causar neumonía.

eccema El término genérico utilizado para describir un trastorno de inflamación de la piel crónico y duradero de causa desconocida.

elasticidad La capacidad del tejido de volver a la normalidad y recobrar su forma original al desaparecer el estiramiento aplicado.

elementos Formas más simples de materia básica; sustancia que no puede reducirse en formas más simples sin perder su identidad original.

energía Potencia o capacidad interna o inherente para realizar un trabajo.

enfermedad traumatológica acumulativa (CTD) También conocido como desorden por movimientos repetitivos; afección profesional que puede causar dolor e incapacidad si no se trata.

enlazador cruzado Monómero que une distintas cadenas de polímeros.

entrevista Conversación formal entre usted y su potencial empleador donde se intercambia información para decidir si usted es la persona adecuada para un puesto en el salón y si el salón es adecuado para usted.

envolturas de papel Envolturas temporales para uñas de papel muy delgado que se disuelven en quitaesmalte con y sin acetona.

envolturas de textura Las envolturas de textura se hacen con seda, lino o fibra de vidrio.

envolturas de uñas en líquido Un esmalte espeso constituido por fibras pequeñas diseñadas para dar resistencia y preservar la uña natural a medida que va creciendo.

envolturas para uñas Trozos de tejido o papel del tamaño de una uña que se adhieren a la parte superior de la lámina ungueal con adhesivo para uñas. Se usan a menudo para reparar o dar más resistencia a las uñas naturales o a las uñas postizas.

epidermis La cobertura protectora más externa de la piel. No contiene vasos sanguíneos, pero sí contiene numerosos terminales nerviosos diminutos. Se compone de cuatro capas.

epitelio base La capa delgada de tejido que adhiere la uña al lecho ungueal.

eponiquio (cutícula) La medialuna de piel endurecida, alrededor de la base de los dedos de la mano y del pie, que se superpone parcialmente a la lúnula.

escamas Piel muerta producida durante el desprendimiento de la epidermis; Ej.: caspa grave.

escofinas (paletas) Grandes limas arenosas utilizadas para retirar la piel seca y escamosa y suavizar los callos de los pies.

estafilococos Cocos que crecen en racimos y están presentes en las infecciones locales tales como abscesos, pústulas y furúnculos.

esterilización Proceso múltiple y complejo utilizado para destruir organismos vivos presentes en un objeto o en una superficie.

estrato papilar La capa más externa de la dermis ubicada directamente debajo de la epidermis.

estrato reticular La capa más profunda de la dermis que contiene células, vasos, glándulas, terminales nerviosos y folículos, que provee de oxígeno y nutrientes a la piel.

estreptococos Cocos que crecen en cadena y pueden causar enfermedades e infecciones tales como faringitis estreptocócica, intoxicación de la sangre y fiebre reumática.

estrías Cortes largos y delgados o ranuras que aparecen en las puntas de carburo.

ética El sentido de lo que es correcto e incorrecto al interactuar con clientes, empleadores y compañeros de trabajo. Honestidad, honradez, cortesía y respeto por los sentimientos y derechos de los demás son los valores esenciales de la ética profesional.

evaporación Cambio de un estado líquido a otro gaseoso.

excoriación Una herida o raspadura causada por rascar o raspar la capa superficial de la piel.

exfoliantes de granos Productos levemente abrasivos que contienen agentes o aceites ablandadores para penetrar la piel seca y escamosa y los callos que necesitan ser eliminados durante la pedicura.

extractor local Dispositivo utilizado para capturar vapores y polvillo en el interior del salón y expulsarlos fuera de la zona de respiración del técnico a través de un extractor.

fermentos Sustancias que contienen células de hongos minúsculas utilizadas para promover la fermentación; una gran fuente de vitamina B.

fibra de vidrio Una malla sintética muy delgada de trama abierta usada para envolturas de uñas por su gran resistencia y duración.

fisura Una grieta de la piel que penetra la dermis; ej: manos o labios agrietados.

flagelos Extensiones de los bacilos y spirilla, similares al cabello, que se mueven como varas para que las bacterias avancen en el líquido.

flotar la gota Técnica utilizada para sellar arte de uñas en la cual se coloca una gota de sellador en la superficie de la uña y el pincel flota sobre dicha superficie y la cubre totalmente con sellador.

Folleto Informativo de Seguridad del Material (MSDS) Documentos suministrados por los fabricantes de los productos y disponibles para todos aquellos que los utilicen, contienen información básica y de empleo de un producto.

folletos del salón Piezas de comercialización como tarjetas de presentación y menús de servicios para promocionar el negocio de un salón.

formaldehído Agente sospechoso de ser cancerígeno que está presente en la formalina.

fotoiniciadores Característica de los acrílicos curados con luz que causa el endurecimiento cuando se los expone a una lámpara especial U.V.

fundido de colores (combinación de colores) Técnica de aerografía en la que se utilizan combinaciones de colores sutiles en la misma uña al mismo tiempo.

fungicidas Desinfectantes que destruyen hongos.

gas Estado de la materia diferente al líquido o al sólido por su escasa densidad molecular; no debe ser confundido con vapor, ya que no se evapora en el aire como el vapor.

gastos Costo de los insumos, equipo, alquiler, etc., para hacer funcionar un negocio.

gel curado con luz Tipo de gel utilizado con uñas artificiales que se endurece al ser expuesto a una fuente de luz U.V. o halógena.

gel sin luz Tipo de gel utilizado con uñas artificiales que se endurece al recibir la aplicación de un activador de gel por rociado o aplicación a pincel o al ser remojado en agua.

gérmenes Bacterias causantes de enfermedades.

glándulas sebáceas (glándulas excretoras de aceite) Glándulas excretoras de aceite de la piel conectadas a los folículos pilosos que secretan sebo.

glándulas sudoríparas (glándulas de sudor) Pequeños túbulos enrollados que secretan sudor; ubicados en el tejido subcutáneo y que terminan en la apertura de los poros.

grano Cantidad de material abrasivo utilizado en limas y puntas. A menor número, menor cantidad de granos utilizados. Por ejemplo: si el grano es 240, hacen falta 240 granos para cubrir un cuadrado de 2,5 cm cuadrados; por lo tanto, el grano es más fino que un grano 100.

granuloma piogénico Una inflamación severa de la uña en la cual un bulto de tejido vascular rojo crece desde el lecho ungueal hacia la lámina ungueal. Es comúnmente causada por lesión o infección.

herpes simple Una infección viral que se presenta como una ampolla afiebrada o llaga fría.

higienización Nivel inferior de la descontaminación; se utiliza para disminuir la cantidad de contaminantes sobre una superficie o implemento.

hipodermis (estrato adiposo) También denominada subcutis, la capa más profunda de la piel caracterizada por células grasas firmemente unidas.

hiponiquio La piel endurecida que yace debajo del borde distal de la uña, donde sella el borde libre de la uña a la piel normal.

histaminas Sustancias químicas en la sangre que dilatan los vasos alrededor de una herida para que la sangre llegue más rápidamente al sitio y ayude a remover sustancias irritantes.

hongos Término general utilizado para describir parásitos similares a plantas que pueden propagarse fácilmente de uña a uña.

implementos Herramientas que deben ser higienizadas o desechadas luego de ser utilizadas con cada cliente. Los implementos son lo suficientemente pequeñas para ser higienizadas en el recipiente para desinfección.

imprimantes Sustancias que mejoran la adhesión.

índice de retención de clientes Una medición de cuántos de sus clientes son clientes fijos o regulares y cuántos son nuevos.

infección Contaminación que tiene lugar cuando los tejidos del cuerpo son invadidos por microorganismos causantes de enfermedades tales como bacterias, virus y hongos.

inflamación Un estado que responde a la lesión, irritación o infección del cuerpo, caracterizado por un color rojizo, calor, dolor e hinchazón.

ingresos Dinero obtenido al proveer un servicio.

iniciador Ingrediente especial en una molécula de monómero que dispara un impulso de energía utilizado para crear una cadena de monómeros (polímero).

inmunidad La capacidad del cuerpo de resistir a las enfermedades y destruir los microorganismos cuando han ingresado al cuerpo. La inmunidad puede ser natural, adquirida naturalmente o adquirida artificialmente.

inmunocomprometido Poseer un sistema inmune dañado o lesionado, incapaz de rechazar enfermedades.

laca Solución de nitrocelulosa en un solvente volátil utilizada en uñas y cabello para agregar brillo.

lámina cornea (uña) Término técnico de la uña de los dedos de la mano o del pie.

lámina ungueal Formada por las células de la matriz, es el cuerpo visible y funcional del módulo de la uña.

laminado Una de las técnicas de arte de uñas más sencillas y rentables, se aplica después del esmalte con un adhesivo de lámina para crear colores y diseños no disponibles en el esmalte.

lámpara halógena Lamparilla utilizada para endurecer algunas uñas de gel.

lámpara ultravioleta Lamparilla especial que emite un espectro de luz más allá de los rayos violeta utilizada para endurecer algunas uñas de gel.

lecho de la matriz La parte de la uña que se extiende desde debajo del surco de la uña proximal, donde puede verse como un área blanca en forma de media luna debajo de la lámina ungueal.

lecho ungueal La porción de la piel sobre la cual se apoya el cuerpo de la uña.

lentigines (pecas) Pequeñas manchas marrones o amarillas encontradas en la piel.

leucoderma Término general para la ausencia anormal de pigmentación.

leuconiquia Un estado, causado por burbujas de aire, uñas magulladas u otra lesión en la uña, en la cual aparecen manchas blancas en la uña.

ligamentos especializados Ligamentos ubicados en la porción proximal del lecho de la matriz y alrededor de los bordes del lecho ungueal, que sujetan la matriz y el lecho ungueal al hueso subyacente.

lima de metal Lima de metal con borde anguloso que puede cortar o limar en una única dirección.

lima de uñas con diamante Lima de metal con polvo de diamante, disponible en varios niveles de grano, posee la misma forma que las demás limas de uñas. Puede ser higienizada fácilmente y permanecer en soluciones desinfectantes.

linfa Fluido acuoso, ligeramente amarillo, hecho del plasma de la sangre.

lino Un material pesado de trama cerrada que se usa en las envolturas para uñas porque permanece opaco, aún luego de aplicado el adhesivo.

lúnula La zona blanca en forma de media luna del lecho de la matriz, que se encuentra en la raíz de la uña.

luz ultravioleta (U.V.) Rayos invisibles de un espectro de color más allá de los rayos violeta; son los rayos más cortos y menos penetrantes de la luz.

mácula Pequeña mancha o lunar descolorido en la superficie de la piel. Algunas máculas son seguras y otras no lo son.

mancha Una decoloración anormal que permanece después de la desaparición de lunares, pecas o manchas del hígado, o después de ciertas enfermedades.

manguera de aire La manguera que conecta el compresor del aerógrafo (la fuente de aire) al aerógrafo propiamente dicho.

manicura francesa Técnica de aerografía que genera una uña de aspecto natural con una punta blanca suave en el borde libre.

manipulación de las manos El proceso de tratar, trabajar u operar habilidosamente con las manos.

marca de nacimiento (lunar) Una malformación de la piel debido a pigmentación anormal o capilares dilatados. Esta dolencia puede ser heredada.

masaje effleurage Movimiento de masaje con golpes continuos y suaves aplicados con dedos (digital) y palmas (palmar) de modo lento y rítmico.

masaje Método de manipulación del cuerpo mediante fricción, pellizcos, sobado y puntura con fines terapéuticos.

materia Sustancia que ocupa un espacio, posee características físicas y químicas y existe en estado sólido, líquido o gaseoso.

melanina El diminuto grano de pigmento en la epidermis que determina el color natural de la piel y protege las células sensibles contra los rayos de luz fuerte.

melanoma Cáncer de las células productoras de pigmentos de la piel. Si no es tratado se propagará por todo el cuerpo y provocará la muerte.

melanoniquia Un estado presente en todas las razas de piel oscura y muy raro en las de piel blanca, en el que una banda negra de células de pigmento crece desde el lecho de la matriz proximal hacia el borde libre de la uña.

mentor Compañero de trabajo experimentado que se transforma en su instructor de confianza y que le ayuda a perfeccionar su carrera.

menú de servicios Una lista de los servicios y productos que un salón ofrece. Debe incluir una breve descripción de cada servicio, el tiempo que requiere, y el costo.

metabolismo El complejo proceso químico que tiene lugar en los organismos vivientes, mediante el cual se nutren las células, dándoles la energía que necesitan para efectuar sus actividades.

mezcla interna Mezcla de la pintura de aerografía con el aire dentro del aerógrafo.

microorganismos Cualquier ser vivo demasiado pequeño para detectarse a simple vista.

miología El estudio de la estructura, funciones y enfermedades de los músculos.

mitosis Reproducción de células en la cual éstas crecen y se dividen en mitades para formar dos células idénticas. Dichas dos células crecerán y se dividirán nuevamente formando cuatro células. Este proceso continúa repitiéndose creando millones de células.

moho (hongo) Un crecimiento que comienza con un color verde amarillento y que se oscurece hasta alcanzar un color negro. Está causado normalmente por humedad que se ha filtrado debajo del borde de una uña artificial o postiza, pero que puede también afectar una uña natural.

molde Diseños precortados fabricados de plástico, papel o género, utilizados para crear arte de uñas.

molécula Parte más pequeña de cualquier sustancia que conserva sus características originales.

monómeros Moléculas individuales que al unirse forman un polímero.

movimiento de amasamiento de petrissage Movimiento de sobado en masajes realizados mediante el levantamiento, prensado y presión del tejido.

movimiento de fricción Presión firme aplicada en la parte inferior del pie utilizando la compresión con el dedo pulgar para trabajar de lado a lado y hacia el talón.

músculos arrector pili Diminutas fibras musculares involuntarias de la piel insertadas en la base de los folículos pilosos que provocan piel de gallina.

navaja para moldes Navaja con un solo filo utilizada para cortar diseños de papel de molde o plástico para crear moldes de arte de uñas.

nervios Cuerdas largas y blancas constituidas por masas de neuronas y unidas por tejidos conjuntivos que transmiten mensajes a las diversas partes del cuerpo desde el sistema nervioso central.

nervios motores Nervios que transportan los impulsos de los centros nerviosos a los músculos.

nervios secretorios Nervios de las glándulas de sudor y excretoras de aceite que regulan la transpiración y la excreción de sebo.

nervios sensorios Nervios que transportan impulsos desde los órganos de los sentidos al cerebro para experimentar sensaciones como tacto, frío, calor, dolor y presión.

neurología La rama de la medicina que se ocupa del sistema nervioso y de sus trastornos.

neurona (célula nerviosa) La unidad estructural básica del sistema nervioso, formada por un cuerpo de célula, dendritas, un axón, y un terminal de axón. La neurona recibe y envía mensajes a las demás neuronas, glándulas y músculos.

nevus pigmentado (lunar) "Tumor" color bronceado o marrón hinchado sobre la piel que varía en tamaño, forma y superficie. Algunos pueden presentar crecimiento de cabello en ellos.

no patógeno Que no causa enfermedades, no dañino.

onicatrofia (atrofia) Un estado, causado por lesión a la matriz de la uña o por enfermedad interna, en el cual la uña se consume, pierde su brillo, se contrae y se desprende.

onicauxis (hipertrofia) Un estado, causado por desequilibrio interno, infección local, lesión, o factor hereditario, es el sobrecrecimiento anormal de las uñas y el espesamiento de la lámina ungueal.

onicocriptosis (uñas encarnadas) Un trastorno común en el cual la uña crece dentro de los bordes del tejido que rodean la uña. Puede ser el resultado del pliegue o involución profunda del lecho de la matriz en los tejidos blandos, penetrándolo y creando un portal de entrada para las bacterias.

onicofagía Término médico para las uñas mordidas lo bastante como para deformarse.

onicofima Hinchazón de la uña.

onicofosis Crecimiento de epitelio córneo en el lecho ungueal.

onicogrifosis (uña de cuerno de carnero) Este trastorno se caracteriza por una lámina ungueal de color marrón, gruesa, difícil de cortar, que se curva en la forma de cuerno de carnero porque un lado de la uña ha crecido más deprisa que el otro. Este estado es el resultado de una lesión en el lecho de la matriz, del descuido prolongado de las uñas o de un factor hereditario.

onicolisis Un estado en el cual la uña se suelta del lecho ungueal, comenzando normalmente en el borde libre y continuando hasta la lúnula, pero sin desprenderse. Puede estar causado por un trastorno interno, traumatismo, infección, ciertos tratamientos con fármacos o una reacción alérgica a ciertos productos para la uña.

onicomadesis Un estado, caracterizado por la consunción gradual de la lámina ungueal del lecho de la matriz, que ocurre cuando el lecho de la matriz cesa de producir lámina ungueal por una a dos semanas. Está causado por una infección localizada, una lesión menor en el lecho de la matriz, una enfermedad sistémica severa, y en algunos casos por la quimioterapia o tratamientos con rayos X para el cáncer.

onicomicosis (tinea unguium) Una enfermedad infecciosa de las uñas causada por un hongo.

onicoptosis Un estado en el cual parte de la uña, o la uña completa, se consume periódicamente y se cae del dedo. Puede ser causado por sífilis, fiebre alta, trastornos del sistema, una reacción a fármacos recetados o traumatismo.

onicorresis Un estado, causado por lesión a los dedos, uso excesivo de solventes para cutícula y quitaesmalte, o limado descuidado y áspero, en el cual las uñas partidas o quebradizas tienen una serie de crestas longitudinales.

onicosis (onicopatía) Término técnico aplicado a la enfermedad de las uñas.

oniquia Una inflamación de la uña entera o de una porción de la misma, caracterizada por tejido rojo e hinchado y posiblemente pus. Este estado es causado generalmente por el ingreso de bacterias, hongos o materias extrañas por una abertura en la piel.

órganos Estructuras del cuerpo, compuestas por tejidos especializados, que desarrollan funciones específicas.

osteología El estudio científico de los huesos, su estructura y función.

padrastros (panadizos) Un estado común, causado por cutículas secas o por cutículas que han sido cortadas demasiado cerca de la uña, en el cual se parte la cutícula alrededor de la uña.

páginas amarillas Páginas comerciales de la guía telefónica local para publicitar los servicios y productos del salón y para ofrecer acceso inmediato a su número telefónico y domicilio.

papel de molde Papel utilizado para crear moldes para diseños de arte de uñas.

papillae Pequeñas extensiones en forma de cono que se extienden en sentido ascendente hacia la epidermis desde la dermis. Algunas contienen capilares curvos, otras contienen pequeños vasos sanguíneos mientras que otras contienen el pigmento de melanina.

pápula Pequeño grano que no contiene fluido pero puede desarrollar pus.

parásitos Pequeños organismos multicelulares animales o vegetales que viven de materia viva sin brindar ningún beneficio a sus huéspedes.

parche de reparación Un trozo de textura cortado para cubrir completamente una grieta o rotura en la uña durante un procedimiento de mantenimiento de envoltura de textura para cuatro semanas.

paroniquia Una infección del tejido alrededor de la uña. Las características incluyen un color rojizo, hinchazón y sensibilidad de ese tejido. En las últimas etapas de este estado, el lecho ungueal se espesa y se decolora, y la lámina ungueal se desmenuza y se deforma.

pasada El fluir del pincel por la superficie pintada de la uña brindándole un movimiento fluido y evitando el aspecto desprolijo y salpicado.

patógeno Causante de enfermedades, productor de enfermedades, dañino.

patógenos Cualquier microorganismo que pueda causar una enfermedad.

pedicura Servicio estándar brindado por los técnicos en cuidado de uñas que incluye el cuidado y masaje de los pies y recorte, forma y esmaltado de las uñas de los pies.

piedras preciosas Diminutas joyas que agregan brillo, dimensión y textura a cualquier arte de uñas.

polimerización Reacción química que crea los polímeros, también llamada curación o endurecimiento.

polímero Sustancia formada al combinar varias moléculas pequeñas (monómeros) en largas estructuras encadenadas.

polvo estíptico Agente utilizado para detener hemorragias menores que puedan ocurrir durante una manicura.

polvo pómez Sustancia dura de origen volcánico de color blanco o gris utilizado para suavizar y pulir.

posición La manera en que se sostiene el pincel para crear arte de uñas; el pincel puede posicionarse en forma recta arriba y abajo o apoyarse con las cerdas contra la superficie a pintar.

presión La cantidad de fuerza que imprime un artista al pincel mientras da pinceladas al aplicar arte de uñas.

promociones Estrategias de comercialización usando eventos o el regalo de productos para promocionar servicios o productos específicos.

psoriasis Una enfermedad generalizada caracterizada por parches rojos y escamas que produce efectos de leves a graves en la piel.

pterigión El crecimiento hacia delante de la cutícula, adhiriendo anormalmente la piel a la lámina ungueal.

publicidad boca a boca Un sistema de referencia donde los clientes satisfechos recomiendan sus servicios a las amistades, usted ofrece tarjetas de presentación a los amigos como un incentivo, o recompensa a los clientes con servicios gratuitos por enviarles nuevos clientes.

publicidad El acto de llamar la atención a su producto o servicio, pero haciendo saber a los potenciales clientes por qué usted es especial.

pulidor de gamuza Implemento que aloja una gamuza desechable utilizada para dar brillo a las uñas, además de suavizar estrías o ranuras en las uñas.

punta Parte intercambiable de su lima eléctrica, comúnmente de carburo o diamantada, que es la responsable de limar las uñas. Aparecen en diferentes formas y tamaños para distintos estilos y técnicas de cuidado de uñas. Las formas incluyen cilindros, conos, conos truncados, esferas y ojivas.

pústula Bulto en la piel con una base inflamada y una cabeza que contiene pus.

queratina La principal proteína de fibra que se encuentra en el pelo y en las uñas.

queratinización Los cambios visibles microscópicamente así como los cambios bioquímicos que tienen lugar dentro de las células de la piel en su ascenso hacia la capa externa de la epidermis.

quiste Un bulto semisólido o líquido ubicado sobre y debajo de la superficie de la piel. descontaminación Eliminación de contaminantes, incluyendo patógenos, de cualquier superficie. Los tres tipos de descontaminación incluyen esterilización, higienización y desinfección.

reacción química Cambio químico en una molécula, normalmente debido a la acción del calor o la luz.

rebalance Redefinición de un contorno de las uñas durante un procedimiento de relleno para mantener la apariencia natural de la uña.

recipiente de color También conocido como pequeña cubeta o receptáculo de color; orificio en la parte superior del aerógrafo en el que se colocan gotas de pintura.

recipientes de higienización por inmersión Recipientes cubiertos lo suficientemente grandes para contener soluciones desinfectantes en los cuales se higienizan objetos por inmersión completa.

recipientes para desinfección Bandejas o recipientes de vidrio, metal o plástico utilizadas para desinfectar implementos.

recomendaciones La segunda sección del proceso de consulta con el cliente donde el técnico en cuidado de uñas analiza los beneficios y resultados de los servicios recomendados.

reflejo Una respuesta automática e involuntaria a un estímulo que involucra la transmisión de un impulso desde un receptor sensor por un nervio aferente hasta la cuerda raquídea o espinal, y un impulso de respuesta por una neurona aferente a un músculo, causando una reacción.

registro de servicios al cliente Registro de servicios brindados, productos utilizados y mercadería vendida a cada cliente.

rellenos Agregado de acrílico a la nueva zona de crecimiento de las uñas. Este procedimiento debería realizarse cada dos o tres semanas.

remuneración Pago de servicios prestados.

retoque Procedimiento de mantenimiento realizado a las uñas acrílicas cada cuatro o seis semanas para retirar el crecimiento del borde y reemplazar la línea curva.

revoluciones por minuto (RPM) Cantidad de veces que gira una punta en un minuto. En tecnología del cuidado de uñas, velocidad de la lima eléctrica.

rickettsia Organismos transmitidos por pulgas, garrapatas y piojos mucho más pequeños que las bacterias pero más grandes que los virus, y con capacidad para causar tifus y fiebre manchada de las Montañas Rocosas.

ronchas (urticaria) Protuberancias hinchadas con comezón que permanecen durante varias horas; por lo general son causadas por picaduras de insectos o reacciones alérgicas.

rueda de colores Guía de colores que ilustra e identifica los colores primarios, secundarios, terciarios y complementarios.

salón de bronceado Salón que ofrece servicios de bronceado y ocasionalmente emplea a técnicos en salud de uñas para dar servicios adicionales a los clientes.

salón de uñas Salón que provee específicamente servicios de salud y belleza de uñas y que emplea a varios técnicos en el cuidado de las uñas.

salón integral Salón que provee una variedad de servicios de salud y belleza, incluyendo cuidado de la piel y del cabello.

salón spa (spa de día) Salón que ofrece diversos servicios de relajación, incluyendo masaje corporal, hidroterapia y faciales. Estos salones normalmente ofrecen servicios de manicura y pedicura y promueven el cuidado natural de las uñas.

sangre El fluido nutritivo que fluye a través del sistema circulatorio para proveer oxígeno y nutrientes a las células y tejidos, y para eliminar el dióxido de carbono y los desechos de los mismos.

saturado Remojado o completamente penetrado; ha absorbido la cantidad máxima que puede aceptar de una sustancia.

seda Un material delgado natural, con trama cerrada, a veces usada para envolturas para uñas que se vuelve transparente cuando se aplica adhesivo.

sensibilización Sensibilidad extraordinariamente mayor o exagerada a ciertos químicos u otros productos.

sensibilizador de alergias Sustancia que causa serias reacciones alérgicas debido a una exposición prolongada o repetitiva a la misma.

sepsis La presencia en sangre u otros tejidos de microorganismos patógenos o sus tóxicos.

sesgar Conseguir en la uña limado en diagonal para suavizar los bordes ásperos.

Síndrome de Inmuno Deficiencia Adquirida (SIDA) Una enfermedad que puede permanecer inactiva durante muchos años causada por el virus del VIH y que luego ataca y generalmente destruye el sistema inmune del cuerpo.

síndrome del túnel carpiano Forma más común de la enfermedad traumática acumulativa (CTD) que afecta las manos y muñecas.

síntomas objetivos Síntomas visibles para el técnico en cuidado de uñas tales como granos, pústulas o inflamación.

síntomas subjetivos Síntomas que siente el cliente tales como comezón, ardor o dolor.

sistema (linfático) linfo-vascular Sistema corporal, incluyendo los vasos linfáticos, glándulas mamarias, y ganglios linfáticos, que permiten a la linfa fluir a través de ellos y circular de nuevo hacia el torrente sanguíneo.

sistema (vascular) circulatorio El sistema que controla la circulación constante de la sangre a través del cuerpo por medio del corazón y de los vasos sanguíneos.

sistema de niveles Un sistema de retribución basado en el pago a los técnicos y el cobro a los clientes de acuerdo a la experiencia y logros del técnico en el cuidado de uñas. Cuanto mayor sea la experiencia, tanto mayor será el pago al técnico en el cuidado de uñas, y tanto mayor será la tarifa para el cliente

sistema digestivo Órganos, incluyendo la boca, el estómago, los intestinos, las glándulas salivales y las glándulas gástricas, que transforman la comida en nutrientes, útiles para las células del cuerpo, y los desechos.

sistema endocrino Grupo de glándulas especializadas que afectan el crecimiento, el desarrollo, la actividad sexual y la salud de todo el cuerpo.

sistema esquelético Base o marco físico para el cuerpo.

sistema excretor Grupo de órganos, incluyendo los riñones, el hígado, la piel, los intestinos y los pulmones que purifican el cuerpo mediante la eliminación de los desechos.

sistema muscular Las partes del cuerpo que cubren, modelan y sostienen el sistema del esqueleto.

sistema nervioso El sistema corporal que controla y coordina las funciones de los demás sistemas del cuerpo.

sistema respiratorio El sistema situado dentro de la cavidad del pecho, formado por la nariz, faringe, laringe, traquea, bronquios y pulmones, que permite la respiración.

sistema sanguíneo-vascular Grupo de estructuras, incluyendo el corazón, arterias, venas y vasos capilares, que distribuye sangre a través del cuerpo.

sistema tegumentario Grupo de órganos que constituyen la piel y sus diversos órganos complementarios, tales como las glándulas de aceite, las glándulas sudoríferas, el pelo y las uñas.

sistemas Grupos de órganos corporales que actúan juntos para efectuar una o más funciones para el beneficio de todo el cuerpo.

sobreexposición Contacto peligrosamente prolongado, repetido o de larga duración con ciertas sustancias químicas.

soluto Sustancia disuelta en una solución.

solvente Sustancia normalmente líquida que disuelve otra sustancia sin cambiar su composición química.

spirilla Bacterias en forma de espiral o tirabuzón que pueden causar enfermedades tales como sífilis.

stratum corneum (capa córnea) La capa exterior de la epidermis compuesta de células epiteliales muertas que se despiden y reemplazan en forma continua.

stratum granulosum La capa granulosa de la epidermis donde el proceso de queratinización es más activo.

stratum lucidum La capa clara y transparente de la epidermis debajo del stratum corneum. Es más prominente en las palmas de las manos y plantas de los pies.

surcos (corrugaciones) Crestas largas longitudinales o transversales en la uña, que crean crestas o surcos en la uña. Los surcos son causados por psoriasis, mala circulación y congelación.

sustancia química Relativo a la química; cualquier sustancia de composición química.

tapotement Movimiento de masaje en el que se utiliza una técnica de golpes, palmadas o puntura cortos y rápidos.

tarjeta de presentación Una pequeña tarjeta con su nombre, el nombre del salón, domicilio y número telefónico y su especialidad, que se usa para publicitar su negocio y su imagen.

tejido elástico Tejido encontrado en el estrato papilar de la dermis, compuesto principalmente de elastina que otorga a la piel la capacidad de recobrar su forma original luego de haber sido estirada.

tejido subcutáneo Tejido grasoso conocido como adiposo que brinda suavidad y forma al cuerpo. Contiene grasa almacenada

tejidos Conjuntos de células similares dentro del cuerpo, caracterizados por su aspecto, que realizan funciones específicas.

torsión También conocida como potencia; medida de la resistencia (calculada en libras por pulgada cuadrada) que experimenta una lima cuando hace girar la punta.

tóxicos Sustancias venenosas producidas por algunos microorganismos.

trastorno de la uña Cualquier enfermedad causada por una lesión a la uña o enfermedad o desequilibrio en el cuerpo.

tubérculo Un bulto sólido más grande que una pápula cuyo tamaño varía entre un guisante y una nuez americana.

tumor Una masa celular anormal que varía en tamaño, forma y color. Los nódulos son pequeños tumores.

úlcera Una lesión abierta de la piel o membrana mucosa del cuerpo. Las úlceras van acompañadas de pus y pérdida de densidad de la piel.

uña cuadrada Forma de uña que es completamente recta, sin bordes redondeados. El largo de la uña puede variar.

uña cuadrangular Forma de uña que apenas se extiende más allá del borde del dedo y que tiene su borde redondeado.

uña en forma de trompeta (pinzada) Un estado, visto con más frecuencia en los dedos del pie que en los dedos de la mano, causada por un espolón del hueso subyacente, o por factores hereditarios.A medida que la uña crece hacia el extremo del dedo del pie o de la mano, los bordes de la lámina ungueal se doblan hacia adentro, tomando eventualmente la forma de una trompeta o cono.

uña en punta Forma de uña ideal para manos delgadas con angostos lechos de uña. La forma es cónica y un tanto larga; sin embargo habitualmente son débiles y se pueden quebrar fácilmente.

uña involuta Deformidad causada por una lesión al lecho de la matriz, o heredada, en la cual la superficie de la uña es chata, mientras que los bordes de la lámina se doblan en un ángulo de 90 grados o más. Este estado se ve mayormente como la causa de las uñas encarnadas.

uña ovalada Forma de uña que es cuadrada con esquinas ligeramente redondeadas. Ésta es la forma más atractiva para las mujeres. El largo de la uña puede variar.

uña postiza Uña artificial de plástico, nailon o acetato adherida a la uña natural para hacerla más larga.

uña redondeada Forma de uña que es ligeramente cónica en su extremo y que se extiende apenas más allá del borde del dedo. Esta forma de apariencia natural es la más solicitada por los hombres.

uñas en forma de mosaico Un estado causado por curvatura anormal del lecho de la matriz, en el cual hay una mayor curvatura transversal en la lámina ungueal.

uñas magulladas Un estado en el cual se forma un coágulo de sangre debajo de la lámina ungueal, generalmente a causa de una lesión, caracterizado por una mancha de color marrón oscuro o negro.

uñas quebradizas Un estado causado por una dieta inadecuada, enfermedad interna, fármacos o trastornos nerviosos, en el cual la uña se vuelve delgada, blanca y curvada sobre el borde libre.

vapor Estado gaseoso que se forma cuando un líquido es calentado y posteriormente se evapora en el aire.

verrugas (papiloma, acuminata y tumor plantar) Infecciones virales no cancerígenas de la piel causadas por un papillomavirus humano específico (HPV) que se multiplica dentro del núcleo de las células que producen la piel.

vesícula Una burbuja que contiene fluido claro.Un ejemplo de dolencia que produce vesículas es la hiedra venenosa.

virucidas Desinfectantes que matan virus patógenos.

virus Agentes patógenos (causantes de enfermedades), mucho más pequeños que las bacterias que ingresan a una célula sana, crecen hasta su madurez y se reproducen destruyendo con frecuencia dicha célula.

vitíligo Forma de leucoderma adquirido que afecta la piel o cabello.La gente que padece vitíligo debe protegerse del sol.

zona de respiración Esfera imaginaria del tamaño de una pelota de playa ubicada directamente frente a su boca.

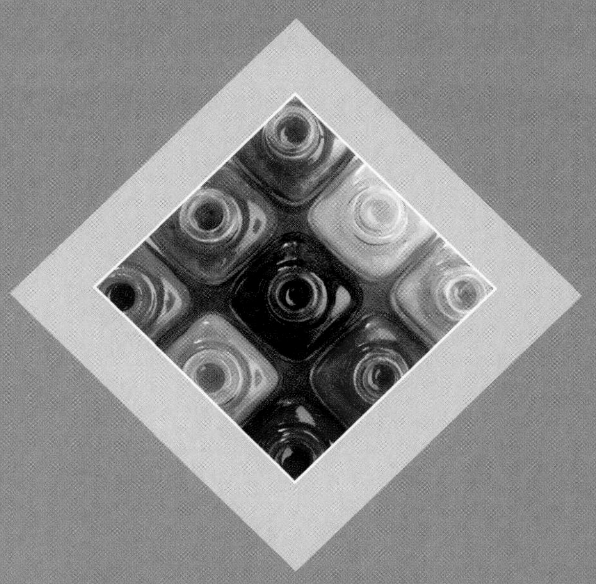

RESPUESTAS A PREGUNTAS DE REVISIÓN

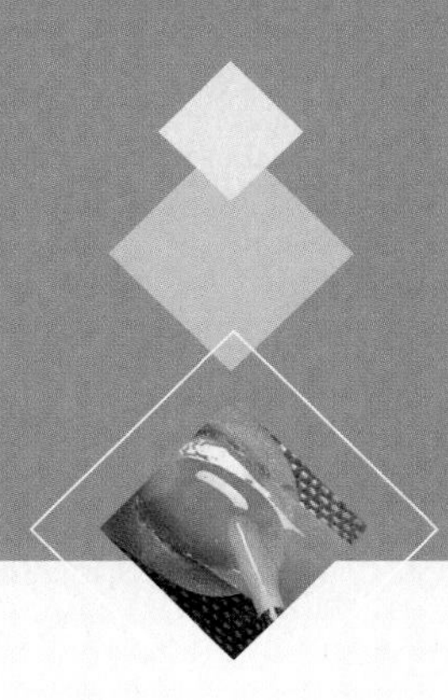

CAPÍTULO 1

1. ¿Qué significa conducta acorde al salón?

   Conducta acorde al salón es el modo de comportarse al trabajar con clientes, empleadores y compañeros de trabajo del salón.

2. Dé diez ejemplos de conducta profesional acorde al salón respecto de clientes.

   Ejemplos de conducta profesional acorde al salón respecto de clientes: 1) sea puntual; 2) esté preparado; 3) planifique su día; 4) programe cuidadosamente las citas; 5) informe a los clientes de cambios en las citas; 6) sea cortés; 7) lleve a cabo todas las actividades solícita y eficientemente; 8) comuníquese con los clientes; 9) nunca se queje de o discuta con un cliente; 10) use buen criterio; 11) nunca masque goma, fume o coma mientras esté visible para los clientes. (Sólo se necesitan 10.)

3. Explique por qué un salón podría perder clientes si los técnicos en cuidado de uñas no muestran una conducta profesional acorde al salón.

   Un salón puede perder clientes si sus técnicos en cuidado de uñas no exhiben una conducta profesional porque el cliente desea ser tratado con cortesía. Si llega tarde, o si parece estar desorganizado o descuidado, el cliente puede sentirse incómodo. Los clientes no deben sentir que las citas incomodan al técnico. Hay clientes pueden considerar enojoso ver al técnico mascando goma, fumando o comiendo frente a ellos. El fumar puede ser potencialmente peligroso por las sustancias químicas presentes en su derredor y es contrario a las leyes en muchos estados.

4. Dé diez ejemplos de conducta profesional acorde al salón respecto de empleadores y compañeros de trabajo.

   Ejemplos de conducta profesional acorde al salón respecto de empleadores y compañeros de trabajo: 1) tenga deseos de aprender; 2) comuníquese; 3) dé crédito a los demás; 4) respete las opiniones de los compañeros de trabajo; 5) tome la iniciativa; 6) utilice buen criterio; 7) deje los problemas personales en su casa; 8) nunca pida dinero prestado del empleador o de los compañeros de trabajo; 9) promocione el salón; 10) desarrolle su habilidad para efectuar ventas.

5. Defina ética profesional.

   Ética profesional es el sentido de lo que es correcto e incorrecto cuando usted interactúa con sus clientes, empleadores y compañeros de trabajo. Los valores esenciales de la ética profesional son honestidad, honradez, cortesía y respeto por los sentimientos y derechos de los demás.

6. Dé siete ejemplos de ética profesional respecto de clientes.

   Ejemplos de ética profesional respecto de clientes: 1) sugiera servicios que satisfagan las necesidades del cliente; 2) mantenga su palabra y cumpla con todas las obligaciones; 3) trate a todos los clientes de la misma manera; 4) respete las reglamentaciones de higiene y seguridad; 5) sea leal; 6) no critique a los demás; 7) no abandone a sus clientes.

7. Dé cinco ejemplos de ética profesional respecto de empleadores y compañeros de trabajo.

   Cinco ejemplos de ética profesional respecto de empleadores y compañeros de trabajo son: 1) sea honesto; 2) cumpla con sus obligaciones; 3) respete el talento de su empleador y de sus compañeros de trabajo; 4) no impulse críticas a colegas; 5) nunca lance habladurías ni comience rumores sobre sus compañeros de trabajo.

8. Describa el tipo de aspecto que debe tener en carácter de técnico en cuidado de uñas profesional.

   Como técnico en cuidado de uñas deberá estar limpio y pulcro, tener aliento fresco y dentadura sana, usar ropa limpia que sea apropiada para el salón y prestar atención al cabello, piel y uñas.

9. Explique por qué un salón podría perder clientes si emplea técnicos en cuidado de uñas que presentan un aspecto no profesional.

   Un salón puede perder clientes si emplea a técnicos en cuidado de uñas que carezcan de apariencia profesional ya que al ser miembros de la industria de la belleza, los técnicos deben tener presencia agradable. Si usted no está limpio o no huele bien, los clientes pueden objetar que los toque al llevar a cabo los servicios de uñas.

CAPÍTULO 2

1. ¿Qué son las bacterias? ¿Qué apariencia tienen las bacterias?

   Las bacterias son organismos microscópicos que viven en casi todos los lugares. Pueden ser redondas, crecer en cadenas o verse como una espiral de sacacorchos.

2. ¿Son todas las bacterias dañinas? Dé ejemplos que expliquen su respuesta.

   No, al menos el 70% de todas las bacterias son no patógenas o nocausan enfermedades. Muchas bacterias ayudan a la digestión de las comidas y producen oxígeno.

3. ¿Cuáles son los tres grupos principales de bacterias patógenas? Descríbalos.

   Los tres grupos principales de bacterias patógenas son las coco, los bacilos y las spirillas. Las cocáceas crecen en racimos, cadenas o pares; los bacilos son del tipo más común y tienen forma de bastoncillo; las espiriláceas tienen forma espiralada o de sacacorchos.

4. ¿Por qué las bacterias pueden reproducirse tan rápidamente?

   Porque crecen hasta alcanzar la madurez y luego se dividen en dos bacterias. Las células recién formadas siguen creciendo y se dividen casi inmediatamente.

5. Dé ejemplos de infecciones comunes causadas por virus.
   Entre los ejemplos más comunes encontramos hepatitis, varicela, gripe, resfrío, sarampión y paperas.
6. ¿Es posible que los servicios del salón contagien el SIDA?
   ¡Las posibilidades de transmitir el HIV en un salón son de casi cero! Es virtualmente imposible.
7. Describa el aspecto de la infección bacteriana en la superficie de la uña.
   Las infecciones bacterianas aparecen habitualmente como puntos amarillo verdosos en la superficie de la uña debajo de la mejora.
8. ¿Las formaciones de moho crecen sobre o debajo de la superficie de la uña? No, el moho no afecta a las uñas naturales.
9. ¿Qué es la inmunidad? Nombre tres tipos de inmunidad.
   Inmunidad es la capacidad del cuerpo de resistir a las enfermedades y destruir los microorganismos cuando han ingresado al cuerpo. La inmunidad puede ser natural, adquirida naturalmente o adquirida artificialmente.
10. Nombre cinco fuentes comunes de infección en el salón.
    Las cinco fuentes más comunes de infección en el salón son: 1) herramientas y equipo de manicuría contaminadas; 2) uñas, manos y pies del cliente; 3) su propia boca, nariz y ojos y los de sus clientes y compañeros de trabajo, 4) lastimaduras abiertas o llagas suyas o de su cliente; 5) objetos en cualquier lugar el salón, tales como basureros y picaportes.

CAPÍTULO 3

1. ¿Cuál es la diferencia entre desinfección e higienización?
   La higienización es el nivel más bajo de descontaminación. Su propósito es reducir significativamente la cantidad de agentes patógenos sobre una superficie. La desinfección es un nivel de descontaminación mucho más elevado que aniquila todos los agentes patógenos excepto las esporas de bacterias.
2. La desinfección es casi idéntica a la ________ , excepto que la desinfección no mata esporas de bacterias. Esterilización.
3. ¿Qué es un antiséptico?
   Un antiséptico reduce la cantidad de patógenos en una herida y el sistema inmunológico elimina los restantes.
4. ¿Cuál es el mejor tipo de desinfectante a utilizar en un salón?
   Los desinfectantes de concentración hospitalaria registrados en EPA son perfectos para usar en salones.
5. ¿Cuáles son los dos tipos de desinfectante utilizados más comúnmente? Cuaternarios y fenólicos.
6. Una vez que los implementos hayan sido ________, guárdelos en lugares donde estén a resguardo de ________. Desinfectados, contaminación
7. El formaldehído es un fuerte ______ ______. Sensibilizador de alergias.
8. ¿Qué se debe utilizar para retirar implementos de los recipientes de desinfección? Guantes de goma o pinzas.
9. Describa Higiene Universal con sus propias palabras.
   La Higiene Universal significa que deberá hacer todo lo necesario para higienizar y desinfectar el salón y sus implementos. ¡Sin tomar atajos!

CAPÍTULO 4

1. Haga una lista con cinco de los síntomas tempranos de una sobreexposición a sustancias químicas.
   Urticaria y otros tipos de irritación cutánea, mareos, insomnio, goteo de nariz, dolor de garganta, ojos llorosos, hormigueo en los dedos de los pies, fatiga, irritabilidad, aletargamiento, problemas respiratorios.
2. ¿Qué significa MSDS? Folleto Informativo de Seguridad del Material
3. Mencione cuatro cosas simples y económicas que se pueden hacer para reducir los vapores en el salón.
   Para reducir los vapores en el salón: 1) mantenga todos los recipientes de productos firmemente cerrados mientras no los utilice; 2) emplee un platillo auxiliar con tapa o una bomba para reducir los vapores en el aire. 3) evite el uso de aerosoles presurizados; tienden a crear nieblas más finas y difíciles de controlar; 4) vacíe a menudo su basurero; es una de las mayores fuentes de vapor.
4. Defina zona de respiración.
   Su zona de respiración es una esfera imaginaria del tamaño de una pelota de playa ubicada directamente frente a su boca.
5. Describa cómo trabaja un sistema extractor local. ¿Por qué es el mejor?
   Un extractor local utiliza bocas de ventilación móviles, mangueras o tubos para capturar vapores, polvos y nieblas. Ciertos aspiradores especialmente diseñados retiran los contaminantes de su zona de respiración a través de un tubo de ventilación y los expulsan fuera del edificio. Son los mejores porque funcionan bien. No tratan de hacer lo imposible...limpiar el aire y devolverlo al salón. Tal cosa en el ambiente del salón no es posible.
6. ¿Qué es lo más económico de hacer para evitar una inhalación excesiva de polvo?
   Utilice una mascarilla de polvo. Éstas filtran el aire que pasa a su boca.
7. ¿Porqué se deben almacenar los productos lejos de calor y llamas piloto?
   El calor excesivo los arruinará y hará que algunos de ellos sean más inflamables que la gasolina.
8. ¿Porqué no se debe permitir fumar en el salón?
   Muchos productos de salón son más inflamables que la gasolina.

9. ¿Qué es el CTD? Explique cómo se produce.

   CTD es una enfermedad traumatológica acumulativa. Es causada por movimientos repetitivos que pueden dañar nervios sensibles, especialmente en las manos.

10. Haga una lista con siete síntomas del CTD.

    Dolores punzantes, adormecimiento, dolores crónicos, entumecimiento, hormigueo, debilidad e hinchazón.

CAPÍTULO 5

1. Las superficies de las uñas son mayormente proteínas hechas con productos químicos llamados ______________. Aminoácidos
2. Defina las moléculas. Una molécula es una sustancia química en su forma más sencilla.
3. ¿Qué son los catalizadores y por qué son tan importantes para la química de la uña?

   Los catalizadores son sustancias químicas que aceleran reacciones químicas. Permiten que los embellecimientos y revestimientos se endurezcan más rápidamente.
4. Un ______ es cualquier cosa que disuelve otra sustancia llamada ______. Solvente, soluto
5. ¿Verdadero o Falso? Los imprimantes pueden desgastar la superficie de la uña. Desarrolle su respuesta.

   Falso, ningún producto para uñas artificiales puede disolver o desgastar la uña. El uso de abrasivos fuertes y limados excesivos puede desgastar y afinar la superficie de la uña.
6. Defina los monómeros.

   Las moléculas por separado que se unen para formar un polímero son llamadas monómeros.
7. ¿Cuáles son las dos principales diferencias entre las irritaciones y las reacciones alérgicas?

   Las reacciones alérgicas empeoran con cada exposición, las irritaciones no lo hacen. Además, las irritaciones son temporarias y las reacciones alérgicas pueden durar toda la vida.
8. ¿Cuáles son las seis cosas que usted puede evitar o hacer para asegurar que sus clientes nunca sufran alergia a un producto?

   Para evitar alergia a productos: 1) *nunca* suavice la superficie de una uña artificial con más monómero líquido; 2) *nunca* emplee monómero líquido para "limpiar" los bordes, debajo de las uñas o las paredes laterales; 3) *nunca* toque la piel con monómeros líquidos, en gel o adhesivos; 4) *nunca* toque las cerdas del pincel con sus dedos; 5) *nunca* haga mezclas caseras de productos; 6) ¡*siempre* siga las instrucciones al pie de la letra!
9. Únicamente el contacto _____ y _____ con la piel pueden producir la alergia de un cliente a los productos. Prolongado, repetitivo
10. Explique con sus palabras qué descubrió Paracelso acerca de las sustancias tóxicas. ¿Cómo puede usar este conocimiento para trabajar de un modo seguro?

    Paracelso dijo que todo puede ser venenoso si nos sobreexponemos a ello. Aprendiendo a evitar la sobreexposición haremos más seguro el trabajo de un técnico en cuidado de uñas.

CAPÍTULO 6

1. ¿Cómo puede una comprensión de la anatomía y de la fisiología ayudarle a ser un mejor técnico en el cuidado de uñas?

   La comprensión de la anatomía y fisiología nos ayudarán a ser mejores técnicos en el cuidado de uñas ya que nos brindarán el fundamento científico para muchos de los servicios de uñas que usted provee. Le ayudarán a decidir qué servicio es mejor para las uñas de un cliente o para el estado de su piel, y cómo ajustar y controlar el servicio para obtener mejores resultados.
2. ¿Cuál es la función de las células dentro del cuerpo humano?

   Las células son llamadas las unidades funcionales básicas de todos los seres vivos. Las células llevan a cabo todos los procesos vitales y producen nuevas células, permitiendo que el organismo reemplace tejido desgastado o lastimado.
3. ¿Qué es el metabolismo de las células?

   El metabolismo celular es un proceso químico complejo por medio del cual las células del cuerpo se nutren y reciben los elementos necesarios para desarrollar sus numerosas actividades.
4. Mencione los cinco tipos de tejido corporal y explique la función de cada uno.

   Los cinco tipos de tejido corporal son: 1) tejido conectivo, el que soporta, protege y une todo el cuerpo; 2) tejido muscular, el que contrae y mueve varias partes del cuerpo; 3) tejido nervioso, el que lleva mensajes desde y hacia el cerebro y coordina todas las funciones corporales; 4) tejido epitelial, el que protege todas las superficies del cuerpo; 5) tejido líquido, el que transporta alimento, deshechos y hormonas por medio de la sangre y la linfa.
5. ¿Cuáles son los cinco órganos más importantes del cuerpo? Explique la función de cada uno.

   Los cinco órganos más importantes del cuerpo son: 1) el cerebro, que controla el cuerpo; 2) los pulmones, que proporcionan oxígeno a la sangre; 3) el hígado, que retira los productos tóxicos de la digestión; 4) los riñones, que excretan agua y otras sustancias de deshecho; 5) el estómago e intestinos, que digieren la comida; 6) el corazón, que hace circular la sangre. (Sólo se necesitan cinco.)
6. Enumere los diez sistemas que constituyen el cuerpo humano. ¿Cuál es la función de cada sistema?

Los diez sistemas que constituyen el cuerpo humano son: 1) sistema tegumentario, que funciona como envuelta de protección y contiene los receptores sensoriales; 2) sistema esquelético, que sirve como soporte, permite el movimiento y brinda protección; 3) sistema muscular, el que produce todos los movimientos del cuerpo; 4) sistema nervioso, el que controla y coordina todas las funciones de los demás sistemas del cuerpo; 5) sistema circulatorio, el que transporta sangre a todo el cuerpo; 6) sistema endocrino, que secreta hormonas en el torrente sanguíneo; 7) sistema excretor, que elimina los deshechos del cuerpo; 8) sistema respiratorio, que suministra oxígeno al cuerpo; 9) sistema digestivo, que transforma los alimentos en sustancias que pueden ser utilizadas por las células del cuerpo; 10) sistema reproductivo, que permite la reproducción de los seres humanos.

7. ¿Cuáles son las cuatro formas en que se estimulan los músculos?

   Los músculos pueden ser estimulados por medio de: 1) masajes; 2) corriente eléctrica; 3) rayos blandos; 4) rayos calóricos; 5) calor húmedo; 6) impulsos nerviosos; 7) sustancias químicas. (Sólo se necesitan 4.)

8. ¿Cuáles son las cuatro zonas musculares afectadas por el técnico en cuidado de uñas durante un masaje?

   Los cuatro tipos de músculos afectados por un masaje son: 1) hombro y brazo; 2) antebrazo; 3) mano; 4) pantorrilla y pie.

9. Enumere tres divisiones del sistema nervioso y la función de cada una de ellas.

   Las tres divisiones del sistema nervioso y sus funciones son: 1) sistema nervioso central, el que controla las acciones voluntarias de los cinco sentidos; 2) sistema nervioso periférico, el que lleva los mensajes desde y hacia el sistema nervioso central; 3) sistema nervioso autonómico, el que regula la actividad de músculos planos, glándulas, vasos sanguíneos y el corazón.

10. ¿Cuáles son las funciones principales de la sangre?

    Las funciones principales de la sangre son: llevar agua, oxígeno, alimento y secreciones a las células; retirar dióxido de carbono y sustancias de deshecho; ayudar a mantener la temperatura corporal; ayudar en la protección del cuerpo contra bacterias e infecciones y finalmente evitar la pérdida de sangre por medio de la coagulación.

CAPÍTULO 7

1. ¿Cuáles son las seis partes básicas que constituyen la unidad de la uña?

   Las uñas están formadas por: 1) lecho de la matriz; 2) lámina ungueal; 3) sistema cuticular; lecho ungueal; 5) ligamentos especializados y 6) contorno de las uñas.

2. ¿Cuál es la única parte de la uña que produce la lámina ungueal?

   El lecho de la matriz.

3. Defina el significado de trastorno de la uña.

   Un trastorno de la uña es un estado causado por una lesión a la uña, enfermedad o desequilibrio en el cuerpo.

4. ¿Cuál es la regla de oro para tratar los trastornos de la uña?

   La regla de oro indica que si la uña o la piel sobre la cual se debe trabajar está infectada, inflamada, dañada o hinchada, el técnico en cuidado de uñas deberá remitir al cliente a un médico.

5. ¿Qué significa el término "pterigión", en lo que se refiere a un trastorno de la uña?

   El término "pterigión" se relaciona con los trastornos de las uñas cuando existe una cicatriz anormal en el contorno proximal (eponiquio) o en el distal (hiponiquio) de la superficie de la uña.

6. ¿Son equivalentes los términos "cutícula" y "pterigión"?

   No, los términos "cutícula" y "pterigión" no son equivalentes. El término pterigión indica un desorden, mientras que la formación de las cutículas es un proceso normal.

7. ¿Porqué el técnico en cuidado de uñas no debe empujar hacia atrás o cortar las cutículas de un modo agresivo durante un servicio de uñas?

   Toda pequeña lesión al eponiquio o al hiponiquio que rompa el sello entre estas estructuras y la lámina ungueal crea aberturas para que los hongos o bacterias penetren en la uña y provoquen una infección.

8. Enumere cinco desórdenes que pueden ser tratados por un técnico en cuidado de uñas.

   Los cinco desórdenes que pueden ser tratados por un técnico en cuidado de uñas son: 1) padrastros; 2) decoloración de uñas; 3) uñas quebradizas; 4) surcos; 5) leuconiquia; 6) onicatrofia o atrofia; 7) onicoauxis; 8) onicofagia; 9) onicorresis; 10) pterigión (Sólo se necesitan cinco.)

9. Enumere cinco trastornos de la uña que no pueden ser tratados por un técnico en cuidado de uñas.

   Los cinco desórdenes que no pueden ser tratados por un técnico en cuidado de uñas son: 1) oniquia; 2) onicogriposis; 3) onicolisis; 4) onicoptosis; 5) paroniquia; 6) granuloma pirogénico. (Sólo se necesitan cinco.)

CAPÍTULO 8

1. ¿Cuáles son las características de la piel sana?

   La piel sana se caracteriza por ser ligeramente húmeda y ácida, suave y flexible. La piel sana también es elástica, posee una textura de grano fino y suave, libre de manchas y enfermedades.

2. Nombre cinco funciones de la piel

   Las cinco funciones de la piel son: 1) proteger; 2) evitar pérdida de fluidos; 3) responder a estímulos externos; 4) regular la temperatura; 5) secretar; 6) excretar; 7) absorber; 8) respirar. (Sólo se necesitan cinco.)

3. Describa epidermis y dermis.

   La epidermis es la cobertura protectora más externa de la piel. No contiene vasos sanguíneos, pero sí numerosas capas de pequeños nervios. La dermis es la capa profunda de la piel. Contiene vasos sanguíneos y linfáticos, nervios, glándulas de sudor y excretoras de aceite, todas dentro de una red elástica hecha de colágeno.

4. ¿Cómo se nutre la piel? La piel se nutre de sangre y linfa.

5. ¿Cuáles son las funciones de las glándulas de sudor?

   Las funciones de las glándulas de sudor son regular la temperatura corporal y eliminar productos de deshecho por medio de la transpiración.

6. Nombre cinco tipos de lesiones.

   Los cinco tipos de lesiones son: 1) ampollas; 2) costras; 3) quistes; 4) excoriaciones; 5) fisuras; 6) máculas; 7) pápulas; 8) pústulas; 9) escamas; 10) cicatrices; 11) manchas; 12) tubérculos; 13) tumores; 14) nódulos; 15) úlceras; 16) vesículas; 17) ronchas. (Sólo se necesitan cinco.)

7. ¿Cuáles son las características del eccema y la psoriasis?

   Las eccemas se caracterizan por producir comezón, ardor, formación de escamas y ampollas que supuran. La psoriasis se caracteriza por una inflamación crónica con manchas redondas y secas cubiertas por escamas plateadas gruesas.

CAPÍTULO 9

1. ¿Cuál es el objetivo de la consulta con el cliente?

   El objetivo de una consulta con el cliente es determinar su salud en general, la salud de sus uñas o piel y el estilo de vida que lleva para poder seleccionar el servicio de uñas más apropiado para el cliente.

2. ¿Cuáles son las partes de la consulta?

   Las consultas tienen dos partes: 1) el análisis — la parte de obtención de información; 2) las recomendaciones— el servicio a ser brindado para ayudar al cliente a lograr sus metas.

3. ¿Cuáles son las características de las uñas sanas?

   Las uñas sanas no están inflamadas, infectadas, hinchadas ni rotas. Son ligeramente rosadas y flexibles.

4. ¿Cómo diferirían sus servicios para un corredor y para un guitarrista?

   El guitarrista puede necesitar uñas cortas en la mano izquierda y desear uñas más largas en la derecha. También necesita tener callos en las puntas de los dedos de la mano izquierda. El corredor puede tener callos en los pies que los protegen al correr.

5. ¿Bajo qué circunstancias derivaría el cliente al médico?

   Si aparecen evidentes infecciones, hinchazones o inflamaciones, se deberá derivar el cliente a un médico.

6. ¿Cuáles son los tres tipos de información incluida en el formulario de salud/registro del cliente?

   La información general incluye nombre, domicilio, número telefónico y horario preferido para citas del cliente. El perfil del cliente incluye información sobre el tipo de trabajo y actividades de esparcimiento que realiza el cliente. El registro médico incluye información sobre la salud en general del cliente. Esta información le ayudará a determinar si es seguro realizar un masaje en las manos y pies del cliente.

7. ¿Porqué mantiene un formulario de salud/registro del cliente y registros de servicios al cliente y productos utilizados?

   Esto muestra al cliente que usted es un profesional que se preocupa por su salud y seguridad al igual que por la calidad de los servicios que éste recibe. El hecho de conocer las preocupaciones de salud y seguridad del cliente, qué productos fueron usados para un servicio y cuáles de ellos se brindaron, ilustran nuestro interés y preocupación.

CAPÍTULO 10

1. Identifique los cuatro tipos de herramientas para la tecnología del cuidado de uñas utilizadas en una manicura.

   Los cuatro tipos de herramientas para la tecnología del cuidado de uñas usados en una manicura son: 1) equipo; 2) implementos; 3) materiales; 4) cosméticos para uñas.

2. Describa los procedimientos para higienizar los implementos.

   Lave cuidadosamente todos los implementos con agua jabonosa tibia. Enjuague completamente con agua tibia para eliminar toda traza de jabón o restos. Seque completamente con una toalla limpia o descartable. Los implementos metálicos deben quedar completamente sumergidos en un recipiente de desinfección lleno con un desinfectante aprobado. Siga las instrucciones sobre el tiempo de higienización requerido. Retire los implementos del recipiente (utilice pinzas o alicates para evitar contaminar la solución si sus dedos se ponen en contacto con ella). Enjuague los implementos con agua y séquelos completamente con una toalla limpia. Guarde los implementos higienizados secos en un recipiente hermético, bolsa de plástico sellada o en un gabinete esterilizador hasta que deban ser utilizados.

3. Describa brevemente los procedimientos para manipular sangre en el salón.

   Colóquese guantes de inmediato. Cubra el corte con algodón y aplique un antiséptico. Coloque alumbre o polvo estíptico utilizando un palillo de naranjo con la punta envuelta en algodón. Si corresponde, complete el servicio de manicura. Deseche adecuadamente todos los materiales, implementos y guantes contaminados con sangre.

4. Haga una lista con dos tipos de quitaesmaltes y sugiera un uso para cada uno de ellos.

   Los dos tipos de quitaesmaltes son: 1) acetona— se utiliza para disolver y eliminar esmalte de las uñas naturales; 2) sin acetona— se utilizan para retirar esmalte de las uñas esculpidas o de uñas que tengan envolturas, puntas postizas u otras aplicaciones artificiales.

5. ¿Por qué es importante tener el formulario de información de seguridad de todos los productos utilizados en un salón?

   Los MSDS nos permiten acceder a la información necesaria acerca de los productos que utiliza.

6. Haga una lista con las cinco formas básicas de uñas.

   Las cinco formas básicas de uñas son: 1) cuadradas; 2) cuadrangulares; 3) redondas; 4) ovales; 5) ahusadas.

7. ¿Qué debemos considerar cuando elegimos la forma de las uñas?

   Debemos considerar los siguientes aspectos: 1) forma de las manos; 2) longitud de los dedos; 3) forma de las cutículas; 4) ocupación y esparcimiento.

8. Haga una lista y describa la secuencia del procedimiento de tres partes requerido en la manicura.

   La secuencia del procedimiento de tres partes es: 1) *El servicio previo:* higienice sus manos, salude al cliente, lleve a cabo la consulta, pida al cliente que se saque su bisutería y la coloque en un lugar seguro; 2) *Brinde el procedimiento en sí mismo;*3) *El servicio posterior:* programe la siguiente cita, venda productos al cliente, limpie e higienice su zona de trabajo, implementos, equipo, insumos y materiales.

9. Describa los procedimientos correctos para la aplicación de esmalte.

   Comience por el centro de la uña y pincele hacia el borde libre. Utilizando la misma técnica, cubra el lado izquierdo y luego el derecho de la uña. El esmalte debe ser aplicado a la uña con tres pinceladas.

10. ¿Cuál es el propósito de la manicura con aceite caliente reacondicionador?

    Es beneficioso para clientes que tienen sus uñas ranuradas y quebradizas o sus cutículas secas.

11. Describa la diferencia básica entre la manicura femenina y la masculina.

    La diferencia básica es que en el caso de los hombres no se aplica esmalte de color.

12. Haga una lista con los tres recaudos de seguridad que debemos tomar para utilizar un torno eléctrico.

    Los recaudos de seguridad incluyen: 1) evite aplicar cualquier aditamento en el mismo lugar de la uña durante un período prolongado; 2) no ejerza demasiada presión en la base de la uña; 3) asegúrese que todos los aditamentos están adecuadamente higienizados; 4) reemplace los aditamentos desgastados cuando sea necesario; 5) disponga adecuadamente de los aditamentos descartables. (Sólo se necesitan tres.)

13. ¿Cuáles son los beneficios de un tratamiento de cera de parafina?

    La parafina: 1) suavizará las cutículas, reduciendo el tiempo dedicado a tratarlas; 2) ayudará a que la piel se vea más suave y tersa; 3) es beneficiosa para clientes con artritis.

14. Haga una lista con los procedimientos sugeridos para hacer un tratamiento con cera de parafina.

    Los procedimientos sugeridos para hacer un tratamiento con cera de parafina son: 1) solicítele al cliente que se saque la bisutería; 2) pídale al cliente que se lave las manos; 3) lleve a cabo la consulta con el cliente; 4) controle que la piel no muestre heridas o desórdenes cutáneos; 5) rocíe las manos del cliente con antiséptico; 6) aplique loción humectante a las manos del cliente y masajee hasta que sea absorbida; 7) controle la temperatura de la cera de parafina; 8) ubique las manos del cliente para el procedimiento; 9) ayude al cliente a colocar las manos en la cera de parafina; 10) repita el proceso con la otra mano; 11) envuelva las manos con un envoltorio plástico y cubra con un mitón de tela; 12) deje la parafina sobre las manos durante 10 a 15 minutos; 13) retire la parafina; 14) si corresponde, pase a la manicura.

15. Mencione cinco técnicas de masaje para manos y brazos.

    Las cinco técnicas de masaje para manos y brazos son: 1) movimiento relajatorio; 2) movimiento circular; 3) effleurage; 4) fricción; 5) petrissage.

CAPÍTULO 11

1. Mencione cinco insumos de pedicura.

   Los cinco insumos de pedicura son: 1) estación de pedicura; 2) taburete y apoya pies de pedicura; 3) silla del cliente; 4) baños de enjuague y de jabón; 5) separadores de dedos del pie; 6) lima para pies; 7) alicate para dedos del pie; aerosol antiséptico y antifúngico para pies; 9) jabón antibacterial; 10) loción para pies; 11) polvo para pies; 12) pantuflas de pedicura; 13) pinzas para dedos del pie; 14) escofina de uñas; 15) raspador. (Sólo se necesitan cinco.)

2. Haga una lista con los siete pasos para el servicio previo de pedicura.

   Los siete pasos para el servicio previo de pedicura son: 1) procedimiento de higienización previo al servicio; 2) preparación de la estación de pedicura; 3) coloque una toalla esponjada sobre el piso al frente de la silla del cliente y otra sobre el taburete para secar los pies; 4) preparación normal de la mesa de pedicura; 5) ambos lavatorios deberán estar llenos de agua tibia, uno con jabón antibacterial y el otro con antiséptico; 6) salude al cliente; 7) complete la consulta con el cliente.

3. Describa brevemente el procedimiento de pedicura.

   El procedimiento de pedicura incluye: 1) retire zapatos

y medias; 2) rocíe los pies; 3) remoje los pies; 4) enjuague los pies; 5) seque los pies; 6) retire el esmalte; 7) recorte las uñas; 8) inserte los separadores de dedos; 9) lime las uñas; 10) utilice la lima para pies para eliminar la piel seca y los callos crecidos; 11) enjuague el pie; repita los pasos 7 al 11 con el otro pie; 13) cepille las uñas; 14) aplique solvente de cutículas; 15) empuje hacia atrás las cutículas; 16) cepille el pie; 17) aplique loción; 18) masajee el pie; 19) repita los pasos 13 al 19 en el otro pie; 20) elimine los restos de loción; 21) aplique el esmalte; 22) coloque polvo para pies.

4. Describa la técnica adecuada a aplicar en el limado de las uñas de los pies.

   Las uñas de los pies se liman perpendiculares, redondeando suavemente las esquinas para adaptarlas a la forma de los dedos. No lime penetrando la esquina de las uñas. Los bordes rugosos pueden ser suavizados con el lado fino de una lima de cartón.

5. Describa la técnica adecuada para recortar las uñas de los pies.

   Utilizando un corta uñas para pies como si fuera una tijera, recorte la uña en partes para evitar aplanar la lámina ungueal y lastimar el hiponiquio. Las esquinas de las uñas de los pies pueden ser recortadas en un ángulo de 45º para evitar que penetren en los tejidos blandos.

6. Haga una lista con los seis pasos para el servicio posterior de pedicura.

   El servicio posterior de pedicura incluye: programe otra cita; aconseje al cliente sobre el cuidado de los pies; venda productos; limpie el área de pedicura; descarte los materiales usados; higienice la mesa y los implementos.

7. Mencione seis técnicas de masaje para pies.

   Las seis técnicas de masaje para pies incluyen: 1) movimiento relajatorio en las articulaciones de los pies; 2) effleurage en la parte superior del pie; 3) effleurage en el talón; 4) movimientos effleurage en los dedos; 5) movimientos de articulaciones para los dedos; 6) movimiento de impresión-fricción con el pulgar; 7) tijeras metatársicas; 8) compresión de giro con el puño; 9) effleurage en el empeine; 10) percusión o movimiento tapotement. (Sólo se necesitan seis.)

8. Mencione una precaución de seguridad de pedicura.

   Una precaución de seguridad para pedicura es preguntar al cliente si se encuentra bajo tratamiento por alta presión sanguínea, si tiene dolencias cardíacas o diabetes.

CAPÍTULO 12

1. ¿Son seguras las limas eléctricas?

   Sí, cuando son utilizadas correctamente.

2. ¿Qué tipo de limas eléctricas han crecido en popularidad?

   Micromotor

3. ¿Qué es la torsión?

   Resistencia

4. ¿Qué significa RPM?

   Revoluciones por minuto

5. ¿Qué es una punta diamantada?

   Partículas de diamante pegadas sobre una espiga.

6. ¿Qué grano tienen las puntas de carburo?

   Fino, medio y grueso

7. ¿Qué técnicas de aplicación garantizan la seguridad?

   Control adecuado, equilibrio y presión

8. ¿Cómo se desinfectan las puntas?

   Limpie el polvo, lave con agua tibia y jabón, luego embeba en solución desinfectante durante el tiempo recomendado, retire y almacene adecuadamente.

CAPÍTULO 13

1. ¿Qué es la aromaterapia?

   La traducción literal de aromaterapia es "terapia con aromas".

2. ¿Cómo se utilizan los aceites esenciales?

   El uso de los aceites esenciales es ilimitado. Los podemos utilizar en manicuras, pedicuras, masajes, reflexología y faciales. Se pueden utilizar para suavizar cutículas o en cremas para manos como acondicionador. Utilícelos en hornillos o sahumadores para ayudar a despejar la mente, para levantar rápidamente la moral o para cambiar el ánimo de una habitación. Los aceites esenciales pueden ser utilizados en cualquier lugar.

3. Haga una lista con los cinco aceites esenciales e indique sus usos.

   Los aceites esenciales incluyen: 1) lavanda—primeros auxilios en general, antiviral y antibacterial, aumenta la inmunidad, antidepresivo, antiinflamatorio, relajante, equilibrante y es antiespasmódico; manzanilla—antiinflamatorio, digestivo, relajante, PMS, calma nervios crispados, calma migrañas, aumenta la resistencia y es antidepresivo; mejorana—antiespasmódica, antiinflamatoria, calma dolores de cabeza, brinda alivio, alivia dolores menstruales y es antiséptica; romero—estimula la circulación, calma el dolor, aumenta la percepción y es descongestivo; 5) árbol del té—antifúngico y antibacterial; 6) ciprés—astringente, estimulante de la circulación y antiséptico; 7) menta—digestivo, alivia la sinusitis, antiséptico, energizante, descongestivo y estimulante; 8) eucalipto—descongestivo, antiviral, antibacterial y estimulante; 9) bergamota—antidepresivo, antiviral, antibacterial, retenedor de agua y antiinflamatorio; 10) geranio—balance de cuerpo y espíritu, tranquilizante, antifúngico y antiinflamatorio. (Sólo se necesitan cinco.)

4. ¿Por qué algunas veces son necesarios los aceites portadores?

   Disminuye la concentración del aceite esencial y mejora la untuosidad para el masaje, facilitándolo.

5. ¿Por qué la aromaterapia es una herramienta útil en nuestra industria?

   Al utilizar aromaterapia y aceites esenciales, aclaramos la mente, curamos y cuidamos de las manos y pies, además de relajar el cuerpo.

CAPÍTULO 14

1. Haga una lista con cuatro insumos, aparte de su mesa básica de manicura, que necesita para la aplicación de uñas postizas.

   Los cuatro insumos necesarios para la aplicación de uñas postizas, además de su mesa básica de manicura, son los siguientes: 1) abrasivo; 2) barra pulidora; 3) adhesivo de uñas; 4) uñas postizas.

2. Nombre dos tipos de uñas postizas.

   Dos tipos de uñas postizas son de plástico, nylon y acetato. (Sólo se necesitan dos.)

3. ¿Qué porción de la superficie de la uña natural debe ser cubierta por una uña postiza?

   Las uñas postizas no deben cubrir más de la mitad de la superficie de la uña natural.

4. ¿Qué tipo de aplicación de uña postiza se considera un servicio temporal? ¿Por qué?

   La aplicación de una uña postiza sin envolturas, tales como las telas de envoltura o las uñas acrílicas, se consideran temporales porque sin tales servicios serán muy débiles.

5. Describa brevemente el procedimiento para la aplicación de una uña postiza.

   El procedimiento para la aplicación de una uña postiza es el siguiente: 1) retire todo esmalte; 2) empuje hacia atrás la cutícula; 3) pula la uña para eliminar el brillo; 4) limpie las uñas; 5) dé forma a las uñas; 6) aplique antiséptico para uñas; 7) aplique el adhesivo; 8) deslice las uñas postizas; 9) aplique un cordón de adhesivo para unir; 10) recorte la uña postiza; 11) combine la uña postiza con la natural; 12) pula la uña para combinar perfectamente; 13) dé forma a la uña postiza; 14) continúe con el servicio deseado.

6. Describa el mantenimiento adecuado de las uñas postizas.

   El mantenimiento adecuado para uñas postizas debe continuar con manicuras semanales o cada dos semanas para pegar nuevamente y pulir. Se debe utilizar quitaesmaltes sin acetona pues ésta disuelve las uñas postizas.

7. Describa el procedimiento para la remoción de uñas postizas.

   El procedimiento para la remoción de uñas postizas es el siguiente: 1) complete el procedimiento previo a la aplicación de uñas postizas; 2) remoje las uñas; 3) retire las uñas postizas; 4) pula las uñas; 5) acondicione las cutículas y la piel circundante; 6) proceda con el servicio deseado; 7) cumpla con el procedimiento posterior a la aplicación de uñas postizas si no se va a realizar otro servicio.

CAPÍTULO 15

1. Enumere cuatro clases de apliques o envolturas para uñas.

   Las cuatro clases de envolturas para uñas son: 1) seda; 2) lino; 3) fibra de vidrio; 4) papel.

2. Explique los beneficios de usar envolturas de seda, lino, fibra de vidrio y papel.

   Los beneficios de utilizar envolturas de seda, lino, fibra de vidrio y papel son: 1) las envolturas de seda son fuertes, livianas y suaves al ser aplicadas sobre las uñas; 2) el lino es más grueso que la seda o la fibra de vidrio; el lino es fuerte y dura mucho tiempo; 3) la fibra de vidrio tiene una trama más suelta, facilitando la penetración del adhesivo, es especialmente fuerte y duradera; 4) las envolturas de papel son temporarias.

3. Describa el procedimiento para aplicar envolturas de textura.

   El procedimiento para la aplicación de envolturas de textura es el siguiente: 1) retire el esmalte viejo; 2) limpie las uñas; 3) empuje hacia atrás las cutículas; 4) pula las uñas para eliminar el brillo; 5) aplique antiséptico para uñas; 6) aplique el pegamento; 7) corte la tela; 8) aplique el adhesivo para telas; 9) aplique las telas; 10) recorte las telas; 11) aplique adhesivo para telas; 12) aplique secador para adhesivo de telas; 13) aplique una segunda capa de adhesivo; 14) aplique una segunda capa de secador de adhesivo; 15) dé forma y perfeccione las uñas; 16) pula las uñas; 17) aplique loción para manos; 18) elimine las trazas del aceite; 19) aplique el esmalte.

4. Explique como se utiliza la envoltura de textura para reparar las grietas.

   Se utiliza una envoltura de textura para reparar una grieta cortando un remiendo que cubra toda la grieta.

5. Describa cómo retirar las envolturas de textura y qué se debe evitar.

   El procedimiento para la remoción de envolturas de textura es el siguiente: 1) complete el servicio previo para envolturas de textura; 2) remoje las uñas; 3) retire las envolturas ablandadas; 4) pula las uñas; 5) acondicione las cutículas. Evite dañar la superficie de la uña cuando retire las envolturas de textura.

6. Describa el propósito de las envolturas de papel y explique por qué no es recomendable para uñas muy largas.

   El propósito de las envolturas de papel es proveer un método temporal para dar más resistencia a la uña. Las envolturas de papel no son recomendables para uñas muy largas porque no proveen la resistencia que requieren las uñas largas.

7. Enumere los insumos que se usan para las envolturas de papel.

   Los insumos que se usan para hacer una envoltura de papel son tejidos de reparación, líquido de reparación y relleno de protuberancias.

8. Defina la envoltura de uñas en líquido y describa su propósito.

   La envoltura de uñas en líquido es un esmalte constituido por fibras pequeñas diseñadas para dar resistencia y preservar la uña natural a medida que va creciendo. Luego de haber pincelado las uñas en diferentes direcciones y esperar que endurezca, el líquido endurecido crea una red que protege la uña.

CAPÍTULO 16

1. Describa el origen químico de las uñas de acrílico y qué las hace funcionar.

   Se coloca monómero de metacrilato de etilo y aditivos especiales en un proceso químico reactivo que transforma el líquido en un polvo. Cuando se reúnen con un monómero, la combinación maleable se endurece.

2. Enumere los insumos necesarios para la aplicación de uñas de acrílico.

   Los insumos incluyen: 1) equipo básico de manicura; 2) monómero de acrílico; 3) platillo auxiliar; 4) polímero de acrílico; 5) preparación antiséptica para uñas; 6) imprimante; 7) abrasivos; 8) uñas postizas; 9) adhesivo; 10) limas; 11) cepillo; 12) anteojos de seguridad; 13) mascarilla de seguridad; 14) guantes plásticos.

3. Describa los procedimientos para aplicar acrílicos utilizando moldes, sobre uñas postizas, sobre uñas naturales y sobre uñas mordidas.

   Cuando utilice uñas postizas para crear una extensión o coloque correctamente moldes en las yemas de los dedos (en el hiponiquio), siempre: 1) lleve a cabo el servicio previo para acrílicos; 2) retire el esmalte; 3) limpie las uñas; 4) repuje las cutículas; 5) pula las uñas para eliminar el brillo; 6) aplique antiséptico para uñas; 7) ubique el molde de uñas o aplique la uña postiza; 8) aplique imprimante; 9) prepare el liquido y el polvo; 10) embeba el pincel en el líquido; 11) forme una bolilla de acrílico; 12) ubique la bolilla de acrílico sobre el borde libre de la uña natural, la extensión artificial o sobre el molde de la uña; 13) dé forma al borde libre; 14) coloque una segunda bolilla de acrílico; 15) dé forma a la segunda bolilla de acrílico; 16) aplique las esferas de acrílico; 17) aplique acrílico a las uñas restantes; 18) retire los moldes si los hubiese utilizado; 19) dé forma a las uñas; 20) pula las uñas; 21) aplique aceite de cutículas; 22) aplique crema para manos y masajee las manos y brazos; 23) limpie las uñas; 24) aplique esmalte; 25) lleve a cabo el servicio posterior a la aplicación de acrílico.

4. Describa las normas de seguridad para aplicar imprimante.

   Las normas de seguridad para aplicar imprimante son: 1) nunca emplee imprimante sin protegerse con guantes plásticos y anteojos de seguridad; 2) ofrezca un par de anteojos de seguridad al cliente; 3) controle periódicamente el imprimante para verificar que no esté contaminado con bacterias; 4) evite utilizar un exceso de imprimante, siempre descargue el pincel en el borde de su envase antes de aplicar puntos sobre la superficie de la uña; 5) evite tocar la piel.

5. Describa el procedimiento correcto para mantener saludables las uñas de acrílico.

   El procedimiento correcto para mantener saludables las uñas de acrílico consiste en: 1) prever una cita de rutina para cada usuario respetando su patrón de crecimiento de uñas; 2) fomentar la rápida reparación y las buenas prácticas higiénicas hogareñas; 3) higienizar siempre tanto sus manos como las del cliente; 4) mantener pulcra y limpia su área de trabajo, con instrumentos higienizados y abrasivos nuevos para cada cliente.

6. ¿En qué se diferencian los procedimientos para la aplicación de uñas acrílicas sobre uñas mordidas de otros procedimientos de uñas acrílicas?

   La aplicación de acrílicos sobre uñas mordidas requiere más atención en la zona de esfuerzo y en la cutícula que en uñas sin morder. Las uñas mordidas tienen lechos más cortos que se ubican en posición más baja que la yema y tienen mayor crecimiento de cutículas. Las uñas más cortas son privilegiadas en los primeros servicios para garantizar el éxito de la adhesión.

7. Describa cómo se les hace mantenimiento regular a las uñas de acrílico.

   El mantenimiento regular para uñas rellenas de acrílico requiere: 1) completar el servicio previo para la aplicación de acrílico; 2) preparación y relleno de la nueva zona de crecimiento cerca de la cutícula; 3) recorte; 4) reformado y rebalanceo de la zona de esfuerzo; 5) pula las uñas; 6) aplique aceite de cutículas; 7) aplique crema de manos y masajee las manos y el brazo; 8) limpie las uñas; 9) aplique esmalte; 10) cumpla con el servicio posterior a la aplicación de acrílico.

8. Describa el procedimiento adecuado para la remoción de productos acrílicos.

   Para remover un producto acrílico, utilice un remojo tibio de acetona. A medida que se reblandece el acrílico, retire cuidadosamente cada capa hasta terminar. Lave y humecte las manos.

9. Explique las diferencias entre la aplicación de acrílicos sin olor y curados con luz de los acrílicos tradicionales.

   Los acrílicos inodoros y los curados con luz levantan tres a cinco veces más polvo que los acrílicos tradicionales. Estos dos sistemas requieren de un método de aplicación por palmeteo más que de pincelado. La mayoría de los productos inodoros y curados con luz requieren el retiro de un residuo pegajoso antes de proceder al relleno. Los acrílicos curados con luz necesitan ser expuestos a una lámpara U.V. para endurecerse. Los acrílicos tradicionales levantan menos polvo y se utilizan más húmedos. La superficie seca cuando endurecen y pueden ser limados inmediatamente.

10. Describa las diferencias entre los métodos de remojado y otros métodos?

    En la mayoría de las aplicaciones de acrílicos, el líquido y el polvo se combinan con el pincel, luego se los coloca sobre la superficie de la uña para su aplicación. El método de remojado no utiliza un pincel. En su lugar, se aplica adhesivo sobre la superficie de la uña y luego se sumerge toda la uña en el polvo para combinar ambos productos.

CAPÍTULO 17

1. Describa la diferencia química entre el gel U.V. y el gel sin luz.

   Los geles U.V. con fotoiniciadores requieren de una lámpara U.V. para completar el proceso de endurecimiento y combinación. Los geles sin luz son adhesivos espesos que se secan al aire o requieren un spray activador de secado.

2. Identifique los insumos necesarios para la aplicación de gel.

   Los insumos necesarios para la aplicación de gel son: gel curado con luz, luz de curado, pincel, moldes de uñas, imprimante (si lo recomienda el fabricante), barra pulidora, uñas postizas y adhesivo.

3. Exponga el procedimiento adecuado para la aplicación de gel curado con luz utilizando moldes, sobre uñas postizas y sobre uñas naturales.

   A continuación aparece el procedimiento adecuado: 1) realice el procedimiento previo a la aplicación de gel; 2) retire el esmalte; 3) limpie las uñas; 4) empuje hacia atrás las cutículas; 5) pula las uñas para eliminar el brillo; 6) aplique antiséptico para uñas; 7) aplique los moldes o las uñas postizas solicitadas; 8) aplique imprimante si está recomendado; 9) aplique el gel; 10) cure el gel; 11) repita los pasos 9 y 10 sobre la otra mano; 12) aplique una segunda mano de gel sobre la primera; 13) cure el gel; 14) repita los pasos 12 y 13 en la otra mano; 15) aplique una tercera capa de gel sobre ambas manos, una después de la otra; 16) cure ambas manos; 17) aplique aceite de cutículas; 18) aplique crema de manos y masajee manos y brazo; 19) limpie las uñas; 20) aplique esmalte o gel de cobertura; 21) cumpla con el procedimiento posterior al servicio de aplicación de gel.

4. Exponga el procedimiento adecuado para aplicar gel sin curado con luz sobre uñas postizas y sobre uñas naturales.

   A continuación aparece el procedimiento adecuado: 1) realice el procedimiento previo a la aplicación de gel; 2) retire el esmalte; 3) limpie las uñas; 4) empuje hacia atrás las cutículas; 5) pula las uñas para eliminar el brillo; 6) aplique antiséptico de uñas; 7) aplique las uñas postizas, si así se desea; 8) aplique el gel; 9) cure el gel con el activador correspondiente; 10) repita los pasos 8 y 9 en la otra mano; 11) aplique una segunda mano de gel y cure con activador; 12) dé forma y perfeccione las uñas; 13) pula las uñas para eliminar el brillo; 14) aplique aceite de cutículas; 15) aplique crema de manos y masajee manos y brazo; 16) limpie las uñas; 17) aplique esmalte; 18) cumpla con el procedimiento posterior al servicio de aplicación de gel.

5. Explique cómo se pueden retirar ambos tipos de gel.

   Los geles U.V. no pueden ser removidos con sustancias químicas. Para removerlos, espere a que el crecimiento natural de la uña los saque o lime cuidadosamente cada capa hasta eliminarlas a todas. Para remover un gel sin luz, utilice un remojo tibio de acetona. A medida que se reblandecen las capas, ráspelas cuidadosamente hasta terminar. Lave y humecte las manos.

CAPÍTULO 18

1. ¿Porqué debe desarrollar habilidades de arte de uñas?

   Debería desarrollar su habilidad en el arte de uñas porque es la parte creativa en el trabajo de un técnico en cuidado de uñas. Las uñas se transforman en pequeños lienzos sobre los que usted hará pinturas, diseños y collage con pequeñas gemas, hojas o cintas.

2. Enumere los tres conceptos básicos del arte de uñas.

   Los tres conceptos básicos del arte de uñas son: 1) disponga de suficiente tiempo para realizar la decoración elegida; 2) muestre su arte; 3) cobre precios competitivos; 4) invierta en herramientas de calidad; 5) disponga de unas pequeñas tijeras sólo para arte de uñas; 6) espere a que seque la laca antes de aplicar la mayoría de las decoraciones. (Sólo se necesitan tres.)

3. ¿Cómo se denomina la técnica en la cual se aerografian dos o más colores en la uña al mismo tiempo? Esta técnica se denomina fundido o combinación de colores.

4. Enumere cuatro servicios de arte de uñas.

   Los cuatro servicios de arte de uñas incluyen: 1) aplicación de gemas; 2) laminados; 3) aplicación de bandas adhesivas; 4) laminado de oro; 5) aplicación de oro; 6) diseños planos; 7) pintura con aerógrafo. (Sólo se necesitan cuatro.)

5. Enumere cuatro clasificaciones de colores de la rueda de colores.

   Las cuatro clasificaciones de colores de la rueda de colores son: 1) colores primarios; 2) colores secundarios; 3) colores terciarios; 4) colores complementarios.

6. ¿En qué difiere la manicura francesa terminada con aerografía de la aplicación tradicional?

   La manicura francesa aerografiada no presenta protuberancias o irregularidades en la punta blanca. La aplicación es muy suave y la punta blanca presenta una forma perfecta en todo momento.

7. Describa las partes del aerógrafo y cómo funcionan en conjunto para liberar la pintura.

   Cada aerógrafo posee una pequeña boquilla de fluidos con forma afinada también llamada punta en la cual se inserta una aguja afilada. Cuando la aguja se inserta ajustada en la boquilla de fluidos, no se libera pintura al accionar el gatillo. Cuando la aguja se retrae, el aerógrafo comienza a liberar pintura. Cuanto más se retrae la aguja, más pintura se libera.

8. Describa el mejor aerógrafo a utilizar para las uñas.

   Un aerógrafo diseñado para pequeñas cantidades de pintura alimentado por gravedad (la gravedad impulsa la pintura dentro del aerógrafo) que mezcla la pintura con el aire dentro del mismo aerógrafo (mezcla interna). Este tipo de aerógrafo por lo general posee un recipiente de color o pequeña cubeta de color para colocar la pintura dentro del aerógrafo.

9. ¿Cuál es la elección más común como fuente de aire para la aerografía de uñas?

   La elección más común para la aerografía de uñas es un pequeño compresor.

10. ¿Cuál es la presión de aire utilizada más comúnmente por los técnicos en cuidado de uñas al aerografiar?

    La mayoría de los técnicos en aerografía de uñas trabajan con una presión de entre 1,75 y 2,46 atmósferas métricas por centímetro cuadrado (cm2).

11. Describa el procedimiento de la versión de manicura francesa aerografiada.

    El procedimiento para hacer una manicura Francesa aerografiada es el siguiente: 1) aplique una capa base transparente a las uñas; 2) elija la pintura para su manicura Francesa aerografiada y aplique una pequeña cantidad de pintura sobre la uña; 3) opcional: agregue brillo a su pintura de manicura Francesa salpicando en forma pareja con un realce dorado o un brillo sobre el beige Francés; 4) aplicación de la punta Francesa con un molde; 5) utilizando un molde, haga girar el dedo de costado y alinee cuidadosamente el molde con la punta blanca ya rociada; 6) opcional: pinte la lúnula de un tono ligeramente más claro que el tono de la punta; 7) aplique el fijador de pintura de uñas y espere tres minutos a que seque; luego aplique con el aerógrafo pintura protectora brillante para aumentar la durabilidad.

CAPÍTULO 19

1. ¿Cuáles son las ventajas y desventajas de trabajar en los cuatro tipos de salón?

   Salón integral: *Ventajas*: Automáticamente recibirá toda la actividad de cuidado de uñas del salón. Además, los clientes podrán hacer tratar sus uñas mientras están en el salón recibiendo servicios de cuidado de cabello u otros servicios. *Desventajas*: No hay otros técnicos en cuidado de uñas con los que compartir información, ideas y experiencia. Tampoco tendrá a nadie que lo reemplace cuando esté enfermo o de vacaciones.

   Salón de uñas (dedicado exclusivamente al cuidado de uñas): *Ventajas*: Hay otros técnicos con quienes compartir ideas y experiencias. Aumentará sus ganancias al prestar servicios a clientes de sus compañeros de trabajo mientras estos estén con licencia por enfermedad, de vacaciones o se jubilen. Los clientes llegan a estos salones específicamente para recibir servicios de cuidado de uñas, haciendo innecesario tratar de convencerlos para que tomen estos servicios. Los clientes regulares de este tipo de salón toman la salud de sus uñas muy seriamente, tienen problemas especiales de uñas o desean servicios de uñas postizas más creativos. En este caso, usted ganará una experiencia invaluable. Los salones exclusivos de manicura son un buen lugar para que un técnico en salud de uñas establezca una clientela regular. *Desventajas*: Habrá más competencia por los clientes.

   Salón de bronceado: *Ventajas*: Este tipo de salón tiene clientes entrando cada quince a treinta minutos, brindándole a usted la oportunidad de ofrecer sus servicios a muchas personas todos los días. *Desventajas*: Posiblemente será el único técnico en cuidado de uñas del salón, por lo que tendrá pocas posibilidades de compartir nuevas ideas. La capacitación permanente es de gran importancia en este tipo de ambiente.

   Salón spa / spa de día: *Ventajas*: Este salón ofrece una variedad de servicios para atraer a los clientes. Pueden contar con tronos con hidromasaje para pedicura, permitiéndole brindar pedicuras consentidas. Normalmente la prioridad es el cuidado natural de las uñas. *Desventajas*: La gama de embellecimientos de uñas y recubrimientos están limitadas.

2. ¿Cuáles son las diez preguntas que le ayudarán a determinar si el salón es el adecuado para usted?

   Las diez preguntas que le ayudarán a determinar si un salón es el adecuado para usted son: 1) ¿Brinda el salón capacitación adicional? 2) ¿Le ayudará el salón a armar su clientela? 3) ¿Lo considerará un empleado o un contratista independiente que renta un gabinete? 4) Si usted es un empleado, ¿cómo le pagarán? 5) ¿El salón lo proveerá con los productos de cuidado de uñas o tendrá que obtenerlos usted mismo? 6) ¿Ofrece el salón beneficios? 7) ¿Tienen horario fijo o flexible? 8) ¿Cuál es el estilo de indumentaria? 9) ¿Cierra el salón durante el periodo anual de vacaciones o cada empleado toma vacaciones por separado? 10) ¿Cuál es la reputación del salón? 11) ¿Tiene el salón condiciones de trabajo seguras? (Sólo se necesitan diez.)

3. ¿Cuáles son las ocho preguntas que le ayudarán a determinar si un salón posee condiciones de trabajo seguras?

   Las ocho preguntas que le ayudarán a determinar si un salón tiene condiciones de trabajo seguras son: 1) ¿Posee ventilación adecuada? 2) ¿Posee refrigeradores separados para la comida y para el almacenamiento de productos para uñas? 3) ¿Están a la vista y al alcance de los empleados los MSDS? 4) ¿Están los gabinetes bien equipados y limpios? 5) ¿Se exige que los técnicos utilicen máscaras de polvo? 6) ¿Se exige que los técnicos utilicen anteojos de seguridad? 7) ¿Se utilizan latas de aerosol o se emplean métodos de aplicación más seguros? 8) ¿Están los empleados del salón capacitados para emergencias?

4. Explique la diferencia entre ingresos y gastos y con dos ejemplos de cada uno.

   Ingreso es el dinero que se obtiene. Incluye salario, comisión por servicios, comisión por la venta de productos y propinas.

   (Sólo se necesitan dos.) Gasto es el dinero que se gasta. Incluye la adquisición de equipo, insumos, bibliografía específica, calzado cómodo, uniformes e inscripción en cursos sobre técnicas para uñas. (Sólo se necesitan dos.)

5. Enumere los cuatro tipos de remuneración de salón.

   Los cuatro tipos de remuneración de salón son: 1) pago por hora; 2) salario; 3) comisión; 4) salario/pago por horas más comisión.

6. Enumere cuatro usos prácticos de los registros comerciales requeridos por las leyes locales, estatales y federales.

   Cuatro usos prácticos para los registros comerciales requeridos por las leyes locales, estatales y federales son: 1) determinar los ingresos, ganancias, perdidas o gastos; 2) indicar el valor de su clientela o del salón a posibles compradores; 3) obtener un préstamo bancario; 4) calcular el impuesto a las ganancias, seguridad social, fondo de desempleo y seguro por invalidez.

7. Explique la diferencia entre un empleado y un rentador de gabinete.

   Un empleado de salón paga la retención de los impuestos correspondientes directamente de su recibo de sueldo. La mayoría de los salones proveen los insumos a sus empleados. Un rentador de gabinete le paga al dueño del salón una renta por el uso del espacio en el salón. También paga sus propios impuestos y compra sus propios insumos.

8. Enumere las siete preguntas que un entrevistador exitoso puede hacer.

   Las siete preguntas que un entrevistador exitoso puede hacer son: 1) ¿Por qué eligió esta carrera? 2) ¿Por qué debería yo contratarlo? 3) ¿Qué le interesa de nuestro salón? 4) Describa sus habilidades para solucionar inconvenientes. 5) ¿Qué cosa le motiva? 6) ¿Cuáles son sus objetivos de corto y largo plazo? 7) ¿Cuáles son sus fortalezas y debilidades?

9. Enumere los cinco tipos de información que un salón puede reunir utilizando registros precisos.

   Los cinco tipos de información que un salón puede reunir utilizando registros precisos son: 1) comparación de ganancias y pérdidas entre semanas, meses o años; 2) cambios en la demanda de servicios; 3) inventario; 4) ingresos netos; 5) cantidades de materiales e insumos.

10. Analice las ventajas de mantener buenos registros de servicio, inventario y citas personales.

    Las ventajas de brindar un buen servicio y mantener adecuados registros de inventario y de citas son que los registros de servicios pueden ayudar a otro técnico en cuidado de uñas a reemplazar al técnico habitual de un cliente; los registros de servicios pueden registrar la información personal de un cliente; los archivos de inventario se utilizan permanentemente y también ayudan a determinar el valor de venta; los registros personales ayudan a organizar su trabajo para beneficio del cliente.

11. Enumere las nueve guías que se deben seguir para reservar citas.

    Las nueve guías que se deben seguir para reservar citas son: 1) tenga a mano agendas de citas, lápices, borradores, lapiceras, un almanaque y un bloc de notas; 2) sea expeditivo; 3) identifíquese con su nombre y el nombre del salón al contestar el teléfono; 4) sea agradable; 5) cuando tenga que hacer una reserva, tome el número telefónico personal del cliente, el tipo de servicio a ser brindado y la fecha y hora de la cita; 6) hable claramente; 7) sea amable y cortés cuando hable; 8) si tiene citas reservadas con anticipación, llame por teléfono la noche anterior al cliente para recordarle de la reserva; 9) al finalizar una cita, pregúntele al cliente si desea reservar otra.

12. Enumere seis fuentes de consulta para los técnicos en cuidado de uñas.

    Las seis fuentes de consulta para los técnicos en cuidado de uñas son: 1) revistas del ramo; 2) organizaciones profesionales; 3) distribuidores de productos y sus consultores de ventas; 4) fabricantes; 5) Internet; 6) mentores.

CAPÍTULO 20

1. ¿Cuáles son los cinco principios de la venta de productos y servicios?

   Los cinco principios básicos de ventas son: 1) conozca sus productos y servicios; 2) conozca las necesidades y deseos de sus clientes; 3) presente sus productos y servicios; 4) conteste las preguntas y objeciones de sus clientes correctamente; 5) cierre las ventas.

2. ¿Cuál es la diferencia entre la característica de un producto o servicio y sus beneficios? Enumere algunos ejemplos de cada uno.

   La característica de un producto o servicio es un hecho específico que describe el producto. El beneficio de un producto (o de un servicio) es lo que hace a favor de su cliente o cómo satisface sus deseos y necesidades. Por ejemplo: La crema para manos viene en un envase de 170 gramos (6 onzas) y contiene lanolina. Suaviza las manos, acondiciona las cutículas y hace que las manos se vean más jóvenes.

3. ¿Cuáles son los tres métodos de comercialización en el salón? Enumere algunos ejemplos de cada uno.

   Los métodos de comercialización incluyen: 1) folletos del salón: folletos trípticos informando de servicios y brindando sus descripciones; 2) publicidad exterior: horario de atención y servicios en periódicos, boletines de iglesias, etc.; 3) promociones continuas: hágase seis pedicuras en seis meses y obtenga la séptima gratis; 4) boletín informativo del salón: envíelos por correo a sus clientes para actualizarlos de ventas especiales, nuevos productos y actividades comerciales del salón; 5) tarjetas de cumpleaños con un "Gracias" especial adentro: envíe la tarjeta de cumpleaños al cliente con un servicio adicional u ofreciéndole dos productos por el precio de uno en su próxima visita como regalo. (Sólo se necesitan tres.)

4. Razone como fijar los precios para los productos y servicios.

   La regla general para fijar el precio de los productos profesionales consiste en duplicar su precio de costo. Base los precios de sus servicios en los valores del mercado y en el costo de esos servicios.

5. ¿Cuál es la forma más económica y más efectiva de publicidad?

   La publicidad de boca en boca. Haga un gran trabajo y la gente se lo contará a otras personas.

6. Enumere varios acontecimientos mensuales y proporcione ejemplos de promoción para cada uno de ellos.

Enero	Año Nuevo — Un libro de cupones para usar durante el año nuevo.
Febrero	Día de San Valentín — Promoción dos por uno para los novios.
Marzo	Primer día de la primavera — Especiales de pedicura.
Abril	Temporada de promociones — Arte de uñas y esmalte para hacer juego con su vestido.
Mayo	Día de la Madre — Certificados de regalo para cualquier servicio, más parafina de cortesía.
Junio	Casamientos — Descuentos para la dama de honor y valor añadido, atención gratuita al novio.
Julio	Día de la Independencia — Oferta especial para los servicios de verano para vencer al calor, como pedicura con máscara de menta fresca.
Agosto/ Septiembre	De regreso al colegio — Promocione tamaños más grandes de mantenimiento productos para los universitarios.
Octubre	Mes de la concienciación del cáncer de mama — Organice una recaudación de fondos entre sus clientes.
Noviembre/ Diciembre	Vacaciones — Promocione certificados de regalo, canastas y minucias navideñas de regalo.

7. Mencione tres formas de llenar los espacios vacíos en su agenda diaria.

   Las tres maneras de llenar los espacios vacíos en su agenda diaria son: 1) agregue servicios al cliente que todavía está en la mesa; 2) adelante las citas de mantenimiento de sus clientes; 3) utilice ese tiempo para hacer cosas que pondrán clientes en su puerta y en su silla— llame a sus clientes para confirmar las citas del día siguiente o para enviar recordatorios de citas por correo.

8. Calcule el índice de retención de clientes de un técnico en el cuidado de uñas que tiene 23 clientes fijos o regulares sobre un total de 35 clientes en las emana.

   Divida la cantidad de clientes regulares que lo visitaron por la cantidad de clientes que vio.

   23 dividido por 35 = 66% de tasa de retención para la semana.

ÍNDICE ALFABÉTICO

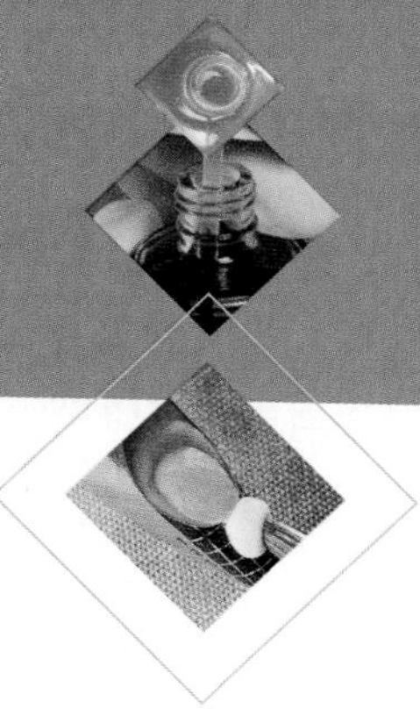